2017
报关职业教材

《报关职业教材》编写组 ◎ 编

BAOGUAN ZHIYE JIAOCAI

 中国海关出版社

图书在版编目（CIP）数据

报关职业教材 . 2017/《报关职业教材》编写组编 .
—北京：中国海关出版社，2017. 8
ISBN 978 - 7 - 5175 - 0223 - 4

Ⅰ. ①报… Ⅱ. ①报… Ⅲ. ①进出口贸易—海关手续—中国—
职业培训—教材 Ⅳ. ①F752. 5

中国版本图书馆 CIP 数据核字（2017）第 187562 号

报关职业教材 （2017）

BAOGUAN ZHIYE JIAOCAI (2017)

作 者：《报关职业教材》编写组
责任编辑：普 娜 李 多 左桂月
助理编辑：李鹏飞 杨 升
出版发行：中国海关出版社
社 址：北京市朝阳区东四环南路甲 1 号 　邮政编码：100023
网 址：www. hgcbs. com. cn
编 辑 部：01065194242-7529（电话） 　01065194231（传真）
发 行 部：01065194221/4238/4246（电话） 　01065194233（传真）
社办书店：01065195616（电话） 　01065195127（传真）
　　　　　www. customskb. com/book （网址）
印 刷：北京新华印刷有限公司 　经 销：新华书店
开 本：787mm×1092mm 　1/16
印 张：36 　字 数：944 千字
版 次：2017 年 8 月第 1 版
印 次：2017 年 8 月第 1 次印刷
书 号：ISBN 978 - 7 - 5175 - 0223 - 4
定 价：80. 00 元

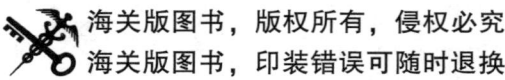

《报关职业教材》编写组

主　编：张　翔

编　审：杨彬彬

编　者：第一章　杨艳光

　　　　第二章　佟延军

　　　　第三章　孔步群　顾清华

　　　　第四章　宗慧民

　　　　第五章　田书军

　　　　第六章　田书军　何　畔

　　　　第七章　顾佩军

　　　　第八章　厉　力

前　言

　　报关员是维系海关管理和国际贸易的纽带，是连接依法行政和便捷服务的桥梁。培养一支具有较高综合素质和业务水平的报关员队伍，一方面有利于改善海关执法环境，提高海关的通关效率和税收征管水平，另一方面也可以缩短物流周期，降低企业成本，维护贸易安全。为此，海关总署于1997年开始举办报关员资格全国统一考试，至2013年，全国累计报名参考数百万人，近30万人通过考试取得报关员资格。其间，海关总署报关员资格考试委员会、海关总署报关员资格考试教材编写委员会组织海关专家编写的考试系列教材，以精编细校和权威性赢得了考生的认可和信任，也被开设报关及相关专业的本科院校、高职高专院校和社会培训机构选用，成为报关教材中的精品。

　　近年来，蓬勃发展的进出口贸易和新兴的现代物流业，孕育了庞大的报关服务市场，报关员成为社会择业热点。随着海关总署取消报关员资格核准，报关从业活力得以进一步释放，营造了公平的就业环境。相应地，报关从业人员的综合素质和业务水平成为企业选人用人的更直观标准，职业院校教育和社会办学力量将因势承担起报关专业知识和专业技能的教学和培训任务。为满足教育培训用书需求，海关系统业务专家、学者组成《报关职业教材》编写组，编写了本教材。各章的编写人员是：第一章杨艳光，第二章佟延军，第三章孔步群、顾清华，第四章宗慧民，第五章田书军，第六章田书军、何畔，第七章顾佩军，第八章厉力，终稿由张翔、杨彬彬审定。

　　本教材沿用原考试教材的体例和风格，重在传授报关专业知识和实务技能，同时涵盖了报关相关知识，既有对海关政策法规和海关各项业务制度的详细解说，也有对通关流程和办事程序的具体介绍，具有传道授业与释疑解惑并重、教学培训与业务参考兼顾的特点。本书编撰既精，审校尤细，但不当之处在所难免，还望读者不吝指正。

《报关职业教材》编写组
2017 年 7 月

目　录

第一章　报关与海关管理

第一节　报关概述

一、报关的含义

一般而言，报关是指进出口货物收发货人、进出境运输工具负责人、进出境物品的所有人或者他们的代理人向海关办理货物、物品或运输工具进出境手续及相关海关事务的过程。

报关是与运输工具、货物、物品的进出境密切相关的一个概念。在国际物流、国际交流和交往活动中，往往存在着运输工具、货物、物品和人员进出境的情况。国际贸易合约的履行是通过国际物流活动来完成的。《中华人民共和国海关法》（以下简称《海关法》）规定："进出境运输工具、货物、物品，必须通过设立海关的地点进境或者出境。"因此，由设立海关的地点进出境并办理规定的海关手续是运输工具、货物、物品进出境的基本规则，也是进出境运输工具负责人、进出口货物收发货人、进出境物品的所有人应履行的一项基本义务。《海关法》对海关行政管理相对人办理运输工具、货物、物品进出境等海关事务表述为"办理报关纳税手续""办理报关手续""从事报关业务""进行报关活动"或者直接称为"报关"。

需要说明的是，在进出境活动中，我们还经常使用"通关"这一概念。通关与报关既有联系又有区别。两者都是针对运输工具、货物、物品的进出境而言的，但报关是从海关行政管理相对人的角度，仅指向海关办理进出境手续及相关手续，而通关不仅包括海关行政管理相对人向海关办理有关手续，还包括海关对进出境运输工具、货物、物品依法进行监督管理，核准其进出境的管理过程。

另外，在货物进出境过程中，有时还需要办理"报检"手续。报检也称报验，一般是指对外贸易关系人按照法律、行政法规、合同的规定或根据需要向进出口商品检验检疫机构申请办理检验、检疫、鉴定工作的手续，是进出口商品检验检疫工作的一个环节。一般而言，报检手续的办理要先于报关手续。

二、报关的分类

进出口货物收发货人、进出境运输工具负责人、进出境物品的所有人或者他们的代理人等海关行政管理相对人履行报关义务时，根据其所涉及的报关对象、报关目的及报关行为性质的不同，可将报关分为以下 3 类。

（一）根据报关对象的不同，可分为运输工具报关、货物报关和物品报关

由于海关对进出境运输工具、货物、物品的监管要求各不相同，履行运输工具报关、货物报关和物品报关的具体手续也各不相同。其中，进出境运输工具作为货物、人员及其携带物品的进出境载体，其报关主要是向海关直接交验随附的、符合国际商业运输惯例、能反映运输工具进出境合法性及其所承运货物、物品情况的合法证件、清单和其他运输单证，其报关手续较为简单。进出境物品由于其非贸易性质，且一般限于自用、合理数量，其报关手续也很简单。进出境货物的报关较为复杂，为此，海关根据对进出境货物的监管要求，制定了一系列报关管理规范，并要求必须由具备一定的专业知识和技能且经海关核准的专业人员代表报关单位专门办理。

（二）根据报关目的的不同，可分为进境报关和出境报关

对于运输工具、货物、物品的进境和出境，海关分别制定了不同的管理规定，运输工具、货物、物品根据进境或出境的目的分别形成了进境报关手续和出境报关手续。

（三）根据报关行为性质的不同，可分为自理报关和代理报关

进出境运输工具、货物、物品的报关是一项专业性较强的工作，尤其是进出境货物的报关比较复杂，一些运输工具负责人、进出口货物收发货人或者物品的所有人，由于经济、时间、地点等方面的原因，不能或者不愿意自行办理报关手续，而委托代理人代为报关，从而形成了自理报关和代理报关两种报关类型。《海关法》对接受进出境物品所有人的委托，代为办理进出境物品报关手续的代理人没有特殊要求，但对于接受进出口货物收发货人的委托，代为办理进出境货物报关手续的代理人则有明确的规定。因此，我们通常所称的自理报关和代理报关主要是针对进出境货物的报关而言的。

1. 自理报关

进出口货物收发货人自行办理报关业务称为自理报关。根据我国海关目前的规定，进出口货物收发货人必须依法向海关注册登记后方能自行办理报关业务。

2. 代理报关

代理报关是指接受进出口货物收发货人的委托，代理其办理报关业务的行为。我国海关法律把有权接受他人委托办理报关业务的企业称为报关企业。报关企业必须依法取得报关企业注册登记许可并向海关注册登记后方能从事代理报关业务。

根据代理报关法律行为责任承担者的不同，代理报关又分为直接代理报关和间接代理报关。直接代理报关是指报关企业接受委托人（即进出口货物收发货人）的委托，以委托人的名义办理报关业务的行为。间接代理报关是指报关企业接受委托人的委托以报关企业自身的名义向海关办理报关业务的行为。在直接代理中，代理人代理行为的法律后果直接作用于被代理人；而在间接代理中，报关企业接受进出口货物收发货人的委托，以自己的名义办理报关手续时，应当承担与收发货人相同的法律责任。目前，我国报关企业大多采取直接代理形式报关，经营快件业务的营运人等国际货物运输代理企业适用间接代理报关。

三、报关的基本内容

（一）进出境运输工具报关的基本内容

国际贸易的交货、国际间人员的往来及其携带物品的进出境，除经其他特殊运输方式外，都要通过各种运输工具的国际运输来实现。根据我国海关法律规定，所有进出我国关境的运输工具必须经由设有海关的港口、车站、机场、国界孔道、国际邮件互换局（交换站）及其他可办理海关业务的场所申报进出境。进出境申报是运输工具报关的主要内容。

根据海关监管的要求，进出境运输工具负责人或其代理人在运输工具进入或驶离我国关境时均应如实向海关申报运输工具所载旅客人数、进出口货物数量、装卸时间等基本情况。

1. 运输工具申报的基本内容

根据海关监管要求的不同，不同种类的运输工具报关时所需递交的单证及所要申明的具体内容也不尽相同。总的来说，运输工具进出境报关时须向海关申明的主要内容有：运输工具进出境的时间、航次（车次）、停靠地点等；运输工具进出境时所载运货物情况，包括过境货物、转运货物、通运货物、溢短卸（装）货物的基本情况；运输工具服务人员名单及其自用物品、货币等情况；运输工具所载旅客情况；运输工具所载邮递物品、行李物品的情况；其他需要向海关申报清楚的情况，如由于不可抗力原因，运输工具被迫在未设关地点停泊、降落或者抛掷、起卸货物、物品等情况。除此以外，运输工具报关时还需提交运输工具从事国际合法性运输必备的相关证明文件，如船舶国籍证书、吨税证书、海关监管簿、签证簿等，必要时还需出具保证书或缴纳保证金。

以上情况由进出境运输工具负责人或其代理人向海关申报后，有时还需应海关的要求配合海关检查，经海关审核确认符合海关监管要求的，可以上下旅客、装卸货物。

进出境运输工具负责人，是指进出境运输工具的所有企业、经营企业，船长、机长、汽车驾驶员、列车长，以及上述企业或者人员授权的代理人。

2. 运输工具舱单申报

近年来，随着我国对外贸易规模的不断扩大和国际物流的不断发展，为适应国际海关合作大趋势的需要，促进国际贸易安全与便利，我国海关将运输工具舱单申报作为进出境运输工具报关的一个重要事项。

进出境运输工具舱单（以下简称舱单）是指反映进出境运输工具所载货物、物品及旅客信息的载体，包括原始舱单[①]、预配舱单[②]、装（乘）载舱单[③]。进出境运输工具载有货物、物品的，舱单内容应当包括总提（运）单及其项下的分提（运）单信息。进出境运输工具负责人即舱单电子数据传输义务人应当按照海关备案的范围在规定时限向海关传输舱单电子数据。

进境运输工具载有货物、物品的，舱单传输人应当在规定时限向海关传输原始舱单主要数据，舱单传输人应当在进境货物、物品运抵目的港以前向海关传输原始舱单其他数据。海关接受原始舱单主要数据传输后，收货人、受委托的报关企业方可向海关办理货物、物品的申报手续。进境运输工具载有旅客的，舱单传输人应当在规定时限向海关传输原始舱单电子数据。

出境运输工具预计载有货物、物品的，舱单传输人应当在办理货物、物品申报手续以前向海关传输预配舱单主要数据；以集装箱运输的货物、物品，出口货物发货人应当在货物、物品装箱以前向海关传输装箱清单电子数据。海关接受预配舱单主要数据传输后，舱单传输人应当在规定时限向海关传输预配舱单其他数据。出境货物、物品运抵海关监管场所时，海关监管场所经营人应当以电子数据方式向海关提交运抵报告。运抵报告提交后，

---

① 原始舱单，是指舱单传输人向海关传输的反映进境运输工具装载货物、物品或者乘载旅客信息的舱单。

② 预配舱单，是指反映出境运输工具预计装载货物、物品或者乘载旅客信息的舱单。

③ 装（乘）载舱单，是指反映出境运输工具实际配载货物、物品或者载有旅客信息的舱单。

海关即可办理货物、物品的查验、放行手续。舱单传输人应当在运输工具开始装载货物、物品前向海关传输装载舱单电子数据。出境运输工具预计载有旅客的，舱单传输人应当在出境旅客开始办理登机（船、车）手续前向海关传输预配舱单电子数据。舱单传输人应当在旅客办理登机（船、车）手续后，运输工具上客以前向海关传输乘载舱单电子数据。运输工具负责人应当在货物、物品装载完毕或者旅客全部登机（船、车）后向海关提交结关申请，经海关办结手续后，出境运输工具方可离境。

已经传输的舱单电子数据需要变更的，舱单传输人可以在原始舱单和预配舱单规定的传输时限以前直接予以变更，但是货物、物品所有人已经向海关办理货物、物品申报手续的除外。

（二）进出境货物报关的基本内容

根据海关规定，进出境货物的报关业务应由依法取得报关从业资格并在海关注册的报关人员办理。进出境货物的报关业务包括：按照规定填制报关单，如实申报进出口货物的商品编码、实际成交价格、原产地及相应的优惠贸易协定代码，并办理提交报关单证等与申报有关的事宜；申请办理缴纳税费和退税、补税事宜；申请办理加工贸易合同备案、变更和核销及保税监管等事宜；申请办理进出口货物减税、免税等事宜；办理进出口货物的查验、结关等事宜；办理应当由报关单位办理的其他事宜。

海关对不同性质的进出境货物规定了不同的报关程序和要求。一般来说，进出境货物报关时，报关单位及报关人员要做好以下几个方面的工作：

1. 进出口货物收发货人接到运输公司或邮递公司寄交的提货通知单，或根据合同规定备齐出口货物后，应当做好向海关办理货物报关的准备工作，或者签署委托代理协议，委托报关企业向海关报关。

2. 准备好报关单证，在海关规定的报关地点和报关时限内以书面和电子数据方式向海关申报。进出口货物报关单或海关规定的其他报关单（证）是报关单位向海关申报货物情况的法律文书，报关人员必须认真、规范、如实填写，并对其所填内容的真实性和合法性负责，承担相应的法律责任。除此之外，还应准备与进出口货物直接相关的商业和货运单证，如发票、装箱单、提单等；对属于国家限制性的进出口货物，应准备国家有关法律、法规规定的许可证件，如进出口货物许可证等；还要准备好海关可能需要查阅或收取的其他资料、证件，如贸易合同、原产地证明等。报关单证准备完毕后，报关人员要把报关单上的数据以电子方式传送给海关，并在海关规定的时间、地点向海关递交书面报关单证。

3. 经海关对报关电子数据和书面报关单证进行审核后，在海关认为必须时，报关人员要配合海关进行货物的查验。

4. 属于应纳税、应缴费范围的进出口货物，报关单位应在海关规定的期限内缴纳进出口税费。

5. 进出口货物经海关放行后，报关单位可以安排提取或装运货物。

除了以上工作外，对于保税加工货物、减免税进口货物等，在进出境前还需办理备案申请等手续，进出境后还需在规定的时间、以规定的方式向海关办理核销、结案等手续。

（三）进出境物品报关的基本内容

海关监管进出境物品包括行李物品、邮递物品和其他物品，三者在报关要求上有所不同。

《海关法》规定，个人携带进出境的行李物品、邮寄进出境的物品，应当以自用合理数量为限。所谓自用合理数量，对于行李物品而言，"自用"指的是进出境旅客本人自用、馈赠亲友而非为出售或出租，"合理数量"是指海关根据进出境旅客旅行目的和居留时间所规定的正常数量；对于邮递物品，则指的是海关对进出境邮递物品规定的征、免税限制。自用合理数量原则是海关对进出境物品监管的基本原则，也是对进出境物品报关的基本要求。需要注意的是，对于通过随身携带或邮政渠道进出境的货物要按货物办理进出境报关手续。经海关登记准予暂时免税进境或者暂时免税出境的物品，应当由本人复带出境或者复带进境。享有外交特权和豁免的外国机构或者人员的公务用品或者自用物品进出境，依照有关法律、行政法规的规定办理。

1. 进出境行李物品的报关

当今世界上大多数国家的海关法律都规定对旅客进出境采用"红绿通道"制度。我国海关也采用了"红绿通道"制度。

我国海关规定，进出境旅客在向海关申报时，可以在分别以红色和绿色作为标记的两种通道中进行选择。带有绿色标志的通道称"无申报通道"（又称"绿色通道"），适用于携运物品在数量和价值上均不超过免税限额，且无国家限制或禁止进出境物品的旅客；带有红色标志的通道称"申报通道"（又称"红色通道"），适用于携带应向海关申报物品的旅客。对于选择"红色通道"的旅客，必须填写"中华人民共和国海关进出境旅客行李物品申报单"（以下简称申报单）或海关规定的其他申报单证，在进出境地向海关作出书面申报。

自2008年2月1日起，海关在全国各对外开放口岸实行新的进出境旅客申报制度。进出境旅客没有携带应向海关申报物品的，无须填写申报单，选择"无申报通道"通关。除海关免予监管的人员以及随同成人旅行的16周岁以下旅客以外，进出境旅客携带应向海关申报物品的，须填写申报单，向海关书面申报，并选择"申报通道"通关。持有中华人民共和国政府主管部门给予外交礼遇签证的进出境旅客，通关时应主动向海关出示本人有效证件，海关予以免验礼遇。

2. 进出境邮递物品的报关

进出境邮递物品的申报方式由其特殊的邮递运输方式决定。我国是《万国邮政公约》的签约国，根据《万国邮政公约》的规定，进出口邮包必须由寄件人填写"报税单"（小包邮件填写绿色标签），列明所寄物品的名称、价值、数量，向邮包寄达国家的海关申报。进出境邮递物品的"报税单"和绿色标签随同物品通过邮政企业或快递公司呈递给海关。

个人物品以快件形式进出境的，按照个人物品类进出境快件监管。个人物品类进出境快件是指海关法规规定自用、合理数量范围内的进出境的旅客分离运输行李物品、亲友间相互馈赠物品和其他个人物品。个人物品类进出境快件报关时，保管单位应当向海关提交"海关进出境快件个人物品报关单"、每一件进出境快件的分运单、进境快件收件人或出境快件发件人身份证件影印件和海关需要的其他单证。

个人邮寄进境物品，海关依法对其征收进口税，但应征进口税税额在人民币50元（含50元）以下的，海关予以免征。

个人寄自或寄往港、澳、台地区的物品，每次限值为800元人民币；寄自或寄往其他国家和地区的物品，每次限值为1000元人民币。

个人邮寄进出境物品超出规定限值的，应办理退运手续或者按照货物规定办理通关手续。但邮包内仅有一件物品且不可分割的，虽超出规定限值，经海关审核确属个人自用的，可以按照个人物品规定办理通关手续。

3. 进出境其他物品的报关

（1）暂时免税进出境物品

个人携带进出境的暂时免税进出境物品须由物品携带者在进境或出境时向海关作出书面申报，并经海关批准登记，方可免税携带进出境，而且应由本人复带出境或进境。

（2）享有外交特权和豁免权的外国机构或者人员进出境物品

享有外交特权和豁免权的外国机构或者人员进出境物品包括外国驻中国使馆和使馆人员，以及外国驻中国领事馆、联合国及其专门机构和其他国际组织驻中国代表机构及其人员进出境的公务用品和自用物品。

外国驻中国使馆和使馆人员进出境公用、自用物品应当以海关核准的直接需用数量为限。其中，公务用品是指使馆执行职务直接需用的进出境物品，包括：使馆使用的办公用品、办公设备、车辆；使馆主办或者参与的非商业性活动所需物品；使馆使用的维修工具、设备；使馆的固定资产，包括建筑装修材料、家具、家用电器、装饰品等；使馆用于免费散发的印刷品（广告宣传品除外）；使馆使用的招待用品、礼品等。自用物品，是指使馆人员和与其共同生活的配偶及未成年子女在中国居留期间的生活必需用品，包括自用机动车辆（限摩托车、小轿车、越野车、9座以下的小客车）。

使馆和使馆人员因特殊需要携运中国政府禁止或者限制进出境物品进出境的，应当事先获得中国政府有关主管部门的批准，并按照有关规定办理。有下列情形之一的，使馆和使馆人员的有关物品不准进出境：携运进境的物品超出海关核准的直接需用数量范围的；未依照规定向海关办理有关备案、申报手续的；未经海关批准，擅自将已免税进境的物品进行转让、出售等处置后，再次申请进境同类物品的；携运中国政府禁止或者限制进出境物品进出境，应当提交有关许可证件而不能提供的；违反海关关于使馆和使馆人员进出境物品管理规定的其他情形。

使馆和使馆人员首次进出境公用、自用物品前，应当到主管海关办理备案手续；使馆和使馆人员进出境公用、自用物品，应当按照海关规定以书面或者口头方式申报。其中，以书面方式申报的，还应当向海关报送电子数据。

使馆和使馆人员运进、运出公用、自用物品，应当填写"中华人民共和国海关外交公/自用物品进出境申报单"，向主管海关提出申请，并附提（运）单、发票、装箱单、身份证件复印件等有关单证材料。其中，运进机动车辆的，还应当递交使馆照会。

使馆运进由使馆主办或者参与的非商业性活动所需物品，应当递交使馆照会，并就物品的所有权、活动地点、日期、活动范围、活动的组织者和参加人、物品的最后处理向海关作出书面说明。活动在使馆以外场所举办的，还应当提供与主办地签订的合同副本。

外交代表随身携带自用物品进境时，应当向海关口头申报，但外交代表每次随身携带进境的超过规定限额的限制性进境物品，应当向海关提出书面申请。

外国驻中国领事馆、联合国及其专门机构和其他国际组织驻中国代表机构及其人员进出境公用、自用物品，由海关按照《中华人民共和国领事特权与豁免条例》、中国已加入的国际公约，以及中国与有关国家或者国际组织签订的协议办理。

外国政府给予中国驻该国的使馆和使馆人员进出境物品的优惠和便利，低于中国政府给予该国驻中国的使馆和使馆人员进出境物品的优惠和便利的，中国海关可以根据对等原则，给予该国驻中国使馆和使馆人员进出境物品相应的待遇。

（3）常驻机构及非居民长期旅客进出境公自用物品

非居民长期旅客及常驻机构的常驻人员可以运进境内居留期间日常生活所必需的物品，但烟草制品、酒精制品除外。

常驻机构是指境外企业、新闻机构、经贸机构、文化团体及其他境外法人经中国政府主管部门批准，在境内设立的常设机构。经海关备案审批，常驻机构可申请进出境办公用品。常驻机构进口办公用品和机动交通工具时，经海关审核，在本机构自用合理数量内，海关依法免征税款。非居民长期旅客是指经公安部门批准进境并在境内连续居留1年以上（含1年），期满后仍回到境外定居地的外国公民、港澳台地区人员、华侨。

非居民长期旅客取得境内长期居留证件后方可申请自用物品进境，首次进境的自用物品海关予以免税，但按规定准予进境的机动车辆和国家规定应税的20种物品除外，再次申请进境的自用物品，一律予以征税。

（4）高层次人才进出境物品

高层次人才是高层次留学人才和海外科技专家的统称。高层次人才的身份由中华人民共和国人力资源和社会保障部、中华人民共和国教育部或者其授权部门明确和认定。高层次人才回国和海外科技专家来华工作连续1年以上（含1年）的，首次进境的个人生活及工作自用的家用摄像机、照相机、便携式收录机、便携式激光唱机和便携式计算机等，海关予以免税放行。高层次人才可以申请从境外运进自用机动车辆1辆（限小轿车、越野车、9座及以下小客车），海关予以征税验放。

第二节　海关管理概述

一、我国海关的性质与任务

国家以立法的形式明确规定了中国海关的性质与任务。《海关法》规定："中华人民共和国海关是国家的进出关境监督管理机关。海关依照本法和其他有关法律、行政法规，监管进出境的运输工具、货物、行李物品、邮递物品和其他物品，征收关税和其他税、费，查缉走私，并编制海关统计和办理其他海关业务。"

（一）海关的性质

1. 海关是国家行政机关

我国的国家机关包括享有立法权的立法机关、享有司法权的司法机关和享有行政管理权的行政机关。国务院是我国最高行政机关，海关总署是国务院直属机构。

2. 海关是国家进出境监督管理机关

海关履行国家行政制度中的进出境监督管理职能，是国家宏观管理的一个重要组成部分。海关依照有关法律、行政法规并通过法律赋予的权力，制定具体的行政规章和行政措施，对特定领域的活动开展监督管理，以保证其按国家的法律规范进行。

海关实施监督管理的范围是进出关境及与之有关的活动，监督管理的对象是所有进出关境的运输工具、货物、物品。

关境是世界各国海关通用的概念，指适用于同一海关法或实行同一关税制度的领域。在一般情况下，关境的范围等于国境，但对于关税同盟的签署国来说，其成员国之间货物进出国境不征收关税，只对来自和运往非同盟国的货物在进出共同关境时征收关税，因而对于每个成员国来说，其关境大于国境，如欧盟。若在国内设立自由港、自由贸易区等特定区域，因进出这些特定区域的货物都是免税的，因而该国的关境小于国境。关境同国境一样，包括其领域内的领水、领陆和领空，是一个立体的概念。我国的关境范围是除享有单独关境地位的地区以外的中华人民共和国的全部领域，包括领水、领陆和领空。目前我国的单独关境有香港、澳门和台、澎、金、马单独关税区。在单独关境内，其各自实行单独的海关制度。因此，我国关境小于国境。本教材所称的"进出境"除特指外均指进出我国关境。

3. 海关的监督管理是国家行政执法活动

海关通过法律赋予的权力，对特定范围内的社会经济活动进行监督管理，并对违法行为依法实施行政处罚，以保证这些社会经济活动按照国家的法律规范进行。因此，海关的监督管理是保证国家有关法律、法规实施的行政执法活动。海关执法的依据是《海关法》和其他有关法律、行政法规。海关事务属于中央立法事权，立法者为全国人大及其常务委员会和国务院。海关总署也可以根据法律和国务院的法规、决定、命令，制定规章，作为执法依据的补充。省、自治区、直辖市人民代表大会和人民政府不得制定海关法律规范，地方法规、地方规章不是海关执法的依据。

（二）海关的任务

《海关法》明确规定海关有四项基本任务，即监管进出境的运输工具、货物、行李物品、邮递物品和其他物品（以下简称监管），征收关税和其他税费（以下简称征税），查缉走私（以下简称缉私）和编制海关统计（以下简称统计）。

1. 监管

海关监管是指海关运用国家赋予的权力，通过一系列管理制度与管理程序，依法对进出境运输工具、货物、物品的进出境活动所实施的一种行政管理。海关监管是一项国家职能，其目的在于保证一切进出境活动符合国家政策和法律的规范，维护国家主权和利益。海关监管不是海关监督管理的简称，海关监督管理是海关全部行政执法活动的统称。

根据监管对象的不同，海关监管分为运输工具监管、货物监管和物品监管三大体系，每个体系都有一整套规范的管理程序与方法。

监管作为海关四项基本任务之一，除了通过备案、审单、查验、放行、后续管理等方式对进出境运输工具、货物、物品的进出境活动实施监管外，还要执行或监督执行国家其他对外贸易管理制度的实施，如进出口许可制度、外汇管理制度、进出口商品检验检疫制度、文物管理制度等，从而在政治、经济、文化道德、公众健康等方面维护国家利益。

2. 征税

征税是海关的另一项重要任务。海关征税工作的基本法律依据是《海关法》《中华人民共和国进出口关税条例》（以下简称《关税条例》）以及其他有关法律、行政法规。征税工作包括征收关税和进口环节海关代征税。

关税是国家中央财政收入的重要来源，是国家宏观经济调控的重要工具，也是世界贸易组织允许各缔约方保护其境内经济的一种手段。关税的征收主体是国家，《海关法》明确将征收关税的权力授予海关，由海关代表国家行使征收关税的职能。因此，未经法律授权，其他任何单位和个人均不得行使征收关税的权力。

关税的课税对象是进出口货物、进出境物品。

进口货物、物品在办理海关手续放行后，允许在国内流通，应与国内货物同等对待，缴纳应征的国内税。为了节省征税人力，简化征税手续，严密管理，进口货物、物品的国内税由海关代征，即我国海关对进口货物、物品征收关税的同时，还负责代其他机关征收若干种类的进口环节税。目前，由海关代征的进口环节税包括增值税和消费税。

3. 缉私

查缉走私是海关为保证顺利完成监管和征税等任务而采取的保障措施。查缉走私是指海关依照法律赋予的权力，在海关监管场所和海关附近的沿海沿边规定地区，为发现、制止、打击、综合治理走私活动而进行的一种调查和惩处活动。

走私是指进出境活动的当事人或相关人违反《海关法》及有关法律、行政法规，逃避海关监管，偷逃应纳税款、逃避国家有关进出境的禁止性或者限制性管理，非法运输、携带、邮寄国家禁止、限制进出境或者依法应当缴纳税款的货物、物品进出境，或者未经海关许可并且未缴应纳税款、交验有关许可证件，擅自将保税货物、特定减免税货物以及其他海关监管货物、物品、进境的境外运输工具在境内销售的行为。它以逃避监管、偷逃税款、牟取暴利为目的，扰乱经济秩序，冲击民族工业，对国家危害性极大，必须予以严厉打击。

《海关法》规定："国家实行联合缉私、统一处理、综合治理的缉私体制。海关负责组织、协调、管理查缉走私工作。"这一规定从法律上明确了海关打击走私的主导地位以及与有关部门的执法协调。海关是打击走私的主管机关，查缉走私是海关的一项重要任务。海关通过查缉走私，制止和打击一切非法进出境货物、物品的行为，维护国家进出口贸易的正常秩序，保障社会主义现代化建设的顺利进行，维护国家关税政策的有效实施，保证国家关税和其他税、费的依法征收，保证海关职能作用的发挥。为了严厉打击走私犯罪活动，根据党中央、国务院的决定，国家在海关总署设立专司打击走私犯罪的海关缉私警察队伍，负责对走私犯罪案件的侦查、拘留、执行逮捕和预审工作。

根据我国的缉私体制，除了海关以外，公安、工商、税务、烟草专卖等部门也有查缉走私的权力，但这些部门查获的走私案件，必须按照法律规定，统一处理。各有关行政部门查获的走私案件，应当给予行政处罚的，移送海关依法处理；涉嫌犯罪的，应当移送海关侦查走私犯罪公安机构或地方公安机关依据案件管辖分工和法定程序办理。

4. 统计

海关统计以实际进出口货物作为统计和分析的对象，通过搜集、整理、加工处理进出口货物报关单或经海关核准的其他申报单证，对进出口货物的品种、数（重）量、价格、国别（地区）、经营单位、境内目的地、境内货源地、贸易方式、运输方式、关别等项目分别进行统计和综合分析，全面、准确地反映对外贸易的运行态势，及时提供统计信息和咨询，实施有效的统计监督，开展国际贸易统计的交流与合作，促进对外贸易的发展。我国海关的统计制度规定，实际进出境并引起境内物质存量增加或者减少的货物，列入海关统计；进出境物品超过自用合理数量的，列入海关统计。对于部分不列入海关统计的货物和物品，则根据我国对外贸易管理和海关管理的需要，实施单项统计。

海关统计是海关依法对进出口货物贸易的统计，是国民经济统计的组成部分，是国家制定对外经济贸易政策、进行宏观经济调控、实施海关严密高效管理的重要依据，是研究我国对外贸易经济发展和国际经济贸易关系的重要资料。

1992年，海关总署以国际通用的《商品名称及编码协调制度》（Harmonized Commodity Description and Coding System，简称《协调制度》或HS）为基础，编制了《中华人民共和国海关统计商品目录》（以下简称《统计商品目录》），把税则与统计目录的归类编码统一起来，规范了进出口商品的命名和归类，使海关统计进一步向国际惯例靠拢，满足了我国对外开放和建立社会主义市场经济体制的需要。

总之，海关的四项基本任务是一个统一的有机联系的整体。监管工作通过监管进出境运输工具、货物、物品的合法进出，保证国家有关进出口政策、法律、行政法规的贯彻实施，是海关四项基本任务的基础。征税工作所需的数据、资料等是在海关监管的基础上获取的，征税与监管有着十分密切的关系。缉私工作则是监管、征税两项基本任务的延伸，对在监管、征税工作中发现的逃避监管和偷漏税款的行为，必须运用法律手段予以制止和打击。统计工作是在监管、征税工作的基础上完成的，它为国家宏观经济调控提供了准确、及时的信息，同时又对监管、征税等业务环节的工作质量起到检验把关的作用。

二、我国海关的法律体系

法律体系一般指一个国家的全部现行法律规范按不同部门、层次所组成的有机整体。海关法作为我国现行法律的一个分支，具有相对的独立性和完整性。海关法不仅综合性强、数量多、内容繁杂，而且具有分支清楚、层次明显和相互协调、联系密切的特点。各分支、各层次的海关法既相互区分又相互联系，构成了独立、完整、严密的海关法律体系。海关法律体系根据制定的主体和效力的不同分为法律、行政法规、部门规章、规范性文件。

（一）《海关法》

《海关法》于1987年1月22日由第六届全国人民代表大会常务委员会第十九次会议通过，同年7月1日起实施。为了适应形势发展的需要，2000年7月8日第九届全国人民代表大会常务委员会第十六次会议审议通过了《关于修改〈中华人民共和国海关法〉的决定》，对《海关法》进行了较大范围的修改，修正后的《海关法》于2001年1月1日起实施。《海关法》是我国现行法律体系的一个重要组成部分，是管理海关事务的基本法律规范，以中华人民共和国主席令的形式颁布实施。

（二）行政法规

国务院根据《中华人民共和国宪法》和法律，制定行政法规，以国务院令的形式颁布实施。目前，在海关管理方面主要的行政法规有：《关税条例》《中华人民共和国海关稽查条例》（以下简称《海关稽查条例》）、《中华人民共和国知识产权海关保护条例》（以下简称《知识产权海关保护条例》）、《中华人民共和国海关行政处罚实施条例》（以下简称《海关行政处罚实施条例》）、《中华人民共和国海关统计条例》（以下简称《统计条例》）、《中华人民共和国进出口货物原产地条例》（以下简称《原产地条例》）等。

（三）海关规章

海关规章是海关总署根据海关行使职权、履行职责的需要，依据《中华人民共和国立法法》的规定，单独或会同有关部门制定的，是海关日常工作中引用数量最多、内容最广、操作性最强的法律依据，其效力等级低于法律和行政法规。海关行政规章以海关总署令的形式对外公布，如《中华人民共和国海关报关单位注册登记管理规定》等。

（四）规范性文件

规范性文件，是指海关总署及各直属海关按照规定程序制定的对行政管理相对人权利、义务具有普遍约束力的文件。海关总署制定的规范性文件要求行政管理相对人遵守或执行的，应当以海关总署公告形式对外发布，如《海关总署关于发布〈中华人民共和国海关报关单位注册登记管理规定〉所涉及法律文书和报表格式的公告》等。规范性文件不得设定对行政管理相对人的行政处罚。直属海关在限定范围内制定的关于本关区某一方面涉及行政管理相对人权利义务的行政管理规范，应当以公告形式对外发布。

此外，属于海关法律渊源之一的我国签订或缔结的海关国际公约或海关行政互助协议也适用于我国海关。海关国际公约是指世界海关组织（World Customs Organization，WCO）成员方缔结的多边协议，如《京都公约》《伊斯坦布尔公约》，以及世界贸易组织（World Trade Organization，WTO）的有关公约，如《估价协议》等。海关行政互助协议是两国之间订立的双边协议，我国已与俄罗斯等几十个国家缔结了海关行政互助协议。

三、海关的权力

《海关法》在规定了海关任务的同时，为了保证任务的完成，赋予了海关许多具体权力。海关权力，是指国家为保证海关依法履行职责，通过《海关法》和其他法律、行政法规赋予海关的对进出境运输工具、货物、物品的监督管理权能，属于公共行政职权，其行使受一定范围和条件的限制，并应当接受执法监督。

（一）海关权力的内容

根据《海关法》及有关法律、行政法规，海关的权力主要包括：

1. 检查权

海关有权检查进出境运输工具，检查有走私嫌疑的运输工具和有藏匿走私货物、物品嫌疑的场所，检查走私嫌疑人的身体。

海关对进出境运输工具的检查不受海关监管区域的限制；对走私嫌疑人身体的检查，应在海关监管区和海关附近沿海沿边规定地区内进行；对有走私嫌疑的运输工具和有藏匿走私货物、物品嫌疑的场所，在海关监管区和海关附近沿海沿边规定地区内，海关人员可直接检查，超出此范围，在调查走私案件时，须经直属海关关长或者其授权的隶属海关关长批准，才能进行检查，但不能检查公民住处。

2. 查阅、复制权

查阅进出境人员的证件，查阅、复制与进出境运输工具、货物、物品有关的合同、发票、账册、单据、记录、文件、业务函电、录音录像制品和其他的有关资料。

3. 查问权

海关有权对违反《海关法》或者其他有关法律、行政法规的嫌疑人进行查问，调查其违法行为。

4. 查验权

海关有权查验进出境货物、个人携带进出境的行李物品、邮寄进出境的物品。海关查验货物认为必要时，可以径行提取货样。

5. 查询权

海关在调查走私案件时，经直属海关关长或者其授权的隶属海关关长批准，可以查询案件涉嫌单位和涉嫌人员在金融机构、邮政企业的存款、汇款。

6. 稽查权

海关在法律规定的年限内，对企业进出境活动及与进出口货物有关的账务、记账凭证、单证资料等有权进行稽查。

7. 行政处罚权

海关有权对违法当事人予以行政处罚，包括对走私货物、物品及违法所得处以没收，对有走私行为和违反海关监管规定行为的当事人处以罚款等。

8. 佩带和使用武器权

海关为履行职责，可以依法佩带武器，海关工作人员在履行职责时可以使用武器。

1989年6月，海关总署、公安部联合发布《海关工作人员使用武器和警械的规定》。根据该项规定，海关使用的武器包括轻型枪支、电警棍、手铐以及其他经批准可使用的武器和警械；使用范围为执行缉私任务时；使用对象为走私分子和走私嫌疑人；使用条件必须是在不能制服被追缉逃跑的走私团体或遭遇武装掩护走私，不能制止以暴力掠夺查扣的走私货物、物品和其他物品，以及以暴力抗拒检查、抢夺武器和警械、威胁海关工作人员生命安全非开枪不能自卫时。

9. 行政强制权

海关行政强制，包括海关行政强制措施和海关行政强制执行。

（1）海关行政强制措施，是指海关在行政管理过程中，为制止违法行为、防止证据损毁、避免危害发生、控制危险扩大等情形，依法对公民的人身自由实施暂时性限制，或者对公民、法人或者其他组织的财物实施暂时性控制的行为。包括：

① 限制公民人身自由

A. 在海关监管区和海关附近沿海沿边规定地区，对走私犯罪嫌疑人，经直属海关关长或者其授权的隶属海关关长批准，可以扣留，扣留时间不得超过24小时，在特殊情况下可以延长至48小时。

B. 个人违抗海关监管逃逸的，海关可以连续追至海关监管区和海关附近沿海沿边规定地区以外，将其带回。

C. 受海关处罚的当事人或者其法定代表人、主要负责人在出境前未缴清罚款、违法所得和依法追缴的货物、物品、走私运输工具的等值价款，又未提供担保的，海关可以通知出境管理机关阻止其出境。

② 扣留财物

A. 对违反海关法的进出境运输工具、货物、物品以及与之有牵连的合同、发票、账册、单据、记录、文件、业务函电、录音录像制品和其他资料，可以扣留。

B. 在海关监管区和海关附近沿海沿边规定地区，对有走私嫌疑的运输工具、货物、物品，经直属海关关长或者其授权的隶属海关关长批准，可以扣留。

C. 在海关监管区和海关附近沿海沿边规定地区以外，对有证据证明有走私嫌疑的运输工具、货物、物品，可以扣留。

D. 有违法嫌疑的货物、物品、运输工具无法或者不便扣留，当事人或者运输工具负责人未提供等值担保的，海关可以扣留当事人等值的其他财产。

E. 海关不能以暂停支付方式实施税收保全措施时，可以扣留纳税义务人其价值相当于应纳税款的货物或者其他财产。

F. 进出口货物的纳税义务人、担保人自规定的纳税期限届满之日起超过 3 个月未缴纳税款的，经直属海关关长或者其授权的隶属海关关长批准，海关可以扣留其价值相当于应纳税款的货物或者其他财产。

G. 对涉嫌侵犯知识产权的货物，海关可以依申请扣留。

③ 冻结存款、汇款

进出口货物的纳税义务人在规定的纳税期限内有明显的转移、藏匿其应税货物以及其他财产迹象，不能提供纳税担保的，经直属海关关长或者其授权的隶属海关关长批准，海关可以通知纳税义务人开户银行或者其他金融机构暂停支付纳税义务人相当于应纳税款的存款。

④ 封存货物或者账簿、单证

A. 海关进行稽查时，发现被稽查人的进出口货物有违反《海关法》和其他法律、行政法规嫌疑的，经直属海关关长或其授权的隶属海关关长批准，可以封存有关进出口货物。

B. 海关进行稽查时，发现被稽查人有可能篡改、转移、隐匿、毁弃账簿和单证等资料的，经直属海关关长或其授权的隶属海关关长批准，在不妨碍被稽查人正常的生产经营活动的前提下，可以暂时封存其账簿、单证等有关资料。

⑤其他强制措施

A. 进出境运输工具违抗海关监管逃逸的，海关可以连续追至海关监管区和海关附近沿海沿边规定地区以外，将其带回。

B. 对于海关监管货物，海关可以加施封志。

（2）海关行政强制执行，是指在有关当事人不依法履行义务的前提下，为实现海关的有效行政管理，依法强制当事人履行法定义务的行为。包括：

① 加收滞纳金

A. 进出口货物的纳税义务人逾期缴纳税款的，由海关征收滞纳金。

B. 进出口货物和海关监管货物因纳税义务人违反规定造成少征或者漏征税款的，海关可予追征并加征滞纳金。

② 扣缴税款

进出口货物的纳税义务人、担保人自规定的纳税期限届满之日起超过 3 个月未缴纳税款的，经直属海关关长或者其授权的隶属海关关长批准，海关可以书面通知其开户银行或者其他金融机构从其暂停支付的存款中扣缴税款。

③ 抵缴、变价抵缴

A. 当事人逾期不履行海关的处罚决定又不申请复议或者提起诉讼的，海关可以将其保证金抵缴或者将其被扣留的货物、物品、运输工具依法变价抵缴。

B. 进出口货物的纳税义务人、担保人自规定的纳税期限届满之日起超过 3 个月未缴纳税款的，经直属海关关长或者其授权的隶属海关关长批准，海关可以依法变卖应税货物，或者依法变卖其价值相当于应纳税款的货物或者其他财产，以变卖所得抵缴税款。

C. 海关以扣留方式实施税收保全措施，进出口货物的纳税义务人在规定的期限内未缴纳税款的，经直属海关关长或者其授权的隶属海关关长批准，依法变卖所扣留货物或者其他财产，以变卖所得抵缴税款。

D. 进口货物的收货人自运输工具申报进境之日起超过 3 个月未向海关申报的，其进口货物由海关提取依法变卖处理。

E. 确属误卸或者溢卸的进境货物，原运输工具负责人或者货物的收发货人逾期未办理退运或者进口手续的，由海关提取依法变卖处理。

（二）海关权力行使的基本原则

海关权力作为国家行政权的一部分，一方面，海关权力运行起到了维护国家利益、维护经济秩序、实现国家权能的积极作用；另一方面，由于客观上海关权力的广泛性、自由裁量权较大等因素，以及海关执法者主观方面的原因，海关权力在行使时任何的随意性或者滥用都必然导致管理相对人的合法权益受到侵害，从而对行政法治构成威胁，所以海关权力的行使必须遵循一定的原则。一般来说，海关权力行使应遵循的基本原则如下：

1. 合法原则

权力的行使要合法，这是行政法的基本原则——依法行政原则的基本要求。按照行政法理论，行政权力行使的合法性至少包括：

（1）行使行政权力的主体资格合法，即行使权力的主体必须有法律授权。例如，涉税走私犯罪案件的侦查权，只有缉私警察才能行使，海关其他人员则无此项权力。又如，《海关法》规定海关行使某些权力时应"经直属海关关长或者其授权的隶属海关关长批准"，如未经批准，海关人员不能擅自行使这些权力。

（2）行使权力必须有法律规范为依据。《海关法》第二条规定了海关的执法依据是《海关法》和其他有关法律、行政法规。无法律规范授权的执法行为，属于越权行为，应属无效。

（3）行使权力的方法、手段、步骤、时限等程序应合法。

（4）一切行政违法主体（包括海关及管理相对人）都应承担相应的法律责任。

2. 适当原则

行政权力的适当原则是指权力的行使应该以公平性、合理性为基础，以正义性为目标。因国家管理的需要，海关在验、放、征、减、免、罚的管理活动中拥有很大的自由裁量权，即法律仅规定一定原则和幅度，海关关员可以根据具体情况和自己的意志，自行判断和选择，采取最合适的行为方式及其内容来行使职权。因此，适当原则是海关行使行政权力的重要原则之一。为了防止自由裁量权的滥用，目前我国对海关自由裁量权进行监督的法律途径主要有行政监督（行政复议）和司法监督（行政诉讼）程序。

3. 依法独立行使原则

海关实行高度集中统一的管理体制和垂直领导方式，地方海关只对海关总署负责。海关无论级别高低，都是代表国家行使管理权的国家机关，海关依法独立行使权力，各地方、各部门应当支持海关依法行使职权，不得非法干预海关的执法活动。

4. 依法受到保障原则

海关权力是国家权力的一种，应受到保障，才能实现国家权能的作用。《海关法》规定：海关依法执行职务，有关单位和个人应当如实回答询问并予以配合，任何单位和个人不得阻挠；海关执行职务受到暴力抗拒时，执行有关任务的公安机关和人民武装警察部队应当予以协助。

（三）海关权力的监督

海关权力的监督即海关执法监督，是指特定的监督主体依法对海关行政机关及其执法人员的行政执法活动实施的监察、检查、督促等，以此确保海关权力在法定范围内运行。

为确保海关能够严格依法行政，保证国家法律、法规得以正确实施，同时也使当事人的合法权益得到有效保护，《海关法》专门设立"执法监督"一章，对海关行政执法实施监督。海关履行职责，必须遵守法律，依照法定职权和法定程序严格执法，并接受监督。这是海关的一项法定义务。

海关执法监督主要指中国共产党的监督、国家最高权力机关的监督、国家最高行政机关的监督、监察机关的监督、审计机关的监督、司法机关的监督、管理相对人的监督、社会监督，以及海关上下级机构之间的相互监督、机关内部不同部门之间的相互监督、工作人员之间的相互监督等。

四、海关的管理体制与机构

海关机构是国务院根据国家改革开放的形势以及经济发展战略的需要，依照海关法律而设立的。改革开放以来，随着我国对外经济贸易和科技文化交流与合作的发展，海关机构不断扩大，机构的设立从沿海沿边口岸扩大到内陆和沿江、沿边海关业务集中的地点，并形成了集中统一管理的垂直领导体制。这种领导体制为海关从全局出发，坚决贯彻执行党的路线、方针、政策和国家的法律、法规以及贯彻海关"依法行政，为国把关，服务经济，促进发展"的工作方针提供了保证。

（一）海关的管理体制

海关作为国家的进出境监督管理机关，为了履行其进出境监督管理职能，提高管理效率，维持正常的管理秩序，必须建立完善的管理体制。新中国成立以来，海关的管理体制几经变更。在 1980 年以前的 30 年间，除了在新中国成立初期，海关总署作为国务院的一个职能部门和组成部分，在海关系统实行集中统一的垂直领导体制外，其余大部分时间海关总署都是划归对外贸易部领导，各地方海关受对外贸易部和所在省、自治区、直辖市人民政府的双重领导。1980 年 2 月，国务院根据改革开放形势的需要作出了《国务院关于改革海关管理体制的决定》。该决定指出："全国海关建制归中央统一管理，成立中华人民共和国海关总署作为国务院直属机构，统一管理全国海关机构和人员编制、财务及其业务。"从此，海关恢复了集中统一的垂直领导体制。

1987 年 1 月，第六届全国人民代表大会常务委员会第十九次会议审议通过的《海关法》规定，"国务院设立海关总署，统一管理全国海关"，"海关依法独立行使职权，向海关总署负责"，确定了海关总署作为国务院直属机构的地位，进一步明确了海关机构的隶属关系，将海关集中统一的垂直领导体制以法律的形式予以确立。海关集中统一的垂直领导体制既适应了国家改革开放、社会主义现代化建设的需要，也适应了海关自身建设与发展的需要，有力地保证了海关各项监督管理职能的实施。

《海关法》以法律形式明确了海关的设关原则："国家在对外开放的口岸和海关监管业务集中的地点设立海关。海关的隶属关系，不受行政区划的限制。""对外开放的口岸"是指由国务院批准，允许运输工具及所载人员、货物、物品直接出入国（关）境的港口、机场、车站，以及允许运输工具、人员、货物、物品出入国（关）境的边境通道。国家规定，在对外开放的口岸必须设置海关、出入境检验检疫机构。"海关监管业务集中的地点"是指虽非国务院批准对外开放的口岸，但是海关某类或者某几类监管业务比较集中的地方，如转关运输监管、保税加工监管等。这一设关原则为海关管理从口岸向内地，进而向全关境的转化奠定了基础，同时也为海关业务制度的发展预留了空间。"海关的隶属关系，不受行政区划的限制"，表明了海关管理体制与一般性的行政管理体制的区域划分无必然联系，如果海关监督管理需要，国家可以在现有的行政区划之外考虑和安排海关的上下级关系和海关的相互关系。

（二）海关的组织机构

海关机构的设置为海关总署、直属海关和隶属海关三级。隶属海关由直属海关领导，向直属海关负责；直属海关由海关总署领导，向海关总署负责。

1. 海关总署

海关总署是国务院的直属机构，在国务院领导下统一管理全国海关机构、人员编制、经费物资和各项海关业务，是海关系统的最高领导部门。海关总署下设广东分署，在上海和天津设立特派员办事处，作为其派出机构。海关总署的基本任务是在国务院领导下，领导和组织全国海关正确贯彻实施《海关法》和国家的有关政策、行政法规，积极发挥依法行政、为国把关的职能，服务、促进和保护社会主义现代化建设。

2. 直属海关

直属海关是指直接由海关总署领导，负责管理一定区域范围内海关业务的海关。目前直属海关共有 42 个，除香港、澳门、台湾地区外，分布在全国 31 个省、自治区、直辖市。直属海关就本关区内的海关事务独立行使职权，向海关总署负责。直属海关承担着在关区内组织开展海关各项业务和关区集中审单作业，全面有效地贯彻执行海关各项政策、法律、法规、管理制度和作业规范的重要职责，在海关三级业务职能管理中发挥着承上启下的作用。

3. 隶属海关

隶属海关是指由直属海关领导，负责办理具体海关业务的海关，是海关进出境监督管理职能的基本执行单位，一般都设在口岸和海关业务集中的地点。

4. 海关缉私警察机构

为了更好地适应反走私斗争新形势的要求，充分发挥海关打击走私的整体效能，根据党中央、国务院的决定，由海关总署、公安部联合组建缉私局，设在海关总署。缉私局既是海关总署的一个内设局，又是公安部的一个序列局，实行海关总署和公安部双重领导，以海关领导为主的体制。海关总署缉私局下辖广东分署缉私局、各直属海关缉私局，直属海关缉私局下辖隶属海关缉私分局。

第三节　报关单位

一、报关单位的概念

报关单位是指依法在海关注册登记的报关企业和进出口货物收发货人。除法律、行政法规或者海关规章另有规定外，报关企业、进出口货物收发货人办理报关手续，必须依法经海关注册登记。因此，依法向海关注册登记是法人、其他组织或者个人成为报关单位的法定要求和前提条件。

二、报关单位的类型

《海关法》将报关单位划分为报关企业和进出口货物收发货人两种类型。

（一）报关企业

报关企业，是指依法经海关准予注册登记，接受进出口货物收发货人的委托，以进出口货物收发货人的名义或者以自己的名义，向海关办理代理报关业务，从事报关服务的中华人民共和国关境内的企业法人。

随着对外贸易的快速增长，我国经济的持续发展和国内产业结构、消费结构的不断升级调整，以及全球经济一体化带来的产品、技术、服务和一些重要的生产要素逐步趋于较大规模的跨国流动，我国报关业务量有了较大幅度的增长。办理货物进出境海关手续是一项专业性较强的工作，海关对这一专业技能提出了较高的要求。有些进出口货物收发货人由于经济、时间、地点等方面的原因不能或者不愿自行办理报关手续，便在实践中产生了委托报关的需求，由此也就产生了接受委托代为办理货物进出境海关手续的报关企业。

目前，我国从事报关服务的报关企业主要有两类：一类是经营国际货物运输代理等业务，兼营进出口货物代理报关业务的国际货物运输代理公司等；另一类是主营代理报关业务的报关公司或报关行。

（二）进出口货物收发货人

进出口货物收发货人，是指依法直接进口或者出口货物的中华人民共和国关境内的法人、其他组织或者个人。

一般而言，进出口货物收发货人指的是依法向国务院对外贸易主管部门（即商务部）或者其委托的机构办理备案登记的对外贸易经营者。除法律、行政法规、部门规章规定不需要备案登记的，对外贸易经营者未依法办理备案登记的，海关不予办理其货物进出境海关手续。

对于未取得对外贸易经营者备案登记表但按照国家有关规定需要从事非贸易性进出口活动的单位，如境外企业、新闻、经贸机构、文化团体等依法在中国境内设立的常驻代表机构，少量货样进出境的单位，国家机关、学校、科研院所等组织机构，临时接受捐赠、礼品、国际援助的单位等，在进出口货物时，海关也视其为进出口货物收发货人。

三、报关单位的注册登记

（一）报关注册登记制度的概念

报关注册登记制度是指报关企业、进出口货物收发货人依法向海关提交规定的注册登记申请材料，经注册地海关依法对其申请注册登记的材料进行审核，准予其办理报关业务的管理制度。

根据《海关法》的规定，可以向海关办理报关注册登记的单位有两类：一类是报关企业，主要包括报关行、国际货物运输公司等；另一类是进出口货物收发货人，主要包括依法向国务院对外贸易主管部门或者其委托的机构办理备案登记的对外贸易经营者等。海关一般不接受其他企业和单位的报关注册登记申请。海关对于未取得对外贸易经营者备案登记表，但按照国家有关规定需要从事非贸易性进出口活动的有关单位，允许其向所在地海关办理备案手续，特殊情况下可以向拟进出境口岸或者海关监管业务集中地海关办理备案手续。

考虑到两类报关单位的不同性质，海关对其规定了不同的报关注册登记条件。对于报关企业，海关要求其必须具备规定的设立条件并取得海关报关注册登记许可。对于进出口货物收发货人则实行备案制。凡是依照《中华人民共和国对外贸易法》（以下简称《对外贸易法》）经向对外贸易主管部门备案登记，有权从事对外贸易经营活动的境内法人、其他组织和个人（个体工商户）均可直接向海关办理注册登记。

（二）报关企业的注册登记

报关企业提供的报关服务是一项专业性、技术型很强的工作，是进出口贸易中重要的中介服务，为此，海关对报关企业规定了具体的设立条件。报关企业注册登记应依法获得报关企业注册登记许可。

1. 报关企业的设立条件

报关企业注册登记应当具备的条件包括：

（1）具备境内企业法人资格条件；

（2）法定代表人无走私记录；

（3）无因走私违法行为被海关撤销注册登记许可的记录；

（4）有符合从事报关服务所必需的固定经营场所和设施；

（5）海关监管所需要的其他条件。

2. 报关企业注册登记的程序

（1）报关企业注册登记许可申请

申请报关企业注册登记许可的申请人应当到所在地直属海关对外公布受理申请的场所提出申请。提出申请时应向海关提交的材料包括：报关单位情况登记表的复印件并交验原件；企业法人营业执照副本复印件以及组织机构代码证书副本复印件；报关服务营业场所所有权证明或者使用权证明；其他与申请注册登记许可相关的材料。

申请人可以委托代理人提出注册登记许可申请。申请人委托代理人代为提出申请的，应当出具授权委托书。

（2）申请的受理

对申请人提出的申请，海关应当根据下列情况分别作出处理：

① 申请人不具备报关企业注册登记许可申请资格的，应当作出不予受理的决定；

② 申请材料不齐全或者不符合法定形式的，应当当场或者在签收申请材料后5日内一次告知申请人需要补正的全部内容，逾期不告知的，自收到申请材料之日起即为受理；

③ 申请材料仅存在文字性或者技术性等可以当场更正的错误的，应当允许申请人当场更正，并且由申请人对更正内容予以签章确认；

④ 申请材料齐全、符合法定形式，或者申请人按照海关的要求提交全部补正申请材料的，海关应当受理报关企业注册登记许可申请，并作出受理决定。

（3）申请的审查

所在地海关受理申请后，应当根据法定条件和程序进行全面审查，并且于受理注册登记许可申请之日起20个工作日内审查完毕。

直属海关未授权隶属海关办理注册登记许可的，应当自收到所在地海关报送的审查意见之日起 20 个工作日内作出决定。

直属海关授权隶属海关办理注册登记许可的，隶属海关应当自受理或者收到所在地海关报送的审查意见之日起 20 个工作日内作出决定。

（4）许可决定

申请人的申请符合法定条件的，海关应当依法作出准予注册登记许可的书面决定，并送达申请人，同时核发"中华人民共和国海关报关单位注册登记证书"。

申请人的申请不符合法定条件的，海关应当依法作出不准予注册登记许可的书面决定，并且告知申请人享有依法申请行政复议或者提起行政诉讼的权利。

3. 报关企业注册登记许可的延续

报关企业办理注册登记许可延续手续，应当在有效期届满 40 个工作日前向海关提出申请，同时提交海关规定的材料。

海关应当参照注册登记许可程序在有效期届满前对报关企业的延续申请予以审查。经审查认定符合注册登记许可条件，以及法律、行政法规、海关规章规定的延续注册登记许可应当具备的其他条件的，应当依法作出准予延续两年有效期的决定。

海关应当在注册登记许可有效期届满前作出是否准予延续的决定。有效期届满时仍未作出决定的，视为准予延续，海关应当依法为其办理注册登记许可延续手续。

海关对不再具备注册登记许可条件，或者不符合法律、行政法规、海关规章规定的延续注册登记许可应当具备的其他条件的报关企业，不准予延续其注册登记许可。

报关企业未按海关规定的时限提出延续申请的，海关不再受理其注册登记许可延续申请。

4. 报关企业注册登记许可的注销

报关企业有下列情形之一的，海关应当依法注销其注册登记许可：

（1）有效期届满未申请延续的；

（2）报关企业依法终止的；

（3）注册登记许可依法被撤销、撤回，或者注册登记许可证件依法被吊销的；

（4）由于不可抗力导致注册登记许可事项无法实施的；

（5）法律、行政法规规定的应当注销注册登记许可的其他情形。

5. 海关特殊监管区域内企业的注册登记

海关特殊监管区域内企业可以申请注册登记成为特殊监管区域双重身份企业，海关按照报关企业有关规定办理注册登记手续。

特殊监管区域双重身份企业在海关特殊监管区域内拥有进出口货物收发货人和报关企业双重身份，在海关特殊监管区外仅具有报关企业身份。

除海关特殊监管区域双重身份企业外，报关单位不得同时在海关注册登记为进出口货物收发货人和报关企业。

（三）进出口货物收发货人的注册登记

1. 进出口货物收发货人注册登记的程序

进出口货物收发货人应当按照规定到所在地海关办理报关单位注册登记手续。

进出口货物收发货人申请办理注册登记时，应当向海关提交的材料包括：报关单位情况登记表的复印件并交验原件；营业执照副本复印件以及组织机构代码证书副本复印件；对外贸易经营者备案登记表复印件或者外商投资企业（台港澳侨投资企业）批准证书复印件；其他与注册登记有关的材料。

注册地海关依法对申请注册登记材料进行核对。经核对申请材料齐全、符合法定形式的，应当核发"中华人民共和国海关报关单位注册登记证书"。

2. 进出口货物收发货人注册登记的注销

进出口货物收发货人有下列情形之一的，应当以书面形式向注册地海关办理注销手续。海关在办结有关手续后，应当依法办理注销注册登记手续。

（1）破产、解散、自行放弃报关权或者分立成两个以上新企业的；

（2）被工商行政管理部门注销登记或者吊销营业执照的；

（3）丧失独立承担责任能力的；

（4）对外贸易经营者备案登记表或者外商投资企业批准证书失效的；

（5）其他依法应当注销注册登记的情形。

进出口货物收发货人有破产、解散、自行放弃报关权或者分立成两个以上新企业的情形的，如果未主动办理注销手续的，海关可以在办结有关手续后，依法注销其注册登记。

3. 临时注册登记单位的注册登记

临时注册登记单位在向海关申报前，应当向所在地海关办理备案手续。特殊情况下可以向拟进出境口岸或者海关监管业务集中地海关办理备案手续。

办理临时注册登记，应当持本单位出具的委派证明或者授权证明以及非贸易性活动证明材料。

临时注册登记的，海关可以出具临时注册登记证明，但是不予核发注册登记证书。

已经办理报关注册登记的进出口货物收发货人，海关不予办理临时注册登记手续。

（四）报关单位注册登记的有效期

报关企业注册登记许可期限为两年。报关企业"中华人民共和国海关报关单位注册登记证书"的有效期与报关企业注册登记许可期限同为两年。

被许可人需要延续注册登记许可有效期的，应当办理注册登记许可延续手续。报关企业应当在办理注册登记许可延续的同时办理换领"中华人民共和国海关报关单位注册登记证书"手续。

除海关另有规定外，进出口货物收发货人的"中华人民共和国海关报关单位注册登记证书"长期有效。

临时注册登记有效期最长为 1 年，有效期届满后应当重新办理临时注册登记手续。

（五）报关单位注册登记的变更

1. 报关企业注册登记许可的变更

报关企业的企业名称、法定代表人发生变更的，应当持"报关单位情况登记表""中华人民共和国海关报关单位注册登记证书"和变更后的工商营业执照或者其他批准文件及复印件，以书面形式到注册地海关申请变更注册登记许可。

所属报关人员备案内容发生变更的，报关企业应当在变更事实发生之日起 30 日内，持变更证明文件等相关材料到注册地海关办理变更手续。

2. 进出口货物收发货人注册登记的变更

进出口货物收发货人的企业名称、企业性质、企业住所、法定代表人（负责人）等海关注册登记内容发生变更的，应当自变更生效之日起 30 日内，持变更后的营业执照副本或者其他批准文件及复印件，到注册地海关办理变更手续。

所属报关人员发生变更的，进出口货物收发货人应当在变更事实发生之日起 30 日内，持变更证明文件等相关材料到注册地海关办理变更手续。

四、报关单位的报关行为规则

（一）报关企业的报关行为规则

报关企业应当在每年 6 月 30 日前向注册地海关提交"报关单位注册信息年度报告"。

报关企业所属人员从事报关业务的，报关企业应当到海关办理备案手续，海关予以核发证明。所属报关人员备案内容发生变更的，报关企业应当在变更事实发生之日起 30 日内，持变更证明文件等相关材料到注册地海关办理变更手续。

报关企业对其所属报关人员的报关行为应当承担相应的法律责任。

报关企业向海关提交的纸质进出口货物报关单应当加盖本单位的报关专用章。

（二）进出口货物收发货人的报关行为规则

进出口货物收发货人在海关办理注册登记后可以在中华人民共和国关境内口岸或者海关监管业务集中的地点办理本企业的报关业务。

进出口货物收发货人应当在每年 6 月 30 日前向注册地海关提交"报关单位注册信息年度报告"。

进出口货物收发货人所属人员从事报关业务的，进出口货物收发货人应当到海关办理备案手续，海关予以核发证明。进出口货物收发货人对其所属报关人员的报关行为应当承担相应的法律责任。

进出口货物收发货人向海关提交的纸质进出口货物报关单应当加盖本单位的报关专用章。进出口货物收发货人的报关专用章可以在全关境内使用。

进出口货物收发货人应当通过本单位所属的报关人员办理报关业务，或者委托海关准予注册登记的报关企业，由报关企业所属的报关人员代为办理报关业务。

五、海关对企业的信用管理

为了推进社会信用体系建设，建立企业进出口信用管理制度，保障贸易安全与便利，根据《海关法》及其他有关法律、行政法规的规定，海关按照社会信用体系建设的总体要求，以"诚信守法便利，失信违法惩戒"为原则，根据企业经营管理、内控规范、守法守信等能够反映企业信用的客观情况，科学、公平、公正地明确了认证企业、一般信用企业和失信企业的认定标准及管理措施。

（一）企业信用信息采集和公示

海关根据社会信用体系建设和国际合作需要，与国家有关部门及其他国家或者地区海关建立合作机制，推进信息互换、监管互认、执法互助。

海关采集能够反映企业进出口信用状况的信息，建立企业信用信息管理系统，包括：

企业在海关注册登记信息，企业进出口经营信息，AEO 互认信息，企业在其他行政管理部门的信息，以及其他与企业进出口相关的信息。

海关在保护国家秘密、商业秘密和个人隐私的前提下，公示企业如下信用信息：企业在海关注册登记信息，海关对企业信用状况的认定结果，企业行政处罚信息，以及其他应当公示的企业信息。海关对企业行政处罚信息的公示期限为 5 年。

公民、法人或者其他组织认为海关公示的企业信用信息不准确的，可以向海关提出异议，并提供相关资料或者证明材料。海关应当自收到异议申请之日起 20 日内复核。公民、法人或者其他组织提出异议的理由成立的，海关应当采纳。

（二）企业信用状况的认定标准和程序

1. 认证企业

认证企业是中国海关经认证的经营者（AEO），中国海关依法开展与其他国家或者地区海关的 AEO 互认，并给予互认 AEO 企业相应通关便利措施，充分体现了与国际海关接轨的要求。"经认证的经营者"在世界海关组织制定的《全球贸易安全与便利标准框架》中被定义为"以任何一种方式参与货物国际流通，并被海关当局认定符合世界海关组织或相应供应链安全标准的一方，包括生产商、进口商、出口商、报关行、承运商、理货人、中间商、口岸和机场、货站经营者、综合经营者、仓储业经营者和分销商"。经双方海关认证的 AEO 企业进口货物，可以享受通关便利措施。

截至目前，中国海关已分别与新加坡、韩国、中国香港和欧盟海关签署了 AEO 互认安排并已正式实施。

企业向海关申请成为认证企业的，海关按照《海关认证企业标准》对企业实施认证。《海关认证企业标准》分为一般认证企业标准和高级认证企业标准。

（1）一般认证企业标准

一般认证企业标准分为内部控制、财务状况、守法规范、贸易安全和附加标准，共 5 类 18 条 29 项。其中，前 4 类为基础标准，第 5 类为附加标准。

企业向海关提出适用认证企业管理申请前，应当按照该认证标准进行自我评估，并将自我评估报告随认证申请一并提交海关。

除该认证标准第 9、10、11、12、14、19、20 项外，其他项不达标或者部分达标的，允许企业规范改进。规范改进期限由海关确定，最长不超过 90 日。根据企业规范改进情况，海关认定其是否通过认证。

海关认证企业标准

（一般认证）

认证标准		
一、内部控制标准		
（一）组织机构控制	1. 内部组织架构	指定高级管理人员负责关务，对企业认证建立书面或者电子档案。
	2. 海关业务培训	（1）企业应当建立海关法律法规等相关管理规定规定的内部培训制度。 （2）法定代表人或其授权人员、负责关务的高级管理人员应当每年至少参加1次海关法律、法规等相关管理规定的内部培训，及时了解、掌握相关管理规定。
（二）进出口业务控制	3. 单证控制	具备进出口单证复核或者纠错制度或者程序。 进出口货物收发货人：在申报前或者委托申报前有专门部门或者岗位人员对进出口单证涉及的价格、归类、原产地、数量、品名、规格等内容的真实性、准确性和规范性进行内部复核。 报关企业：代理申报前，有专门部门或者岗位人员对委托人提供的监管证件、商业单据、进出口单证等资料的真实性、完整性和有效性进行合理审查。 物流企业：有专门部门或者岗位人员对运输工具进出境申报信息、舱单及相关电子数据、转关单（载货清单）等物流信息的准确性、一致性进行复核。
	4. 单证保管	（1）按海关要求建立进出口单证管理制度，确保企业保存的进出口纸质和电子报关单证、物流信息档案的及时性、完整性、准确性与安全性。 （2）妥善保管报关专用印章及海关核发的证书、法律文书。
（三）内部审计控制	5. 内审制度	（1）设立专门的内部审计机构或者岗位，或者聘请外部专职人员独立对进出口业务等实施内部审计。 （2）每年至少内审1次，建立内审书面或者电子档案。
	6. 责任追究	（1）建立对进出口业务发现的问题或者违法行为的责任追究制度或者措施。 （2）建立对企业人员和报关人员私揽货物报关，假借海关名义牟利，向海关人员行贿等行为的责任追究制度或者措施。
	7. 改进机制	（1）建立改进制度或者措施。 （2）对海关要求的规范改进事项，应由负责关务的高级管理人员直接负责具体的规范改进实施。

续表1

认证标准		
（四）信息系统控制	8. 信息安全	（1）建立信息安全管理制度，保护信息系统安全，并对员工进行相关培训。 （2）有专门程序或者制度，识别信息系统的非正常使用，包括非法入侵信息系统，篡改或者更改业务数据，并对上述行为进行严格的责任追究。信息系统要使用专人账户和密码，并且定期更改用户密码。 （3）有专门程序或者制度，保护系统和数据，有数据恢复、备份等手段防止信息丢失，应用反病毒软件和防火墙技术。
二、财务状况标准		
（五）财务状况	9. 会计信息	会计账簿和财务会计报告等会计资料真实、准确、完整记录和反映进出口活动的有关情况，财务处理及时、规范。
	10. 偿付能力	（1）企业财务的速动比率在安全或者正常范围内。 （2）企业财务的资产负债率在安全或者正常范围内。
	11. 赢利能力	企业主营业务利润率在安全或者正常范围内。
	12. 缴税能力	生产型进出口货物收发货人：上月末固定资产净值不低于其3年内向海关单笔纳税最高额。 非生产型进出口货物收发货人：上年度经营性现金净流量不为负。
三、守法规范标准		
（六）遵守法律法规	13. 人员违法记录	企业法定代表人（负责人）、负责关务的高级管理人员、财务负责人连续2年无故意犯罪记录。
	14. 违法记录	（1）连续2年无走私犯罪、走私行为。 （2）非报关企业：1年内因违反海关监管规定被处罚金额超过3万元且10万元以下的行为不超过1次。 报关企业：1年内因违反海关监管规定被处罚金额超过1万元且3万元以下的行为不超过1次。 （3）非报关企业：1年内违反海关监管规定行为的处罚金额累计10万元以下，且违法次数在5次以下或者虽然超过5次，但违规次数与上年度企业进出口相关单证［报关单及进出境备案清单、运输工具进出境申报信息、舱单及相关电子数据、转关单（载货清单）］总票数比例不超过千分之一。（企业自查发现并主动向海关报明，被海关处以警告及3万元以下罚款的除外） 报关企业：1年内违反海关监管规定行为的次数不超过企业上年度代理申报报关单及进出境备案清单总票数比例不超过万分之三，且处罚金额累计5万元以下。（企业自查发现并主动向海关报明，被海关处以警告及1万元以下罚款的除外）

认证标准		
（七）进出口业务规范	15. 注册信息	报关单位：按规定报送《报关单位注册信息年度报告》，企业及报关人员在海关的注册登记内容与实际相符。 其他企业：在海关的注册登记内容与实际相符。
	16. 进出口记录	上年度或者本年度有进出口活动或者为进出口活动提供相关服务。
	17. 申报（传输）规范	（1）报关企业：连续4个季度单季报关差错率不超过同期全国平均报关差错率。 进出口货物收发货人：连续4个季度单季报关差错率或者所委托报关企业报关差错率不超过同期全国平均报关差错率。 物流企业：连续4个季度单季舱单及相关电子数据传输差错率不超过同期全国平均传输差错率，连续4个季度单季运输工具进出境申报信息、转关单（载货清单）等物流信息的申报差错率不超过同期全国平均申报差错率。 （2）连续2个季度单季规范申报率超过85%。 （3）上年度及本年1月至上月手（账）册超期未报核情事不超过1次。
	18. 税款缴纳	（1）上年度及本年度1月至上月滞纳税款报关单率不超过5%。 （2）截至认证期间，没有超过法定缴款期限尚未缴纳的税款及罚没款项情事。
（八）符合海关管理要求	19. 管理要求	（1）连续2年未发现有向海关提供虚假情况或者隐瞒重要事实，拒绝或者拖延提供账簿单证资料，故意转移、隐匿、篡改、毁弃账簿单证资料等逃避海关稽查、逃避税款征缴的情形，或者无正当理由拒不配合海关执法或者海关管理的情形。 （2）连续2年未发现企业报送信息有隐瞒真实情况、弄虚作假的情形。 （3）连续2年未发现有假借海关或者其他企业名义获取不当利益的情形。 （4）连续2年未发现有向海关人员行贿的行为。
（九）未有不良外部信用	20. 外部信用	企业或者其企业法定代表人（负责人）、负责关务的高级管理人员、财务负责人连续1年在工商、商务、税务、银行、外汇、检验检疫、公安、检察院、法院等部门未被列入经营异常名录、失信企业或者人员名单及黑名单企业、人员。
四、贸易安全标准		
（十）场所安全控制措施	21. 场所安全	企业有检查、阻止未经许可的人员进入企业生产经营场所的书面制度和程序。 （1）大门和传达室：车辆、人员进出的大门配备人员驻守。 （2）建筑结构：建筑物的建造方式确保能够防止非法闯入。定期对建筑物进行检查和修缮，确保其完好无损。 （3）锁闭装置及钥匙保管：所有内外窗户、大门和围栏都设有足够数量的锁闭装置，管理层或者保安人员要保管所有锁和钥匙。

认证标准		
（十一）进入安全控制措施	22. 进入安全	企业实施员工和访客进出管理，有保护公司资产的书面制度和程序。 （1）员工：具有员工身份识别系统，对员工进行身份识别和进入控制。对员工、访客的身份标志（比如钥匙、钥匙卡等）的发放和回收进行统一管理和登记。 （2）访客：对进入企业的访客要检查带有照片的身份证件并进行登记，访客要佩戴临时身份标志并且有内部人员陪同。
（十二）人员安全控制措施	23. 人员安全	企业有审查拟聘员工和定期审查现有员工的书面制度和程序，提供动态的员工清单，包含姓名、出生日期、身份证号码、担任职位。 （1）聘用前审核：聘用员工前，应对其应聘申请信息（例如就业经历、推荐信等）进行核实。 （2）背景调查：聘用员工前，应对其进行有无违法犯罪记录进行安全背景的检查或者调查。一经录用，要根据员工表现及对处于重要敏感工作岗位的员工，进行定期审查和重新调查。 （3）员工离职程序：应有书面制度和程序，对离职或者停职员工及时收回工作证件、设备，并禁止其进入企业生产经营场所及使用企业信息系统。
（十三）商业伙伴安全控制措施	24. 商业伙伴安全	企业有要求商业伙伴供应链安全的书面制度和程序。 书面文件：在合同、协议或者其他书面资料中要求商业伙伴按照本认证标准优化和完善贸易安全管理。
（十四）货物安全控制措施	25. 货物安全	企业有确保供应链中货物在运输、搬运和存放过程中的完整性和安全性的措施和程序。 （1）装运和接收货物：运抵的货物要与货物单证的信息相符，核实货物的重量、标签、件数或者箱数。离岸的货物要与购货订单或者装运订单上的内容进行核实。在货物关键交接环节有签名、盖章等保护制度。 （2）货物差异：在出现货物溢、短装或者其他异常现象时要及时报告或者采取其他应对措施，并有书面制度和程序。
（十五）集装箱安全控制措施	26. 集装箱安全	企业有确保集装箱的完整性，以防止未经许可的货物或者人员混入的措施和程序。 集装箱检查：在装货前检查集装箱结构的物理完整性和可靠性，包括门的锁闭系统的可靠性，并做好相关登记。
（十六）运输工具安全控制措施	27. 运输工具安全	企业有确保运输工具（拖车和挂车）的完整性，防止未经许可的人员或者物品混入的书面制度和程序。 （1）运输工具存储：运输工具要停放在安全的区域，以防止未经许可的进入或者其他损害，有报告和解决未经许可擅自进入或者损害的程序。 （2）司机身份核实：在货物被接收或者发放前，应对装运或者接收货物的驾驶员进行身份认定。

续表4

认证标准		
（十七）危机管理控制措施	28. 危机管理	企业有应对灾害或者紧急安全事故等异常情况的书面制度和程序。应急机制：具备对灾害或者紧急安全事故等异常情况的报告、处置等应急程序或者机制。
五、附加标准		
（十八）加分标准	29. 加分项目	有下列情形之一的，经海关确认后可以加分： （1）属于海关特殊监管区域内企业。 （2）属于国家鼓励和扶持的信息技术、节能环保、新能源、高端装备制造、新材料等产业之一的企业。 （3）被中国报关协会等全国性行业组织评为优秀报关企业等荣誉称号的。 （4）属于中国外贸出口先导指数样本企业，且1年内填报问卷及时率在90%以上，问卷答案与出口增速的吻合度在0.3以上的；或者属于进口货物使用去向调查样本企业，其他统计专项调查样本企业，且1年内填报问卷及时率和复核准确率在90%以上的。 （5）属于积极配合海关开展报关单证企业存单，且连续4个季度单季存单及时率、准确率高于全国平均水平的企业。

（2）高级认证企业标准

高级认证企业标准分为内部控制、财务状况、守法规范、贸易安全和附加标准，共5类18条32项。其中，前4类为基础标准，第5类为附加标准。

企业向海关提出适用认证企业管理申请前，应当按照该认证标准进行自我评估，并将自我评估报告随认证申请一并提交海关。

除该认证标准第12、13、14、15、17、22、23项外，其他项不达标或者部分达标的，允许企业规范改进。规范改进期限由海关确定，最长不超过90日。根据企业规范改进情况，海关认定其是否通过认证。

海关认证企业标准

（高级认证）

认证标准		
一、内部控制标准		
（一）组织机构控制	1. 内部组织架构	（1）进出口业务、财务、内部监督等部门职责分工明确。 （2）指定高级管理人员负责关务，对企业认证建立书面或者电子档案。
	2. 海关业务培训	（1）企业应当建立海关法律、法规等相关管理规定的内部培训制度。 （2）法定代表人或者其授权人员、负责关务的高级管理人员应当每年至少参加1次海关法律、法规等相关管理规定的内部培训，及时了解、掌握相关管理规定。

	认证标准	
（二）进出口业务控制	3. 单证控制	具备进出口单证复核或者纠错制度或者程序。 进出口货物收发货人：在申报前或者委托申报前有专门部门或者岗位人员对进出口单证涉及的价格、归类、原产地、数量、品名、规格等内容的真实性、准确性和规范性进行内部复核。 报关企业：代理申报前，有专门部门或者岗位人员对委托人提供的监管证件、商业单据、进出口单证等资料的真实性、完整性和有效性进行合理审查。 物流企业：有专门部门或者岗位人员对运输工具进出境申报信息、舱单及相关电子数据、转关单（载货清单）等物流信息的准确性、一致性进行复核。
	4. 单证保管	（1）按海关要求建立进出口单证管理制度，确保企业保存的进出口纸质和电子报关单证、物流信息档案的及时性、完整性、准确性与安全性。 （2）妥善保管报关专用印章及海关核发的证书、法律文书。
	5. 进出口活动	进出口业务管理流程设置合理、完备，涉及的货物流、单证流、信息流能够得到有效控制，经抽查，未发现有不符合海关监管规定的情形。
（三）内部审计控制	6. 内审制度	（1）设立专门的内部审计机构或者岗位，或者聘请外部专职人员独立对进出口业务等实施内部审计。 （2）每年至少内审1次，建立内审书面或者电子档案。
	7. 责任追究	（1）建立对进出口业务发现问题或者违法行为的责任追究制度或者措施。 （2）建立对企业人员和报关人员私揽货物报关、假借海关名义牟利、向海关人员行贿等行为的责任追究制度或者措施。
（三）内部审计控制	8. 改进机制	（1）建立改进制度或者措施。 （2）对海关要求的规范改进事项，应由负责关务的高级管理人员直接负责具体规范改进实施。
（四）信息系统控制	9. 信息系统	具备真实、准确、完整、有效记录企业生产经营、进出口或者代理报关活动的信息系统，特别是财务控制、关务、物流控制等功能模块有效运行。
	10. 数据管理	（1）生产经营数据及与进出口活动有关的数据及时、准确、完整录入系统。系统数据自进出口货物办结海关手续之日起保存3年以上。 （2）进出口或者代理报关活动等主要环节在系统中能够实现流程检索、跟踪。
	11. 信息安全	（1）建立信息安全管理制度，保护信息系统安全，并对员工进行相关培训。 （2）有专门程序或者制度，识别信息系统的非正常使用，包括非法入侵信息系统，篡改或者更改业务数据，并对上述行为有严格的责任追究制度。信息系统要使用专人账户和密码，并且定期更改用户密码。 （3）有专门程序或者制度，保护系统和数据，有数据恢复、备份等手段防止信息丢失，应用反病毒软件和防火墙技术。

续表2

认证标准		
二、财务状况标准		
（五）财务状况	12. 会计信息	（1）会计账簿和财务会计报告等会计资料真实、准确、完整记录和反映进出口活动的有关情况，财务处理及时、规范。 （2）企业申请认证的，提交当年度会计师事务所审计报告，审计报告所反映的企业财务状况真实、完整、规范、合法；重新认证的，企业自成为高级认证企业起每年接受会计师事务所审计，审计报告所反映的企业财务状况真实、完整、规范、合法。
	13. 偿付能力	（1）企业财务的速动比率在安全或者正常范围内。 （2）企业财务的资产负债率在安全或者正常范围内。
	14. 赢利能力	企业主营业务利润率在安全或者正常范围内。
	15. 缴税能力	生产型进出口货物收发货人：上月末固定资产净值不低于其3年内向海关单笔纳税最高额。 非生产型进出口货物收发货人：上年度经营性现金净流量不为负。
三、守法规范标准		
（六）遵守法律法规	16. 人员违法	企业法定代表人（负责人）、负责关务的高级管理人员和财务负责人连续2年无故意犯罪记录。
	17. 企业违法	（1）连续2年无走私犯罪、走私行为。 （2）非报关企业：连续1年无因违反海关监管规定被处罚金额超过3万元的行为。 报关企业：连续1年无因违反海关监管规定被处罚金额超过1万元的行为。 （3）非报关企业：1年内违反海关监管规定行为的处罚金额累计5万元以下，且违法次数在5次以下或者虽然超过5次，但违法次数与上年度企业进出口相关单证［报关单及进出境备案清单、运输工具进出境申报信息、舱单及相关电子数据、转关单（载货清单）］总票数比例不超过千分之一。（企业自查发现并主动向海关报明，被海关处以警告及3万元以下罚款的除外） 报关企业：1年内违反海关监管规定行为的次数不超过上年度代理申报报关单及进出境备案清单总票数的万分之一，且处罚金额累计3万元以下。（企业自查发现并主动向海关报明，被海关处以警告及1万元以下罚款的除外）

续表3

认证标准		
（七）进出口业务规范	18. 注册信息	报关单位：按规定报送《报关单位注册信息年度报告》，企业及报关人员在海关的注册登记内容与实际相符。 其他企业：在海关的注册登记内容与实际相符。
	19. 进出口记录	上年度或者本年度有进出口活动或者为进出口活动提供相关服务。
	20. 申报（传输）规范	（1）报关企业：连续4个季度单季报关差错率不超过同期全国平均报关差错率。 进出口货物收发货人：连续4个季度单季报关差错率或者所委托报关企业报关差错率不超过同期全国平均报关差错率。 物流企业：连续4个季度单季舱单及相关电子数据传输差错率不超过同期全国平均传输差错率，连续4个季度单季运输工具进出境申报信息、转关单（载货清单）等物流信息的申报差错率不超过同期全国平均申报差错率。 （2）连续2个季度单季规范申报率超过90%。 （3）上年度及本年1月至上月手（账）册超期未报核情事不超过1次。
	21. 税款缴纳	（1）上年度及本年度1月至上月滞纳税款报关单率不超过5%。 （2）截至认证期间，没有超过法定缴款期限尚未缴纳税款及罚没款项情事。
（八）符合海关管理要求	22. 管理要求	（1）连续2年未发现有向海关提供虚假情况或者隐瞒重要事实，拒绝或者拖延提供账簿单证资料，故意转移、隐匿、篡改、毁弃账簿单证资料等逃避海关稽查、逃避税款征缴的情形，或者无正当理由拒不配合海关执法或者管理的情形。 （2）连续2年未发现企业报送信息有隐瞒真实情况、弄虚作假的情形。 （3）连续2年未发现有假借海关或者其他企业名义获取不当利益的情形。 （4）连续2年未发现有向海关人员行贿的行为。
（九）未有不良外部信用	23. 外部信用	企业或者其法定代表人（负责人）、负责关务的高级管理人员、财务负责人连续1年在工商、商务、税务、银行、外汇、检验检疫、公安、检察院、法院等部门未被列入经营异常名录、失信企业或者人员名单及黑名单企业、人员。
四、贸易安全标准		

续表4

认证标准		
（十）场所安全控制措施	24. 场所安全	企业有检查、阻止未载明的货物和未经许可的人员进入场所、货物装卸和储存区域的书面制度和程序；进出口货物进出的区域设有隔离设施，以防止未经许可的人员进入。 （1）大门和传达室：车辆、人员进出的大门配备人员驻守。 （2）建筑结构：建筑物的建造方式能够防止非法闯入。定期对建筑物进行检查和修缮，确保其完好无损。 （3）照明：企业生产经营场所配备充足的照明，包括出入口、货物装卸和储存区、围墙周边及停车场/停车区域。 （4）报警系统及视频监控摄像机：装配报警系统和视频监控摄像机，监测出入口、货物装卸和储存区、围墙周边及停车场/停车区域，防止未经许可进入货物存储以及装卸区。 （5）存储区域：在货物装卸和储存区域，以及用于存放进出口货物的区域设有隔离设施，以阻止任何未经许可的人员进入。 （6）锁闭装置及钥匙保管：所有内外窗户、大门和围栏都设有足够数量的锁闭装置，管理层或者保安人员要保管所有锁和钥匙。
（十一）进入安全控制措施	25. 进入安全	企业实行门禁管理，有实施员工和访客进出、保护公司资产的书面制度和程序。 （1）员工：具有员工身份识别系统，对员工进行身份识别和进入控制。对员工、访客的身份标志（比如钥匙、钥匙卡等）的发放和回收进行统一管理和登记。 （2）访客：对进入企业的访客要检查带有照片的身份证件并进行登记，访客要佩戴临时身份标志并且有内部人员陪同。 （3）未经许可进入、身份不明的人员：有识别、质询和确认未经许可进入、身份不明的人员的程序；发现可疑人员进入的，企业员工要及时报告。
（十二）人员安全控制措施	26. 人员安全	企业有审查拟聘员工和定期审查现有员工的书面制度和程序，提供动态的员工清单，包含姓名、出生日期、身份证号码、担任职位。 （1）聘用前审核：聘用员工前，要对其应聘申请信息（例如就业经历、推荐信等）进行核实。 （2）背景调查：聘用员工前，要对其进行有无违法犯罪记录等安全背景的检查或者调查。一经录用，要根据员工表现及对处于重要敏感工作岗位的员工，进行定期审查和重新调查。 （3）员工离职程序：有书面制度和程序，对离职或者停职员工及时收回工作证件、设备，并禁止其进入企业生产经营场所及使用企业信息系统。 （4）安全培训：要对员工进行供应链安全意识的日常性培训，员工要了解企业应对某种状况及进行报告的程序。

续表5

		认证标准
（十三）商业伙伴安全控制措施	27. 商业伙伴安全	企业有评估、要求、检查商业伙伴供应链安全的书面制度和程序。 （1）全面评估：在筛选商业伙伴时根据本认证标准对商业伙伴进行全面评估，重点评估守法合规和贸易安全，并有书面制度和程序。 （2）书面文件：在合同、协议或者其他书面资料中要求商业伙伴按照本认证标准优化和完善贸易安全管理。 （3）监控检查：定期监控或者检查商业伙伴遵守贸易安全要求的情况，并有书面制度和程序。
（十四）货物安全控制措施	28. 货物安全	企业有确保供应链中货物在运输、搬运和存放过程中的完整性和安全性的措施和程序。 （1）装运和接收货物：运抵的货物要与货物单证的信息相符，核实货物的重量、标签、件数或者箱数。离岸的货物要与购货订单或者装运订单上的内容进行核实。在货物关键交接环节有签名、盖章等保护制度。 （2）货物差异：在出现货物溢、短装或者其他异常现象时要及时报告或者采取其他应对措施，并有书面制度和程序。
（十五）集装箱安全控制措施	29. 集装箱安全	企业有确保集装箱的完整性，以防止未经许可的货物或者人员混入的措施和程序。 （1）集装箱检查：在装货前检查集装箱结构的物理完整性和可靠性，包括门的锁闭系统的可靠性，并做好相关登记。检查建议采取"七点检查法"（即对集装箱按照以下顺序检查：前壁、左侧、右侧、地板、顶部、内/外门、外部/起落架）。 （2）集装箱封条：已装货集装箱要施加高安全度的封条，所有封条都要符合或者超出现行 PAS ISO 17712 对高度安全封条的标准，封条有专人管理、登记。要建立施加和检验封条的书面制度和程序，以及封条异常的报告机制。 （3）集装箱存储：集装箱要保存在安全的区域，以防止未经许可的进入或者改装，有报告和解决未经许可擅自进入集装箱或者集装箱存储区域的程序。
（十六）运输工具安全控制措施	30. 运输工具安全	企业有确保运输工具（拖车和挂车）的完整性，防止未经许可的人员或者物品混入的书面制度和程序。 （1）运输工具的检查程序：有专门程序或者制度检查出入运输工具，防止藏匿可疑物品。 （2）运输工具存储：运输工具要停放在安全的区域，以防止未经许可的进入或者其他损害，有报告和解决未经许可擅自进入或者损害的程序。 （3）司机身份核实：在货物被接收或者发放前，应对装运或者接收货物的驾驶员进行身份认定。

续表6

认证标准		
（十七）危机管理控制措施	31. 危机管理	企业有应对灾害或者紧急安全事故等异常情况的书面制度和程序。 （1）应急机制：具备对灾害或者紧急安全事故等异常情况的报告、处置等应急程序或者机制。 （2）应急培训：要对员工进行应急培训。 （3）异常报告：发现有灾害或者紧急安全事故等异常情况、非法或者可疑活动，要报告海关或者其他有关执法机关。
五、附加标准		
（十八）加分标准	32. 加分项目	有下列情形之一的，经海关确认后可以加分： （1）属于海关特殊监管区域内企业。 （2）属于国家鼓励和扶持的信息技术、节能环保、新能源、高端装备制造、新材料等产业之一的企业。 （3）被中国报关协会等全国性行业组织评为优秀报关企业等荣誉称号的。 （4）属于中国外贸出口先导指数样本企业，且 1 年内填报问卷及时率在 90% 以上，问卷答案与出口增速的吻合度在 0.3 以上的；或者属于进口货物使用去向调查样本企业，其他统计专项调查样本企业，且 1 年内填报问卷及时率和复核准确率在 90% 以上的。 （5）属于积极配合海关开展报关单证企业存单，且连续 4 个季度单季存单及时率、准确率高于全国平均水平的企业。

海关或者申请企业可以委托具有法定资质的社会中介机构对企业进行认证；中介机构认证结果经海关认可的，可以作为认定企业信用状况的参考依据。

海关自收到企业书面认证申请之日起 90 日内作出认证结论。特殊情形下，海关认证时限可以延长 30 日。

企业有下列情形之一的，海关终止认证：发生涉嫌走私或者违反海关监管规定的行为被海关立案侦查或者调查的；主动撤回认证申请的；其他应当终止认证的情形。

2. 失信企业

企业有下列情形之一的，海关认定为失信企业：

（1）有走私犯罪或者走私行为的；

（2）非报关企业 1 年内违反海关监管规定行为次数超过上年度报关单、进出境备案清单等相关单证总票数千分之一，且被海关行政处罚金额超过 10 万元的违规行为 2 次以上的，或者被海关行政处罚金额累计超过 100 万元的；

报关企业 1 年内违反海关监管规定行为次数超过上年度报关单、进出境备案清单总票数万分之五的，或者被海关行政处罚金额累计超过 10 万元的；

（3）拖欠应缴税款、应缴罚没款项的；

（4）上一季度报关差错率高于同期全国平均报关差错率 1 倍以上的；

（5）经过实地查看，确认企业登记的信息失实且无法与企业取得联系的；

（6）被海关依法暂停从事报关业务的；

（7）涉嫌走私、违反海关监管规定拒不配合海关进行调查的；

（8）假借海关或者其他企业名义获取不当利益的；

（9）弄虚作假、伪造企业信用信息的；

（10）其他海关认定为失信企业的情形。

3. 一般信用企业

企业有下列情形之一的，海关认定为一般信用企业：

（1）首次注册登记的企业；

（2）不再符合认证企业规定条件，且未发生失信企业所列情形的；

（3）适用失信企业管理满1年，且未再发生失信企业规定情形的。

4. 企业信用状况的调整

海关对企业信用状况的认定结果实施动态调整。

海关对高级认证企业每3年重新认证一次，对一般认证企业不定期重新认证。未通过认证的企业，不再适用认证企业管理，1年内不得再次申请成为认证企业；未通过高级认证但符合一般认证企业标准的，适用一般认证企业管理。

适用失信企业管理满1年，且未再发生失信企业规定情形的，海关应当将其调整为一般信用企业管理。

失信企业被调整为一般信用企业满1年的，可以向海关申请成为认证企业。

（三）管理原则和措施

1. 认证企业适用的管理原则和措施：

（1）一般认证企业适用的管理原则和措施

① 较低进出口货物查验率；

② 简化进出口货物单证审核；

③ 优先办理进出口货物通关手续；

④ 海关总署规定的其他管理原则和措施。

（2）高级认证企业适用的管理原则和措施

高级认证企业除适用一般认证企业管理原则和措施外，还适用下列管理措施：

① 在确定进出口货物的商品归类、海关估价、原产地或者办结其他海关手续前先行办理验放手续；

② 海关为企业设立协调员；

③ 对从事加工贸易的企业，不实行银行保证金台账制度；

④ AEO互认国家或者地区海关提供的通关便利措施。

高级认证企业适用的管理措施优于一般认证企业。

2. 失信企业适用海关下列管理原则和措施：

（1）较高进出口货物查验率；

（2）进出口货物单证重点审核；

（3）加工贸易等环节实施重点监管；

（4）海关总署规定的其他管理原则和措施。

3. 因企业信用状况认定结果不一致导致适用的管理措施相抵触的，海关按照就低原则实施管理。

认证企业涉嫌走私被立案侦查或者调查的，海关暂停适用相应管理措施，按照一般信用企业进行管理。

4. 企业名称或者海关注册编码发生变更的，海关对企业信用状况的认定结果和管理措施继续适用。

5. 企业有下列情形之一的，按照以下原则作出调整：

（1）企业发生存续分立，分立后的存续企业承继分立前企业的主要权利义务的，适用海关对分立前企业的信用状况认定结果和管理措施，其余的分立企业视为首次注册企业；

（2）企业发生解散分立，分立企业视为首次注册企业；

（3）企业发生吸收合并，合并企业适用海关对合并后存续企业的信用状况认定结果和管理措施；

（4）企业发生新设合并，合并企业视为首次注册企业。

六、报关单位的海关法律责任

报关单位在办理报关业务时，应遵守国家有关法律、行政法规和海关的各项规定，并对所申报货物、物品的品名、规格、价格、数量等的真实性、合法性负责，承担相应的法律责任。

报关单位的海关法律责任，是指报关单位违反海关法律规范所应承担的法律后果，并由海关及有关司法机关对其违法行为依法予以追究，实施法律制裁。《海关法》《海关行政处罚实施条例》和有关海关行政规章等都对报关单位的法律责任进行了规定。《中华人民共和国刑法》（以下简称《刑法》）关于走私犯罪的规定，《中华人民共和国行政处罚法》（以下简称《行政处罚法》）关于行政处罚的原则、程序、时效、管辖、执行等规定，也都适用于对报关单位海关法律责任的追究。

（一）报关单位海关法律责任的原则性规定

1. 报关单位违反《海关法》及有关法律、行政法规，逃避海关监管，偷逃应纳税款，逃避国家有关进出境的禁止性或者限制性管理，非法运输、携带、邮寄国家禁止、限制进出口或者依法应当缴纳税款的货物、物品进出境，或者未经海关许可并且未缴纳应纳税款、交验有关许可证件，擅自将保税货物、特定减免税货物以及其他海关监管货物、物品、进境的境外运输工具在境内销售，构成犯罪的，将被依法追究刑事责任。

2. 报关单位违反《海关法》及有关法律、行政法规，逃避海关监管，偷逃应纳税款，逃避国家有关进出境的禁止性或者限制性管理，非法运输、携带、邮寄国家禁止、限制进出口或者依法应当缴纳税款的货物、物品进出境，或者未经海关许可并且未缴纳应纳税款、交验有关许可证件，擅自将保税货物、特定减免税货物以及其他海关监管货物、物品、进境的境外运输工具在境内销售，尚不构成犯罪的，由海关没收走私货物、物品及违法所得，可以并处罚款；对专门或者多次用于掩护走私的货物、物品，专门或者多次用于走私的运输工具，海关将予以没收；对藏匿走私货物、物品的特制设备，海关将责令拆毁或者没收。

3. 报关单位有违反《海关法》及有关法律、行政法规、海关规章或海关规定程序、手续，尚未构成走私的行为，海关按《海关行政处罚实施条例》的有关规定处理。

（二）报关单位违反海关监管规定的行为及其处罚

1. 违反国家进出口管理规定，进出口国家禁止进出口的货物的，责令退运，处100万元以下罚款。

2. 违反国家进出口管理规定，进出口国家限制进出口的货物的，进出口货物的收发货人向海关申报时不能提交许可证件的，进出口货物不予放行，处货物价值 30% 以下罚款。

3. 违反国家进出口管理规定，进出口属于自动进出口许可管理的货物，进出口货物的收发货人向海关申报时不能提交自动许可证明的，进出口货物不予放行。

4. 报关单位在办理报关业务的过程中，进出口货物的品名、税则号列、数量、规格、价格、贸易方式、原产地、起运地、运抵地、最终目的地或者其他应当申报的项目未申报或者申报不实的，分别依照下列规定予以处罚，有违法所得的，没收违法所得：

（1）影响海关统计准确性的，予以警告或者处 1 000 元以上 1 万元以下罚款；

（2）影响海关监管秩序的，予以警告或者处 1 000 元以上 3 万元以下罚款；

（3）影响国家许可证件管理的，处货物价值 5% 以上 30% 以下罚款；

（4）影响国家税款征收的，处漏缴税款 30% 以上 2 倍以下罚款；

（5）影响国家外汇、出口退税管理的，处申报价格 10% 以上 50% 以下罚款。

在代理报关业务中，因进出口货物收发货人未按照规定向报关企业提供所委托报关事项的真实情况，致使发生上述情形的，有关法律责任由委托人承担；因报关企业对委托人所提供情况的真实性未进行合理审查，或者因工作疏忽致使发生上述情形的，可以对报关企业处货物价值 10% 以下罚款，暂停其 6 个月以内从事报关业务，情节严重的，撤销其报关注册登记。

5. 报关单位有下列行为之一的，处货物价值 5% 以上 30% 以下罚款，有违法所得的，没收违法所得：

（1）未经海关许可，擅自将海关监管货物开拆、提取、交付、发运、调换、改装、抵押、质押、留置、转让、更换标记、移作他用或者进行其他处置的；

（2）未经海关许可，在海关监管区以外存放海关监管货物的；

（3）经营海关监管货物的运输、储存、加工、装配、寄售、展示等业务，有关货物灭失、数量短少，或者记录不真实，不能提供正当理由的；

（4）经营保税货物的运输、储存、加工、装配、寄售、展示等业务，不依照规定办理收存、交付、结转、核销等手续，或者中止、延长、变更、转让有关合同不依照规定向海关办理手续的；

（5）未如实向海关申报加工贸易制成品单位耗料量的；

（6）未按照规定期限将过境、转运、通运货物运输出境，擅自留在境内的；

（7）未按照规定期限将暂时进出口货物复运出境或者复运进境，擅自留在境内或者境外的；

（8）有违反海关规定的其他行为，致使海关不能或者中断对进出口货物实施监管的。

上述规定中所涉货物属于国家限制进出口需要提交许可证件的，当事人在规定期限内不能提交许可证件的，另处货物价值 30% 以下罚款；漏缴税款的，可以另处漏缴税款 1 倍以下罚款。

6. 报关单位有下列行为之一的，予以警告，可以处 3 万元以下罚款：

（1）擅自开启或者损毁海关封志的；

（2）遗失海关制发的监管单证、手册等凭证，妨碍海关监管的。

7. 伪造、变造、买卖海关单证的，处 5 万元以上 50 万元以下罚款，有违法所得的，没收违法所得；构成犯罪的，依法追究刑事责任。

8. 进出口侵犯知识产权的货物的，没收侵权货物，并处货物价值 30% 以下罚款；构成犯罪的，依法追究刑事责任。

需要向海关申报知识产权状况，而未按规定向海关如实申报的，或者未提交合法适用有关知识产权的证明文件的，可以处 5 万元以下罚款。

9. 报关企业有下列情形之一的，责令改正，给予警告，可以暂停其 6 个月以内从事报关业务：

（1）拖欠税款或者不履行纳税义务的；

（2）报关企业出让其名义供他人办理进出口货物报关纳税事宜的；

（3）损坏或者丢失海关监管货物，不能提供正当理由的；

（4）有需要暂停其从事报关业务的其他违法行为的。

10. 报关企业有下列情形之一的，海关可以撤销其注册登记：

（1）报关企业构成走私犯罪或者 1 年内有 2 次以上走私行为的；

（2）被海关暂停从事报关业务，恢复从事报关业务后 1 年内再次发生拖欠税款或者不履行纳税义务、出让企业名义供他人办理进出口货物报关纳税事宜、损坏或者丢失海关监管货物且不能提供正当理由等情形的；

（3）有需要撤销其注册登记的其他违法行为的。

11. 报关企业非法代理他人报关或者超出海关准予的从业范围进行报关活动的，责令改正，处 5 万元以下罚款，暂停其 6 个月以内从事报关业务；情节严重的，撤销其报关注册登记。

12. 进出口货物收发货人、报关企业向海关工作人员行贿的，撤销其报关注册登记，并处 10 万元以下罚款；构成犯罪的，依法追究刑事责任，并不得重新注册登记为报关企业。

13. 提供虚假资料骗取海关注册登记的，撤销其注册登记，并处 30 万元以下罚款。

14. 海关对于未经海关注册登记从事报关业务的，予以取缔，没收违法所得，可以并处 10 万元以下罚款。

15. 报关单位有下列情形之一的，海关予以警告，责令其改正，并可以处 1 万元以下罚款：

（1）报关单位企业名称、企业性质、企业住所、法定代表人（负责人）等海关注册登记内容发生变更，未按照规定向海关办理变更手续的；

（2）向海关提交的注册信息中隐瞒真实情况、弄虚作假的。

此外，根据《海关法》的规定，海关准予从事有关业务的企业，违反《海关法》有关规定的，由海关责令改正，可以给予警告、暂停其从事有关业务，直至撤销注册登记，因此与报关活动相关的其他法人在从事与报关相关的活动中，违反《海关法》及有关法律、行政法规的，也要承担相应的行政、刑事法律责任。

对于法人或者其他组织有违反《海关法》及有关法律、行政法规的行为，除处罚该法人或者组织外，对其主管人员和直接责任人员予以警告，可以处 5 万元以下罚款，有违法所得的，没收违法所得。

七、报关人员

报关人员，即报关员，是指经报关单位向海关备案，专门负责办理所在单位报关业务的人员。

向海关办理进出口货物报关业务的报关人员是向社会提供专业化智力服务的人员，是联系报关单位与海关之间的桥梁，在进出口货物的通关工作中起着重要作用。由于进出口货物的报关手续比较复杂，办理报关业务的人员需要熟悉法律、税务、外贸、商品等知识，精通有关法律、法规、规章和掌握办理海关手续的技能。报关人员业务水平的高低和报关质量的好坏不仅影响进出口货物的通关速度和海关的工作效率，而且直接影响报关单位的经济效益。特别是报关企业的报关人员的业务水平，直接关系到企业的声誉，影响到企业的生存与发展。

根据国务院简政放权、转变职能、深化行政审批制度改革的要求，海关总署改革现行报关从业人员资质资格管理制度，取消了报关员注册和报关员资格证书行政许可，对报关人员从业不再设置门槛和准入条件，海关通过对报关单位的管理规范报关从业人员的报关行为。海关对报关从业人员实行备案管理，报关单位所属人员从事报关业务的，由报关单位到海关办理备案手续，海关予以核发证明。报关单位对其所属报关人员的报关行为应当承担相应的法律责任。

第二章 报关与对外贸易管制

对外贸易管制是指一国政府为了国家的宏观经济利益、国内外政策需要，以及履行所缔结或加入国际条约的义务，确立实行各种管制制度、设立相应管制机构和规范对外贸易活动的总称。

我国于 2001 年 12 月 11 日正式加入了世界贸易组织。随着世界经济全球化、区域化的不断发展，我国的经济日益融入世界经济的发展潮流之中，经过十多年的时间，我国的对外贸易得到了飞速的发展，已经成为世界贸易的重要组成部分，发挥着举足轻重的作用，对外经贸已成为我国经济活动的核心之一。为适应这种形势的需要及与国际经济贸易接轨的要求，维护对外贸易秩序，促进对外经济贸易和科技文化交往，保障社会主义现代化建设，我国颁布了一系列对外贸易管制的法律、行政法规、部门规章，确立了对外贸易经营者登记管理、出入境检验检疫、外汇管理等制度，制定了有关进出口禁止、限制、自动许可、反倾销、反补贴、进出口收付汇核销等措施。

第一节 对外贸易管制概述

对外贸易管制是政府的一种强制性行政管理行为，所涉及的法律、行政法规、部门规章是强制性的法律文件。报关是对外贸易管制制度最直接的体现。因此，对外贸易经营者或其代理人在报关活动中必须严格遵守对外贸易管制制度，并按照相应的管理要求办理进出口手续。

纵观国际贸易的发展史，自古以来对外贸易管制一直处于商务外交的中心，早期的贸易协定在处理领土与和平问题的同时就规制贸易管理，世界各国无一例外地采取各种形式对本国的对外贸易活动加以规范。可以说，通过立法和政策管制进出口贸易，依法保护本国的产业和市场，维护国家的至高利益，长期以来都是一国政府的一项义不容辞的重大职责，充分体现了一国经济发展水平和处理对外贸易关系的总政策，成为政府管理和监督对外贸易强有力的工具。

一个国家对外贸易管制制度涉及工业、农业、商业、军事、技术、卫生、环保、税务、资源保护、质量监督、外汇管理以及金融、保险、信息服务等诸多领域。对外贸易管制通常有 3 种分类形式：一是按管理目的分为进口贸易管制和出口贸易管制；二是按管制手段分为关税措施和非关税措施；三是按管制对象分为货物进出口贸易管制、技术进出口贸易管制和国际服务贸易管制。本章重点介绍我国对外贸易管制中有关货物和技术的管制制度、措施以及在执行这些贸易管制措施过程中所涉及报关规范的相关内容。

一、对外贸易管制的目的及特点

随着世界经济全球化、区域化的不断发展，各国之间的经济关系变得越来越紧密，相互的依存度也越来越高，各种区域经济合作和贸易协定应运而生，因此一国对外贸易管制政策在充分考虑本国经济状况的同时还必须受到其所加入国际贸易协定规则的约束，必须在其规则所允许范围内，按照规定的程序进行相对自主的管理。国际贸易政策环境也随着各国政府对外贸易管制措施的改变而改变。

尽管各国所实行的对外贸易管制措施在形式和内容上有许多差异，但管制的目的往往是相同的，主要表现为以下几个方面：

（一）保护本国经济利益，发展本国经济

发展中国家实行对外贸易管制主要是为了保护本国的民族工业，建立与巩固本国的经济体系；通过对外贸易管制的各项措施，防止外国产品冲击本国市场而影响本国独立的经济结构的建立；同时，也是为了维护本国的国际收支平衡，使有限的外汇能有效地发挥最大的作用。发达国家实行对外贸易管制主要是为了确保本国在世界经济中的优势地位，避免国际贸易活动对本国经济产生不良影响，特别是要保持本国某些产品或技术的国际垄断地位，保证本国各项经济发展目标的实现。因此，各国的对外贸易管制措施都是与其经济利益相联系的。各国的贸易管制措施是各国经济政策的重要体现。

（二）推行本国的外交政策

不论是发达国家还是发展中国家，往往出于政治或安全上的考虑，甚至不惜牺牲本国经济利益，在不同时期，对不同国家或不同商品实行不同的对外贸易管制措施，以达到其政治上的目的或安全上的目标。因此，贸易管制往往成为一国推行其外交政策的有效手段。

（三）行使国家职能

一个主权国家，对其自然资源和经济行为享有排他的永久主权，国家对外贸易管制制度和措施的强制性是为保护本国环境和自然资源、保障国民人身安全、调控本国经济而行使国家管理职能的一个重要保证。

从对外贸易管制的目的看，贸易管制政策是一国对外政策的体现，这是对外贸易管制的一个显著特点。正是为了实现上述目的，各国都要根据其不同时期的不同经济利益或安全和政治形势需要，随时调整对外贸易管制政策，因此，不同国家或同一国家的不同时期的贸易管制政策是各不相同的。这种因时间、形势而变化的特性是贸易管制的又一大特点。各国对外贸易管制的另一特点是以对进口的管制为重点，虽然贸易管制有效地保护了本国国内市场和本国的经济利益，但在一定程度上也阻碍了世界经济交流，抑制了国际贸易的发展。因此，如何充分发挥贸易管制的有利因素，尽量减少其带来的不利因素，变被动保护为主动、积极的保护，是衡量一个国家管理对外贸易水平的标志。

二、对外贸易管制与海关监管

对外贸易管制是一种国家管制，任何从事对外贸易的活动者都必须无条件地遵守。国家对外贸易管制的目标是以对外贸易管制法律、法规为保障，依靠有效的政府行政管理手段来最终实现的。

（一）海关监管是实现贸易管制的重要手段

我国《对外贸易法》将对外贸易划分为货物进出口、技术进出口和国际服务贸易。贸易管制主要是通过国务院商务主管部门及其他政府职能主管部门依据国家贸易管制政策核

签各类许可证件或者批准文件来实现。

货物进出口贸易及以货物为表现形式的技术进出口贸易，最终表现为进出境行为。海关作为进出关境监督管理机关，依据《海关法》所赋予的权力，代表国家在口岸行使进出境监督管理职能，这种特殊的管理职能决定了海关监管是实现贸易管制目标的有效行政管理手段，海关依据许可证件和相关文件对实际进出口货物的合法性实施监督管理。

对外贸易管制作为一项综合制度，是需要建立在国家各行政管理部门之间合理分工的基础上，通过各尽其责的通力合作来实现的。我国《海关法》规定："中华人民共和国海关是国家的进出关境监督管理机关。海关依照本法和其他有关法律、行政法规，监管进出境的运输工具、货物、行李物品、邮递物品和其他物品，征收关税和其他税、费，查缉走私，并编制海关统计和办理其他海关业务。"国家贸易管制是通过国务院商务主管部门及其他政府职能主管部门依据国家贸易管制政策发放各类许可证件或者下发相关文件，最终由海关依据许可证件和相关文件对实际进出口货物的合法性实施监督管理来实现的。缺少海关监管这一环节，任何对外贸易管制政策都不可能充分发挥其效力。

《海关法》第四十条规定："国家对进出境货物、物品有禁止性或者限制性规定的，海关依据法律、行政法规、国务院的规定或者国务院有关部门依据法律、行政法规的授权作出的规定实施监管。"该条款不仅赋予了海关对进出口货物依法实施监督管理的权力，还明确了国家对外贸易管制政策所涉及的法律、法规是海关对进出口货物监管工作的法律依据。根据我国行政管理职责的分工，与对外贸易管制相关的法律、行政法规、部门规章分别由全国人大、国务院及其所属各部、委（局）负责制定、颁发，海关则是贸易管制政策在货物进出口环节的具体执行机关。因此，海关对进出口货物实施监管或制定有关监管程序时，必须以国家贸易管制政策所涉及的法律、法规为依据，充分重视这些法律、法规与海关实际工作之间的必然联系，以准确贯彻和执行政策作为海关开展各项管理工作的前提和原则，制定合法、高效的海关监督管理程序，充分运用《海关法》赋予的权力，确保国家各项贸易管制目标的实现。

由于国家进出口贸易管制政策是通过国务院商务主管部门及其他政府职能主管部门依据国家贸易管制政策核签各类许可证件或者批准文件，最终由海关依据许可证件、相关文件及其他单证（报关单、提单、发票、合同等）对实际进出口货物的合法性实施监督管理来实现的，因此，海关执行贸易管制离不开"单"（包括报关单在内的各类报关单据及其电子数据）、"证"（各类许可证件、相关文件及其电子数据）、"货"（实际进出口货物）这三大要素。"单""证""货"相符，是海关确认货物合法进出口的必要条件。对进出口受国家贸易管制的货物，只有在确认达到"单单相符""单货相符""单证相符""证货相符"的情况下，海关才可放行。

（二）报关是海关确认进出口货物合法性的先决条件

《海关法》第二十四条规定："进口货物的收货人、出口货物的发货人应当向海关如实申报，提交进出口许可证件和有关单证。国家限制进出口的货物，没有进出口许可证件的，不予放行。"海关通过审核"单""证""货"这三要素来确认货物进出口的合法性。而这三要素中的"单"和"证"是报关中申报环节向海关递交的，是收发货人办理进出口货物海关手续时应履行的法律义务。因此，报关不仅是进出口货物收发货人或其代理人必须履行的手续，也是海关确认进出口货物合法性的先决条件。

（三）海关贸易管制执法手段

海关 H2010 通关系统对禁止进出口及大部分许可证件设定了相应的监管证件代码，并与监管方式相对应。H2010 通关系统根据"监管方式证件表"中监管方式及监管证件的对应关系，在通关过程中对所需的监管证件进行提示；对暂无监管证件提示的其他贸易管制商品，根据贸易管制相关规定执行。

近年来，海关逐步探索、实现通关无纸化，并实现了部分有代码许可证件的联网核销，即海关与相关主管部门可以直接联网交换进出口货物许可证件信息，减少了因申报、审核纸质报关单、许可证件而带来的通关效率慢等问题。截至 2016 年 4 月，实现海关与各发证机关联网的许可证件共计 9 类 13 种，即进出口许可证、两用物项和技术进出口许可证、自动进口许可证、出入境货物通关单、合法捕捞产品通关证明、农药进出口登记管理放行通知单、密码产品和设备进口许可证、固体废物进口许可证、有毒化学品环境管理放行通知单。

三、我国对外贸易管制的基本框架和法律体系

1949 年 9 月，中国人民政治协商会议上通过的、起临时宪法作用的《中国人民政治协商会议共同纲领》规定，"我国实行对外贸易管制，并采取保护贸易的政策"。实行对外贸易管制是由我国社会制度和经济发展需要所决定的，几十年的实践证明，实行对外贸易管制对我国的经济建设和对外贸易发展起到极其重要的作用。

（一）基本框架

我国对外贸易管制制度是一种综合管理制度，主要由海关监管制度、关税制度、对外贸易经营者管理制度、进出口许可制度、出入境检验检疫制度、进出口货物收付汇管理制度以及贸易救济制度等构成。为保障贸易管制各项制度的实施，我国已基本建立并逐步健全了以《对外贸易法》为核心的对外贸易管制的法律体系，并依照这些法律、行政法规、部门规章和我国履行国际公约的有关规定，自主实行对外贸易管制。本章将着重阐述进出口许可制度、对外贸易经营者管理制度、出入境检验检疫制度、进出口货物收付汇管理制度、对外贸易救济措施等。

（二）法律体系

由于我国对外贸易管制是一种国家管制，因此其所涉及的法律渊源只限于宪法、法律、行政法规、部门规章以及相关的国际条约，不包括地方性法规、规章及各民族自治区政府的地方条例和单行条例。

1. 法律

我国现行的与对外贸易管制有关的法律主要有《对外贸易法》《海关法》《中华人民共和国进出口商品检验法》《中华人民共和国进出境动植物检疫法》《中华人民共和国固体废物污染环境防治法》《中华人民共和国国境卫生检疫法》《中华人民共和国野生动物保护法》《中华人民共和国药品管理法》《中华人民共和国文物保护法》《中华人民共和国食品卫生法》等。

2. 行政法规

我国现行的与对外贸易管制有关的行政法规主要有《中华人民共和国货物进出口管理条例》《中华人民共和国技术进出口管理条例》《关税条例》《知识产权海关保护条例》

《中华人民共和国野生植物保护条例》《中华人民共和国外汇管理条例》《中华人民共和国反补贴条例》（以下简称《反补贴条例》）、《中华人民共和国反倾销条例》（以下简称《反倾销条例》）、《中华人民共和国保障措施条例》（以下简称《保障措施条例》）等。

3. 部门规章

我国现行的与对外贸易管制有关的部门规章很多，例如《货物进口许可证管理办法》《货物出口许可证管理办法》《货物自动进口许可管理办法》《出口收汇核销管理办法》《进口药品管理办法》《放射性药品管理办法》《两用物项和技术进出口许可证管理办法》等。

4. 国际条约、协定

各国在通过国内立法实施本国进出口贸易管制的各项措施的同时，必然要与其他国家协调立场，确定相互之间在国际贸易活动中的权利与义务关系，以实现其外交政策和对外贸易政策所确立的目标，因此，国际贸易条约与协定便成为各国之间确立国际贸易关系立场的重要法律形式。

我国目前所缔结或者参加的各类国际条约、协定，虽然不属于我国国内法的范畴，但就其效力而言可视为我国的法律渊源之一。主要有：加入世界贸易组织所签订的有关双边或多边的各类贸易协定、《关于简化和协调海关业务制度的国际公约》（亦称《京都公约》）、《濒危野生动植物种国际贸易公约》（亦称《华盛顿公约》）、《关于消耗臭氧层物质的蒙特利尔议定书》、关于麻醉剂和精神药物的国际公约、《关于化学品国际贸易资料交换的伦敦准则》《关于在国际贸易中对某些危险化学品和农药采用事先知情同意程序的鹿特丹公约》《控制危险废物越境转移及其处置的巴塞尔公约》《建立世界知识产权组织公约》等。

第二节 我国货物、技术进出口许可管理制度

进出口许可是国家对进出口的一种行政管理制度，既包括准许进出口的有关证件的审批和管理制度本身的程序，也包括以国家各类许可为条件的其他行政管理手续，这种行政管理制度称为进出口许可管理制度。进出口许可管理制度作为一项非关税措施，是世界各国管理进出口贸易的一种常见手段，在国际贸易中长期存在，并广泛运用。

货物、技术进出口许可管理制度是我国进出口许可管理制度的主体，是国家对外贸易管制中极其重要的管理制度。其管理范围包括禁止进出口的货物和技术、限制进出口的货物和技术、自由进出口的技术以及自由进出口中部分实行自动许可管理的货物。

国家对部分进出口货物、技术实行限制或者禁止管理的目的主要有以下几点：

第一，为维护国家安全、社会公共利益或者公共道德，需要限制或者禁止进口或者出口的；

第二，为保护人的健康或者安全，保护动物、植物的生命或者健康，保护环境，需要限制或者禁止进口或者出口的；

第三，为实施与黄金或者白银进出口有关的措施，需要限制或者禁止进口或者出口的；

第四，国内供应短缺或者为有效保护可能用竭的自然资源，需要限制或者禁止出

口的；

第五，输往国家或者地区的市场容量有限，需要限制出口的；

第六，出口经营秩序出现严重混乱，需要限制出口的；

第七，为建立或者加快建立国内特定产业，需要限制进口的；

第八，对任何形式的农业、牧业、渔业产品有必要限制进口的；

第九，为保障国家国际金融地位和国际收支平衡，需要限制进口的；

第十，依照法律、行政法规的规定，其他需要限制或者禁止进口或者出口的；

第十一，根据我国缔结或者参加的国际条约、协定的规定，其他需要限制或者禁止进口或者出口的。

一、禁止进出口管理

为维护国家安全和社会公共利益，保护人民的生命健康，履行我国所缔结或者参加的国际条约和协定，国务院商务主管部门会同国务院有关部门，依照《对外贸易法》等有关法律法规，制定、调整并公布禁止进出口货物、技术目录。海关依据国家相关法律法规对禁止进出口商品实施监督管理。

（一）禁止进口管理

对列入国家公布的禁止进口目录以及国家法律法规明令禁止或停止进口的货物、技术，任何对外贸易经营者不得经营进口。

1. 禁止进口货物管理

我国政府明令禁止进口的货物包括：列入由国务院商务主管部门或由其会同国务院有关部门制定的禁止进口货物目录的商品、国家有关法律法规明令禁止进口的商品以及其他各种原因停止进口的商品。

（1）列入禁止进口货物目录的商品

目前，我国公布的禁止进口货物目录包括：

①《禁止进口货物目录（第一批）》是为了保护我国的自然生态环境和生态资源，从我国国情出发，履行我国所缔结或者参加的与保护世界自然生态环境相关的一系列国际条约和协定而发布的。例如：国家禁止进口属破坏臭氧层物质的四氯化碳，禁止进口属世界濒危物种管理范畴的犀牛角、麝香、虎骨等。

②《禁止进口货物目录（第二批）》均为旧机电产品类，是国家对涉及生产安全（压力容器类）、人身安全（电器、医疗设备类）和环境保护（汽车、工程及车船机械类）的旧机电产品所实施的禁止进口管理。

③由原《禁止进口货物目录》第三、四、五批合并修订而成的《禁止进口固体废物目录》，所涉及的是对环境有污染的固体废物类，包括废动植物产品，矿渣、矿灰及残渣，废药物，杂项化学品废物，废橡胶和皮革，废特种纸，废织物原料及制品，废玻璃，金属和金属化合物废物，废电池，废弃机电产品和设备及其未经分炼处理的零部件、拆散件、破碎件和砸碎件等。

④《禁止进口货物目录（第六批）》是为了保护人的健康，维护环境安全，淘汰落后产品，履行《关于在国际贸易中对某些危险化学品和农药采用事先知情同意程序的鹿特丹公约》和《关于持久性有机污染物的斯德哥尔摩公约》而颁布的，如长纤维青石棉、二噁英等。

（2）国家有关法律法规明令禁止进口的商品

① 未列入《限制进口类固体废物目录》和《非限制进口类固体废物目录》的固体废物；

② 动植物病源（包括菌种、毒种等）及其他有害生物、动物尸体、土壤；

③ 来自动植物疫情流行的国家和地区的有关动植物及其产品和其他检疫物；

④ 带有违反"一个中国"原则内容的货物及其包装；

⑤ 以氯氟烃物质为制冷剂、发泡剂的家用电器产品和以氯氟烃物质为制冷工质的家用电器用压缩机；

⑥ 滴滴涕、氯丹等；

⑦ 莱克多巴胺和盐酸莱克多巴胺。

（3）其他各种原因停止进口的商品

① 以CFC-12为制冷工质的汽车及以CFC-12为制冷工质的汽车空调压缩机（含汽车空调器）；

② 旧服装；

③ Ⅷ因子制剂等血液制品；

④ 氯酸钾、硝酸铵；

⑤ 禁止进口和销售100瓦及以上普通照明白炽灯。

2. 禁止进口技术管理

根据《对外贸易法》《技术进出口管理条例》《中华人民共和国禁止进口限制进口技术管理办法》（以下简称《禁止进口限制进口技术管理办法》）的有关规定，国务院商务主管部门会同国务院有关部门，制定、调整并公布禁止进口的技术目录。属于禁止进口的技术，不得进口。

目前，《中国禁止进口限制进口技术目录》所列明的禁止进口的技术涉及钢铁冶金、有色金属冶金、化工、石油炼制、石油化工、消防、电工、轻工、印刷、医药、建筑材料生产等技术领域。

（二）禁止出口管理

对列入国家公布的禁止出口目录以及国家法律法规明令禁止出口的货物、技术，任何对外贸易经营者不得经营出口。

1. 禁止出口货物管理

我国政府明令禁止出口的货物主要有列入禁止出口货物目录的商品和国家有关法律法规明令禁止出口的商品。

（1）列入禁止出口货物目录的商品

目前，我国公布的禁止出口货物目录共有5批：

① 《禁止出口货物目录（第一批）》是为了保护我国自然生态环境和生态资源，从我国国情出发，履行我国所缔结或者参加的与保护世界自然生态环境相关的一系列国际条约和协定而发布的。如国家禁止出口属破坏臭氧层物质的四氯化碳，禁止出口属世界濒危物种管理范畴的犀牛角、虎骨、麝香，禁止出口有防风固沙作用的发菜和麻黄草等植物。

② 《禁止出口货物目录（第二批）》主要是为了保护我国匮乏的森林资源，防止乱砍滥伐而发布的，如禁止出口木炭。

③《禁止出口货物目录（第三批）》是为了保护人的健康，维护环境安全，淘汰落后产品，履行《关于在国际贸易中对某些危险化学品和农药采用事先知情同意程序的鹿特丹公约》和《关于持久性有机污染物的斯德哥尔摩公约》而颁布的，如长纤维青石棉、二噁英等。

④《禁止出口货物目录（第四批）》主要包括硅砂、石英砂等。

⑤《禁止出口货物目录（第五批）》包括无论是否经化学处理过的森林凋落物以及泥炭（草炭）。

（2）国家有关法律、法规明令禁止出口的商品

① 未定名的或者新发现并有重要价值的野生植物；

② 原料血浆；

③ 商业性出口的野生红豆杉及其部分产品；

④ 劳改产品；

⑤ 以氯氟羟物质为制冷剂、发泡剂的家用电器产品和以氯氟羟物质为制冷工质的家用电器用压缩机；

⑥ 滴滴涕、氯丹等；

⑦ 莱克多巴胺和盐酸莱克多巴胺。

2. 禁止出口技术管理

根据《对外贸易法》《技术进出口管理条例》《中华人民共和国禁止出口限制出口技术管理办法》（以下简称《禁止出口限制出口技术管理办法》）的有关规定，国务院商务主管部门会同国务院有关部门遵照下列原则制定、调整并公布禁止出口的技术目录。属于禁止出口的技术，不得出口。

中国禁止出口技术参考原则：

（1）为维护国家安全、社会公共利益或者公共道德，需要禁止出口的；

（2）为保护人的健康或者安全，保护动物、植物的生命或者健康，保护环境，需要禁止出口的；

（3）依据法律、行政法规的规定，其他需要禁止出口的；

（4）根据我国缔结或者参加的国际条约、协定的规定，其他需要禁止出口的。

目前，列入《中国禁止出口限制出口技术目录》禁止出口部分的技术涉及渔、牧、有色金属矿采选、农副食品加工、饮料制造、造纸、化学制品制造、医药制造、非金属矿物制品业、有色金属冶炼、交通运输设备制造、农用机械制造、计算机及其他电子设备制造、工艺品制造、电信信息传输等几十个行业领域，包括：畜牧品种的繁育、微生物肥料、中国特有的物种资源、蚕类品种繁育和蚕茧采集加工利用、水产品种的繁育、绿色植物生长调节剂制造、采矿工程、肉类加工、饮料生产、造纸、焰火爆竹生产、化学合成及半合成咖啡因生产、核黄素生产工艺、中药材资源及生产、中药饮片炮制、化学合成及半合成药物生产、非晶无机非金属材料生产、低维无机非金属材料生产、有色金属冶金、稀土的提炼加工和利用、航天器测控、航空器设计与制造、集成电路制造、机器人制造、地图制图、书画墨及八宝印泥制造、中国传统建筑、计算机网络、空间数据传输、卫星应用、大地测量、中医医疗等几十项技术。

二、限制进出口管理

为维护国家安全和社会公共利益，保护人民的生命健康，履行我国所缔结或者参加的国际条约和协定，国务院商务主管部门会同国务院有关部门，依照《对外贸易法》的规定，制定、调整并公布各类限制进出口货物、技术目录。海关依据国家相关法律、法规对限制进出口目录货物、技术实施监督管理。

（一）限制进口管理

国家实行限制进口管理的货物、技术，必须依照国家有关规定，经国务院商务主管部门或者经国务院商务主管部门会同国务院有关部门许可，方可进口。

1. 限制进口货物管理

目前，我国限制进口货物管理按照其限制方式划分为许可证件管理和进口配额管理。

（1）许可证件管理

许可证件管理系指在一定时期内根据国内政治、工业、农业、商业、军事、技术、卫生、环保、资源保护等领域的需要，以及为履行我国所加入或缔结的有关国际条约的规定，以经国家各主管部门签发许可证件的方式来实现各类限制进口的措施。

许可证件管理主要包括进口许可证、两用物项和技术进口许可证、濒危物种进口、限制类可利用固体废物进口、药品进口、音像制品进口、有毒化学品进口、黄金及其制品进口等管理。

国务院商务主管部门或者国务院有关部门在各自的职责范围内，根据国家有关法律、行政法规的规定签发上述各项管理所涉及的各类许可证件，申请人凭相关许可证件办理海关手续。

（2）进口配额管理

进口配额是指一国政府在一定时期内，对某些商品的进口数量或金额加以直接限制。在规定的期限内，配额以内的货物可以进口，超过配额的不准进口，或者征收较高关税后才能进口。因此，进口配额管理是许多国家实行进口数量限制的重要手段之一。进口配额制主要有绝对配额和关税配额两种形式。

① 绝对配额是指在一定时期内，对某些商品的进口数量或金额规定一个最高限额，在这个数额内允许进口，达到这个配额后，便不准进口。绝对配额按照其实施方式的不同，又分为全球配额、国别配额两种形式。

A. 全球配额是一种世界范围内的绝对配额，对某种商品的进口规定一个总的限额，对来自任何国家或地区的商品一律适用。具体做法是一国或地区的主管当局在公布的总配额之内，通常按进口商的申请先后顺序或过去某一时期的实际进口额批给一定的额度，直至总配额发完为止，超过总配额就不准进口。

B. 国别配额是在总配额内按国别或地区分配给固定的配额，超过规定的配额便不准进口。为了区分来自不同国家和地区的商品，通常进口国规定进口商必须提交原产地证明书。实行国别配额可以使进口国家根据它与有关国家或地区的政治经济关系分配给予不同的额度。

② 关税配额是一种征收关税与进口配额相结合的限制进口的措施。它对商品进口的绝对数额不加限制，而是在一定时期内（一般是公历年度内有效），对部分商品的进口制定关税配额税率并规定该商品进口数量总额。

在规定配额以内的进口商品，给低税、减税或免税待遇；对超过配额的进口商品则征收较高的关税，或征收附加税或罚款。一般情况下，关税配额税率优惠幅度很大，如小麦关税配额税率与最惠国税率相差达 65 倍。国家通过这种行政管理手段对一些重要商品，以关税这个成本杠杆来实现限制进口的目的，因此关税配额管理是一种相对数量的限制。

2. 限制进口技术管理

限制进口技术实行目录管理。根据《对外贸易法》《技术进出口管理条例》《禁止进口限制进口技术管理办法》的有关规定，国务院商务主管部门会同国务院有关部门，制定、调整并公布限制进口的技术目录。属于目录范围内的限制进口的技术，实行许可证管理，未经国家许可，不得进口。

进口属于限制进口的技术，应当向国务院商务主管部门提出技术进口申请。国务院商务主管部门收到技术进口申请后，应当会同国务院有关部门对申请进行审查。技术进口申请经批准的，由国务院商务主管部门发给"中华人民共和国技术进口许可意向书"，进口经营者取得技术进口许可意向书后，可以对外签订技术进口合同。进口经营者签订技术进口合同后，应当向国务院商务主管部门申请技术进口许可证。经审核符合发证条件的，由国务院商务主管部门颁发"中华人民共和国技术进口许可证"，企业持证向海关办理进口通关手续。

目前，列入《中国禁止进口限制进口技术目录》中属限制进口的技术包括生物技术、化工技术、石油炼制技术、石油化工技术、生物化工技术和造币技术等。

经营限制进口技术的经营者在向海关办理申报进口手续时，必须主动递交技术进口许可证，否则将承担由此而造成的一切法律责任。

（二）限制出口管理

国家实行限制出口管理的货物、技术，必须依照国家有关规定，经国务院商务主管部门或者经国务院商务主管部门会同国务院有关部门许可，方可出口。

1. 限制出口货物管理

对于限制出口货物管理，《货物进出口管理条例》规定，国家规定有数量限制的出口货物，实行配额管理；其他限制出口货物，实行许可证件管理；实行配额管理的限制出口货物，由国务院商务主管部门和国务院有关经济管理部门按照国务院规定的职责划分进行管理。

（1）出口配额管理

出口配额管理系指在一定时期内为建立公平竞争机制、增强我国商品在国际市场的竞争力、保障最大限度的收汇及保护我国产品的国际市场利益，国家对部分商品的出口数量直接加以限制的措施。我国出口配额管理有两种形式，即出口配额许可证管理和出口配额招标管理。

① 出口配额许可证管理

出口配额许可证管理是国家对部分商品的出口，在一定时期内（一般是 1 年）规定数量总额，经国家批准获得配额的允许出口，否则不准出口的配额管理措施。出口配额许可证管理是国家通过行政管理手段对一些重要商品以规定绝对数量的方式来实现限制出口的目的。

出口配额许可证管理是通过直接分配的方式，由国务院商务主管部门或者国务院有关部门在各自的职责范围内根据申请者需求并结合其进出口实绩、能力等条件，按照效益、公正、公开和公平竞争的原则进行分配。国家各配额主管部门对经申请有资格获得配额的申请者发放各类配额证明。

申请者取得配额证明后，凭配额证明到国务院商务主管部门及其授权发证机关申领出口许可证。

② 出口配额招标管理

配额招标管理是国家对部分商品的出口，在一定时期内（一般是 1 年）规定数量总额，采取招标分配的原则，经招标获得配额的允许出口，否则不准出口的配额管理措施。出口配额招标管理是国家通过行政管理手段对一些重要商品以规定绝对数量的方式来实现限制出口的目的。

国家各配额主管部门对中标者发放各类配额证明。中标者取得配额证明后，凭配额证明到国务院商务主管部门或其授权发证机关申领出口许可证。

（2）出口许可证件管理

出口许可证件管理系指在一定时期内根据国内政治、军事、技术、卫生、环保、资源保护等领域的需要，以及为履行我国所加入或缔结的有关国际条约的规定，以经国家各主管部门签发许可证件的方式来实现的各类限制出口措施。目前，出口许可证件管理主要包括出口许可证、濒危物种出口、两用物项出口、黄金及其制品出口等许可管理。

2. 限制出口技术管理

根据《对外贸易法》《技术进出口管理条例》《中华人民共和国生物两用品及相关设备和技术出口管制条例》《中华人民共和国核两用品及相关技术出口管制条例》《中华人民共和国导弹及相关物项和技术出口管制条例》《中华人民共和国核出口管制条例》《禁止出口限制出口技术管理办法》等有关规定，限制出口技术实行目录管理，国务院商务主管部门会同国务院有关部门遵照下列原则制定、调整并公布限制出口的技术目录。属于目录范围内的限制出口的技术，实行许可证管理，未经国家许可，不得出口。

中国限制出口技术参考原则：

（1）为维护国家安全、社会公共利益或者公共道德，需要限制出口的；

（2）为保护人的健康或者安全，保护动物、植物的生命或者健康，保护环境，需要限制出口的；

（3）依据法律、行政法规的规定，其他需要限制出口的；

（4）根据我国缔结或者参加的国际条约、协定的规定，其他需要限制出口的。

目前，我国限制出口的技术目录主要有《两用物项和技术进出口许可证管理目录》和《中国禁止出口限制出口技术目录》等，涉及农、林、牧、渔、农副食品加工制造、饮料制造、纺织、造纸、化学原料制造、医药制造、橡胶制品业、金属冶炼及压延、非金属矿物制品业、金属制品业、通用及专用设备制造、电气机械及器材制造等几十个行业领域的上百项技术。出口属于上述限制出口的技术，应当向国务院商务主管部门提出技术出口申请，经国务院商务主管部门审核批准后取得技术出口许可证件，企业持证向海关办理出口通关手续。

经营限制出口技术的经营者在向海关办理申报出口手续时必须主动递交相关技术出口许可证件，否则将承担由此而造成的一切法律责任。

三、自由进出口管理

除上述国家禁止、限制进出口货物、技术外的其他货物、技术，均属于自由进出口范围。自由进出口货物、技术的进出口不受限制，但基于监测进出口情况的需要，国家对部分属于自由进口的货物实行自动进口许可管理，对自由进出口的技术实行技术进出口合同登记管理。

（一）货物自动进口许可管理

自动进口许可管理是在任何情况下对进口申请一律予以批准的进口许可制度。这种进口许可实际上是一种在自由进口货物进口前对其进行自动登记的许可制度，通常用于国家对这类货物的统计和监督，是我国进出口许可管理制度中的重要组成部分，也是目前各国普遍使用的一种进口管理制度。

目前，我国自动进口许可管理只有自动进口许可证管理。进口属于自动进口许可管理的货物，进口经营者应当在办理海关报关手续前，向国务院相关主管部门提交自动进口许可申请，凭相关部门发放的自动进口许可的批准证件，向海关办理报关手续。

（二）技术进出口合同登记管理

进出口属于自由进出口的技术，应当向国务院商务主管部门或者其委托的机构办理合同备案登记。国务院商务主管部门应当自收到规定的文件之日起 3 个工作日内，对技术进出口合同进行登记，颁发技术进出口合同登记证，申请人凭技术进出口合同登记证，办理外汇、银行、税务、海关等相关手续。

第三节　其他贸易管制制度

一、对外贸易经营者管理制度

对外贸易经营者，是指依法办理工商登记或者其他执业手续，依照《对外贸易法》和其他有关法律、行政法规、部门规章的规定从事对外贸易经营活动的法人、其他组织或者个人。

为了鼓励对外经济贸易的发展，发挥各方面的积极性，保障对外贸易经营者的对外经营自主权，国家制定了一系列法律、行政法规、部门规章，对对外贸易经营活动中涉及的相应内容进行规范，对外贸易经营者在进出口经营活动中必须遵守相应的法律、行政法规、部门规章。这些法律、行政法规、部门规章构成了我国的对外贸易经营者管理制度。对外贸易经营者管理制度是我国对外贸易管理制度之一。

作为对外贸易经营者的一个重要标志就是已取得对外贸易经营权。中国在加入世界贸易组织时承诺 3 年内放开外贸经营权，即在加入世界贸易组织的 3 年后，从 2004 年 12 月 11 日放开外贸经营权。也就是说，中国对外贸易法应参照国际惯例，规定除在特定的贸易领域内从事国营贸易的专营权或特许权外，所有在中国依法注册登记的企业在向国务院商务主管部门备案登记后都可以享有外贸经营权。因此，为履行国际承诺，促进对外贸易发展，我国对对外贸易经营者的管理由先前的核准制转为实行备案登记制，也就是法人、其他组织或者个人在从事对外贸易经营活动前，必须按照国家的有关规定，依法定程序在国务院商务主管部门备案登记，取得对外贸易经营资格后，方可在国家允许的范围内从事对外贸易经营活动。

从事货物进出口或者技术进出口的对外贸易经营者，应当向国务院商务主管部门或者其委托的机构办理备案登记，但法律、行政法规和国务院商务主管部门规定不需要备案登记的除外。备案登记的具体实施办法由国务院商务主管部门规定。对外贸易经营者未按照规定办理备案登记的，海关不予办理进出口货物的报关验放手续。

为对关系国计民生的重要进出口商品实行有效的宏观管理，国家可以对部分货物的进出口实行国营贸易管理。实行国营贸易管理的货物的进出口业务只能由经授权的企业经营，但国家允许部分数量的国营贸易管理的货物的进出口业务由非授权企业经营的除外。实行国营贸易管理的货物和经授权经营企业的目录，由国务院商务主管部门会同国务院其他有关部门确定、调整并公布。未经批准擅自进出口实行国营贸易管理的货物，海关不予放行。

目前，我国实行国营贸易管理的商品主要包括：玉米、大米、煤炭、原油、成品油、棉花、锑及锑制品、钨及钨制品、白银等。

二、出入境检验检疫制度

出入境检验检疫制度是指由国家出入境检验检疫部门依据我国有关法律和行政法规以及我国政府所缔结或者参加的国际条约、协定，对出入境的货物、物品及其包装物，交通运输工具，运输设备和出入境人员实施检验检疫监督管理的法律依据和行政手段的总和。其国家主管部门是国家质量监督检验检疫总局。

出入境检验检疫制度是我国贸易管制制度的重要组成部分，其目的是为了维护国家声誉和对外贸易有关当事人的合法权益，保证国内生产的正常开展、促进对外贸易的健康发展，保护我国的公共安全和人民生命财产安全等，是国家主权的具体体现。

（一）出入境检验检疫职责范围

1. 我国出入境检验检疫制度实行目录管理，即国家质量监督检验检疫总局，根据对外贸易需要，公布并调整《出入境检验检疫机构实施检验检疫的进出境商品目录》（以下称《法检目录》）。《法检目录》所列名的商品称为法定检验商品，即国家规定实施强制性检验的进出境商品。

2. 对于法定检验以外的进出境商品是否需要检验，由对外贸易当事人决定。对外贸易合同约定或者进出口商品的收发货人申请检验检疫时，检验检疫机构可以接受委托，实施检验检疫并制发证书。此外，检验检疫机构对法检以外的进出口商品，可以以抽查的方式予以监督管理。

3. 对关系国计民生、价值较高、技术复杂或涉及环境及卫生、疫情标准的重要进出口商品，收货人应当在对外贸易合同中约定，在出口国装运前进行预检验、监造或监装，以及保留到货后最终检验和索赔的条款。

（二）出入境检验检疫制度的组成

我国出入境检验检疫制度内容包括进出口商品检验制度、进出境动植物检疫制度及国境卫生监督制度。

1. 进出口商品检验制度

进出口商品检验制度是根据《中华人民共和国进出口商品检验法》及其实施条例的规

定，国家质检总局及口岸出入境检验检疫机构对进出口商品所进行的品质、质量检验和监督管理的制度。

我国实行进出口商品检验制度是为了保证进出口商品的质量，维护对外贸易有关各方的合法权益，促进对外经济贸易关系的顺利发展。商品检验机构实施进出口商品检验的内容包括商品的质量、规格、数量、重量、包装，以及是否符合安全、卫生的要求。我国商品检验的种类分为4种，即法定检验、合同检验、公证鉴定和委托检验。对法律、行政法规、部门规章规定有强制性标准或者其他必须执行的检验标准的进出口商品，依照法律、行政法规、部门规章规定的检验标准检验；对法律、行政法规、部门规章未规定有强制性标准或者其他必须执行的检验标准的，依照对外贸易合同约定的检验标准检验。

2. 进出境动植物检疫制度

进出境动植物检疫制度是根据《中华人民共和国进出境动植物检疫法》及其实施条例的规定，国家质检总局及口岸出入境检验检疫机构对进出境动植物、动植物产品的生产、加工、存放过程实行动植物检疫的进出境监督管理制度。

我国实行进出境检验检疫制度是为了防止动物传染病，寄生虫病，植物危险性病、虫、杂草以及其他有害生物传入、传出国境，保护农、林、牧、渔业生产和人体健康，促进对外经济贸易的发展。

口岸出入境检验检疫机构实施动植物检疫监督管理的方式有：实行注册登记、疫情调查、检测和防疫指导等。其内容主要包括：进境检疫、出境检疫、过境检疫、进出境携带和邮寄物检疫以及出入境运输工具检疫等。

3. 国境卫生监督制度

国境卫生监督制度是指出入境检验检疫机构根据《中华人民共和国国境卫生检疫法》及其实施细则，以及其他的卫生法律、法规和卫生标准，在进出口口岸对出入境的交通工具、货物、运输容器以及口岸辖区的公共场所、环境、生活设施、生产设备所进行的卫生检查、鉴定、评价和采样检验的制度。

我国实行国境卫生监督制度是为了防止传染病由国外传入或者由国内传出，实施国境卫生检疫，保护人体健康。其监督职能主要包括进出境检疫、国境传染病检测、进出境卫生监督等。

三、货物贸易外汇管理制度

对外贸易经营者在对外贸易经营活动中，应当依照国家有关规定结汇、用汇。国家外汇管理局依据国务院《中华人民共和国外汇管理条例》及其他有关规定，对包括经常项目外汇业务、资本项目外汇业务、金融机构外汇业务、人民币汇率的生成机制和外汇市场等领域实施的监督管理。

（一）我国货物贸易外汇管理制度概述

为完善货物贸易外汇管理，大力推进贸易便利化，进一步改进货物贸易外汇服务和管理，我国自2012年8月1日起在全国实施货物贸易外汇管理制度改革，国家外汇管理局对企业的贸易外汇管理方式由现场逐笔核销改变为非现场总量核查，也就是国家外汇管理局通过货物贸易外汇监测系统，全面采集企业货物进出口和贸易外汇收支逐笔数据，定期比对、评估企业货物流与资金流总体匹配情况，一方面便利合规企业贸易外汇收支，另一方面对存在异常的企业进行重点监测，必要时实施现场核查。

国家对贸易项下国际支付不予限制，出口收入可按规定调回境内或存放境外。从事对外贸易机构（以下简称企业）的贸易外汇收支应当具有真实、合法的交易背景，与货物进出口应当一致。企业应当根据贸易方式、结算方式及资金来源或流向，凭海关进出口报关单外汇核销专用联等相关单证在金融机构办理贸易外汇收支。海关进出口报关单外汇核销专用联可在进出口货物海关放行后向海关申请取得。金融机构应当对企业提交的交易单证的真实性及其与贸易外汇收支的一致性进行合理审查。国家外汇管理局及其分支机构，依法对企业及经营结汇、售汇业务的金融机构进行监督检查。由此可见，我国货物贸易外汇管理制度的运行主要靠3个方面来完成，即企业自律、金融机构专业审查及国家外汇管理局的监管。

1. 企业的贸易外汇收支活动应当自觉遵守国家法律法规，按照"谁出口谁收汇，谁进口谁付汇"原则办理贸易外汇收支业务。企业应当根据真实贸易方式、结算方式和资金来源或流向在金融机构办理贸易外汇收支，并按相关规定向金融机构如实申报贸易外汇收支信息。代理进口、出口业务，应当由代理方付汇、收汇。代理进口业务项下，委托方可凭委托代理协议将外汇划转给代理方，也可由代理方购汇。代理出口业务项下，代理方收汇后可凭委托代理协议将外汇划转给委托方，也可结汇将人民币划转给委托方。对超过规定期限的预收货款、预付货款、延期收款及延期付款等影响贸易外汇收支与货物进出口匹配信息的，企业应当在规定期限内向国家外汇管理局报告。

2. 金融机构应当对企业提交的交易单证的真实性及其与贸易外汇收支的一致性在专业层面进行合理审查，并负责向国家外汇管理局报送相关贸易外汇收支信息。

3. 国家外汇管理局建立进出口货物流与收付汇资金流匹配的核查机制，依法对企业贸易外汇收支进行非现场总量核查和监测。在此基础上，对存在异常或可疑情况的企业进行现场核查。对金融机构办理贸易外汇收支业务的合规性与报送相关信息的及时性、完整性、准确性实施非现场和现场核查。通过核查结果实施差别化管理。当国际收支出现或者可能出现严重失衡时，国家可以对贸易外汇收支采取必要的保障、控制等措施。

（二）国家外汇管理局对货物外汇的主要监管方式

1. 企业名录登记管理

企业依法取得对外贸易经营权后，应当持有关材料到国家外汇管理局办理名录登记手续后才能在金融机构办理贸易外汇收支业务。国家外汇管理局将登记备案的企业统一向金融机构发布名录，金融机构不得为不在名录内的企业办理贸易外汇收支业务。国家外汇管理局可根据企业的贸易外汇收支业务状况及其合规情况注销企业名录。

2. 非现场核查

国家外汇管理局对企业在一定期限内的进出口数据和贸易外汇收支数据进行总量比对，核查企业贸易外汇收支的真实性及其与进出口的一致性。非现场核查是国家外汇管理局常规监管方式。

3. 现场核查

国家外汇管理局可对企业非现场核查中发现的异常或可疑的贸易外汇收支业务实施现场核查，也可对金融机构办理贸易外汇收支业务的合规性与报送信息的及时性、完整性和准确性实施现场核查。国家外汇管理局实施现场核查时，被核查单位应当配合国家外汇管理局进行现场核查，如实说明情况，并提供有关文件、资料，不得拒绝、阻碍和隐瞒。

4．分类管理

国家外汇管理局根据企业贸易外汇收支的合规性及其与货物进出口的一致性，将企业分为 A、B、C 3 类。A 类企业进口付汇单证简化，可凭进口报关单、合同或发票等任何一种能够证明交易真实性的单证在银行直接办理付汇，出口收汇无须联网核查，银行办理收付汇审核手续相应简化。对 B、C 类企业在贸易外汇收支单证审核、业务类型、结算方式等方面实施严格监管，B 类企业贸易外汇收支由银行实施电子数据核查，C 类企业贸易外汇收支须经国家外汇管理局逐笔登记后办理。国家外汇管理局根据企业在分类监管期内遵守外汇管理规定的情况，对企业类别进行动态调整。

四、对外贸易救济措施

我国于 2001 年年底正式成为世界贸易组织成员国，世界贸易组织允许成员方在进口产品倾销、补贴和过激增长等给其国内产业造成损害的情况下，使用反倾销、反补贴和保障措施手段来保护国内产业不受损害。

反补贴、反倾销和保障措施都属于贸易救济措施。反补贴和反倾销措施针对的是价格歧视这种不公平贸易行为，保障措施针对的则是进口产品激增的情况。

为充分利用世界贸易组织规则，维护国内市场上的国内外商品的自由贸易和公平竞争秩序，我国依据世界贸易组织《反倾销协议》《补贴与反补贴措施协议》《保障措施协议》及我国《对外贸易法》的有关规定，制定颁布了《反补贴条例》《反倾销条例》《保障措施条例》。

（一）反倾销措施

反倾销措施包括临时反倾销措施和最终反倾销措施。

1．临时反倾销措施

临时反倾销措施是指进口方主管机构经过调查，初步认定被指控产品存在倾销，并对国内同类产业造成损害，据此可以依据世界贸易组织所规定的程序进行调查，在全部调查结束之前，采取临时性的反倾销措施，以防止在调查期间国内产业继续受到损害。

临时反倾销措施有两种形式：一是征收临时反倾销税；二是要求提供保证金、保函或者其他形式的担保。

征收临时反倾销税，由商务部提出建议，国务院关税税则委员会根据其建议作出决定，商务部予以公告；要求提供保证金、保函或者其他形式的担保，由商务部作出决定并予以公告。海关自公告规定实施之日起执行。

临时反倾销措施实施的期限，自临时反倾销措施决定公告规定实施之日起，不超过 4个月；在特殊情形下，可以延长至 9 个月。

2．最终反倾销措施

对终裁决定确定倾销成立并由此对国内产业造成损害的，可以征收反倾销税。征收反倾销税应当符合公共利益。

征收反倾销税，由商务部提出建议，国务院关税税则委员会根据其建议作出决定，商务部予以公告。海关自公告规定实施之日起执行。

（二）反补贴措施

反补贴与反倾销的措施相同，也分为临时反补贴措施和最终反补贴措施。

1. 临时反补贴措施

初裁决定确定补贴成立并由此对国内产业造成损害的，可以采取临时反补贴措施。临时反补贴措施采取以保证金或者保函作为担保的征收临时反补贴税的形式。

采取临时反补贴措施，由商务部提出建议，国务院关税税则委员会根据其建议作出决定，商务部予以公告。海关自公告规定实施之日起执行。

临时反补贴措施实施的期限，自临时反补贴措施决定公告规定实施之日起，不超过 4 个月。

2. 最终反补贴措施

在为完成磋商的努力没有取得效果的情况下，终裁决定确定补贴成立并由此对国内产业造成损害的，可以征收反补贴税。征收反补贴税应当符合公共利益。

征收反补贴税，由商务部提出建议，国务院关税税则委员会根据其建议作出决定，商务部予以公告。海关自公告规定实施之日起执行。

（三）保障措施

保障措施分为临时保障措施和最终保障措施。

1. 临时保障措施

临时保障措施是指在有明确证据表明进口产品数量增加，将对国内产业造成难以补救的损害的紧急情况下，进口国与成员国之间可不经磋商而作出初裁决定，并采取临时性保障措施。临时保障措施的实施期限，自临时保障措施决定公告规定实施之日起，不得超过 200 天，并且此期限计入保障措施总期限。

临时保障措施采取提高关税的形式，如果事后调查不能证实进口激增对国内有关产业已经造成损害的，已征收的临时关税应当予以退还。

2. 最终保障措施

最终保障措施可以采取提高关税、数量限制等形式。但保障措施应当限于防止、补救严重损害并便利调整国内产业所必要的范围内。

保障措施的实施期限一般不超过 4 年，在此基础上如果继续采取保障措施则必须同时满足 4 个条件，即对于防止或者补救严重损害仍有必要；有证据表明相关国内产业正在进行调整；已经履行有关对外通知、磋商的义务；延长后的措施不严于延长前的措施。保障措施全部实施期限（包括临时保障措施期限）不得超过 10 年。

第四节　我国贸易管制主要管理措施

对外贸易管制作为一项综合制度，所涉及的管理规定繁多。了解我国贸易管制各项措施所涉及的具体规定，是报关从业人员应当具备的专业知识。

一、进出口许可证管理

进出口许可证管理是指由商务部或者由商务部会同国务院其他有关部门，依法制定并调整进出口许可证管理目录，以签发进出口许可证的方式对进出口许可证管理目录中的商品实行的行政许可管理。

进出口许可证管理属于国家限制进出口管理范畴，分为进口许可证管理和出口许可证管理。商务部是全国进出口许可证的归口管理部门，负责制定进出口许可证管理办法及规章制度，监督、检查进出口许可证管理办法的执行情况，处罚违规行为。商务部会同海关总署制定、调整和发布年度进口许可证管理货物目录及出口许可证管理货物目录。

商务部统一管理、指导全国各发证机构的进出口许可证签发工作，商务部配额许可证事务局（以下简称许可证局）、商务部驻各地特派员办事处（以下简称特派办）和商务部授权的地方主管部门发证机构〔以下简称地方发证机构，包括各省、自治区、直辖市、计划单列市，以及商务部授权的其他省会城市商务厅（局）、外经贸委（厅、局）〕为进出口许可证的发证机构，负责在授权范围内签发"中华人民共和国进口许可证"（以下简称进口许可证）或"中华人民共和国出口许可证"（以下简称出口许可证）。

进出口许可证是国家管理货物进出口的凭证，不得买卖、转让、涂改、伪造或变造。凡属于进出口许可证管理的货物，除国家另有规定外，对外贸易经营者应当在进口或出口前按规定向指定的发证机构申领进出口许可证，持有关进出口许可证向海关办理申报和验放手续。

（一）管理范围

进出口许可证是我国进出口许可证管理制度中具有法律效力，用来证明对外贸易经营者经营列入国家进出口许可证管理目录商品合法进出口的证明文件，是海关验放该类货物的重要依据。

1. 2017年实施进口许可证管理的商品有重点旧机电产品和消耗臭氧层物质。

（1）重点旧机电产品属于我国限制进口许可证件管理商品，包括：旧化工设备、旧金属冶炼设备、旧工程机械、旧起重运输设备、旧造纸设备、旧电力电气设备、旧食品加工及包装设备、旧农业机械、旧印刷机械、旧纺织机械、旧船舶类、旧矽鼓十二大类。

（2）消耗臭氧层物质属于我国限制进口配额管理商品，包括：三氯氟甲烷（CFC-11）、二氯二氟甲烷（CFC-12）等49个商品编号的商品。

许可证局负责签发重点旧机电产品的进口许可证，地方发证机构负责签发消耗臭氧层物质的进口许可证，在京中央企业的进口许可证由许可证局签发。

2. 2017年实行出口许可证管理的商品有44种，分别实行出口配额管理和出口许可证管理。

（1）实行出口配额管理的商品是：活牛（对港澳出口）、活猪（对港澳出口）、活鸡（对港澳出口）、小麦、玉米、大米、小麦粉、玉米粉、大米粉、甘草及甘草制品、蔺草及蔺草制品、磷矿石、煤炭、原油、成品油（不含润滑油、润滑脂、润滑油基础油）、锯材、棉花、白银。上述货物出口，需按规定申请取得配额（全球配额或国别、地区配额），凭配额证明文件申领出口许可证。其中，出口甘草及甘草制品、蔺草及蔺草制品的，需凭配额招标中标证明文件申领出口许可证。

（2）实行出口许可证管理的商品是：活牛（对港澳以外市场）、活猪（对港澳以外市场）、活鸡（对港澳以外市场）、牛肉、猪肉、鸡肉、天然砂（含标准砂）、矾土、镁砂、滑石块（粉）、氟石（萤石）、稀土、锡及锡制品、钨及钨制品、钼及钼制品、锑及锑制品、焦炭、成品油（润滑油、润滑脂、润滑油基础油）、石蜡、部分金属及制品、硫酸二钠、碳化硅、消耗臭氧层物质、柠檬酸、维生素C、青霉素工业盐、铂金（以加工贸易方式出口）、铟及铟制品、摩托车（含全地形车）及其发动机和车架、汽车（包括成套散件）及其底盘等。其中，对向港、澳、台地区出口的天然砂实行出口许可证管理，对标准砂实行全球出口许可证管理。

玉米、小麦、棉花、煤炭、原油、成品油（不含一般贸易方式出口润滑油、润滑脂及润滑油基础油）6 种商品的出口许可证，由许可证局签发；活牛、活猪、活鸡、小麦粉、玉米粉、大米、大米粉、甘草及甘草制品、蔺草及蔺草制品、滑石块（粉）、镁砂、锯材、锑及锑制品、锡及锡制品、白银、铟及铟制品、磷矿石、钨及钨制品、铂金（以加工贸易方式出口）、天然砂（含标准砂）等 20 种商品的出口许可证由各地特派办签发；牛肉、猪肉、鸡肉、矾土、稀土、焦炭、成品油（仅限一般贸易方式出口润滑油、润滑脂及润滑油基础油）、石蜡、碳化硅、消耗臭氧层物质、部分金属及制品、钼及钼制品、柠檬酸、青霉素工业盐、维生素 C、硫酸二钠、氟石、摩托车（含全地形车）及其发动机和车架、汽车（包括成套散件）及其底盘等 19 种商品的出口许可证，由各地方发证机构签发。

在京中央企业的出口许可证由许可证局签发。

对以陆运方式出口的对港澳地区活牛、活猪、活鸡出口许可证由广州特办、深圳特办签发；广州特办、海南特办负责签发本省企业对港澳台地区天然砂出口许可证；福州特办负责签发本省企业对台天然砂出口许可证；福州特办负责签发标准砂出口许可证。

（二）办理程序

1. 出口许可证的申领

在组织出口上述应证商品前，经营者应事先向主管部门申领出口许可证，可通过网上和书面两种形式申领。申请出口许可证时须提交加盖经营者公章的出口许可证申请表、主管机关签发的出口批准文件、出口合同正本复印件、商务部规定的其他应当提交的材料。网上申请的，领取出口许可证时提交上述材料；书面申请的，申请时提交。如果为年度内初次申请出口许可证的，还应提交"企业法人登记营业执照"、加盖对外贸易经营者备案登记专用章的"对外贸易经营者备案登记表"或"中华人民共和国进出口企业资格证书"；经营者为外商投资企业的，还应当提交"外商投资企业批准证书"。

发证机构自收到符合规定的申请之日起 3 个工作日内发放出口许可证。发证机构凭加盖经营者公章的申请表取证联和领证人员本人身份证明材料发放出口许可证。

2. 重点旧机电产品进口许可证的申领

在组织进口列入《重点旧机电产品进口目录》的旧机电产品前，经营者应事先向许可证局申领进口许可证，可通过网上和书面两种形式申领。进口许可证应由旧机电产品进口的最终用户提出申请，并且申请企业应具备从事重点旧机电产品用于翻新（含再制造）的资质。申请时进口单位应当向许可证局提交申请进口的重点旧机电产品用途说明，机电产品进口申请表，营业执照复印件，申请进口的重点旧机电产品的制造年限证明材料，申请进口单位提供设备状况说明，其他相关法律、行政法规规定需要提供的文件。从事翻新业务进口重点旧机电产品的单位，国家规定有资质要求的，还须提供资质证明文件；旧船舶的申请进口单位，还需提供海事局出具的"旧船舶进口技术评定书"或渔业船舶检验局出具的"旧渔业船舶进口技术评定书"。

申请进口单位申请材料齐全后，许可证局应正式受理，并向申请进口单位出具受理通知单。许可证局如认为申请材料不符合要求的，应在收到申请材料后的 5 个工作日内一次性告知申请进口单位，要求申请进口单位说明有关情况、补充相关文件或对相关填报内容进行调整。许可证局应在正式受理后 20 日内决定是否批准进口申请；如需征求相关部门或行业协会意见的，商务部应在正式受理后 35 日内决定是否批准进口申请。

3. 消耗臭氧层物质进出口许可证的申领

我国于 2014 年 3 月 1 日将消耗臭氧层物质进出口管理由限制进出口许可证件管理调整为限制进出口配额管理。

进出口单位应当在每年 10 月 31 日前向国家消耗臭氧层物质进出口管理机构申请下一年度进出口配额，并提交法人营业执照和对外贸易经营者备案登记表、消耗臭氧层物质进出口单位年度环保备案表，以及下一年度消耗臭氧层物质进出口配额申请书和年度进出口计划表。对于初次申请进出口配额的进出口单位，还应当提交前 3 年的消耗臭氧层物质进出口业绩表。申请进出口属于危险化学品的消耗臭氧层物质的单位，还应当提交该危险化学品的国内生产使用企业持有的危险化学品环境管理登记证，以及安全生产监督管理部门核发的危险化学品生产、使用或者经营许可证。

国家消耗臭氧层物质进出口管理机构在每年 12 月 20 日前对进出口单位的进出口配额作出发放与否的决定，并予以公告。在年度进出口配额指标内，进出口单位需要进出口消耗臭氧层物质的，应当向国家消耗臭氧层物质进出口管理机构申请领取进出口受控消耗臭氧层物质审批单，并提交以下材料：消耗臭氧层物质进出口申请书；对外贸易合同或者订单等相关材料，非生产企业还应当提交合法生产企业的供货证明；国家消耗臭氧层物质进出口管理机构认为需要提供的其他材料。

国家消耗臭氧层物质进出口管理机构应当自受理进出口申请之日起 20 个工作日内完成审查，作出是否签发消耗臭氧层物质进出口审批单的决定，并对获准签发消耗臭氧层物质进出口审批单的进出口单位名单进行公示；未予批准的，应当书面通知申请单位并说明理由。

如获得批准，进出口单位应当持进出口审批单，向所在地省级商务主管部门所属的发证机构申请领取进出口许可证。在京中央企业向国务院商务主管部门授权的发证机构申请领取消耗臭氧层物质进出口许可证。进出口单位凭商务主管部门签发的消耗臭氧层物质进出口许可证向海关办理通关手续。

进出口单位在领取消耗臭氧层物质进出口许可证后，实际进出口的数量少于批准的数量的，应当在完成通关手续之日起 20 个工作日内向国家消耗臭氧层物质进出口管理机构报告实际进出口数量等信息。

进出口单位在领取消耗臭氧层物质进出口许可证后，实际未发生进出口的，应当在进出口许可证有效期届满之日起 20 个工作日内向国家消耗臭氧层物质进出口管理机构报告。

4. 经营边境小额贸易的企业出口许可证的申领

对于经营边境小额贸易的企业，凡出口配额招标的货物、消耗臭氧层物质、汽车及其底盘、摩托车及其发动机和车架，应与其他贸易方式相同，按照上述程序向商务部授权的发证机构办理出口许可证；出口列入《边境小额贸易出口许可证管理货物目录》商品的，应事先获得商务部下达的边境小额贸易出口配额，凭以向商务部授权的边境省、自治区商务主管部门申领出口许可证。边境小额贸易企业出口除上述货物以外的其余列入《出口许可证管理货物目录》的货物，一律免领出口许可证。

5. 经营加工贸易的企业出口许可证的申领

对于经营加工贸易的企业，除以下特殊货物外，以加工贸易方式出口属出口配额许可证管理的货物，企业凭出口配额、"加工贸易业务批准证"及出口合同（正本复印件）向发证机关申领出口许可证：

（1）对进口用于生产铂金的原料加工复出口铂金（铂或白金），凭经营企业注册地商务主管部门的"加工贸易业务批准证"、海关加工贸易进口报关单、出口合同（正本复印件）申领出口许可证。

（2）对进口原油加工复出口石蜡，进口含白银货物（银粉、未锻造银等及银的半制成品除外）加工复出口白银，凭经营企业注册地省级商务主管部门的"加工贸易业务批准证"、海关加工贸易进口报关单、出口合同（正本复印件）申领出口许可证。

（3）对以加工贸易方式出口甘草及甘草制品，凭经营企业注册地省级商务主管部门的"加工贸易业务批准证"、中国医药保健品进出口商会的"申领加工贸易货物出口许可证证明书"、海关加工贸易进口报关单和出口合同（正本复印件）申领出口许可证。

（4）对进口原油加工复出口成品油，免领成品油出口许可证。

上述出口许可证的有效期，按"加工贸易业务批准证"核定的出口期限核发，但不得超过当年12月31日。如"加工贸易业务批准证"核定的出口期限超过当年12月31日，经营者应在原出口许可证有效期内向发证机构换发新一年出口许可证，发证机构收回原证，在发证系统中对原证进行注销，扣除已使用的数量后，按"加工贸易业务批准证"核定的出口期限重新签发新一年度出口许可证，并在备注栏中注明原证证号。

（三）报关规范

1. 进口许可证的有效期为1年，当年有效。特殊情况需要跨年度使用时，有效期最长不得超过次年3月31日，逾期自行失效。

2. 出口许可证的有效期最长不得超过6个月，且有效期截止时间不得超过当年12月31日。商务部可视具体情况，调整某些货物出口许可证的有效期。出口许可证应当在有效期内使用，逾期自行失效。

3. 进出口许可证一经签发，不得擅自更改证面内容。如需更改，经营者应当在许可证有效期内提出更改申请，并将许可证交回原发证机构，由原发证机构重新换发许可证。

4. 进出口许可证实行"一证一关"（指进出口许可证只能在一个海关报关，下同）管理。一般情况下，进出口许可证为"一批一证"（指进出口许可证在有效期内一次报关使用，下同）。如要实行"非一批一证"（指进出口许可证在有效期内可多次报关使用，下同），应当同时在进出口许可证备注栏内打印"非一批一证"字样，但最多不超过12次，由海关在许可证背面"海关验放签注栏"内逐批签注核减进出口数量。

5. 对实行"一批一证"进出口许可证管理的大宗、散装货物，以出口为例，其溢装数量在货物总量3%以内的原油、成品油予以免证，其他货物溢装数量在货物总量5%以内的予以免证；对实行"非一批一证"制的大宗、散装货物，在每批货物出口时，按其实际出口数量进行许可证证面数量核扣，在最后一批货物出口时，应按该许可证实际剩余数量溢装上限，即5%（原油、成品油在溢装上限3%）以内计算免证数额。

6. 外商投资企业出口货物、加工贸易方式出口货物、补偿贸易项下出口货物（包括大米、玉米、小麦、活牛、活猪、活鸡、牛肉、猪肉、鸡肉、原油、成品油、煤炭、汽车及其底盘、摩托车及其发动机和车架）实行"非一批一证"管理。

7. 消耗臭氧层物质的进出口许可证实行"一批一证"制，消耗臭氧层物质在中华人民共和国境内的海关特殊监管区域、保税监管场所与境外之间进出的，进出口单位应当按规定申请领取进出口审批单、进出口许可证；消耗臭氧层物质在中华人民共和国境内的海关特殊监管区域、保税监管场所与境内其他区域之间进出的，或者在上述海关特殊监管区域、保税监管场所之间进出的，不需要申请领取进出口审批单、进出口许可证。

8. 企业以一般贸易、加工贸易、边境贸易和捐赠贸易方式出口汽车产品须申领出口许可证；企业以工程承包方式出口汽车产品应申领出口许可证，但不受出口资质管理限制。

9. 我国政府在对外援助项下提供的目录产品不纳入配额和许可证管理。

10. 国家对部分出口货物实行指定出口报关口岸管理。出口此类货物，须向指定发证机构申领出口许可证，并在指定口岸报关出口；发证机构须按指定口岸签发出口许可证：

（1）锑及锑制品，包括锑砂、氧化锑、锑（包括锑合金）及锑制品，指定黄埔海关、北海海关、天津海关为出口报关口岸。

（2）镁砂项下产品"按重量计含氧化镁70%以上的混合物"的出口许可证由各特派办签发，不再指定报关口岸；镁砂项下其他产品的出口许可证由大连特派办签发，指定大连（大窑湾、营口、鲅鱼圈、丹东、大东港）、青岛（莱州）、天津（新港）、长春（图们）、满洲里为出口报关口岸。

（3）甘草指定天津海关、上海海关、大连海关为出口报关口岸；甘草制品指定天津海关、上海海关为出口报关口岸。

（4）稀土的报关口岸限定为天津海关、上海海关、青岛海关、黄埔海关、呼和浩特海关、南昌海关、宁波海关、南京海关和厦门海关。

（5）以陆运方式出口的对港澳地区活牛、活猪、活鸡出口许可证由广州特派办、深圳特派办签发。

（6）以进口原木加工锯材复出口方式出口的锯材，黑龙江省指定大连、绥芬河为出口报关口岸；内蒙古自治区指定满洲里、二连浩特、大连、天津、青岛为出口报关口岸；新疆维吾尔自治区指定阿拉山口、天津、上海为出口报关口岸；福建省指定福州、厦门、莆田和漳州为出口报关口岸。

（7）铈及铈合金（颗粒<500μm）、锆、铍、钨及钨合金（颗粒<500μm）的出口免于申领出口许可证，但需按规定申领两用物项和技术出口许可证。

二、两用物项和技术进出口许可证管理

为维护国家安全和社会公共利益，履行我国在缔结或者参加的国际条约、协定中所承担的义务，国家限制两用物项和技术进出口，对两用物项和技术实行进出口许可证管理。商务部是全国两用物项和技术进出口许可证的归口管理部门，负责制定两用物项和技术进出口许可证管理办法及规章制度，监督、检查两用物项和技术进出口许可证管理办法的执行情况，处罚违规行为。

（一）管理范围

两用物项和技术是指《中华人民共和国核出口管制条例》《中华人民共和国核两用品及相关技术出口管制条例》《中华人民共和国导弹及相关物项和技术出口管制条例》《中华人民共和国生物两用品及相关设备和技术出口管制条例》《中华人民共和国监控化学品管理条例》《中华人民共和国易制毒化学品管理条例》《中华人民共和国放射性同位素与射线装置安全和防护条例》《有关化学品及相关设备和技术出口管制办法》所规定的相关

物项及技术。

为便于对上述物项和技术的进出口实施管制，商务部和海关总署依据上述法规联合颁布了《两用物项和技术进出口许可证管理办法》，并发布了《两用物项和技术进出口许可证管理目录》，规定对列入该目录的物项及技术的进出口统一实行两用物项和技术进出口许可证管理。商务部指导全国各发证机构的两用物项和技术进出口许可证发证工作。商务部配额许可证事务局和受商务部委托的省级商务主管部门为两用物项和技术进出口许可证发证机构。两用物项和技术进出口前，进出口经营者应当向发证机关申领"中华人民共和国两用物项和技术进口许可证"（以下简称两用物项和技术进口许可证）或"中华人民共和国两用物项和技术出口许可证"（以下简称两用物项和技术出口许可证），凭以向海关办理进出口通关手续。

2017 年两用物项和技术进出口许可证管理目录，分为《两用物项和技术进口许可证管理目录》和《两用物项和技术出口许可证管理目录》两个部分。其中，2017 年目录中列名的实施两用物项和技术进口许可证管理的商品包括：监控化学品管理条例名录所列物项（67 种）、易制毒化学品（43 种）、放射性同位素（10 种）共 3 类；2015 年目录中列名的实施两用物项和技术出口许可证管理的商品包括：核出口管制清单所列物项和技术（159 种）、核两用品及相关技术出口管制清单所列物项和技术（202 种）、生物两用品及相关设备和技术出口管制清单所列物项和技术（144 种）、监控化学品管理条例名录所列物项（67 种）、有关化学品及相关设备和技术出口管制清单所列物项和技术（37 种）、导弹及相关物项和技术出口管制清单所列物项和技术（186 种）、易制毒化学品（60 种）、部分两用物项和技术（6 种）等共 9 类。

如果出口经营者拟出口的物项和技术存在被用于大规模杀伤性武器及其运载工具风险的，无论该物项和技术是否列入管理目录，都应当办理两用物项和技术出口许可证。出口经营者在出口过程中，如发现拟出口的物项和技术存在被用于大规模杀伤性武器及其运载工具风险的，应及时向国务院相关行政主管部门报告，并积极配合采取措施中止合同的执行。

（二）办理程序

1. 进出口属于两用物项和技术进出口许可证管理的货物，进出口经营者在进出口前获相关行政主管部门批准文件后，凭批准文件到所在地发证机构申领两用物项和技术进出口许可证（在京的中央管理企业向许可证局申领），其中：

（1）核、核两用品、生物两用品、有关化学品、导弹相关物项、易制毒化学品和计算机的批准文件为商务主管部门签发的两用物项和技术进口或者出口批复单。其中，核材料的出口凭国防科工局（原国防科工委）的批准文件办理相关手续，外商投资企业进出口易制毒化学品凭"商务部外商投资企业易制毒化学品进口批复单"或"商务部外商投资企业易制毒化学品出口批复单"申领两用物项和技术进口或出口许可证。

（2）监控化学品进出口的批准文件为国家履行禁止化学武器公约工作领导小组办公室签发的监控化学品进口或者出口核准单。监控化学品进出口经营者向许可证局申领两用物项和技术进口或出口许可证。

（3）进口放射性同位素须按《放射性同位素与射线装置安全和防护条例》和《两用物项和技术进口许可证管理办法》有关规定，报环境保护部审批后，在商务部配额许可证事务局申领两用物项和技术进口许可证。

2. 两用物项和技术进出口许可证实行网上申领。申领两用物项和技术进出口许可证时除上述批准文件外还应提交：进出口经营者公函（介绍信）原件、进出口经营者领证人员的有效身份证明以及网上报送的两用物项和技术进出口许可证申领表。如因异地申领等特殊情况，需要委托他人申领两用物项和技术进出口许可证的，被委托人应提供进出口经营者出具的委托公函（其中应注明委托理由和被委托人身份）原件和被委托人的有效身份证明。

3. 发证机构收到相关行政主管部门批准文件（含电子文本、数据）和相关材料并经核对无误后，应在3个工作日内签发两用物项和技术进口或者出口许可证。

（三）报关规范

1. 对以任何方式进口或出口，以及过境、转运、通运列入《两用物项和技术进出口许可证管理目录》的商品，两用物项和技术的进出口经营者应当主动向海关出具有效的两用物项和技术进出口许可证，进出口经营者未向海关出具两用物项和技术进出口许可证而产生的相关法律责任由其自行承担。

2. 海关有权对进出口经营者进出口的货物是否属于两用物项和技术提出质疑，进出口经营者应按规定向相关行政主管部门申请进口或者出口许可，或者向商务主管部门申请办理不属于管制范围的相关证明。省级商务主管部门受理其申请，提出处理意见后报商务部审定。对进出口经营者未能出具两用物项和技术进口或者出口许可证或者商务部相关证明的，海关不予办理有关手续。

3. 目录列名的物项和技术，不论该物项和技术是否在管理目录中列明海关商品编号，均应依法办理两用物项和技术进出口许可证。

4. 两用物项和技术进口许可证实行"非一批一证"制和"一证一关"制，两用物项和技术出口许可证实行"一批一证"制和"一证一关"制。

5. 两用物项和技术进出口许可证有效期一般不超过1年。跨年度使用时，在有效期内只能使用到次年3月31日，逾期发证机构将根据原许可证有效期换发许可证。

6. 两用物项和技术进出口许可证仅限于申领许可证的进出口经营者使用，不得买卖、转让、涂改、伪造或变造；两用物项和技术进出口许可证应在批准的有效期内使用，逾期自动失效，海关不予验放。

7. 两用物项和技术进出口许可证一经签发，任何单位和个人不得更改证面内容，如需对证面内容进行更改，进出口经营者应当在许可证有效期内向相关行政主管部门重新申请进出口许可，并凭原许可证和新的批准文件向发证机构申领两用物项和技术进出口许可证。

8. 两用物项和技术进口许可证证面的进口商、收货人应分别与海关进口货物报关单的经营单位、收货单位相一致；两用物项和技术出口许可证证面的出口商、发货人应分别与海关出口货物报关单的经营单位、发货单位相一致。

9. 两用物项和技术在中华人民共和国境内的海关特殊监管区域、保税监管场所与境外之间进出的，进出口单位应申领两用物项和技术进口或出口许可证；两用物项和技术在中华人民共和国境内的海关特殊监管区域、保税监管场所与境内其他区域之间进出的，或者在上述海关特殊监管区域、保税监管场所之间进出的，无须申领两用物项和技术进口或出口许可证。

10. 麻黄碱类易制毒化学品的出口限定在北京、天津、上海、深圳口岸报关并于同口岸实际离境。其他海关一律不予受理此类产品的出口报关业务。

三、密码产品和含有密码技术的设备进口许可证管理

密码技术属于国家秘密。为了加强商用密码管理，保护信息安全，保护公民和组织的合法权益，维护国家的安全和利益，国家对密码产品和含有密码技术的设备实行限制进口管理。

国家密码管理局是密码产品和含有密码技术设备进口的国家主管部门，会同海关总署依法制定、调整并公布《密码产品和含有密码技术的设备进口管理目录》，以签发"密码产品和含有密码技术设备进口许可证"（以下简称密码进口许可证）的形式，对该类产品实施进口限制管理。

（一）管理范围

管理列入《密码产品和含有密码技术的设备进口管理目录》，以及虽暂未列入目录但含有密码技术的进口商品。

列入管理目录的商品包括加密传真机、加密电话机、加密路由器、非光通信加密以太网络交换机、密码机（包括电话密码机、传真密码机等）、密码卡等商品。

（二）报关规范

密码进口许可证是我国进出口许可管理制度中具有法律效力，用来证明对外贸易经营者经营列入我国密码产品和含有密码技术的设备管理范围的商品合法进口的证明文件，是海关验放货物的重要依据。对外贸易经营者进口列入《密码产品和含有密码技术的设备进口管理目录（第一批）》的商品，以及含有密码技术但暂未列入管理目录的商品，在组织进口前应事先向国家密码管理局申领密码进口许可证，凭以向海关办理通关手续。

1. 免于提交密码进口许可证的情形有以下几种：

（1）加工贸易项下为复出口而进口的；

（2）由海关监管，暂时进口后复出口的；

（3）从境外进入保税区、出口加工区及其他海关特殊监管区域和保税监管场所的，或在海关特殊监管区域、保税监管场所之间进出的。

2. 从海关特殊监管区域、保税监管场所进入境内区外，需交验密码进口许可证。

3. 进口单位知道或者应当知道其所进口的商品含有密码技术，但暂未列入目录的，也应当申领密码进口许可证。进口时，应主动向海关提交密码进口许可证。

4. 在进口环节发现应提交而未提交密码进口许可证的，海关按有关规定进行处理。

四、自动进口许可证管理

商务部根据监测货物进口情况的需要，对部分自由进口货物实行自动许可管理。许可证局、各地特派办、地方发证机构及地方机电产品进出口机构负责自动进口许可货物管理和自动进口许可证的签发工作。目前涉及的管理目录是商务部公布的《自动进口许可管理货物目录》，对应的许可证件为"中华人民共和国自动进口许可证"（以下简称自动进口许可证）。

（一）管理范围

1. 自动进口许可证管理的商品范围

2017年实施自动进口许可证管理的商品包括非机电产品、机电产品两大类，分为两个

管理目录。

（1）目录一（非机电产品）：牛肉、猪肉、羊肉、肉鸡、鲜奶、奶粉、木薯、大麦、高粱、大豆、油菜籽、植物油、食糖、玉米酒精、豆粕、烟草、二醋酸纤维丝束、铜精矿、煤、铁矿石、铝土矿、原油、成品油、氧化铝、化肥、钢材，共26类。由商务部授权的地方商务主管部门发证机构或者商务部许可证局负责签发。

（2）目录二（机电产品）：

① 由商务部发证的机电产品涉及烟草机械、移动通信产品、卫星广播电视设备及关键部件、汽车产品、飞机、船舶、游戏机等7类商品。

② 地方、部门机电产品进出口办公室发证的机电产品涉及发动机（非第八十七章车辆用）及关键部件、水轮机及其他动力装置、化工装置、食品机械、工程机械、造纸机械、纺织机械、金属冶炼及加工设备、金属加工机床、电气设备、铁路机车、汽车产品、飞机、船舶、医疗设备等15类商品。

2. 免交自动进口许可证的情形

进口列入《自动进口许可管理货物目录》的商品，在办理报关手续时须向海关提交自动进口许可证，但下列情形免交：

（1）加工贸易项下进口并复出口的（原油、成品油除外）；

（2）外商投资企业作为投资进口或者投资额内生产自用的（旧机电产品除外）；

（3）货样广告品、实验品进口，每批次价值不超过5 000元人民币的；

（4）暂时进口的海关监管货物；

（5）从境外进入保税区、出口加工区、保税仓库、保税物流中心等海关特殊监管区域、保税监管场所属自动进口许可证管理的货物；

（6）加工贸易项下进口的不作价设备监管期满后留在原企业使用的；

（7）国家法律法规规定其他免领自动进口许可证的。

（二）办理程序

进口属于自动进口许可证管理的货物，收货人（包括进口商和进口用户）在办理海关报关手续前，应向所在地或相应的发证机构提交自动进口许可证申请，并取得自动进口许可证。其中属于法律法规规定应当招标采购的，收货人还应当依法招标。收货人申请自动进口许可证，应当提交其从事货物进出口的资格证书、备案登记文件或者外商投资企业批准证书（以上证书、文件仅限公历年度内初次申领者提交），自动进口许可证申请表，货物进口合同（属于委托代理进口的，应当提交委托代理进口协议正本）。对进口货物用途或者最终用户法律法规有特定规定的，应当提交进口货物用途或者最终用户符合国家规定的证明材料、针对不同商品在管理目录中列明的应当提交的材料，以及商务部规定的其他应当提交的材料。同时收货人应当对所提交材料的真实性负责，并保证其有关经营活动符合国家法律规定。

收货人可以直接向发证机构书面申请自动进口许可证，也可以通过网上申请。其中书面申请的，收货人可以到发证机构领取或者从相关网站下载自动进口许可证申请表（可复印）等有关材料，按要求如实填写，并采用送递、邮寄或者其他适当方式，与其他相关材料一并递交发证机构。采取网上申请的，收货人应当先到发证机构申领用于企业身份认证的电子钥匙。申请时，登录相关网站，进入相关申领系统，按要求如实在线填写自动进口许可证申请表等资料，同时向发证机构提交有关材料。

申请内容正确且形式完备的，发证机构收到后应当予以签发自动进口许可证，最多不超过 10 个工作日。对于收货人已申领的自动进口许可证，如未使用，应当在有效期内交回原发证机构，并说明原因，发证机构对收货人交回的自动进口许可证予以撤销。自动进口许可证如有遗失，收货人应当立即向原发证机构以及自动进口许可证证面注明的进口口岸地海关书面报告挂失。原发证机构收到挂失报告后，经核实无不良后果的，予以重新补发。对于自动进口许可证自签发之日起 1 个月后未领证的，发证机构可予以收回并撤销。

（三）报关规范

自 2016 年 2 月 1 日起，在全国范围内实施自动进口许可证通关作业无纸化。有效范围为实施自动进口许可"一批一证"管理的货物（原油、燃料油除外），且每份进口货物报关单仅适用一份自动进口许可证；对满足条件的，企业可依法申请电子许可证，根据海关相关规定采用无纸方式向海关申报，免于交验纸质自动进口许可证。海关将通过自动进口许可证联网核查方式验核电子许可证，不再进行纸面签注；因海关和商务部门审核需要、计算机管理系统故障、其他管理部门需要验凭纸质自动许可证等原因，可以转为有纸报关作业或补充提交纸质自动进口许可证。

1. 自动进口许可证有效期为 6 个月，但仅限公历年度内有效。

2. 自动进口许可证项下货物原则上实行"一批一证"管理，对部分货物也可实行"非一批一证"管理。对实行"非一批一证"管理的，在有效期内可以分批次累计报关使用，但累计使用不得超过 6 次。每次报关时，海关在自动进口许可证原件"海关验放签注"栏内批注后，留存复印件，最后一次使用后，海关留存正本。同一进口合同项下，收货人可以申请并领取多份自动进口许可证。

3. 对实行"一批一证"的自动进口许可证管理的大宗、散装货物，其溢装数量在货物总量 3% 以内的原油、成品油、化肥、钢材 4 种大宗散装货物予以免证，其他货物溢装数量在货物总量 5% 以内的予以免证；对"非一批一证"的大宗散装货物，每批货物进口时，按其实际进口数量核扣自动进口许可证额度数量，最后一批货物进口时，应按该自动进口许可证实际剩余数量的允许溢装上限内计算，即 5%（原油、成品油、化肥、钢材在溢装上限 3%）以内计算免证数额。

五、固体废物进口管理

为了防治固体废物污染环境，保障人体健康，促进社会主义现代化建设的发展，根据《中华人民共和国固体废物污染环境防治法》《控制危险废物越境转移及其处置的巴塞尔公约》《固体废物进口管理办法》等法律法规，我国对可以弥补境内资源短缺，且根据国家经济、技术条件能够以无害化方式利用的可用做原料的固体废物，按照其加工利用过程的污染排放强度，实行限制进口和自动许可进口分类管理；对危险废物，以热能回收为目的固体废物，不能用做原料或者不能以无害化方式利用的固体废物，我国境内产生量或者堆存量大且尚未得到充分利用的固体废物，经入境检验检疫不符合进口可用做原料的固体废物环境保护控制标准或者相关技术规范等强制性要求的或尚无适用国家环境保护控制标准或者相关技术规范等强制性要求的固体废物，以及指示交货（TO ORDER）方式承运入境的固体废物，实施禁止进口管理。

（一）管理范围

固体废物是指《中华人民共和国固体废物污染环境防治法》管理范围内的废物，即在生产建设、日常生活和其他活动中产生的污染环境的废弃物质，包括工业固体废物（指在工业、交通等生产活动中产生的固体废物）、城市生活垃圾（指在城市日常生活中或者为城市日常生活提供服务的活动中产生的固体废物以及法律、行政法规规定视为城市生活垃圾的固体废物）、危险废物（指列入国家危险废物名录或者根据国家规定的危险废物鉴别标准和鉴别方法认定的具有危险特性的废物）以及液态废物和置于容器中的气态废物。

目前，我国对进口废物实施分类目录管理，分别实施限制进口、非限制进口和禁止进口三类管理。环境保护部对全国固体废物进口环境管理工作实施统一监督管理，商务部、国家发改委、海关总署和国家质量监督检验检疫总局在各自的职责范围内负责固体废物进口相关管理工作，定期公布调整相关管理目录。对列入《限制进口类可用做原料的废物目录》的固体废物实施限制进口管理；对列入《非限制进口类可用做原料的废物目录》的固体废物自由进口；对虽列入《限制进口类可用做原料的废物目录》及《非限制进口类可用做原料的废物目录》但经入境检验检疫不符合进口可用做原料的固体废物环境保护控制标准或者相关技术规范等强制性要求的，未列入《限制进口类可用做原料的废物目录》及《非限制进口类可用做原料的废物目录》的，以及列入《禁止进口固体废物目录》的固体废物实施禁止进口管理。

（二）办理程序

国家对进口可用做原料的固体废物的国内收货人以及国外供货商实行注册登记制度。向中国出口可用做原料的固体废物的国外供货商，应当取得国务院质量监督检验检疫部门颁发的注册登记证书。固体废物利用单位在组织进口列入限制进口目录和自动许可进口目录的固体废物前，应当直接向环境保护部提出固体废物进口申请，由环境保护部审查批准，取得环境保护部签发的"中华人民共和国限制进口类可用做原料的固体废物进口许可证"或"中华人民共和国自动许可进口类可用做原料的固体废物进口许可证"（以下统称为废物进口许可证）后才可组织进口。

进口固体废物境外起运前，应当由国务院质量监督检验检疫部门指定的装运前检验机构实施装运前检验，检验合格的，出具装运前检验证书；进口的固体废物运抵固体废物进口相关许可证列明的口岸后，国内收货人应当持固体废物进口相关许可证报检验检疫联、装运前检验证书以及其他必要单证，向口岸出入境检验检疫机构报检。出入境检验检疫机构经检验检疫，对符合国家环境保护控制标准或者相关技术规范等强制性要求的，出具入境货物通关单，并备注"经初步检验检疫，未发现不符合国家环境保护控制标准要求的物质"；对不符合国家环境保护控制标准或者相关技术规范等强制性要求的，出具检验检疫处理通知书，并及时通知口岸海关和口岸所在地省、自治区、直辖市环境保护行政主管部门。海关凭有效废物进口许可证及入境货物通关单办理通关手续。

（三）报关规范

固体废物进口许可证是我国进出口许可管理制度中具有法律效力，用来证明对外贸易经营者经营列入《限制进口类可用做原料的废物目录》的废物合法进口的证明文件，是海关验放货物的重要依据。不论以何种方式进口列入上述管理范围的固体废物，包括由境外进入保税区、出口加工区、保税物流园区、保税港区等海关特殊监管区域和保税物流中心、保税仓库等海关保税监管场所的，均须事先申领废物进口许可证。

1. 向海关申报进口列入《限制进口类可用做原料的废物目录》的废物，报关单位应主动向海关提交有效的废物进口许可证、口岸检验检疫机构出具的入境货物通关单及其他有关单据。

2. 向海关申报进口列入《非限制进口类可用做原料的废物目录》的废物，报关单位应主动向海关提交口岸检验检疫机构出具的入境货物通关单。

3. 废物进口许可证当年有效，因故在有效期内未使用完的，利用企业应当在有效期届满 30 日前向发证机关提出延期申请。发证机关扣除已使用的数量后，重新签发固体废物进口相关许可证，并在备注栏中注明"延期使用"和原证证号，且只能延期一次，延期最长不超过 60 日。

4. 固体废物进口相关许可证实行"一证一关"管理。一般情况下固体废物进口相关许可证为"非一批一证"制，如要实行"一批一证"，应当同时在固体废物进口相关许可证备注栏内打印"一批一证"字样。

5. 对废金属、废塑料、废纸进口实施分类装运管理。进口时不得与其他非重点固体废物及不属于固体废物的货物混合装运于同一集装箱内；因特殊原因无法分装的，进口企业应在境外起运地装运前向口岸直属海关提出申请，报经海关总署批准后，须在具备监管条件的口岸现场或园区按类别进行分拣，并按分拣后的状态，按规范申报的要求逐项申报。对未按上述规定进口的废物，如无走私或违反海关监管规定嫌疑，进口企业可申请办理直接退运。

6. 海关怀疑进口货物的收货人申报的进口货物为固体废物的，可以要求收货人送口岸检验检疫部门进行固体废物属性检验，必要时，海关可以直接送口岸检验检疫部门进行固体废物属性检验，并按照检验结果处理。口岸检验检疫部门应当出具检验结果，并注明是否属于固体废物。海关或者收货人对口岸所在地检验检疫部门的检验结论有异议的，国务院环境保护行政主管部门会同海关总署、国务院质量监督检验检疫部门指定专门鉴别机构对进口的货物、物品是否属于固体废物和固体废物类别进行鉴别。

7. 固体废物从海关特殊监管区域和场所进口到境内区外或者在海关特殊监管区域和场所之间进出的，无须办理固体废物进口相关许可证。

8. 海关特殊监管区域和场所内单位不得以转口货物为名存放进口固体废物。

六、进口关税配额管理

关税配额管理属限制进口，实行关税配额证管理。对外贸易经营者经国家批准取得关税配额证后允许按照关税配额税率征税进口；超出限额或无配额进口的则按照配额外税率征税进口，其中食糖还应申领自动进口许可证。

2016 年我国实施进口关税配额管理的农产品有小麦、玉米、稻谷和大米、食糖、羊毛、毛条、棉花；实施进口关税配额管理的工业品为化肥。

（一）实施关税配额管理的农产品

1. 农产品进口关税配额为全球关税配额，其国家主管部门为商务部及国家发展改革委，企业通过一般贸易、加工贸易、易货贸易、边境小额贸易、援助、捐赠等贸易方式进口上述农产品均列入关税配额管理范围。海关凭商务部、国家发展改革委各自授权机构向最终用户发放的，并加盖"商务部农产品进口关税配额证专用章"或"国家发展和改革委员会农产品进口关税配额证专用章"的"农产品进口关税配额证"办理验放手续。其中，以加工贸易方式进口上述农产品，海关凭企业提交的在"贸易方式"栏目中注明"加工贸易"的进口关税配额证办理通关验放手续。由境外进入保税仓库、保税区、出口加工区的上述农产品，无须提交"农产品进口关税配额证"，海关按现行规定验放并实施监管。从保税仓库、保税区、出口加工区出库或出区进口的关税配额农产品，企业持进口关税配额证向海关办理进口手续。

2. "农产品进口关税配额证"实行"一证多批"制度，即最终用户需分多批进口的，有效期内，凭"农产品进口关税配额证"可多次办理通关手续，直至海关核注栏填满为止。

3. 2016年度除羊毛、毛条进口关税配额实行先来先领的分配方式外，其他农产品进口关税配额的申请期为每年10月15日至30日。商务部、国家发展改革委分别于申请期前1个月在《国际商报》《中国经济导报》，以及商务部和国家发展改革委网站上公布每种农产品下一年度进口关税配额总量、关税配额申请条件及国务院关税税则委员会确定的关税配额农产品税则号列和适用税率。其中糖、羊毛、毛条由商务部公布并由商务部授权机构负责受理本地区内申请；小麦、玉米、大米、棉花由国家发展改革委公布并由国家发展改革委授权机构负责受理本地区内的申请。

4. 农产品进口关税配额的分配是根据申请者的申请数量和以往进口实绩、生产能力、其他相关商业标准或根据先来先领的方式进行分配。分配的最小数量将以每种农产品商业上可行的装运量确定。每年1月1日前，商务部、国家发展改革委通过各自授权机构向最终用户发放"农产品进口关税配额证"，并加盖"商务部农产品进口关税配额证专用章"或"国家发展和改革委员会农产品进口关税配额证专用章"。

（二）实施关税配额管理的工业品

1. 化肥进口关税配额为全球配额，商务部负责全国化肥关税配额管理工作。商务部的化肥进口关税配额管理机构负责管辖范围内化肥进口关税配额的发证、统计、咨询和其他授权工作。关税配额内化肥进口时，海关凭进口单位提交的"化肥进口关税配额证明"，按配额内税率征税，并验放货物。

2. "化肥进口关税配额证明"实行"一批一证"管理，需要延期或证面栏目内容需要变更的，一律重新办理，旧证同时撤销。

3. 商务部负责在化肥进口关税配额总量内，根据国民经济综合平衡及资源合理配置的要求，对化肥进口关税配额进行分配。凡在中华人民共和国工商行政管理部门登记注册的企业（以下简称申请单位），在其经营范围内均可向所在地区的授权机构申请化肥进口关税配额。商务部于每年的9月15日至10月14日公布下一年度的关税配额数量。申请单位应当在每年的10月15日至10月30日向商务部提出化肥关税配额的申请。商务部根据各地区生产和市场需求，并参考申请单位以往的进口实绩（申请单位的生产能力、经营规模、销售状况）、以往分配的配额是否得到充分使用、新的进口经营者的申请情况、申请配额的数量情况等因素，于每年12月31日前将化肥关税配额分配到进口用户。

七、野生动植物种进出口管理

野生动植物是人类的宝贵自然财富。挽救珍稀濒危动植物种，保护、发展和合理利用野生动植物资源，对维护自然生态平衡，开展科学研究，发展经济、文化、教育、医药、卫生等事业有着极其重要的意义。为此，我国颁布了《中华人民共和国森林法》《中华人民共和国野生动物保护法》《中华人民共和国野生植物保护条例》《野生动植物进出口证书管理办法》等相关法律法规，并发布了我国物种自主保护目录，同时，我国也是《濒危野生动植物种国际贸易公约》的成员国。因此，我国进出口管理的濒危物种包括《濒危野生动植物种国际贸易公约》成员国（地区）应履行保护义务的物种及为保护我国珍稀物种而自主保护的物种。我国对进出口野生动植物及其产品的，实行野生动植物进出口证书管理。

野生动植物种进出口证书管理是指国家林业局所属国家濒危物种进出口管理办公室会同国家其他部门，依法制定或调整《进出口野生动植物种商品目录》并以签发"濒危野生动植物种国际贸易公约允许进出口证明书"（以下简称公约证明）、"中华人民共和国濒危物种进出口管理办公室野生动植物允许进出口证明书"（以下简称非公约证明）或"非《进出口野生动植物种商品目录》物种证明"（以下简称物种证明）的形式，对该目录列明的依法受保护的珍贵、濒危野生动植物及其产品实施的进出口限制管理。

凡进出口列入《进出口野生动植物种商品目录》的野生动植物或其产品，必须严格按照有关法律、行政法规的程序进行申报和审批，并在进出口报关前取得国家濒危物种进出口管理办公室或其授权的办事处签发的公约证明、非公约证明或物种证明后，向海关办理进出口手续。

（一）非公约证明管理范围及报关规范

非公约证明是我国进出口许可管理制度中具有法律效力，用来证明对外贸易经营者经营列入《进出口野生动植物种商品目录》中属于我国自主规定管理的野生动植物及其产品合法进出口的证明文件，是海关验放该类货物的重要依据。出口列入商品目录中国家重点保护的野生动植物及其产品的，实行非公约证明管理。

1. 管理范围

对列入《进出口野生动植物种商品目录》中属于我国自主规定管理的野生动植物及其产品，不论以何种方式出口，均须事先申领非公约证明。

2. 报关规范

（1）向海关申报出口列入《进出口野生动植物种商品目录》中属于我国自主规定管理的野生动植物及其产品，报关单位应主动向海关提交有效的非公约证明及其他有关单据。

（2）非公约证明实行"一批一证"制度。

（二）公约证明管理范围及报关规范

公约证明是我国进出口许可管理制度中具有法律效力，用来证明对外贸易经营者经营列入《进出口野生动植物种商品目录》中属于《濒危野生动植物种国际贸易公约》成员国（地区）应履行保护义务的物种合法进出口的证明文件，是海关验放该类货物的重要依据。

1. 管理范围

对列入《进出口野生动植物种商品目录》中属于《濒危野生动植物种国际贸易公约》成员国（地区）应履行保护义务的物种，不论以何种方式进出口，均须事先申领公约证明。

2. 报关规范

（1）向海关申报进出口列入《进出口野生动植物种商品目录》中属于《濒危野生动植物种国际贸易公约》成员国（地区）应履行保护义务的物种，报关单位应主动向海关提交有效的公约证明及其他有关单据。

（2）向海关申报进出口列入《进出口野生动植物种商品目录》中属于《濒危野生动植物种国际贸易公约》成员国（地区）应履行保护义务的物种需要过境、转运、通运的，不需申请核发野生动植物进出口证书。

（3）公约证明实行"一批一证"制度。

（三）物种证明适用范围及报关规范

由于受濒危物种进出口管理的动植物种很多，认定工作的专业性很强，为使濒危物种进出口监管工作做到既准确又严密，海关总署和国家濒危物种进出口管理办公室共同商定启用物种证明，由国家濒危物种进出口管理办公室指定机构进行认定并出具物种证明，报关单位凭以办理报关手续。

1. 适用范围

按照《进出口野生动植物种商品目录》的制定原则，物种证明的适用范围一般包括：一是进出口属于《濒危野生动植物种国际贸易公约》规定免管或者豁免的野生动植物及其产品；二是出口人工培植来源的非《濒危野生动植物种国际贸易公约》附录所列，但与国家重点保护同名的野生植物及其产品；三是进口和再出口非《濒危野生动植物种国际贸易公约》附录所列，但与国家重点保护同名的野生动植物及其产品；四是进出口属于未拆分出非濒危物种且带有监管条件的海关商品编号管理的非《濒危野生动植物种国际贸易公约》附录所列、非国家重点保护的野生动植物及其产品。

对申报进出口的野生动植物及其产品符合《进出口野生动植物种商品目录》所列海关商品编号描述和含义的，凡不属于允许进出口证明书管理范畴的，不论所涉及的物种或者监管条件是否纳入动植物附表或者注释表，各办事处应当依法核发物种证明，海关验核物种证明办理报关手续。

2. 报关规范

（1）物种证明由国家濒危物种管理办公室统一按确定的格式制作，不得转让或倒卖。证面不得涂改、伪造。

（2）物种证明分为"一次使用"和"多次使用"两种。

① 一次使用的物种证明有效期自签发之日起不得超过180天，多次使用的物种证明有效期不超过360天。

② 多次使用的物种证明只适用于同一物种、同一货物类型、在同一报关口岸多次进出口的野生动植物。多次使用的物种证明有效期截至发证当年12月31日。持证者须于1月31日之前将上一年度使用多次物种证明进出口有关野生动植物标本的情况汇总上报发证机关。

（3）进出口企业必须按照物种证明规定的口岸、方式、时限、物种、数量和货物类型等进出口野生动植物。对于超越物种证明中任何一项许可范围的申报行为，海关均不予受理。

（4）海关对经营者进出口列入《进出口野生动植物种商品目录》的商品及含野生动植物成分的纺织品是否为濒危野生动植物种提出质疑的，经营者应按海关的要求，向国家濒危物种管理办公室或其办事处申领物种证明；属于公约证明或非公约证明管理范围的，应申领公约证明或非公约证明。经营者未能出具证明书或物种证明的，海关不予办理有关手续。

八、进出口药品管理

进出口药品管理是指为加强对药品的监督管理，保证药品质量，保障人体用药安全，维护人民身体健康和用药合法权益，国家食品药品监督管理局依照《中华人民共和国药品管理法》、有关国际公约以及国家其他法规，对进出口药品实施监督管理的行政行为。

进出口药品管理是我国进出口许可管理制度的重要组成部分，属于国家限制进出口管理范畴，实行分类和目录管理。进出口药品从管理角度可分为进出口麻醉药品、进出口精神药品、进出口兴奋剂，以及进口一般药品。国家食品药品监督管理局会同国务院商务主管部门对上述药品依法制定并调整管理目录，以签发许可证件的形式对其进出口加以管制。

目前，我国公布的药品进出口管理目录有：《进口药品目录》《生物制品目录》《精神药品管制品种目录》《麻醉药品管制品种目录》《兴奋剂目录》等。

药品必须经由国务院批准的允许药品进口的口岸进口。目前，允许进口药品的口岸有北京、天津、上海、大连、青岛、成都、武汉、重庆、厦门、南京、杭州、宁波、福州、广州、深圳、珠海、海口、西安、南宁 19 个城市所在地直属海关所辖关区口岸。首次在中国境内销售的精神、麻醉药品，进口口岸限定为北京市、上海市和广州市 3 个城市的口岸。

（一）精神药品进出口管理范围及报关规范

精神药品进出口准许证是我国进出口精神药品管理批件，国家食品药品监督管理局依据《中华人民共和国药品管理法》、国务院颁布的《精神药品管理办法》，以及有关国际条约，对进出口直接作用于中枢神经系统，使之兴奋或抑制，连续使用能产生依赖性的药品，制定和调整《精神药品管制品种目录》，并以签发"精神药品进口准许证"或"精神药品出口准许证"的形式对《精神药品管制品种目录》商品实行进出口限制管理。

精神药品进出口准许证是我国进出口许可管理制度中具有法律效力，用来证明对外贸易经营者经营列入《精神药品管制品种目录》管理药品合法进出口的证明文件，是海关验放该类货物的重要依据。

《精神药品管制品种目录》所列药品进出口时，货物所有人或其合法代理人在办理进出口报关手续前，均须取得国家食品药品监督管理局核发的精神药品进出口准许证，凭以向海关办理报关手续。

1. 管理范围

（1）进出口列入《精神药品管制品种目录》的药品，包含精神药品标准品及对照品，如咖啡因、去氧麻黄碱、复方甘草片等。

（2）对于列入《精神药品管制品种目录》的药品可能存在的盐、酯、醚，虽未列入该目录，但仍属于精神药品管制范围。

（3）任何单位以任何贸易方式进出口列入上述范围的药品，不论用于何种用途，均须事先申领精神药品进出口准许证。

2. 报关规范

（1）向海关申报进出口精神药品管理范围内的药品，报关单位应主动向海关提交有效的精神药品进出口准许证及其他有关单据。

（2）精神药品的进出口准许证仅限在该证注明的口岸海关使用，并实行"一批一证"制度，证面内容不得自行更改，如需更改，应到国家食品药品监督管理局办理换证手续。

（二）麻醉药品进出口管理范围及报关规范

麻醉药品进出口准许证是我国进出口麻醉药品管理批件，国家药品监督管理部门依据《中华人民共和国药品管理法》、国务院颁布的《麻醉药品管理办法》，以及有关国际条约，对进出口连续使用后易使身体产生依赖性、能成瘾癖的药品，制定和调整《麻醉药品管制品种目录》，并以签发"麻醉药品进口准许证"或"麻醉药品出口准许证"的形式对该目录商品实行进出口限制管理。

麻醉药品进出口准许证是我国进出口许可管理制度中具有法律效力，用来证明对外贸易经营者经营列入《麻醉药品管制品种目录》管理药品合法进出口的证明文件，是海关验放该类货物的重要依据。

《麻醉药品管制品种目录》所列药品进出口时，货物所有人或其合法代理人在办理进出口报关手续前，均须取得国家食品药品监督管理局核发的麻醉药品进出口准许证，凭以向海关办理报关手续。

1. 管理范围

（1）进出口列入《麻醉药品管制品种目录》的麻醉药品，包括鸦片、可卡因、大麻、吗啡、海洛因以及合成麻醉药类和其他易成瘾癖的药品、药用原植物及其制剂。

（2）对于列入《麻醉药品管制品种目录》的麻醉药品可能存在的盐、酯、醚，虽未列入该目录，但仍属于麻醉药品管制范围。

（3）任何单位以任何贸易方式进出口列入上述范围的药品，不论用于何种用途，均须事先申领麻醉药品进出口准许证。

2. 报关规范

（1）向海关申报进出口麻醉药品管理范围内的药品，报关单位应主动向海关提交有效的麻醉药品进出口准许证及其他有关单据。

（2）麻醉药品的进出口准许证仅限在该证注明的口岸海关使用，并实行"一批一证"制度，证面内容不得自行更改，如需更改，应到国家食品药品监督管理局办理换证手续。

（三）兴奋剂进出口管理范围及报关规范

为了防止在体育运动中使用兴奋剂，保护体育运动参加者的身心健康，维护体育竞赛的公平竞争，根据《中华人民共和国体育法》和其他有关法律，我国制定颁布了《反兴奋剂条例》。依据该条例及有关法律法规的规定，国家体育总局会同商务部、卫生部、海关总署、国家食品药品监督管理局制定颁布了《兴奋剂目录》。

1. 管理范围

列入《兴奋剂目录》的药品，包括：蛋白同化制剂品种、肽类激素品种、麻醉药品品种、刺激剂（含精神药品）品种、药品类易制毒化学品品种、医疗用毒性药品品种、其他品种等共 7 类。

2. 报关规范

（1）进出口列入《兴奋剂目录》的精神药品、麻醉药品、易制毒化学品、医疗用毒性药品，应按照现行规定向海关办理通关验放手续。对《兴奋剂目录》中的"其他品种"，海关暂不按照兴奋剂实行管理。

（2）根据《蛋白同化制剂、肽类激素进出口管理办法》的相关规定，国家对进出口蛋白同化制剂和肽类激素分别实行进口准许证和出口准许证管理：

① 进出口蛋白同化制剂、肽类激素，进出口单位应当事先向国家食品药品监督管理局申领进口准许证或出口准许证。

② 进出口单位在办理报关手续时，应多提交一联报关单，并向海关申请签退该联报关单。海关凭药品进口准许证或出口准许证验放货物后，在该联报关单上加盖"验讫章"后退进出口单位，进出口单位应当在海关验放后1个月内，将进口准许证或出口准许证的第一联、海关签章的报关单退回发证机关。

③ 进口准许证有效期1年。出口准许证有效期不超过3个月（有效期时限不跨年度）。取得药品进出口准许证后未进行相关进出口贸易的，进出口单位应当于准许证有效期满后1个月内将原准许证退回发证机关。

④ 进口准许证、出口准许证实行"一证一关"制度，证面内容不得更改。因故延期进出口的，可以持原进出口准许证办理一次延期换证手续。

⑤ 个人因医疗需要携带或邮寄进出境自用合理数量范围内的蛋白同化制剂和肽类激素药品，凭医疗机构处方予以验放。无法出具处方，或超出处方剂量的，均不准进出境。

⑥ 以加工贸易方式进出口蛋白同化制剂、肽类激素的，海关凭药品进口准许证、出口准许证办理验放手续并实施监管。

⑦ 从境内区外进入保税区、出口加工区及其他海关特殊监管区域和保税监管场所的蛋白同化制剂、肽类激素，应当办理药品出口准许证；从保税区、出口加工区及其他海关特殊监管区域、保税监管场所进入境内区外的蛋白同化制剂、肽类激素，应当办理药品进口准许证。

保税区、出口加工区及其他海关特殊监管区域、保税监管场所与境外进出及海关特殊监管区域、保税监管场所之间进出的蛋白同化制剂、肽类激素，免予办理药品进口准许证、出口准许证，由海关实施监管。

（四）一般药品进口管理范围及报关规范

国家对一般药品进口的管理实行目录管理。国家食品药品监督管理局依据《中华人民共和国药品管理法》《中华人民共和国药品管理法实施条例》制定和调整《进口药品目录》《生物制品目录》；国家食品药品监督管理局授权的口岸药品检验所以签发进口药品通关单的形式对列入管理目录的商品实行进口限制管理。

进口药品通关单是我国进出口许可管理制度中具有法律效力，用来证明对外贸易经营者经营列入管理目录的商品合法进口的证明文件，是海关验放的重要依据。

1. 管理范围

（1）进口列入《进口药品目录》的药品，指用于预防、治疗、诊断人的疾病，有目的地调节人的生理机能并规定有适应症、用法和用量的物质，包括中药材、中药饮品、中成药、化学原料药及其制剂、抗生素、生化药品、血清疫苗、血液制品等。

（2）进口列入《生物制品目录》的商品，包括疫苗类、血液制品类及血源筛查用诊断试剂等。

（3）首次在我国境内销售的药品。

（4）进口暂未列入《进口药品目录》的原料药的单位，必须遵守《进口药品管理办法》中的各项有关规定，主动到各口岸药品检验所报验。

2. 报关规范

（1）向海关申报进口列入管理目录中的药品，报关单位应主动向海关提交有效的进口药品通关单及其他有关单据。

（2）进口药品通关单仅限在该单注明的口岸海关使用，并实行"一批一证"制度，证面内容不得更改。

（3）任何单位以任何贸易方式进口列入管理目录的药品，不论用于何种用途，均须事先申领进口药品通关单。

（4）从境外进入保税仓库、保税区、出口加工区的药品，免予办理进口备案和口岸检验等进口手续。从保税仓库、出口监管仓库、保税区、出口加工区出库或出区进入境内的药品，海关验核"进口药品通关单"，并按规定办理通关手续。

目前，一般药品出口暂无特殊的管理要求。

九、美术品进出口管理

为加强对美术品进出口经营活动、商业性美术品展览活动的管理，促进中外文化交流，丰富人民群众文化生活，国家对美术品进出口实施监督管理。文化部负责对美术品进出口经营活动的审批管理，海关负责对美术品进出境环节进行监管。

美术品进出口管理是我国进出口许可管理制度的重要组成部分，属于国家限制进出口管理范畴。文化部委托美术品进出口口岸所在地省、自治区、直辖市文化行政部门负责本辖区美术品的进出口审批。文化部对各省、自治区、直辖市文化行政部门的审批行为进行监督、指导，并依法承担审批行为的法律责任。美术品进出口单位应当在美术品进出口前，向美术品进出口口岸所在地省、自治区、直辖市文化行政部门申领进出口批件，凭以向海关办理通关手续。

（一）管理范围

1. 纳入我国进出口管理的美术品是指艺术创作者以线条、色彩或者其他方式，经艺术创作者以原创方式创作的具有审美意义的造型艺术作品，包括绘画、书法、雕塑、摄影等作品，以及艺术创作者许可并签名的，数量在200件以内的复制品。

2. 批量临摹的作品、工业化批量生产的美术品、手工艺品、工艺美术产品、木雕、石雕、根雕、文物等均不纳入美术品进行管理。

3. 我国禁止进出境含有下列内容的美术品：违反宪法确定的基本原则的；危害国家统一、主权和领土完整的；泄露国家秘密、危害国家安全或者损害国家荣誉和利益的；煽动民族仇恨、民族歧视，破坏民族团结，或者侵害民族风俗习惯的；宣扬或者传播邪教迷信的；扰乱社会秩序，破坏社会稳定的；宣扬或者传播淫秽、色情、赌博、暴力、恐怖或者教唆犯罪的；侮辱或者诽谤他人、侵害他人合法权益的；蓄意篡改历史、严重歪曲历史的；危害社会公德或者有损民族优秀文化传统的；我国法律、行政法规和国家规定禁止的其他内容的。

（二）办理程序

我国对美术品进出口实行专营，经营美术品进出口的企业必须是在商务部门备案登记，取得进出口资质的企业。美术品进出口单位应当在美术品进出口前，向美术品进出口口岸所在地省、自治区、直辖市文化行政部门提出申请，并报送以下材料：

1. 美术品进出口单位的企业法人营业执照、对外贸易经营者备案登记表；

2. 进出口美术品的来源、目的地、用途；

3. 艺术创作者名单、美术品图录和介绍；

4. 审批部门要求提供的其他材料。

文化行政部门应当自受理申请之日起 15 日内作出决定。批准的，发给批准文件，批准文件中应附美术品详细清单。申请单位持批准文件到海关办理手续。不批准的，文化行政部门书面通知申请人并说明理由。

（三）报关规范

1. 向海关申报进出口管理范围内的美术品，报关单位应主动向海关提交有效的进出口批准文件及其他有关单据。

2. 美术品进出口单位向海关递交的批准文件不得擅自更改。如有更改，应当及时将变更事项向审批部门申报，经审批部门批准确认后，方可变更。

3. 文化行政部门的批准文件，不得伪造、涂改、出租、出借、出售或者以其他任何形式转让。

4. 同一批已经批准进口或出口的美术品复出口或复进口，进出口单位可持原批准文件正本到原进口或出口口岸海关办理相关手续，文化行政部门不再重复审批。上述复出口或复进口的美术品如与原批准内容不符，进出口单位则应当到文化行政部门重新办理审批手续。

5. 以研究、教学参考、馆藏、公益性展览等非经营性用途的美术品进出境，应当委托美术品进出口单位办理进出口手续。

十、音像制品进口管理

为了加强对音像制品进口的管理，促进国际文化交流，丰富人民群众的文化生活，我国颁布了《音像制品管理条例》《音像制品进口管理办法》及其他有关规定，对音像制品实行许可管理制度。国家新闻出版广电总局负责全国音像制品进口的监督管理和内容审查等工作，县级以上地方人民政府新闻出版行政部门负责本行政区域内的进口音像制品的监督管理工作，各级海关在其职责范围内负责音像制品进口的监督管理工作。

国家新闻出版广电总局设立音像制品内容审查委员会，负责审查进口音像制品的内容。委员会下设办公室，负责进口音像制品内容审查的日常工作。音像制品应在进口前报国家新闻出版广电总局进行内容审查，审查批准取得"进口音像制品批准单"后方可进口。

国家对设立音像制品成品进口单位实行许可制度，音像制品成品进口业务由国家新闻出版广电总局批准的音像制品成品进口单位经营；未经批准，任何单位或者个人不得从事音像制品成品进口业务。

（一）管理范围

1. 进口音像制品，是指从外国进口音像制品成品和进口用于出版（包括利用信息网络出版）及其他用途的音像制品，包括录有内容的录音带、录像带、唱片、激光唱盘、激光视盘等。列入我国首批音像制品进口管理目录的商品有：重放声音或图像信息的磁带、已录制的其他磁带、其他磁性媒体、仅用于重放声音信息的已录制光学媒体、其他录制光学媒体、已录制唱片及其他媒体共涉及 7 个海关 10 位商品编号。

2. 音像制品用于广播电视播放的，适用广播电视法律、行政法规。

3. 国家禁止进口有下列内容的音像制品：

（1）反对宪法确定的基本原则的；

（2）危害国家统一、主权和领土完整的；

（3）泄露国家秘密、危害国家安全或者损害国家荣誉和利益的；

（4）煽动民族仇恨、民族歧视，破坏民族团结，或者侵害民族风俗、习惯的；

（5）宣扬邪教、迷信的；

（6）扰乱社会秩序，破坏社会稳定的；

（7）宣扬淫秽、赌博、暴力或者教唆犯罪的；

（8）侮辱或者诽谤他人，侵害他人合法权益的；

（9）危害社会公德或者民族优秀文化传统的；

（10）有法律、行政法规和国家规定禁止的其他内容的。

（二）办理程序

1. 进口音像制品实行许可管理制度，应在进口前报国家新闻出版广电总局进行内容审查。其中，音像制品成品进口经营单位应向国家新闻出版广电总局提出申请并报送以下材料：进口录音或录像制品报审表、进口协议草案或订单、节目样片、中外文歌词，以及内容审查所需的其他材料。

进口用于出版的音像制品，应向国家新闻出版广电总局提出申请并报送以下材料：进口录音或录像制品报审表，版权贸易协议中外文文本草案、原始版权证明书、版权授权书和国家版权局的登记文件，节目样片，中外文曲目、歌词或对白，以及内容审查所需的其他材料。

进口用于展览、展示的音像制品，由展览、展示活动主办单位提出申请，并将音像制品目录和样片报国家新闻出版广电总局进行内容审查。海关按暂时进口货物管理。

2. 进口单位不得擅自更改报送国家新闻出版广电总局进行内容审查样片原有的名称和内容。

3. 国家新闻出版广电总局自受理进口音像制品申请之日起 30 日内作出批准或者不批准的决定。批准的，发给"进口音像制品批准单"；不批准的，应当说明理由。

4. 图书馆、音像资料馆、科研机构、学校等单位进口供研究、教学参考的音像制品成品，应当委托国家新闻出版广电总局批准的音像制品成品进口经营单位办理进口审批手续。

（三）报关规范

1. 向海关申报进口音像制品，报关单位应主动向海关提交有效的"进口音像制品批准单"及其他有关单据。

2. "进口音像制品批准单"内容不得更改，如需修改，应重新办理。"进口音像制品批准单"一次报关使用有效，不得累计使用。其中，属于音像制品成品的，批准单当年有效；属于用于出版的音像制品的，批准单有效期限为 1 年。

3. 在经批准进口出版的音像制品版权授权期限内，音像制品进口经营单位不得进口该音像制品成品。

4. 随机器设备同时进口及进口后随机器设备复出口的记录操作系统、设备说明、专用软件等内容的音像制品，无须申领"进口音像制品批准单"，海关凭进口单位提供的合同、发票等有效单证验放。

十一、出入境检验检疫管理

对列入《法检目录》及其他法律法规规定需要检验检疫的货物进出口时，货物所有人或其合法代理人，在办理进出口通关手续前，必须向口岸检验检疫机构报检。海关凭口岸出入境检验检疫机构签发的"中华人民共和国检验检疫入境货物通关单"（以下简称入境货物通关单）或"中华人民共和国检验检疫出境货物通关单"（以下简称出境货物通关单）验放。

自 2008 年 1 月 1 日起，国家实行出入境货物通关单电子数据联网，出入境检验检疫机构对法检商品签发通关单，实时将通关单电子数据传输至海关，企业持通关单向海关办理法检商品验放手续，办结海关手续后将通关单使用情况反馈检验检疫部门。

（一）入境货物通关单

入境货物通关单是我国出入境检验检疫管理制度中，对进口列入《法检目录》及其他法律法规规定需要检验检疫的货物在办理进口报关手续前，口岸检验检疫机构依照有关规定接受报检后签发的单据，同时也是进口报关的专用单据，是海关验放该类货物的重要依据之一。入境货物通关单实行"一批一证"制度，证面内容不得更改。

入境货物通关单主要适用于下列情况：

1. 列入《法检目录》的商品；

2. 外商投资财产价值鉴定（受国家委托，为防止外商瞒骗对华投资额而对其以实物投资形式进口的投资设备的价值进行的鉴定）；

3. 进口可用做原料的废物；

4. 进口旧机电产品；

5. 进口货物发生短少、残损或其他质量问题需对外索赔时，其赔付的进境货物；

6. 进口捐赠的医疗器械；

7. 其他未列入《法检目录》，但国家有关法律、行政法规明确由出入境检验检疫机构负责检验检疫的入境货物或特殊物品等。

（二）出境货物通关单

出境货物通关单是我国出入境检验检疫管理制度中，对出口列入《法检目录》及其他法律法规规定需要检验检疫的货物在办理出口报关手续前，口岸检验检疫机构依照有关规定接受报检后签发的单据，同时也是出口报关的专用单据，是海关验放该类货物的重要依据之一。出境货物通关单实行"一批一证"制度，证面内容不得更改。

出境货物通关单适用于下列情况：

1. 列入《法检目录》的货物；

2. 出口纺织品标志；

3. 对外经济技术援助物资及人道主义紧急救灾援助物资；

4. 其他未列入《法检目录》，但国家有关法律、行政法规明确由出入境检验检疫机构负责检验检疫的出境货物。

十二、民用爆炸物品进出口管理

为了加强对民用爆炸物品进出口的管理，维护国家经济秩序，保障社会公共安全，根据《民用爆炸物品安全管理条例》，国家对民用爆炸物品实施进出口限制管理。工业和信息化部为国家进出口民用爆炸物品主管部门，负责民用爆炸物品进出口的审批；公安机关负责民用爆炸物品境内运输的安全监督管理；海关负责民用爆炸物品进出口环节的监管。

在进出口民用爆炸物品前，进出口企业应当向工业和信息化部申领"民用爆炸物品进/出口审批单"。在取得"民用爆炸物品进/出口审批单"后，进出口企业应当在3个工作日内将获准进出口的民用爆炸物品的品种和数量等信息向收货地或者出境口岸所在地县级人民政府公安机关备案，并同时向所在地省级民用爆炸物品行业主管部门备案，在依法取得公安机关核发的"民用爆炸物品运输许可证"后方可运输民用爆炸物品。

（一）管理范围

管理范围包括：用于非军事目的、列入我国"民用爆炸物品品名表"的各类火药、炸药及其制品，雷管、导火索等点火和起爆器材。

（二）办理程序

进出口民用爆炸物品，应当逐单申请办理审批手续。国家对进出口民用爆炸物品的企业实施资质管理：对取得"民用爆炸物品生产许可证"的企业可以申请进口用于本企业生产的民用爆炸物品原材料（含半成品），出口本企业生产的民用爆炸物品（含半成品）；对取得"民用爆炸物品销售许可证"的企业可以申请进出口其"民用爆炸物品销售许可证"核定品种范围内的民用爆炸物品。

具备上述资质的企业申请进出口民用爆炸物品，应当向工业和信息化部提交下列材料：

1. 民用爆炸物品进出口申请文件及"民用爆炸物品进/出口审批单"（一式五份）；

2. 企业出具的法定代表人、经办人的身份证明文件及有效身份证件复印件。首次申请时应当提供工商营业执照和"民用爆炸物品生产许可证"或者"民用爆炸物品销售许可证"的原件及复印件。证照在年检有效期内且未变更的，再次申请时仅提供加盖公章的复印件；

3. 进出口合同或者订单、形式发票等有效合同原件及加盖公章的中文译本。因外方原因无法提供原件的，进出口企业应当对复印件出具保函；

4. 出口民用爆炸物品，应当提交最终用户和最终用途证明、进口国的许可文件原件及中文译本。因外方原因无法提供原件的，出口企业应当对复印件出具保函；

5. 进口民用爆炸物品，应当提交加盖公章的产品说明（内容包括产品标准、爆炸物成分、包装方式、民用爆炸物品警示标志和登记标志、用途说明等信息）。对民用爆炸物品有环保要求的，应当提交符合国家有关环保标准的证明材料。申请单位和收货单位不一致时，应当提交收货单位的最终用户和最终用途证明及合法使用证明；

6. 法律、行政法规规定的其他材料。

对"民用爆炸物品进/出口审批单"项下物品未能全部进出口且剩余部分仍需执行的，进出口企业应当提交申请文件和海关签注的原审批单或者报关单，向工业和信息化部申请换领剩余数量的"民用爆炸物品进/出口审批单"。

"民用爆炸物品进/出口审批单"的有效期为签发之日起6个月。需延期或者变更审批事项的，进出口企业应当向工业和信息化部提交申请文件，并凭原审批单换领新审批单。每单仅限延期一次，延期时间不超过 6 个月。

工业和信息化部对申请材料进行审查，对申请材料不齐全或者不符合法定形式的，应当当场或者在 5 个工作日内一次告知申请人需要补正的全部内容，逾期不告知的，自收到申请材料之日起即为受理；对申请材料齐全，符合法定形式，或者已按要求提交全部补正申请材料的，应当予以受理，并出具受理通知书，自受理申请之日起 20 个工作日内作出是否批准的决定。批准进出口民用爆炸物品的，应当向申请人核发"民用爆炸物品进/出口审批单"；不予批准的，应当书面告知申请人。

(三) 报关规范

1. 向海关申报进出口民用爆炸物品时，进出口企业应当向海关提交两份"民用爆炸物品进/出口审批单"，海关签注实际进出口的商品数量后，由现场海关和企业分别留存。

"民用爆炸物品进/出口审批单"实行"一批一单"和"一单一关"管理。

2. 进出口企业申请退运民用爆炸物品时，应当向工业和信息化部办理进/出口审批手续。申请退运时须提交申请文件、退运保函、原"民用爆炸物品进/出口审批单"及相应报关单。工业和信息化部审核通过后核发"民用爆炸物品进/出口审批单"，其中"申请进/出口用途及理由"标明"退运货物"。退运报关时，海关对所退运的货物进行审核验放。

3. 海关无法确定进出口物品是否属于民用爆炸物品的，由进出口企业将物品样品送交具有民用爆炸物品检测资质的机构鉴定，对检测机构确认是民用爆炸物品的，需在鉴定报告中说明送检物品的成分、性质等内容，并按照"民用爆炸物品品名表"对送检物品进行判定和商品归类。海关依据有关鉴定结论实施进出口管理。

4. 民用爆炸物品在海关特殊监管区域或者场所与境外之间进出的，应当向海关提交"民用爆炸物品进/出口审批单"。

十三、其他货物进出口管理

(一) 黄金及其制品进出口管理

黄金是指未锻造金，黄金制品是指半制成金和金制成品等。

为了规范黄金及黄金制品进出口行为，加强黄金及黄金制品进出口管理，中国人民银行会同海关总署，根据《中华人民共和国中国人民银行法》《海关法》《黄金及黄金制品进出口管理办法》等法律法规，对进出口黄金及其制品实施监督管理的行政行为。

中国人民银行根据国家宏观经济调控需求，可以对黄金及黄金制品进出口的数量进行限制性审批，会同海关总署制定、调整并公布《黄金及黄金制品进出口管理商品目录》。管理目录主要包括：氰化金、氰化金钾等［包括氰化亚金（Ⅰ）钾（含金 68.3%）、氰化亚金（Ⅲ）钾（含金 57%）］、其他金化合物（不论是否已有化学定义）、非货币用金粉、非货币用未锻造金、非货币用半制成金、货币用未锻造金（包括镀铂的金）、金的废碎料、镶嵌钻石的黄金制首饰及其零件（不论是否包、镀其他贵金属）、镶嵌濒危物种制品的金首饰及零件（不论是否包、镀其他贵金属）、其他黄金制首饰及其零件（不论是否包、镀其他贵金属）、黄金表壳（按重量计含金量在 80% 及以上）、黄金表带（按重量计含金量在 80% 及以上）等。

黄金及其制品进出口管理属于我国进出口许可管理制度中限制进出口管理范畴，中国人民银行为黄金及其制品进出口的管理机关。以一般贸易、加工贸易转内销及境内购置黄金原料以加工贸易方式出口黄金制品的，海关特殊监管区域、保税监管场所与境内区外之间进出口的，因公益事业捐赠进口黄金及黄金制品等贸易方式进出口黄金及黄金制品的，应当向中国人民银行或其授权的中国人民银行分支机构申领"黄金及其制品进出口准许证"，凭以办理海关手续。

以加工贸易方式进出口的，海关特殊监管区域、保税监管场所与境外之间进出的，海关特殊监管区域、保税监管场所之间进出的，以及以维修、退运、暂时进出境方式进出境的，可暂免予办理"黄金及其制品进出口准许证"，由海关实施监管。

（二）有毒化学品管理

"有毒化学品"是指进入环境后通过环境蓄积、生物累积、生物转化或化学反应等方式损害健康和环境，或者通过接触对人体具有严重危害和具有潜在危险的化学品。

为了保护人体健康和生态环境，加强有毒化学品进出口的环境管理，国家根据《关于化学品国际贸易资料交换的伦敦准则》，发布了《中国严格限制进出口的有毒化学品目录》，对进出口有毒化学品进行监督管理。

环境保护部在审批有毒化学品进出口申请时，对符合规定准予进出口的，签发有毒化学品环境管理放行通知单。

有毒化学品环境管理放行通知单是我国进出口许可管理制度中具有法律效力，用来证明对外贸易经营者经营列入《中国严格限制进出口的有毒化学品目录》的化学品合法进出口的证明文件，是海关验放该类货物的重要依据。

（三）农药进出口管理

"农药进出口登记管理放行通知单"是国家农业主管部门依据《中华人民共和国农药管理条例》，对进出口用于预防、消灭或者控制危害农业、林业的病、虫、草和其他有害生物，有目的地调节植物、昆虫生长的化学合成或者来源于生物、其他天然物质的一种物质或者几种物质的混合物及其制剂实施管理的进出口许可证件，其国家主管部门是农业部。

我国对进出口农药实行目录管理，由农业部会同海关总署依据《中华人民共和国农药管理条例》和《在国际贸易中对某些危险化学品和农药采用事先知情同意程序的鹿特丹公约》，制定《中华人民共和国进出口农药登记证明管理名录》（以下简称《农药名录》）。进出口列入上述目录的农药，应事先向农业部农药检定所申领"农药进出口登记管理放行通知单"，凭以向海关办理进出口报关手续。

"农药进出口登记管理放行通知单"是我国进出口许可管理制度中具有法律效力，用来证明对外贸易经营者经营《农药名录》所列农药合法进出口的证明文件，是海关验放该类货物的重要依据。

"农药进出口登记管理放行通知单"实行"一批一证"管理，进出口一批农药产品，办理一份通知单，对应一份海关进出口货物报关单。通知单一式两联，第一联由进出口单位交海关办理通关手续，由海关留存与报关单一并归档，第二联由农业部留存。

"农药进出口登记管理放行通知单"经签发，任何单位或个人不得修改证明内容；如需变更证明内容，应在有效期内将原证交回农业部农药检定所，并申请重新办理进出口农药登记证明。

（四）兽药进口管理

兽药进口管理是指国家农业主管部门（即农业部）依据《进口兽药管理办法》，对进出口兽药实施的监督管理。受管理的兽药是指用于预防、治疗、诊断畜禽等动物疾病，有目的地调节其生理机能并规定作用、用途、用法、用量的物质。

进口兽药实行目录管理，《进口兽药管理目录》由农业部会同海关总署制定、调整并公布。企业进口列入《进口兽药管理目录》的兽药，应向进口口岸所在地省级人民政府兽医行政管理部门申请办理"进口兽药通关单"，凭此向海关办理报关手续。"进口兽药通关单"实行"一单一关"制度，在30日有效期内只能一次性使用。

从境外进入保税区、出口加工区及其他海关特殊监管区域和保税监管场所的兽药及海关特殊监管区域、保税监管场所之间进出口的兽药，免予办理"进口兽药通关单"，由海关按照有关规定实施监管。从保税区、出口加工区及其他海关特殊监管区域和保税监管场所进入境内区外的兽药，应当办理"进口兽药通关单"。

兽药进口单位进口暂未列入《进口兽药管理目录》的兽药时，应如实申报，主动向海关出具"进口兽药通关单"；对进口同时列入《进口药品目录》的兽药，海关免予验核"进口药品通关单"；对进口的兽药，因企业申报不实或伪报用途所产生的后果，企业应承担相应的法律责任。

（五）水产品捕捞进口管理

我国已加入养护大西洋金枪鱼国际委员会、印度洋金枪鱼委员会和南极海洋生物资源养护委员会。为遏止非法捕鱼活动和有效养护有关渔业资源，上述政府间渔业管理组织已对部分水产品实施合法捕捞证明制度。根据合法捕捞证明制度的规定，国际组织成员进口部分水产品时有义务验核船旗国政府主管机构签署的合法捕捞证明，没有合法捕捞证明的水产品被视为非法捕捞产品，各成员国不得进口。

为有效履行我国政府相关义务，树立我国负责任渔业国际形象，农业部会同海关总署对部分水产品捕捞进口实施进口限制管理，并调整公布了《实施合法捕捞证明的水产品清单》。对进口列入《实施合法捕捞证明的水产品清单》的水产品（包括进境样品、暂时进口、加工贸易进口以及进入海关特殊监管区域和海关保税监管场所等），有关单位应向农业部申请"合法捕捞产品通关证明"。2014年11月1日，农业部与海关总署实现电子数据联网核查，农业部不再签发纸质版"合法捕捞产品通关证明"。有关单位向农业部申请"合法捕捞产品通关证明"，办结后，农业部授权单位中国远洋渔业协会通知申请单位，并实时将"合法捕捞产品通关证明"电子数据传输至海关，海关凭电子数据接受企业报关。有关单位在申请"合法捕捞产品通关证明"时，应严格按照附件所列水产品清单内容如实申报，并保证在报关时相关申报内容与申请内容一致。

申请"合法捕捞产品通关证"时应提交由船旗国政府主管机构签发的合法捕捞证明原件。如在船旗国以外的国家或地区加工的该目录所列产品进入我国，申请单位应提交由船旗国政府主管机构签发的合法捕捞产品副本和加工国或者地区授权机构签发的再出口证明原件。

第三章　海关监管货物通关与管理

本章着重介绍海关监管货物的基本管理规定，通关作业流程和以全国海关通关一体化为主体的通关模式，一般进出口货物、加工贸易货物、减免税货物、暂时进出境等海关监管货物的监管规定，海关监管场所、海关保税监管场所、海关特殊监管区域的监管规定等。

第一节　概　述

本节介绍海关监管货物的含义、类别、监管时限，以及海关管理的基本过程。

一、海关监管货物

（一）含义

海关监管货物是指自进境起到办结海关手续止的进口货物，自向海关申报起到出境止的出口货物，过境、转运、通运货物，特定减免税货物，以及暂时进出境货物、保税货物和其他尚未办结海关手续的进出境货物。

海关监管货物，未经海关许可，不得开拆、提取、交付、发运、调换、改装、抵押、质押、留置、转让、更换标记、移作他用或者进行其他处置。

（二）海关监管货物类别及监管时限

按货物进出境的性质划分，海关监管货物主要分为以下几类：

1. 一般进口货物：自进境起到办结海关手续止。

2. 一般出口货物：自向海关申报起到出境止。

3. 保税货物：自进境起，到原货物退运或加工成品复运出境并由海关核销结案，或向海关补办正式进口的补证、纳税手续止。

4. 暂时进出境货物：暂时进境货物，自进境起，到原货复运出境并由海关注销，或向海关补办正式进口的补证、纳税手续止；暂时出境货物，须在规定期限内复运进境，或向海关补办正式出口的补证、纳税手续。

5. 特定减免税货物：到海关监管年限期满止，或向海关办理补证、补税手续止。

6. 过境、转运、通运货物：自进境起，到出境止。

7. 超期未报货物：自进境起，到海关提取变卖止。

海关对不同性质的海关监管货物分别制定了相对应的监管制度。

二、进出境货物海关监管

根据进出境货物的性质、类别及监管期限，海关监管货物的管理过程分为 3 个阶段。

（一）前期阶段

对于特殊类别的海关监管货物，进出口货物收发货人、报关企业（以下简称当事人）根据海关监管要求，在货物进出口之前，需向海关办理相关手续。例如：

1. 加工贸易货物进口前，当事人需办理加工贸易手册设立等手续。

2. 特定减免税货物进口前，当事人需办理货物的减免税备案和审批手续。

（二）进出口阶段

进出口阶段，当事人需根据海关监管要求，在货物进出境时，向海关办理进出口申报、配合查验、缴纳税费、提取或装运货物手续的过程。

暂时进出境货物，当事人可以直接办理暂时进出境货物进出口申报手续，提交有关材料。

（三）后续阶段

后续阶段，针对特殊类别的海关监管货物，当事人需根据海关监管要求，在完成货物的加工装配、使用、维修、复运进出境、纳税等过程或手续后，按照规定的期限和要求，向海关办理核销、销案、申请解除监管等手续。例如：

1. 加工贸易货物，当事人需在规定期限内办理报核手续。

2. 特定减免税货物，当事人需在海关监管期满，或者在海关监管期内经海关批准出售、转让、退运、放弃并办结有关手续后，向海关申请办理解除、监管手续。

3. 暂时进出境货物，在海关规定的期限内，办理复运出境或正式进口手续后申请销案。

当事人办理暂时进出境货物延期手续的，按照海关规定处置。

三、货物通关监管

通关监管是海关对进出境货物全部监督管理工作的基础。海关通关监管具有再管理性，海关除执行《海关法》及相关法规以外，还要执行或监督执行国家其他对外贸易管理法规，贯彻实施国家对外贸易管制政策及各项管制制度，如进出口货物许可管理，配额管理，食品卫生检疫，动植物检疫，进出口商品检验检疫，药品检验，文物管理，濒危物种管理，金银管制，外汇管制，知识产权边境保护及对民用枪支弹药、无线电器材、通讯设备、音像制品、印刷品的进出境管理等，以及《中华人民共和国对外贸易法》《中华人民共和国专利权法》《中华人民共和国商标法》《中华人民共和国核出口管制条例》等法律法规。

通关监管的基本作业流程包括申报、查验、缴税（费）、放行。目前，海关通关方式，主要分为以海关审核制为基本特点的一般通关方式和全国海关通关作业一体化模式下以企业自报自缴为基本特点的新型通关方式。随着改革进程的进一步推进，全国海关通关一体化下的新型通关方式将成为主体通关方式。另外，针对部分符合一定条件的企业及特殊运输方式货物，海关还设有提前申报、集中申报、定期申报等特殊形式的申报方式。

第二节　通关作业流程与特殊申报方式

本节介绍的通关作业流程，是以货物在海关各监管环节中的流动为导向，介绍了通关作业基本流程。特殊申报方式，并不是独立的通关方式，而是在申报或操作形式上有别于一般货物，主要包括提前申报、集中申报、定期申报等内容。

一、通关作业流程与规范

（一）进出口货物申报

1. 申报的基本规定

申报是指进出口货物当事人按照《海关法》及有关法律、法规和规章的要求，在规定的期限、地点，采用电子报关单或纸质报关单形式，向海关报告进出口货物情况，申请按其申报的内容审核放行进出口货物。

海关依法对申报内容进行审核，并据以进行查验、征税、统计、放行作业，处理伪报、瞒报和申报不实等走私违规行为。

申报是当事人履行海关手续的必要环节之一，也是海关确认进出口货物合法性的先决条件。进出口货物的当事人应当向海关如实申报，交验进出口许可证件和有关单证，如实申报是指进出口货物当事人在向海关申请办理货物通关手续时，按规定的格式，真实、准确地填报与进出口货物有关的各项内容。当事人应当对申报内容的真实性、准确性、完整性和规范性承担相应的法律责任。

2. 申报主体

进出口货物收发货人可以自行向海关办理申报手续，也可以委托报关企业办理申报手续。向海关办理申报手续的当事人必须依法办理海关注册登记手续。国家机关、学校、科研院所等单位需要从事非贸易性进出口活动的，应办理临时注册登记手续。

3. 申报前的准备事项

（1）进出口申报单证准备

申报单证可以分为报关单和随附单证两大类，其中随附单证包括基本单证和特殊单证。

报关单是指进出口货物报关单或者带有进出口货物报关单性质的单证，如特殊监管区域进出境备案清单、进出口货物集中申报清单、ATA 单证册、过境货物报关单等。

基本单证是指进出口货物的货运单据和商业单据，主要有进口提货单据、出口装货单据、商业发票、装箱单等。

特殊单证是指对进出口货物涉及特殊管制规定的单证，主要有进出口许可证件、加工贸易电子化手册和电子账册、征免税证明、原产地证明书、贸易合同等。

（2）申报单证的合理性审查

报关企业接受进出口货物收发货人的委托办理报关业务时，应当对委托人所提供情况的真实性、准确性、完整性进行合理审查。审查内容包括：证明进出口货物实际情况的有关资料，包括货物品名、规格、用途、产地、贸易方式；进出口货物的合同、发票、运输单据、装箱单等商业单据；进出口所需的许可证件及随附单证、特定减免税证明等；业务所需的加工贸易手册（账册）及其他进出口单证。报关单位还应当向其委托人了解买卖双方是否具有关联关系，对货物的处置、使用是否具有特殊的限制条件等情况。

报关企业对进出口货物收发货人提供情况的真实性、准确性、完整性未能履行合理审查义务，致使其申报的内容不真实、不合法的，应承担相应的法律责任。

（3）申报前查看货物或提取货样

进口收发货人在向海关申报前，因确定货物品名、规格、型号、归类等原因，可以向海关提出查看货物或提取货样的书面申请。

进口货物收货人查看货物或提取货样时，由海关开具取样记录和取样清单。提取货样的货物涉及动植物及产品，以及其他须依法提供检疫证明的，应当按国家有关法律规定，在取得主管部门签发的书面批准证明后提取。

4. 申报形式

（1）报关单的载体包括电子数据报关单和纸质报关单两种形式。电子数据报关单是指报关单位按照《中华人民共和国海关进出口货物报关单填制规范》（以下简称《报关单填制规范》）的规定，通过中国电子口岸申报平台录入报关单电子数据，向海关通关管理系统发送报关单电子数据。纸质报关单是指当事人按照《报关单填制规范》的规定，通过中国电子口岸申报平台打印海关接受电子数据申报的纸质报关单。

《海关法》规定，纸质报关单和电子数据报关单具有同等的法律效力。

（2）一般情况下，采用"电子数据申报在先，递交单证在后"的申报方式。当事人按《报关单填制规范》的要求，通过中国电子口岸申报平台录入报关单电子数据向海关申报。当事人根据海关通关系统发布的审单作业信息，打印纸质报关单，备齐随附单证，到海关现场办理交单手续。

（3）通关作业无纸化申报。经海关核准适用通关作业无纸化方式申报的企业，通过报关单预录入客户端向海关发送报关单数据，可不向海关提交随附单证（进口货物各类报关单的随附单证包括合同、装箱清单、载货清单或舱单等，出口货物各类报关单的随附单证包括合同、发票、装箱清单、载货清单或舱单等），海关审核时如需要再提交报关单电子数据和随附单证电子数据。海关直接对申报的电子数据进行无纸审核处置。

因网络故障等特殊情况，经海关同意，当事人可以填制纸质报关单向海关申报，故障排除后3日内，应补报电子数据。

5. 申报期限

（1）申报期限与滞报

进口货物应当自载运进口货物的运输工具申报进境之日起14日内向海关申报。出口货物应当在运抵海关监管场所后、装货的24小时以前向海关申报。

申报日期是指进出口货物当事人申报的电子数据报关单或纸质报关单，被海关接受申报数据的日期。进口货物超过规定期限向海关申报的，海关依法对收货人征收滞报金。出口货物及过境、转运、通运货物均不征收滞报金。

（2）滞报金征收

进口货物滞报金按日计征，日征收金额为进口货物完税价格的 0.5‰，以人民币"元"为计征单位，不足人民币 1 元的部分免予计收。滞报金的起征点为人民币 50 元。因完税价格调整等原因需补征滞报金的，滞报金金额应当按照调整后的完税价格重新计算，补征金额不足人民币 50 元的，免予征收。

征收滞报金的计算公式：

滞报金额＝进口货物完税价格×0.5‰×滞报期间（滞报天数）

（3）滞报时间计算

以自运输工具申报进境之日起第15日为起始日，以海关接受申报之日为截止日。起始日和截止日均计入滞报期间。滞报金起征日遇有休息日或者法定节假日的，顺延至休息日或者法定节假日之后的第一个工作日。国务院临时调整休息日与工作日的，海关应当按照调整后的情况确定滞报金的起征日。

当事人申报后依法撤销原报关单电子数据重新申报的，以撤销原报关单之日起第15日为起始日。当事人在向海关传送报关电子数据后，未在规定期限内提交纸质报关单及随附单证的，海关予以撤销电子数据报关单。当事人重新向海关申报产生滞报的，海关征收滞报金，以自运输工具申报进境之日起第15日为起始日，以重新接受申报之日为截止日。

（4）减免滞报金的适用

海关可予减免滞报金的情形：因国家贸易管理规定变更，要求收货人补充办理有关手续或者因政府主管部门延迟签发许可证件，导致进口货物产生滞报的；产生滞报的进口货物属于政府间或者国际组织无偿援助和捐赠用于救灾、社会公益福利等方面的进口物资或其他特殊货物的；因不可抗力导致收货人无法在规定期限内申报的；因海关及相关司法、行政执法部门工作原因致使收货人无法在规定期限内申报；其他特殊情况经海关批准的。

海关不予征收滞报金的情形：收货人在运输工具申报进境之日起超过3个月未向海关申报，进口货物被依法变卖处理，余款按《海关法》第三十条规定上缴国库的；收货人在申报期限内，根据规定向海关提供担保，并在担保期限内办理有关进口手续的；收货人申报后依法撤销原报关单电子数据重新申报，因删单重报产生滞报的；进口货物办理直接退运的；进口货物应征收滞报金金额不满人民币50元的。

对符合减免滞报金规定的进口货物，当事人应于收到海关签发的滞报金缴款通知书之日起30个工作日内，以书面形式（加盖单位公章）向申报地海关提出减免滞报金的申请，并随附有关书面证明材料，经海关审核后办理滞报金减免核批手续。

（5）对逾期未报货物的处置

自运输工具申报进境之日起，超过3个月未向海关申报的进口货物，由海关提取依法变卖处理后，收货人申请发还余款的，滞报金的征收以自运输工具申报进境之日起第15日为起始日，以该3个月期限的最后一日为截止日。

6. 补充申报

当事人主动向海关进行补充申报的，应在向海关申报电子数据报关单时，一并通过系统向海关申报电子数据补充申报单。

海关对进出口货物的申报价格、商品归类、原产地等内容的完整性、真实性和准确性有疑问时，可通过系统发送电子指令通知当事人向海关申报电子数据补充申报单。当事人应当在收到电子指令之日起5个工作日内，通过系统向海关申报电子数据补充申报单。法律、行政法规和海关规章另有规定的除外。

补充申报的申报单包括"海关进出口货物价格补充申报单""海关进出口货物商品归类补充申报单""海关进出口货物原产地补充申报单"等申报单证。

未在规定时限内完成补充申报的，海关可根据掌握的情况，按照有关规定确定货物的完税价格、商品编码和原产地。

海关对已放行货物的价格、商品编码、原产地等内容进行进一步核实时，制发"补充申报通知书"通知当事人。当事人采用纸质补充申报单进行申报。

（二）现场接单审核

现场接单审核，是指海关依据国家有关法律、行政法规和规章的要求，审核当事人申报的报关单及随附单证是否齐全、有效的执法行为。

海关对电子数据报关单按照预先设定的标准及其他控制条件进行审核。海关审结通过电子数据报关单后，当事人自接到海关"现场交单"或"放行交单"信息之日起10日内，持打印的纸质报关单及随附单证，到海关交单并办理相关手续。电子数据报关单不能通过规范性、逻辑性审核的，海关不接受申报并退回电子数据报关单，当事人按规定修改后重新申报。

海关已接受申报的报关单电子数据，人工审核确认需要退回修改的，当事人应当在10日内完成修改并重新发送报关单电子数据，申报日期仍为海关接受原报关单电子数据的日期；超过10日的，原报关单无效，当事人应当另行向海关申报，申报日期为海关再次接受申报的日期。

（三）查验

查验是海关为确定当事人向海关申报的内容是否与进出口货物的真实情况相符，或者为确定商品的归类、价格、原产地等，依法对进出口货物进行实际核查的执法行为。

1. 查验地点与时间

需查验的货物，原则上应在口岸海关监管区内实施。因特殊情况货物不宜在海关监管区内实施查验，经当事人书面申请，海关可以派员到海关监管区外实施查验。

海关决定查验的，书面通知当事人，约定查验时间。对于危险品或者鲜活、易腐、易烂、易失效、易变质等不宜长期保存的货物，以及因其他特殊情况需要紧急验放的货物，经当事人申请，海关可以优先实施查验。

2. 查验方式（人工查验和机检查验）

人工查验包括外形查验、开箱查验。机检查验是指以技术检查设备为主对货物实际状况进行的验核。海关可以根据货物情况及实际执法需要，确定具体的查验方式，优先使用非侵入式查验。

3. 径行开验和复查复验

径行开验，是指海关在当事人不在场的情况下，对进出口货物进行开拆包装查验。有下列情形之一的，海关可以径行开验：进出口货物有违法嫌疑的；经海关通知查验，报关单位未派人到场的。海关径行开验时，存放货物的海关监管场所经营人、运输工具负责人应当到场协助，并在查验记录上签名确认。

复查复验，指海关对已经查验完毕的货物、物品和运输工具再次实施的验证式查验。有下列情形之一的，海关可以对已查验货物进行复验：经初次查验未能查明货物的真实属性，需对已查验货物的某些性状做进一步确认的；货物涉嫌走私违规，需要重新查验的；当事人对海关查验结论有异议，提出复验要求并经海关同意的；上级海关下达复查复验布控指令的；其他海关认为必要的情形。复查复验原则上在原查验地点实施，特殊情况下可在货物、物品、运输工具实际所在地实施。

4. 配合海关查验

（1）一般查验现场协助

海关查验货物时，进出口货物当事人应当到场配合查验，负责按照海关要求搬移货物，开拆包装，以及重新封装货物；预先了解和熟悉所申报货物的情况，如实回答查验人员的询问及提供必要的资料；海关取样时，在"海关进出口货物化验取样记录单"上签字确认，并协助海关提取货样，收取海关出具的取样清单；查验结束后，认真阅读查验人员填写的"海关货物查验记录单"，并对开箱的具体情况、货物残损情况及造成残损的原因等情况、查验结论签名确认；当事人经批准提取货样后，在海关开具的取样记录和取样清单上签字确认。

因进出口货物所具有的特殊属性，容易因开启、搬运不当等原因导致货物损毁，需要海关查验人员在查验过程中予以特别注意的，当事人应当在海关实施查验前申明。

（2）复查复验现场协助

实施复查复验时，海关可根据需要通知当事人到场协助。当事人未到场或到场后拒绝履行其义务的，海关可径行复查复验。径行复查复验时，存放货物、物品的海关监管场所经营人、运输工具负责人应当到场协助，并在复查复验记录上签名确认。

（3）复查复验结果处置

复查复验结果与原查验结果不一致的，应由在场的当事人、运输工具负责人在复查复验记录单上签名确认。相关人员拒不签名的，海关在复查复验记录单中注明情况，并由所在监管场所的经营人或其他见证人签名确认。

5. 查验货物损坏处置

海关查验造成被查验进出口货物损坏的，由海关按照海关法、海关行政赔偿办法的规定承担直接损失的赔偿责任。当事人在海关查验时对货物是否受损坏未提出异议，事后发现货物有损坏的，海关不负赔偿的责任。

6. 海关化验

海关化验是指海关对进出口货物的属性、成分、含量、结构、品质、规格等进行检测分析，并根据《中华人民共和国进出口税则》（以下简称《税则》）、《进出口税则商品及品目注释》（以下简称《品目注释》）和《中华人民共和国进出口税则本国子目注释》（以下简称《本国子目注释》）等有关规定作出鉴定结论的活动。

（1）海关提取货物样品。当事人应当按照海关要求及时提供样品的相关单证和技术资料，并对其真实性和有效性负责。

（2）样品鉴定结论。除特殊情况外，海关化验中心和委托化验机构自收到送验样品之日起15日内出具鉴定结论，化验鉴定书通过海关门户网站对外公布。

海关化验中心和委托化验机构的鉴定结论是海关执法的依据。其他化验机构作出的化验结果和鉴定结论与海关化验鉴定书不一致的，以海关化验结果和鉴定结论为准。

（3）当事人申请复验。当事人对鉴定结论有异议的，可以自鉴定结论公布之日起15日内向送验海关提出复验申请，并说明理由。海关化验中心自收到复验申请之日起15日内对送验样品重新化验，出具"中华人民共和国海关进出口货物鉴定书（复验）"。

当事人、送验海关对同一样品只能提出一次复验申请。

（四）缴纳税款

征收税款是海关依据国家有关法律、行政法规和规章的要求，征收进出口货物税款、滞纳金及退补税的行为。海关签发税款缴纳凭证，交由当事人办理缴纳手续，并对税费进行核注。

当事人应在开具税款缴款书 15 日内持缴款书向开户行或代理银行缴纳税款，逾期不缴纳的，按日计征应征税款 0.5‰的滞纳金，以人民币"元"为计征单位。实行电子支付的，进出口货物收发货人或其代理人可以通过中国电子口岸查询税款缴款书，通过电子方式支付。

有下列情形之一的，减免税申请人可以向海关申请凭税款担保先予办理货物放行手续：主管海关按照规定已受理减免税备案或者审批申请，尚未办理完毕的；有关进口税收优惠政策已经国务院批准，具体实施措施尚未明确，海关总署已确认减免税申请人属于享受该政策范围的；其他经海关总署核准的情况。

国家对进出口货物有限制性规定，应当提供许可证件而不能提供的，以及法律、行政法规规定不得担保的其他情形，不得办理减免税货物凭税款担保放行手续。

有关税费征收、缴纳的具体内容，详见本书第五章。

（五）报关单修改与撤销

报关单修改与撤销，是指海关接受进出口货物申报后，报关单位申请修改或者撤销报关单，以及根据海关要求对报关单进行修改或者撤销的事务。

1. 基本原则

海关接受进出口货物申报后，电子数据和纸质报关单不得修改或者撤销。符合报关单修改和撤销管理规定的，当事人可以向原接受申报的海关申请修改或者撤销报关单。报关单修改或者撤销后，纸质报关单和电子数据报关单应当一致。报关单的修改或者撤销，遵循修改优先原则，确实不能修改的予以撤销。

海关已经决定布控、查验，以及涉嫌走私或者违反海关监管规定的进出口货物，在办结相关手续前不得修改或者撤销报关单及其电子数据。

2. 无纸化处置方式

当事人申请办理报关单修改和撤销业务且符合海关规定情形的，可通过中国电子口岸预录入系统"修撤单办理/确认"功能向海关办理报关单修改或者撤销手续，并以电子方式上传相关材料的电子数据。海关办理后通过预录入系统将办理情况反馈当事人。

海关发现报关单需要修改或者撤销的，通过预录入系统向当事人发起报关单修改或者撤销确认。当事人应在 5 日内向海关确认"同意办理"或者"不同意办理"的意见。

当事人应向海关提交相关材料的，原则上通过预录入系统以电子方式上传，文件格式标准参照《通关作业无纸化报关单证电子扫描或转换文件格式标准》。

当事人通过预录入系统办理报关单修改或者撤销手续的，视同已向海关提交"进出口货物报关单修改/撤销表"或"进出口货物报关单修改/撤销确认书"。

3. 适用范围

有以下情形之一的，当事人可以向原接受申报的海关办理报关单修改或者撤销手续，并提交修改/撤销表和相关材料，海关另有规定的除外：

（1）出口货物放行后，由于装运、配载等原因造成原申报货物部分或者全部退关、变更运输工具的，应当提交退关、变更运输工具证明材料；

（2）进出口货物在装载、运输、存储过程中发生溢短装，或者由于不可抗力造成灭失、短损等，导致原申报数据与实际货物不符的，应当提交商检机构或者相关部门出具的证明材料；

（3）由于办理退补税、海关事务担保等其他海关手续而需要修改或者撤销报关单数据的，应当提交签注海关意见的相关材料；

（4）根据贸易惯例先行采用暂时价格成交，实际结算时按商检品质认定或者国际市场实际价格付款方式需要修改申报内容的，应当提交全面反映贸易实际状况的发票、合同、提单、装箱单等单证，并如实提供与货物买卖有关的支付凭证及证明申报价格真实、准确的其他商业单证、书面资料和电子数据；

（5）已申报进口货物办理直接退运手续，需要修改或者撤销原进口货物报关单的，应当提交进口货物直接退运表或责令进口货物直接退运通知书；

（6）由于计算机、网络系统等技术原因导致电子数据申报错误的，应当提交计算机、网络系统运行管理方出具的说明材料。

由于报关人员操作或者书写失误造成申报内容需要修改或者撤销的，当事人应当向海关提交修改/撤销表和可以证明进出口货物实际情况的合同、发票、装箱单、提运单或者载货清单等相关单证、证明文书、详细情况说明，以及其他证明材料。

海关未发现当事人存在涉嫌逃避海关监管行为的，可以修改或者撤销报关单。不予修改或者撤销的，海关应当及时通知当事人，并且说明理由。

4. 海关要求修改或撤销报关单应采取的方式

（1）将电子数据报关单退回，并详细说明修改的原因和要求，当事人应当按照海关要求进行修改后重新提交，不得对报关单其他内容进行变更；

（2）向当事人制发修改/撤销确认书，通知当事人要求修改或者撤销的内容，当事人应当在5日内对修改或者撤销的内容进行确认，确认后海关完成对报关单的修改或者撤销。

当事人通过电子口岸收到海关发送的修改/撤销确认书之日起超过5日未确认的，电子口岸客户端予以提示；超过10日未确认的，海关提交相关部门处置。

5. 海关可直接撤销相应的电子数据报关单的情形

（1）海关将电子数据报关单退回修改，当事人未在规定期限内重新发送的；

（2）海关审结电子数据报关单后，当事人未在规定期限内递交纸质报关单的；

（3）出口货物申报后未在规定期限内运抵海关监管场所的；

（4）海关总署规定的其他情形。

6. 报关单修改和撤销所涉事项的处置规定

（1）由于修改或者撤销进出口货物报关单导致需要变更、补办进出口许可证件的，当事人应当向海关提交相应的进出口许可证件；

（2）报关单修改或者撤销涉及税费变化的，海关根据规定办理税单的出具、收回，以及相应税费的收取、退还手续；

（3）当事人通过电子口岸以无纸化方式办理修改或撤销的，海关如需验核纸面单证，当事人向申报地现场海关递交相关材料；

（4）除因计算机、网络系统等技术原因无法通过预录入系统办理报关单修改或者撤销的，海关不再以纸质方式办理报关单修改和撤销业务。

根据海关规定，电子数据补充申报单及进出境备案清单的修改、撤销等比照报关单的有关管理规定办理。对于由清单归并生成的报关单，其由清单生成的内容需要修改的，应先修改清单，确保清单与报关单的一致性。

（六）货物放行

货物放行是指海关接受进出口货物收发货人或其代理人的申报，完成审单、查验、征税作业，准予提取进口货物，准予出口货物装运的行为。

实行无纸化通关方式申报的报关单，海关通过电子方式将进出口货物放行信息发送到当事人或海关监管场所；或进口货物当事人签收加盖海关放行章戳记的进口提货凭证提取货物，出口货物当事人签收加盖海关放行章戳记的装货凭证凭以办理货物装载离境。

（七）结关与证明联传输、签发

结关，是指进出口货物办结现场通关的海关手续。其中，进口货物及没有实际离境，在境内流转的货物放行即结关，准予货物提离海管监管场所；出口货物在海关接受理货报告电子数据并审核确认货物已经离境后予以结关。

已办结海关手续的进出口货物，一般由海关总署向其他有关国家部门传输结关信息电子数据。其他根据当事人的申请，符合规定条件的，由海关签发有关进出口货物证明凭证。

二、特殊申报方式

（一）提前申报

提前申报方式，是指载运进口货物的运输工具起运后、进境前，或出口货物运抵海关监管场所前，经海关批准，报关单位收到运（提）单后，提前向海关办理申报手续，海关提前审核报关单，征收税款，货物运抵后办理查验、放行手续。

1. 提前申报应符合的条件

当事人应当先取得提（运）单或载货清单（舱单）数据，交验有关随附单证、进出口货物批准文件及其他需提供的证明文件。进口货物应于装载货物的进境运输工具起运后、运抵海关监管场所前向海关申报；出口货物应于货物运抵海关监管场所前3日内向海关申报。

2. 提前申报内容与实货差异的处置

进出口提前申报货物与所到货物不一致的，当事人需向海关提交说明材料。有关报关单修改或撤销按照海关规定办理。

3. 贸易管制

进出口货物许可证件在海关接受申报之日应当有效。货物提前申报之后，实际进出之前国家贸易管制政策发生调整的，适用货物实际进出之日的贸易管制政策。对进出口货物许可证件有效期的确认，以海关接受申报日期为准。

4. 税率和汇率

进口货物，应当适用装载该货物的运输工具申报进境之日实施的税率和汇率；进口转关货物，应当适用装载该货物的运输工具抵达指运地之日实施的税率。出口货物，适用海关接受申报之日实施的汇率和税率；出口转关货物，应当适用起运地海关接受该货物申报出口之日实施的税率。

进出海关特殊监管区域货物和转关货物的提前申报比照上述要求办理，提前申报转关货物的转关手续按照《中华人民共和国海关关于转关货物监管办法》（海关总署令第89

号）有关规定办理。

（二）集中申报

集中申报，是指经海关备案，当事人在同一口岸多批次进出口规定范围内的货物，先以集中申报清单申报货物进出口，再以报关单集中办理海关手续的特殊通关方式。

1. 集中申报方式的适用

（1）适用集中申报方式的货物：图书、报纸、期刊类出版物等时效性较强的货物，危险品或者鲜活、易腐、易失效等不宜长期保存的货物，公路口岸进出境的保税货物。

（2）不适用集中申报方式的货物：涉嫌走私或者违规，正在被海关立案调查的收发货人进出口的货物；因进出口侵犯知识产权货物被海关依法给予行政处罚的收发货人进出口的货物；海关信用管理类别为失信企业的进出口的货物。

（3）停止适用集中申报方式的情形：担保情况发生变更，不能继续提供有效担保的；涉嫌走私或者违规，正在被海关立案调查的；进出口侵犯知识产权货物，被海关依法给予行政处罚的；海关信用管理类别被调整为失信企业的。

当事人可在备案有效期内主动申请终止适用集中申报通关方式。

2. 集中申报的备案管理

（1）备案、变更、担保。一般企业应在货物所在地海关，加工贸易企业应在主管地海关办理集中申报备案、变更手续，向海关提交"适用集中申报通关方式备案表"，提供符合海关要求的担保（有效期最短不得少于3个月）；申请适用集中申报通关方式的货物、担保情况等发生变化时，应书面申请变更。

（2）备案有效期、延期。有效期限按当事人提交的担保有效期核定，有效期届满可以延续，当事人应在期满10日前向原备案地海关书面申请延期。

3. 集中申报的程序

进出口货物集中申报的程序，先以集中申报清单申报，再以报关单集中申报。

（1）清单申报

进口货物自运输工具申报进境之日起14日内，当事人以"海关进口货物集中申报清单"电子数据向海关申报。超过14日后申报的，当事人应以报关单向海关申报。出口货物在运抵海关监管区后、装货的24小时前，当事人以"海关出口货物集中申报清单"电子数据向海关申报。

海关审核集中申报清单电子数据，发现申报数据与备案数据不一致的，予以退单。凡被退单的，当事人应以报关单方式向海关申报。

当事人应当自海关审结集中申报清单电子数据之日起3日内，持集中申报清单及随附单证到货物所在地海关办理交单验放手续。未在规定期限办理相关海关手续的，海关删除集中申报清单电子数据，当事人应当重新向海关申报。

集中申报清单的修改或者撤销，参照报关单修改和撤销的相关规定。

（2）报关单集中申报

当事人应对1个月内以集中申报清单申报的数据进行归并，填制进出口货物报关单。一般贸易货物在次月10日之前，保税货物在次月月底之前到海关办理集中申报手续。一般贸易货物集中申报手续不得跨年度办理。对适用集中申报通关方式的货物，海关按照接受清单申报之日实施的税率、汇率计征税费。

集中申报清单归并为同一份报关单的，各清单中的进出境口岸、经营单位、境内收发货人、贸易方式（监管方式）、起运国（地区）、装货港、运抵国（地区）、运输方式栏目，以及适用的税率、汇率必须一致。各清单中规定项目不一致的，应分别归并为不同的报关单，对确实不能归并的，应当填写单独的报关单。

各清单归并为同一份报关单时，各清单中载明的商品项在商品编号、商品名称、规格型号、单位、原产国（地区）、单价和币制均一致的情况下可以进行数量和总价的合并。

（三）针对管道运输货物的定期申报

管道运输货物，是指通过跨境管道运输方式进口的原油、天然气。

1. 对管道运输货物的监管规定

（1）管道运输货物在办结海关通关手续前，属于海关监管货物。跨境运输管道境内计量站是海关监管场所，应当接受海关监管。计量站的各项设施应符合海关监管要求。

（2）实行定期申报制度。当事人应向海关提供有效担保，可以申请总担保。

（3）管道经营单位接受和复运出境清管器等设备的，应按暂准进出口货物办理海关手续。

2. 管道运输货物进口申报

当事人应在每月1日至14日期间向海关定期申报上月进口的货物，并按照海关接受该货物申报进口之日适用的税率、汇率缴纳相应税款。不同国别的原产地混合运输的货物，应按定期申报时间段内不同国别的原产地货物进口数量分别向海关申报。报关单随附单证应包括入境计量报告、进口许可证件、原产地证明等单证。

管道经营单位应当向海关传输计量站计量电子数据，并向海关报送相应时段的纸质入境计量报告。

三、转关运输货物

转关是指进口货物由进境地入境后，在海关监管下运往另一设关地点办理进口验放手续，或者出口货物在起运地海关办理验放手续后运往出境地，由出境地海关监管出境，或者海关监管货物由境内一个设关地点转运到境内另一个设关地点。

（一）申请转关应符合的条件

转关承运人应当在海关注册登记，承运车辆符合海关监管要求，并承诺按海关对转关路线范围和途中运输时间所做的限定，将货物运往指定的场所。

不得转关的货物有：进口固体废物（废纸除外）；进口易制毒化学品、监控化学品、消耗臭氧层物质；进口汽车整车，包括成套散件和二类底盘；国家检验检疫部门规定必须在口岸检验检疫的商品。

（二）转关货物的特殊管理规定

1. 在汽车整车进口口岸之间办理转关手续应符合的条件：进口整车应当具备全程提单；运输企业、运输工具应当在海关办理备案登记手续，并安装定位监控装置；应采用符合海关监管要求和装卸标准的集装箱装载运输。

2. 进口固体废物"圈区管理"园区内加工利用企业，在经海关总署批准同意后，按照转关运输办理相关业务。

进口固体废物转关应符合以下条件：进境地为指定进口固体废物口岸；检验检疫在进

境地实施；指运地为经国家环保部门批准设立及验收合格的"圈区管理"园区；进境地监管场所及"圈区管理"园区内的大型集装箱检查设备已安装到位并交付使用；"圈区管理"园区已实现海关驻点监管，并具备视频监控条件；限于专供园区内企业加工利用的固体废物；运输车辆已安装卫星定位终端，并实时向海关物流监控系统传输卫星定位信息。

（三）转关方式

转关方式分为提前报关、直转和中转三种方式。

转关运输是一个明显带有时代特点的通关方式，随着通关监管改革的不断深化，该方式的作用已经弱化。

第三节　全国海关通关一体化改革

通关一体化改革是海关全面深化改革的核心任务，其结构支撑是"两中心三制度"。"两中心"即建设风险防控中心、税收征管中心；"三制度"即实施"一次申报、分步处置"，改革税收征管方式，优化协同监管。自 2017 年 7 月 1 日起，全国海关通关一体化改革已全面实施。目前，一体化通关作业已逐步取代以往的通关作业模式。

一、含义及适用

（一）含义

全国海关通关一体化，是指在全国口岸所有运输方式进出口的商品，适用"一次申报、分步处置"通关作业流程、企业自报自缴税款、税收征管要素海关审核后置等改革举措，企业可在任意一个海关完成进出口货物的申报、缴税等海关手续。

（二）范围

目前，全国通关一体化改革所涉商品为进口商品，覆盖《中华人民共和国海关进出口税则》全部章节，其中，涉及公式定价、特案，以及尚未实现电子联网的优惠贸易协定项下原产地证书或者原产地声明的进口货物及全部的出口货物暂未纳入全国海关通关一体化改革试点范围，由现场海关审核处置。

（三）企业适用条件

实施全国海关通关一体化模式的企业，必须是已经适用通关作业无纸化的企业。通关作业无纸化，是指海关运用信息化技术，改变海关验核进出口企业递交纸质报关单及随附单证办理通关手续的做法，直接对企业通过中国电子口岸申报的报关单及随附单证的电子数据进行无纸审核、验放处理的通关作业方式。

企业经报关所在地直属海关审核同意，在与报关所在地直属海关、第三方认证机构（中国电子口岸数据中心）签订电子数据应用协议后，可在全国海关适用"通关作业无纸化"通关方式。海关可根据规定解约并取消企业适用通关无纸化模式的资格，企业也可主动申请解约。企业可不申请适用通关作业无纸化资格，或不通过通关作业无纸化方式申报。

经海关审核准予适用通关作业无纸化通关方式的进出口企业需要委托报关企业代理报关的，应当委托经海关审核准予适用通关作业无纸化通关方式的报关企业。

二、一体化改革的"两中心、三制度"

（一）"两中心"

海关总署建立直管的风险防控中心（上海、青岛、黄埔）和税收征管中心（北京、天津、上海、广州）。

风险防控中心的主要职责是组织开展全领域、全过程业务风险分析与研判，加强供应链全程和企业风险分析，搭建海关业务风险防控平台，实施业务风险集中统一防控，侧重开展货物、物品和运输工具的安全准入风险防控。加载风险参数，统一下达布控查验指令，自主下达稽（核）查指令，强化海关总署对现场的直接指挥，支撑建立海关全国通关一体化管理格局。

税收征管中心的主要职责是按照商品和行业分类，集约海关税收专业资源，推动税收风险协同治理，形成职责清晰、协同联动、差别化监管的税收征管格局。运用大数据、云计算等技术手段，总结提炼海关税收风险规律与筛查规则，推进税收风险智能化分析与研判。推动税收征管作业前推后移，对申报税收征管要素实施抽查审核。加强税管中心业务运行监控，规制自由裁量权，推进税收执法规范统一，防范执法、管理和廉政风险。

（二）"三制度"

1. "一次申报、分步处置"

"一次申报、分步处置"是通关流程再造的核心内容，改变海关接受申报、审单、查验、征税、放行的"串联式"作业流程，即企业在货物通关时一次申报，海关在货物放行前、放行后分步处置。在口岸处置安全准入风险，完成对货物的安全准入甄别后，先予放行；货物放行后，再由海关进行税收后续管理。

2. 改革税收征管方式

改革海关在货物放行前逐票审定报关单的方式，拓展海关对税收征管要素的审核时空。强化企业如实合规申报，及时足额纳税等信用管理，并作为企业自报、自缴税款，自行打印税单的重要参考。海关受理企业申报，对税收风险实施前置风险分析，放行前验估，放行后批量审核，稽（核）查等全过程管理。

3. 推进协同监管

按照隶属海关的业务特点，分为口岸型、属地型、综合型等基本功能类型。口岸型海关主要负责"分步处置"第一步处置的执行反馈，属地型海关主要负责"分步处置"第二步处置的执行反馈。

三、全国海关通关一体化作业

从操作角度，全国海关通关一体化报关企业端及海关端作业分别如下：

（一）企业"自报自缴"作业

"自报自缴"是指进出口企业、单位自主向海关申报报关单及随附单证、税费电子数据，并自行缴纳税费的行为。主要步骤有以下。

1. 电子数据申报

经海关核准实施通关作业无纸化改革试点的企业，按《报关单填制规范》和相关申报管理规定，录入报关单电子数据，在中国电子口岸录入端选择通关作业无纸化方式向海关录入申报数据。

2. 税费核算

企业利用预录入系统的海关计税（费）服务工具计算应缴纳的相关税费，并对系统显示的税费计算结果进行确认，连同报关单及随附单证预录入内容一并提交海关。进出口企业、单位需在当日对税费进行确认，不予确认的，可重新申报。

3. 税费自缴

对应税报关单，企业收到海关接受申报回执后，办理税款相关手续。已在海关办理汇总征税总担保备案的进出口企业、单位，可在自主申报时选择"汇总征税"模式。

（1）选择电子支付/电子支付担保模式的，进出口企业、单位登陆电子支付平台查询电子税费信息并确认支付，申报地海关现场按相关规定办理后续手续。

（2）选择柜台支付模式的，进出口企业、单位在收到申报地海关现场打印的纸质税款缴款书后，到银行柜台办理税费缴纳手续。

（3）选择汇总征税模式的，海关通关系统自动扣减相应担保额度后，进出口企业、单位按汇总征税相关规定办理后续手续。

（4）预先向海关提供税款担保并备案的，可以选择提供担保，海关按照规定办理担保核扣手续。

自报自缴税单在纸质税款缴款书上注明"自报自缴"字样，属于缴税凭证，不具有海关行政决定属性。放行前经人工审核计税的，纸质税款缴款书上不注明"自报自缴"字样。

（二）海关处置作业

1. 放行前海关处置

（1）电子审核

海关通关管理系统系统（H2010）对报关单及随附单证电子数据进行规范性、逻辑性审核，对舱单、许可证件、电子备案信息等进行核注。

① 不接受申报：未通过规范性、逻辑性审核的，H2010 系统自动退单，通过申报录入系统向企业发送退单回执，企业需重新办理申报手续。

② 接受申报：通过规范性、逻辑性审核的，海关接受申报，通过申报录入系统向企业发送接受申报回执。

通关过程中，相关货物涉及许可证件且已实现联网监管的，通关管理系统直接核扣电子数据。目前，海关已对绝大多数监管证件实施联网核查。

（2）报关单处置

海关对已接受申报的报关单进行安全准入和税收风险综合甄别，同时结合安全准入风险参数和布控查验指令，确定业务现场如何处置。

① 已通过安全准入和税收风险综合甄别的且不涉及许可证件的报关单，海关通关管理系统自动放行；涉及许可证件且已实现联网监管的报关单，通关管理系统直接核扣电子数据后自动放行；涉及许可证件但未实现联网监管的报关单，由现场海关进行人工核扣。

② 对被确认需进行单证验核的报关单，由现场海关在货物放行前进行单证验核，留存有关单证、图像等资料后放行报关单数据。

③ 除上述情形以外的其他报关单，海关在完成安全准入审核和税收风险综合甄别并

做相关业务处置后，按规定办理货物放行或其他手续。

（3）海关查验

海关风险防控中心对安全准入风险进行评估，并下达查验处置指令，口岸海关通关监管根据指令实施查验。全国海关一体化通关模式下的货物查验与传统通关方式的货物查验基本相同。查验分流仅是查验地点的不同。

① 查验分流。企业根据物流实际需求，自主选择在口岸或属地海关监管场所实施查验。分流查验申请，企业根据物流实际需求或特殊货物查验条件需求，向申报地海关提出开展查验分流作业。申报地海关根据企业提供的资料和企业信用等级办理查验分流登记手续。失信企业不予登记。

已经申报地海关登记的企业，对有实货验估指令，如货物被布控需查验的，由口岸海关（另有规定的除外）实施验估查验。

② 分流查验货物的监管要求。查验分流货物应由已在海关注册登记的境内承运海关监管货物的承运企业及运输工具运输，并按照企业申请的路线运输，在合理的时间范围内运抵指定的海关监管场所。承运查验分流货物的运输工具应安装卫星定位终端，并由口岸海关施加安全智能锁。

③ 不得进行查验分流范围。包括指定进口口岸的药品、整车及成套零配件；固体废物；商业封志破损，封志号有误等理货异常的货物；不具备施封条件的大宗散货；口岸拆箱货物；货物由一个或多个集装箱（厢式货车）装载，且其中至少一个集装箱装载了多票货物。不得进行查验分流货物确有需要分流的，应报海关总署同意后办理。

（4）货物放行

报关单符合所有放行条件后，H2010系统自动完成放行操作，向相应海关监管作业场所经营企业发送货物电子放行信息，企业根据海关的放行信息，办理实货提离手续。对自动放行操作出现异常的报关单，经核实，确认符合放行条件的，实施人工放行操作。

2. 放行后批量复核处置

税收征管中心在货物放行后对报关单税收要素实施批量审核，筛选风险目标，通过风险防控中心统筹下达验估、稽（核）查等指令，由口岸海关实施放行后验估作业，由属地海关稽查力量实施放行后稽（核）查等作业。相关进出口企业、单位应根据海关要求，配合海关做好税收征管工作。

第四节　海关监管货物分类（1）：一般进出口货物

一般进出口货物指按照海关基本管理制度进行监管的进出口货物。本节介绍一般进出口货物的特征、范围及与一般贸易货物的区别。

一、一般进出口货物概述

（一）含义

一般进出口货物指按照海关一般进出口监管制度管理的进出口货物，包括一般进口货物和一般出口货物。

一般进出口货物并不完全等同于一般贸易货物，两者的划分角度不同。一般进出口货物，海关按照基本监管制度进行监管。一般贸易是国际贸易中的一种贸易方式，在我国的对外贸易中，一般贸易是指中国境内有进出口经营权的企业单边进口或单边出口的贸易，按一般贸易方式进出口的货物即为一般贸易货物。

（二）特征

1. 进出境时缴纳进出口税费

一般进出口货物的当事人应当按照《海关法》和其他有关法律、行政法规的规定，在货物进出境时向海关申报，并按规定缴纳税费。

2. 进出口时提交相关的许可证件

货物进出口时，受国家法律、行政法规管制并需要申领进出口许可证件的，进出口货物当事人应当向海关提交相关的进出口许可证件。

3. 进口货物海关放行即办结海关手续，出口货物海关放行后离境即办结海关手续

一般进口货物在报关单位办结所有必要的海关进口通关手续，完全履行了法律规定的与进口有关的义务后，可以直接进入生产和消费领域流通。一般出口货物在报关单位完全履行了法律规定的与出口有关的义务后可以运出境外。

（三）范围

海关监管货物按货物进境、出境后是否复运出境，复运进境，可以分为两大类：一类是进境、出境后不再复运出境，复运进境的货物，称为实际进出口的货物；另一类是进境、出境后还将复运出境，复运进境的货物，称为非实际进出口的货物。

实际进出口的货物，除特定减免税货物外，都属于一般进出口货物的范围，主要有以下几类：

1. 一般贸易进口货物；
2. 一般贸易出口货物；
3. 转为实际进口的保税货物、暂时进境货物，转为实际出口的暂时出境货物；
4. 易货贸易、补偿贸易进出口货物；
5. 不批准保税的寄售代销贸易货物；
6. 承包工程项目实际进出口货物；
7. 外国驻华商业机构进出口陈列用的样品；
8. 外国旅游者小批量订货出口的商品；
9. 随展览品进境的小卖品；
10. 免费提供的进口货物，例如，外商在经济贸易活动中赠送的进口货物，外商在经济贸易活动中免费提供的试车材料等，我国在境外的企业、机构向国内单位赠送的进口货物。

二、一般进出口货物通关管理

具体通关事项参照本章第二节相关内容。

第五节　海关监管货物分类（2）：加工贸易货物

本节介绍加工贸易货物的一般管理规定，加工贸易手册（账册）的设立、通关、报

核、核销的监管规定，以及加工贸易专项业务办理的相关要点。

一、加工贸易监管概述

（一）加工贸易的基本概念

1. 加工贸易的含义

加工贸易是指经营企业进口全部或者部分原辅材料、零部件、元器件、包装物料（统称为料件），经过加工或者装配后，将制成品复出口的经营活动。

2. 加工贸易的贸易形式

（1）来料加工，是指进口料件由境外企业提供，经营企业不需要付汇进口，按照境外企业的要求进行加工或者装配，只收取加工费，制成品由境外企业销售的经营活动。

（2）进料加工，是指进口料件由经营企业付汇进口，制成品由经营企业外销出口的经营活动。

3. 加工贸易货物的特点

（1）加工贸易货物的进口必须事先在海关设立手册或账册。

（2）加工贸易货物进口时无须缴纳进口关税和进口环节税。

（3）加工贸易货物在境内经加工装配后复运出境，若保税加工货物转内销，须经批准并交验进口许可证件，缴纳进口税费。

（4）加工贸易货物一般须复运出境，成品出口时除另有规定外无须缴纳关税，提交许可证件。

4. 加工贸易货物的范围

加工贸易货物的范围为专为加工、装配出口产品而从国外进口且海关准予保税的原材料、零部件、元器件、包装物料、辅助材料，以及在加工贸易生产过程中产生的边角料、残次品和副产品，用进口保税料件生产的半成品、成品。

（二）加工贸易企业分类管理

加工贸易企业，包括经海关注册登记的经营企业和加工企业。

经营企业，是指负责对外签订加工贸易进出口合同的各类进出口企业和外商投资企业，以及经批准获得来料加工经营许可的对外加工装配服务公司。

加工企业，是指接受经营企业委托，负责对进口料件进行加工或者装配，并且具有法人资格的生产企业，以及由经营企业设立的虽不具有法人资格，但是实行相对独立核算并已经办理工商营业证（执照）的工厂。

自 2014 年 12 月 1 日起，海关对企业实行信用管理，适用 AA 类管理的企业过渡为高级认证企业；适用 A 类管理的企业过渡为一般认证企业；适用 B 类管理的企业过渡为一般信用企业；适用 C 类、D 类管理的企业，海关按照相关规定重新认定企业信用等级。新设立的加工贸易企业为一般认证企业。高级认证企业、一般认证企业在银行保证台账、单耗申报等加工贸易管理中享受更多的优惠与便利。

对于同一本加工贸易手册，如果经营企业和加工企业的信用类别不一致，海关按较低的信用类别对企业进行管理。

（三）加工贸易禁限类商品、消耗性物料

1. 加工贸易禁止类商品

加工贸易禁止类商品是指《对外贸易法》规定禁止进口的商品，以及海关无法实行保税监管的商品。加工贸易禁止类商品目录由商务部、海关总署会同国家其他有关部门公布。目前实施的加工贸易禁止类目录，根据 2016 年海关商品编码，加工贸易禁止类商品目录共计 1 879 项商品编码。以下情况不在加工贸易禁止类商品目录中单列，但按照加工贸易禁止类进行管理：

（1）为种植、养殖等出口产品而进口种子、种苗、种畜、化肥、饲料、添加剂、抗生素等；

（2）生产出口的仿真枪支；

（3）属于国家已经发布的禁止进口货物目录和禁止出口货物目录的商品。

以上规定适用于海关特殊监管区域。但在相关管理规定公告发布之日前经工商行政管理部门注册登记，在海关特殊监管区域内设立从事相关商品加工贸易的企业除外。

列入加工贸易禁止类进口商品目录的，凡用于深加工结转转入，或从具有保税加工功能的海关特殊监管区域内企业经实质性加工后进入区外的商品，不按加工贸易禁止类进口商品管理。列入加工贸易禁止类出口商品目录的，凡用于深加工结转转出，或进入具有保税加工功能的海关特殊监管区域内企业加工生产的商品，不按加工贸易禁止类出口商品管理。这些商品未经实质性加工不得直接出境。

2. 加工贸易限制类商品

加工贸易限制类商品目录由商务部、海关总署会同国家其他部门公布。以加工贸易深加工结转方式转出、转入的商品属于限制类的按允许类商品管理。

禁止类和限制类以外的商品为允许类商品。

3. 消耗性物料

消耗性物料，是指加工贸易企业为加工出口成品而进口，且为加工出口成品所必需，直接用于生产过程，但又完全不物化于成品中的物料。物化是指料件通过物理或化学的方式存在于成品中并构成商品基本特性的转化过程。

海关对消耗性物料按照保税方式进行监管。消耗性物料商品如因动态调整被增列入加工贸易禁止类商品目录的，按加工贸易禁止类商品进行管理，不实行保税监管。

以下商品不按加工贸易消耗性物料，以保税方式进行监管：加工贸易企业生产设备、工具的易损件，如钻头、钻嘴、砂轮、刀片、磨具等；易耗品，如机油、润滑油，印刷用的菲林、PS 版等；检测物料，如检测纸、检测带、检测光盘、检测针等；劳保防护用品，如工作衣、帽、手套等；印制电路板用的干膜和生产高尔夫球头和飞机发动机叶片用模具所需进口的软金属、蜡、耐火材料等。

加工贸易项下进口料件同时符合以下条件的，不纳入消耗性物料管理，企业按照保税料件的相关规定办理有关手续：

（1）料件在加工过程中通过物理变化或化学反应存在或转化到成品中；

（2）料件存在或转化到成品中的量是保持成品性能不可缺少的组成成分，而非残留物。

（四）银行保证金台账

对限制类商品的加工贸易实行银行保证金台账管理制度，其中"实转"管理的，企业

在规定的期限内加工出口并办理核销后再将保证金及利息予以退还。具体规定如下：高级认证企业、一般认证企业台账空转；东部地区一般信用企业50%实转，中西部地区一般信用企业台账空转；失信企业100%实转。东部地区是指辽宁省、北京市、天津市、河北省、山东省、江苏省、上海市、浙江省、福建省、广东省。中西部地区指东部地区以外的中国其他地区。

加工贸易商品属于允许类商品的，银行保证金台账具体规定为：高级认证企业不设台账，一般认证企业和一般信用企业台账空转，失信企业100%实转。

1. 进口料件属限制类商品或进口料件、出口成品均属限制类商品，台账保证金计算公式为：

台账保证金=（进口限制类料件的关税+进口限制类料件的增值税）×50%

2. 出口成品属限制类商品，台账保证金计算公式为：

台账保证金=进口料件备案总值×（限制类成品备案总值÷全部出口成品备案总值）×22%×50%

3. 失信企业从事限制类商品加工贸易，台账保证金计算公式为：

台账保证金=（进口全部料件的进口关税+进口全部料件的进口增值税）×100%

高级认证企业、一般认证企业和一般信用企业，不论在什么地区，进口料件（不论是限制类还是允许类商品）金额在1万美元及以下的，不设台账。

根据海关总署、商务部公告（2017年第33号）规定，在全国范围内取消加工贸易银行保证金台账制度。已设立的保证金台账"空转"加工贸易手册仍按照保证金台账制度执行完毕；对按规定实施保证金台账"实转"管理的情形，在2017年8月1日至2018年2月1日期间，企业继续按照海关有关规定办理保证金台账"实转"手续。

（五）单耗管理

单位耗料量，是指加工贸易企业在正常生产条件下加工生产单位成品所耗用的进口料件的数量，简称单耗。单耗包括净耗和工艺损耗。

净耗，是指在加工后，料件通过物理变化或者化学反应存在或者转化到单位成品中的量。

工艺损耗，是指因加工工艺原因，料件在正常加工过程中除净耗外所必须耗用，但不能存在或者转化到成品中的量，包括有形损耗和无形损耗。

无形损耗，是指在加工生产过程中，由于物质自身性质或者经济、技术方面的原因，以气体、液体或者粉尘形态进行排放的不能或者不再回收的部分。工艺损耗中，无形损耗以外的部分即是有形损耗。

不列入工艺损耗的情形：因突发停电、停水、停气或者其他人为原因造成保税料件、半成品、成品的损耗，因丢失、破损等原因造成的保税料件、半成品、成品的损耗，因不可抗力造成保税料件、半成品、成品的灭失、损毁或者短少的损耗，因进口保税料件和出口成品的品质、规格不符合合同要求造成用料量增加的损耗，因工艺性配料所用的非保税料件所产生的损耗，以及加工过程中消耗性材料的损耗。

工艺损耗率，是指工艺损耗占所耗用料件的百分比。

上述几个概念之间的关系可用公式表示为：

单耗＝ 净耗÷（1-工艺损耗率）

加工贸易企业应当在成品出口、深加工结转或者内销前，向海关如实申报单耗。因生产工艺原因无法在出口前申报单耗的加工贸易企业，如企业内部管理规范、相关样品和资料保存完整，能够保证海关在成品出口后核定单耗的，也可以向海关申请在报核前申报单耗。

加工贸易企业申报单耗时应填写"中华人民共和国海关加工贸易单耗申报单"，具体内容包括：

1. 加工贸易项下料件和成品的商品名称、商品编号、计量单位、规格型号和品质；

2. 加工贸易项下成品的单耗（净耗和工艺损耗率）；

3. 加工贸易同一料件有保税和非保税的，应当申报非保税料件的比重。

海关对加工贸易企业申报单耗的真实性、准确性有疑问的，可以制发"中华人民共和国海关加工贸易单耗质疑通知书"。加工贸易企业收到质疑通知书后，应当在规定时限内向海关提供有关资料。

（六）剩余料件、边角料、残次品、副产品和受灾保税货物

剩余料件，是指加工贸易企业在从事加工复出口业务过程中剩余的，可以继续用于加工制成品的加工贸易进口料件。

边角料，是指加工贸易企业从事加工复出口业务，在海关核定的单位耗料量内，在加工过程中产生的无法再用于加工该合同项下出口制成品的数量合理的废、碎料及下脚料。

残次品，是指加工贸易企业从事加工复出口业务，在生产过程中产生的有严重缺陷或者达不到出口合同标准，无法复出口的制品（包括完成品和未完成品）。

副产品，是指加工贸易企业从事加工复出口业务，在加工生产出口合同规定的制成品（即主产品）过程中同时产生的，且出口合同未规定应当复出口的一个或者一个以上的其他产品。

受灾保税货物，是指加工贸易企业从事加工出口业务中，因不可抗力原因或者其他经海关审核认可的正当理由造成灭失、短少、损毁等导致无法复出口的保税进口料件和制品。

（七）特殊商品的加工贸易管理

1. 关税配额农产品管理。包括小麦、玉米、大米、豆油、菜籽油、棕榈油、食糖、棉花、羊毛及毛条。加工贸易手册进口上述商品时期限不超过 6 个月（食糖为不超过 3 个月）。

2. 废物管理。在《限制进口类可用做原料的固体废物目录》或《自动许可进口类可用做原料的固体废物目录》列名的废物可以作为加工贸易进口料件，设立手册时须提交"限制进口类可用做原料的固体废物进口许可证"及复印件。

3. 涉及商务部核准的商品管理。铜精矿、生皮、卫星电视接收设施、成品油、易制毒化学品等商品，国家有关部门设定了企业资质或数量等限制条件，符合条件的企业凭商务部核准文件到海关办理有关业务。

4. 客供辅料管理。服装辅料（如拉链、纽扣等）属列名的 78 种商品范围之内，且进口总值在 5 000 美元（含本数）以下的，可以办理辅料登记表，不进行手册设立管理。

5. 消耗性物料管理。对消耗性物料的后续处置参照海关关于加工贸易边角料、剩余料件、残次品、副产品和受灾保税货物有关管理规定办理。

6. 其他特殊监管条件管理。音像制品、印刷品、冻鸡、附有地图的产品等在进行加工贸易手册设立时应提交相关管理部门的批准证件。黄金及其制品在内销时应提交相关管理部门的批准证件。

二、加工贸易电子化手册

（一）电子化手册的基本概念

1. 含义

电子化手册是以加工贸易合同为管理对象，在手册设立、通关、核销等环节采用"电子手册+自动核算"的模式取代纸质手册，并逐步实现"电子申报、网上备案、无纸通关、无纸报核"的新监管模式。

目前，海关加工贸易常规监管模式主要是指电子化手册。电子化手册设立的前提是海关建立以企业为单元的备案资料库，企业以备案资料库数据为基础进行电子化手册备案。

2. 电子化手册的功能

（1）规范备案预申报。建立备案资料库，通过对料件、成品等申报内容的预审核，解决商品品名申报不规范，归类不准确等问题。

（2）企业网上申报。企业通过电子口岸或第三方辅助平台向海关发送手册设立、深加工结转、外发加工、内销、核销等电子数据。

（3）系统自动审核。系统实现业务数据自动对碰、自动审核、自动放行、自动核扣。

3. 手册编码规则

手册编号由 12 位阿拉伯数字和大写英文字母组成。第 1 位为英文字母，其中 B 表示来料加工，C 表示进料加工，D 表示不作价设备；第 2~5 位表示海关关区代码；第 6 位表示年份；第 7 位表示经营单位的企业性质，其中 1 表示国营企业，2 表示中外合作经营企业，3 表示中外合资企业，4 表示外商独资企业；第 8 位，5 表示电子化手册，2 表示纸质手册；第 9~12 位是手册顺序号。

（二）备案资料库

企业对加工贸易料件和成品按照《中华人民共和国海关进出口税则》等有关规定进行商品归类，并填制备案资料库的基本信息、料件和成品表向海关备案，海关予以审核并建立备案资料库。

1. 备案资料库的建立

备案资料库备案的料件和成品可以是企业的料号级加工贸易料件、成品归并后的结果。

企业申请建立备案资料库，应提交"加工贸易电子化手册备案资料库备案审批表"、企业建立备案资料库申请、商务部门出具的加工贸易企业经营状况及生产能力证明，必要时提供备案资料库料件、成品图片，加工贸易企业填制"备案资料库基本信息预录入呈报表""备案资料库进口料件预录入呈报表""备案资料库出口成品预录入呈报表"。

备案资料库企业预录入：

（1）企业如果采用自行录入方式，可以在通关系统企业端"备案资料库"模块录入、申报备案资料库备案数据，并以报文的形式向主管海关发送。

（2）如果采用委托录入方式，应填写"备案资料库基本信息预录入呈报表""备案资料库进口料件预录入呈报表""备案资料库出口成品预录入呈报表"，提供给代理录入单位办理数据录入手续。

料件、成品等数据信息包括货号、商品编码、商品名称、计量单位，应按照《中华人民共和国海关进出口商品规范申报目录》（以下简称《规范申报目录》）中相应商品所列申报要素的各项内容填写。

经海关审核通过，建立备案资料库。企业备案资料库可办理数据变更手续。

2. 备案资料库的变更

企业申请变更加工贸易备案资料库，应提交"加工贸易电子化手册备案资料库变更审批表"、企业变更备案资料库申请、商务部门出具的加工贸易企业经营状况及生产能力证明，必要时提供备案资料库料件、成品图片，"备案资料库基本信息预录入呈报表""备案资料库进口料件预录入呈报表""备案资料库出口成品预录入呈报表"。

已由海关审核通过的备案资料库内容，企业只能申请变更商品编码，不能申请变更已备案的商品名称、规格型号等。

企业申请修改已备案的商品名称和规格型号的，只能申请新增变更，即在备案资料库增加新的备案项。

3. 备案资料库的暂停执行或删除

加工贸易企业出现下列情形之一，已备案的备案资料库可作"暂停执行"或"删除"处理：企业未通过海关年检手续的；企业营业执照过期的；企业发生重大走私违规行为，按规定应暂停其进出口业务的；企业已倒闭或正在清算过程中的；企业不再从事加工贸易业务的。

4. 备案资料库的使用

一家企业备案一个资料库，可调用有关数据资料，依据合同设立多个电子化手册；备案资料库可备案商品项数没有限制；电子化手册中申请备案的料件、成品项数均不能超过9 999项。

电子化手册所涉企业备案数据库的建立、料件及成品的归并管理原则适用于电子账册。

（三）电子化手册的设立

加工贸易电子化手册设立是指企业在备案资料库商品范围内，按照进出口生产实际需要，向海关办理加工贸易电子化手册，海关对企业申请设立手册内容予以审核并建立电子化手册的过程。

1. 手册设立需提交的单证资料

手册设立需提交的单证资料包括商务部门出具的加工贸易企业经营状况和生产能力证明、经营企业对外签订的合同或协议，以及海关按规定需要收取的其他单证和资料。

企业自行或通过代理录入电子化手册表头信息，表体料件和成品的货号、商品编码、商品名称、计量单位等信息调用备案资料库数据，进出口数量、价格、单损耗等信息依据合同录入。海关审核通过后，系统生成电子化手册。

2. 涉及加工贸易禁限类商品的管理

（1）加工贸易禁止类商品目录中的第八十四章、八十五章商品均指旧机电产品进口，并包括零部件、拆散件。

（2）列入加工贸易禁止类商品目录的，除特别标注的以外，都不予在备案资料库和电子化手册中备案。

（3）列入加工贸易禁止类进口商品目录的，凡用于深加工结转转入，或从具有保税加工功能的海关特殊监管区域内企业经实质性加工后进入区外的商品，不按加工贸易禁止类进口商品管理，仍可备案。

列入加工贸易禁止类出口商品目录的，凡用于深加工结转转出，或进入具有保税加工功能的海关特殊监管区域内企业加工生产的商品，不按加工贸易禁止类出口商品管理，仍可备案。前述商品未经实质性加工不得直接出境。

（4）经营企业及其加工企业必须同属中西部地区，方可适用中西部地区的限制类商品台账管理措施。

3. 消耗性物料管理

企业申报保税进口的消耗性物料，应当在《加工贸易企业经营状况和生产能力证明》进口料件中予以列明。企业在办理手（账）册设立（变更）手续时，应当向主管海关提交"加工贸易项下进口消耗性物料申报表"。如海关需要，企业还应当提交以下补充材料：

（1）消耗性物料的属性和用途说明；

（2）消耗性物料在加工过程中的化学反应或物理变化原理、化学反应式、耗用量，以及与成品的匹配关系等书面材料；

（3）海关认为需要提交的其他证明文件和材料。

消耗性物料应当与相应加工生产过程的进口料件、出口成品纳入同一手（账）册管理。企业应在手（账）册设立（变更）环节按要求向海关申报。企业在申报消耗性物料时应当进行标注，在"商品名称"栏首字节起注明"［消］"（注：中括号为半角字符），在"单耗/净耗"栏目内如实申报耗用量。

消耗性物料应当与其他保税料件分项申报，不得归并。

4. 不予设立手册的情形

经审查，经营企业或加工企业存在以下情形之一的，海关作出不予设立决定：

（1）进口料件或者出口成品属于国家禁止进出口的；

（2）加工产品属于国家禁止在我国境内加工生产的；

（3）进口料件不宜实行保税监管的；

（4）经营企业或者加工企业属于国家规定不允许开展加工贸易的；

（5）经营企业未在规定期限内向海关报核已到期手册，又重新申报设立手册的。

4. 需缴纳风险保证金情形

有下列情形之一的，海关应当在经营企业提供相当于应缴税款金额的保证金或者银行、非银行金融机构保函后办理手册设立手续：涉嫌走私，已经被海关立案侦查，案件尚未审结的；由于管理混乱被海关要求整改，在整改期内的。

有下列情形之一的，海关可以要求经营企业在办理手册设立手续时提供相当于应缴税款金额的保证金或者银行、非银行金融机构保函：租赁厂房或者设备的；首次开展加工贸易业务的；加工贸易手册延期两次（含两次）以上的；办理异地加工贸易手续的；涉嫌违规，已经被海关立案调查，案件尚未审结的。

要求经营企业提供保证金或者银行保函的，海关应当书面告知企业理由。已实行银行保证金台账实转的，台账实转金额不低于保税料件应缴税款金额的，加工贸易部门不再收取保证金或者银行保函。

5. 电子化手册的生成

企业应当按照加工贸易企业经营状况和生产能力证明中列明的税目范围申报料件、成品等信息，经审核同意，海关予以设立手册。企业加工贸易电子化手册通过审核后，H2010系统自动按照备案内容计算，产生保证金台账，生成"银行保证金台账备案联系单"发往银行。企业按"银行保证金台账备案联系单"内容在银行办结台账空转、半实转或实转手续后，银行将台账状况为"电子登记成功"的台账联系单数据反馈回海关，H2010系统自动登记该联系单。海关对上述流程审核无误后，向企业发放电子化手册。

6. 进出口许可证件管理

进口料件，除易制毒化学品、监控化学品、消耗臭氧层物质、原油、成品油等个别规定商品外，均可以免予交验进口许可证件。这里所称"免予交验进口许可证件"，并不包括涉及公共道德、公共卫生、公共安全所实施的进出口管制证件。

出口成品，属于国家规定应交验出口许可证件的，在出口报关时必须交验出口许可证件。

7. 加工贸易项下出口应税商品管理

（1）加工贸易项下出口应税商品，如系全部使用进口料件加工的成品，不征收出口关税。

（2）加工贸易项下出口应税商品，部分使用进口料件加工的成品，按海关核定的比率征收出口关税。计算公式：

出口关税＝出口货物完税价格×出口关税税率×出口成品中使用的国产料件占全部料件价值比率

出口成品中使用的国产料件占全部料件价值比率＝物化在成品中的国产料件价值÷（物化在成品中的国产料件价值＋保税料件价值）

（3）出口完税价格由海关根据《中华人民共和国海关审定进出口货物完税价格办法》（以下简称《进出口货物审价办法》）的规定审核确定。

（4）企业应在向海关备案或变更手册时，向海关如实申报出口成品中使用的国产料件占全部料件的价值比率，并申报国产料件的品种、规格、型号、数量、价值。

（四）电子化手册的变更

加工贸易电子化手册变更是指经营企业因原备案品名、规格、金额、数量、单损耗、商品编码等内容发生变化，以及电子化手册有效期因故需要延长向主管海关申请办理备案变更手续。

1. 变更种类

加工贸易电子化手册变更分为新增变更、修改变更和删除变更3种。新增变更是指在已建立电子化手册的料件表、成品表和单耗表中增加新的内容。修改变更是指对已备案的电子化手册的料件表、成品表或单耗表中的内容进行修改。删除变更是指对已备案的电子化手册的料件表、成品表或单耗表中的内容进行删除。

2. 变更申请及单证

企业按照海关监管要求，在电子化手册企业端系统"通关备案手册"模块中，自行录入或委托报关公司等中介机构代理录入电子化手册变更数据向海关发送，同时向海关提交以下单证：

（1）加工贸易企业经营状况和生产能力证明；

（2）企业申请变更的书面材料；

（3）经营企业对外签订的变更合同；

（4）海关认为需要提交的其他材料。

3. 不予变更的情形

经审查，经营企业或者加工企业存在下列情形之一的，海关不予变更：未在规定的期限内向海关申请办理变更手续的；经营企业申请变更的理由与实际情况不符的；经营企业申请变更单耗的成品已全部出口完毕的；经营企业或者加工企业申请变更的事项涉嫌走私、违规，已被海关立案调查、侦查，且案件未审结的。

4. 变更审核结果的处置

（1）经审核准予变更的，海关变更已备案的加工贸易手册内容或延长加工贸易手册的有效期限。

（2）H2010 系统自动将"银行保证金台账变更联系单"（延长有效期限、新增台账保证金"实转"商品、进口料件金额增加的）数据发往银行，企业在银行办结保证金台账变更业务，银行将台账"电子登记成功"数据反馈回海关，H2010 系统自动登记该通知单。

（五）异地加工贸易

异地加工贸易是指加工贸易经营企业将进口料件委托另一直属海关关区内加工企业生产加工，加工的产品由经营企业组织出口的经营活动。经营企业应当在加工企业所在地主管海关办理加工贸易手册设立手续。

1. 异地加工贸易的办理

经营企业办理异地加工贸易，应提交如下单证：加工贸易企业经营状况和生产能力证明、海关异地加工贸易申报表，以及按规定需要提交的其他单证。

经营单位主管海关在办理异地加工手续时，对于办理过异地加工贸易业务的经营单位，应当查阅由加工企业主管海关反馈的"中华人民共和国海关异地加工贸易回执"。经核实合同执行情况正常的，在申报表（一式二联）内批注签章，与"加工贸易企业经营状况和生产能力证明"一并制作关封，交经营单位凭以向加工企业主管海关办理手册设立手续。

2. 异地加工贸易业务的办理

加工企业办理异地加工贸易，应提交以下单证：经营企业主管海关关封（含异地加工申报表、"加工贸易企业经营状况和生产能力证明"）、委托加工合同，以及其他加工贸易合同设立所需的单证。由加工企业向海关办理设立手续的，应提交经营单位出具的代办委托书。

（六）电子化手册的核销

核销，是指加工贸易经营企业加工复出口或者办理内销等海关手续后，凭规定单证向海关申请解除监管，海关经审查、核查属实且符合有关法律、行政法规、规章的规定，予以办理解除监管手续的行为。

1. 报核单证

经营企业应当在规定的期限内将进口料件加工复出口，并自加工贸易手册项下最后一批成品出口或者加工贸易手册到期之日起 30 日内向海关报核。经营企业对外签订的合同因故提前终止的，应当自合同终止之日起 30 日内向海关报核。

报核常规单证包括：企业合同核销预录入呈报表、经营企业申请核销加工贸易货物的书面材料、加工贸易专用进出口报关单、核销平衡表，以及海关按规定需要收取的其他单证和材料。

报核特殊单证包括：

（1）加工贸易货物因侵犯知识产权被没收、销毁的，应提交有关行政执法部门出具的没收或者销毁证明材料；

（2）经海关核定准予加工贸易货物销毁处置，应提交"海关加工贸易货物销毁处置申报表"、处置单位出具的接收单据、加工贸易货物销毁处置证明及报关单等单证；

（3）因走私被海关或者法院没收加工贸易货物的，应提交行政处罚决定书、判决书等相关证明材料；

（4）核销专用报关单遗失的，应提交报关单企业留存联或报关地海关加盖印章的报关单复印件；

（5）因不可抗力造成保税货物受灾，应提交加工贸易主管部门签注意见的证明材料，保险公司出具的保险赔款通知书或者检验检疫部门出具的有关检验检疫证明文件；

（6）已办理内销征税的，应提交税单复印件；

（7）企业有关工艺流程、单耗、损耗等资料或情况说明。

2. 报核手册处置

（1）不予受理或退回企业继续履约情形

具体包括：经审查，手册报核内容存在问题，经营企业有正当理由但需补充办理相关手续或提交相关资料的；核查结果反馈，经营企业需补充办理相关手续或提交相关资料的；经审查手册报核内容存在问题，经营企业不能说明正当理由，移交缉私部门处理的；进出不平衡需继续履行合同的；剩余料件、边角料和副产品等需内销征税的。

（2）相关事项处置

① 加工贸易成品退换的核销。成品退换过程中用于加工、维修或更换的保税料件，不纳入工艺性损耗。对替换下的废、旧料件，以及成品退换进口后无法复出口的，由企业按海关相关规定办理。

② 退运及加工贸易边角料、剩余料件、副产品、残次品和受灾保税货物凭有关报关单证核销。

③ 经海关核准销毁的加工贸易货物，企业销毁处置未获得收入，海关凭销毁处置报关单证进行核算核销。企业销毁处置获得收入的，海关比照边角料内销征税的管理规定办理征税手续。销毁处置货物为边角料、副产品的，凭"海关加工贸易货物销毁处置申报表"所列明的货物清单及报关单证进行核销；销毁处置货物为料件、残次品需按料件核扣手（账）册的，按照"海关加工贸易货物销毁处置申报表"所列明的货物清单及报关单证以料件或折料进行核算核销。

④ 保税进口消耗性物料的核销。企业提供翔实的物料清单，并提供产品工艺流程相关资料或有关耗料情况证明材料，核定耗料并纳入合同核销范围。

⑤ 手册进出口金额倒挂。海关视具体情况，由企业作说明、改单，或交由核查部门下厂核查，移交缉私部门处理。

⑥ 手册核销单耗超单耗标准，手册进出时间倒挂等情形，按海关相关规定处理。

3. 核销核算情况处理

（1）对企业申报资料和内容不符合规定或监管要求的，按相关规定予以退单。

（2）对企业报核数据与海关底账出现差异的，要求企业查找产生差异的原因，并提交解释报告或说明材料。

（3）对经海关核实确定的实际剩余料件，要求企业在核销期限内办结余料结转、内销征税、退运或放弃等手续。

4. 手册核销结案

通过 H2010 加工贸易系统对报核手册进行核销核算，核算后通过 H2010 加工贸易系统进行结案，海关签发"核销结案通知书"。经营企业已经办理担保手续的，海关在核销结案后按照规定解除担保。

手册核销后，企业库存有剩余料件的，原则上不得进行结转。对库存余料属于国家许可证件管理的，在企业补交许可证件后，以"后续补税"监管方式办理料件补税手续。对不能说明理由或涉嫌违规、走私的，移交缉私部门进行处理。

三、加工贸易电子账册

（一）电子账册管理概述

加工贸易电子账册管理，是海关以企业为管理单元并实施计算机联网，企业通过数据交换平台或其他计算机网络方式向海关报送能满足海关监管要求的物流、生产经营等数据，海关对数据进行核对、核算，并结合实物进行核查的一种监管模式。

1. 联网监管企业应当具备的条件

（1）具有加工贸易经营资格的生产型企业；

（2）在海关注册登记并取得注册登记证书；

（3）企业管理机制、内控机制、配合海关检查机制良好有效，保税货物的采购、物流、仓储、生产、销售、单证管理符合海关对保税货物的监管要求；

（4）企业具备完善的物流管理系统，对保税货物的管理必须能够加以明显区分，对保税货物参与生产流转情况必须能够如实反映。

2. 申请联网监管应提交的单证

（1）工商营业执照、税务登记证、组织机构代码证复印件；

（2）商务主管部门同意企业实施加工贸易计算机联网监管的批复；

（3）加工贸易企业计算机管理系统简介及内部管理情况说明；

（4）加工贸易企业上年度财务审计报告；

（5）"企业加工贸易联网监管申报表"；

（6）"海关与企业加工贸易联网监管合作备忘录"或"加工贸易企业联网监管责任担保书"；

（7）海关认为需要出具的其他证明文件和材料。

（二）电子账册的设立

联网监管企业在进行加工贸易货物备案审批前，需要向海关先行申请设立加工贸易账册。联网监管企业向主管海关申请办理经营范围电子账册（简称 IT 账册）设立手续，审核通过后再办理便捷通关电子账册（简称 E 账册）设立手续。

1. IT 账册的设立

企业向主管海关申请办理 IT 账册设立手续时，应提交以下单证：工商经营执照复印件、企业加工贸易进口料件及出口成品清单、商务部门出具的"加工贸易企业经营状况和生产能力证明"。

经审核企业的设立申请符合海关有关规定的，予以建立企业 IT 账册。

2. E 账册的设立

企业申请设立 E 账册，应提交以下单证：商务部门出具的"加工贸易企业经营状况和生产能力证明""企业加工贸易联网监管进出口货物商品归并关系清单"，以及海关按规定需要收取的其他证件和材料。

企业存在以下情况之一的，海关不予设立账册：进口料件或出口成品属于国家禁止进、出口的，加工产品属于国家禁止在我国境内加工生产的，进口料件不宜实行保税监管的，企业年生产加工能力与实际情况不相符的，企业申请备案进出口货物的归类、归并和 BOM 不符合海关管理要求的，法律、行政法规、规章规定不予备案的其他情形。

3. 联网监管企业电子账册商品归类、料件及成品归并关系

联网监管企业应以内部管理的料号级商品为基础，按照《税则》规定的目录条文和归类总规则、类注、章注、子目注释及其他归类注释，进行商品归类，并归入相应的税则号列。

商品归并是指企业在确定商品编号、商品名称一致的基础上，根据加工贸易货物进出口和管理的实际情况及海关监管需要，对生产管理中最基础的料号级加工贸易料件、成品或直接进口的半成品进行合并，建立一对多或多对一的对应关系。为确保备案资料库料件及成品商品编码的准确性，企业对商品编码不确定的，可向海关归类部门咨询办理预归类手续。

加工贸易货物归并应遵循的原则：

（1）料件归并，同时符合下列条件：10 位数商品编码相同；海关监管计量单位相同；货物名称相同，或虽然货物名称不同，但货物属性及功能用途相同或相近，可替代使用；能满足海关查验和内销征税等监管要求。

有以下情况之一的，原则上不作归并：涉及单耗标准的料件；单损耗影响度较大的料件；单价相差较大，对实际监管可能产生影响的料件。

（2）成品归并，同时符合下列条件：10 位数商品编码相同；海关监管计量单位相同；货物名称相同，或虽然货物名称不同，但货物属性及功能用途相同或相近，可替代使用；能满足海关查验和内销征税等监管要求；对应归并后的保税料件种类相同。

有以下情况之一的，原则上不作归并：已制定单耗标准的成品，不能与其他成品进行归并；单价相差较大，对实际监管可能产生影响的成品。

企业在建立料件归并关系时，应区分主料和次料，主料料号不得归并，消耗性材料不得归并。这里所指的"主料"，一是指进口单价相对较高的料件，二是指在出口成品中耗

用较多或属于关键部件的料件，三是属于国家贸易管制的商品，四是海关认为需要重点监管的商品。归并关系一旦确认后，原则上，企业不得随意变更归并关系，但确有归并关系需要调整的，在现有联网监管平台上，企业可以直接向电子口岸发送变更数据，海关对此予以审核。

4. 进出口报关清单和报关单的生成、修改、撤销

（1）报关清单的生成。使用"便捷通关电子账册"办理报关手续，企业应先根据实际进出口情况，从企业系统导出料号级数据生成归并前的报关清单，通过网络发送到电子口岸。报关清单应按照加工贸易合同填报监管方式，进口报关清单填制的总金额不得超过电子账册最大周转金额的剩余值，其余项目的填制参照报关单的填制规范。

（2）报关单的生成。联网企业进出口保税加工货物，应使用企业内部的计算机，采用计算机原始数据形成报关清单，报送中国电子口岸。电子口岸将企业报送的报关清单根据归并原则进行归并，并分拆成报关单后发送回企业，由企业填报完整的报关单内容后，通过网络向海关正式申报。

（3）报关清单和报关单的修改、撤销。不涉及报关清单的报关单内容可直接进行修改，涉及报关清单的报关单内容修改必须先修改报关清单，再重新进行归并。

报关单申报后修改申报内容或撤销申报，根据海关报关单修改或撤销报关单相关管理规定执行。

（三）电子账册的变更

1. 电子账册变更申请

联网监管企业申请账册变更，应提交商务部门出具的"联网企业加工贸易经营状况和生产能力证明"（变更经营范围须提供）、联网监管企业申请变更的书面材料，以及海关按规定需要收取的其他单证和材料。

2. 电子账册不予变更的情形

联网监管企业存在下列情形之一的，海关不予核准变更申请：未在规定的期限内向海关申请办理变更手续的；申请变更的理由与实际情况不符的；变更申请不符合海关关于加工贸易计算机联网监管进出口商品归并规则的；申请变更的进出口料件、出口成品不宜实行保税监管的；企业申请变更的事项涉嫌走私、违规，已被海关立案调查、侦查，且案件未审结的；法律、行政法规、规章规定不予变更的其他情形。

3. 审核结果处置

经海关审核同意企业电子账册变更申请的，在H2010系统中操作确认。

（1）电子账册BOM版本、料件、成品品种发生新增变更时，海关对电子数据进行审核。

（2）料件和成品的品种新增涉及海关商品归类的，海关须审核"企业加工贸易联网监管进出口货物商品归类申请表"。

（四）联网监管企业相关业务管理规定

1. 单耗管理按照海关对加工贸易企业单耗管理规定办理。企业可以选择在报核前申报单耗。在向H2010系统发送预报核数据后，申报单耗不得随意变更。

2. 异地加工贸易，料件串换，外发加工，深加工结转，保税货物抵押，加工贸易剩余料件、边角料、残次品、副产品处理，受灾保税货物处理，放弃货物核准，比照电子化手册管理的相关手续办理（详见加工贸易专项管理相关内容）。

3. 加工贸易货物内销征税审批比照电子化手册内销征税相关手续办理（详见加工贸易专项管理相关内容）。

企业申请内销加工贸易货物，经海关审核同意后，可以采用当月内销当月集中征税方式。加工贸易货物内销征税申报与进出口通关环节相同，在企业端申报料号级的征税清单，由预先备案的归并关系自动生成归并后的项号级征税清单向主管海关申报。

集中征税按规定征收缓税利息，缴纳缓税利息的起始日为内销料件或者制成品对应的电子账册最近一次核销之日。没有核销日期的，起始日为内销料件或者制成品对应的电子账册首批料件进口之日。

（五）电子账册核销

联网监管企业加工贸易货物核销，是指加工贸易经营企业加工复出口或者办结内销等海关手续后，凭相关单证向海关申请解除监管，海关经审查、核查属实且符合有关法律、行政法规、规章的规定，予以办理解除监管手续的行为。

1. 电子账册核销原则性规定

（1）海关对实行电子账册模式管理的联网监管企业按周期进行阶段核销。核销周期不超过 1 年。海关完成电子账册核销的时限为下一个核销日期前，但最长不得超过 180 天。

（2）联网企业应当在海关确定的核销期结束之日起 30 日内完成报核。确有正当理由不能按期报核的，经海关批准可以延期，但延长期限不得超过 60 日。未在规定时间内向海关办理报核手续的，海关可以要求其提供保证金或者银行保函作为担保。

（3）电子账册阶段性核销工作包括电子账册预报核和正式报核两个部分。预报核和正式报核工作分别涉及联网监管辅助核销平台和 H2010 系统的操作。在联网监管辅助平台中主要是对联网监管企业加工贸易货物进行企业料号级的核销核算，在 H2010 系统中主要是对联网监管企业加工贸易货物进行海关备案项号级的核销核算。

（4）核销工作准备期间，海关与企业明确电子账册本期核销周期的起止日期，明确核销方式。如采用盘点核销方式，联网监管企业应当在盘点前及时告知海关，海关可以结合企业盘点实施核查核销。

（5）企业应如实申报保税加工替代料关系、非保料件使用情况。

（6）海关结合企业盘点实施核查核销时，将电子底账核算结果与联网企业实际库存量进行对比，并分别进行以下处理：

① 实际库存量多于电子底账核算结果的，海关应当按照实际库存量调整电子底账的当期余额；

② 实际库存量少于电子底账核算结果且联网企业可以提供正当理由的，对短缺的部分，海关应当责令联网企业申请内销处理；

③ 实际库存量少于电子底账核算结果且联网企业不能提供正当理由的，对短缺的部分，海关除责令联网企业申请内销处理外，并按照《海关行政处罚实施条例》对企业予以处罚。

2. 企业向联网监管辅助核销平台预报核

企业向联网监管平台进行电子账册预报核时，应提交电子账册阶段性核销申请、电子账册核销期间进出口报关单及汇总清单，以及海关按规定需要收取的其他单证和材料。

企业应通过联网监管平台客户端向联网监管系统报送本期核销的报关单数据。

海关对预报核数据进行审核及处置的要点如下：

（1）表头内容不符合预报核申报要求，或报关单比对不符的，企业须重新申报。

（2）企业漏报报核数据，如果该报关单已结关，企业予以补报；如果该报关单未结关，企业须办结结关手续后再补报；如果该报关单在 H2010 系统已删单，海关在联网监管平台中作逐票删除处理。

（3）对企业有报送但联网监管平台底账无报关单数据的，该报关单已结关，平台无底账记录，需列入本期核销的，由平台运营维护公司修改平台数据，报关单列入本期核销；该报关单未结关，由企业办结结关手续，平台运营维护公司修改平台数据，报关单列入本期核销；报关单不存在，属于企业错报的，由企业修改数据后重新报送。

（4）替代关系认定。企业采用标准 BOM 或实际工单 BOM 向海关申请核销，海关核实存在替代关系，方可接受企业保税料件替代关系申请。

（5）料件核增认定。企业使用非保税料件的，应当事先向海关如实申报使用非保税料件的比重、品种、规格、型号、数量，海关在联网监管平台上对保税料件的使用进行非保核增认定。

3. 企业向海关 H2010 系统预报核

企业向 H2010 系统申请电子账册预报核时，应提交下列单证：企业预报核申请表，企业单耗申报表、单耗申报光盘、单耗申报说明，以及海关按规定需要收取的其他单证和材料。

企业通过电子口岸系统向海关 H2010 系统报送加工贸易电子账册本期核销的报关单数据。海关对 H2010 系统预报核数据进行审核比对，企业电子账册预报核数据与海关电子账册底账数据不符的，参照向联网监管辅助核销平台预报核数据不符的处置要求作相应处理。

经过审核，海关确认联网监管企业电子账册预报核数据与海关电子账册底账数据比对结果一致，并且单证齐全后，在 H2010 系统中进行"审核通过"操作，通过电子账册预报核，同意企业办理正式报核手续。

4. 企业向联网监管辅助核销平台正式报核

在预报核数据比对基础上，企业向联网监管辅助核销平台发送加工贸易电子账册本期核销的正式报核数据。企业正式报核单证中应加上在预报核审核过程中所产生的涉及本期余料处理、内销征税处理的有关报关单证信息，确保在正式报核内容中能够做到核销周期内保税料件进出口平衡正常。

海关审核要点包括：海关在联网监管平台上分别核对企业申报的料号级进出口数据和项号级进出口数据，如有差异则要求企业查明情况，修改数据后重新报送；企业报送本期核销的耗用数据、理论结余数据、实际结余数据到联网监管平台，海关核对企业申报的"进、出、存"平衡数据，如有差异则要求企业查明情况，修改数据后重新报送。海关在确认预报核数据与海关底账数据比对结果一致后，企业方可在 H2010 系统办理正式报核手续。

5. 企业向海关 H2010 系统正式报核

企业向 H2010 系统发送正式报核数据时，应提交以下单证：

（1）"海关加工贸易业务办理申请表"及"电子账册正式报核申请表"；

（2）电子账册核销期间保税料件汇总表、保税成品汇总表（料号级数据可以附光盘），盘点及差异处理情况申报表，边角料、副产品、残次品、受灾保税货物处理情况申报表，"进、出、存"金额统计表，电子账册核销平衡表（平衡表中理论结余为负时应随附说明）；

（3）盘点报告（在结合盘点核销的情况下）、企业自核说明；

（4）海关按规定需要收取的其他单证和材料。

经海关核准销毁的加工贸易货物报核及相关事项处置，参照电子化手册相关规定办理。

企业向海关 H2010 系统发送加工贸易电子账册本核销周期的正式报核数据。

经办关员对企业报核单证、报核表头、报核表体等申报数据、信息进行审核，对企业报核的进出口数据与 H2010 系统是否一致予以认定。

H2010 系统正式报核数据存在下列情况，海关作相应处理：

（1）企业正式报核数据有误的，予以退单，要求企业重新报核。

（2）企业料件短少（即理论结余数大于实际结余数）的，要求企业说明情况，承担纳税责任。如果补税报关单列入本次核销周期，以实际结余为准，人工调整本期结余数量；如果补税报关单列入下一核销周期，则以实际结余＋补税数量，人工调整本期结余数量。

（3）企业料件盈余（即理论结余数小于实际结余数）的，要求企业说明情况，并以实际结余为准，人工调整本期结余数量。

6. 加工贸易工单式核销

工单式核销是指加工贸易企业向海关报送报关单、报关清单数据，以及企业 ERP 系统（企业资源计划系统）中的工单数据，海关以报关单对应的报关清单料号级数据和企业生产工单作为料件耗用依据，生成电子底账，并根据料号级料件、半成品及成品的进库、出库、耗用、结转、库存的情况，对加工贸易料件、半成品及成品进行核算核销的海关管理制度。

实施工单式核销的加工贸易企业应具备以下条件：

（1）信用状况为一般信用及以上企业；

（2）使用 ERP 等系统对企业采购、生产、库存和销售等过程实行全程信息化管理，通过工单可实现生产加工成品对耗用进口保税料件的追溯管理，并以电子工单方式记录生产加工、检测维修成品的实际使用料件情况；

（3）建立符合海关监管要求的计算机管理系统，能够通过数据交换平台或者其他计算机网络，按照海关规定的认证方式与海关辅助系统（平台）联网，向海关报送能够满足海关监管要求的相关数据；

（4）保税物料与非保税物料分开管理；

（5）工单内容应包含企业生产的日期、产品、用料、数量及状态等信息。

工单式核销的其他业务管理与处置参照电子账册常规处置原则。

7. 核销结案

海关确认企业电子账册核销情况符合海关核销规定，单证齐全有效的，经办人员在"海关加工贸易联网监管电子账册阶段性核销审批表"上签注意见，报批同意核销结案，并签发"海关加工贸易联网监管电子账册阶段性核销结案通知书"。

四、加工贸易专项业务管理

(一) 深加工结转

深加工结转，是指加工贸易企业将保税进口料件加工的产品转至另一加工贸易企业进一步加工后复出口的经营活动。

加工贸易企业开展深加工结转的，转入企业、转出企业应当向各自的主管海关申报，办理实际收发货及报关手续。具体规定如下：

1. 转出、转入企业向各自主管海关申请"海关加工贸易保税货物深加工结转申报表"(以下简称"深加工结转申报表") 电子数据备案

"深加工结转申报表"电子数据是指转出、转入企业通过电子口岸录入并向海关成功发送的"深加工结转申报表"数据。"深加工结转申报表"备案是指转出、转入地海关根据企业的申请，核准企业提交的"深加工结转申报表"电子数据的行为。

一份"深加工结转申报表"对应一份转出手册（包括电子账册、电子化手册，下同）和一份转入手册。结转双方的商品编号前8位原则上必须一致，如出现结转货物商品编码前8位不一致时，转出、转入企业应积极协调解决。若转出、转入企业无法协调，应及时反馈各自主管海关，由转出、转入地主管海关按规定协调解决。

2. 转入、转出企业办理结转"深加工结转申报表"的备案手续

(1) 转出企业通过电子口岸录入"深加工结转申报表"电子数据后向海关申报，并将"深加工结转申报表"电子口岸统一编号通知转入企业；转入企业通过电子口岸录入相应"深加工结转申报表"电子数据后向海关申报。

(2) 转出地海关审核通过后，转入地海关审核"深加工结转申报表"。双方主管海关审核通过后，转入、转出企业即可办理结转收发货登记及报关手续。

(3) "深加工结转申报表"从转入地海关审核通过之日起生效，有效期不得超过手册有效期或账册核销截止日期，且最长不得超过1年。

(4) 海关对"深加工结转申报表"及其具体内容进行暂停处理的，在暂停期间企业不能进行收发货，但"深加工结转申报表"项下已实际收发货的，允许办理报关手续。

(5) 对经海关审核通过后的"深加工结转申报表"，允许对其数量进行变更及增加新结转商品项目。

(6) 涉及实行电子账册管理的联网监管企业，其"深加工结转申报表"无须报备数量。

3. 转出、转入企业录入申报"保税货物深加工结转收发货单"或"保税货物深加工结转退货单"电子数据

因技术原因导致无法在每批实际发货及收货后10天时限内申报收发货单及退货单的，经主管海关批准，可适当延长申报时限，但最长不超过20天。10天内在同一"深加工结转申报表"项下发生的多次收、发货可累加成一次录入申报。企业应核实各"深加工结转申报表"的收发货情况，确保收发货累计数量不超过对应手册的可报关数量。

转出、转入企业通过电子口岸向海关发送"深加工结转申报表"、收发货单及退货单，企业应向海关如实申报。

4. 加工贸易企业不得办理深加工结转手续的情形

（1）不符合海关监管要求，被海关责令限期整改，在整改期内的；

（2）有逾期未报核手册的；

（3）由于涉嫌走私已经被海关立案调查，尚未结案的。

加工贸易企业未按照海关规定进行收发货的，不得再次办理深加工结转手续。在补办有关手续前，海关不再受理新的"深加工结转申报表"，并可根据实际情况暂停已办理"深加工结转申报表"的使用。

企业手册有下列情形之一的，海关对该手册的结转申报不予受理：

（1）转出、转入企业相关手册已报核或已核销或已结案的；

（2）转出、转入企业手册被海关暂停进出口的；

（3）转出、转入企业手册被海关挂账处理的。

5. 转出、转入企业办理结转备案手续后，按"深加工结转申报表"进行实际收发货

转入、转出企业的每批次收发货或退货，应按上述第3条规定的时限如实申报收发货单或退货单电子数据。

6. 转出、转入企业实际收发货后办理结转报关手续

（1）转出、转入企业应当分别在转出地、转入地海关办理结转报关手续。转出、转入企业可以根据"深加工结转申报表"电子数据逐批或者多批次合并办理报关手续。每批结转货物实际收货后，转入、转出企业应当在此月底前办结该批货物的报关手续，但不得超过手册有效期或账册核销截止日期。

（2）转入企业可通过电子口岸查询收货情况，按"深加工结转申报表"电子数据向转入地海关办理结转进口报关手续，并在结转进口报关单申报后及时将报关情况通知转出企业。

（3）转出企业自转入企业申报结转进口之日起10日内，通过电子口岸查询发货情况，按"深加工结转申报表"电子数据向转出地海关办理结转出口报关手续。

（4）结转进口、出口报关的申报价格为结转货物的实际成交价格。

（5）"深加工结转申报表"编号应填入结转进口、出口报关单随附单证的单证编号栏内。

（6）一份结转进口报关单对应一份结转出口报关单，两份报关单之间对应的申报序号，以及"深加工结转申报表"编号、价格、数量（或折算后数量）应当一致，报关单所填写的关联手册号及关联报关单号应相互对应。

（二）外发加工

外发加工是指经营企业因受自身生产特点和条件限制，经海关备案并办理有关手续，委托承揽企业对加工贸易货物进行加工，在规定期限内将加工后的产品运回本企业并最终复出口的行为。

承揽企业，是指与经营企业签订加工合同，承接经营企业委托的外发加工业务的生产企业。承揽企业须经海关注册登记，具有相应的加工生产能力。

1. 企业开展外发加工

经营企业开展外发加工业务，应当按照外发加工的相关管理规定，自外发之日起3个工作日内向海关办理备案手续，并递交下列单证：

（1）经营企业外发加工报告。报告应包括申请外发加工的原因，外发加工的工艺流程，相关单耗情况，以及外发加工中产生的边角料、余料、残次品、副产品是否运回的说明等材料。

（2）经营企业签章的"加工贸易货物外发加工备案表""加工贸易外发加工货物外发清单""加工贸易外发加工货物运回清单"。

（3）经营企业与承揽企业签订的加工合同或协议。

（4）生产能力证明。承揽企业为海关注册登记企业的，应提交商务主管部门出具的"加工贸易企业经营状况和生产能力证明"；承揽企业未在海关注册登记的，应提交外发加工经营企业签章确认的承揽企业生产能力状况材料。

（5）承揽企业营业执照复印件及"加工贸易企业经营状况和生产能力证明"。

一份外发加工申报表对应一个委托企业和一个承揽企业；一份外发加工申报表对应委托企业的一本加工贸易手册；外发加工期限应当在加工贸易手册有效期之内；企业申报全部工序外发的，应在外发加工申报表备注栏注明"全部工序外发加工"字样。

2. 外发加工货物保证金

经营企业将全部工序外发加工的，应当在办理备案手续的同时向海关提供相当于外发加工货物应缴税款金额的保证金或者银行、非银行金融机构保函。保函金额以外发加工货物所使用的保税料件应缴税款金额为基础予以确定。申请外发加工的货物之前已向海关提供不低于应缴税款金额的保证金或者银行保函的，经营企业无须向海关提供保证金或者银行保函。

3. 不予备案外发加工的情形

经营企业、承揽企业的生产经营管理不符合海关监管要求的，申请外发的货物属于涉案货物且案件未审结的，海关特殊监管区域内、外企业均不得将禁止类商品外发进行实质性加工。

所称"实质性加工"，参照海关关于非优惠原产地规则中实质性改变标准的规定执行。

4. 其他管理事项

企业在外发加工业务结束后，须在合同有效期内向主管海关办理外发加工核销手续，并提交企业外发加工的核销申请报告、"加工贸易外发加工货物外发清单"和"加工贸易外发加工货物运回清单"。核销申请报告内容应包括外发加工货物的加工情况，加工后货物、边角料、余料、残次品及副产品的处理情况等。

经营企业开展外发加工业务，不得将加工贸易货物转卖给承揽企业。承揽企业不得将加工贸易货物再次外发其他企业进行加工。

外发加工的成品、剩余料件，以及生产过程中产生的边角料、残次品、副产品等加工贸易货物，经经营企业所在地主管海关批准，可以不运回本企业。

经营企业和承揽企业应当共同接受海关监管。经营企业应当根据海关要求如实报告外发加工货物的发运、加工、单耗、存储等情况。

（三）加工贸易料件串换

1. 企业加工贸易料件串换申请

经营企业应向海关提交加工贸易料件串换的书面申请，详细说明加工出口产品急需的有关情况，随附相关出口合同，以及串换保税料件涉及的加工贸易手册，列明串换保税料件的品名、规格、数量的清单。

2. 海关有关加工贸易料件串换规定

（1）料件串换仅限于进料加工，来料加工进口料件不得串换；

（2）料件串换应为同一经营企业、同一加工企业的保税料件和保税料件之间，保税料件和非保税料件之间，且必须同品种、同规格、同数量；

（3）串换应在加工贸易手册有效期或核销周期内，企业备案进口保税料件有余额且为加工出口产品急需，已核销的加工贸易手册不得申请串换。

3. 海关核准企业申请

经审核企业申请及提交的单证，符合海关相关规定的予以批准串换；审核认为有必要进行下厂核查的，视具体核查结果决定是否批准串换。

4. 其他相关管理规定

企业加工贸易料件串换申请，海关实行一案一批；经营企业保税料件与非保税料件串换，串换下来同等数量的保税料件，经主管海关批准，由企业自行处置；海关发现企业未经海关批准，擅自串换不同手册间料件，或擅自以非保税料件串换、替代保税料件，涉嫌构成走私、违规行为的，移交缉私部门进行处理。

（四）加工贸易余料结转

加工贸易企业申报将剩余料件结转到另一个加工贸易合同使用，限同一经营企业、同一加工企业、同样进口料件和同一加工贸易方式。凡具备条件的，海关按规定核定单耗后，企业可以办理该合同核销及其剩余料件结转手续。加工贸易企业申报剩余料件结转有下列情形之一的，企业缴纳不超过结转保税料件应缴纳税款金额的风险担保金后，海关予以办理：

1. 同一经营企业申报将剩余料件结转到另一加工企业的；

2. 剩余料件转出金额达到该加工贸易合同项下实际进口料件总额 50% 及以上的；

3. 剩余料件所属加工贸易合同办理两次及两次以上延期手续的。

剩余料件结转涉及不同主管海关的，在双方海关办理相关手续，并由转入地海关收取风险担保金。

上述所列须缴纳风险担保金的加工贸易企业有下列情形之一的，免于缴纳风险担保金：适用加工贸易 A 类管理的；已实行台账实转的合同，台账实转金额不低于结转保税料件应缴税款金额的。原企业发生搬迁、合并、分立、重组、改制、股权变更等法律规定的情形，且现企业继承原企业主要权利义务或者债权债务关系的，剩余料件结转不受同一经营企业、同一加工企业、同一贸易方式限制。

（五）加工贸易货物内销

加工贸易货物内销是指经营企业申请将加工贸易剩余料件或加工过程中的成品、半成品、残次品、边角料、副产品及受灾保税货物转为国内销售，不再加工复出口的行为。

1. 企业内销加工贸易货物申请

企业在办理内销加工贸易货物手续时，除国家另有规定外，应向海关提交下列单证：

（1）企业申请内销加工贸易货物的书面材料；

（2）海关按规定需要收取的其他单证和材料。

企业在向海关提出申请时，应同时将保税加工货物内销征税联系单电子数据发送至

H2000 系统。

2. 海关审核

海关对 H2010 内销征税管理系统中企业申报的电子数据进行初审。经审核准予内销的，海关在 H2010 系统批注相关意见，确定计征缓税利息的起始日期和适用何种缓税利率后，将相关电子数据转至归类审核；经审核不予内销的，海关直接将电子数据退回。

海关归类、审价岗位对电子数据及企业提交的原进料加工进口报关单复印件、内销货物进口时的发票、货物购销合同、运保费凭证、货物说明书等进行审核，确定其归类是否准确。

经审核归类正确的，将有关资料转至审价岗位审定内销货物的完税价格；经审核归类错误的，可直接对电子数据进行修改，修改后将有关资料转至审价岗位；需作退单处理的，填写退单通知书，批注"作电子退单处理"，并将电子数据直接退回，要求企业修改后重新申报。

内销征税货物归类、审价确定后，海关打印纸质"加工贸易货物内销征税联系单"交企业办理通关手续。

3. 海关审定内销货物完税价格

海关审核与内销货物申报价格有关的电子数据、纸质单证及其他相关资料，审定内销货物的完税价格。

（1）内销加工贸易货物的完税价格，由海关以该货物的成交价格为基础审查确定。

（2）进料加工进口料件或者其制成品（包括残次品）内销时，海关以料件原进口成交价格为基础审查确定完税价格。

属于料件分批进口，并且内销时不能确定料件原进口——对应批次的，海关可按照同项号、同品名和同税号的原则，以其合同有效期内或电子账册核销周期内已进口料件的成交价格计算所得的加权平均价为基础审查确定完税价格。

合同有效期内或电子账册核销周期内已进口料件的成交价格加权平均价难以计算或者难以确定的，海关以客观可量化的当期进口料件成交价格的加权平均价为基础审查确定完税价格。

（3）来料加工进口料件或者其制成品（包括残次品）内销时，海关以接受内销申报的同时或者大约同时进口的与料件相同或者类似的保税货物的进口成交价格为基础审查确定完税价格。

（4）加工企业内销的加工过程中产生的边角料或者副产品，以其内销价格为基础审查确定完税价格。

副产品并非全部使用保税料件生产所得的，海关以保税料件在投入成本核算中所占比重计算结果为基础审查确定完税价格。

按照规定需要以残留价值征税的受灾保税货物，海关以其内销价格为基础审查确定完税价格。按照规定应折算成料件征税的，海关以各项保税料件占构成制成品（包括残次品）全部料件的价值比重计算结果为基础审查确定完税价格。

边角料、副产品和按照规定需要以残留价值征税的受灾保税货物经海关允许采用拍卖方式内销时，海关以其拍卖价格为基础审查确定完税价格。

（5）深加工结转货物内销时，海关以该结转货物的结转价格为基础审查确定完税价格。

（6）内销加工贸易货物的完税价格不能依据上述第（2）～（5）项规定确定的，海关依次以下列价格估定该货物的完税价格：

① 与该货物同时或者大约同时向我国境内销售的相同货物的成交价格。

② 与该货物同时或者大约同时向我国境内销售的类似货物的成交价格。

③ 与该货物进口的同时或者大约同时，将该进口货物、相同或者类似进口货物在第一级销售环节销售给无特殊关系买方最大销售总量的单位价格，但应当扣除以下项目：

A. 同等级或者同种类货物在我国境内第一级销售环节销售时通常的利润和一般费用及通常支付的佣金；

B. 进口货物运抵境内输入地点起卸后的运输及其相关费用、保险费；

C. 进口关税及国内税收。

④ 按照下列各项总和计算的价格：生产该货物所使用的料件成本和加工费用，向我国境内销售同等级或者同种类货物通常的利润和一般费用，该货物运抵境内输入地点起卸前的运输及其相关费用、保险费。

⑤ 以合理方法估定的价格。

纳税义务人向海关提供有关资料后，可以提出申请，颠倒前款第③项和第④项的适用次序。

4. 缓税利息征收及利息率适用

加工贸易货物内销征收缓税利息适用的利息率暂由参照一年期贷款基准利率调整为参照中国人民银行公布的活期存款利率执行。加工贸易缓税利息应根据填发海关税款缴款书时海关总署公布的最新缓税利息率按日征收。缓税利息计算公式如下：

应征缓税利息＝应征税额×计息期限×缓税利息率/360

加工贸易料件或制成品经批准内销的，缓税利息计息期限的起始日期为内销料件或制成品所对应的加工贸易合同项下首批料件进口之日；加工贸易电子账册项下的料件或制成品内销时，起始日期为内销料件或制成品所对应电子账册的最近一次核销之日（若没有核销日期的，则为电子账册的首批料件进口之日）。对上述货物征收缓税利息的终止日期为海关填发税款缴款书之日。

加工贸易料件或制成品未经批准擅自内销，违反海关监管规定的，缓税利息计息期限的起始日期为内销料件或制成品所对应的加工贸易合同项下首批料件进口之日；若内销涉及多本合同，且内销料件或制成品与合同无法一一对应的，则计息的起始日期为最近一本合同项下首批料件进口之日；若加工贸易电子账册项下的料件或制成品擅自内销的，则计息的起始日期为内销料件或制成品所对应电子账册的最近一次核销之日（若没有核销日期的，则为电子账册的首批料件进口之日）。按照前述方法仍无法确定计息的起始日期的，则不再征收缓税利息。

违规内销计息的终止日期为保税料件或制成品内销之日。内销之日无法确定的，终止日期为海关发现之日。

加工贸易料件或制成品等违规内销的，还应征收滞纳金。

加工贸易货物需要进行后续补税，但海关未按违规处理的，缓税利息计息的起止日期比照上述规定办理。

加工贸易剩余料件、残次品、副产品和受灾保税货物等内销需征收缓税利息的，比照上述规定办理。对于实行保证金台账实转（包括税款保付保函）管理的加工贸易手册项下的保税货物，在办理内销征税手续时，如果海关征收的缓税利息大于对应台账保证金的利息，应由相关银行在海关税款缴款书上签注后退单，由海关重新开具两份缴款书，一份将台账保证金利息全额转为缓税利息，另一份将台账保证金利息不足部分单开海关税款缴款书，企业另行缴纳。

5. 办理征税手续

经现场海关接单部门核对"加工贸易货物内销征税联系单"、内销征管系统和内销报关单数据并确认无误后，按现行有关规定办理内销货物接单审核、征税、放行等海关手续。

（六）加工贸易货物销毁处置管理

1. 加工贸易企业向海关申报办理加工贸易货物销毁处置应提交的单证资料

（1）"海关加工贸易货物销毁处置申报表（销毁处置后有收入）""海关加工贸易货物销毁处置申报表（销毁处置后无收入）"及销毁处置方案；

（2）申报销毁处置的加工贸易货物无法内销或退运的说明；

（3）销毁处置单位的资质证明及企业与该单位签订的委托合同；

（4）海关认为需要提供的其他资料。

申报销毁处置来料加工货物的，应同时提交货物所有人的销毁声明；申报销毁处置残次品的，应同时提交残次品单耗资料及根据单耗折算的残次品所耗用的原进口料件清单。

2. 销毁处置货物的进口报关手续

经海关核准加工贸易货物销毁处置的，企业应委托具备废物处理资质的单位进行销毁处置，并在手册有效期或电子账册核销周期内办理报关手续。

（1）企业销毁处置加工贸易货物未获得收入，销毁处置货物为料件、残次品的，报关适用监管方式为"料件销毁"（代码0200，残次品按照单耗关系折成料件，以料件进行申报）；销毁处置货物为边角料、副产品的，报关适用监管方式为"边角料销毁"（代码0400）。

（2）企业销毁处置加工贸易货物获得收入的，按销毁处置后的货物报验状态向海关申报，报关适用的监管方式为"进料边角料内销"（代码0844）或"来料边角料内销"（代码0845）。海关比照边角料内销征税的管理规定办理征税手续。

报关单备注栏内应注明"海关加工贸易货物销毁处置申报表"编号。

（七）加工贸易货物抵押

加工贸易货物抵押是指企业以加工贸易货物作为抵押担保，向金融或非金融机构取得贷款的行为。

加工贸易货物范围包括加工贸易料件、成品、半成品、残次品、边角料、副产品。

1. 管理规定

未经海关批准，加工贸易货物不得抵押。

有下列情形之一的，不予办理抵押手续：

（1）抵押影响加工贸易货物生产正常开展的；

（2）抵押加工贸易货物或其使用的保税料件涉及进出口许可证件管理的；

（3）抵押加工贸易货物属来料加工货物的；

（4）以合同为单元管理的，抵押期限超过手册有效期限的；

（5）以企业为单元管理的，抵押期限超过1年的；

（6）经营企业或加工企业涉嫌走私、违规，已被海关立案调查、侦查，案件未审结的；

（7）经营企业或加工企业因为管理混乱被海关要求整改，在整改期内的；

（8）海关认为不予批准的其他情形。

2. 加工贸易货物抵押审批流程

经营企业应向海关提交以下材料报经审核：

（1）正式书面申请；

（2）银行抵押贷款书面意向材料；

（3）海关认为必要的其他单证。

经审核符合条件的，在经营企业缴纳相应保证金或者银行保函后，主管海关准予其向境内银行办理加工贸易货物抵押，并将抵押合同、贷款合同复印件留存海关备案。

保证金或者银行保函按抵押加工贸易货物对应成品所使用全部保税料件应缴税款金额计算，企业对申请抵押货物已缴纳保证金的，已缴部分予以扣除。

（八）加工贸易不作价设备

加工贸易不作价设备是指与加工贸易经营企业开展加工贸易（包括来料加工、进料加工及外商投资企业履行产品出口合同）的境外厂商，免费（不需境内加工贸易经营企业付汇，也不需用加工费或差价偿还）向经营单位提供的加工生产所需设备。

1. 加工贸易不作价设备进口手册设立的申请

企业向主管海关申请进口加工贸易不作价设备时应提交以下资料：

（1）加工贸易不作价设备申请备案清单；

（2）加工贸易合同（含不作价设备）；

（3）有关不作价设备名称、规格型号、工作原理、功能、技术参数等技术资料；

（4）海关需要的其他资料。

2. 申请加工贸易不作价设备备案的条件

（1）需设有独立的专门从事加工贸易（即不从事内销产品加工生产）的工厂或车间，并且不作价设备仅限在该工厂或车间使用；

（2）对未设有独立的专门从事加工贸易的工厂或车间，以现有加工生产能力为基础开展加工贸易的项目，使用不作价设备的加工生产企业在加工贸易合同（协议）期限内，其每年加工产品必须是70%以上属出口产品；

（3）不作价进口设备由外商免费向经营单位提供，不需经营单位付汇进口，也不需用加工费或差价方式偿还，上述内容应在加工贸易合同（协议）中列明；

（4）申请免税进口的不作价设备须不属于《外商投资项目不予免税的进口商品目录》及《进口不予免税的重大技术装备和产品目录》。

（5）对临时进口（期限在半年以内）加工贸易生产所需不作价设备（限模具、单台设备），海关按暂时进口货物办理，逾期补征税款。

3. 海关审核

经海关审核，企业的申请符合条件的，核发不作价设备登记手册（D）。经营单位凭以向海关办理设备报关进口手续，海关予以免征关税验放。

4. 加工贸易不作价设备结转

加工贸易企业因搬迁办理不作价设备结转业务，应向迁出地海关提出申请。企业在迁出地海关办理不作价设备转入、转出的报关手续，并提交以下单证：

（1）"加工贸易企业搬迁申请简表"或"加工贸易企业搬迁申请表"；

（2）迁出地、迁入地主管海关核发的不作价设备登记手册；

（3）不作价设备结转的进口、出口报关单，并提供原不作价设备进口报关单。

不作价设备在迁出、迁入企业之间的转出、转入，视同原企业不作价设备进行监管。结转的不作价设备的监管期限连续计算。

5. 加工贸易不作价设备解除监管

加工贸易经营企业因故终止或解除加工贸易合同，并将加工贸易不作价设备退运出境后，经营企业应及时办理解除监管手续，向海关提交解除监管的书面申请、不作价设备登记手册及其他有关单证，海关核准后为企业办理解除监管手续。

不作价设备监管期限 5 年期满后，设备留在原企业继续使用的，经营企业应及时办理解除监管手续，向海关提交解除监管的书面申请、不作价设备登记手册及其他有关单证，海关核准后为企业办理解除监管手续。企业免于办理机电产品进口证件和入境检验检疫手续。

监管期内，经营企业申请提前解除监管，或监管期满后设备不再由原企业使用的，经营企业应当内销缴税并提交相关进口许可证件。完毕后，经营企业应及时办理解除监管手续，向海关提交解除监管的书面申请、不作价设备登记手册及其他有关单证，海关核准后为企业办理解除监管手续。

加工贸易不作价设备不退运出境，企业申请放弃的，按放弃货物处理，海关可直接为企业办理解除监管手续。

（九）国际服务外包

国际服务外包是指关境内设立的服务外包企业，在国家法律的允许范围内，承接由关境外客户外包的服务业务，主要包括信息技术外包服务、业务流程外包服务和知识流程外包服务三大类。

1. 推广城市及推广企业、业务范围

目前，服务外包示范地区有北京市、天津市、上海市、重庆市、海南省、广州市、深圳市、武汉市、大连市、南京市、成都市、济南市、西安市、哈尔滨市、杭州市、合肥市、长沙市、南昌市、苏州市、大庆市、无锡市、厦门市、威海市、沈阳市、长春市、南通市、镇江市、宁波市、福州市（含平潭综合实验区）、青岛市、郑州市、南宁市、乌鲁木齐市、贵安新区、西咸新区。

推广企业为经审定符合国家财政部等五部委《关于技术先进型服务企业有关税收政策问题的通知》规定的技术先进型服务企业。从事的服务外包业务是指该通知附件《技术先进型服务业务认定范围（试行）》项下的国际服务业务。

2. 服务外包的进口货物范围

（1）海关对信用类别为一般信用及以上的服务外包企业从事国际服务外包业务的进口货物实施保税监管，国家不予减免税的商品除外。

（2）纳入保税监管的国际服务外包业务进口货物（以下简称外包进口货物）是指服务外包企业履行国际服务外包合同，由国际服务外包业务境外发包方免费提供的进口设备。

3. 服务外包企业向主管海关办理备案手续所需材料

服务外包企业向主管海关办理备案手续所需材料具体包括技术先进型服务企业资质证明、企业法人营业执照、与境外发包方签订的国际服务外包合同及合同所附的设备清单、企业报关注册登记证书，以及海关需要的其他单证。

主管海关受理备案申请后，经审核符合要求的予以核发手册。海关对保税监管的国际服务外包进口货物暂用加工贸易设备手册（手册编号首位为 D）模式管理。手册以合同为单元进行监管。

4. 手册备案有效期

手册备案有效期为 1 年。如需延期的，服务外包企业应在到期前 30 天内提出申请，海关审核后同意的，每次延期不超过 1 年，最长不能超过服务外包合同期限。

5. 外包进口货物管理

（1）外包进口货物在外包业务的合同执行完毕后应退运出境。

（2）外包进口货物如销往国内或到期不退运境外的，须经海关批准后按规定办理进口征税手续，涉及许可证件的，还须提供许可证件。

（3）服务外包企业不再具备技术先进型服务企业资质的，新手册不予备案，已备案手册不予延期，已备案未进口的货物不再予以保税进口。

（4）服务外包企业的信用类别降为失信企业的，手册不予延期，已备案未进口的货物不再予以保税进口，已进口的货物海关征收全额风险担保金。

海关特殊监管区域内企业从境外进口用于本规定的外包业务的设备，海关按照现行特殊监管区域有关规定办理。

手册到期后，服务外包企业应在 30 天内持申请核销报告、手册及相关单证等向海关申请核销。

五、以企业为单元加工贸易监管模式改革试点

（一）含义

以企业为单元加工贸易监管模式，是指海关实施的以企业为单元，以账册为主线，以与企业物料编码对应的海关商品编号（料号）或经企业自主归并后形成的海关商品编号（项号）为基础，周转量控制，定期核销的加工贸易监管模式。

（二）试点海关及业务范围

试点海关包括天津海关、沈阳海关、南京海关、杭州海关、武汉海关、拱北海关、黄埔海关、重庆海关、成都海关。

业务范围包括账册设立（变更）、进出口、外发加工、深加工结转、内销、剩余料件结转、核报和核销等。

实施新监管模式试点的企业，必须是以自己名义开展加工贸易业务的生产型企业。

（三）改革的主要内容

实施新监管模式改革试点的企业，按照以下方式开展相关业务。

1. 账册设立

企业可以根据行业特点、生产规模、管理水平等因素选择以料号或项号设立账册；账册的最大进口量为"加工贸易企业经营状况和生产能力证明"所载生产能力，即进口料件对应金额。

2. 核销周期

企业可以根据生产周期，自主选择合理核销周期，并按照现有规定确定单耗申报环节，自主选择单耗申报时间。

3. 外发加工

企业开展外发加工业务时，不再报送收发货清单，同时应保存相关资料、记录备查。

4. 集中内销

企业应于每月 15 日前对上月发生的内销保税货物集中办理纳税手续，但不得跨年。

5. 深加工结转

企业在办理深加工结转手续时，应于每月 15 日前对上月深加工结转情况进行集中申报，不再报送收发货记录，同时应保存相关资料、记录备查。

6. 剩余料件结转

企业应在核报前，将实际库存折料转入新账册。

（四）核销业务管理

在核销周期内，企业采用自主核报方式向海关办理核销手续，其中，对核销周期超过1 年的，企业应进行年度申报。

1. 自主核报

指企业自主核定保税进口料件的耗用量并向海关如实申报的行为。企业可采用单耗、耗料清单和工单等保税进口料件耗用的核算方式，向海关申报当期核算结果，办理核销手续。

2. 年度申报

对核销周期超过 1 年的企业，每年至少向海关申报 1 次保税料件耗用量等账册数据。年度申报数据的累加作为本核销周期保税料件耗用总量。

在账册核销周期结束前，企业对本核销周期内因突发情况和内部自查自控中发现的问题，主动向海关补充申报，并提供及时控制或整改措施的，海关对企业的申报进行集中处置。

第六节　海关监管货物分类（3）：减免税货物

本节重点介绍减免税项目备案、减免税审批、减免税货物通关和减免税货物在监管年限内接受海关监管等相关规定。

一、减免税管理概述

减免税制度是根据法律、法规和国家进出口税收优惠政策的规定，针对规定范围内的进出口货物予以减征或者免征关税、进口环节税的税收制度。

根据我国《海关法》规定，关税减免分为法定减免税、特定减免税和临时减免税。特定减免税和临时减免税都属于政策性减免税范围，两者并无明显的区别。

法定减免税是指依据《海关法》《关税条例》，以及其他法律、法规所实施的减免税，除外国政府、国际组织无偿赠送的物资外，其他法定减免税货物一般无须办理减免税审批手续。特定减免税是针对特定地区、特定企业或者有特定用途的进出口货物，给予减免进出口税收的优惠政策。

二、特定减免税备案和审批

（一）备案

对于事先需要对减免税申请人的资格或者投资项目等情况进行确认的减免税申请，减免税申请人应当事前向主管海关办理减免税备案手续，并同时提交下列材料：

1. 进出口货物减免税备案申请表；

2. 企业营业执照或者事业单位法人证书、国家机关设立文件、社团登记证书、民办非企业单位登记证书、基金会登记证书等证明材料；

3. 相关政策规定的享受进出口税收优惠政策资格的证明材料；

4. 海关认为需要提供的其他材料。

经海关审核，减免税申请人的申请材料符合规定的，海关予以受理。受理后，海关对其主体资格、投资项目等情况进行审核，并应自受理之日起10个工作日内作出是否准予备案的决定。

（二）审批

1. 申请

减免税申请人在货物申报进出口前，向主管海关申请办理进出口货物减免税审批手续。除国家政策调整等原因并经海关总署批准外，货物进口征税放行后，减免税申请人申请补办减免税审批手续的，海关不予受理。

申请减免税审批应提交下列材料：

（1）进出口货物征免税申请表。

（2）企业营业执照或者事业单位法人证书、国家机关设立文件、社团登记证书、民办非企业单位登记证书、基金会登记证书等证明材料。

（3）进出口合同、发票，以及相关货物的产品情况资料。

（4）相关政策规定的享受进出口税收优惠政策资格的证明材料。

（5）办理境外慈善捐赠物资减免税应提交以下材料：境外捐赠函（正本）；由受赠人出具的"受赠人接受境外慈善捐赠物资进口证明"及《捐赠物资分配使用清单》（均为正本）；受赠人属民政部门登记注册且被评定为5A级的慈善社会团体或基金会的，还应提交相关的由民政部门出具的符合受赠条件的证明文件（正本），以及5A级社会团体或基金会证书（正本及复印件）；由使用人向使用人所在地海关办理减免税手续的，使用人应当提交受赠人委托其办理进口捐赠物资减免税手续的委托书（正本）。

（6）海关认为需要提供的其他材料。

2. 海关审核

海关收到减免税申请人的减免税审批申请后，审核确认以下情况：

（1）所提交的申请材料是否齐全、有效，填报是否规范；

（2）进出口货物相关情况是否符合有关进出口税收优惠政策规定，进出口货物的金额、数量等是否在减免税额度内；

（3）对应当进行减免税备案的，审核是否已经按照规定办理备案手续，以及减免税申请人、进出口货物等是否符合备案情况。

海关在办理已凭税款担保先予放行的、投资总额在5000万元及以上的内资鼓励类项目下有关进口自用设备减免税手续时，不再收取"国家鼓励发展的内外资项目确认书"，依据国家发展改革委（发展规划司）复函及所附"项目信息汇总表"和项目单位提交的其他相关材料，按规定进行减免税审核确认。

减免税申请人的申请材料符合规定的，海关应当予以受理。海关应当自受理减免税审批申请之日起10个工作日内作出是否准予减免税的决定。经审核符合相关规定的，应当作出进出口货物征税、减税或者免税的决定，并签发"中华人民共和国海关进出口货物征免税证明"（以下简称"征免税证明"）。

三、减免税货物通关

（一）凭"征免税证明"通关

对通过中国电子口岸QP预录入客户端减免税申报系统申请办理减免税手续并通过了海关审核的，减免税申请人在进口通关环节无须提交纸质"征免税证明"或其扫描件。如果"征免税证明"电子数据与申报数据不一致，海关需要验核纸质单证的，有关减免税申请人应予以提供。

进口货物申报时，减免税申请人应按规定将"征免税证明"编号填写在进口货物报关单"备案号"栏目中。"征免税证明"编号可通过中国电子口岸QP预录入客户端减免税申报系统查询。

减免税申请人应当在"征免税证明"有效期内办理有关进出口货物通关手续。不能在有效期内办理，需要延期的，应当在"征免税证明"有效期内向海关提出延期申请。经海关审核同意，准予办理延长"征免税证明"有效期手续。"征免税证明"可以延期一次，延期时间自有效期届满之日起算，延长期限不得超过6个月。海关总署批准的特殊情况除外。

"征免税证明"有效期限届满仍未使用的，该"征免税证明"效力终止。减免税申请人需要减免税进出口该"征免税证明"所列货物的，应当重新向海关申请办理。

（二）凭税款担保证明通关

有下列情形之一的，减免税申请人可向海关申请凭税款担保先予办理货物放行手续：

1. 主管海关按照规定已经受理减免税备案或者审批申请，尚未办理完毕的；

2. 有关进出口税收优惠政策已经国务院批准，具体实施措施尚未明确，海关总署已确认减免税申请人属于享受该政策范围的；

3. 其他经海关总署核准的情况。

减免税申请人需要办理税款担保手续的，应当在货物申报进出口前向主管海关提出申请，并按照有关进出口税收优惠政策的规定向海关提交相关材料。主管海关应当在受理申请之日起7个工作日内，作出是否准予担保的决定。准予担保的，应当出具"中华人民共和国海关准予办理减免税货物税款担保证明"（以下简称"准予担保证明"）；不准予担保的，应当出具"中华人民共和国海关不准予办理减免税货物税款担保决定"。

进出口地海关凭主管海关出具的"准予担保证明"，办理货物的税款担保和验放手续。国家对进出口货物有限制性规定，应当提供许可证件而不能提供的，以及法律、行政法规规定不得担保的其他情形，进出口地海关不得办理减免税货物凭税款担保放行手续。

税款担保期限不超过 6 个月，经直属海关关长或者其授权人批准可予以延期，延期时间自税款担保期限届满之日起算，延长期限不超过 6 个月。特殊情况仍需要延期的，应当经海关总署批准。

减免税申请人在减免税货物税款担保期限届满前取得"征免税证明"的，海关应当解除税款担保，办理征免税进出口手续。担保期限届满，减免税申请人未按照规定申请办理减免税货物税款担保延期手续的，海关应当要求担保人履行相应的担保责任或者将税款保证金转为税款。

（三）进口捐赠物资属贸易管制商品的凭证验放

进口捐赠物资按国家规定属于配额、特定登记和进口许可证管理的商品的，受赠人应当向有关部门申请配额、登记证明和进口许可证，进口地海关凭证验放。

四、减免税货物的后续管理

（一）监管期届满解除监管

进口减免税船舶、飞机的监管年限为 8 年，机动车辆为 6 年，其他货物为 5 年。监管年限自货物进口放行之日起计算。

减免税货物海关监管年限届满的，自动解除监管。减免税申请人可自海关监管年限届满之日起 1 年内，向主管海关申领"中华人民共和国海关进口减免税货物解除监管证明"。

（二）监管期内处置

减免税申请人应当自进口减免税货物放行之日起，在每年的第一季度向主管海关递交《减免税货物使用状况报告书》，报告减免税货物使用状况。在海关监管年限内，减免税申请人应当按照海关规定保管、使用进口减免税货物并依法接受海关监管，未经海关许可，减免税申请人不得擅自将减免税货物转让、抵押、质押、移作他用或者进行其他处置。

在海关监管年限内的进口减免税货物，减免税申请人书面申请提前解除监管的，应当向主管海关申请办理补缴税款和解除监管手续，并可自办结补缴税款和解除监管等相关手续之日起 1 年内，向主管海关申领解除监管证明。

海关在办理减免税货物异地监管、结转、主体变更、退运出口、解除监管、贷款抵押等后续管理事务时，应当自受理申请之日起 10 个工作日内作出是否同意的决定。按照国家有关规定在进口时免予提交许可证件的进口减免税货物，减免税申请人向海关申请进行转让、抵押、质押、移作他用或者其他处置时，按照规定需要补办许可证件的，应当补办有关许可证件。

进口减免税货物在海关监管年限内的具体处置方式包括：

1. 变更使用地点

减免税货物应当在主管海关核准的地点使用。需要变更使用地点的，减免税申请人应当向主管海关提出申请，说明理由，经海关批准后方可变更使用地点。

减免税货物需要移出主管海关管辖地使用的，减免税申请人应当事先持有关单证及需要异地使用的说明材料向主管海关申请办理异地监管手续，经主管海关审核同意并通知转入地海关后，减免税申请人可以将减免税货物运至转入地海关管辖地，转入地海关确认减免税货物情况后进行异地监管。减免税货物在异地使用结束后，减免税申请人应当及时向转入地海关申请办结异地监管手续，经转入地海关审核同意并通知主管海关后，减免税申请人应当将减免税货物运回主管海关管辖地。

2. 移作他用

经海关批准，减免税申请人可按照海关批准的使用地区、使用用途、使用企业将减免税货物移作他用，包括：将减免税货物交给减免税申请人以外的其他单位使用，未按照原定用途、地区使用减免税货物，未按照特定地区、特定企业或者特定用途使用减免税货物的其他情形。

除海关总署另有规定外，将减免税货物移作他用的，减免税申请人还应当按照移作他用的时间补缴相应税款；移作他用时间不能确定的，应当提交相应的税款担保，税款担保不得低于剩余监管年限应补缴税款的总额。

3. 结转

减免税申请人将进口减免税货物转让给进口同一货物享受同等减免税优惠待遇的其他单位的，减免税货物的转出申请人持有关单证向转出地主管海关提出申请，转出地主管海关审核同意后，通知转入地主管海关。减免税货物的转入申请人向转入地主管海关申请办理减免税审批手续，转入地主管海关审核无误后签发"征免税证明"。

转出、转入减免税货物的申请人分别向各自的主管海关申请办理减免税货物的出口、进口报关手续。转出地主管海关办理转出减免税货物的解除监管手续，转出申请人的减免税额度不予恢复。转入地主管海关对转入申请人的减免税额度按照海关审定的货物结转时的价格、数量或者应缴税款予以扣减，对结转货物的监管年限连续计算，在剩余监管年限内继续实施后续监管。

4. 转让

减免税申请人将进口减免税货物转让给不享受进口税收优惠政策或者进口同一货物不享受同等减免税优惠待遇的其他单位的，应当事先向减免税申请人主管海关申请办理减免税货物补缴税款和解除监管手续。

5. 贷款抵押

减免税申请人要求以减免税货物向金融机构办理贷款抵押的，应当向主管海关提出书面申请。海关在收到贷款抵押申请材料后，应当审核申请材料是否齐全、有效，必要时可以实地核查减免税货物情况，了解减免税申请人经营状况。经审核同意的，主管海关应当出具"中华人民共和国海关准予进口减免税货物贷款抵押通知"。海关同意以进口减免税货物办理贷款抵押的，减免税申请人应当于正式签订抵押合同、贷款合同之日起 30 日内将抵押合同、贷款合同交海关备案。

减免税申请人以减免税货物向境内金融机构办理贷款抵押的，应向海关提供下列形式之一的担保：

（1）与货物应缴税款等值的保证金；

（2）境内金融机构提供的相当于货物应缴税款的保函；

（3）减免税申请人、境内金融机构共同向海关提交"进口减免税货物贷款抵押承诺保证书"，书面承诺当减免税申请人抵押贷款无法清偿需要以抵押物抵偿时，抵押人或者抵押权人先补缴海关税款，或者从抵押物的折（变）价款中优先偿付海关税款。

减免税申请人不得以减免税货物向金融机构以外的公民、法人或者其他组织办理贷款抵押。减免税申请人以减免税货物向境外金融机构办理贷款抵押的，应当向海关提交前述第（1）项或第（2）项规定形式的担保。

6. 减免税主体变更或终止

减免税申请人发生分立、合并、股东变更、改制等变更情形的，权利义务承受人应当自营业执照颁发之日起30日内，向原减免税申请人的主管海关报告主体变更情况及原减免税申请人进口减免税货物的情况。经海关审核，需要补征税款的，承受人应当向原减免税申请人主管海关办理补税手续；可以继续享受减免税待遇的，承受人应当按照规定申请办理减免税备案变更或者减免税货物结转手续。

因破产、改制或者其他情形导致减免税申请人终止，没有承受人的，原减免税申请人或者其他依法应当承担关税及进口环节海关代征税缴纳义务的主体应当自资产清算之日起30日内，向主管海关申请办理减免税货物的补缴税款和解除监管手续。

7. 出口或退运出境

减免税申请人要求将进口减免税货物出口或退运出境的，应当报主管海关核准。减免税货物出口或退运出境后，海关不再对出口或退运出境的减免税货物补征相关税款，减免税申请人持出口报关单向主管海关办理原进口减免税货物的解除监管手续。

减免税货物因品质或者规格原因原状退运出境，减免税申请人以无代价抵偿方式进口同一类型货物的，不予恢复其减免税额度；未以无代价抵偿方式进口同一类型货物的，减免税申请人在原减免税货物退运出境之日起3个月内向海关提出申请，经海关批准，可以恢复其减免税额度。

对于其他提前解除监管的情形，不予恢复减免税额度。

（三）监管期内补缴税款的计算

1. 转让或者其他原因补缴税款

补税的完税价格以海关审定的货物原进口时的价格为基础，按照减免税货物已进口时间与监管年限的比例进行折旧，其计算公式如下：

补税的完税价格＝海关审定的货物原进口时的价格×（1−减免税货物已进口时间监管年限×12）

减免税货物已进口时间自减免税货物放行之日起按月计算。不足1个月但超过15日的按1个月计算；不超过15日的，不予计算。

已进口时间的截止日期按以下规定确定：

（1）转让减免税货物的，应当以海关接受减免税申请人申请办理补税手续之日作为计算其已进口时间的截止之日。

（2）减免税申请人未经海关批准，擅自转让减免税货物的，应当以货物实际转让之日作为计算其已进口时间的截止之日；转让之日不能确定的，应当以海关发现之日作为截止之日。

（3）在海关监管年限内，减免税申请人发生破产、撤销、解散或者其他依法终止经营情形的，已进口时间的截止日期应当为减免税申请人破产清算之日或者被依法认定终止生产经营活动的日期。

2. 移作他用补缴税款

税款的计算公式为：

补缴税款＝海关审定的货物原进口时的价格×税率×（需补缴税款的时间监管年限×12×30）

需补缴税款的时间是指减免税货物移作他用的实际时间，按日计算，每日实际生产不满 8 小时或者超过 8 小时的均按 1 日计算。

第七节　海关监管货物分类（4）：暂时进出境货物

本节介绍暂时进出境货物的范围、特征，以及 ATA 单证册项下暂时进出境货物、暂时进出境展览品和非 ATA 单证册项下暂时进出境货物的通关等监管规定。

一、暂时进出境货物概述

（一）含义

暂时进出境货物是指经海关批准，暂时进出关境并且在规定的期限内复运出境、进境的货物。

（二）范围

暂时进出境货物分为：

1. 在展览会、交易会、会议及类似活动（指贸易、工业、农业、工艺展览会及交易会、博览会，因慈善目的而组织的展览会或者会议，为促进科技、教育、文化、体育交流及开展旅游活动或者民间友谊而组织的展览会或者会议，国际组织或者国际团体组织代表会议，政府举办的纪念性代表大会）中展示或者使用的货物；

2. 文化、体育交流活动中使用的表演、比赛用品；

3. 进行新闻报道或者摄制电影、电视节目使用的仪器、设备及用品；

4. 开展科研、教学、医疗活动使用的仪器、设备和用品；

5. 在前述第 1~4 项所列活动中使用的交通工具及特种车辆；

6. 货样，是指用于展示、操作演示和供订货参考，以及被检测、测试的货物样品，但不包括同一收发货人进出口超过合理数量的相同货物；

7. 慈善活动使用的仪器、设备及用品；

8. 供安装、调试、检测、修理设备时使用的仪器及工具；

9. 盛装货物的容器；

10. 旅游用自驾交通工具及其用品；

11. 工程施工中使用的设备、仪器及用品，是指中外合作项目中，外方自带进境且中方不需要对外支付费用的施工设备、仪器及用品；

12. 海关批准的其他暂时进出境货物，是指海关批准的属于国家重点项目和特殊需要的暂时进出境货物。

在商店或者其他营业场所以销售国外货物为目的而组织的非公共展览会，不属于上述所列展览会、交易会、会议及类似活动。

（三）特征

1. 暂时免予缴纳税费

暂时进出境货物，在进境或者出境时，一般情况下，向海关缴纳相当于应纳税款的保证金或者提供其他担保的，暂时免予缴纳全部税费；对暂时进出境货物中的工程施工中使用的设备、仪器及用品等，按照该货物的完税价格和其在境内滞留时间与折旧时间的比例计算征收进口关税。

2. 免予提交进出口许可证件

暂时进出境货物免予交验进出口许可证件。但是，我国缔结或参加的国际条约、协定及国家法律、行政法规中涉及公共道德、公共安全、公共卫生所实施的进出境管制制度的，应当凭许可证件进出境。

3. 规定期限内按原状复运进出境

暂时进出境货物应自进境或出境之日起 6 个月内复运出境或复运进境，经收发货人申请，海关可以根据规定延长复运出境或者复运进境的期限。在规定的期限内未复运出境的，或者未复运进境的，海关依法征收关税和进口环节海关代征税。作为货样的暂时进境车辆（国家规定实施必检项目的测试车辆除外）自进境之日起 6 个月内必须复运出境，不得延期。测试用车辆及其零配件无论是否损毁，期满必须复运出境。

4. 按货物实际流向办结海关手续

暂时进出境货物必须在规定期限内，由货物的收发货人根据货物的不同流向办理相应的海关手续。

二、暂时进出境货物的海关管理

海关依照《中华人民共和国海关暂时进出境货物管理办法》（海关总署令第 157 号）对暂时进出境货物进行管理，其中使用 ATA 单证册暂时进境的货物限于我国加入的有关货物暂准进口的国际公约中规定的货物。

（一）ATA 单证册项下暂时进出境货物管理

1. ATA 单证册概述

ATA 单证册（ATA 是法文"暂准进口"Admission Temporaire 和英文"暂准进口"Temporary Admission 的字母组合），即暂准进口货物单证册，是指世界海关组织通过的《关于货物暂准进口的 ATA 单证册海关公约》（简称《ATA 公约》）和《货物暂准进口公约》（简称《伊斯坦布尔公约》）中规定的用于替代各缔约方海关暂准进出境货物报关单和税费担保的国际性通关文件，为国际贸易中暂时进出境货物的通关提供便利。

（1）适用范围、出证及管理机构

在我国，ATA 单证册的适用范围仅限于展览会、交易会、会议及类似活动项下的暂时进出境货物，并且只接受用中文或者英文填写的 ATA 单证册。

中国国际商会是我国 ATA 单证册的出证和担保机构，负责签发出境 ATA 单证册，向海关报送所签发单证册的中文电子文本，协助海关确认 ATA 单证册的真伪，并且向海关承担 ATA 单证册持证人因违反暂时进出境规定而产生的相关税费、罚款。

海关总署在北京海关设立 ATA 核销中心，对 ATA 单证册的进出境凭证进行核销、统计及追索，应成员方担保人的要求，依据有关原始凭证，提供 ATA 单证册项下暂时进出境货物已经进境或者从我国复运出境的证明，并对全国海关 ATA 单证册的核销业务进行协调和管理。

（2）延期审批

使用 ATA 单证册报关的货物暂时进出境期限为自货物进出境之日起 6 个月。超过 6 个月的，ATA 单证册持证人可以向海关申请延期。延期最多不超过 3 次，每次延长期限不超过 6 个月。延长期届满应当复运出境、进境或者办理进出口手续。

ATA 单证册项下货物延长复运出境、进境期限的，ATA 单证册持证人应当在规定期限届满 30 个工作日前向货物暂时进出境申请核准地海关提出延期申请，并提交"货物暂时进/出境延期申请书"及相关申请材料。海关受理延期申请的，应当于受理申请之日起 20 个工作日内制发"中华人民共和国海关货物暂时进/出境延期申请批准决定书"或者"中华人民共和国海关货物暂时进/出境延期申请不予批准决定书"。

参加展期在 24 个月以上展览会的展览品，在 18 个月延长期届满后仍需要延期的，由主管地直属海关报海关总署审批。

ATA 单证册项下暂时进境货物申请延长期限超过 ATA 单证册有效期的，ATA 单证册持证人应当向原出证机构申请续签 ATA 单证册。续签的 ATA 单证册经主管地直属海关确认后可替代原 ATA 单证册。

续签的 ATA 单证册只能变更单证册有效期限，其他项目均应当与原单证册一致。续签的 ATA 单证册启用时，原 ATA 单证册失效。

（3）追索

ATA 单证册项下暂时进境货物未能按照规定复运出境或者过境的，ATA 核销中心向中国国际商会提出追索。自提出追索之日起 9 个月内，中国国际商会向海关提供货物已经在规定期限内复运出境或者已经办理进口手续证明的，ATA 核销中心可以撤销追索；9 个月期满后未能提供上述证明的，中国国际商会应当向海关支付税款和罚款。

2. 暂时进出境展览品监管

（1）展览品范围

具体包括：展览会展示的货物，为了示范展览会展出机器或者器具所使用的货物，设置临时展台的建筑材料及装饰材料，宣传展示货物的电影片、幻灯片、录像带、录音带、说明书、广告、光盘、显示器材等，其他用于展览会展示的货物。

（2）备案

境内展览会的办展人及出境举办或者参加展览会的办展人、参展人（以下简称办展人、参展人）应当在展览品进境或者出境 20 日前，向主管地海关提交有关部门备案证明或者批准文件及展览品清单等相关单证办理备案手续。

（3）报关程序

持 ATA 单证册向海关申报进出境货物，不需向海关提交进出口许可证件，也不需另外再提供担保。但如果进出境货物受公共道德、公共安全、公共卫生、动植物检疫、濒危野生动植物保护、知识产权保护等限制的，展览品收发货人或其代理人应当向海关提交相关的进出口许可证件。

① 进境申报

进境货物收货人或其代理人持 ATA 单证册向海关申报进境展览品时，先在海关核准的出证协会中国国际商会及其他商会，将 ATA 单证册上的内容预录进海关与商会联网的 ATA 单证册电子核销系统，然后向展览会主管海关提交纸质 ATA 单证册、提货单等单证。

海关在白色进口单证上签注，并留存白色进口单证（正联），将存根联和 ATA 单证册其他各联退还给货物收货人或其代理人。

② 出境申报

出境货物发货人或其代理人持 ATA 单证册向海关申报出境展览品时，向出境地海关提交国家主管部门的批准文件、纸质 ATA 单证册、装货单等单证。

海关在绿色封面单证和黄色出口单证上签注，并留存黄色出口单证（正联），将存根联和 ATA 单证册其他各联退还给出境货物发货人或其代理人。

③ 异地复运出境、进境申报

使用 ATA 单证册进出境的货物异地复运出境、进境申报，ATA 单证册持证人应当持主管地海关签章的海关单证向复运出境、进境地海关办理手续。货物复运出境、进境后，主管地海关凭复运出境、进境地海关签章的海关单证办理核销结案手续。

④ 过境申报

过境货物承运人或其代理人持 ATA 单证册向海关申报将货物通过我国转运至第三国参加展览会的，不必填制过境货物报关单。海关在两份蓝色过境单证上分别签注后，留存蓝色过境单证（正联），将存根联和 ATA 单证册其他各联退还给运输工具承运人或其代理人。

（4）结关核销

办展人、参展人应当于进出境展览品办结海关手续后 30 日内向备案地海关申请展览会结案。展览会需要在我国境内两个或者两个以上关区内举办的，进境展览品应当按照转关监管的有关规定办理转关手续，进境展览品由最后展出地海关负责核销，由出境地海关办理复运出境手续。

持证人在规定期限内将进境展览品和出境展览品复运进出境，海关在白色复出口单证和黄色复进口单证上分别签注，留存单证（正联），将存根联和 ATA 单证册其他各联退还给持证人，正式核销结关。

ATA 单证册项下暂时进境货物复运出境时，因故未经我国海关核销、签注的，ATA 核销中心凭由另一缔约国海关在 ATA 单证上签注的该批货物从该国进境或者复运进境的证明，或者我国海关认可的能够证明该批货物已经实际离开我国境内的其他文件，作为已经从我国复运出境的证明，对 ATA 单证册予以核销。

使用 ATA 单证册暂时进出境货物因不可抗力的原因受损，无法原状复运出境、进境的，ATA 单证册持证人应当及时向主管地海关报告，可以凭有关部门出具的证明材料办理复运出境、进境手续；因不可抗力的原因灭失或者失去使用价值的，经海关核实后可以视为该货物已经复运出境、进境。因不可抗力以外的原因灭失或者受损的，ATA 单证册持证人应当按照货物进出口的有关规定办理海关手续。

（二）非 ATA 单证册项下暂时进出境货物管理

1. 核准

（1）进出境核准

货物暂时进出境申请应当向主管地海关提出，由直属海关或者经直属海关授权的隶属海关核准。

暂时进出境货物收发货人向海关提出货物暂时进出境申请时，应当按照海关要求提交"货物暂时进/出境申请书"、暂时进出境货物清单、发票、合同或者协议及其他相关单据。海关就非 ATA 单证册项下暂时进出境货物的暂时进出境申请作出是否批准的决定后，应当制发"中华人民共和国海关货物暂时进/出境申请批准决定书"或者"中华人民共和国海关货物暂时进/出境申请不予批准决定书"。

（2）延期核准

暂时进出境货物申请延长复运出境、进境期限的，进出境货物收发货人应当在规定期限届满 30 日前向货物暂时进出境申请核准地海关提出延期申请，并且提交"货物暂时进/出境延期申请书"及相关申请材料。

① 直属海关受理延期申请的，应当于受理申请之日起 20 日内制发"中华人民共和国海关货物暂时进/出境延期申请批准决定书"或者"中华人民共和国海关货物暂时进/出境延期申请不予批准决定书"。

② 隶属海关受理延期申请的，应当于受理申请之日起 10 日内根据法定条件和程序对申请进行全面审查，并且将审查意见和全部申请材料及时报送直属海关。直属海关应当于收到审查意见之日起 10 日内作出决定并且制发相应的决定书。

国家重点工程、国家科研项目使用的暂时进出境货物，在 18 个月延长期届满后仍需要延期的，由主管地直属海关报海关总署审批。

2. 报关程序

（1）进出境申报

非 ATA 单证册项下暂时进出境货物申报时，货物收发货人应当填制海关进出口报关单，并且向海关提交货物清单、"中华人民共和国海关货物暂时进/出境申请批准决定书"、商业及货运单据和其他相关单证，向海关办理暂时进出境申报手续。

除我国缔结或者参加的国际条约、协定及国家法律、行政法规和海关总署规章另有规定外，暂时进出境货物可以免于交验许可证件。

暂时进境货物在进境时，收货人或其代理人免予缴纳进口税，但必须按照海关要求向主管地海关提交相当于税款的保证金或者海关依法认可的其他担保。对于在海关指定场所或者海关派专人监管的场所举办展览会的，经主管地直属海关批准，可免于就参展的展览品向海关提交担保。

（2）异地复运出境、进境申报

异地复运出境、进境的暂时进出境货物，收发货人应当持主管地海关签章的海关单证向复运出境、进境地海关办理手续。货物复运出境、进境后，主管地海关凭复运出境、进境地海关签章的海关单证办理核销结案手续。

3. 后续处置与核销结关

（1）复运进出境

暂时进境货物复运出境，暂时出境货物复运进境，收发货人或其代理人必须留存由海关签章的复运出、进境的报关单，作为结关核销凭证。

（2）转为正式进出口

暂时进出境货物因特殊情况，改变特定的暂时进出境目的转为正式进出口，收发货人应当在货物复运出境、进境期限届满 30 个工作日前向主管地海关申请，经主管地直属海关批准后，按照规定提交有关许可证件，办理货物正式进口或者出口的报关纳税手续。

（3）放弃

暂时进境货物在境内完成暂时进境的特定目的后，如货物所有人不准备将货物复运出境的，可以向海关声明将货物放弃，海关按放弃货物的有关规定处理。

（4）损毁、灭失

因不可抗力的原因受损，无法原状复运出境、进境的，收发货人应当及时向主管地海关报告，可以凭有关部门出具的证明材料办理复运出境、进境手续；因不可抗力的原因灭失或者失去使用价值的，经海关核实后可以视为该货物已经复运出境、进境。因不可抗力以外其他原因灭失或者受损的，收发货人应当按照货物进出口的有关规定办理海关手续。

暂时进出境货物复运出境或进境，或者转为正式进口或出口，或者放弃后，收发货人向海关提交经海关签注的进出口货物报关单，或者处理放弃货物的有关单据，以及其他有关单证，申请报核。海关经审核，情况正常的，退还保证金或办理其他担保销案手续，予以结关。

4. 违规处置

暂时进境货物，海关对其使用状况、实际用途等进行实地核查确认已挪作他用或者不符合海关其他监管要求的，海关不予批准延期，并应改按其实际对应的监管方式办理海关手续。

第八节　海关监管货物分类（5）：其他进出口货物

本节介绍货样、广告品，租赁货物，无代价抵偿货物，进出境修理货物，溢卸误卸货物，退运货物，退关货物，超期未报关货物，过境、转运、通运货物和进出境快件的通关等管理规定。

一、货样广告品

（一）含义

进出口货样是指进出口专供订货参考的货物样品，进出口广告品是指进出口用以宣传有关商品内容的广告宣传品。

（二）管理规定

"货样广告品"管理制度，适用于有进出口经营权的单位进出口货样广告品。

1. 申报管理

进出口货样和广告品，不论是否免费提供，均应由在海关注册登记的进出口收发货人或其代理人向海关申报，由海关按规定审核验放。

2. 证件管理

进出口货样和广告品属于国家禁止进出口或者进出口实行许可证件管理的商品，应按照国家有关管理规定办理。

（1）进口属于许可证管理的货样、广告品，凭进口许可证验放。进口机电产品货样、广告品、实验品，每批次价值不超过 5 000 元人民币的，免领自动进口许可证。进口的货样、广告品属于旧机电产品的，需按程序审批并按有关旧机电产品进口的规定申报。

（2）出口属于许可证管理商品的货样、广告品，每批次货值在3万元人民币以下的免领出口许可证；运出境外的两用物项和技术的货样或实验用样品，按规定凭两用物项和技术出口许可证向海关申报；消耗臭氧层物质的货样、广告品须凭出口许可证出口。

（3）列入《法检目录》范围内的进出口货样、广告品，凭出入境检验检疫部门签发的出入境货物通关单向海关申报。

3. 税收管理

进出口无商业价值的货样和广告品准予免征关税和进口环节海关代征税，其他进出口货样和广告品一律照章征税。

二、租赁货物

（一）含义

租赁是指所有权和使用权之间的一种借贷关系，即由资产所有者（出租人）按契约规定，将租赁物件租给使用人（承租人），使用人在规定期限内支付租金并享有租赁物件使用权的一种经济行为。跨越国（地区）境的租赁就是国际租赁，以国际租赁方式进出境的货物，即为租赁进出口货物。

（二）分类

国际租赁大体上有两种：一种是融资租赁，带有融资性质；另一种是经营租赁，带有服务性质。因此，租赁进口货物包含融资租赁进口货物和经营租赁进口货物两类。

融资租赁进口货物一般是不复运出境的，租赁期满，以很低的名义价格转让给承租人，承租人按合同规定分期支付租金，租金的总额一般都大于货价；经营租赁进口的货物一般是暂时性的，按合同规定的期限复运出境，承租人按合同规定支付租金，租金总额一般都小于货价。

（三）管理规定

1. 证件管理

（1）租赁贸易进出口货物实行许可证件管理的，海关凭许可证件验放。以租赁贸易方式进口属于自动进口许可的机电产品的，应当交验自动进口许可证；租赁出口后复运进境属于自动进口许可机电产品的，免予交验自动进口许可证。

（2）列入《法检目录》范围内的进出口货物，凭出入境检验检疫部门签发的出入境货物通关单向海关申报。

2. 申报及缴税程序

根据《关税条例》的规定，租赁进口货物的纳税义务人对租赁进口货物应当按照海关审查确定的租金作为完税价格缴纳进口税款，租金分期支付的可以选择一次性缴纳税款或者分期缴纳税款。

（1）融资租赁进口货物的报关程序

融资租赁进口货物纳税义务人可申请一次性缴纳税款。在确定货物完税价格时，可选择按照海关审查确定的租金总额作为完税价格，也可与海关进行价格磋商，依次采用相同货物成交价格法、类似货物成交价格法、倒扣价格法、计算价格法、合理方法确定完税价格。收货人或其代理人在货物进口时应当向海关提供租赁合同，提供相关的进口许可证件和其他单证，按海关审查确定的货物完税价格计算税款数额，缴纳进口关税和进口环节海关代征税。

融资租赁进口货物纳税义务人也可申请按租金分期缴纳税款。在租赁货物进口时向海关提供租赁合同，按照第一期应当支付的租金和按照货物的实际价格分别填制报关单向海关申报，提供相关的进口许可证件和其他单证，按海关审查确定的第一期租金的完税价格计算税款数额，缴纳进口关税和进口环节海关代征税，海关按照货物的实际价格统计。海关现场放行后，对货物继续进行监管。纳税义务人在每次支付租金后的 15 日内（含第 15 日）按支付租金额向海关申报，并缴纳相应的进口关税和进口环节海关代征税，直到最后一期租金支付完毕。

需要后续监管的融资租赁进口货物租期届满之日起 30 日内，纳税义务人应当申请办结海关手续，将租赁进口货物退运出境，如不退运出境，以残值转让，则应当按照转让的价格审查确定完税价格计征进口关税和进口环节海关代征税。

（2）经营租赁进口货物的报关程序

经营租赁进口货物由于租金小于货价，货物在租赁期满应当返还出境，纳税义务人只会选择按租金缴纳税款，不会选择按货物的实际价格缴纳税款。因此，经营租赁进口货物的报关程序只有下面这一种：

收货人或其代理人在租赁货物进口时应当向海关提供租赁合同，按照第一期应当支付的租金或者租金总额和按照货物的实际价格分别填制报关单向海关申报，提供相关的进口许可证件和其他报关单证，按海关审查确定的第一期租金或租金总额的完税价格计算税款数额，缴纳进口关税和进口环节海关代征税，海关按照货物的实际价格统计。

海关现场放行后，对货物继续进行监管。分期缴纳税款的，纳税义务人在每次支付租金后的 15 日内（含第 15 日）按支付租金额向海关申报，提供报关单证，并缴纳相应的进口关税和进口环节海关代征税，直到最后一期租金支付完毕。

3. 后续管理

对分期缴税的租赁进口货物，海关现场放行后，对货物继续进行监管。纳税义务人需在每次支付租金后的 15 日内（含第 15 日）按支付租金额向海关申报，并缴纳相应的进口关税和进口环节海关代征税，直到最后一期租金支付完毕。

分期缴税租赁进口货物应在租期届满之日起 30 日内，向海关申请办结退运出境、留购、续租等手续。

三、无代价抵偿货物

（一）概述

1. 含义

无代价抵偿货物是指进出口货物在海关放行后，因残损、短少、品质不良或者规格不符，由进出口货物收发货人、承运人或者保险公司免费补偿或者更换的与原货物相同或者与合同规定相符的货物。

收发货人申报进出口的无代价抵偿货物，与退运出境或者退运进境的原货物不完全相同或者与合同规定不完全相符的，经收发货人说明理由，海关审核认为理由正当且税则号列未发生改变的，仍属于无代价抵偿货物范围。

收发货人申报进出口的免费补偿或者更换的货物，其税则号列与原进出口货物的税则号列不一致的，不属于无代价抵偿货物范围，属于一般进出口货物范围。

2. 特征

无代价抵偿货物海关监管的基本特征如下：

（1）进出口无代价抵偿货物免予交验进出口许可证件。

（2）进口无代价抵偿货物，不征收进口关税和进口环节海关代征税；出口无代价抵偿货物，不征收出口关税。但是，进出口与原货物或合同规定不完全相符的无代价抵偿货物，应当按规定计算与原进出口货物的税款差额，高出原征收税款数额的应当征收超出部分的税款；低于原征收税款，原进出口货物的发货人、承运人或者保险公司同时补偿货款的，应当退还补偿货款部分的税款，未补偿货款的，不予退还。

（二）程序

1. 残损、品质不良或规格不符引起的无代价抵偿货物进出口海关手续

残损、品质不良或规格不符引起的无代价抵偿货物，进出口前应当先办理被更换的原进出口货物中残损、品质不良或规格不符货物的有关海关手续。

（1）原进口货物退运出境及原出口货物退运进境

原进口货物的收货人或其代理人应当办理被更换的原进口货物中残损、品质不良或规格不符货物的退运出境的报关手续。被更换的原进口货物退运出境时不征收出口关税。

原出口货物的发货人或其代理人应当办理被更换的原出口货物中残损、品质不良或规格不符货物的退运进境的报关手续。被更换的原出口货物退运进境时不征收进口关税和进口环节海关代征税。

（2）原进口货物不退运出境，放弃交由海关处理

被更换的原进口货物中残损、品质不良或规格不符货物不退运出境，但原进口货物的收货人愿意放弃，交由海关处理的，海关应当依法处理并向收货人提供依据，凭以申报进口无代价抵偿货物。

（3）原进口货物不退运出境也不放弃及原出口货物不退运进境

被更换的原进口货物中残损、品质不良或规格不符货物不退运出境且不放弃交由海关处理的，原进口货物的收货人应当按照海关接受无代价抵偿货物申报进口之日适用的有关规定申报进口，并按照海关对原进口货物重新估定的价格计算的税额缴纳进口关税和进口环节海关代征税，属于许可证件管理的商品还应当交验相应的许可证件。

被更换的原出口货物中残损、品质不良或规格不符的货物不退运进境，原出口货物的发货人应当按照海关接受无代价抵偿货物申报出口之日适用的有关规定申报出口，并按照海关对原出口货物重新估定的价格计算的税额缴纳出口关税，属于许可证件管理的商品还应当交验相应的许可证件。

2. 向海关申报办理无代价抵偿货物进出口手续的期限

向海关申报进出口无代价抵偿货物应当在原进出口合同规定的索赔期内，而且不超过原货物进出口之日起3年。

3. 无代价抵偿货物报关应当提供的单证

收发货人向海关申报无代价抵偿货物进出口时除应当填制报关单和提供基本单证外，还应当提供其他特殊单证。

（1）进口申报需要提交的特殊单证：原进口货物报关单；原进口货物退运出境的出口货物报关单，或者原进口货物交由海关处理的货物放弃处理证明，或者已经办理纳税手续的单证（短少抵偿的除外）；原进口货物税款缴纳书或者进出口货物"征免税证明"；买卖双方签订的索赔协议。海关认为需要时，纳税义务人还应当提交具有资质的商品检验机构出具的原进口货物残损、短少、品质不良或者规格不符的检验证明书或者其他有关证明文件。

（2）出口申报需要提交的特殊单证：原出口货物报关单；原出口货物退运进境的进口货物报关单，或者已经办理纳税手续的单证（短少抵偿的除外）；原出口货物税款缴纳书；买卖双方签订的索赔协议。海关认为需要时，纳税义务人还应当提交具有资质的商品检验机构出具的原出口货物残损、短少、品质不良或者规格不符的检验证明书或者其他有关证明文件。

四、进出境修理货物

（一）概述

1. 含义

进境修理货物是指运进境进行维护修理后复运出境的机械器具、运输工具或者其他货物，以及为维修这些货物需要进口的原材料、零部件。出境修理货物是指运出境进行维护修理后复运进境的机械器具、运输工具或者其他货物，以及为维修这些货物需要出口的原材料、零部件。

进境修理包括原出口货物运进境修理和其他货物运进境修理。出境修理包括原进口货物运出境修理和其他货物运出境修理。

原进口货物出境修理包括原进口货物在保修期内运出境修理和原进口货物在保修期外运出境修理。

2. 海关监管特征

（1）进境维修货物免予缴纳进口关税和进口环节海关代征税，但要向海关提供担保，并接受海关后续监管。

（2）出境修理货物进境时，在保修期内并由境外免费维修的，可以免征进口关税和进口环节海关代征税；在保修期外或者在保修期内境外收取维修费用的，应当按照境外修理费和材料费审定完税价格计征进口关税和进口环节海关代征税。

（3）进出境修理货物免予交验许可证件。

（二）程序

1. 进境修理货物

货物进境后，收货人或其代理人持维修合同或者含有保修条款的原出口合同及申报进口需要的所有单证办理货物进口申报手续，并提供进口税款担保。

进境修理货物需要进口原材料、零部件的，纳税义务人在办理原材料、零部件进口申报手续时，应当向海关提交进境修理货物的维修合同（或者含有保修条款的原出口合同）、进境修理货物的进口报关单（与进境修理货物同时申报进口的除外），并向海关提供进口税款担保或者由海关按照保税货物实施管理。进口原材料、零部件只限用于进境修理货物的修理，修理剩余的原材料、零部件应当随进境修理货物一同复运出境。

货物进境后在境内维修的期限为进境之日起 6 个月，可以申请延长，延长的期限最长不超过 6 个月。在境内维修期间受海关监管。

纳税义务人在办理进境修理货物及剩余进境原材料、零部件复运出境的出口申报手续时，应当向海关提交该货物及进境原材料、零部件的原进口报关单和维修合同（或者含有保修条款的原出口合同）等单证。海关凭此办理解除修理货物及原材料、零部件进境时纳税义务人提供税款担保的相关手续。由海关按照保税货物实施管理的，按照有关保税货物的管理规定办理。

修理货物复出境后应当申请销案，正常销案的，海关应当退还保证金或撤销担保。未复出境部分货物应当办理进口申报纳税手续。

2. 出境修理货物

发货人在货物出境时，向海关提交维修合同或含有保修条款的原进口合同及申报出口需要的所有单证，办理出境申报手续。货物出境后，在境外维修的期限为出境之日起 6 个月，可以申请延长，延长的期限最长不超过 6 个月。

货物复运进境时应当向海关申报在境外实际支付的修理费和材料费，由海关审查确定完税价格，计征进口关税和进口环节海关代征税。

超过海关规定期限复运进境的，海关按一般进口货物计征进口关税和进口环节海关代征税。

五、进口溢、误卸货物

（一）概述

1. 含义

溢卸货物是指未列入进口载货清单、提单或运单的货物，或者多于进口载货清单、提单或运单所列数量的货物。

误卸货物是指应在其他境外港口、车站或境内其他场所卸下但因故在本港（站）卸下的货物。

2. 管理

经海关核实的溢卸货物和误卸货物，由载运该货物的原运输工具负责人自运输工具卸货之日起 3 个月内，向海关办理直接退运出境手续，或者由该货物的收发货人自运输工具卸货之日起 3 个月内，向海关办理退运或者申报进口手续。

经载运该货物的原运输工具负责人或该货物的收发货人申请，海关批准，可以延期 3 个月办理退运出境或者申报进口手续。

超出上述规定的期限，未向海关办理退运或者申报进口手续的，由海关提取依法变卖处理。

溢卸货物、误卸货物属于危险品或者鲜活、易腐、易烂、易失效、易变质、易贬值等不宜长期保存的货物的，海关可以根据实际情况，提前提取依法变卖处理，变卖所得价款按有关规定处理。

（二）程序

溢卸、误卸货物报关程序的适用是根据对该货物的处置来决定的，大体有以下 5 种情况。

1. 退运境外

属于溢卸或误卸货物，能够提供发货人或者承运人书面证明文书的，当事人可以向海关办理直接退运手续。

2. 溢短相补

运输工具负责人或其代理人要求将溢卸货物抵补短卸货物的，应与短卸货物原收货人协商同意，并限于同一运输工具、同一品种的货物。非同一运输工具或同一运输工具非同一航次之间抵补的，只限于同一运输公司、同一发货人、同一品种的进口货物。

上述两种情况都应由短卸货物原收货人或其代理人按照无代价抵偿货物的报关程序办理进口手续。

3. 物归"原主"

指运境外港口、车站的误卸货物，运输工具负责人或其代理人要求运往境外时，经海关核实后按照转运货物的报关程序办理海关手续，转运至境外。

指运境内其他港口、车站的误卸货物，可由原收货人或其代理人就地向进境地海关办理进口申报手续，也可以经进境地海关同意办理转关运输手续。

4. 就地进口

溢卸货物由原收货人接受的，应按一般进口货物报关程序办理进口手续，填写进口货物报关单向进境地海关申报，并提供相关的溢卸货物证明，如属于许可证件管理商品的，应提供有关的许可证件。海关征收进口关税和进口环节海关代征税后，放行货物。

5. 境内转售

原收货人不接受溢卸货物、误卸货物，或不办理溢卸货物、误卸货物的退运手续的，运输工具负责人或其代理人可以要求在国内销售，由购货单位向海关办理相应的进口手续。

六、退运货物

退运货物是指原出口货物或进口货物因各种原因造成退运进口或者退运出口的货物。退运货物包括一般退运货物和直接退运货物。

（一）一般退运货物

一般退运货物是指已办理申报手续且海关已放行出口或进口，因各种原因造成退运进口或退运出口的货物。

1. 一般退运进口货物的海关手续

（1）报关

① 原出口货物已收汇。原出口货物退运进境时，若该批出口货物已收汇，原发货人或其代理人应填写进口货物报关单向进境地海关申报，并提供原货物出口时的出口货物报关单，现场海关应凭税务部门出具的"出口商品退运已补税证明"、保险公司证明或承运人溢装、漏卸的证明等有关资料办理退运进口手续，同时签发一份进口货物报关单。

② 原出口货物未收汇。原出口货物退运进口时，若出口未收汇，原发货人或其代理人在办理退运手续时，提交原出口货物报关单、报关单退税证明联等证明向进口地海关申报退运进口，同时填制一份进口货物报关单；若出口货物部分退运进口，海关应在原出口

货物报关单上批注退运的实际数量、金额后退回企业并留存复印件，海关核实无误后，验放有关货物进境。

（2）税收

因品质或者规格原因，出口货物自出口之日起1年内原状退货复运进境的，经海关核实后不予征收进口税；原出口时已经征收出口关税的，只要重新缴纳因出口而退还的国内环节税，自缴纳出口税款之日起1年内准予退还。

2. 一般退运出口货物的海关手续

（1）报关

因故退运出口的进口货物，原收货人或其代理人应填写出口货物报关单申报出境，并提供原货物进口时的进口货物报关单、保险公司证明或承运人溢装、漏卸的证明等有关资料，经海关核实无误后，验放有关货物出境。

（2）税收

因品质或者规格原因，进口货物自进口之日起1年内原状退货复运出境的，经海关核实后可以免征出口关税；已征收的进口关税和进口环节海关代征税，自缴纳进口税款之日起1年内准予退还。

（二）直接退运货物

直接退运是指货物进境后、办结海关放行手续前，进口货物收货人、原运输工具负责人或者其代理人（以下统称当事人）将全部或者部分货物直接退运境外，以及海关根据国家有关规定责令直接退运的。

直接退运的货物，海关不验核进出口许可证或者其他监管证件，免予征收进出口环节税费及滞报金。

进口转关货物在进境地海关放行后，当事人申请办理退运手续的，不属于直接退运货物，应当按照一般退运货物办理退运手续。

1. 当事人办理直接退运

有下列情形之一的，当事人可以向海关办理直接退运手续：

（1）因为国家贸易管理政策调整，收货人无法提供相关证件的；

（2）属于错发、误卸或者溢卸货物，能够提供发货人或者承运人书面证明文书的；

（3）收发货人双方协商一致同意退运，能够提供双方同意退运的书面证明文书的；

（4）有关贸易发生纠纷，能够提供已生效的法院判决书、仲裁机构仲裁决定书或者无争议的有效货物所有权凭证的；

（5）货物残损或者国家检验检疫不合格，能够提供国家检验检疫部门出具的相关检验证明文书的。

对在当事人办理直接退运前，海关已经确定查验或者认为有走私违规嫌疑的货物，不予办理直接退运。布控、查验或者案件处理完毕后，按照海关有关规定处理。

2. 海关责令直接退运

有下列情形之一，由海关责令当事人将进口货物直接退运境外：

（1）货物属于国家禁止进口的货物，已经海关依法处理的；

（2）违反国家检验检疫政策法规，已经国家检验检疫部门处理并且出具"检验检疫处理通知书"或者其他证明文书的；

（3）未经许可擅自进口属于限制进口的固体废物，已经海关依法处理的；

（4）违反国家有关法律、行政法规，应当责令直接退运的其他情形。

对需要责令进口货物直接退运的，由海关根据相关政府行政主管部门出具的证明文书，向当事人制发"海关责令进口货物直接退运通知书"。

3. 直接退运的海关通关手续办理

（1）直接退运的申报规定

① 当事人申请直接退运的，由当事人通过互联网向货物所在地海关申报并提交相关材料。海关通过通关作业辅助系统受理，并将核批结果通过系统反馈当事人。当事人在收到系统回执后，应当按照海关要求办理进口货物直接退运的申报手续。

办理直接退运手续的进口货物未向海关申报的，当事人应当向海关提交"进口货物直接退运表"及证明进口实际情况的合同、发票、装箱清单、提运单或者载货清单等相关单证、证明文书办理直接退运的申报手续。

办理直接退运手续的进口货物已向海关申报的，当事人应当向海关提交"进口货物直接退运表"、原报关单或者转关单，以及证明进口实际情况的合同、发票、装箱清单、提运单或者载货清单等相关单证、证明文书，先行办理报关单或者转关单删除手续后，办理直接退运的申报手续。

② 海关责令直接退运的，当事人在收到"海关责令进口货物直接退运通知书"之日起30日内，应当按照海关要求办理进口货物直接退运的申报手续。

因计算机、网络系统等原因无法通过互联网办理进口货物直接退运的，可以纸质方式办理进口货物直接退运业务，待相关问题解决后当事人应通过互联网补录相关事项。

（2）直接退运申报程序

对于已向海关申报的货物，应当在撤销原进口报关单或者转关单后，办理进口货物直接退运出境申报手续。

当事人办理进口货物直接退运申报手续的，除另有规定外，应当先行申报出口报关单，然后填写进口报关单办理直接退运申报手续，进口报关单应在"关联报关单"栏填报出口报关单号。

（3）直接退运的报关单填制

进口货物直接退运的，除按照《中华人民共和国海关进出口货物报关单填制规范》填制外，还应当按照以下要求填制进出口货物报关单："监管方式"栏均填写"直接退运"（代码"4500"），"备注"栏填写"进口货物直接退运表"或者"海关责令直接退运通知书"编号。当事人办理直接退运申报手续的，进口报关单应在"关联报关单"栏填报出口报关单号。

由于承运人的责任造成货物错发、误卸或者溢卸的，当事人办理直接退运手续时可以免予填制报关单。

（4）直接退运的材料提交

当事人应向海关提交相关材料的，原则上通过互联网以电子方式上传，文件格式标准参照《通关作业无纸化报关单证电子扫描或转换文件格式标准》。海关需要验核纸质材料的，当事人应当提交相关纸质材料。

（5）直接退运的口岸

进口货物直接退运应当从原进境地口岸退运出境。由于运输原因需要改变运输方式或者由另一口岸退运出境的，应当经由原进境地海关审核同意后，以转关运输方式监管出境。

七、退关货物

（一）含义

退关货物又称出口退关货物，是指向海关申报出口并获准放行，但因故未能装上运输工具，经发货单位请求，退运出海关监管区域不再出口的货物。

（二）管理规定

1. 出口货物的发货人及其代理人应当在得知出口货物未装上运输工具，并决定不再出口之日起 3 天内，向海关申请退关；

2. 经海关核准且撤销出口申报后方能将货物运出海关监管场所；

3. 已缴纳出口关税的退关货物，可以在缴纳税款之日起 1 年内提出书面申请，向海关申请退税；

4. 出口货物的发货人及其代理人办理出口货物退关手续后，海关应对所有单证予以注销，并删除有关报关电子数据。

八、超期未报关货物

（一）概述

1. 含义

超期未报关货物是指在规定的期限内未办结海关手续的海关监管货物。

2. 范围

超期未报关货物的范围如下：

（1）自运输工具申报进境之日起，超过 3 个月未向海关申报的进口货物；

（2）在海关批准的延长期满仍未办结海关手续的溢卸货物、误卸货物；

（3）超过规定期限 3 个月未向海关办理复运出境或者其他海关手续的保税货物；

（4）超过规定期限 3 个月未向海关办理复运出境或者其他海关手续的暂时进境货物；

（5）超过规定期限 3 个月未运输出境的过境、转运和通运货物。

（二）处理

超期未报关进口货物由海关提取依法变卖处理。

1. 被决定变卖处理的货物如属于《法检目录》范围的，由海关在变卖前提请出入境检验检疫机构进行检验检疫，检验检疫的费用与其他变卖处理实际支出的费用从变卖款中支付。

2. 变卖所得价款，在优先拨付变卖处理实际支出的费用后，按照以下顺序扣除相关费用和税款，所得价款不足以支付同一顺序的相关费用的，按照比例支付：

（1）运输、装卸、储存等费用；

（2）进口关税；

（3）进口环节海关代征税；

（4）滞报金。

3. 按照规定扣除相关费用和税款后，尚有余款的，自货物依法变卖之日起 1 年内，经进口货物收货人申请，予以发还。其中，被变卖货物属于许可证件管理商品，应当提交许可证件而不能提供的，不予发还；不符合进口货物收货人资格，不能证明其对进口货物享有权利的，申请不予受理。逾期无进口货物收货人申请，申请不予受理或者不予发还的，余款上缴国库。

4. 经海关审核符合被变卖进口货物收货人资格的发还余款的申请人，应当按照海关对进口货物的申报规定，补办进口申报手续。

九、过境、转运、通运货物

（一）过境货物

1. 概述

过境货物是指从境外起运，在我国境内不论是否换装运输工具，通过陆路运输，继续运往境外的货物。

与我国签有过境货物协定的国家的过境货物，或同我国签有铁路联运协定的国家收、发货的过境货物，按有关协定准予过境；未与我国签有过境货物协定国家的货物，经国家商务、运输主管部门批准，并向入境地海关备案后准予过境。

下列货物禁止过境：

（1）来自或运往我国停止或禁止贸易的国家和地区的货物；

（2）各种武器、弹药、爆炸品及军需品（另有规定的除外）；

（3）各种烈性毒药、麻醉品和鸦片、吗啡、海洛因、可卡因等毒品；

（4）我国法律、法规禁止过境的其他货物、物品。

2. 过境货物的管理规定

海关对过境货物监管的目的是为了防止过境货物在我国境内运输过程中滞留在国内，或将我国货物混入过境货物随运出境；防止禁止过境货物从我国过境。

（1）对过境货物运输工具、经营者、运输部门的规定

装载过境货物的运输工具，应当具有海关认可的加封条件或装置，海关认为必要时，可以对过境货物及其装载装置进行加封；运输部门和过境货物经营人应当负责保护海关封志的完整，任何人不得擅自开启或损毁；运输部门和过境货物经营人应当按海关规定提供担保。

（2）对过境货物管理的其他规定

① 民用爆炸品、医用麻醉品等的过境运输，应经海关总署商有关部门批准后，方可过境；

② 有伪报货名和国别，借以运输我国禁止过境货物的，以及其他违反我国法律、行政法规情事的，海关可依法将货物作扣留处理；

③ 过境货物在境内发生损毁或者灭失的（不可抗力原因除外），经营人应当负责向出境地海关补办进口纳税手续。

3. 进出境报关

过境货物进境时，过境货物经营人或报关企业应当向海关递交过境货物报关单和运单、转载清单、载货清单，以及发票、装箱清单等，办理过境手续。进境地海关审核无误后在提运单上加盖"海关监管货物"戳记，并将过境货物报关单和过境货物清单制作关封

后加盖"海关监管货物"专用章，连同上述提运单一并交经营人或报关企业。过境货物经营人或承运人应当负责将上述单证及时交出境地海关验核。

过境货物出境时，过境货物经营人或报关企业应当及时向出境地海关申报，并递交进境地海关签发的关封和其他单证。出境地海关审核有关单证、关封和货物，确认无误后，加盖放行章，监管货物出境。

4. 过境期限

过境货物的过境期限为 6 个月，因特殊原因，可以向海关申请延期，经海关同意后，最长可延期 3 个月。过境货物超过规定期限 3 个月仍未过境的，海关按规定依法提取变卖，变卖后的货款按有关规定处理。

5. 在境内暂存和运输

过境货物进境后因换装运输工具等原因需卸下储存时，应当经海关批准并在海关监管下存入海关指定或同意的仓库或场所；过境货物在进境以后、出境以前，应当按照运输主管部门规定的路线运输，运输部门没有规定的，由海关指定。

海关可以对过境货物实施派员押运、实施查验。

（二）转运货物

1. 含义

转运货物是指由境外起运，通过我国境内设立海关的地点换装运输工具，不通过境内陆路运输，继续运往境外的货物。

2. 办理转运货物应具备的条件

进境运输工具载运的货物具备下列条件之一的，可以办理转运手续：

（1）持有转运或联运提货单的；

（2）进口载货清单上注明是转运货物的；

（3）持有普通提货单，但在卸货前向海关声明转运的；

（4）误卸下的进口货物，经运输工具经理人提供确实证件的；

（5）因特殊原因申请转运，获海关批准的。

3. 管理规定

海关对转运货物实施监管的主要目的在于防止货物在口岸换装过程中误进口或混装出口。转运货物承运人应确保其原状、如数运往境外。

（1）申报进境及存放

载有转运货物的运输工具进境后，承运人应当在进口载货清单上列明转运货物的名称、数量、起运地和到达地，并向主管海关申报进境。申报经海关同意后，在海关指定的地点换装运输工具。

外国转运货物在中国口岸存放期间，不得开拆、改换包装或进行加工；海关对转运的外国货物有权进行查验。

（2）转运出境

转运货物必须在 3 个月之内办理海关有关手续并转运出境，超出规定期限 3 个月仍未转运出境或办理其他海关手续的，海关将提取依法变卖处理。

（三）通运货物

通运货物是指从境外起运，不通过我国境内陆路运输，运进境后由原运输工具载运出境的货物。

运输工具进境时，运输工具的负责人应凭注明通运货物名称和数量的船舶进口报告书或国际民航机使用的进口载货舱单向进境地海关申报；进境地海关在接受申报后，在运输工具抵、离境时对申报的货物予以核查，并监管货物实际离境。

运输工具因装卸货物需搬运或倒装货物时，应向海关申请并在海关的监管下进行。

十、进出境快件

（一）概述

进出境快件是指进出境快件运营人，以向客户承诺的快速商业运作方式承揽、承运的进出境的货物、物品。

进出境专差快件是指运营人以专差押运方式承运进出境的空运快件。

进出境快件运营人是指在我国境内依法注册，在海关登记备案的从事进出境快件运营业务的国际货物运输代理企业。

（二）快件分类

快件分为文件类进出境快件（以下简称 A 类快件）、个人物品类进出境快件（以下简称 B 类快件）和低值货物类进出境快件（以下简称 C 类快件）报关。其中：

A 类快件是指无商业价值的文件、单证、票据和资料（依照法律、行政法规，以及国家有关规定应当予以征税的除外）。

B 类快件是指境内收寄件人（自然人）收取或者交寄的个人自用物品（旅客分离运输行李物品除外）。

C 类快件是指价值在 5 000 元人民币（不包括运、保、杂费等）及以下的货物（涉及许可证件管制的，需要办理出口退税、出口收汇或者进口付汇的除外）。

（三）申报期限与申报要求

进出境快件通关应在经海关批准的专门监管场所进行。进境快件应当自运输工具申报进境之日起 14 日内，出境快件在运输工具离境 3 小时之前，向海关申报。

1. 报关单位应采用纸质方式或电子数据交换方式向海关办理进出口申报手续。

2. 报关单位向海关传输或递交进出境快件舱单或清单，海关确认无误后接受申报。

3. 需提前报关的，报关单位应提前将进出境快件运输和抵达情况书面通知海关并向海关传输或递交进出境快件舱单或清单。

（四）快件报关

1. A 类快件报关时，快件运营人应当向海关提交 A 类快件报关单、总运单（复印件）和海关需要的其他单证。

2. B 类快件报关时，快件运营人应当向海关提交 B 类快件报关单、每一进出境快件的分运单、进境快件收件人或出境快件发件人身份证影印件和海关需要的其他单证。B 类快件的限量、限值、税收征管等事项应当符合海关总署关于邮递进出境个人物品相关规定。

3. C 类快件报关时，快件运营人应当向海关提交 C 类快件报关单、代理报关委托书或者委托报关协议、每一进出境快件的分运单、发票和海关需要的其他单证，并按照进出境货物规定缴纳税款。进出境 C 类快件的监管方式为"一般贸易"或者"货样广告品 A"，征免性质为"一般征税"，征减免税方式为"照章征税"。

快件运营人按照上述规定提交复印件（影印件）的，海关可要求快件运营人提供原件验核。

通过快件渠道进出境的其他货物、物品，应当按照海关对进出境货物、物品的现行规定办理海关手续。

（五）海关查验

海关对进出境快件中的个人物品实施开拆查验时，运营人应通知进境快件的收件人或出境快件的发件人到场，负责进出境快件的搬移、开拆、封装。收件人或发件人不能到场的，运营人应向海关提交其委托书，代理其履行义务，并承担相应的法律责任。海关认为必要时，可对进出境快件径行开验、复验或者提取货样。

十一、跨境贸易电子商务进出境货物、物品

（一）跨境贸易电子商务进出境商品范围

1. 跨境电子商务零售进口税收政策适用于从其他国家或地区进口的《跨境电子商务零售进口商品清单》范围内的以下商品：

（1）所有通过与海关联网的电子交易平台交易，能够实现交易、支付、物流电子信息"三单"比对的跨境电子商务零售进口商品；

（2）未通过与海关联网的电子商务交易平台交易，但快递、邮政企业能够统一提供交易、支付、物流等电子信息，并承诺承担相应法律责任进境的跨境电子商务零售进口商品。

不属于跨境电子商务零售进口的个人物品及无法提供交易、支付、物流等电子信息的跨境电子商务零售进口商品，按现行行邮税规定执行。

"网购保税进口业务"，是指在海关特殊监管区域或保税物流中心（B型）［以下简称区域（中心）］内以保税模式开展的跨境电子商务零售进口业务。

2. 跨境电子商务零售出口商品，是指所有通过与海关联网的电子交易平台交易，能够实现交易、收款、物流电子信息"三单"比对的出口商品。

（二）企业管理

1. 参与跨境电子商务业务的企业应向海关申请信息登记。相关企业向所在地海关申请信息登记，需提交以下材料：

（1）企业法人营业执照副本复印件；

（2）组织机构代码证书副本复印件（以统一社会信用代码注册的企业不需要提供）；

（3）企业情况登记表。

无报关权企业的信息登记不属于海关注册登记。无报关权企业申请登记信息变更的，比照海关对报关单位注册登记管理的相关规定办理。如需向海关办理报关业务，应按海关对报关单位注册登记管理的规定办理注册登记。

2. 参与跨境电子商务业务的企业名称含义。

"参与跨境电子商务业务的企业"是指参与跨境电子商务业务的电子商务企业、电子商务交易平台企业、支付企业、物流企业等。

"电子商务企业"是指通过自建或者利用第三方电子商务交易平台开展跨境电子商务业务的企业。

"电子商务交易平台企业"是指提供电子商务进出口商品交易、支付、配送服务的平台提供企业。

"电子商务通关服务平台"是指由电子口岸搭建，实现企业、海关及相关管理部门之间数据交换与信息共享的平台。

3. 购买人（订购人）身份信息认证。电子商务企业应当对购买跨境电子商务零售进口商品的个人（订购人）身份信息进行核实，并向海关提供由国家主管部门认证的身份有效信息。无法提供或者无法核实订购人身份信息的，订购人与支付人应当为同一人。

（三）通关管理

1. 跨境电子商务零售进口商品申报前，电子商务企业或电子商务交易平台企业、支付企业、物流企业应当分别通过跨境电子商务通关服务平台（以下简称服务平台）如实向海关传输交易、支付、物流等电子信息。进出境快件运营人、邮政企业可以受电子商务企业、支付企业委托，在书面承诺对传输数据真实性承担相应法律责任的前提下，向海关传输交易、支付等电子信息。

2. 跨境电子商务零售出口商品申报前，电子商务企业或其代理人、物流企业应当分别通过服务平台如实向海关传输交易、收款、物流等电子信息。

3. 电子商务企业或其代理人应提交《中华人民共和国海关跨境电子商务零售进出口商品申报清单》（以下简称《申报清单》），出口采取"清单核放、汇总申报"方式办理报关手续，进口采取"清单核放"方式办理报关手续。《申报清单》与"中华人民共和国海关进（出）口货物报关单"具有同等法律效力。

4. 网购保税进口商品通关流转。

（1）申报进口。网购保税进口商品一线进境［一线入区域（中心）］申报进入天津、上海、杭州、宁波、福州、平潭、郑州、广州、深圳、重庆 10 个城市区域（中心）的，监管方式应填报"保税电商"（监管代码 1210），暂不验核通关单，暂不执行《跨境电子商务零售进口商品清单》（以下简称《正面清单》）备注中关于化妆品、婴幼儿配方奶粉、医疗器械、特殊食品（包括保健食品、特殊医学用途配方食品等）的首次进口许可证、注册或备案要求；申报进入其他城市区域（中心）的，监管方式应填报"保税电商A"（监管代码 1239）。

对满足海关监管要求的企业，可以采取"先进区、后报关"的方式办理网购保税进口商品一线进境通关手续，入区域（中心）的网购保税进口商品须在 14 天内办理报关手续。

（2）保税间流转。网购保税进口商品可以在区域（中心）间流转，应符合《正面清单》的要求。转入地与转出地主管海关分别审核企业的申报单证，其中海关监管方式应填报"保税间货物"（监管代码 1200），备注应填报"网购保税进口商品"。电子账册底账数据进行相应核增核减。

同一区域（中心）内的企业转让、转移网购保税进口商品的，主管海关应审核企业报送的电子信息，并对电子账册底账数据进行相应核增核减。

（3）申报出区域（中心）。网购保税进口商品零售出区域（中心）申报时，主管海关审核电子商务企业或其代理人申报的《中华人民共和国海关跨境电子商务零售进口商品申报清单》，海关监管方式应与一线入区域（中心）时申报的监管方式一致（用于区分网购保税模式和"9610"一般模式），运输方式应为二线出区域（中心）对应的运输方式。电子账册底账数据进行相应核减。

5. 跨境电子商务零售商品出口后，电子商务企业或其代理人应当于每月 10 日前（遇法定节假日、休息日的，顺延至其后的第一个工作日，12 月的清单汇总应当于当月最后一个工作日前完成），将上月（12 月为当月）结关的《申报清单》依据清单表头同一收发货人、同一运输方式、同一运抵国、同一出境口岸，以及清单表体同一 10 位海关商品编码、同一申报计量单位、同一币制规则进行归并，汇总形成出口货物报关单向海关申报。

除特殊情况外，《申报清单》、"中华人民共和国海关进（出）口货物报关单"应当采取通关无纸化作业方式进行申报。《申报清单》的修改或者撤销，参照海关"中华人民共和国海关进（出）口货物报关单"修改或者撤销有关规定办理。

（四）税收征管

1. 跨境电子商务零售进口商品按照货物征收关税和进口环节增值税、消费税，完税价格为实际交易价格，包括商品零售价格、运费和保险费。

跨境电子商务零售进口商品的单次交易限值为人民币 2000 元，个人年度交易限值为人民币 20000 元。年度按照自然年计算。在限值以内进口的跨境电子商务零售进口商品，关税税率暂设为 0%；进口环节增值税、消费税取消免征税额，暂按法定应纳税额的 70% 征收。超过单次限值、累加后超过个人年度限值的单次交易，以及完税价格超过 2000 元限值的单个不可分割商品，均按照一般贸易方式全额征税。

海关对网购保税进口商品实施专用电子账册管理。

跨境电子商务零售进口商品的申报币制为人民币。

2. 订购人为纳税义务人。在海关注册登记的电子商务企业、电子商务交易平台企业或物流企业作为税款的代收代缴义务人。

3. 海关对满足监管规定的跨境电子商务零售进口商品按时段汇总计征税款，代收代缴义务人应当依法向海关提交足额有效的税款担保。海关放行后 30 日内未发生退货或修改、撤单的，代收代缴义务人在放行后第 31 日至第 45 日内向海关办理纳税手续。

（五）物流监控

1. 跨境电子商务零售进出口商品监管场所必须符合海关相关规定。监管场所经营人、仓储企业应当建立符合海关监管要求的计算机管理系统，并按照海关要求交换电子数据。

2. 跨境电子商务零售进出口商品的查验、放行均应当在监管场所内实施。相关企业应配合海关查验。

（六）退货管理

在跨境电子商务零售进口模式下，允许电子商务企业或其代理人申请退货，退回的商品应当在海关放行之日起 30 日内原状运抵原监管场所，相应税款不予征收，并调整个人年度交易累计金额。在跨境电子商务零售出口模式下，退回的商品按照现行规定办理有关手续。

（七）网购保税进口商品放弃管理

区域（中心）内相关企业声明放弃网购保税进口商品的，由主管海关依法提取变卖处理。法律、行政法规和海关规章规定不得放弃的，按照海关总署规定办理。电子账册底账数据进行相应核减。

以保税模式从事跨境电子商务零售进口业务的，应当在海关特殊监管区域和保税物流中心（B 型）内开展，除另有规定外，参照上述规定办理。

第九节　海关监管场所

一、监管场所

监管场所是指进出境运输工具或者境内承运海关监管货物的运输工具进出、停靠，以及从事进出境货物装卸、储存、交付、发运等活动，办理海关监管业务，符合海关设置标准的特定区域。

监管场所内只能存放海关监管货物。

海关对监管场所实行统一编码、计算机联网和分类管理。

二、监管场所的设立、变更、有效期延续

申请设立监管场所的企业，应当经工商行政管理部门注册登记，具有独立企业法人资格；具有专门储存货物的营业场所，拥有营业场所的土地使用权，租赁他人土地、场所经营的，租期不得少于 5 年。其中，经营液/气体化工品、易燃易爆危险品等特殊许可货物仓储的，应当持有特殊经营许可批件。

申请设立监管场所的企业，应当向直属海关提交书面申请及相关材料。申请企业应当自海关制发"批准设立决定书"之日起 1 年内向直属海关申请验收。申请企业无正当理由逾期未申请验收或者经验收不合格的，"批准设立决定书"自动失效。

经营企业需要变更企业业务范围、监管场所面积等的，应当填写"中华人民共和国海关监管场所变更申请书"，向直属海关提出申请；需要延续注册登记证书有效期的，应当在注册登记证书有效期届满 30 日前向直属海关提出延续申请，并提交"中华人民共和国海关监管场所延续申请书"。直属海关在注册登记证书有效期届满前作出是否准予延续的决定。

三、海关对监管场所的监督管理

（一）海关采取视频监控、实地核查等方式对进出监管场所的运输工具、货物等实施监管。

经营企业应当在监管场所显著位置按照海关规定的样式制作、悬挂监管场所标志牌。

（二）监管场所内只能存放海关监管货物。监管场所内液/气体化工品、易燃易爆危险品、有毒及放射性货物应当带有明显标志，并不得与其他类货物一起存放。

经营油气液体化工品进出口业务的监管场所经营人及相关加工生产企业应向所在地海关申请办理油气液体化工品物流监控系统。

（三）经营企业应当按照海关要求发送和接收电子数据。海关有权查阅监管场所的货物进出和存储等情况的纸质单证或者电子账册。

（四）海关根据需要，可派员实施卡口监管，核实、放行海关监管运输工具、货物。海关检查运输工具或者查验货物、提取货样时，经营企业应当按照海关要求进行必要的协助。

（五）经营企业应当凭海关纸质放行凭证和电子放行信息放行海关监管的运输工具、

货物。

（六）经营企业应当及时将监管场所内存放超过 3 个月的货物情况向海关报告，并协助海关办理相关手续。

第十节　海关保税监管场所

海关保税监管场所，是指经海关批准设立的，准予在保税状态下存储货物的仓库、场所。海关保税监管场所管理规则，是根据我国海关加入的《京都公约》专项附约"海关仓库"条款制定的，准许货物存放在特定仓库、场所期间予以免纳进口税费，其目的是最大限度实施贸易便利化。

海关保税监管场所属于海关保税物流监管的基本形态之一，目前包括保税仓库、出口监管仓库和保税物流中心（A）、保税物流中心（B）四种形态。

一、保税仓库

（一）保税仓库概述

1. 保税仓库的概念

出口监管仓库保税仓库是指经海关批准设立的专门存放保税货物及其他未办结海关手续货物的仓库。

2. 保税仓库的功能

保税仓库具有保税仓储、商品展示、转口贸易、缓税、简单加工和增值服务、物流配送等功能。下列货物，经海关批准可以存入保税仓库：

（1）加工贸易进口货物；

（2）转口货物；

（3）供应国际航行船舶和航空器的油料、物料和维修用零部件；

（4）供维修外国产品所进口寄售的零配件；

（5）外商暂存货物；

（6）未办结海关手续的一般贸易货物；

（7）经海关批准的其他未办结海关手续的货物。

3. 保税仓库的种类

保税仓库按照使用对象不同分为公用型保税仓库、自用型保税仓库。公用型保税仓库由主营仓储业务的中国境内独立企业法人经营，专门向社会提供保税仓储服务。自用型保税仓库由特定的中国境内独立企业法人经营，仅存储供本企业自用的保税货物。

按照存储货物的类型或特定用途分类，公用型、自用型保税仓库还可衍生出专用型保税仓库，即保税仓库中专门用来存储具有特定用途或特殊种类商品的称为专用型保税仓库。专用型保税仓库包括液体危险品保税仓库、备料保税仓库、寄售维修保税仓库和其他专用型保税仓库。

（二）保税仓库的管理

1. 保税仓库的日常管理

企业申请设立保税仓库的，应向仓库所在地主管海关提交书面申请，由主管海关受理并报直属海关审批。

保税仓库不得存放国家禁止进境货物，不得存放未经批准的影响公共安全、公共卫生或健康、公共道德或秩序的国家限制进境货物，以及其他不得存入保税仓库的货物。保税仓库不得转租、转借给他人经营，不得下设分库。

保税仓库经营企业应于每月初 5 个工作日前，向海关提交月报关单报表、库存总额报表及其他海关认为必要的月报单证，将上月仓库货物入、出、转、存、退等情况以电子数据和书面形式报送仓库主管海关。

2. 保税仓库的变更

保税仓库经营企业变更企业名称、注册资本、组织形式、法定代表人的，应在有关部门批准文件下发之日起 10 日内向主管海关申请变更；变更保税仓库名称、地址、类型、仓储面（容）积的，应当在变更前向主管海关提出申请，由主管海关报直属海关批准。

3. 保税仓库的延期

保税仓库注册登记证书有效期为 3 年，保税仓库经营企业应当在保税仓库注册登记证书有效期届满前 30 个工作日前向海关申请办理仓库延期手续。

4. 保税仓库的注销

保税仓库有下列情形之一的，海关注销保税仓库：经营期满，合约中止或终止的；丧失设立保税仓库条件的；无正当理由连续 6 个月未经营保税仓储业务的；保税仓库不参加年审或者年审不合格的；保税仓库注册登记证书有效期满的。

（三）保税仓库货物的管理

1. 保税仓库所存货物的储存期限为 1 年。需要延长储存期限，应向主管海关申请延期，经海关批准可以延长，无特殊情形，延长的期限最长不超过 1 年。特殊情况下，延期后货物存储期超过 2 年的，由直属海关审批。保税仓库货物超出规定的存储期限未申请延期或海关不批准延期申请的，经营企业应当办理超期货物的退运、纳税、放弃、销毁等手续。

2. 保税仓库货物可以进行分级分类、分拆分拣、分装、计量、组合包装、打膜、加刷或刷贴运输标志、改换包装、拼装等辅助性简单作业。在保税仓库内从事上述作业必须事先向主管海关提出书面申请，经主管海关批准后方可进行。

3. 保税仓库所存货物是海关监管货物，未经海关批准并按规定办理有关手续，任何人不得出售、转让、抵押、质押、留置、移作他用或者进行其他处置。

4. 货物在仓库储存期间发生损毁或者灭失，除不可抗力原因外，保税仓库应当依法向海关缴纳损毁、灭失货物的税款，并承担相应的法律责任。

（四）保税仓库货物的报关程序

1. 进仓报关

保税仓库货物进境入仓，收发货人或代理人应当在仓库主管海关办理报关手续，经主管海关批准，也可以直接在进境口岸海关办理报关手续。

如果仓库主管海关与进境口岸海关不是同一直属海关的，经营企业可以按照"提前报关转关"的方式，先到仓库主管海关申报，再到口岸海关办理转关手续，货物运到仓库，由主管海关验放入仓，或者按照"直接转关"的方式，先到口岸海关转关，货物运到仓库，向主管海关申报，验放入仓。

如果仓库主管海关与进境口岸海关是同一直属海关的，经直属海关批准，可不按照转关运输方式办理，由经营企业直接在口岸海关办理报关手续，口岸海关放行后，企业自行提取货物入仓。

2. 出仓报关

（1）出口报关

保税仓库出仓复运出境货物，应当按照转关运输方式办理出仓手续。仓库主管海关和口岸海关是同一直属海关的，经直属海关批准，可以不按照转关运输方式，由企业自行提取货物出仓到口岸海关办理出口报关手续。

（2）进口报关

保税仓库货物出仓运往境内其他地方转为正式进口的，必须经主管海关保税监管部门审核同意。转为正式进口的同一批货物，要填制两份报关单：一份办结出仓报关手续，填制出口货物报关单，"贸易方式"栏填"保税间货物"；另一份办理进口申报手续，按照实际进口监管方式，填制进口货物报关单。进口手续可分为：

① 保税仓库货物出仓用于加工贸易的，由加工贸易企业或其代理人按保税加工货物的报关程序办理进口报关手续。

② 保税仓库货物出仓用于可以享受特定减免税的特定地区、特定企业和特定用途的，由享受特定减免税的企业或其代理人按特定减免税货物的报关程序办理进口报关手续。

③ 保税仓库货物出仓进入国内市场或用于境内其他方面，包括保修期外维修，按一般进口货物的报关程序办理进口报关手续。

海关审价以货物运出保税仓库内销时的价格为基础审查确定完税价格，该价格包含的能够单独列明的在保税仓库内发生的保险费、仓储费等费用，不计入完税价格。

④ 保税仓库内的寄售维修零配件申请以保修期内免税出仓的，由保税仓库经营企业办理进口报关手续，填制进口货物报关单，"贸易方式"栏填"无代价抵偿"，并确认免税出仓的维修件在保修期内且不超过原设备进口之日起 3 年，维修件由外商免费提供，更换下的零部件依法处理。

（3）集中报关

保税货物出仓批量少、批次频繁的，经海关批准可以办理集中报关手续。

集中报关出仓的，保税仓库经营企业应当向主管海关提出书面申请，写明集中报关的商品名称、发货流向、发货频率、合理理由。

集中报关由主管海关的分管关长审批，并按以下要求办理手续：

① 仓库主管海关可以根据企业资信状况和风险度收取保证金；

② 集中报关的时间根据出货的频率和数量、价值合理设定；

③ 企业当月出仓的货物最迟应在次月前 5 个工作日内办理报关手续，并且不得跨年度申报。

3. 流转报关

保税仓库与海关特殊监管区域或者海关保税监管场所之间往来流转的货物，按转关运输的有关规定办理相关手续。属同一直属关区内的，经直属海关批准，可不按转关运输方式办理。

保税仓库货物转往其他保税仓库的，应当各自在仓库主管海关报关，报关时应先办理进口报关，再办理出口报关。

二、出口监管仓库

（一）出口监管仓库概述

1. 出口监管仓库的概念

出口监管仓库指经海关批准设立，对已办结海关出口手续的货物进行存储、保税物流配送、提供流通性增值服务的海关专用监管仓库。

2. 出口监管仓库的功能

出口监管仓库具有转口配送、简单加工和增值服务的功能。

下列货物，经海关批准可以存入出口监管仓库：

（1）一般贸易出口货物；

（2）加工贸易出口货物；

（3）从其他海关特殊监管区域、场所转入的出口货物；

（4）出口配送型仓库可以存放为拼装出口货物而进口的货物，以及为改换出口监管仓库货物包装而进口的包装物料；

（5）其他已办结海关出口手续的货物。

3. 出口监管仓库的种类

出口监管仓库分为国内结转型仓库和出口配送型仓库。

国内结转型仓库是指存储用于国内结转的出口货物的仓库。

出口配送型仓库是指存储以实际离境为目的的出口货物的仓库。出口配送型仓库，符合上一年度入仓货物的实际出仓离境率不低于99%等条件的，可以进一步申请享受国内货物入仓退税政策。

（二）出口监管仓库的管理

1. 出口监管仓库的日常管理

企业申请设立出口监管仓库的，应向仓库所在地主管海关提交书面申请，由主管海关受理并报直属海关审批。

出口监管仓库不得存放国家禁止进出境货物，未经批准的国家限制进出境货物，以及海关规定不得存放的其他货物。

出口监管仓库必须专库专用，不得转租、转借给他人经营，不得下设分库。

出口监管仓库经营企业应当如实填写有关单证、仓库账册，真实记录并全面反映其业务活动和财务状况，编制仓库月度进、出、转、存情况表和年度财务会计报告，并定期报送主管海关。

2. 出口监管仓库的变更

出口监管仓库经营企业变更企业名称、注册资本、组织形式、法定代表人的，应在有关部门批准文件下发之日起10日内向主管海关申请变更；变更保税仓库名称、地址、仓储面积的，应当在变更前向主管海关提出申请，由主管海关报直属海关批准。

3. 出口监管仓库的延期

出口监管仓库经营企业申请延期的，须在海关出口监管仓库注册登记证书有效期届满30日前向仓库主管海关提出申请。

4. 出口监管仓库的注销

出口监管仓库有下列行为之一的，海关注销出口监管仓库：

（1）无正当理由连续6个月未开展业务的；

（2）无正当理由逾期未申请延期审查或者延期审查不合格的；

（3）仓库经营企业书面申请变更出口监管仓库类型的；

（4）仓库经营企业书面申请终止出口监管仓库仓储业务的；

（5）仓库经营企业不再具备经营出口监管仓库应当符合的条件的。

（三）出口监管仓库货物的管理

1. 出口监管仓库所存货物存储期限为6个月。经主管海关同意可以延期，但延期不得超过6个月。货物存储期满前，仓库经营企业应当通知发货人或者其代理人办理货物的出境或者进口手续。

2. 存入出口监管仓库的货物不得进行实质性加工。经主管海关同意，可以在仓库内进行品质检验、分级分类、分拣分装、加刷唛码、刷贴标志、打膜、改换包装等流通性增值服务。

3. 出口监管仓库所存货物，是海关监管货物，未经海关批准并按规定办理有关手续，任何人不得出售、转让、抵押、质押、留置、移作他用或者进行其他处置。

4. 货物在仓库储存期间发生损毁或者灭失，除不可抗力原因外，出口监管仓库应当依法向海关缴纳损毁、灭失货物的税款，并承担相应的法律责任。

（四）出口监管仓库货物的报关程序

1. 进仓报关

出口货物存入出口监管仓库时，发货人或其代理人应当向主管海关办理出口报关手续，填制出口货物报关单。按照国家规定应当提交出口许可证件和缴纳出口关税的，发货人或其代理人必须提交许可证件和缴纳出口关税。

发货人或其代理人按照海关规定提交报关必需单证和仓库经营企业填制的"出口监管仓库货物入仓清单"。

对经批准享受入仓即退税政策的出口监管仓库，海关在货物入仓办结出口报关手续后予以签发出口货物报关单退税证明联；对不享受入仓即退税政策的出口监管仓库，海关在货物实际离境后签发出口货物报关单退税证明联。

经主管海关批准，对批量少、批次频繁的入仓货物，可以办理集中报关手续。集中申报的期限不得超过1个月，且不得跨年度办理。

2. 出仓报关

（1）出口报关

出仓货物出口时，仓库经营企业或者其代理人应当向主管海关申报。仓库经营企业或者其代理人除按照海关规定提交有关单证外，还应当提交仓库经营企业填制的"出口监管仓库货物出仓清单"。

出仓货物出境口岸不在仓库主管海关的，经海关批准，可以在口岸所在地海关办理相关手续，也可以在主管海关办理相关手续。

入仓没有签发出口货物报关单退税证明联的，出仓离境后海关按规定签发出口货物报关单退税证明联。

（2）进口报关

① 用于加工贸易的，由加工贸易企业或其代理人按保税加工货物的报关程序办理进口报关手续。

② 用于可以享受特定减免税的特定地区、特定企业和特定用途的，由享受特定减免税的企业或其代理人按特定减免税货物的报关程序办理进口报关手续。

③ 进入国内市场或用于境内其他方面，由收货人或其代理人按进口货物的报关程序办理进口报关手续。

海关审价以货物运出出口监管仓库内销时的价格为基础审查确定完税价格，该价格包含的能够单独列明的在保税仓库内发生的保险费、仓储费等费用，不计入完税价格。

3. 流转报关

经转入、转出方所在地主管海关批准，并按照规定办理相关手续后，出口监管仓库之间，出口监管仓库与特殊监管区域、场所之间可以进行货物流转。

4. 更换报关

对已存入出口监管仓库因质量等原因要求更换的货物，经仓库所在地主管海关批准，可以更换货物。被更换货物出仓前，更换货物应当先行入仓，并应当与原货物的商品编码、品名、规格型号、数量和价值相同。

三、保税物流中心

（一）保税物流中心概述

1. 保税物流中心的概念

保税物流中心是指经海关批准，由中国境内一家企业法人经营，多家企业进入并从事保税仓储物流业务的海关集中监管场所。

保税物流中心有 A 型和 B 型两种，B 型较 A 型功能更为完善。本小节中所指的"保税物流中心"特指保税物流中心 B 型。

2. 保税物流中心的功能

根据现代制造业和物流业发展的特点，保税物流中心被赋予了进口保税政策、出口退税政策及灵活的外汇政策，拥有较为强大的政策功能优势。

（1）存放货物的范围

可存放以下货物：国内出口货物，转口货物和国际中转货物，外商暂存货物，加工贸易进出口货物，供应国际航行船舶和航空器的物料、维修用零部件，供维修外国产品所进口寄售的零配件，未办结海关手续的一般贸易进口货物，经海关批准的其他未办结海关手续的货物。

（2）开展业务的范围

保税物流中心可以开展以下业务：保税存储进出口货物及其他未办结海关手续的货物，对所存货物开展流通性简单加工和增值服务，全球采购和国际分拨、配送，转口贸易和国际中转业务，经海关批准的其他国际物流业务。

保税物流中心不得开展以下业务：商业零售；生产和加工制造；维修、翻新和拆解；存储国家禁止进出口货物，以及危害公共安全、公共卫生或者健康、公共道德或者秩序的国家限制进出口货物；存储法律、行政法规明确规定不能享受保税政策的货物；其他与保税物流中心无关的业务。

（二）保税物流中心的管理

1. 保税物流中心的日常管理

设立保税物流中心的申请由主管直属海关受理，由海关总署、财政部、国家税务总局、国家外汇管理局审批。在保税物流中心内设立企业由主管海关受理，报直属海关审批。

物流中心内企业应当按照海关批准的存储货物范围和商品种类开展保税物流业务。物流中心经营企业不得在本物流中心内直接从事保税仓储物流的经营活动。物流中心不得转租、转借他人经营，不得下设分中心。

海关采取联网监管、视频监控、实地核查等方式对进出物流中心的货物、物品、运输工具等实施动态监管。

2. 保税物流中心的延期、变更与注销

保税物流中心注册登记证书有效期为 3 年，物流中心经营企业应当在保税物流中心（B 型）注册登记证书每次有效期满30 日前向直属海关办理延期审查申请手续。

物流中心需变更名称、地址、面积及所有权等事项的，由直属海关受理并报海关总署审批；其他变更事项报直属海关备案。中心内企业需变更有关事项的，由主管海关受理后报直属海关审批。

物流中心经营企业无正当理由连续 1 年未开展业务的，视同撤回物流中心设立申请，由直属海关报海关总署办理注销手续。中心内企业无正当理由连续 6 个月未开展业务的，视同其撤回进入保税物流中心的申请，由主管海关报直属海关办理注销手续。

（三）保税物流中心货物的管理

1. 保税物流中心内货物保税存储期限为 2 年，确有正当理由的，经主管海关同意可以予以延期，除特殊情况外，延期不得超过 1 年。

2. 企业根据需要，经主管海关批准，可以分批进出货物，月度集中报关，但集中报关不得跨年度办理。实行集中申报的进出口货物，应当适用每次货物进出口时海关接受申报之日实施的税率、汇率。

3. 未经海关批准，保税物流中心不得擅自将所存货物抵押、质押、留置、移作他用或者进行其他处置。保税物流中心内的货物可以在中心内企业之间进行转让、转移，但必须办理相关海关手续。

4. 保税仓储货物在存储期间发生损毁或者灭失的，除不可抗力外，保税物流中心经营企业应当依法向海关缴纳损毁、灭失货物的税款，并承担相应的法律责任。

（四）保税物流中心进出货物报关程序

1. 保税物流中心与境外之间的进出货物报关

（1）保税物流中心与境外之间进出的货物，应当在保税物流中心主管海关办理相关手续。保税物流中心与口岸不在同一主管海关的，经主管海关批准，可以在口岸海关办理相

关手续。

（2）保税物流中心与境外之间进出的货物，除实行出口被动配额管理和中华人民共和国参加或者缔结的国际条约及国家另有明确规定的以外，不实行进出口配额、许可证件管理。

（3）从境外进入保税物流中心内的货物，凡属于规定存放范围内的货物予以保税；属于保税物流中心企业进口自用的办公用品、交通运输工具、生活消费品等，以及保税物流中心开展综合物流服务所需进口的机器、装卸设备、管理设备等，按照进口货物的有关规定和税收政策办理相关手续。

2. 保税物流中心与境内之间的进出货物报关

保税物流中心内货物运往所在关区外，或者跨越关区提取保税物流中心内货物，可以在保税物流中心主管海关办理进出中心的报关手续，也可以按照海关其他规定办理相关手续。

保税物流中心与境内之间的进出货物报关，按下列规定办理：

（1）货物出中心进入境内的其他地区

保税物流中心货物出中心进入境内的其他地区视同进口，办理进口报关手续。海关审价以货物运出保税物流中心时的内销价格为基础审查确定完税价格，该价格包含的能够单独列明的在保税物流中心内发生的保险费、仓储费等费用，不计入完税价格。

属于许可证件管理的商品，企业还应当向海关出具有效的许可证件。

进口申报流程为：保税物流中心外企业填制进口报关单向保税物流中心主管海关申报，贸易方式根据企业贸易实际填报，保税物流中心内的企业以转出单形式向海关申报，两份单证内容要求一致，同时提交海关审核。

从保税物流中心进入境内用于在保修期限内免费维修有关外国产品并符合无代价抵偿货物有关规定的零部件，或者用于国际航行船舶和航空器的物料，或者属于国家规定可以免税的货物，免征进口关税和进口环节海关代征税。

（2）境内的其他地区货物进中心

货物从境内进入保税物流中心视同出口，办理出口报关手续。如需缴纳出口关税的，应当按照规定纳税；属于许可证件管理的商品，还应当向海关出具有效的出口许可证件。

出口申报流程为：保税物流中心外企业填制出口报关单向保税物流中心主管海关申报，贸易方式根据企业贸易实际填报，保税物流中心内的企业以转入单形式向海关申报，两份单证内容要求一致，同时提交海关审核。

从境内运入保税物流中心的原进口货物，境内发货人应当向海关办理出口报关手续，经主管海关验放；已经缴纳的关税和进口环节海关代征税，不予退还。

从境内运入保税物流中心已办结报关手续的货物或者从境内运入中心供中心企业自用的国产机器设备、装卸设备、管理设备、检测检验设备等，以及转关出口货物（起运地海关在已收到保税物流中心主管海关确认转关货物进入物流中心的转关回执后），海关签发出口货物报关单退税证明联。

从境内运入保税物流中心的下列货物，海关不签发出口货物报关单退税证明联：

① 供中心企业自用的生活消费品、交通运输工具；

② 供中心企业自用的进口的机器设备、装卸设备、管理设备、检测检验设备等；

③ 保税物流中心之间，保税物流中心与出口加工区、保税物流园区和已实行国内货

物入仓环节出口退税政策的出口监管仓库等海关特殊监管区域或者海关保税监管场所往来的货物。

第十一节　海关特殊监管区域

海关特殊监管区域包括保税区、出口加工区、保税物流园区、保税港区、综合保税区，以及珠澳跨境工业区珠海园区、中哈霍尔果斯国际边境合作中心中方配套区、横琴新区等。

一、保税区

（一）保税区概述

保税区，是指经国务院批准设立的，具备保税加工、保税仓储、进出口贸易和进出口商品展示等功能的海关特殊监管区域。保税区是我国最早出现的海关特殊监管区域类型。

保税区的功能包括保税仓储和展示、国际贸易、保税加工。

（二）保税区的管理

保税区与境内其他地区之间，应设置符合海关监管要求的隔离设施。区内仅设置保税区行政管理机构和企业。除安全保卫人员外，其他人员不得在区内居住。

在保税区内设立的企业，必须向海关办理注册手续。区内企业必须依照国家有关法律、行政法规的规定设置账簿、编制报表，凭合法、有效的凭证记账并进行核算，记录有关进出保税区货物和物品的库存、转让、转移、销售、加工、使用和损耗等情况。区内企业必须与海关实行电子计算机联网，进行电子数据交换。

进出保税区的运输工具的负责人，应当持保税区主管机关批准的证件，连同运输工具的名称、数量、牌照号码及驾驶员姓名等清单，向海关办理登记备案手续。未经海关批准，从保税区到非保税区的运输工具和人员不得运输、携带保税区内的免税、保税货物。

从非保税区进入保税区的货物，按照出口货物办理手续。在办理出口手续时，不办理出口退税手续。可享受出口退税的货物应当在货物实际离境后办理。

保税区内的转口货物可以在区内仓库或者区内其他场所进行分级、挑选、印刷运输标志、改换包装等简单加工。

海关对进出保税区的货物、物品、运输工具、人员及区内有关场所进行检查、查验。

（三）保税区的加工贸易管理

保税区企业开展加工贸易，不实行银行保证金台账制度。加工贸易单耗标准不适用于保税区内的加工贸易管理。

区内企业加工贸易进口易制毒化学品、监控化学品、消耗臭氧层物质需要提供进口许可证件；生产激光光盘，进口国家限制进口可用做原料的废物并对其进行加工、拆解，需要主管部门批准；其他加工贸易料件进口免予交验许可证件。

区内加工企业加工的制成品及其在加工过程中产生的边角余料运往境外时，应当按照国家有关规定向海关办理手续，除法律、行政法规另有规定外，免征出口关税。区内加工企业将区内加工贸易料件及制成品，在加工过程中产生的副产品、残次品、边角料运往非保税区时，应当依照国家有关规定向海关办理进口报关手续，并依法纳税，免交缓税利息。

区内加工企业内销保税加工进口料件或者其制成品，海关以内销价格为基础，审查确定完税价格。区内加工企业内销的制成品中，如果含有从境内采购的料件，海关以制成品所含从境外购入料件的原进口成交价格为基础，审查确定完税价格；内销的保税加工进口料件或者其制成品的进口价格不能确定的，海关以接受内销申报的同时或者大约同时内销的相同或者类似的保税货物的内销价格为基础确定完税价格。区内加工企业内销的保税加工过程中产生的边角料、废品、残次品和副产品，以其内销价格为基础，审查确定完税价格。

区内加工企业委托非保税区企业或者接受非保税区企业委托进行加工业务，应当事先经海关批准，并符合下列条件：

1. 在区内拥有生产场所，并已经正式开展加工业务。

2. 委托非保税区企业的加工业务，主要工序应当在区内进行。

3. 委托非保税区企业加工业务的期限为6个月；有特殊情况需要延长期限的，应当向海关申请延期，延期期限为6个月。在非保税区加工完毕的产品应当运回保税区；需要从非保税区直接出口的，应当向海关办理核销手续。

4. 接受非保税区企业委托加工的，由区内加工企业向海关办理委托加工料、件的备案手续，委托加工的料、件及产品应当与区内企业的料、件及产品分别建立账册并分别使用。加工完毕的产品应当运回非保税区企业，并由区内加工企业向海关销案。

5. 委托非保税区企业进行加工业务的，由非保税区企业向当地海关办理合同登记备案手续，并实行加工贸易银行保证金台账制度。

（四）保税区货物进出口报关程序

1. 进出境报关

进出境报关采用报关制和备案制相结合的运行机制，即保税区与境外之间进出境货物，属自用的，采取报关制，填写进出口货物报关单；属非自用的，包括加工出口、转口、仓储和展示，采取备案制，填写进出境货物备案清单。也就是说，保税区内企业的加工贸易料件、转口贸易货物、仓储货物进出境，由收货人或其代理人填写进出境货物备案清单向海关报关；对保税区内企业进口自用合理数量的机器设备、管理设备、办公用品及工作人员所需自用合理数量的应税物品及货样，由收货人或其代理人填写进口货物报关单向海关报关。

保税区与境外之间进出的货物，除易制毒化学品、监控化学品、消耗臭氧层物质等国家规定的特殊货物外，不实行进出口许可证件管理，免予交验许可证件。

为保税加工、保税仓储、转口贸易、展示而从境外进入保税区的货物可以保税。

从境外进入保税区的以下货物可以免税：

（1）区内生产性的基础设施建设项目所需的机器、设备和其他基建物资；

（2）区内企业自用的生产、管理设备和自用合理数量的办公用品及其所需的维修零配件，生产用燃料，建设生产厂房、仓储设施所需的物资、设备，但是交通车辆和生活用品除外；

（3）保税区行政管理机构自用合理数量的管理设备和办公用品及其所需的维修零配件。

2. 进出区报关

进出区报关要根据不同的情况按不同的报关程序报关。

（1）保税加工货物进出区

进区，报出口，要有加工贸易电子化手册或者电子账册编号，填写出口货物报关单，提供有关的许可证件。出口应当征收出口关税的商品，须缴纳出口关税，海关不签发出口货物报关单退税证明联。

出区，报进口，按不同的流向填写不同的进口货物报关单：

① 出区进入国内市场的，按一般进口货物报关，填写进口货物报关单，提供有关的许可证件。

② 出区用于加工贸易的，按加工贸易货物报关，填制进口货物报关单，提供加工贸易电子化手册或者电子账册编号。

③ 出区用于可以享受特定减免税企业的，按特定减免税货物报关，提供进出口货物征免税证明和应当提供的许可证件，免缴进口税。

（2）设备进出区

不管是施工设备还是投资设备，进出区均需向保税区海关备案，设备进区不填写报关单，不缴纳出口税，海关不签发出口货物报关单退税证明联，设备从国外进口已征进口税的，不退进口税；设备退出区外，也不必填写报关单进行申报，但要报保税区海关销案。

二、保税物流园区

（一）保税物流园区概述

1. 保税物流园区的概念

保税物流园区是指经国务院批准，在保税区规划面积内或者毗邻保税区的特定港区内设立的，专门发展现代国际物流的海关特殊监管区域。

2. 保税物流园区的功能

保税物流园区是以仓储物流为主的海关监管特殊区域，主要有以下功能：

（1）存储进出口货物及其他未办结海关手续货物；

（2）对所存货物开展流通性简单加工和增值服务；

（3）进出口贸易，包括转口贸易；

（4）国际采购、分销和配送；

（5）国际中转；

（6）检测、维修；

（7）商品展示；

（8）经海关批准的其他国际物流业务。

（二）保税物流园区的管理

保税物流园区与境内其他地区之间应当设置符合海关监管要求的卡口、围网隔离设施、视频监控系统及其他海关监管所需的设施。海关在园区派驻机构，依照有关法律、行政法规，对进出园区的货物、运输工具、个人携带物品及园区内相关场所实行 24 小时监管。除安全人员和相关部门、企业值班人员外，其他人员不得在园区内居住。园区内不得建立工业生产加工场所和商业性消费设施，不得开展商业零售、加工制造、翻新、拆解及其他与园区无关的业务。

1. 企业管理

保税物流园区行政管理机构及其经营主体、在保税物流园区内设立的企业等单位的办公场所应当设置在园区规划面积内、围网外的园区综合办公区内。

海关对园区企业实行电子账册监管制度和计算机联网管理制度。

园区行政管理机构或者其经营主体应当在海关指导下，通过电子口岸建立供海关、园区企业及其他相关部门进行电子数据交换和信息共享的计算机公共信息平台。

园区企业应当建立符合海关监管要求的电子计算机管理系统，提供海关查阅数据的终端设备，按照海关规定的认证方式和数据标准与海关进行联网。

园区企业应当依照法律、行政法规的规定，规范财务管理，设置符合海关监管要求的账簿、报表，记录本企业的财务状况和有关进出园区货物、物品的库存、转让、转移、销售、简单加工、使用等情况，如实填写有关单证、账册，凭合法、有效的凭证记账和核算。

园区企业变更营业场所面积、地址等事项的，应当报经直属海关批准；变更名称、组织机构、性质、法定代表人、注册资本等注册登记内容的，应当在变更后5个工作日内报所在地直属海关备案。

2. 物流管理

园区内设立仓库、堆场、查验场和必要的业务指挥调度操作场所。园区货物不设存储期限，但园区企业自开展业务之日起，应当每年向园区主管海关办理报核手续。园区主管海关应当自受理报核申请之日起30天内予以核库。企业有关账册、原始数据应当自核库结束之日起至少保留3年。园区企业应当编制月度货物进、出、转、存情况表和年度财务会计报告，并定期报送园区主管海关。

经主管海关批准，园区企业可以在园区综合办公区专用的展示场所举办商品展示活动。展示的货物应当在园区主管海关备案，并接受海关监管。

园区内货物可以自由流转。园区企业转让、转移货物时应当将货物的具体品名、数量、金额等有关事项向海关进行电子数据备案，并在转让、转移后向海关办理报核手续。

未经园区主管海关许可，园区企业不得将所存货物抵押、质押、留置、移作他用或者进行其他处置。

园区与区外非海关特殊监管区域或者保税监管场所之间货物的往来，企业可以使用其他非海关监管车辆承运。承运车辆进出园区通道时应当经海关登记，海关可以对货物和承运车辆进行查验、检查。

3. 放弃、损坏、损毁、灭失货物的处理

除法律、行政法规规定不得声明放弃的货物外，园区企业可以申请放弃货物。放弃的货物由主管海关依法提取变卖，变卖收入由海关按照有关规定处理。依法变卖后，企业凭放弃该批货物的申请和园区主管海关提取变卖该货物的有关单证办理核销手续。确因无使用价值无法变卖并经海关核准的，由企业自行处理，园区主管海关直接办理核销手续。放弃货物在海关提取变卖前所需的仓储等费用，由企业自行承担。

对按照规定应当销毁的放弃货物，由企业负责销毁，园区主管海关可以派员监督。园区主管海关凭有关主管部门的证明材料办理核销手续。

因不可抗力造成园区货物损坏、损毁、灭失的，园区企业应当及时书面报告园区主管海关，说明理由并提供保险、灾害鉴定部门的有关证明。经主管海关核实确认后，按照下列规定处理：

（1）货物灭失，或者完全失去使用价值的，海关予以办理核销和免税手续。

（2）进境货物损坏、损毁，失去原使用价值但可再利用的，园区企业可以向园区主管海关办理退运手续，如不退运出境并要求运往区外的，由区内企业提出申请，并经主管海关核准，根据受灾货物的使用价值估价、征税后运出园区外。

（3）区外进入园区的货物损坏、损毁，失去原使用价值但可再利用，且需向出口企业进行退换的，可以退换为与损坏货物同一品名、规格、数量、价格的货物，并向园区主管海关办理退运手续。退运到区外的，如属于尚未办理出口退税手续的，可以向园区主管海关办理退运手续；如属于已经办理出口退税手续的，按照进境货物运往区外的有关规定办理。

因保管不善等非不可抗力因素造成货物损坏、损毁、灭失的，按下列规定办理：

（1）对于从境外进入园区的货物，园区企业应当按照一般进口货物的规定，以货物进入园区时海关接受申报之日适用的税率、汇率，依法向海关缴纳损毁、灭失货物原价值的关税、进口环节增值税和消费税。

（2）对于从区外进入园区的货物，园区企业应当重新缴纳因出口而退还的国内环节有关税收，海关据此办理核销手续。

（三）保税物流园区进出货物的报关程序

1. 保税物流园区与境外之间进出货物

海关对园区与境外之间进出的货物实行备案制管理，但园区自用的免税进口货物、国际中转货物或者法律、行政法规另有规定的货物除外。

园区与境外之间进出的货物应当向园区主管海关申报。园区货物的进出境口岸不在园区主管海关管辖区域的，经主管海关批准，可以在口岸海关办理申报手续。

园区内开展整箱进出、二次拼箱等国际中转业务的，由开展此项业务的企业向海关发送电子舱单数据，园区企业向园区主管海关申请提箱、集运等，凭舱单等单证办理进出境申报手续。

保税物流园区与境外之间进出货物的报关程序如下：

（1）境外货物运入园区

境外货物到港后，园区企业及其代理人可以先凭舱单将货物直接运到园区，再凭进境货物备案清单向园区主管海关办理申报手续。除法律、行政法规另有规定的外，境外运入园区的货物不实行许可证件管理。

境外运入园区的下列货物保税：园区企业为开展业务所需的货物及其包装物料，加工贸易进口货物，转口贸易货物，外商暂存货物，供应国际航行船舶和航空器的物料、维修用零部件，进口寄售货物，进境检测、维修货物及其零配件，看样订货的展览品、样品，未办结海关手续的一般贸易货物，经海关批准的其他进境货物。

境外运入园区的下列货物免税：园区的基础设施建设项目所需的设备、物资等；园区企业为开展业务所需机器、装卸设备、仓储设施、管理设备，以及其维修用消耗品、零配件及工具；园区行政机构及其经营主体、园区企业自用合理数量的办公用品。

境外运入园区的园区行政机构及其经营主体、园区企业自用交通运输工具及电视机、摄像机、录像机、放像机、音响设备、空调器、电冰箱、洗衣机、照相机、复印机、程控电话交换机、微型计算机及外设、电话机、无线寻呼系统、传真机、电子计算器、打字机及文字处理机、家具、灯具和餐料等 20 种商品和生活消费品，按一般进口货物的有关规定和程序办理申报手续。

（2）园区货物运往境外

从园区运往境外的货物，除法律、行政法规另有规定外，免征出口关税，不实行许可证件管理。

进境货物未经流通性简单加工，需原状退运出境的，园区企业可以向园区主管海关申请办理退运手续。

2. 保税物流园区与境内区外之间进出货物

园区与区外之间进出的货物，由区内企业或者区外的收发货人或其代理人在园区主管海关办理申报手续。

园区企业在区外从事进出口贸易且货物不实际进出园区的，可以在收发货人所在地的主管海关或者货物实际进出境口岸的海关办理申报手续。

除法律、行政法规规定不得集中申报的货物外，园区企业少批量、多批次进出货物的，经主管海关批准可以办理集中申报手续，并适用每次货物进出口时海关接受该货物申报之日实施的税率、汇率。集中申报的期限不得超过 1 个月，且不得跨年度办理。

保税物流园区与区外之间进出货物的报关程序如下：

（1）园区货物运往区外

园区货物运往区外，视同进口。园区企业或者区外收货人或其代理人按照进口货物的有关规定向园区主管海关申报，海关按照货物出园区时的实际监管方式办理相关手续：

① 进入国内市场的，按一般进口货物报关，提供相关的许可证件，照章缴纳进口关税及进口环节的增值税、消费税。

② 用于加工贸易的，按保税加工货物报关，提供电子化手册或电子账册编号，继续保税。

③ 用于可以享受特定减免税的特定企业、特定地区或有特定用途的，按特定减免税货物报关，提供进出口货物"征免税证明"和相应的许可证件，免缴进口关税、进口环节的增值税。

园区企业跨关区配送货物或者异地企业跨关区到园区提取货物的，可以在园区主管海关办理申报手续，也可以按照海关规定办理进口转关手续。

供区内行政管理机构及其经营主体和区内企业使用的机器、设备和办公用品等需要运往区外进行检测、维修的，应当向园区主管海关提出申请，经主管海关核准、登记后方可运往区外。运往区外检测、维修的机器、设备和办公用品等不得留在区外使用，并自运出之日起 60 天内运回区内。因特殊情况不能如期运回的，园区行政管理机构及其经营主体和园区内企业应当于期满前 10 天内，以书面形式向园区主管海关申请延期，延长期限不得超过 30 天。

检测、维修完毕运进园区的机器、设备等应当为原物。有更换新零配件或者附件的，原零配件或者附件应当一并运回园区。对在区外更换的国产零配件或者附件，如需退税，由区内企业或者区外企业提出申请，园区主管海关按照出口货物的有关规定办理，并签发出口货物报关单退税证明联。

园区企业在区外其他地方举办商品展示活动的，应当比照海关对暂准进境货物的管理规定办理有关手续。

（2）区外货物运入园区

区外货物运入园区，视同出口，由区内企业或者区外的发货人或其代理人向园区主管海关办理出口申报手续。属于应当缴纳出口关税的商品，应当照章纳税；属于许可证件管理的商品，应当同时向海关出具有效的许可证件。

用于办理出口退税的出口货物报关单证明联的签发手续，按照下列规定办理：

① 从区外运入园区，供区内企业开展业务的国产货物及其包装材料，由区内企业或者区外发货人或其代理人填写出口货物报关单，海关按照对出口货物的有关规定办理，签发出口货物报关单退税证明联；货物从异地转关进入园区的，起运地海关在收到园区主管海关确认转关货物已进入园区的电子回执后，签发出口货物报关单退税证明联。

② 从区外运入园区，供区内行政管理机构及其经营主体和区内企业使用的国产基建物资、机器、装卸设备、管理设备等，海关按照对出口货物的有关规定办理，除属于取消出口退税的基建物资外，其他的予以签发出口货物报关单退税证明联。

③ 从区外运入园区，供区内行政管理机构及其经营主体和区内企业使用的生活消费品、办公用品、交通运输工具等，海关不予签发出口货物报关单退税证明联。

④ 从区外进入园区的原进口货物、包装物料、设备、基建物资等，区外企业应当向海关提供上述货物或者物品的清单，按照出口货物的有关规定办理申报手续，海关不予签发出口货物报关单退税证明联，原已缴纳的关税、进口环节增值税和消费税不予退还。

⑤ 除已经流通性简单加工的货物外，区外进入园区的货物，因质量、规格型号与合同不符等原因，需原状返还出口企业进行更换的，园区企业应当在货物申报进入园区之日起1年内向园区主管海关申请办理退换手续。更换的货物进入园区时，可以免领出口许可证件，免征出口关税，但海关不予签发出口货物报关单退税证明联。

（3）保税物流园区与其他特殊监管区域、保税监管场所之间往来货物

海关对于园区与海关其他特殊监管区域或者保税监管场所之间往来的货物，继续实行保税监管，不予签发出口货物报关单退税证明联。但货物从未实行国内货物入区、入仓环节出口退税制度的海关特殊监管区域或者保税监管场所转入园区的，按照货物实际离境的有关规定办理申报手续，由转出地海关签发出口货物报关单退税证明联。

园区与其他特殊监管区域、保税监管场所之间的货物交易、流转，不征收进出口环节和国内流通环节的有关税收。

三、出口加工区

（一）出口加工区概述

1. 出口加工区的概念

出口加工区是指经国务院批准设立的，由海关对进出区货物及区内相关场所进行封闭式监管的特定区域。

2. 出口加工区的功能

（1）保税加工功能：设立出口加工企业，开展出口加工业务。

（2）保税物流功能：设立保税物流企业，开展境内外保税货物仓储、转口、简单加工

等业务。

（3）研发、检测、维修功能：可以开展研发、检测、维修业务。

（二）出口加工区的管理

出口加工区是海关监管的特定区域。出口加工区与境内其他地区之间设置符合海关监管要求的隔离设施及闭路电视监控系统，在进出区通道设立卡口。海关在出口加工区内设立机构，并依照有关法律、行政法规，对进出区的货物及区内相关场所实行 24 小时监管。区内不得经营商业零售业务，不得建立营业性的生活消费设施。除安全人员和企业值班人员外，其他人员不得在出口加工区内居住。区内企业建立符合海关监管要求的电子计算机管理数据库，并与海关实行电子计算机联网，进行电子数据交换。

出口加工区与境外之间进出的货物，除国家另有规定的外，不实行进出口许可证件管理。国家禁止进出口的货物，不得进出出口加工区。

境内区外进入出口加工区的货物视同出口，办理出口报关手续，除属于取消出口退税的基建物资外，可以办理出口退税手续。

从境外运入出口加工区的加工贸易货物全额保税。出口加工区区内企业开展加工贸易业务不实行加工贸易银行保证金台账制度，不适用加工贸易单耗标准，适用电子账册管理。出口加工区内企业从境外进口的自用的生产、管理所需设备、物资，除交通运输工具及电视机、摄像机、录像机、放像机、音响设备、空调器、电冰箱、洗衣机、照相机、复印机、程控电话交换机、微型计算机及外设、电话机、无线寻呼系统、传真机、电子计算器、打字机及文字处理机、家具、灯具、餐料等 20 种商品和生活消费用品外，予以免税。

（三）出口加工区的报关程序

出口加工区内企业在进出口货物前，应向出口加工区主管海关申请建立电子账册。出口加工区企业电子账册包括加工贸易电子账册（H 账册）和企业设备电子账册。出口加工区进出境货物和进出区货物通过电子账册办理报关手续。

1. 与境外之间进出货物

（1）出口加工区企业从境外运进货物或运出货物到境外，由收发货人或其代理人填写进、出境货物备案清单，向出口加工区海关备案。

对于跨越关区进出境的出口加工区货物，除邮递物品、个人随身携带物品、跨越关区进口车辆和出区在异地口岸拼箱出口货物以外，可以按转关运输中的直转转关方式办理转关。

对于同一直属海关关区内的出口加工区进出境货物，可以按直通式报关。

（2）出口加工区保税物流货物运至境外的，区内企业填写出境货物备案清单，贸易方式栏填写"区内仓储货物"。

（3）出口加工区与境外之间进出的用于研发的货物，在货物进境时，区内企业填写进境货物备案清单，贸易方式栏填写"出口加工区研发货物"；在货物出境时，区内企业填写出境货物备案清单，贸易方式栏填写"出口加工区研发货物"。

（4）出口加工区与境外之间进出的检测货物，在货物进境时，区内企业填写进境货物备案清单，贸易方式栏填写"修理物品"；在货物出境时，区内企业填写出境货物备案清单，贸易方式栏填写"修理物品"。

（5）国产出口货物的售后维修业务，在货物进境时，区内企业填写进境货物备案清单，贸易方式栏填写"修理物品"；在货物出境时，区内企业填写出境货物备案清单，贸易方式栏填写"修理物品"。

2. 与境内区外其他地区之间进出货物

（1）出口加工区货物运往境内区外

出口加工区运往境内区外的货物，按照对进口货物的有关规定办理报关手续。由区外企业录入进口货物报关单，向出口加工区海关办理进口报关手续。进口报关结束后，区内企业填制出口加工区出境货物备案清单，向出口加工区海关办理出区报关手续。

出口加工区内企业内销加工贸易料件、成品、副产品，以内销价格作为完税价格。由区外企业缴纳进口关税和进口环节海关代征税，免予交付缓税利息。属于许可证件管理的商品，应向海关出具有效的进口许可证件。

出口加工区内企业产生边角料、废品、残次品等原则上应复运出境。如出区内销，应按照对区外其他加工贸易货物内销的相关规定办理：

① 边角料、废品内销，海关按照报验状态归类后适用的税率和审定的价格计征税款，免予提交许可证件；

② 边角料、废品以处置方式销毁的，或者属于禁止进口的固体废物需出区进行利用或者处置的，区内企业持处置单位的"危险废物经营许可证"复印件及出口加工区管委会和所在地地（市）级环保部门的批准文件向海关办理有关手续；

③ 对无商业价值且不属于禁止进口的固体废物的边角料和废品，需运往区外以处置之外的其他方式销毁的，应凭出口加工区管委会的批件，向主管海关办理出区手续，海关予以免税，并免予验核进口许可证件；

④ 残次品出区内销，按成品征收进口关税和进口环节海关代征税，属于进口许可证件管理的，企业应当向海关提交相应许可证件；对属于《法检目录》内的出区内销残次品，须经出入境检验检疫机构按照国家技术规范的强制性要求检验合格后，方可内销。

出口加工区内企业需要将有关模具、半成品运往区外用于加工生产，应当报经加工区主管海关批准，由接受委托的区外企业向出口加工区主管海关缴纳货物应征关税和进口环节增值税等值的保证金或银行保函后，办理出区手续。加工完毕后，加工产品应按期（一般为6个月）运回出口加工区，区内企业向出口加工区主管海关提交运出出口加工区时填写的委托区外加工申请书及有关单证，办理验放核销手续。加工区主管海关办理验放核销手续后，退还保证金或撤销保函。

出口加工区区内使用的机器、设备、模具和办公用品等，须运往境内区外进行维修、测试或检验时，区内企业或管理机构应向主管海关提出申请，并经主管海关核准、登记、查验后，方可将机器、设备、模具和办公用品等运往境内区外维修、测试或检验。区内企业将模具运往境内区外维修、测试或检验时，应留存模具所生产产品的样品，以备海关对运回出口加工区的模具进行核查。运往境内区外维修、测试或检验的机器、设备、模具和办公用品等，按照"修理物品"监管，不得用于境内区外加工生产和使用。运往境内区外维修、测试或检验的机器、设备、模具和办公用品等，应自运出之日起2个月内运回加工区。因特殊情况不能如期运回的，区内企业应于期限届满前7天内，向主管海关说明情况，并申请延期。申请延期以1次为限，延长期限不得超过1个月。运往境内区外维修的机器、设备、模具和办公用品等，运回出口加工区时，要以海关能辨认其为原物或同一规格的新零件、配件或附件为限，但更换新零件、配件或附件的，原零件、配件或附件应一并运回出口加工区。

（2）境内区外货物运入出口加工区

境内区外运入出口加工区的货物，按照对出口货物的有关规定办理报关手续。由区外企业录入出口货物报关单，凭购销合同（协议）、发票、装箱单等单证向出口加工区海关办理出口报关手续。出口报关结束后，区内企业填制出口加工区进境货物备案清单，凭购销发票、装箱单、电子账册编号等单证向出口加工区海关办理进区报关手续。

出口加工区海关查验、放行货物后，向区外企业签发出口货物报关单收汇证明联和出口退税证明联，向区内企业签发出口加工区进境货物备案清单付汇证明联。

从境内区外运进出口加工区供区内企业使用的国产机器、设备、原材料、零部件、元器件、包装物料、基础设施，加工企业和行政管理部门生产、办公用房合理数量的国产基建物资等，按照对出口货物的管理规定办理出口报关手续，海关签发出口货物报关单退税证明联（除不予退税的基建物资外）。境内区外企业依据出口货物报关单退税证明联向税务部门申请办理出口退（免）税手续。

（3）保税物流、研发、检测货物

出口加工区内仓储物流企业将货物配送至境内区外的，或区内生产型企业将未经实质性加工的货物运往境内区外的，货物出区时区内企业填写出境货物备案清单，贸易方式栏填写"成品进出区"。

出口加工区与境内区外之间进出的用于研发的货物，在货物入区时，区内企业填写进境备案货物清单，贸易方式栏填写"料件进出区"；在货物出区时，区内企业填写出境货物备案清单，贸易方式栏填写"成品进出区"。

出口加工区与境内区外之间进出的检测货物，在货物入区时，区内企业填写进境备案货物清单，贸易方式栏填写"修理物品"；在货物出区时，区内企业填写出境货物备案清单，贸易方式栏填写"修理物品"。

（4）出口加工区货物出区深加工结转

对结转至海关特殊监管区域外的加工贸易企业的货物，海关按照对保税加工进口货物的有关规定办理手续，转出、转入企业在转出地主管海关办理结转手续。转出企业填报出口加工区出境货物备案清单，转入企业填报进口货物报关单。转出企业的监管方式填报"成品进出区"（代码"5100"），运输方式应当填报"其他"（代码"9"），运抵国填报"中国"（代码"142"）；转入企业监管方式填报"进料深加工"（代码"0654"），运输方式填报"出口加工区"（代码"Z"），起运国填报"中国"（代码"142"）。结转产品如果属于加工贸易项下进口许可证件管理商品的，企业应当向海关提供相应的有效进口许可证件。

（5）出口加工区机器设备出区处理

① 从境外进入出口加工区的特定减免税设备

从境外进入出口加工区按规定予以免税的机器设备，海关在规定的监管年限内实施监管。监管年限自货物进境放行之日起计算，期限5年。使用完毕，原则上应退运出境。

需在监管年限内出区内销的，海关按照特定减免税货物的管理规定征收税款。监管年限届满的，出区时不再征收税款。从境外进入出口加工区时免予提交机电产品进口许可证件的，在其出区时，海关凭与其入境状态一致的机电产品进口许可证件验放。

在监管年限内转让给区外进口同一货物享受减免税优惠待遇的企业的，由区外企业按照特定减免税货物的管理规定办理进口手续，监管年限连续计算；如出区转为加工贸易不作价设备的，由区外企业按照加工贸易不作价设备的管理规定办理进口手续，监管年限连续计算。

② 从境内区外采购入区予以退税的机器设备

从境内区外采购入区予以退税的机器设备如需内销出区的，在办理进口手续时，按报验状态征税，免予提交相应的进口许可证件。其中，从境内区外采购入区的海关监管年限内的特定减免税进口的机器设备和加工贸易不作价设备，监管年限连续计算，监管年限届满的，出区时不再征收税款；在海关监管年限内的，出区时海关按照特定减免税货物的管理规定征收税款。

四、保税港区（综合保税区）

（一）保税港区（综合保税区）概述

1. 保税港区（综合保税区）的概念

保税港区是指经国务院批准，设立在国家对外开放的口岸港区和与之相连的特定区域内，具有口岸、物流、加工等功能的海关特殊监管区域。

综合保税区是设立在内陆地区的具有保税港区功能的海关特殊监管区域，由海关参照有关规定进行管理，执行保税港区的税收和外汇政策，具有和保税港区相同的保税加工、保税物流等功能的海关监管特殊区域。

本小节中以下对保税港区的描述，同样适用于综合保税区。

2. 保税港区的功能

保税港区可以开展下列业务：

（1）存储进出口货物和其他未办结海关手续的货物；

（2）国际转口贸易；

（3）国际采购、分销和配送；

（4）国际中转；

（5）检测和售后服务维修；

（6）商品展示；

（7）研发、加工、制造；

（8）港口作业；

（9）经海关批准的其他业务。

（二）保税港区的管理

保税港区实行封闭式管理。保税港区与中华人民共和国关境内的其他地区之间设置符合海关监管要求的卡口、围网、视频监控系统及海关监管所需的其他设施。

保税港区享受的税收和外汇管理政策为：国外货物入港区保税；货物出港区进入境内销售按货物进口的有关规定办理报关手续，并按货物实际状态征税；区外货物入港区视同出口，实行退税。

保税港区内不得居住人员；除保障保税港区内人员正常工作、生活需要的非营利性设施外，保税港区内不得建立商业性生活消费设施和开展商业零售业务；国家禁止进出口的货物、物品不得进出保税港区；区内企业的生产经营活动应当符合国家产业发展要求，不得开展高耗能、高污染和资源性产品及列入《加工贸易禁止类商品目录》商品的加工贸易业务。

区内企业不实行加工贸易银行保证金台账和合同核销制度，海关对保税港区内加工贸易货物不实行单耗标准管理。区内企业应当自开展业务之日起，定期向海关报送货物的进区、出区和储存情况。

1. 物流管理

海关对进出保税港区的运输工具、货物、物品及保税港区内企业、场所进行监管。

区内企业需要开展危险化工品和易燃易爆物品生产、经营和运输业务的，应当取得安全监督、交通等相关部门的行政许可，并报保税港区主管海关备案。

有关储罐、装置、设备等设施应当符合海关的监管要求。通过管道进出保税港区的货物，应当配备计量检测装置和其他便于海关监管的设施、设备。

申请在保税港区内开展维修业务的企业应当具有企业法人资格，并在保税港区主管海关登记备案。

经保税港区主管海关批准，区内企业可以在保税港区综合办公区专用的展示场所举办商品展示活动。展示的货物应当在海关备案，并接受海关监管。

保税港区内货物可以自由流转。区内企业转让、转移货物的，双方企业应当及时向海关报送转让、转移货物的品名、数量、金额等电子数据信息。

保税港区货物不设存储期限。但存储期限超过2年的，区内企业应当每年向海关备案。

经海关核准，区内企业可以办理集中申报手续。实行集中申报的区内企业应当对1个自然月内的申报清单数据进行归并，填制进出口货物报关单，在次月月底前向海关办理集中申报手续。集中申报适用报关单集中申报之日实施的税率、汇率。集中申报不得跨年度办理。

2. 放弃、损毁、灭失货物的处理

区内企业申请放弃的货物，经海关及有关主管部门核准后，由保税港区主管海关依法提取变卖，变卖收入由海关按照有关规定处理，但法律、行政法规和海关规章规定不得放弃的货物除外。

因不可抗力造成保税港区货物损毁、灭失的，区内企业应当及时书面报告保税港区主管海关，说明情况并提供灾害鉴定部门的有关证明。经保税港区主管海关核实确认后，按照下列规定处理：

（1）货物灭失，或者虽未灭失但完全失去使用价值的，海关予以办理核销和免税手续；

（2）进境货物损毁，失去部分使用价值的，区内企业可以向海关办理退运手续，如不退运出境并要求运往区外的，由区内企业提出申请，经保税港区主管海关核准，按照海关审定的价格进行征税；

（3）区外进入保税港区的货物损毁，失去部分使用价值，且需向出口企业进行退换的，可以退换为与损毁货物相同或者类似的货物，并向保税港区主管海关办理退运手续。

需退运到区外的，属于尚未办理出口退税手续的，可以向保税港区主管海关办理退运手续；属于已经办理出口退税手续的，按照进境货物运往区外的规定办理。

因保管不善等非不可抗力因素造成货物损毁、灭失的，区内企业应当及时书面报告保

税港区主管海关，说明情况。经保税港区主管海关核实确认后，按照下列规定办理：

（1）从境外进入保税港区的货物，区内企业应当按照一般贸易进口货物的规定，按照海关审定的货物损毁或灭失前的完税价格，以货物损毁或灭失之日适用的税率、汇率缴纳关税、进口环节海关代征税；

（2）从区外进入保税港区的货物，区内企业应当重新缴纳因出口而退还的国内环节有关税收，海关据此办理核销手续，已缴纳出口关税的，不予退还；

（3）从区外进入保税港区供保税港区行政管理机构和区内企业使用的生活消费用品和交通运输工具，海关不予签发出口货物报关单证明联；

（4）从区外进入保税港区的原进口货物、包装物料、设备、基建物资等，区外企业应当向海关提供上述货物或者物品的清单，按照出口货物的有关规定办理申报手续，海关不予签发出口货物报关单证明联，原已缴纳的关税、进口环节海关代征税不予退还。

（三）保税港区的报关程序

保税港区企业向海关申报货物进出境、进出区，以及在同一区域内或者不同特殊区域之间流转货物的双方企业，应填制海关进出境货物备案清单。保税港区与境内（区外）之间进出的货物，区外企业应同时填制进出口货物报关单，向保税港区主管海关办理进出口报关手续。

货物在同一保税港区企业之间、不同特殊区域企业之间或保税港区与区外之间流转的，应先办理进口报关手续，后办理出口报关手续。

1. 保税港区与境外之间进出货物

保税港区与境外之间进出的货物应当在保税港区主管海关办理海关手续；进出境口岸不在保税港区主管海关辖区内的，经保税港区主管海关批准，可以在口岸海关办理海关手续。

海关对保税港区与境外之间进出的货物实行备案制管理，对从境外进入保税港区的货物予以保税。货物的收发货人或者代理人应当如实填写进出境货物备案清单，向海关备案。

下列货物从境外进入保税港区，海关免征进口关税和进口环节海关代征税：

（1）区内生产性的基础设施建设项目所需的机器、设备和建设生产厂房、仓储设施所需的基建物资；

（2）区内企业生产所需的机器、设备、模具及其维修用零配件；

（3）区内企业和行政管理机构自用合理数量的办公用品。

从境外进入保税港区，供区内企业和行政管理机构自用的交通运输工具及电视机、摄像机、录像机、放像机、音响设备、空调器、电冰箱、洗衣机、照相机、复印机、程控电话交换机、微型计算机及外设、电话机、无线寻呼系统、传真机、电子计算器、打字机及文字处理机、家具、灯具和餐料等20种商品和生活消费用品，按进口货物的有关规定办理报关手续，海关按照有关规定征收进口关税和进口环节海关代征税。

从保税港区运往境外的货物免征出口关税。

保税港区与境外之间进出的货物，除法律、行政法规和规章另有规定的外，不实行进出口配额、许可证件管理。

对于同一配额、许可证件项下的货物，海关在进区环节已经验核配额、许可证件的，在出境环节不再要求企业出具配额、许可证件原件。

2. 保税港区与区外非特殊监管区域或场所之间进出货物

保税港区与区外之间进出的货物，区内企业或者区外收发货人按照进出口货物的有关规定向保税港区主管海关办理申报手续。需要征税的，区内企业或者区外收发货人按照货物进出区时的实际状态缴纳税款；属于配额、许可证件管理商品的，区内企业或者区外收货人还应当向海关出具配额、许可证件。对于同一配额、许可证件项下的货物，海关在进境环节已经验核配额、许可证件的，在出区环节不再要求企业出具配额、许可证件原件。

（1）出区

① 区内货物出区直接进入生产或消费领域流通的，按进口货物办理进口手续，属于优惠贸易协定项下货物，符合海关总署相关原产地管理规定的，按协定税率或者特惠税率办理海关征税手续。

区内货物出区符合保税或者特定减免税条件的，可以按保税货物或者特定减免税货物办理海关手续。

② 区内企业生产的加工贸易成品及在加工生产过程中产生的残次品、副产品出区内销的，按进口货物办理进口手续，海关按内销时的实际状态征税。属于进口配额、许可证件管理的，企业应当向海关出具进口配额、许可证件。

区内企业在加工生产过程中产生的边角料、废品，以及加工生产、储存、运输等过程中产生的包装物料，区内企业提出书面申请并且经海关批准的，可以运往区外，海关按出区时的实际状态征税。属于进口配额、许可证件管理的，免领进口配额、许可证件；列入《禁止进口废物目录》的废物及其他危险废物需出区进行处置的，有关企业凭保税港区行政管理机构及所在地的市级环保部门批件等材料，向海关办理出区手续。

区内企业生产的加工贸易成品出区深加工结转，按出口加工区深加工结转程序办理海关手续。

③ 区内企业在区外其他地方举办商品展示活动的，比照海关对暂准进境货物的管理规定办理有关手续。

④ 港区内使用的机器、设备、模具和办公用品等海关监管货物，可以比照进境修理货物的有关规定，运往区外进行检测、维修。区内企业将模具运往区外进行检测、维修的，应当留存模具所生产产品的样品或者图片资料。

运往区外进行检测、维修的机器、设备、模具和办公用品等，不得在区外用于加工生产和使用，并且应当自运出之日起 60 日内运回保税港区。因特殊情况不能如期运回的，区内企业或者保税港区行政管理机构应当在期限届满前 7 日内，以书面形式向海关申请延期，延长期限不得超过 30 日。检测、维修完毕运回保税港区的机器、设备、模具和办公用品等应当为原物。有更换新零件、配件或者附件的，原零件、配件或者附件应当一并运回保税港区。对在区外更换的国产零件、配件或者附件，需要退税的，由区内企业或者区外企业提出申请，保税港区主管海关按照出口货物的有关规定办理手续，签发出口货物报关单证明联。

⑤ 区内企业需要将模具、原材料、半成品等运往区外进行加工的，应当在开展外发加工前，凭承揽加工合同或者协议、承揽企业营业执照复印件和区内企业签章确认的承揽企业生产能力状况等材料，向保税港区主管海关办理外发加工手续。

委托区外企业加工的期限不得超过 6 个月，加工完毕后的货物应当按期运回保税港区。在区外开展外发加工产生的边角料、废品、残次品、副产品不运回保税港区的，海关应当按照实际状态征税。区内企业凭出区时委托区外加工申请书及有关单证，向海关办理验放核销手续。

（2）进区

区外货物进入保税港区的，按照货物出口的有关规定办理缴税手续，并按照下列规定签发用于出口退税的出口货物报关单证明联：

① 从区外进入保税港区供区内企业开展业务的国产货物及其包装物料，海关按照对出口货物的有关规定办理，签发出口货物报关单证明联。货物转关出口的，起运地海关在收到保税港区主管海关确认转关货物已进入保税港区的电子回执后，签发出口货物报关单证明联。

② 从区外进入保税港区供保税港区行政管理机构和区内企业使用的国产基建物资、机器、装卸设备、管理设备、办公用品等，海关按照对出口货物的有关规定办理，除属于取消出口退税的基建物资外，签发出口货物报关单证明联；从区外进入保税港区的原进口货物、包装物料、设备、基建物资等，区外企业应当向海关提供上述货物或者物品的清单，按照出口货物的有关规定办理申报手续，海关不予签发出口货物报关单退税证明联，原已缴纳的关税、进口环节海关代征税不予退还。

（3）保税港区与其他海关特殊监管区域或者保税监管场所之间往来的货物

海关对于保税港区与其他海关特殊监管区域或者保税监管场所之间往来的货物，实行保税监管，不予签发用于办理出口退税的出口货物报关单证明联。但货物从未实行国内货物入区（仓）环节出口退税制度的海关特殊监管区域或者保税监管场所转入保税港区的，视同货物实际离境，由转出地海关签发出口货物报关单退税证明联。

保税港区与其他海关特殊监管区域或者保税监管场所之间的流转货物，不征收进出口环节的有关税收。

承运保税港区与其他海关特殊监管区域或者保税监管场所之间往来货物的运输工具，应当符合海关监管要求。

五、其他海关特殊监管区域

实行特殊海关管理政策的区域除了保税区、出口加工区、保税物流园区、保税港区、综合保税区外，还有珠澳跨境工业区珠海园区、中哈霍尔果斯国际边境合作中心中方配套区等。根据相关政策，上述区域在条件成熟后，将统一整合优化为综合保税区。

六、海关特殊监管区域和保税监管场所保税货物流转管理

（一）含义

海关特殊监管区域和保税监管场所保税货物流转（简称"区间流转"），是指海关特殊监管区域和保税监管场所内企业（转出企业）将保税货物转入其他海关特殊监管区域和保税监管场所内企业（转入企业）的经营活动。

区间流转包括海关特殊监管区域之间的保税货物流转、海关特殊监管区域与保税物流中心（B型）之间的保税货物流转和保税物流中心（B型）之间的保税货物流转。

（二）管理规定

1. 区间流转企业可以采用"分批送货、集中报关"的方式办理流转手续，收发货可采用企业自行运输或者比照转关运输的方式进行。

2. 区间结转企业应当根据海关对区间结转业务信息化管理的有关规定与海关联网，建立企业保税货物电子底账，并在规定的时限内，通过信息化管理系统，向海关如实申报结转备案、收发货、申报等信息。

3. 因质量不符等原因发生退运、退换的，转入企业、转出企业分别在其主管海关按退运、退换的有关规定办理相关手续。

（三）办理区间流转业务的流程及规定

1. 流转备案

企业开展区间流转业务，应当向海关提交"海关保税货物区间流转申报表"（简称"申报表"），办理区间流转备案手续。

（1）转入企业填报"申报表"的转入信息并向转入地主管海关申报。

（2）转入地主管海关审核通过后，转出企业填报"申报表"的转出信息并向转出地主管海关申报。

（3）"申报表"从转出地主管海关审核通过之日起生效。

海关对区间流转货物的商品编号、品名、规格型号、数量、计量单位等内容进行审核，并可调阅转出、转入企业的电子底账的相关电子数据。区间流转备案应符合以下要求：

（1）一份"申报表"对应转出企业一本电子账册和转入企业一本电子账册。

（2）"申报表"中保税流转货物的商品编号、品名和计量单位等应与企业电子账册对应内容一致。

（3）区间流转对应商品的申报计量单位和申报数量应当一致，申报计量单位不一致的法定数量应当一致。

（4）区间流转的商品编码（前8位）应当一致，商品编码不一致的，应遵循"转入为主、转出协调"的处理原则，以转入地主管海关归类为准；如转出、转入地主管海关的归类经协调仍不能达成一致的，由转入地主管海关根据商品归类有关规定报本关区归类职能部门进行认定，企业按照最终确定的商品编码办理流转手续。

（5）当"申报表"的转入方表体为空时，不进行商品项比对。

（6）"申报表"有效期一般为半年，最长不超过1年，逾期不能发货。

（7）"申报表"有效期满后应保存3年。

（8）"申报表"审核通过后已备案商品不能变更。

（9）海关在收到企业"申报表"后5个工作日内完成审核。

企业有下列情形之一的，企业提交的"申报表"海关不予受理，并应将相关理由告知企业：

（1）不符合海关监管要求，被海关责令限期整改，在整改期内的；

（2）涉嫌走私、违规已被海关立案调查，尚未结案的（经海关同意，并已收取担保金的涉案企业除外）；

（3）未按规定要求报关或者收发货的；

（4）企业电子账册被海关暂停进出口的。

2. 收发货管理

企业办理流转备案手续后，应按照"申报表"进行实际收发货。转出企业按照"申报表"向转出地主管海关申报区间流转出区核放单，由转出地主管海关实行卡口核放确认后登记发货信息。无核放单的，由转出企业自行登记发货信息。转入企业按照"申报表"向转入地主管海关申报对应的区间流转入区核放单，由转入地主管海关实行卡口核放确认后登记收货信息。无核放单的，由转入企业自行登记收货信息。区间流转参照转关运输方式实际收发货的，应按转关运输有关规定使用海关监管车辆运输，施加海关封志。

3. 货物申报

企业实际收发货后，应当按照以下规定办理申报手续：

（1）企业按照"申报表"逐批或者多批次合并向主管海关办理申报手续，按规定填制相应的进（出）境备案清单。使用保税核注清单的，企业可不填制进（出）境备案清单（以下简称《备案清单》）。

（2）企业应当如实、准确地申报区间流转的监管方式（按实际要求填报）、运输方式（"其他"，代码"9"）、起抵国（地区）（"中国"，代码"142"）、品名、商品编号、规格、数量、价格等项目。

① 一份转入《备案清单》对应一份转出《备案清单》，转入、转出《备案清单》之间对应的申报序号、商品编号、价格、数量（或折算后数量）应当一致。

② 转出《备案清单》中"关联清单编号"栏应填写所对应的转入《备案清单》号。

③ 随附单证代码填写"K"，转入、转出《备案清单》随附单证的单证编号栏内填写对应"申报表"的编号。

（3）海关应当对申报数据进行审核。流转双方《备案清单》货物的商品编号、数量、价格等内容应一致。

（4）企业逐批或者多批次合并向主管海关办理申报手续时，应根据流转双方实际收发货数量确定申报数量。

① 实际收货数量与实际发货数量相同的，流转双方按相同数量申报；

② 实际收货数量少于实际发货数量的，流转双方按实际收货数量进行申报，实际发货数量与申报数量差异部分由转出企业向转出地主管海关办理补税手续，如属许可证件管理商品，还应向海关出具有效的进口许可证件；

③ 实际收货数量大于实际发货数量的，流转双方按实际发货数量进行申报，实际收货数量与申报数量差异部分由转入企业向转入地海关申报入区备案清单，办理货物入区申报手续。

企业发生申报不实等违规行为的流转货物，经海关处理后，可以办理申报手续。

（5）转出、转入企业每批实际发货、收货后，应当在每批实际发货、收货之日起30日内在各自主管海关按照先报进、后报出的顺序办结集中申报手续，转出与转入申报数据应对碰一致。集中申报手续不得跨年度办理。

转入企业应在流转进口报关之日起2个工作日内将申报情况通知转出企业。

七、自贸试验区政策复制推广

从2013年开始，国家先后在上海、天津、广东、福建、辽宁、浙江、河南、湖北、重庆、四川、陕西设立了11个自贸试验区。部分海关监管改革制度在自贸试验区先行先试，试点成功后，在全国范围内复制推广。目前，已有25项制度在全国推广实施。

（一）先进区、后报关制度

1. 含义

指在海关特殊监管区域境外入区环节，允许经海关注册登记的区内企业凭进境货物的舱单等信息先向海关简要申报，并办理口岸提货和货物进区手续，再在规定时限内向海关办理进境货物正式申报手续，海关依托"海关特殊监管区域信息化辅助管理系统"，通过风险分析进行有效监管的一种作业模式。

2. 适用条件

（1）企业资质

经审核批准的海关特殊监管区域内一般信用及以上企业。

（2）货物状态

进境入区货物属于国家禁止或者限制进境货物的不得开展"先进区、后报关"业务。

（3）业务规则

① 货物须在提货后24小时内运入海关特殊监管区域，承运货物的运输工具应符合海关监管要求；

② 进区货物须在14天内办理报关手续；

③ 先入区的货物在未办理完报关（报备）手续前不得出区，但可以在区内使用；

④ 舱单布控的货物暂不采取该形式通关。

（二）区内自行运输制度

1. 含义

指经海关注册登记的区内企业，可以使用非海关监管车辆，在不同海关特殊监管区域、保税物流中心之间自行运输货物的作业模式。

2. 适用条件

（1）企业资质

经审核批准的区内一般信用及以上企业。

（2）业务范围

适用于不同海关特殊监管区域、保税物流中心之间流转的货物。

（3）业务规则

未经转出地主管海关同意，车辆不得在"自行运输"途中擅自停留、装卸或者拼载其他货物。

（三）加工贸易工单式核销制度

具体参照本章第四节相关内容。

（四）保税展示交易制度

1. 含义

指经海关注册登记的海关特殊监管区域内企业将海关特殊监管区域［保税物流中心（B型）］内的保税货物凭保后运至区域外进行展示和销售的经营活动。

2. 适用条件

（1）开展保税展示交易的场所，为海关特殊监管区域规划面积以内、围网以外综合办公区专用的展示场所，或者海关特殊监管区域以外其他固定场所。海关特殊监管区域围网内不得开展保税货物的展示交易业务。开展保税展示交易业务的场所，应具备固定的经营场地，符合海关监管要求。展示期间，展示经营企业需变更展示地点的，应当经主管海关同意。

保税展示交易业务原则上应在展示经营企业所在直属关区范围内开展。

（2）展示经营企业应对保税展示交易货物实施账册管理，详细记录保税展示交易货物在展示期间的进、出、存、销等情况。

（3）保税展示交易涉及许可证件的，展示经营企业须在货物销售前向主管海关提供许可证件。未经海关批准，展示经营企业不得将保税展示交易货物用于展示、交易以外的其他用途。

（4）保税展示交易销售时，海关应按照《中华人民共和国海关审定内销保税货物完税价格办法》（以下简称《内销保税货物审价办法》）有关规定审定完税价格。

货物在出区展示期间发生内销的，区内企业应当在规定日期内向主管海关集中办理进口征税手续，集中申报不得跨年度办理，主管海关征税放行后，辅助系统自动退还区内企业的担保额度。

（5）货物出区展示完毕，区内企业应当通过辅助系统办理货物回区手续，最长不得超过货物出区之日起6个月；因特殊情况需要延长期限的，区内企业应当向主管海关办理延期手续，延期最多不超过3次，每次延长期限不超过6个月。

企业需定期向海关申报出区展示货物情况。

（五）境内外维修制度

1. 含义

（1）企业以保税方式将存在部件损坏、功能失效、质量缺陷等问题的货物（以下简称"待维修货物"）从境外运入区域内进行检测、维修后复运出境。

（2）企业将待维修货物从境内（区域外）运入区域内进行检测、维修后复运回境内（区域外）。

2. 适用条件

（1）企业资质

对符合以下条件的企业，主管海关在为其设立保税维修电子账册后实施监管：

① 建立符合海关监管要求的管理制度和计算机管理系统，能够实现对维修耗用等信息的全程跟踪。

② 与海关之间实行计算机联网并能够按照海关监管要求进行数据交换。

③ 能够对待维修货物、已维修货物（包括经检测维修不能修复的货物）、维修用料件、维修过程中替换下的坏损零部件（以下简称"维修坏件"）、维修用料件在维修过程中产生的边角料（以下简称"维修边角料"）进行专门管理。按照法律、法规和规章规定须由区域管理部门批准的，企业应当提供有关批准文件。

（2）业务范围

区域内企业可开展以下保税维修业务：

① 法律、法规和规章允许的；

② 国务院批准和国家有关部门批准同意开展的；

③ 区域内企业内销产品包括区域内企业自产或本集团内其他境内企业生产的在境内

（区域外）销售的产品的返区维修。

（3）业务规则

① 主管海关为企业设立保税维修 H 账册，账册表头的保税方式字段为"保税维修"，建立待维修货物、已维修货物、维修用料件的电子底账。

② 企业应当如实申报保税维修货物的进、出、转、存和耗用情况，海关按照规定办理核销手续。

③ 待维修货物从境外运入区域内进行检测、维修（包括经检测维修不能修复的）后应当复运出境。待维修货物从境外进入区域和已维修货物复运出境，主管海关应当审核区域内企业填报的进（出）境货物备案清单，监管方式为"保税维修"（代码1371）。

④ 待维修货物从境内（区域外）进入区域，主管海关应当审核区域外企业或区域内企业填报的出口货物报关单，监管方式为"修理物品"（代码1300），同时审核区域内企业填报的进境货物备案清单，监管方式为"保税维修"（代码1371）。

⑤ 已维修货物复运回境内（区域外），主管海关应当审核区域外企业或区域内企业填报的进口货物报关单，监管方式为"修理物品"（代码1300），已维修货物和维修费用分列商品项填报。已维修货物商品项数量为实际出区域数量，征减免税方式为"全免"；维修费用商品项数量为0.1，征减免税方式为"照章征税"，商品编号栏目按已维修货物的编码填报。同时，应当审核区域内企业填报的出境货物备案清单，监管方式为"保税维修"（代码1371），商品名称按已维修货物的实际名称填报。

已维修货物复运回境内（区域外），主管海关应当根据企业提交的维修合同（或含有保修条款的内销合同）、维修发票等单证，以保税维修业务耗用的保税料件费和修理费为基础审查确定维修费用完税价格，按照接受已维修货物申报复运回境内（区域外）之日适用的税率、汇率计征进口税款。对外发至区域外进行部分工序维修时发生的维修费用，如能单独列明的，可以从完税价格中予以扣除。

⑥ 维修用料件按照保税货物实施管理，主管海关应当根据《海关特殊监管区域进出口货物报关单、进出境货物备案清单填制规范》和《报关单填制规范》对监管方式等有关栏目的规定审核维修用料件进出境、进出区域、结转等的申报。

⑦ 对从境外进入区域的待维修货物产生的维修坏件和维修边角料原则上应复运出境，监管方式为"进料边角料复出"（代码0864）或"来料边角料复出"（代码0865）。确实无法复运出境的，应按照相关规定办理报关手续后运至境内（区域外）。对从境内（区域外）进入区域的待维修货物产生的维修坏件和维修边角料，可通过辅助管理系统登记后运至境内（区域外）。维修坏件和维修边角料属于固体废物的，应符合国家对固体货物的相关管理规定。

⑧ 在进出境申报时，主管海关应当按进出境实际运输方式审核进（出）境货物备案清单的运输方式栏目。在自境内进出区申报时，主管海关应当按填制规范审核进出口货物报关单、进（出）境货物备案清单的运输方式栏目。

⑨ 维修业务开展过程中，由于部分工艺受限等原因，区域内企业可以将维修货物外发至区域外进行部分工序维修。

（六）期货保税交割制度

1. 含义

指以海关特殊监管区域内处于保税监管状态的货物作为期货交割标的物的一种销售

方式。

2. 适用条件

（1）企业资质

① 开展期货保税交割的区内仓储企业应当符合期货交易所的认定条件。

② 期货交易所开展期货保税交割业务应当与海关实现计算机联网，并实时向海关提供保税交割结算单、保税标准仓单等电子信息。开展期货保税交割业务的货物种类应为期货交易所上市品种。

（2）业务规则

① 保税交割货物实施电子账册管理，可与其他保税仓储货物使用同一本电子账册；

② 保税交割货物应当堆放在交割仓库中的期货交易所指定位置，并设置明显标志，保税交割货物和普通保税货物应当分开存放；

③ 交割仓库应当对货物做好质押标记，妥善保管，已质押的仓单不得进行交割、转让、提货、挂失等操作；

④ 期货保税交割完成后如需提货出境、出区的，交割仓库应当凭期货交易所出具的销售凭证等作为随附单证向海关办理货物出境、出区申报手续；

⑤ 以"期货保税交割"方式销售的进口货物以"保税货物交割结算价"（即"交割结算价"扣除关税和进口环节增值税）作为成交价格向海关申报。海关以申报的"保税货物交割结算价"为基础确定完税价格。

（七）融资租赁制度

1. 含义

指允许符合条件的区内企业开展融资租赁业务，区外承租企业对融资租赁货物按照海关审查确定的每期租金分期缴纳关税和增值税。

2. 适用条件

（1）企业资质

① 经相关主管部门批准，取得融资租赁业务资格。

② 在主管海关办理报关单位注册登记手续。

（2）业务规则

① 融资租赁企业作为出租人向境内外承租企业出租融资租赁货物，应当按照海关特殊监管区域关于货物监管的相关规定向主管海关办理申报手续。

② 融资租赁货物的税款计征方法按照租赁进口货物的相关规定办理。

（八）批次进出、集中申报制度

1. 含义

指允许特殊监管区域内企业与境内区外企业分批次进出货物的，可以先凭核放单办理货物的实际进出区手续，再在规定期限内以备案清单或者报关单集中办理报关手续，海关依托辅助系统进行监管的一种通关模式。

2. 适用条件

（1）企业资质

① 企业管理类别为一般信用及以上。

② 企业应建立符合海关监管要求的计算机管理系统。

（2）业务规则

① 区内企业应当将自卡口确认放行之日起在规定时间内的核放单，集中向主管海关办理申报手续。集中申报不得跨年度办理。

② 区内企业通过辅助系统汇总相关核放单生成报关申请单，向主管海关办理集中申报手续，并应当在备案清单和报关单的"运输工具"栏内填制"分送集报"字样。

（九）简化无纸通关随附单证制度

1. 含义

指对一线进出境备案清单及二线进出区报关单取消部分随附单证，简化进出区通关手续。

2. 适用条件

（1）对海关特殊监管区域和境外之间进出境备案清单的随附单证，如合同、发票、提单、装箱清单等，企业在申报时可不向海关提交，海关审核时如需要再提交。

（2）企业应当指定专人负责报关单（备案清单）随附单证的归档、保管、接待查阅和安全防范工作，确保单证的真实性、完整性和安全性。

（十）简化统一进出境备案清单制度

1. 含义

指将现有海关特殊监管区域备案清单格式中的申报项数简化统一为30项申报项。

2. 适用条件

按照备案清单填制规范有关要求填报。

（十一）内销选择性征税制度

1. 含义

指对区内企业生产、加工并经"二线"销往国内市场的货物，企业可根据其对应进口料件或实际报验状态，选择缴纳进口关税。

2. 适用条件

（1）企业资质

目前暂适用于上海、天津、福建、广东4个自贸试验区所在省（市）的海关特殊监管区域（保税区、保税物流园区除外），以及河南新郑综合保税区、湖北武汉出口加工区、重庆西永综合保税区、四川成都高新综合保税区和陕西西安出口加工区内的生产加工企业。

（2）业务规则

（1）海关特殊监管区域内企业生产、加工并经"二线"内销的货物，根据企业申请，按其对应进口料件或其报验状态征收进口关税，进口环节税、消费税照章征收。

（2）企业选择按进口料件征收关税时，应一并补征关税税款的缓税利息。

（十二）集中汇总纳税制度

1. 含义

指对经审核符合条件的进出口纳税义务人，海关可以对其一段时间内多次进出口产生的税款集中进行汇总计征的一种税收征管模式。

2. 适用条件

（1）企业资质

① 海关特殊监管区域内为一般信用及以上企业，海关特殊监管区域外为一般认证及以上企业。

② 经海关批准并向纳税地海关提交税款总担保。

③ 必须是税费电子支付企业。

（2）业务规则

① 在提供担保的情况下，先放行货物，后集中办理报关征税手续。汇总征税的期限暂定为一个月，在次月第 5 个工作日前缴纳上个月税款。

② 汇总征税未缴纳的税款原则上不允许跨年缴纳。

（十三）仓储企业联网监管制度

1. 含义

指海关对使用 WMS 系统（计算机仓储管理系统）的仓储企业实施"系统联网、库位管理、实时核注"，实现对货物进、出、转、存情况的实时掌控和动态核查的一种监管模式。

2. 适用条件

（1）企业资质

① 企业管理类别为一般信用及以上企业。

② 企业建立符合海关监管要求的计算机管理系统并具有符合海关监管要求的相关仓库库位标志、货物标志。

（2）业务规则

海关应当明确固定的周期，要求联网企业定期由 WMS 系统生成指定格式数据，并通过辅助系统向海关申报当前所存实际货物（应当区别不同状态货物）的库存、库位信息。

（十四）智能化卡口验放制度

1. 含义

指升级改造海关特殊监管区域、保税监管场所卡口设施，实现车辆过卡自动比对、自动判别、自动验放等智能化管理。

2. 适用条件

海关依据辅助系统卡口核放单，运用智能化设备自动读取电子车牌号码、集装箱号、车载重量（电子地磅数据）等监管数据，进行海关监管信息的自动比对、风险判别，实现卡口验放与区内企业账册联动。

（十五）原产地管理改革制度

1. 含义

指对香港和澳门 CEPA、《海峡两岸经济合作框架协议》项下，海关已收到出口方传输的原产地证书电子数据的货物，进口单位申报进口时免于提交纸质原产地证书。

2. 适用条件

（1）企业资质

进口香港和澳门 CEPA、《海峡两岸经济合作框架协议》优惠贸易协定项下货物的企业。

（2）货物状态

符合《中华人民共和国海关进出口货物优惠原产地管理规定》（以下简称《优惠原产地管理规定》）的自香港和澳门 CEPA、《海峡两岸经济合作框架协议》优惠协定项下进口的货物。

（十六）海关商品归类行政裁定全国适用制度

1. 含义

指海关总署及其授权的相关机构根据注册登记在上海、广东、天津、福建自贸试验区内企业的申请，就《税则》《品目注释》《本国子目注释》和商品归类行政裁定、商品归类决定等未明确规定的商品归类事项，作出归类行政裁定，由海关总署统一对外公布，并自公布之日起在中华人民共和国关境内统一适用的海关监管模式。

2. 适用条件

（1）企业资质

海关注册登记企业。

（2）业务规则

① 除特殊情况外，申请人应当在货物拟作进口或出口的 3 个月前向海关提交"中华人民共和国海关行政裁定申请书（商品归类）"及相关商品资料。

② 一份归类行政裁定申请只能包含一项归类事项。申请人对多项归类事项申请归类行政裁定的，应当逐项提出。

（3）系统条件

在"金关"二期商品归类系统中开发归类行政裁定子模块。

（十七）委内加工制度

1. 含义

指出口加工区、保税港区和综合保税区等海关特殊监管区域内加工贸易企业接受境内区域外企业委托，对区域外企业提供的入区域货物进行加工，加工后的产品全部运往境内区域外，收取加工费并向海关缴纳税款的行为。维修、检测业务和禁止进、出口的商品不纳入委内加工业务范围。

2. 适用条件

（1）企业资质

海关特殊监管区域（保税区、保税物流园区除外）内符合以下条件之一的企业：

① 法律、法规和规章允许的；

② 经国务院批准的；

③ 经国家有关部门批准的。

目前，只有因国内技术无法达到产品要求而需要委托区内企业加工的情形适用。

（2）业务规则

① 区域内企业开展委内加工业务，海关应为其设立委内加工专用电子账册（H 账册）。委内加工货物应当与其他保税货物分开管理、分别存放。委内加工用料件原则上由区域外企业提供，若需使用区域内企业保税料件，海关应当要求区域内企业事先报备。

② 委内加工用料件由境内（区域外）入区时，海关应当审核区域外企业填报的出口

货物报关单，监管方式为"出料加工"（代码1427），同时审核区域内企业填报的进境货物备案清单，监管方式为"料件进出区"（代码5000）。

③ 由境内（区域外）入区的委内加工用料件属于征收出口关税商品的，海关应当要求企业提供担保。具体手续按照《中华人民共和国海关事务担保条例》的有关规定办理担保手续。

④ 委内加工成品运往境内（区域外）时，海关应当审核区域外企业填报的进口货物报关单，监管方式为"出料加工"（代码1427），委内加工成品和加工增值费用分列商品项申报。委内加工成品商品项数量为实际出区数量，征减免税方式为"全免"；加工增值费用商品项数量为0.1，征减免税方式为"照章征税"。商品名称与商品编号栏目按委内加工成品的实际名称与编码填报。同时，审核区域内企业填报的出境货物备案清单，监管方式为"成品进出区"（代码5100），商品名称按委内加工成品的实际名称填报。加工增值费用完税价格应当以区域内发生的加工费和保税料件费为基础审查确定。其中，保税料件费是指委内加工过程中所耗用全部保税料件的金额，包括成品、残次品（包括废品）、副产品、边角料等。

⑤ 由境内（区域外）入区的委内加工剩余料件运回境内（区域外）时，海关应当审核区域外企业填报的进口货物报关单，监管方式为"出料加工"（代码1427），同时审核区域内企业填报的出境货物备案清单，监管方式为"料件进出区"（代码5000）。

⑥ 对委内加工所需使用的区域内企业保税料件，海关应当审核区域内企业填报的进境货物备案清单，监管方式为"料件进出区"（代码5000），并核增账册；对委内加工已耗用的区域内企业保税料件，海关应当审核区域内企业填报的出境货物备案清单，监管方式为"料件进出区"（代码5000），并核减账册。

⑦ 委内加工产生的边角料、残次品（包括废品）、副产品等应当运回境内（区域外）。保税料件产生的边角料、残次品（包括废品）、副产品属于固体废物的，应当按照《固体废物进口管理办法》办理出区手续。

（十八）出境加工制度

1. 含义

出境加工是指我国境内符合条件的企业将自有的原辅料、零部件、元器件或半成品等货物委托境外企业制造或加工后，在规定的期限内复运进境并支付加工费和境外料件费等相关费用的经营活动。

2. 适用条件

（1）企业资质

开展出境加工业务的企业须为一般信用及以上类别的企业。涉嫌走私、违规，已被海关立案调查、侦查，且案件尚未审结的企业和未在规定期限内向海关核报已到期出境加工账册的企业不得开展出境加工业务。

（2）业务规则

① 开展出境加工不得涉及国家禁止、限制进出境货物和国家应征出口关税货物。

② 开展出境加工业务企业所在地海关为出境加工业务的主管海关，采用账册方式对出境加工货物实施监管。出境加工的货物出口和复进口应在同一口岸。账册编码规则暂定为"出（1位）+关区代码（4位）+年（4位）+顺序号（5位）"。

③ 办理出境加工账册设立（变更）手续时，海关应要求企业如实申报进出口口岸、商品名称、商品编号、数量、规格型号、价格和境外料件使用情况等，并收取下列单证：

a. 出境加工合同；

b. 生产工艺说明；

c. 相关货物的图片或样品等；

d. 海关需要收取的其他证件和材料。

企业提交单证齐全有效的，主管海关应自接受企业账册设立申请之日起5个工作日内完成出境加工账册设立（变更）手续。账册核销期为1年。

④ 出境加工货物按照下列方式进行申报：

a. 出境加工货物从境内出口，海关审核企业填报的出口货物报关单，监管方式为"出料加工"（监管代码1427），征减免税方式为"全免"，备注栏填写账册编号，其他项目据实填写。

b. 出境加工货物从国外加工完毕后复进口，海关审核企业填报的进口货物报关单，监管方式为"出料加工"（监管代码1427），商品编号栏目按实际报验状态填报，每一项复进口货物分列两个商品项填报，其中一项申报所含原出口货物价值，商品数量填写复进口货物实际数量，征减免税方式为"全免"；另一项申报境外加工费、料件费、复运进境的运输及其相关费用和保险费等，商品数量为0.1，征减免税方式为"照章征税"。备注栏填写账册编号，其他项目据实填写。

⑤ 出境加工货物在规定期限内复运进境的，海关以境外加工费、料件费、复运进境的运输及其相关费用和保险费等为基础审查确定完税价格。

⑥ 出境加工货物因品质或规格等原因需退运的，按退运货物（监管代码4561）有关规定，在账册核销周期内办理。出境加工货物超过退运期限或账册核销周期再复运进境的，海关对进口货物按一般贸易管理规定办理进口手续。

⑦ 出境加工账册按以下方式进行核销：

a. 出境加工账册采取企业自主核报、自动核销模式，企业应于出境加工账册核销期结束之日起30日内向主管海关核报出境加工账册。

b. 出境加工货物因故无法按期复运进境的，企业应及时向主管海关书面说明情况，海关据此核扣复运进境商品数量。

c. 对逾期不向海关核报的出境加工账册，海关可通过电子公告牌等方式联系企业进行催核。催核后仍不核报的，海关可直接对账册进行核销。

d. 对账册不平衡等异常情况，企业应作出说明并按具体情况办结相应海关手续后予以核销。

（十九）仓储货物按状态分类监管制度

1. 含义

指允许非保税货物以非报关方式进入海关特殊监管区域，与保税货物集拼、分拨后，实际离境出口或出区返回境内。

2. 适用条件

（1）企业资质

海关特殊监管区域内企业，能按照规定的认证方式与辅助系统联网，向海关报送能够满足海关监管要求的相关数据。

（2）业务规则

海关对非保税货物在海关特殊监管区域信息化辅助管理系统中设立账册。非保税货物凭辅助系统审结的核放单从卡口进出海关特殊监管区域，货物过卡后系统核增、核减辅助系统底账。海关对进出区非保税货物进行抽查。

（3）系统条件

须具备海关特殊监管区域信息化辅助管理系统，并且与仓储企业实现联网监管。

（二十）引入中介机构辅助开展保税核查、保税核销和企业稽查工作制度

1. 含义

指具备相关资质的中介机构接受企业或海关委托，在企业开展主动披露和认证申请，以及在海关实施保税监管和企业稽核查等过程中，通过审计、评估、鉴定、认证等活动，提供相关辅助依据的工作。

2. 适用条件

（1）企业资质

海关注册登记企业。

（2）业务规则

① 采用企业委托模式的，企业可根据需要自行选定具备相关资质的中介机构开展辅助工作，企业向海关提交相关书面材料并随附中介机构出具的工作报告，海关结合风险研判决定是否采纳。

② 采用海关委托模式的，海关设立辅助开展保税监管和企业稽查工作中介机构备选库，并采取招标、综合排名、随机抽取等方式从备选库中选定中介机构开展辅助工作。

（二十一）一次备案、多次使用制度

1. 含义

指海关特殊监管区域内企业在账册备案环节向海关一次性备案企业、进出货物等信息，经海关核准后，可以在海关特殊监管区域内多次、重复使用的海关监管模式。

2. 适用条件

（1）企业资质

海关特殊监管区域内企业，能按照规定的认证方式与辅助系统联网，向海关报送能够满足海关监管要求的相关数据。

（2）业务规则

① 区域内企业将企业和进出货物等信息在账册中事先进行备案。

② 区域内企业在开展"批次进出、集中申报""保税展示交易""保税维修""期货保税交割""融资租赁"等经海关核准开展的业务中，可以在信息化系统中直接调用已备案的企业和进出货物等信息，无须再向海关重复备案。

（二十二）大宗商品现货市场保税交易制度

1. 含义

指海关特殊监管区域内处于保税监管状态的大宗基本工业原料、农产品和能源产品等，在经有关政府部门批准建立的大宗商品现货市场交易平台上交易的制度。

2. 适用条件

（1）企业资质

海关特殊监管区域内企业，能按照规定的认证方式与辅助系统联网，向海关报送能够满足海关监管要求的相关数据。

（2）业务规则

① 海关对保税大宗商品实施电子账册管理。

② 开展现货交易的货物种类应由现货市场经营人或由其委托的第三方仓单公示机构事先向海关备案。

③ 海关对保税大宗商品实施电子账册管理。

④ 从境外或者境内进入交收仓库的保税大宗商品应当按现有货物进出口规定办理海关手续。

⑤ 保税仓单持有人应当通过公示机构对所持有的仓单进行公示，并由公示机构将仓单等信息传送至海关。

⑥ 交易平台应当将大宗商品交割结算价等相关信息传送至海关。

⑦ 以保税方式销售的进口大宗商品，以交割结算价为基础审核确定完税价格。

⑧ 保税仓单不得质押。

（3）系统条件

交易平台、公示机构和区内经营指定交收仓库的海关注册企业应当建立符合海关监管要求的计算机管理系统，能够通过数据交换平台或者其他计算机网络，按照海关规定的认证方式与海关监管信息化系统联网，向海关报送能够满足海关监管要求的相关数据。

（二十三）企业信用信息公示制度

1. 含义

指制定海关企业信用信息公示目录，通过动态发布、依申请公开等主动公布与可查询相结合的形式，对社会公示企业注册登记信息、信用等级信息、海关行业资质，以及行政处罚信息。该制度拓宽了海关信息公示范畴，丰富了信用信息公示手段，促使企业诚信经营并实现便利通关。

2. 适用条件

（1）企业资质

海关注册登记企业。

（2）业务规则

① 制定海关企业信用信息公示目录。

② 动态发布企业信用信息。

（3）系统条件

中国海关企业进出口信用信息公示平台。

（二十四）企业协调员制度

1. 含义

指海关建立企业协调员制度，组建海关企业协调员队伍，搭建关企合作平台，利用多种手段，畅通海关与企业联系沟通和问题反映渠道，构建新型关企合作伙伴关系。在全国海关实施企业协调员制度，可以让更多高级认证企业和地方政府重点扶持的企业受益。

2. 适用条件

（1）企业资质

符合相应信用等级要求的企业。

（2）业务规则

① 海关不定期向企业推送最新的政策规定。

② 企业问题提交和海关汇总处理反馈的速响应机制。

③ 信用培育。

④ 规范改进和辅导。

（3）系统条件

连接业务管理网与互联网的关企合作平台。

（二十五）国际海关 AEO 互认合作制度

1. 含义

指建立海关总署、直属海关和口岸海关 AEO 联络员制度和 AEO 联络员队伍，建立各海关与海关总署 AEO 联络员的直通式联系管道，协调解决 AEO 互认企业出口货物在与我国签署 AEO 互认安排的国家或者地区海关通关过程中遇到的疑难问题，将国际海关 AEO 互认便利措施落到实处，让 AEO 企业切实享受到国际海关 AEO 互认合作带来的通关便利，从而提高企业进出口货物的通关效率，降低物流成本，提升企业的国际竞争力。

2. 适用条件

（1）企业资质

符合信用等级要求的海关注册登记企业。

（2）业务规则

符合信用等级要求的海关注册登记企业，其出口货物在与我国签署 AEO 互认安排的国家或者地区海关，享受互认国家或者地区海关给予的通关便利措施。

八、海关特殊监管区域企业增值税一般纳税人资格试点

（一）试点区域

在昆山综合保税区、苏州工业园综合保税区、上海松江出口加工区、河南郑州出口加工区、郑州新郑综合保税区、重庆西永综合保税区和深圳盐田综合保税区开展赋予企业增值税一般纳税人资格试点。

试点区域内符合增值税一般纳税人登记管理有关规定的企业，可向所在地主管税务机关、海关申请成为试点企业，向主管税务机关依法办理增值税一般纳税人资格登记。

（二）税收政策

1. 试点企业进口自用设备（包括机器设备、基建物资和办公用品）时，暂免征收进口关税、进口环节增值税、消费税（以下简称进口税收）。上述暂免进口税收按照该进口自用设备海关监管年限平均分摊到各个年度，每年年终对本年暂免的进口税收按照当年内外销比例进行划分，对外销比例部分执行试点企业所在海关特殊监管区域的税收政策，对内销比例部分比照执行海关特殊监管区域外税收政策补征税款。

2. 除进口自用设备外，购买的下列货物适用保税政策：从境外购买并进入试点区域的货物，从海关特殊监管区域（试点区域除外）或海关保税监管场所购买并进入试点区域

的保税货物，从试点区域内非试点企业购买的保税货物，从试点区域内其他试点企业购买的未经加工的保税货物。

3. 销售的下列货物，向税务机关申报缴纳增值税、消费税：

（1）向境内区外销售的货物。

（2）向保税区、不具备退税功能的保税监管场所销售的货物（未经加工的保税货物除外）。

（3）向试点区域内其他试点企业销售的货物（未经加工的保税货物除外）。

试点企业销售上述货物中含有保税货物的，按照保税货物进入海关特殊监管区域时的状态向海关申报缴纳进口税收，并按照规定补缴缓税利息。

4. 向海关特殊监管区域或者海关保税监管场所销售的未经加工的保税货物，继续适用保税政策。

5. 销售的下列货物（未经加工的保税货物除外），适用出口退（免）税政策，税务机关凭海关提供的与之对应的出口货物报关单电子数据审核办理试点企业申报的出口退（免）税：

（1）离境出口的货物；

（2）向海关特殊监管区域（试点区域、保税区除外）或海关保税监管场所（不具备退税功能的保税监管场所除外）销售的货物；

（3）向试点区域内非试点企业销售的货物。

6. 区外销售给试点企业的加工贸易货物，继续按现行税收政策执行；销售给试点企业的其他货物（包括水、蒸汽、电力、燃气）不再适用出口退税政策，按照规定缴纳增值税、消费税。

7. 对适用出口退税政策的货物，海关向税务部门传输出口报关单结关信息电子数据。

第四章　进出口商品归类

海关进出口商品归类是指在《商品名称及编码协调制度公约》（以下简称《协调制度公约》）商品分类目录体系下，以我国《税则》为基础，按照《品目注释》《本国子目注释》，以及海关总署发布的关于商品归类的行政裁定、商品归类决定的要求，确定进出口货物商品编码的活动。

海关进出口商品归类是海关监管、海关征税及海关统计的基础，正确申报商品的归类是进出口收发货人或其代理人应尽的法律义务，归类的正确与否与报关人的切身利益也密切相关，直接影响到进出口货物的通关效率。因此，进出口商品归类是报关员必须掌握的基本技能之一。

第一节　《协调制度》简介

一、《协调制度》的产生

海关进出口商品归类是建立在商品分类目录基础上的。早期的国际贸易商品分类目录只是因为对进出本国的商品征收关税而产生的，其结构较为简单。后来随着社会化大生产的发展，进出口商品品种与数量的增加，除了税收的需要，人们还要了解进出口贸易情况，即还要进行贸易统计，因此，海关合作理事会（1995 年更名为世界海关组织）与联合国统计委员会分别编制了两个独立的商品分类目录，即《海关合作理事会商品分类目录》（简称 CCCN）和《国际贸易标准分类目录》（简称 SITC）。

由于商品分类目录的不同，一种商品有时在一次国际贸易过程中要使用不同的编码，给国际贸易带来极大的不便。因此，海关合作理事会于 1983 年 6 月通过了《协调制度公约》及其附件《协调制度》。《协调制度》既满足了海关税则和贸易统计需要，又包容了运输及制造业等要求，因此，该目录自 1988 年 1 月 1 日起正式生效后，即被广泛应用于海关税则、国际贸易统计、原产地规则、国际贸易谈判、贸易管制等多种领域。目前，已有 207 个国家、地区和国际组织采用《协调制度》分类目录。

随着新产品的不断出现和国际贸易结构的变化，《协调制度》一般每隔若干年就要修订一次。自 1988 年生效以来，《协调制度》共进行了 6 次修订，形成了 1988 年、1992 年、1996 年、2002 年、2007 年 2012 年和 2017 年共 7 版本。

为了帮助人们正确理解《协调制度》，海关合作理事会在制定《协调制度》的同时还制定了《商品名称及编码协调制度注释》（简称《协调制度注释》）。《协调制度注释》是对《协调制度》的官方解释，我国通过法律程序批准在我国实行的《协调制度注释》称为《进出口税则商品及品目注释》。

二、《协调制度》的基本结构

《协调制度》将国际贸易涉及的各种商品按照生产类别、自然属性和不同功能用途等分为 21 类 97 章，每一章由若干品目构成，品目项下又细分出若干一级子目和二级子目。为了避免各品目和子目所列商品发生交叉归类，在类、章下加有类注、章注和子目注释。为了保证《协调制度》解释的统一性，设立了归类总规则，作为整个《协调制度》商品归类的总原则。

《协调制度》是一部系统的国际贸易商品分类目录，所列商品名称的分类和编排是有一定规律的。

从类来看，它基本上按社会生产的分工分类，如农业在第一、二类，化学工业在第六类，纺织工业在第十一类，冶金工业在第十五类，机电制造业在第十六类等。

从章来看，基本上按商品的自然属性或功能、用途来划分。第一章至第八十三章（第六十四章至第六十六章除外）基本上是按商品的自然属性来分章，如第一章至第五章是活动物和动物产品，第六章至第十四章是活植物和植物产品，第二十五章至第二十七章是矿产品。又如第十一类包括了动、植物和化学纤维的纺织原料及其产品，其中，第五十章和第五十一章是蚕丝、羊毛及其他动物毛，第五十二章和第五十三章是棉花、麻及其他植物纺织纤维，第五十四章和第五十五章为化学纤维。商品之所以按自然属性分类是因为其种类成分或原料比较容易区分，同时也因为商品价值的高低往往取决于构成商品本身的原材料。另外，第六十四章至第六十六章和第八十四章至第九十七章则是按货物的用途或功能来分章的，其中，第六十四章是鞋，第六十五章是帽，第八十四章是机械设备，第八十五章是电气设备，第八十七章是车辆，第八十八章是航空航天器，第八十九章是船舶等。这样分类的原因一是因为这些物品往往由多种材料构成，难以将这些物品作为某一种材料制成的物品来分类；二是因为商品的价值主要体现在生产该物品的社会必要劳动时间上，如一台机器，其价值一般主要看生产这台机器所耗费的社会必要劳动时间，而不是看机器用了多少贱金属等。

从品目的排列看，一般也是原材料先于成品，加工程度低的产品先于加工程度高的产品，列名具体的品种先于列名一般的品种。如在第三十九章内，品目 3901 至 3914 是初级形状的塑料，品目 3916 至 3921 是塑料半制品，品目 3922 至 3926 是塑料制成品。

第二节　我国海关进出口商品分类目录简介

一、我国海关进出口商品分类目录的产生

我国海关自 1992 年 1 月 1 日起开始采用《协调制度》，进出口商品归类工作成为我国海关最早实现与国际接轨的执法项目之一。

根据海关征税和海关统计工作的需要，我国在《协调制度》的基础上增设本国子目（三级子目和四级子目），形成了我国海关进出口商品分类目录，然后分别编制出《税则》和《统计商品目录》。

为了明确增设的本国子目的商品含义和范围，我国又制定了《本国子目注释》，作为

归类时确定三级子目和四级子目的依据。

根据《协调制度公约》对缔约国权利义务的规定，我国《税则》和《统计商品目录》与《协调制度》的各个版本同步修订。自 2017 年 1 月 1 日起，我国采用 2017 年版《协调制度》。

二、我国海关进出口商品分类目录的基本结构

《税则》中的商品号列称为税则号列，为征税需要，每项税则号列后列出了该商品的税率；《统计商品目录》中的商品号列称为商品编号，为统计需要，每项商品编号后列出了该商品的计量单位，并增加了第二十二类"特殊交易品及未分类商品"，内分第九十八章、第九十九章。

《协调制度》中的编码只有 6 位数，而我国进出口税则中的编码为 8 位数，其中第 7 位、第 8 位是我国根据实际情况加入的"本国子目"。

编码的编排是有一定规律的，以 0301.9210"鳗鱼苗"为例说明如下：

编码：0 3　0 1　9　2　1　0

位数：[1 2]　[3 4]　[5]　[6]　[7]　[8]

含义：章号　顺序号　一级子目　二级子目　三级子目　四级子目

从以上可以看出：第 5 位编码代表一级子目，第 6 位编码代表二级子目，第 7 位、第 8 位依此类推。需要指出的是，若第 5~8 位上出现数字"9"，则通常情况下代表未具体列名的商品，即在"9"的前面一般留有空序号以便用于修订时增添新商品。如上述编码 0301.9210 中第 5 位的"9"代表除观赏鱼以外的其他活鱼，其中1~9之间的空序号可以用于将来增添新的其他需要具体列名的活鱼。

第三节　进出口货物商品归类的海关管理

为了规范进出口货物的商品归类，保证商品归类结果的准确性和统一性，根据《海关法》《关税条例》，海关总署以第 158 号总署令发布了《中华人民共和国海关进出口货物商品归类管理规定》。

一、归类的依据

进出口货物的商品归类应当遵循客观、准确、统一的原则。

具体来说，对进出口货物进行商品归类的依据是：

1. 《税则》；

2. 《进出口税则商品及品目注释》；

3. 《本国子目注释》；

4. 海关总署发布的关于商品归类的行政裁定；

5. 海关总署发布的商品归类决定。

二、归类的申报要求

为了规范进出口企业申报行为，提高进出口商品申报质量，促进贸易便利化，海关总

署制定了《规范申报目录》。《规范申报目录》按我国海关进出口商品分类目录的品目顺序编写，并根据需要在品目级或子目级列出了申报要素。

例如，品目 2204 "鲜葡萄酿造的酒" 下各子目的申报要素分别为：

子目 2204.1000 "汽酒"：1. 品名（中文及外文名称）；2. 种类（汽酒）；3. 加工方法（鲜葡萄酿造）；4. 酒精含量；5. 级别；6. 年份（没有年份的申报无年份）；7. 产区（中文及外文名称）；8. 酒庄名（中文及外文名称）；9. 葡萄品种（中文及外文名称）；10. 包装规格。

子目 2204.2100 "装入 2 升及以下容器的其他酒及加酒精抑制发酵的酿酒葡萄汁" 与子目 2204.2900 "装入 2 升以上容器的其他酒及加酒精抑制发酵的酿酒葡萄汁"：1. 品名（中文及外文名称）；2. 加工方法（鲜葡萄酿造）；3. 酒精度；4. 级别；5. 年份（没有年份的申报无年份）；6. 产区（中文及外文名称）；7. 酒庄名（中文及外文名称）；8. 葡萄品种（中文及外文名称）；9. 包装规格（单位包装规格×每箱单位数）。

子目 2204.3000 "其他酿酒葡萄汁"：1. 品名（中文及外文名称）；2. 种类（酿酒葡萄汁）；3. 包装规格；4. 品牌（中文及外文名称）。

再如，对于子目 8705.4000 "混凝土搅拌车" 的申报要素为：1. 品名；2. 固定安装配置；3. 品牌；4. 型号。

收发货人或者其代理人应当按照法律、行政法规规定以及海关的要求如实、准确申报进出口货物的商品名称、规格型号等，并且对其申报的进出口货物进行商品归类，确定相应的商品编码。

收发货人或者其代理人向海关提供的资料涉及商业秘密，要求海关予以保密的，应当事前向海关提出书面申请，并且具体列明需要保密的内容，海关应当依法为其保密。收发货人或者其代理人不得以商业秘密为理由拒绝向海关提供有关资料。

海关在审核收发货人或者其代理人申报的商品归类事项时，可以依照《海关法》和《关税条例》的规定行使下列权力，收发货人或者其代理人应当予以配合：

1. 查阅、复制有关单证、资料；

2. 要求收发货人或者其代理人提供必要的样品及相关商品资料；

3. 组织对进出口货物实施化验、检验，并且根据海关认定的化验、检验结果进行商品归类。

海关可以要求收发货人或者其代理人提供确定商品归类所需的资料，必要时可以要求收发货人或者其代理人补充申报。

收发货人或者其代理人隐瞒有关情况，或者拖延、拒绝提供有关单证、资料的，海关可以根据其申报的内容依法审核确定进出口货物的商品归类。

三、归类的修改

收发货人或者其代理人申报的商品编码需要修改的，应当按照《海关进出口货物报关单修改和撤销管理办法》等规定向海关提出申请。

海关经审核认为收发货人或者其代理人申报的商品编码不正确的，可以根据《中华人民共和国海关进出口货物征税管理办法》（以下简称《征管办法》）的有关规定，按照商品归类的有关规则和规定予以重新确定，并且根据《海关进出口货物报关单修改和撤销管理办法》等有关规定通知收发货人或者其代理人对报关单进行修改。

四、预归类

在海关注册登记的进出口货物经营单位（以下简称申请人），可以在货物实际进出口的45日前，向直属海关申请就其拟进出口的货物预先进行商品归类（以下简称预归类）。有关预归类的规定如下：

（一）预归类申请

申请人申请预归类的，应当填写并且提交"中华人民共和国海关商品预归类申请表"（格式文本见下表）。

预归类申请应当向拟实际进出口货物所在地的直属海关提出。

中华人民共和国海关商品预归类申请表

申请人：	
企业代码：	
通讯地址：	
联系电话：	
商品名称（中、英文）：	
其他名称：	
商品描述（规格、型号、结构原理、性能指标、功能、用途、成分、加工方法、分析方法等）：	
进出口计划（进出口日期、口岸、数量等）：	
随附资料清单（有关资料请附后）：	
此前如就相同商品持有海关商品预归类决定书的，请注明决定书编号：	
申请人（章） 年 月 日	海关（章）： 签收人： 接受日期： 年 月 日

注：1. 填写此申请表前应阅读《中华人民共和国海关进出口货物商品归类管理规定》；

2. 本申请表一式两份，申请人和海关各执一份；

3. 本申请表加盖申请人和海关印章方为有效。

（二）预归类受理和预归类决定

申请预归类的商品归类事项，经直属海关审核认为属于《税则》《品目注释》《本国子目注释》，以及海关总署发布的关于商品归类的行政裁定、商品归类决定有明确规定的，应当在接受申请之日起15个工作日内制发"中华人民共和国海关商品预归类决定书"（以下简称预归类决定书），并且告知申请人。属于没有明确规定的，直属海关应当在接受申请之日起 7 个工作日内告知申请人按照规定申请行政裁定。

（三）预归类决定书的使用

申请人在制发预归类决定书的直属海关所辖关区进出口预归类决定书所述商品时，应当主动向海关提交预归类决定书。

申请人实际进出口预归类决定书所述商品，并且按照预归类决定书申报的，海关按照预归类决定书所确定的归类意见审核放行。

作出预归类决定书所依据的有关规定发生变化导致相关预归类决定书不再适用的，作出预归类决定的直属海关应当制发通知单，或者发布公告，通知申请人停止使用有关的预归类决定书。

五、商品归类决定

海关总署可以根据有关法律、行政法规规定，对进出口货物作出具有普遍约束力的商品归类决定。进出口相同货物，应该适用相同的商品归类决定。

商品归类决定由海关总署对外公布。

作出商品归类决定所依据的法律、行政法规以及其他相关规定发生变化的，商品归类决定同时失效。商品归类决定失效的，应当由海关总署对外公布。

海关总署发现商品归类决定存在错误的，应当及时予以撤销。撤销商品归类决定的，应当由海关总署对外公布。被撤销的商品归类决定自撤销之日起失效。

六、其他管理要求

因商品归类引起退税或者补征、追征税款以及征收滞纳金的，按照有关法律、行政法规以及海关总署规章的规定办理。

违反《中华人民共和国海关进出口货物商品归类管理规定》，构成走私行为、违反海关监管规定行为或者其他违反《海关法》行为的，由海关依照《海关法》和《海关行政处罚实施条例》的有关规定予以处理；构成犯罪的，依法追究刑事责任。

第四节　《协调制度》归类总规则

一、规则一

（一）条文内容

类、章及分章的标题，仅为查找方便而设；具有法律效力的归类，应按品目条文和有关类注或章注确定，如品目、类注或章注无其他规定，按以下规则确定。

（二）条文解释

1. 尽管 HS 系统地将商品按类、章（部分章内还设有分章）分类，每类、章、分章标有标题，并使这些标题尽可能地概括该类、章、分章所包含的商品。但是由于各类、章、分章所包含的商品种类繁多，类、章、分章的标题不可能将其一一列出而全部包括进去，例如第八十六章的标题是"铁道及电车道机车、车辆及其零件；铁道及电车道轨道固定装置及其零件、附件；各种机械（包括电动机械）交通信号设备"，但实际上，除了上述商品外，该章还包括章的标题所没有列出的"集装箱"。

反之，由于类、章、分章的标题只是一个大概，无法规定具体内容，即同一类的商品在不同条件下可能有不同的分类，而这种情况在标题上是无法得到体现的，所以类、章、分章的标题所列出的商品也有可能不归入该类、章、分章。例如第一章的标题是"活动物"，但实际上，马、牛、羊等活动物归入该章，而活的鱼、甲壳动物、软体动物及其他水生无脊椎动物却是归入第三章。

另外，标题之间还会产生交叉，例如"塑料鞋"既属于第三十九章标题"塑料及其制品"所列的商品，又属于第六十四章标题"鞋靴、护腿和类似品及其零件"所列的商品，所以仅根据这两章的标题无法确定"塑料鞋"应归入第三十九章还是第六十四章。

综上所述，类、章、分章标题只为方便查找，本身不是归类的依据。

2. 归类的法律依据应该是品目条文和类注、章注。例如"针织女式胸衣"，如果直接看标题，似乎符合第六十一章的标题"针织或钩编的服装及衣着附件"而可以归入第六十一章，但由于标题不是归类依据，所以应根据品目条文和类注、章注来确定。按第六十一章章注二（一）、第六十二章章注一和6212品目条文的规定，该商品应归入品目6212。

3. 如果按品目条文、类注或章注还无法确定归类，则按下面的其他规则（规则二、三、四、五）确定品目的归类。

二、规则二

（一）条文内容

（一）品目所列货品，应视为包括该项货品的不完整品或未制成品，只要在进口或出口时该项不完整品或未制成品具有完整品或制成品的基本特征；还应视为包括该货品的完整品或制成品（或按本款可作为完整品或制成品归类的货品）在进口或出口时的未组装件或拆散件。

（二）品目中所列材料或物质，应视为包括该种材料或物质与其他材料或物质混合或组合的物品。品目所列某种材料或物质构成的货品，应视为包括全部或部分由该种材料或物质构成的货品。由一种以上材料或物质构成的货品，应按规则三归类。

（二）条文解释

1. 规则二（一）将所有列出某一些物品的品目范围扩大为不仅包括完整的物品，而且还包括该物品的不完整品或未制成品，只要报验时它们具有完整品或制成品的基本特征。

不完整品指货品缺少某些部分、不完整；未制成品指货品尚未完全制成，需进一步加工才成为制成品。

但是，"基本特征"的判断有时是很困难的，例如缺少了多少零部件的冰箱仍具有冰箱的基本特征，仍可以按冰箱归类？由于商品的繁杂，寄希望于通过制定几条一刀切的规则来确定货品的基本特征是行不通的，所以对于具体的某种不完整品或未制成品，需要综合结构、性能、价值、作用等方面的因素进行具体分析才能确定。但作为一般原则可以这样判断：

对于不完整品而言，主要是看其关键部件是否存在，以冰箱为例，如果压缩机、蒸发器、冷凝器、箱体这些关键部件存在，则可以判断为具有冰箱的基本特征。当以上办法仍然难以判断时，实践中常采用价值判断方法，即如果不完整品的价值占到完整品价值的60%及以上，就可以认为具有完整品的基本特征。

对于未制成品而言，主要看其是否具有制成品的特征，例如齿轮的毛坯，须经进一步完善方可作为制成品或制成零件使用，但已具有制成品或制成零件的大概形状或轮廓，则可以判断为具有齿轮的基本特征。

2. 规则二（一）的第二部分规定，完整品或制成品的未组装件或拆散件应归入已组装物品的同一品目。例如，品目8517不仅包括已组装好的电话机，还应包括电话机的未组装件或拆散件。

未组装件或拆散件指货品尚未组装或已拆散。货品以未组装或拆散形式报验，通常是由于包装、装卸或运输上的需要，或是为了便于包装、装卸或运输。

本款规则也适用于以未组装或拆散形式报验的不完整品或未制成品，只要按照本规则第一部分的规定，它们可作为完整品或制成品看待。例如，缺少某些非关键零件（如螺丝、螺帽、垫圈等）的电话机的散件，同样应按电话机归入品目8517。

鉴于第一类至第六类各品目的商品范围，规则二（一）的规定一般不适用于这六类所包括的货品。

3. 规则二（二）是针对混合及组合的材料或物质，以及由两种或多种材料或物质构成的货品而设的，目的在于将任何列出某种材料或物质的品目扩大为包括该种材料或物质与其他材料或物质的混合品或组合品，同时还将任何列出某种材料或物质构成的货品的品目扩大为包括部分由该种材料或物质构成的货品。它所适用的是列出某种材料或物质的品目。

例如，品目4503是"天然软木制品"，该品目属于"某种材料或物质构成的货品"，根据本规则，如果是"涂蜡的热水瓶软木塞子"（已加入了其他材料或物质），则仍应归入品目4503。

但是，本款规则绝不意味着将品目范围扩大到不按照规则一的规定，将不符合品目条文的货品也包括进来，即由于添加了另外一种材料或物质，使货品丧失了原品目所列货品特征的情况。例如，稻谷中加入了杀鼠剂，已经成为了一种用于杀灭老鼠的毒饵，就不能再按品目1006的"稻谷"归类。

4. 只有在规则一无法解决时，方能运用规则二。例如，品目1503的品目条文规定为"液体猪油，未经混合"，而混合了其他油的液体猪油，不能运用规则二（二）归入品目1503。

三、规则三

（一）条文内容

当货品按规则二（二）或由于其他原因看起来可归入两个或两个以上品目时，应按以下规则归类：

（一）列名比较具体的品目，优先于列名一般的品目。但是如果两个或两个以上品目都仅述及混合或组合货品所含的某部分材料或物质，或零售的成套货品中的某些货品，即使其中某个品目对该货品描述得更为全面、详细，这些货品在有关品目的列名应视为同样具体。

（二）混合物，不同材料构成或不同部件组成的组合物以及零售的成套货品，如果不能按照规则三（一）归类时，在本款可适用的条件下，应按构成货品基本特征的材料或部件归类。

（三）货品不能按照规则三（一）或（二）归类时，应按号列顺序归入其可归入的最末一个品目。

（二）条文解释

1. 对于根据规则二（二）或其他原因看起来可归入两个或两个以上品目的货品，本规则规定了三条归类办法。这三条办法应按照其在本规则的先后次序加以运用。据此，只有在不能按照规则三（一）归类时，才能运用规则三（二）；不能按照规则三（一）和（二）两款归类时，才能运用规则三（三）。因此，它们优先权的次序为：（1）具体列名；（2）基本特征；（3）从后归类。

2. 只有在品目条文和类注、章注无其他规定的条件下，才能运用本规则。例如，第九十七章章注四（二）规定，根据品目条文既可归入品目9701至9705中的一个品目，又可归入品目9706的货品，应归入品目9706以前的有关品目，即货品应按第九十七章章注四（二）的规定而不能根据本规则进行归类。

3. 规则三（一）是本规则的第一条归类办法，它规定列名比较具体的品目应优先于列名比较一般的品目。一般来说：

（1）列出品名比列出类名更为具体。例如，电动剃须刀应归入品目8510"电动剃须刀、电动毛发推剪及电动脱毛器"，而不应归入品目8509"家用电动器具"。

（2）如果某一品目所列名称更为明确地述及某一货品，则该品目要比所列名称不那么明确述及该货品的其他品目更为具体。例如，确定为用于小汽车的簇绒地毯，不应作为小汽车附件归入品目8708"机动车辆的零件、附件"，而应归入品目5703"簇绒地毯及纺织材料的其他簇绒铺地制品，不论是否制成的"，因为品目5703所列地毯更为具体。

4. 如果两个或两个以上品目都仅述及混合或组合货品所含的某部分材料或物质，或零售成套货品中的某些货品，即使其中某个品目比其他品目对该货品描述得更为全面、详细，这些货品在有关品目的列名应视为同样具体。在这种情况下，货品应按规则三（二）或（三）的规定进行归类。

5. 规则三（二）是指不能按规则三（一）归类的混合物、组合物以及零售的成套货品的归类。它们应按构成货品基本特征的材料或部件归类。

但是，不同的货品，确定其基本特征的因素会有所不同。例如，可根据其所含材料或部件的性质、体积、数量、重量或价值来确定货品的基本特征，也可根据所含材料对货品用途的作用来确定货品的基本特征。例如，由快熟面条、调味包、塑料小叉构成的碗面，由于其中的快熟面条构成了这个零售成套货品的基本特征，所以应按面食归入品目1902。

还要注意，本款规则所称"零售的成套货品"，是指同时符合以下三个条件的货品：

（1）由至少两种看起来可归入不同品目的不同物品构成的，例如，六把乳酪叉不能作为本款规则所称的成套货品；

（2）为了迎合某项需求或开展某项专门活动而将几件产品或物品包装在一起的；

（3）其包装形式适于直接销售给用户而货物无须重新包装的，例如，装于盒、箱内或固定于板上。

例如，成套理发工具，由一个电动理发推子、一把梳子、一把剪子、一把刷子及一条毛巾，装于一个皮匣子内组成，符合上述的三个条件，所以属于"零售的成套货品"。

不符合以上三个条件时，不能看成是规则三（二）中的零售成套货品。例如"包装在一起的手表与打火机"，由于不符合以上第二个条件，所以只能分开归类。

6. 货品如果不能按照规则三（一）或（二）归类时，应按号列顺序归入其可归入的最后一个品目。

例如，"等量的大麦与燕麦的混合麦"，由于其中大麦与燕麦含量相等，"基本特征"无法确定，所以应"从后归类"，即按品目 1003 与品目 1004 中的后一个品目 1004 归类。

四、规则四

（一）条文内容

根据上述规则无法归类的货品，应归入与其最相类似的货品的品目。

（二）条文解释

由于时代的发展，科技的进步，可能会出现一些《协调制度》在分类时无法预见的情况，这时按以上规则一至规则三仍无法归类的货品，只能用最相类似的货品的品目来替代，即将报验货品与类似货品加以比较以确定其与哪种货品最相类似。然后将所报验的货品归入与其最相类似的货品的同一品目。这里的"最相类似"指名称、特征、功能、用途、结构等因素，需要综合考虑才能确定。

五、规则五

（一）条文内容

除上述规则外，本规则适用于下列货品的归类：

（一）制成特殊形状仅适用于盛装某个或某套物品并适合长期使用的照相机套、乐器盒、枪套、绘图仪器盒、项链盒及类似容器，如果与所装物品同时进口或出口，并通常与所装物品一同出售的，应与所装物品一并归类。但本款不适用于本身构成整个货品基本特征的容器。

（二）除规则五（一）规定的以外，与所装货品同时进口或出口的包装材料或包装容器，如果通常是用来包装这类货品的，应与所装货品一并归类。但明显可重复使用的包装材料和包装容器可不受本款限制。

（二）条文解释

1. 规则五（一）仅适用于同时符合以下各条规定的容器：

（1）制成特定形状或形式，专门盛装某一物品或某套物品的，即专门按所要盛装的物品进行设计的，有些容器还制成所装物品的特殊形状；

（2）适合长期使用的，即容器的使用期限与所盛装的物品相比是相称的，在物品不使用期间（例如，运输或储藏期间），这些容器还起保护物品的作用；

（3）与所装物品一同报验的（单独报验的容器应归入其所应归入的品目）；

（4）通常与所装物品一同出售的；

（5）本身并不构成整个货品基本特征的。

例如，与所装电动剃须刀一同报验的电动剃须刀的皮套，由于符合以上条件，因此应与电动剃须刀一并归入品目 8510。

但是，本款规则不适用于本身构成整个货品基本特征的容器，例如，装有茶叶的银质茶叶罐。

2. 规则五（二）仅适用于同时符合以下各条规定的包装材料及包装容器：

（1）规则五（一）以外的；

（2）通常用于包装有关货品的；

（3）与所装物品一同报验的（单独报验的包装材料及包装容器应归入其所应归入的品目）；

（4）不属于明显可重复使用的。

例如，装有电视机的瓦楞纸箱，由于符合以上条件，因此应与电视机一并归入品目8528。

但是，如果是明显可重复使用的包装材料和包装容器，则本款规定不适用。例如，"煤气罐装有液化煤气"，由于具有明显可重复使用的特性，所以不能与液化煤气一并归类，而应与液化煤气分开归类。

六、规则六

（一）条文内容

货品在某一品目项下各子目的法定归类，应按子目条文或有关的子目注释以及以上各条规则来确定，但子目的比较只能在同一数级上进行。除条文另有规定的以外，有关的类注、章注也适用于本规则。

（二）条文解释

本规则是关于子目应当如何确定的一条原则，子目归类首先按子目条文和子目注释确定；如果按子目条文和子目注释还无法确定归类，则上述各规则的原则同样适用于子目的确定；除条文另有规定的以外，有关的类注、章注也适用于子目的确定。

在具体确定子目时，还应当注意以下两点：

1. 确定子目时，一定要按先确定一级子目，再二级子目，然后三级子目，最后四级子目的顺序进行。

2. 确定子目时，应遵循"同级比较"的原则，即一级子目与一级子目比较，二级子目与二级子目比较，依此类推。

例如，"中华绒螯蟹种苗"在归入品目0306项下子目时，应按以下步骤进行：

（1）先确定一级子目，即将三个一级子目"冻的""活、鲜或冷的""其他"进行比较后归入"活、鲜或冷的"（因为种苗肯定是"活的"）；

（2）再确定二级子目，即将二级子目"岩礁虾和其他龙虾""螯龙虾""蟹""挪威海螯虾""冷水小虾及对虾""其他小虾及对虾""其他"进行比较后归入"蟹"；

（3）然后确定三级子目，即将两个三级子目"种苗"与"其他"进行比较后归入"种苗"。

所以，中华绒螯蟹种苗应归入子目0306.3310。

第五节　商品归类的一般方法

进出口商品归类尽管复杂，但任何事情总是有一定的方法可循。一般情况下，归类应该按照以下步骤：

一、确定品目（四位数）

商品特性分析—初判大概位置—查品目条文—查类注、章注—运用规则二、三—确定品目。具体如下：

第一步：根据有关资料分析商品特性（如组成、结构、加工、用途等）；

第二步：根据 HS 的分类规律初步分析该商品可能涉及的类、章和品目（可能有几个）；

第三步：查找涉及的几个有关品目的品目条文；

第四步：查看所涉及的品目所在章和类的注释，检查一下相关章注和类注是否有特别的规定；

第五步：仍然有几个品目可归而不能确定时，运用规则二、三（主要是规则三）。

通过以上几个步骤，一般即可确定该商品的品目归类。

例如，对于商品"食用调和油（含大豆油 60%、花生油 20%、菜子油 15%、棕榈油 5%）"的归类，运用以上方法，按照以下步骤进行：

（1）该商品为植物油，由几种不同植物材料的油脂混合而成，属于混合的植物食用油；

（2）该商品可以考虑第十五章"动、植物油、脂及其分解产品；精制的食用油脂"；

（3）在第十五章查找合适的品目，该商品符合品目 1517"本章各种动、植物油、脂及其分离品混合制成的食用油、脂或制品"（注意不能误认为该商品符合品目 1507"豆油及其分离品"，因为该商品是混合油而不是单独的豆油）；

（4）查第十五章章注，没有发现对该商品的归类有其他规定，故确定该商品应归入品目 1517。

再如，对于商品"纯金烟斗"的归类，运用以上方法，按照以下步骤进行：

（1）该商品的材料为纯金，用途为烟斗；

（2）金为贵金属，"纯金烟斗"属于贵金属制品，可以考虑第七十一章"贵金属及其制品"，而如果按"烟斗"的用途考虑，则可以考虑第九十六章"杂项制品"；

（3）分别在第七十一章和第九十六章查找有关的品目，品目 7114 的条文为"贵金属或包贵金属制的金银器及其零件"，品目 9614 的条文为"烟斗（包括烟斗头）和烟嘴及其零件"，显然，仅仅根据品目条文无法确定该商品应该归入品目 7114 还是 9614；

（4）查阅第七十一章和第九十六章的有关注释，其中第七十一章章注三（十四）规定，第七十一章不包括"根据第九十六章章注四应归入该章的物品"，第九十六章章注四为"除品目 9601 至 9606 或 9615 的货品以外，本章的物品还包括全部或部分用贵金属、包贵金属、天然或养殖珍珠、宝石或半宝石（天然、合成或再造）制成的物品"。根据这两个注释可知，品目 9614 的烟斗可以用贵金属制成，因此本例商品应按功能和用途归入品目 9614，而不能按材料归入品目 7114。

二、确定子目（八位数）

品目确定之后就是子目的确定，由于品目需要在很大的范围之内确定，并且还要仔细查找和对比很多有关的章注、类注，而相比较而言，子目只需要在品目项下确定，其范围要小得多，所以很多情况下子目的确定是很容易的。

例如，前面例题中的"食用调和油"在品目 1517 项下确定子目时，由于只有两个一级子目 1517.1000"人造黄油，但液态的除外"和 1517.9000"其他"，显然，该商品应该归入一级子目 1517.9000；然后再归入三级子目 1517.9090"其他"。

但是有时子目的确定也是有一定难度的，尤其是子目比较多的时候，所以掌握正确的方法仍然是关键。具体方法是：

查一级子目条文—查子目注释—查二级子目条文—……—确定子目。

例如，对于商品"猪肉制的婴儿均化食品，罐头装，重量 250 克"的归类，运用以上方法，按照以下步骤进行：

（1）该商品应该归入品目 1602 项下。在确定其子目时，查一级子目条文，发现该商品同时符合两个一级子目 1602.1000"均化食品"和 1602.4000"猪的"的规定；

（2）查第十六章子目注释一"子目 1602.10 的'均化食品'，是指用肉、食用杂碎或动物血经精细均化制成供婴幼儿食用或营养用的零售包装食品（每件净重不超过 250 克）。归类时该子目优先于品目 1602 的其他子目"，该商品符合该子目注释的规定，并且根据该规定，子目 1602.1000 优先于子目 1602.4000，所以该商品应该归入子目 1602.1000。

再如，对于商品"针织印花棉制床单"的归类，很多人往往会犯盲目"跳级"的错误：

品目 6302 项下的子目列名如下：

6302　　　　床上、餐桌、盥洗及厨房用的织物制品：
　　　　　　-针织或钩编的床上用织物制品：
6302.1010　---棉制
6302.1090　---其他纺织材料制
　　　　　　-其他印花的床上用织物制品：
　　　　　　--棉制：
6302.2110　---床单
6302.2190　---其他
……

很多人在归品目 6302 项下的子目时，容易直接按"棉制床单"的列名归入子目 6302.2110，其错误的根源在于看到"床单"的列名就迫不及待地"跳级"归类，而没有按照"子目的比较只能在同一数级上进行"这一规则，先确定一级子目，再二级子目，然后三级子目，最后四级子目的步骤进行。如果按照正确的步骤，先确定一级子目，由于该床单是针织的，所以应归入品目 6302 项下的第一个一级子目"针织或钩编的床上用织物制品"，然后再确定三级子目（这里没有二级子目），由于该床单是棉制的，所以应归入三级子目 6302.1010。

第六节　各类进出口商品的归类

第一类　活动物；动物产品（第一章至第五章）

（一）主要内容

本类共 5 章，包括除特殊情况外的所有种类的活动物以及经过有限度的简单加工的动物产品。

其中活动物归入第一章，肉及食用杂碎归入第二章，鱼、甲壳动物、软体动物及其他水生无脊椎动物归入第三章，乳品、蛋品、天然蜂蜜、其他食用动物产品归入第四章，其他未加工或简单加工的各种未列名的动物产品归入第五章。

（二）归类方法

1. 活动物的归类

鱼、甲壳动物（例如，龙虾、大螯虾、淡水小龙虾、蟹、河虾及对虾）、软体动物［例如，牡蛎（蚝）、海扇、贻贝、蚌、墨鱼、鱿鱼、章鱼及蜗牛］及其他水生无脊椎动物（例如，海胆、海参及海蜇）归入第三章；其他的活动物（例如，马、牛、猪、羊、鸡、狗、蛇、蜂）归入第一章。

根据第一章章注三的规定，属于第一章的活动物如果与流动马戏团及流动动物园的设备同时报验并作为其组成部分，则应归入品目 9508。

2. 动物杂碎的归类

（1）供人食用的杂碎（例如，头、脚、尾、心、舌），如果适合供人食用则归入第二章，不适合供人食用（如因保存不善导致变质）则归入第五章。例如，新鲜的猪脚应归入品目 0206。

（2）专供制药用的杂碎（例如，胆囊、肾上腺、胎盘），如为鲜、冷、冻或用其他方法临时保藏的，归入品目 0510；如经干制的则归入品目 3001。

（3）既可供人食用，又可供制药用的杂碎（例如，肝、肾、肺、脑、胰腺、脾、脊髓）归类如下：

临时保藏（例如，用甘油、丙酮、酒精、甲醛、硼酸钠临时保藏）以供药用的，归入品目 0510；干制的归入品目 3001；其他如果适合供人食用则归入第二章，不适合供人食用则归入第五章。

（4）既可供人食用，又有其他用途的杂碎（例如，皮），如果适合供人食用则归入第二章；不适合供人食用则归入第五章或其他有关章。

（5）根据第二章章注二的规定，动物的肠、膀胱、胃或动物血必须按不可食用的动物产品归入第五章（动物血如果符合品目 3002 的规定，则归入品目 3002）。例如，新鲜的猪大肠不能归入品目 0206 "鲜、冷、冻牛、猪、绵羊、山羊、马、驴、骡的食用杂碎"，应该根据该章注的规定归入品目 0504。

3. 动物加工产品的归类

对于动物产品的归类，其关键是根据加工程度判断是一种可以归入本类的简单加工，还是应归入后面其他类（如第四类）的进一步深加工。

但是，由于第二章至第五章的动物产品种类比较多，各有关章的产品加工程度规定的标准也各不相同，应根据有关各章的注释和品目条文的规定来确定。所以具体到某一种动物产品，比如"鸡"，加工到什么程度属"简单加工"可以归入第二章，而加工到什么程度属超出"简单加工"的范围应归入第四类。其方法是首先查第二章的品目条文与相应的章注、类注，如果相符则归入第二章，否则归入第四类。

例如，"用盐腌制的咸鸡"应归入品目 0210，而"油炸鸡腿"，经查第二章的品目条文与章注得知，其加工程度已超出第二章的范围，因此应归入品目 1602。

第二类 植物产品（第六章至第十四章）

（一）主要内容

本类共 9 章，包括各种活植物及经过有限度的简单加工的植物产品。

其中活树及其他活植物，鳞茎、根及类似品，插花及装饰用簇叶归入第六章；食用蔬菜、根及块茎归入第七章；食用水果及坚果，甜瓜或柑橘属水果的果皮归入第八章；咖啡、茶、马黛茶及调味香料归入第九章；谷物归入第十章；制粉工业产品、麦芽、淀粉、菊粉、面筋归入第十一章；含油子仁及果实，杂项子仁及果实，工业用或药用植物，稻草、秸秆及饲料归入第十二章；虫胶、树胶、树脂及其他植物液、汁归入第十三章；编结用植物材料，其他植物产品归入第十四章。

（二）归类方法

1. 干蔬菜的归类

根据第七章章注三的规定，品目 0712 包括干制的归入品目 0701 至 0711 的各种蔬菜，但下列各项除外：

（1）作蔬菜用的脱荚干豆（品目 0713）；

（2）品目 1102 至 1104 所列形状的甜玉米；

（3）马铃薯细粉、粗粉、粉末、粉片、颗粒及团粒（品目 1105）；

（4）用品目 0713 的干豆制成的细粉、粗粉及粉末（品目 1106）。

例如，马铃薯细粉尽管属于制成粉状的干蔬菜（马铃薯属于蔬菜），符合 0712 品目条文的规定，但根据该章注的规定，应归入品目 1105。

另外，鲜辣椒属于蔬菜，归入品目 0709，但是，根据第七章章注四的规定，辣椒干及辣椒粉则应作为调味香料归入品目 0904。

2. 混合调味香料的归类

根据第九章章注一的规定，品目 0904 至 0910 所列产品的混合物，应按下列规定归类：

（1）同一品目的两种或两种以上产品的混合物仍应归入该品目；

（2）不同品目的两种或两种以上产品的混合物应归入品目 0910。

品目 0904 至 0910 的产品［或上述第（1）或（2）项的混合物］如添加了其他物质，只要所得的混合物保持了原产品的基本特性，其归类应不受影响。基本特性已经改变的，则不应归入该章；构成混合调味品的，应归入品目 2103。

例如，肉桂（占 70%）与丁香（占 30%）的混合物，由于肉桂归品目 0906，丁香归品目0907，属于不同品目的混合物，所以应归入品目0910。而对于胡椒粉（占70%）与辣椒粉（占30%）的混合物，由于胡椒粉与辣椒粉都归入品目0904，属于同一品目的混合物，所以仍应归入品目0904。

3. 种植用种子的归类

根据第十二章章注三的规定，甜菜子、草子及其他草本植物种子、观赏用花的种子、蔬菜种子、林木种子、果树种子、巢菜子（蚕豆除外）、羽扇豆属植物种子，可一律视为种植用种子，归入品目1209。

但下列各项即使作种子用，也不归入品目1209：

（1）豆类蔬菜或甜玉米（第七章）；

（2）第九章的调味香料及其他产品；

（3）谷物（第十章）；

（4）品目1201至1207或1211的产品。

例如，种用蚕豆属于豆类蔬菜，根据该章注的规定，应归入品目0713。

4. 植物加工产品的归类

植物产品与动物产品的归类思路基本一致，即对本类的植物产品也需特别注意其加工程度。只有简单加工的植物产品才归入本类，如果超出这一范围而进行了进一步的深加工，则应归入后面的其他类，如第四类。

但是，本类的植物产品与动物产品相比较，由于种类、用途更复杂，因而各有关章及具体的植物产品加工程度规定的标准更不相同，归类的方法仍是首先在第二类相应章的有关品目条文与章注、类注中查找，如果相符则归入本类，否则视为其加工程度已超出允许范围，应作为深加工而归入其他类。

例如，"生花生仁"归入品目1202，而"水煮花生仁"，经查第十二章的品目条文与章注得知，已超出该章范围，所以应到第四类中查找而归入品目2008。

第三类　动、植物油、脂及其分解产品；精制的食用油脂；动、植物蜡（第十五章）

（一）主要内容

本类只有1章，包括以第一、第二类的动物、植物为原料加工得到的动物、植物油脂，油脂的分解产品，混合食用油脂，动物、植物蜡，处理油脂或蜡所剩的残渣。

（二）归类方法

1. 动、植物油脂加工产品的归类

动、植物油脂根据其加工程度归类如下：

油脂（初榨、精制）{ 动物 ·················· 品目 1501～1506
　　　　　　　　　　植物 ·················· 品目 1507～1515

油脂（化学改性）·················· 品目 1516、1518

混合食用油脂 ·················· 品目 1517

混合非食用油脂 ·················· 品目 1518

油脂分解产品（粗甘油）·················· 品目 1520

动、植物蜡 ·················· 品目 1521

残渣 ·················· 品目 1522

例如，"初榨的豆油""精制的豆油""氢化的豆油""氧化的豆油""混合的豆油"，它们的归类应随着加工方式和加工程度的不同而分别归入子目 1507.1000、1507.9000、1516.2000、1518.0000、1517.9090。

2. 动、植物油、脂分解产品的归类

动、植物油、脂分解产品中的粗甘油归入品目 1520，而其他分解产品如脂肪酸、脂肪醇等则应按化工品归入第六类；经过提纯的精制甘油则应按有机化合物归入第二十九章。

第四类　食品；饮料、酒及醋；烟草、烟草及烟草代用品的制品（第十六章至第二十四章）

（一）主要内容

本类共 9 章，包括以动物、植物为原料加工得到的食品、饮料、酒、醋、动物饲料、烟草等。

主要以第一类的动物为原料加工得到的食品归入第十六章；而主要以第二类的植物为原料加工得到的食品归入第十七章至第二十一章，其中，糖归入第十七章，可可及可可制品归入第十八章，谷物、粮食粉、淀粉或乳的制品归入第十九章，蔬菜、水果、坚果等的制品归入第二十章，其他杂项食品归入第二十一章；饮料、酒、醋归入第二十二章；食品工业的残渣及废料、饲料归入第二十三章；烟草及其制品归入第二十四章。

（二）归类方法

1. 混合食品的归类

根据第十六章章注二的规定，对于混合食品，如果动物类原料（即香肠、肉、食用杂碎、动物血、鱼、甲壳动物、软体动物或其他水生无脊椎动物及其混合物）的含量在 20%以上（其中不同的动物原料的含量可以相加）则应归入第十六章。对于含有两种或两种以上前述产品的食品，则应按其中重量最大的产品归入第十六章的相应品目。

例如，"猪肉占 15%，牛肉占 20%，马铃薯占 65%的罐头食品"，因为猪肉加上牛肉合计为 35%，超过了 20%，所以可归入第十六章的品目 1602，又因为牛肉含量超过猪肉，所以应按牛肉食品归入子目 1602.5010。

但是，如果该混合食品属于品目 1902 的包馅食品和品目 2103、2104 的食品，则不论其中的动物类原料的含量是否在 20%以上，一律不再归入第十六章，而应归入品目 1902、2103、2104。

例如，"猪肉占 30%，白菜占 20%，面粉占 50%的水饺"，尽管其中猪肉的含量在 20%以上，但由于水饺属于品目 1902 的包馅食品，所以仍应归入品目 1902。

2. 均化混合食品的归类

根据第二十一章章注三的规定，由两种或两种以上的基本配料，如肉、鱼、蔬菜或果实等，经精细均化制成供婴幼儿食用或营养用的零售包装食品（每件净重不超过 250 克，为了调味、保藏或其他目的，可以加入少量其他配料，还可以含有少量可见的小块配料）属于均化混合食品。符合上述条件的食品必须按"均化混合食品"归入品目 2104。

例如，猪肉占 60%、青菜占 30%，加上调料制成的专供婴幼儿食用的均化食品（净重 150 克包装），由于其是由猪肉和青菜两种基本配料制成，属于该章注规定的"均化混合食品"，所以应归入品目 2104。

3. 均化食品的归类

（1）子目 1602.1000 的"均化食品"，是指用肉、食用杂碎或动物血经精细均化制成供婴幼儿食用或营养用的零售包装食品，每件净重不超过 250 克。为了调味、保藏或其他目的，均化食品中可以加入少量其他配料，还可以含有少量可见的肉粒或食用杂碎粒。归类时该子目优先于品目 1602 的其他子目。

例如，由猪肉经精细均化制成供婴幼儿食用的净重 250 克的食品，应作为"均化食品"归入子目 1602.1000。但是，如果该商品为净重 350 克的包装，则应归入子目 1602.40。

（2）子目 2005.1000 所称"均化蔬菜"，是指蔬菜经精细均化制成供婴幼儿食用或营养用的零售包装食品，每件净重不超过 250 克。为了调味、保藏或其他目的，均化蔬菜中可以加入少量其他配料，还可以含有少量可见的蔬菜粒。归类时，该子目优先于品目 2005 的其他子目。

例如，由马铃薯经精细均化制成供婴幼儿食用的净重 200 克的食品，应作为"均化食品"归入子目 2005.1000。

（3）子目 2007.1000 所称"均化食品"，是指果实经精细均化制成供婴幼儿食用或营养用的零售包装食品，每件净重不超过 250 克。为了调味、保藏或其他目的，均化食品中可以加入少量其他配料，还可以含有少量可见的果粒。归类时，该子目优先于品目 2007 的其他子目。

例如，由苹果经精细均化制成供婴幼儿食用的净重 150 克的食品，应作为"均化食品"归入子目 2007.1000。

4. 糖的归类

各种糖（例如，蔗糖、乳糖、麦芽糖、葡萄糖及果糖），以及糖浆、人造蜜、焦糖、提取或精炼糖时所剩的糖蜜以及糖食应归入第十七章。

但是，化学纯糖（蔗糖、乳糖、麦芽糖、葡萄糖及果糖除外）应归入品目 2940。糖食中如果含有可可，则应归入品目 1806"巧克力及其他含可可的食品"。

5. 可可食品的归类

第十八章"可可食品"的归类应注意该章章注一的规定，含可可的食品有些可归入该章，有些则应归入其他章。

例如，含可可的饮料不能按含可可食品归入品目 1806，而应按饮料归入品目 2202。

6. 面食的归类

品目 1902 的面食是用硬麦粗粉或用面粉、玉米粉、米粉、土豆粉等制成的未发酵产品。这些粉（或混合粉）先用水混合，然后揉成面团，也可加入其他配料（例如，菜汁、蛋、乳、香料，等等），揉好的面团通过挤出后切割、滚轧后切割、压制、模制等方法加工成为特定形状（例如，管状、条状、颗粒状、字母状）。面条、空心粉、饺子等就属于这一类。

7. 酒的归类

应在能够正确区别各种常见酒的加工方法的基础上掌握不同酒的归类，即发酵酒归入品目 2203~2206，而蒸馏酒归入品目 2207~2208。

例如，黄酒属于发酵酒，应归入品目 2206，而威士忌酒属于蒸馏酒，应归入品目 2208。

8. 其他食品的归类

本类商品中第十六章至第二十一章的各种食品的归类难点主要在于与第一、第二类的动物、植物产品的区别。判断方法仍然是加工程度。具体方法见第一、第二类的相关部分。

第五类　矿产品（第二十五章至第二十七章）

（一）主要内容

本类共 3 章，包括原矿及经过一定程度加工的矿产品。其中燃料（主要是煤、石油、天然气）及其加工产品归入第二十七章，主要的金属矿归入第二十六章，其他矿则归入第二十五章。

（二）归类方法

1. 第二十五章矿物的归类

除条文及章注四另有规定的以外，第二十五章各品目只包括原产状态的矿产品，或只经过洗涤（包括用化学物质清除杂质而未改变产品结构的）、破碎、磨碎、研粉、淘洗、筛分，以及用浮选、磁选和其他机械—物理方法（不包括结晶法）精选过的矿产品，但不得经过焙烧、煅烧、混合或超过品目所列的加工范围。如果加工程度超出了上述范围、该章品目条文及该章章注四的规定，则不能再归入该章。

例如，"经简单切割的大理石"归入品目 2515，"表面经磨平的大理石"则因为进行了进一步的加工而应归入品目 6802。

2. 第二十六章矿物的归类

第二十六章尽管是"金属矿"，但这里的"金属矿"不是全部，而是有例外。根据第二十六章章注二的规定，品目 2601 至 2617 所称"矿砂"，是指冶金工业中提炼汞、品目 2844 的金属以及第十四类、第十五类金属的矿物，即使这些矿物不用于冶金工业，也被包括在内。

例如，"稀土金属矿"就不能归入第二十六章而应归入品目 2530。

与第二十五章类似，该章金属矿产品的加工也有一定的限定，即品目 2601 至 2617 不包括以非冶金工业正常加工方法处理的各种矿物。

例如，天然的铜矿应归入品目 2603，而用化学方法由天然铜矿提取出的硫化铜，则其加工程度已超出了简单加工的范围，应作为化工品归入品目 2830。

另外需注意，该章还包括了含铅汽油的淤渣（子目 2620.2100）及焚烧城市垃圾所产生的灰、渣（子目 2621.1000）。

3. 第二十七章矿物的归类

与第二十五章、第二十六章不同，第二十七章的煤、石油、天然气可以进行化学提取和其他加工，但经化学提取得到的矿物能归入该章的一般是一些粗产品，如果经进一步的化学提纯，则应归入第二十九章。

例如，"粗苯"归入品目 2707，"精苯"则因加工程度已超出该章范围而应归入品目 2902。

4. 其他归类注意事项

（1）注意有少数"纯的"化工产品不归入第六类而归入本类，例如"纯的氯化钠""纯的氧化镁""纯的甲烷""纯的丙烷"，这些是特例。

（2）石油是一种重要的能源，石油原油应归入品目 2709，由石油原油加工得到的成品油应归入品目 2710。但生物柴油是指从动植物油脂（不论是否使用过）得到的用做燃料的脂肪酸单烷基酯（第三十八章章注七），所以应作为一种化工产品归入品目 3826。如果将生物柴油与石油成品油进行混合，则当石油含量≥70%时，应归入品目 2710；当石油含量<70%时，应归入品目 3826。

第六类　化学工业及其相关工业的产品（第二十八章至第三十八章）

（一）主要内容

本类共 11 章，可分成两部分。第一部分为第二十八章至第二十九章，主要为单独的已有化学定义的化学品，其中元素和无机化合物归入第二十八章，有机化合物归入第二十九章。第二部分为第三十章至第三十八章，主要为按用途分类的化工品，其中药品归入第三十章，该章还包括用于医疗、外科、牙科或兽医用的某些其他物质或物料；肥料归入第三十一章，包括通常作天然或人造肥料的绝大多数产品；染料、颜料、油漆、油墨等归入第三十二章，包括用于鞣料及软化皮革的制剂、植物鞣膏、合成鞣料以及人造脱灰碱液，也包括植物、动物或矿物着色料及有机合成着色料，以及用这些着色料制成的大部分制剂，还包括清漆、干燥剂及油灰等各种其他制品；精油及香膏、芳香料制品及化妆、盥洗品归入第三十三章；肥皂、有机表面活性剂、洗涤剂、润滑剂、光洁剂、蜡烛等归入第三十四章；蛋白质物质、改性淀粉、胶、酶归入第三十五章；炸药、烟火制品、火柴、易燃制品等归入第三十六章；照相及电影用品归入第三十七章；杂项化工产品归入第三十八章。

（二）归类方法

1. 化工品中的优先归类原则

（1）凡符合品目 2844 或 2845 规定的货品（放射性矿砂除外），应分别归入这两个品目而不归入 HS 的其他品目。即除了放射性矿砂以外，所有的放射性化学元素、同位素及它们的化合物，即使本来可以归入其他品目，也应一律归入品目 2844 或 2845。

例如，放射性甘油应归入品目 2844 而不归入品目 2905。

（2）除上述（1）另有规定的以外，凡符合品目 2843、2846 或 2852 规定的货品，应分别归入以上品目而不归入本类的其他品目。即除了品目 2844 或 2845 外，如果某化工产品既可以归入品目 2843、2846 或 2852，又可以归入本类的其他品目，也应一律归入品目

2843、2846 或 2852。

例如，"硝酸银"即使已制成零售包装供摄影用，也应归入品目 2843 而不归入品目 3707。

（3）除上述第（1）、（2）项外，凡由于按一定剂量或作为零售包装而可归入品目 3004、3005、3006、3212、3303、3304、3305、3306、3307、3506、3707 或 3808 的货品，应分别归入以上品目，而不归入 HS 的其他品目。即如果一种化工品制成一定剂量或制成零售包装而且同时符合品目 3004、3005、3006、3212、3303、3304、3305、3306、3307、3506、3707、3808 的规定，则应优先归入上述品目。

例如，零售包装的染料应归入品目 3212。

2. 本类第一部分与第二部分的归类区别

一般情况下，如果一种化工品是单独的化学元素及单独的已有化学定义的化合物（包括无机化合物和有机化合物），则应归入第二十八章或第二十九章；如果不符合这一点，而是由几种不同化学成分混合配制而成的，则主要按其用途归类，应归入第三十章至第三十八章，如果按其用途找不到相符的品目条文时，则按照未列名化工产品归入子目 3824.9099。当然，品目条文、章注、类注另有规定的除外。

例如，"硫代硫酸钠"可用于摄影，起定影作用，但如果仅是硫代硫酸钠一种成分（未制成定量包装或零售包装，可立即使用的），则应归入子目 2832.3000。当硫代硫酸钠中再配上其他成分制成定影剂，则按其用途归入子目 3707.9010。

3. 第二十八章无机化工商品的归类

除条文另有规定外，第二十八章仅限于单独的化学元素及单独的已有化学定义的化合物。

单独的已有化学定义的化合物是由一分子种类（例如，通过共价键或离子键结合）组成的物质，此种物质的各种组成元素的比例是固定的而且可以用确定的结构图进行表示。

含有杂质或溶于水的单独化学元素和已有化学定义的单独化合物仍归入第二十八章。

（1）化学元素

化学元素可分为两类：非金属元素及金属元素。

非金属元素中，卤素（氟、氯、溴及碘）归入品目 2801；硫黄（包括升华硫黄、沉淀硫黄、胶态硫黄）归入品目 2802；碳归入品目 2803；氢、稀有气体（氦、氖、氩、氪、氙）和其他非金属（氮、氧、硼、碲、硅、磷、砷、硒）归入品目 2804。

金属元素中的碱金属（锂、钠、钾、铷、铯）、碱土金属（钙、锶、钡）、稀土金属、钪及钇、汞归入品目 2805，其他的金属元素则归入其他分章或其他章。例如，放射性化学元素和同位素归入品目 2844，稳定同位素归入品目 2845，贵金属归入第十四类，贱金属归入第十五类。

（2）无机化合物

根据分子结构的不同特征，可对无机化合物进行如下归类：

① 无机酸及非金属无机氧化物归入品目 2806～2811，例如硫酸属于无机酸，应归入品目 2807；

② 非金属卤化物及硫化物归入品目 2812～2813，例如二硫化碳属于非金属硫化物，应归入品目 2813；

③ 无机碱和金属氧化物、氢氧化物及过氧化物归入品目 2814～2825，例如烧碱属于无

机碱，应归入品目2815；

④ 无机酸盐、无机过氧酸盐及金属酸盐、金属过氧酸盐归入品目2826～2842，例如硫酸铜属于无机酸盐，应归入品目2833；

⑤ 其他杂项产品归入品目2843～2853，例如过氧化氢应归入品目2847。

4. 第二十九章有机化工商品的归类

根据分子结构的不同特征，可对有机化合物进行如下归类：

（1）烃归入品目2901～2902，例如乙烯属于无环烃，应归入品目2901；

（2）烃的卤化、磺化、硝化、亚硝化衍生物归入品目2903～2904，例如氯仿属于烃的卤化衍生物，应归入品目2903；

（3）醇归入品目2905～2906，例如甲醇应归入品目2905；

（4）酚归入品目2907～2908，例如苯酚应归入品目2907；

（5）醚归入品目2909～2911，例如乙醚应归入品目2909；

（6）醛、酮归入品目2912～2914，例如丙酮应归入品目2914；

（7）羧酸及其酸酐、酰卤化物、过氧化物和过氧酸归入品目2915～2918，例如苯甲酸属于环一元羧酸，应归入品目2916；

（8）非金属无机酸酯归入品目2919～2920，例如亚磷酸三甲酯属于亚磷酸的无机酸酯，应归入品目2920；

（9）含氮基化合物归入品目2921～2929，例如苯胺应归入品目2921；

（10）有机—无机化合物归入品目2930～2931，例如二甲硫属于有机硫化合物，应归入品目2930；

（11）杂环化合物及核酸归入品目2932～2934，例如四氢呋喃属于含有氧杂原子的杂环化合物，应归入品目2932；

（12）磺胺归入品目2935，例如磺胺嘧啶应归入品目2935；

（13）其他杂项有机产品（维生素、激素、生物碱、化学纯糖、抗菌素等）归入品目2936～2942，例如青霉素属于抗菌素，应归入品目2941。

5. 药品的归类

首先，如果是已配定剂量或已制成零售包装，则归入品目3004。

其次，如果是未配定剂量也未制成零售包装，则要看其是未混合产品还是混合产品，前者按其成分归入第二十九章或第二十八章，后者则归入品目3003。

例如，"安乃近原药，粉状，5千克装"，由于该商品未配定剂量也未制成零售包装，并且是未混合产品，所以应归入品目2933。再如，"安乃近药片"，由于已配成一定剂量，所以应归入品目3004。

另外，还需注意以下问题：

（1）除供静脉摄入用的滋养品可作为药品归入第三十章以外，营养品、糖尿病食品、强化食品、保健食品、滋补饮料及矿泉水，即使具有某些有利于身体健康、抵御疾病的作用，也不能作为药品归入第三十章，只能作为食品、饮料而归入第四类。

例如，某品牌的运动饮料具有补充运动中流失的维生素、矿物质和增强体质的作用，仍应按一般饮料归入品目2202。

（2）戒烟用的咀嚼胶或透皮贴片同样不能作为药品归入第三十章，其中咀嚼胶应作为"未列名的食品"归入品目2106，透皮贴片应作为"未列名的化工品"归入品目3824。

（3）品目 3303 至 3307 的化妆盥洗品，即使具有治疗及预防疾病的某些作用，也不能作为药品归入第三十章，仍应按化妆盥洗品归入第三十三章。

例如，某品牌的洗发水具有去屑止痒的功效，仍应按护发品归入品目 3305。

6. 肥料的归类

首先，单独的已有化学定义的化合物，即使属于氮肥、磷肥、钾肥或其他肥料，只有符合第三十一章有关章注的规定，才能归入第三十一章，否则应归入第二十八章或第二十九章。下面以第三十一章章注二为例进行解释说明。

第三十一章章注二规定，品目 3102 只适用于下列货品，但未制成品目 3105 所述形状或包装：

（1）符合下列任何一条规定的货品：

① 硝酸钠，不论是否纯净；

② 硝酸铵，不论是否纯净；

③ 硫酸铵及硝酸铵的复盐，不论是否纯净；

④ 硫酸铵，不论是否纯净；

⑤ 硝酸钙及硝酸铵的复盐（不论是否纯净）或硝酸钙及硝酸铵的混合物；

⑥ 硝酸钙及硝酸镁的复盐（不论是否纯净）或硝酸钙及硝酸镁的混合物；

⑦ 氰氨化钙，不论是否纯净或用油处理；

⑧ 尿素，不论是否纯净。

（2）由上述（1）中任何货品相互混合的肥料。

（3）由氯化铵或上述（1）或（2）任何货品与白垩、石膏或其他无肥效无机物混合而成的肥料。

（4）由上述（1）的②或⑧项的货品或其混合物溶于水或液氨的液体肥料。

例如，"氯化铵肥料"不符合第三十一章章注二的规定，所以应作为无机化学品归入子目 2827.1010。

其次，如果是归入第三十一章的肥料，但制成片剂及类似形状或每包毛重不超过 10 千克，则应归入品目 3105。

例如，"5 千克包装的氯化钾"应归入品目 3105。

7. 染料和颜料的归类

（1）按染料和颜料的来源和加工归入品目 3203～3206。

（2）要注意，如果是无机颜料（不包括用做发光体的无机产品）并且是单独的符合化学定义的，则不能归入该章而应归入第二十八章。

例如，二氧化钛不能归入品目 3206，而应作为无机化合物归入品目 2823。

8. 油漆的归类

（1）以合成聚合物或化学改性天然聚合物之外的其他原料为基本成分制成的油漆，应归入品目 3210。

（2）以合成聚合物或化学改性天然聚合物为基本成分制成的油漆，则再看其所用介质，其中分散于或溶于非水介质的归入品目 3208，分散于或溶于水介质的归入品目 3209。

（3）根据第三十二章章注四的规定，品目 3208 包括由品目 3901 至 3913 所列产品溶于挥发性有机溶剂的溶液（胶棉除外），但溶剂重量必须超过溶液重量的 50%。

例如，"溶于松节油（一种具有挥发性的有机溶剂）中的丙烯酸聚合物，松节油占溶液总重量的 65%"，根据该章注的规定，应归入品目 3208。

9. 香料的归类

（1）天然香料，归入品目 3301，化学合成的单独化学成分的香料，则一般应归入第二十九章。

例如，"天然的薄荷油"归入品目 3301，而人工合成的"薄荷醇"则应归入品目 2906。

（2）几种香料的混合物或香料与其他成分的混合物，则一般应归入品目 3302。

10. 化妆品的归类

化妆品一般按其用途归入品目 3303～3307。例如，唇膏属于唇用化妆品，应归入子目 3304.1000。

另外，品目 3307 所称"芳香料制品及化妆盥洗品"，主要适用于下列产品：香袋，通过燃烧散发香气的制品，香纸及用化妆品浸渍或涂布的纸，隐形眼镜片或假眼用的溶液，用香水或化妆品浸渍、涂布、包覆的絮胎、毡呢及无纺织物，动物用盥洗品。

例如，隐形眼镜片专用护理液，应作为"芳香料制品及化妆盥洗品"归入子目 3307.9000。

11. 表面活性剂的归类

首先，在归类时，通常我们将具有表面活性的一类物质称为表面活性剂，但是，品目 3402 所称"有机表面活性剂"是不符合化学定义的有机化合物，而是指温度在 20℃ 时与水混合配成 0.5% 浓度的水溶液，并在同样温度下搁置 1 小时后与下列规定相符的产品：

（1）成为透明或半透明的液体或稳定的乳浊液而未离析出不溶解物质；

（2）将水的表面张力减低到每厘米 45 达因及以下。

如果一种化工品符合上述关于表面活性剂的定义，则应归入品目 3402（肥皂除外）。

其次，表面活性剂可根据其在水中电离的性质相应地归入子目 3402.1100～3402.1900。其中，阴离子型表面活性剂归入子目 3402.1100，阳离子型表面活性剂归入子目 3402.1200，非离子型表面活性剂归入子目 3402.1300，阴阳离子型表面活性剂归入子目 3402.1900。但是，归入子目 3402.1100～3402.1900 的表面活性剂须仅含一种表面活性剂，如果同时含几种表面活性剂或表面活性剂溶于有机溶剂中，则应作为表面活性剂制品归类。

12. 洗涤用品的归类

（1）肥皂和作肥皂用或作洁肤用的表面活性剂产品制成的洗涤用品，如果符合 3401 品目条文的规定，则应归入品目 3401。

（2）其他表面活性剂产品制成的洗涤用品，如果符合 3405 品目条文的规定，则应归入品目 3405，否则归入品目 3402。

（3）如果表面活性剂产品属于洗发剂、洁齿品、剃须膏及沐浴用制剂，则必须优先归入第三十三章的相应品目。

例如，"含有表面活性剂的洗发香波"应归入品目 3305。

13. 照相用品的归类

（1）对于未曝光的照相用品根据其基材来判断归类，如果是纸、纸板、纺织物制的，归入品目 3703，其他材料制的，归入品目 3701 或品目 3702。

（2）在品目 3701 与品目 3702 中，如果是平片，归入品目 3701，如果是卷片，归入品目 3702。

例如，"医用 X 光卷片"，由于其基材是塑料，并且是卷片，所以应归入品目 3702。

14. 农药的归类

农药按其列名归入品目 3808，但如果是农药原药（未混合，未制成零售包装）则应归入第二十九章或第二十八章。

例如，农药原药 DV 菊酸甲酯应归入子目 2916.2010。

15. 杂项化学产品的归类

第三十八章属于按用途分类时前面几章未涉及的杂项化工产品，归类时要特别注意与第二十八章、第二十九章的区别。

例如，用做增塑剂的邻苯二甲酸二辛酯应归入品目 2917。

第七类　塑料及其制品；橡胶及其制品（第三十九章至第四十章）

（一）主要内容

本类共 2 章，是由高分子聚合物组成的塑料与橡胶以及它们的制品。其中，塑料及其制品归入第三十九章，橡胶及其制品则归入第四十章。

（二）归类方法

1. "初级形状"塑料的判断

第三十九章章注六规定，品目 3901～3914 所称"初级形状"，只限于下列各种形状：

（1）液状及糊状，包括分散体（乳浊液及悬浮液）及溶液；

（2）不规则形状的块、团、粉（包括压型粉）、颗粒、粉片及类似的散装形状。

因此，该章塑料在归类时要注意其加工形状，归入第一分章（品目 3901～3914）的是属于"初级形状"的塑料。所以应根据该章注的规定来判断某种塑料是否属于"初级形状"，从而确定其是否可以归入品目 3901～3914。

例如，聚丙烯粒子属于"初级形状"的塑料，所以应归入品目 3902。

2. 共聚物的归类

（1）品目的确定

第三十九章章注四规定，在该章中，除条文另有规定的以外，共聚物（包括共缩聚物、共加聚物、嵌段共聚物及接枝共聚物）应按聚合物中重量最大的那种共聚单体单元所构成的聚合物归入相应品目。在本注释中，归入同一品目的聚合物的共聚单体单元应作为一种单体单元对待。

如果没有任何一种共聚单体单元重量是最大的，共聚物应按税则号列顺序归入其可归入的最末一个品目。

具体归类方法如下：

首先，将属于同一品目下的单体单元的含量相加；

然后，按含量高的品目归类，如果含量相等则"从后归类"。

例 1　由 45%乙烯、35%丙烯及 20%异丁烯的单体单元组成的初级形状的共聚物，由于丙烯与异丁烯的聚合物同属品目 3902，二者的比例相加为 55%，超过乙烯单体单元的含量，所以应归入品目3902。

例2 由50%乙烯与50%苯乙烯的单体单元组成的初级形状的共聚物，由于乙烯单体单元的含量与苯乙烯单体单元的含量相等，所以应归入品目3903。

（2）子目的确定

第三十九章子目注释一规定，属于该章任一品目项下的聚合物（包括共聚物）应按下列规则归类：

① 在同级子目中有一个"其他"子目的

A. 子目所列聚合物名称冠有"聚（多）"的（例如，聚乙烯及聚酰胺-6，6），是指列名的该种聚合物单体单元含量在整个聚合物中按重量计必须占95%及以上。

B. 子目3901.30、3901.40、3903.20、3903.30及3904.30所列的共聚物，如果该种共聚单体单元含量在整个聚合物中按重量计占95%及以上，即应归入上述子目。

C. 不符合上述A、B两款规定的聚合物，应按聚合物中重量最大的那种单体单元（与其他各种单一的共聚单体单元相比）所构成的聚合物归入该级其他相应子目。为此，归入同一子目的聚合物单体单元应作为一种单体单元对待。只有在同级子目中的聚合物共聚单体单元才可以进行比较。

例1 由95%乙烯与5%丙烯的单体单元组成的共聚物粒子（比重0.93），应按聚乙烯归入子目3901.1000。

例2 由45%乙烯、35%丙烯及20%异丁烯的单体单元组成的初级形状的共聚物，由于丙烯与异丁烯的聚合物同属品目3902，二者相加为55%，超过乙烯单体单元的含量，所以应归入品目3902。又由于丙烯单体单元的含量超过了异丁烯单体单元的含量，所以应归入子目3902.3090。

② 在同级子目中没有"其他"子目的

聚合物应按聚合物中重量最大的那种单体单元（与其他各种单一的共聚单体单元相比）所构成的聚合物归入该级相应子目。为此，归入同一子目的聚合物单体单元应作为一种单体单元对待。只有在同级子目中的聚合物共聚单体单元才可以进行比较。

3. 聚合物混合体的归类

（1）聚合物混合体应按聚合物中重量最大的那种共聚单体单元所构成的聚合物归入相应品目。归入同一品目的聚合物的共聚单体单元应作为一种单体单元对待。

（2）如果没有任何一种共聚单体单元重量是最大的，聚合物混合体应按税则号列顺序归入其可归入的最末一个品目。

（3）聚合物混合体应按单体单元比例相等、种类相同的聚合物归入相应子目。

例如，由96%的聚乙烯和4%的聚丙烯组成，比重大于0.94的聚合物混合体，应归入子目3901.2000。

再如，由60%的聚酰胺-6和40%的聚酰胺-6,6组成的聚合物混合体不能归入子目3908.10（"聚酰胺-6"或"聚酰胺-6,6"），而应归入子目3908.90（"其他"子目），因为聚合物中两者的单体单元含量均未达到整个聚合物含量的95%及以上。

4. 塑料半制品和制品的归类

（1）根据加工形状、程度判断属于塑料半制品还是塑料制品。

（2）塑料半制品根据其具体形状归入3916～3921的有关品目，而塑料制品则根据其用途归入3922～3926的有关品目。

例如，塑料管属于半制品，所以应归入品目 3917。再如，塑料茶杯属于制品，所以应归入品目 3924。

5. 塑料的废碎料和下脚料的归类

对于塑料的废碎料和下脚料，一般情况下可直接按 3915 的品目条文"塑料的废碎料及下脚料"归入该品目。但是如果其同时满足初级形状、单一种类、热塑性这 3 个条件，则不能归入品目 3915，而应归入 3901~3914 的相应品目。

例如，粒子状的聚乙烯（密度 0.93）下脚料，应归入子目 3901.1000。

6. 天然橡胶和合成橡胶的归类

有一些橡胶由于不符合第四十章章注四关于"合成橡胶"的定义，所以尽管取了个"橡胶"的名称，还是要按"塑料"归入第三十九章。例如，"乙丙橡胶""硅橡胶"等。

天然橡胶或合成橡胶根据其是否经硫化而分成未硫化橡胶和硫化橡胶，前者归入品目 4001~4006，后者归入品目 4007~4017。例如，新的轿车用橡胶轮胎属于硫化橡胶制品，应归入品目 4011。

对于硫化橡胶根据其加工形状和用途来确定归类。而对于初级形状或板、片、带形状的未硫化橡胶，则需要根据以下规定决定归入品目 4001、4002 还是品目 4005。

（1）品目 4001 及 4002 不适用于任何凝结前或凝结后与下列物质相混合的橡胶或橡胶混合物：

① 硫化剂、促进剂、防焦剂或活性剂（为制造预硫胶乳所加入的除外）；

② 颜料或其他着色料，但仅为易于识别而加入的除外；

③ 增塑剂或增量剂（用油增量的橡胶中所加的矿物油除外）、填料、增强剂、有机溶剂或其他物质，但以下（2）所述的除外。

（2）含有下列物质的橡胶或橡胶混合物，只要仍具有原料的基本特性，应归入品目 4001 或 4002：

① 乳化剂或防黏剂；

② 少量的乳化剂分解产品；

③ 微量的下列物质：热敏剂（一般为制造热敏胶乳用）、阳离子表面活性剂（一般为制造阳性胶乳用）、抗氧剂、凝固剂、碎裂剂、抗冻剂、胶溶剂、保存剂、稳定剂、黏度控制剂或类似的特殊用途添加剂。

第八类 生皮、皮革、毛皮及其制品；鞍具及挽具；旅行用品、手提包及类似容器；动物肠线（蚕胶丝除外）制品（第四十一章至第四十三章）

（一）主要内容

第八类共 3 章。其中，第四十一章只包括生皮和皮革，不包括制品，其结构按加工程度由低到高排列；第四十二章大部分是由第四十一章的原料经进一步加工制得的制品，同时还包括几乎由任何材料制成的包及旅行用品；第四十三章主要包括生毛皮、毛皮、人造毛皮及其制品。

（二）归类方法

1. 带毛生皮或已鞣制带毛皮张的归类

一般情况下，带毛的生皮或已鞣制的带毛皮张归入第四十三章，但有些动物的生皮即使带毛也不归入第四十三章，而归入第四十一章，具体种类见第四十一章章注一（三）。

例如，生的带毛兔皮归入品目4301，已鞣制的兔毛皮张归入品目4302；而带毛的生绵羊皮归入品目4102，已鞣制的带毛绵羊皮归入品目4302。

2. 品目4202所含容器的归类

品目4202的条文分为两部分。

第一部分：衣箱、提箱、小手袋、公文箱、公文包、书包、眼镜盒、望远镜盒、照相机套、乐器盒、枪套及类似容器。这些容器基本上都装有固定的物品并长期使用，除第四十二章章注二（一）和二（二）另有规定的以外，这一部分所包括的物品可用任何材料制成。

第二部分：旅行包、食品或饮料保温包、化妆包、帆布包、手提包、购物袋、钱夹、钱包、地图盒、瓶盒、首饰盒、粉盒、刀叉餐具盒及类似容器，只能用皮革或再生皮革、塑料片、纺织材料、钢纸或纸板制成，或者全部或主要用上述材料或纸包覆制成。

3. 皮革服装和毛皮服装的归类

（1）皮革或再生皮革制的服装归入品目4203。

（2）毛皮制服装归入品目4303，即使毛皮作衬里的服装也归入品目4303；人造毛皮服装归入品目4304，即使人造毛皮作衬里的服装也归入品目4304。

毛皮或人造毛皮仅作为装饰的服装一般不归入本类，按其服装的面料归入相应品目。

例如，貂皮大衣为毛皮制的服装，归入子目4303.1010；羊皮夹克为皮革制的服装，归入子目4203.1000；仅在衣领和袖口用毛皮装饰的粗花呢大衣则按纺织服装归入第六十二章的相关品目。

（3）用皮革与毛皮或用皮革与人造毛皮制成的分指手套、连指手套及露指手套应归入品目4203，不应误归入第四十三章。

4. 用做机器零件的皮革制品的归类

用做机器零件的皮带、皮制垫圈等应归入子目4205.0020，而不按机器零件归入第十六类。

第九类　木及木制品；木炭；软木及软木制品；稻草、秸秆、针茅或其他编结材料制品；篮筐及柳条编结品（第四十四章至第四十六章）

（一）主要内容

第九类共3章。其中，第四十四章主要包括木及其制品，第四十五章主要包括软木及其制品，第四十六章主要包括各种编结材料制品。

第四十四章的结构是按照加工程度由低到高排列，规律如下：

木材原料（不包括竹的原料）………………………………… 品目4401~4406

经简单锯、削、刨平、端接及制成连续形状的木材 ………… 品目4407~4409

木质碎料板、纤维板、胶合板及强化木等 …………………… 品目4410~4413

木制品 …………………………………………………………… 品目4414~4421

（二）归类方法

树种及加工程度是第四十四章归类的重要因素。例如，木制的电线杆如果经过防腐处理，则归入子目 4403.10；如果没有经过类似处理，则应根据其树种材质分别归入该品目的其他子目。

除另有规定的以外，竹的原料归入第十四章；竹及其他木质材料制品一般也按木制品归入同一品目，例如竹制筷子归入品目 4419、竹制牙签归入品目 4421；但竹制编结材料制品则归入第四十六章。

1. 木板材的归类

一般板材按其厚度归入品目 4407 或 4408；若在端部和侧面制成连续形状（如带有槽、榫等）则归入品目 4409；若是木质碎料板、木纤维板及胶合板的端部和侧面也制成连续形状（如带有槽、榫等），则归入品目 4410~4412。

品目 4411 项下的一级子目是按纤维板的生产工艺分类的。其中，子目 4411.1 的中密度纤维板（MDF）只包括用干法生产工艺获得的纤维板，按其厚度和密度进行归类；而子目 4411.9 的其他木纤维板一般是用湿法生产工艺获得的纤维板，只按其密度进行归类。

例 1 木纤维板（原料为花旗松），密度为每立方厘米 0.8 克，未经机械加工，规格为（长×宽×厚）2 400 毫米×1 200 毫米×8 毫米，采用湿法生产。此纤维板因采用湿法生产，所以归入子目 4411.9，然后根据其密度归入 4411.9390。

例 2 表面为巴栲红柳桉木薄板，其他两层为针叶木薄板制的三合板（每层厚度为 1 毫米）。此胶合板为仅由薄板制成的胶合板，且每层厚度不超过 6 毫米，所以归入子目 4412.3，又因巴栲红柳桉木属于热带木，所以归入子目 4412.3100。

2. 木地板的归类

天然木地板（又称实木地板，其侧面带有槽和榫）归入品目 4409；碎料板制木地板（其侧面不论是否制成品目 4409 所列的连续形状）归入品目 4410；纤维板制木地板（其侧面不论是否制成品目 4409 所列的连续形状）归入品目 4411；胶合板制木地板（其侧面不论是否制成品目 4409 所列的连续形状）归入品目 4412；已拼装的拼花木地板归入品目 4418。

3. 木制品的归类

大部分木制品归入品目 4414~4421，其中品目 4421 为其他木制品，但不是所有未列名的木制品都归入此品目，必须是其他品目未列名及该章章注一未排除的。例如，木制的衣箱应归入品目 4202；木制的家具应归入第九十四章，木制衣架归入子目 4421.1000，但若是落地式木制衣架，因具有家具的特征，应归入品目 9403。

4. 编结产品的归类

编结产品一般归入第四十六章，但归入该章的编结品所用材料范围具有一定的限制，即只适用于第四十六章章注一所列的"编结材料"。同时应注意，只有截面尺寸大于 1 毫米的塑料单丝及表观宽度大于 5 毫米的塑料扁条的编结制品才归入该章；截面尺寸不超过 1 毫米的塑料单丝及表观宽度不超过 5 毫米的塑料扁条制品，要按纺织品归入第十一类。

第十类　木浆及其他纤维状纤维素浆；回收（废碎）纸或纸板；纸、纸板及其制品（第四十七章至第四十九章）

（一）主要内容

第十类共 3 章，并按下列加工程度分列于各章：

纸浆、废纸（第四十七章）—纸张及其制品（第四十八章）—印刷品（第四十九章）。

（二）归类方法

1. 纸张的归类

（1）第四十八章根据纸的加工程度来排列，结构规律如下：

未涂布的机制或手工纸……………………品目 4801~4805

未涂布但经进一步加工的纸…………品目 4806~4808

经涂布的纸……………………………品目 4809~4811

特定用途的纸及其制品……………品目 4812~4823

例如，目前应用较广的复印纸属未涂布的印刷及类似用途的纸，归入品目 4802，印刷精美广告及书籍封面的铜版纸属于涂布高岭土（无机物）的纸，归入品目 4810。

（2）品目 4801~4805 所列的纸张不能超出该章章注三所规定的加工方法。新闻纸和牛皮纸必须符合该章章注四和章注六规定的规格和纤维含量。

（3）若属于品目 4803~4809 列名的品种，还要判断其规格尺寸是否符合该章章注八的条件。一般情况下，品目 4803~4809 仅适用于大规格尺寸的纸，即成条或成卷时宽度要大于 36 厘米；成矩形（包括正方形）时一边超过 36 厘米，另一边要超过 15 厘米（以未折叠计）。对于品目 4803~4809 所列名的小规格尺寸的纸（即不符合该章章注八规定的尺寸要求），一般要归入品目 4816~4823 的相关品目。

例如，宽度为 120 厘米成卷的卫生纸归入品目 4803，而宽度为 12 厘米（在 36 厘米以下）成卷的卫生纸应归入品目 4818。

（4）在确定部分子目时，有些还要考虑所含纸浆的种类。木浆是造纸的主要原料，根据加工方法的不同可分为 3 种：机械浆、化学浆和化学—机械浆。如子目 4802.5 要求不含机械浆或化学—机械浆，或这些纸浆的含量不超过全部纤维含量的 10%。

2. 涂布纸的归类

涂布纸是指在纸的单面或双面施以涂料，以使纸面产生特殊的光泽或使其适合特定需要。若是涂布高岭土或其他无机物质，则归入品目 4810，如铜版纸等；若是涂布塑料、沥青、焦油、蜡或其他有机物质，则归入品目 4811，如涂塑相纸、绝缘纸和热敏纸等。

3. 壁纸的归类

只有成卷状且宽度在 45~160 厘米之间的壁纸才归入品目 4814。若不符合这些条件，即使用做壁纸也不能归入品目 4814。若既可铺地又可作壁纸用则按铺地制品归入品目 4823。

4. 已印刷的壁纸及标签的归类

品目 4814 的壁纸及品目 4821 的纸或纸板制各种标签，即使已经印制仍归入第四十八章，而不归入第四十九章。

5. 纸卫生巾的归类

纸制的卫生巾（护垫）及止血塞、婴儿尿布、尿布衬里和类似品不按材料归类，而应归入品目 9619。

6. 报纸、杂志的归类

一般的报纸、杂志归入品目 4902。但是，第四十九章章注三规定，用纸以外的材料装订成册的报纸、杂志和期刊，以及一期以上装订在同一封面里的成套报纸、杂志和期刊，应归入品目 4901，不论是否有广告材料。

例如，装订成册的《半月谈》杂志全年合订本应归入品目 4901。

7. 邮票的归类

我国发行未使用的新邮票按印刷品归入品目 4907；我国发行已使用的旧邮票按收藏品归入品目 9704；外国发行但我国不承认其面值的邮票，不论是否已使用均按收藏品归入品目 9704。

另外，归类时请注意，第四十九章所称的"印刷"，不仅包括以普通手工印刷或机械印刷的方法印制，还包括用胶版复印机、油印机印制，在自动数据处理设备控制下打印绘制、压印、冲印、感光复印、热敏复印或打字。

第十一类　纺织原料及纺织制品（第五十章至第六十三章）

（一）主要内容

本类共 14 章，包括纺织纤维、半成品及制成品，可分成两部分。

第一部分：第五十章至第五十五章，是按纤维类别划分的，每章内又按纺织品的加工程度由低到高排列，基本按"纺织纤维—纱线—机织物"的顺序列目。其中，第五十章蚕丝及其机织物；第五十一章羊毛、动物细毛或粗毛及其机织物；第五十二章棉花及其机织物；第五十三章其他植物纺织纤维、纸纱线及其机织物；第五十四章化学纤维长丝及其机织物；第五十五章化学纤维短纤及其机织物。

第二部分：第五十六章至第六十三章，包括以特殊的方式或工艺制成的或有特殊用途的半成品及制成品，并且除品目 5809 和 5902 外，品目所列产品一般不分纺织原料的性质。其中，第五十六章絮胎、毡呢及无纺织物、绳索及其制品；第五十七章地毯及纺织材料铺地用品；第五十八章特种机织物、刺绣品等；第五十九章浸渍、涂层、包覆或层压的纺织物、工业用纺织制品；第六十章针织物及钩编织物；第六十一章针织或钩编服装；第六十二章非针织或非钩编服装；第六十三章其他纺织制成品。

（二）归类方法

纺织产品是 HS 中的一个重要部分，只有熟悉纺织产品的分类、纺织加工工序，掌握 HS 对纺织品的归类要求，才能正确归类。

1. 纺织产品的结构规律

在对本类商品归类时，首先要对本类商品有一个基本认识，掌握其结构规律，从而为正确归类打下基础。

第一部分：第五十章至第五十五章（纤维、普通纱线、普通机织物）

$$
\begin{cases}
天然 \begin{cases} 丝 \cdots\cdots\cdots 第五十章 \\ 毛 \cdots\cdots\cdots 第五十一章 \\ 棉 \cdots\cdots\cdots 第五十二章 \\ 麻 \cdots\cdots\cdots 第五十三章 \end{cases} \\
化学 \begin{cases} 长丝 \cdots\cdots 第五十四章 \\ 短纤 \cdots\cdots 第五十五章 \end{cases}
\end{cases}
$$

第二部分：第五十六章至第六十三章（特种纱线、特种织物、制成品）

无纺织物、特种纱线等 ……………………… 第五十六章

地毯等 ………………………………………… 第五十七章

特种机织物、刺绣品等 ……………………… 第五十八章

特殊处理的织物、工业用纺织制品 ……… 第五十九章

针织物、钩编织物 …………………………… 第六十章

服装（针织或钩编） ………………………… 第六十一章

服装（非针织、非钩编） …………………… 第六十二章

其他制成品 …………………………………… 第六十三章

2. 纺织材料的分类

纺织纤维分为天然纤维与化学纤维，天然纤维主要有丝、毛、棉、麻，化学纤维又分为合成纤维和人造纤维。

合成纤维是将有机单体物质加以聚合而制成聚合物，例如聚酰胺、聚酯、聚丙烯、聚氨基甲酸酯；或通过上述加工将聚合物经化学改性制得，例如聚乙酸乙烯酯水解制得的聚乙烯醇。

人造纤维是将天然有机聚合物（如纤维素）溶解或化学处理制成聚合物，例如，铜铵纤维或粘胶纤维；或将天然有机聚合物（例如纤维素、酪蛋白及其他蛋白质、藻酸）经化学改性制成聚合物，例如，醋酸纤维素纤维或藻酸盐纤维。

常见的合成纤维有聚酯（俗称涤纶）和聚酰胺（俗称尼龙）等，常见的人造纤维有粘胶纤维和醋酸纤维等。

3. 混纺材料的归类

（1）混纺材料归类的原则

根据 HS 第十一类类注二的规定，可归入第五十章至第五十五章及品目 5809 或 5902 的由两种或两种以上纺织材料混合制成的货品，应按其中重量最大的那种纺织材料归类。

当没有一种纺织材料重量较大时，应按可归入的有关品目中最后一个品目所列的纺织材料归类。

应用上述规定时，应注意以下原则：

① 马毛粗松螺旋花线（品目 5110）和含金属纱线（品目 5605）均应作为一种单一的纺织材料，其重量应为它们在纱线中的合计重量；在机织物的归类中，金属线应作为一种纺织材料。

② 在选择合适的品目时，应首先确定章，然后再确定该章的有关品目，至于不归入该章的其他材料可不予考虑。

③ 当归入第五十四章及第五十五章的货品与其他章的货品进行比较时，应将这两章

作为一个单一的章对待。

④ 同一章或同一品目所列各种不同的纺织材料应作为单一的纺织材料对待。

（2）混纺材料归类的具体方法

首先确定所在章，并将属于同一章的不同纺织材料的重量合并后与其他章作比较，再归入重量较大的那一章，如果重量相等则从后归类。同时考虑到纺织纤维的特性，第五十四章和第五十五章同属化学纤维，所以当这两章与其他章比较时，这两章纺织材料的重量应合并计算。

其次确定品目，与确定章的方法一样，将属于同一品目的不同纺织材料的重量合并后与其他品目作比较，归入重量较大的那个品目，如果重量相等则从后归类。

特殊纱线，如马毛粗松螺旋花线和含金属纱线均作为一种单一的纺织材料计算，其重量应为它们在纱线中的合计重量，金属线视作一种纺织材料。

例1 按重量计含65%棉、35%聚酯短纤的每平方米重80克且漂白的平纹机织物。由于棉的含量超过了聚酯短纤（化学纤维短纤）的含量，所以归入第五十二章，然后根据棉的含量（65%，在85%以下）和每平方米克重（80克，不超过200克）及主要与化学纤维混纺的条件归入品目5210，最后按漂白、平纹的机织物归入子目5210.2100。

例2 按重量计含40%合成纤维短纤、35%精梳羊毛、25%精梳兔毛的机织物。由于精梳羊毛和精梳兔毛同属于第五十一章的纤维，应合并计算（即35%+25%=60%），其含量超过了第五十五章的合成纤维短纤，所以按动物毛的机织物归入第五十一章，在确定品目时，因精梳羊毛的含量超过了精梳兔毛的含量，故按精梳羊毛的机织物归入品目5112，然后根据羊毛含量（35%，在85%以下）和主要与化学纤维短纤混纺的条件归入子目5112.3000。

4. 纱线的归类

（1）纱线的细度

纱线细度在HS中一般用"特克斯"表示。

"特克斯"指1 000米长的纱线、长丝等在公定回潮率下的重量，属于定长制。如1 000米长的纱线重8克（在公定回潮率下），则该纱线的细度为8特克斯（或80分特）。

表示细度的另一个计量指标为"公支"。公支指1克重的纱线的长度（米），属于定重制。如1克重的纱线长为14米，则该纱线的细度为14公支。

（2）纱线的捻向、捻度

捻向即加捻的方向，分为顺时针捻（又称"S"捻）和逆时针捻（又称"Z"捻）。

捻度指每米长纱线加捻的转数。

（3）纱线的归类

在对纱线归类时，首先确定其是特种纱线还是普通纱线，如果是普通纱线再按纱线原料的性质在相应章（第五十章至第五十五章）中寻找合适的品目，具体分布如下：

$$
\begin{array}{l}
\text{普通纱线（第五十章} \\
\quad\text{至第五十五章）}
\end{array}
\left\{
\begin{array}{ll}
\text{缝纫线（符合类注五）} \cdots\cdots\cdots\cdots\cdots & \text{相应品目} \\
\text{非缝纫线，供零售用（符合类注四）} \cdots\cdots & \text{相应品目} \\
\text{非供零售用} \cdots\cdots\cdots\cdots\cdots\cdots\cdots\cdots & \text{相应品目}
\end{array}
\right.
$$

$$
\begin{array}{l}
\text{特种纱线} \\
\text{（第五十六章）}
\end{array}
\left\{
\begin{array}{ll}
\text{与橡胶或塑料复合的纱线} \cdots\cdots\cdots\cdots & \text{品目 5604} \\
\text{含金属纱线} \cdots\cdots\cdots\cdots\cdots\cdots\cdots & \text{品目 5605} \\
\text{绳绒线、粗松螺旋花线、纵行起圈纱线等} \cdots\cdots & \text{品目 5606} \\
\text{线、绳、索、缆（符合类注三）} \cdots\cdots\cdots & \text{品目 5607}
\end{array}
\right.
$$

例如，"涤纶弹力丝"是一种普通纱线，并且涤纶属于合成纤维中的聚酯纤维，弹力丝一般由长丝加工而成，所以应归入第五十四章的子目 5402.3310。

注意截面尺寸超过 1 毫米的化纤单丝，表观宽度超过 5 毫米的化纤扁条，应作为塑料归入第三十九章。

5. 织物的归类

与纱线的归类相似，首先确定其是属于普通机织物还是属于其他织物，前者归入第五十章至第五十五章，后者归入第五十六章至第六十章。

织物按制法分以下几种：

$$
\left\{
\begin{array}{l}
\text{机织物}
\left\{
\begin{array}{ll}
\text{普通} \cdots\cdots\cdots\cdots\cdots\cdots & \text{第五十章至第五十五章} \\
\text{特种} \cdots\cdots\cdots\cdots\cdots\cdots & \text{第五十八章}
\end{array}
\right. \\
\text{絮胎、毡呢、无纺织物} \cdots\cdots\cdots & \text{第五十六章} \\
\text{地毯} \cdots\cdots\cdots\cdots\cdots\cdots\cdots & \text{第五十七章} \\
\text{针织物、钩编织物} \cdots\cdots\cdots\cdots & \text{第六十章} \\
\text{其他特殊加工的织物} \cdots\cdots\cdots & \text{第五十八章至第五十九章}
\end{array}
\right.
$$

例如，普通的棉机织物归入第五十二章，棉针织物归入第六十章，用塑料涂布的棉机织物归入第五十九章。

注意，由絮胎制的卫生巾（护垫）及止血塞、婴儿尿布、尿布衬里和类似品不按材料归类，而应归入品目 9619。

6. 狭幅机织物的归类

符合下列条件之一的，应作为"狭幅机织物"归入品目 5806：

（1）幅宽不超过 30 厘米的机织物，不论是否织成或从宽幅料剪成，但两侧必须有织成的、胶粘的或用其他方法制成的布边；

（2）压平宽度不超过 30 厘米的圆筒机织物；

（3）折边的斜裁滚条布，其未折边时的宽度不超过 30 厘米。

但是，流苏状的狭幅机织物应归入品目 5808。

7. 纺织制成品的归类

符合下列条件之一的，应作为本类所称"制成的"纺织品归类：

（1）裁剪成除正方形或长方形以外的其他形状的；

（2）呈制成状态，无须缝纫或其他进一步加工（或仅需剪断分隔联线）即可使用的，例如，某些抹布、毛巾、台布、方披巾、毯子；

（3）已缝边或滚边，或者在任一边带有结制的流苏，但不包括为防止剪边脱纱而锁边或用其他简单方法处理的织物；

（4）裁剪成一定尺寸并经抽纱加工的；

（5）缝合、胶合或用其他方法拼合而成的（将两段或两段以上同样料子的织物首尾连接而成的匹头，以及由两层或两层以上的织物，不论中间有无胎料，层叠而成的匹头除外）；

（6）针织或钩编成一定形状，不论报验时是单件还是以若干件相连成幅的。

例如，仅从大块布料裁剪下来的长方形（包括正方形）物品，如果未经加工和不带剪断分隔联线形成的流苏，不应视为"制成的"纺织品；而纺织材料的服装式样则可视为"制成的"纺织品。

8. 服装及衣着附件的归类

服装及衣着附件的归类是本类中较重要的内容。一般可采用以下归类方法：

（1）按下列织法判断应归入第六十一章还是第六十二章：

$$\text{服装}\begin{cases}\text{针织或钩编}\cdots\cdots\cdots\cdots\cdots\text{第六十一章（品目 6212 的商品除外）}\\\text{非针织或非钩编}\cdots\cdots\cdots\cdots\text{第六十二章}\end{cases}$$

（2）在第六十一章或第六十二章内，优先考虑婴儿服装及衣着附件，然后再考虑用塑料、橡胶或其他材料处理过的织物制成的服装。第六十二章还包括用毡呢、无纺布制成的服装。

（3）注意服装及衣着附件的结构规律。以第六十一章为例：一般是由外到内，同类服装先男后女，再到不分性别的服装，然后是婴儿服装、其他服装、衣着附件。

对于服装，凡门襟为左压右的，应视为男式；右压左的，应视为女式。但本规定不适用于其式样已明显为男式或女式的服装。无法区别是男式还是女式的服装，应按女式服装归入有关品目。

（4）如果是套装（如西服套装、便服套装、滑雪套装）必须符合相应的章注规定，才能作为套装一并归类，否则必须分开归类。

例如，"西服套装"是指面料用完全相同的织物制成的两件套或三件套的成套服装。西服套装各件面料质地、颜色及构成必须完全相同，其款式、尺寸大小也须相互般配。

此外，品目 6109 的"T 恤衫"一般以较薄的面料制成，无领，无扣，领口无门襟且下摆不能收紧。我们通常所穿的带领 T 恤应作为针织衬衫归类。

9. 婴儿服装及衣着附件的归类

所称"婴儿服装及衣着附件"，是指用于身高不超过 86 厘米幼儿的服装。

（1）针织或钩编的归类

既可归入品目 6111，也可归入第六十一章其他品目的物品，应归入品目 6111。例如，婴儿穿着的针织袜子，应归入品目 6111。

（2）非针织或非钩编的归类

既可归入品目 6209，也可归入第六十二章其他品目的物品，应归入品目 6209。

10. 特殊面料制作的服装的归类

（1）既可归入品目 6113，也可归入第六十一章其他品目的服装，除品目 6111 所列的仍归入该品目外，其余的应一律归入品目 6113。

（2）既可归入品目 6210，也可归入第六十二章其他品目的服装，除品目 6209 所列的仍归入该品目外，其余的应一律归入品目 6210。

例如，由单面涂布高分子树脂的涤纶机织物面料（涂层可明显看出）制成的雨衣，应归入品目 6210。

第十二类　鞋、帽、伞、杖、鞭及其零件；已加工的羽毛及其制品；人造花；人发制品（第六十四章至第六十七章）

（一）主要内容

第十二类共 4 章。其中，第六十四章主要包括各种鞋靴；第六十五章主要包括各种帽类；第六十六章主要包括雨伞、阳伞、手杖、鞭子等；第六十七章主要包括羽毛制品、人造花和人发制品等。

（二）归类方法

1. 鞋靴及其零件的归类

（1）鞋靴一般按其外底和鞋面的材料归入不同的品目。当鞋面和鞋底由不同材料构成时，则鞋面的材料应以占表面面积最大的那种材料为准，而鞋底的材料应以与地面接触最广的那种材料为准。

例如，尺寸为 26 码的旅游鞋，鞋面由皮革和帆布构成且皮革的表面积大于帆布的表面积，鞋底材料为橡胶。由于鞋底为橡胶，鞋面主要为皮革材料，所以该旅游鞋应归入子目 6403.9900。

（2）当按"运动鞋靴"归类时应符合第六十四章子目注释的条件。例如，我国习惯所称的某些运动鞋，若不符合第六十四章子目注释规定的条件，仍不能按"运动鞋靴"归类。

（3）某些鞋靴不能误归入第六十四章。例如，装有冰刀或轮子的滑冰鞋应按运动用鞋归入第九十五章；明显已穿过的旧鞋应归入品目 6309；石棉制的鞋应归入品目 6812。

（4）鞋靴的零件不包括第六十四章章注二所列的货品。例如，鞋带、鞋钉等不能按鞋靴的零件归类，一般按材料属性归类。

2. 帽的归类

一般的帽类归入第六十五章，但下列帽类不归入该章，即旧的帽类归入品目 6309，石棉制的帽类归入品目 6812，玩偶用帽及其他玩具用帽或狂欢节的用品归入第九十五章。

第十三类　石料、石膏、水泥、石棉、云母及类似材料的制品；陶瓷产品；玻璃及其制品（第六十八章至第七十章）

（一）主要内容

第十三类共 3 章。其中，第六十八章主要包括石料、石膏、水泥、石棉等制品；第六十九章主要包括成形后经过烧制的陶瓷制品；第七十章主要包括各种玻璃及其制品。

本类所包含的商品大都是由第五类的矿产品经进一步加工所制得的制品，本类的商品基本上都是制成品，不包括原料。

（二）归类方法

1. 第六十八章产品的归类

第六十八章包括石料、石膏、水泥、石棉等制品，主要来源于第五类的原料，并且一般只是对第五类的矿产品改变原来的形状，而不改变其原料的性质，这也是该章的产品与后面两章产品的主要区别。另外，品目6812包括石棉织造的服装、鞋帽，因此注意不要将石棉织造的服装按纺织品归入第十一类。

2. 陶瓷制品的归类

有些陶瓷制品已在第六十九章章注二被排除的，不归入该章，例如，陶瓷制的电器用绝缘子归入品目8546。但也有一些陶瓷制品即使具有第十六类机器或零件的特征，仍应归入该章，例如陶瓷泵、陶瓷水龙头等均归入该章。

对属于耐火材料的陶瓷制品，如果可归入6901~6903中的一个品目，又可归入6904~6914中的一个品目，应优先归入品目6901~6903。

3. 玻璃及其制品的归类

第七十章既包括玻璃的半制成品（玻璃板、片、球等），也包括玻璃制品。该章的某些玻璃制品虽具专有用途，若已在该章列名，仍归入该章，例如，钟表玻璃仍归入该章的品目7015，而不按钟表零件归入第九十一章；玩偶等用的玻璃假眼仍归入该章的品目7018，而不按玩具的零件归入第九十五章。

只有玻璃纤维和未经光学加工的光学元件才归入品目7019和7014，而光导纤维、经光学加工的光学元件应归入品目9001，不归入该章；只有不带外壳的保温瓶胆才归入该章的品目7020，带外壳的保温瓶应归入品目9617，不归入该章。

第十四类　天然或养殖珍珠、宝石或半宝石、贵金属、包贵金属及其制品；仿首饰、硬币（第七十一章）

（一）主要内容

第十四类只有1章，主要包括贵金属及其制品、珍珠和宝石及其制品，同时也包括仿首饰和硬币。

（二）归类方法

1. 贵金属的归类

本类所称贵金属，包括银、金及铂，其中"铂"指铂族元素，包括铂、铱、锇、钯、铑及钌。例如，品目7110的品目条文中的"铂"及子目7112.92的子目条文中的"铂"，均指铂族元素。

但是，子目7110.1所指的"铂"只包括铂本身，不包括铂族元素的其他元素。例如，子目7110.1910的"板、片"只包括铂本身这一种元素的板、片。

2. 贵金属合金的归类

只要其中一种贵金属含量达到合金重量的2%，便视为贵金属合金，这不同于第十五类贱金属合金的归类原则（按含量较高的金属归类）。

根据第七十一章章注五的规定，首先，只要铂含量在2%及以上的，就按铂合金归类，铂含量不一定为合金中含量最高的贵金属；其次，只要金含量在2%及以上的，不含铂或铂含量小于2%，就按金合金归类，金含量不一定为合金中含量最高的贵金属；最后，银含量在2%及以上的其他合金，按银合金归类。

因此，贵金属合金归类的先后顺序为：铂合金最优先，其次是金合金，最后银合金。

例如，按重量计含铁80%、铜15%、银3%、金2%的金属合金（未经锻造，非货币用），应按金合金归类，所以应归入子目 7108.1200。

3. 包贵金属和镀贵金属的归类

包贵金属是指以贱金属为底料，在其一面或多面用焊接、熔接、热轧或类似机械方法覆盖一层贵金属的材料，它与镀贵金属的区别及归类情况如下：

名称	相同点	加工方式	归类
包贵金属	表面均为贵金属	通过焊接、熔接、热轧等机械方法制得	按所包的贵金属(外层材料)归类
镀贵金属		通过电镀等化学方法制得	按被镀的材料(内层材料)归类

4. 首饰、金银器具的归类

首饰、金银器具及其他制品归入品目 7113～7116。

（1）首饰

首饰是指个人用小饰物（例如，戒指、手镯、项圈、饰针、耳环、表链、表链饰物、垂饰、领带别针、袖扣、饰扣、宗教性或其他勋章及徽章）以及通常放置在衣袋、手提包或佩戴在身上的个人用品（例如，烟盒、粉盒、链袋、口香丸盒、念珠）。

其中，完全由贵金属或包贵金属制的首饰归入品目 7113；完全由珍珠、宝石制的首饰归入品目 7116；镶嵌珍珠、宝石的贵金属或包贵金属制的首饰归入品目 7113。

例如，金制的手镯归入品目 7113，玛瑙制的手镯归入品目 7116。

（2）金银器具

金银器具，包括装饰品、餐具、梳妆用具、吸烟用具及类似的家庭、办公室或宗教用的其他物品，应归入品目 7114。

5. 仿首饰的归类

"仿首饰"是用珠宝、贵金属或包贵金属以外的物品制成的，其范围为个人用小饰物（例如，戒指、手镯、项圈、饰针、耳环、表链、表链饰物、垂饰、领带别针、袖扣、饰扣、宗教性或其他勋章及徽章），应归入品目 7117。

例如，铂制的戒指归入品目 7113，而铜制的戒指应归入品目 7117。

第十五类　贱金属及其制品（第七十二章至第八十三章）

（一）主要内容

第十五类共 12 章，主要包括贱金属材料及结构较简单的贱金属制品、金属陶瓷及其制品。其中，第七十二章主要包括钢铁锭、板、条杆及丝等，第七十三章主要包括钢铁制品，第七十四章至第八十一章主要包括有色金属、金属陶瓷及其制品，第八十二章主要包括贱金属工具等，第八十三章包括贱金属杂项制品。本类的排列结构如下：

钢铁及其制品 ……………………………… 第七十二章至第七十三章

有色金属、金属陶瓷及其制品 ……………………………… 第七十四章至第八十一章

其他贱金属制品 ……………………………… 第八十二章至第八十三章

其中，第七十二章至第八十一章是按金属属性分章的，除第七十二章、第七十三章外，同一章内一般按加工程度由低到高的顺序排列，即初级形状—半制成品—制成品。钢

铁作为最重要的贱金属被分为两章，即第七十二章只包括钢铁的初级形状和半制成品（即钢材），第七十三章主要包括钢铁制品。

第七十四章至第八十一章为有色金属、金属陶瓷及其制品，其中第七十四章铜及其制品，第七十五章镍及其制品，第七十六章铝及其制品，第七十七章为空章，第七十八章铅及其制品，第七十九章锌及其制品，第八十章锡及其制品，第八十一章其他贱金属、金属陶瓷及其制品。

第八十二章至第八十三章是按商品的功能及用途排列的，主要包括特定功能和用途的制成品，其中第八十二章包括贱金属工具等；第八十三章为杂项金属制品。

（二）归类方法

1. "通用零件"的归类

（1）第十五类类注二明确了HS"通用零件"的范围，主要包括：

① 品目7307的钢铁制管子附件，品目7312的线、绳、索、缆，品目7315的链，品目7317或7318的各种钉及其他贱金属制的类似品（第七十四章至第八十一章的相关品目）；

② 品目7320的钢铁制弹簧及弹簧片及其他贱金属制的弹簧及弹簧片（第七十四章至第八十一章的相关品目）；

③ 品目8301的锁等，品目8302的家具等用的五金件，品目8306的框架及贱金属镜子，品目8308的管形铆钉等，品目8310的标志牌等。

（2）由于HS中第十六类、第十七类、第十八类、第十九类、第二十类的类注或章注中均将第十五类类注二的"通用零件"排除掉，因此，即使这些零件作为其他机器设备、器具的零件，仍归入本类。

例如，内燃机排气门用合金钢制螺旋弹簧，属于本类类注二"通用零件"的范围，应归入子目7320.2090。

2. 第八十二章、第八十三章列名制品的归类

只要是贱金属制的第八十二章、第八十三章列名的制品，应优先归入这两章，而不再按材料属性归入前面各章。

例如，铝制的易拉罐盖应归入第八十三章的品目8309，而不按铝制品归入第七十六章；钢铁制成条的订书机用订书钉应归入第八十三章的品目8305，而不按普通钉归入第七十三章的品目7317。

3. 合金及复合材料制品的归类

（1）贱金属与贱金属的合金按所含重量最大的那种金属归类；本类贱金属与非本类元素（贵金属除外）构成的合金，只有本类贱金属的总重量等于或超过其他类元素的总重量时才归入本类。但有两种特例：品目7202的铁合金及品目7405的铜母合金，它们不按含量最大的金属归类。

例如，由65%的铜和35%的锌构成的铜锌合金管材。该管材铜的含量高于锌的含量，故按铜的合金归入品目7411。

（2）含有两种或两种以上贱金属的制品，应按其所含重量最大的那种贱金属的制品归类。

例如，多种材料制成的烟灰缸，包括一个铁制底座（占总重量的30%），一个铝制的

托盘（占总重量的30%），一个钢制的托盘板（占总重量的30%），一个铜制的按钮（占总重量的10%）。该商品是由多种贱金属组成的制品，应把铁和钢的部分相加（30%＋30%＝60%），其总重量超过了铝的重量，也超过了铜的重量，故按钢铁制品归入第七十三章的品目7323。

4. 钢及钢材的分类

第七十二章按钢的加工程度和类型分为四个分章。在HS中，钢按所含元素的不同分为非合金钢和合金钢。一般只含碳元素的钢称为非合金钢，或称为碳钢；除碳元素外，还含有其他元素的钢称为合金钢。钢的详细分类如下：

名称		特点
非合金钢		在冶金行业又称为碳钢
合金钢	不锈钢	主要含铬的合金钢，且各种元素含量符合HS定义
	硅电钢	主要含硅的合金钢，且各种元素含量符合HS定义
	高速钢	主要含钨、钒、钼等，且各种元素含量符合HS定义
	硅锰钢	主要含硅及锰的合金钢，且各种元素含量符合HS定义
	其他合金钢	加入不同元素，呈现不同性质，用于不同场合

其中，合金钢中最常见的为不锈钢，只有符合下列条件的合金钢才视为不锈钢：按重量计含碳量在1.2%及以下，含铬量在10.5%及以上，不论是否含有其他元素。

钢材在HS中一般分为平板轧材、条杆、丝和各种型材、异型材等。

5. 非合金钢平板轧材的归类

（1）截面为矩形（正方形除外）并且不符合第七十二章章注一（九）所述定义的下列形状实心轧制产品才能作为平板轧材归类：

① 层叠的卷材；

② 平直形状，其厚度如果在4.75毫米以下，则宽度至少是厚度的10倍；其厚度如果在4.75毫米及以上，其宽度应超过150毫米，并且至少应为厚度的2倍。

平板轧材包括直接轧制而成并有凸起式样（例如，凹槽、肋条形、格槽、珠粒、菱形）的产品以及穿孔、抛光或制成瓦楞形的产品，但不具有其他品目所列制品或产品的特征。

（2）非合金钢平板轧材归类时还要考虑其他因素，如规格（宽度、厚度）、轧制方式（热轧还是冷轧）、有无镀涂层和包覆层、报验状态（卷状、非卷状）等，其归类流程如下：

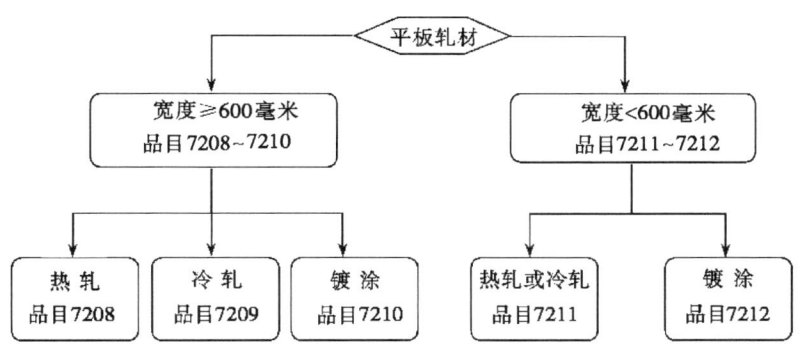

例如，非合金钢镀锌（热浸镀）平板轧材，长度为 2 400 毫米，宽度为 1 200 毫米，厚度为 1.2 毫米。该钢材符合平板轧材的条件，且宽度大于 600 毫米，所以归入子目 7210.4900。

6. 非合金钢条杆、型材、丝及空心材的归类

对这些钢材归类时，必须符合第七十二章章注一（十一）至（十四）的条件。

非合金钢条杆、型材、丝及空心材的归类归纳如下：

名称		特点	归类
条杆类	盘条	热轧不规则盘卷状	品目 7213
	热轧条杆	热轧直条状	品目 7214
	冷轧条杆	冷轧直条状	品目 7215
角材/型材/异型材		符合第七十二章章注一（十三）的要求	品目 7216
丝		冷加工规则盘卷状	品目 7217
空心材	空心钻钢	用于钻探，且外形尺寸在 15～52 毫米之间，最大内孔小于最大外形的 1/2	品目 7228
	管	全长截面相同并且只有一个闭合空间的同心中空产品	品目 7304～7306
	空心异型材	不符合"管"的定义，且主要是内外截面形状不同的空心产品	品目 7306

7. 钢铁容器的归类

盛装物料用的钢铁囷、柜、罐、桶、盒及类似容器一般按其容积的不同归入品目 7309～7310，但这两个品目并不是包括所有的钢铁容器，一般只包括非家用的；若是家庭或厨房用的钢铁容器，如粗腰饼干桶、茶叶罐、糖听及类似容器应归入品目 7323，这些容器不能误按容积小于 300 升的容器归入品目 7310。

8. 各种钢铁钉的归类

在 HS 中有各种钢铁钉，如果类型、用途不同，它们的归类也不同。归纳如下：

商品描述	归类
普通钢铁钉、平头钉、图钉	品目 7317
订书机用的订书钉	品目 8305
带有铜或铜合金钉头的钢铁钉、平头钉	品目 7415
钢铁制螺钉、普通铆钉（实心的）	品目 7318
管形铆钉/开口铆钉(主要用于衣着、鞋帽、帐篷、皮革制品和工程技术)	品目 8308

9. 可互换工具及刀具的归类

机床用可互换工具及刀具，如锻压、冲压用模具，机床上用的各种刀具，虽作为第十六类机器的零件，但仍要归入第八十二章。例如，钻床用的钻头、车床用的车刀、铣床用的铣刀等归入品目 8207，但锯床用的锯片要归入品目 8202。

10. 成套工具及餐具的归类

（1）由品目 8205 中不同种类的货品构成的成套工具仍归入该品目内，即子目 8205.9000；

（2）由品目 8202～8205 中两个或多个品目所列工具组成的零售包装成套工具归入品目 8206；

（3）由品目 8211 中不同种类的刀构成的成套刀具仍归入该品目内，即子目 8211.1000；

（4）由品目 8211 中的一把或多把刀具与品目 8215 至少数量相同的物品构成的成套餐具，以及由品目 8215 中不同种类的贱金属货品构成的成套餐具，应归入品目 8215。

例如，由 10 把品目 8211 的西餐用刀具和 10 把品目 8215 的西餐用餐叉（均为不锈钢制）组成成套餐具后一并归入子目 8215.2000。

11. 手动机械器具的归类

手动机械器具一般归入第八十二章，有的还有重量的限制。例如，手摇的钻孔工具归入品目 8205；用于加工或调制食品或饮料的手动机械器具（且重量不超过 10 千克）归入品目 8210。

第十六类　机器、机械器具、电器设备及其零件；录音机及放声机、电视图像、声音的录制和重放设备及其零件、附件（第八十四章至第八十五章）

（一）主要内容

第十六类只包括 2 章。其中，第八十四章主要包括非电气的机器、机械器具及其零件，第八十五章主要包括电气电子产品及其零件。

（二）归类方法

1. 组合机器、多功能机器的归类

组合机器是指由两部及两部以上机器装配在一起形成的机器。一般是一台机器装在另一台机器的内部或上面，或者两者装在同一底座、支架上或同一个机壳内，且这组机器必须是永久性地连在一起。

多功能机器是指具有两种及两种以上互补或交替功能的机器。

组合机器与多功能机器的归类原则：按机器的主要功能归类，当不能确定其主要功能时，按"从后归类"的原则归类。

例如，具有提供热、冷水功能的饮水机。该设备具有加热和制冷两种功能，其用途为提供饮用水，属于多功能机器，比较两种功能，很难确定哪一种为主要功能，所以按"从后归类"的原则归入品目8516。

2. 功能机组的归类

功能机组是由几个具有不同功能的机器（包括机组部件）结合在一起而构成的。这些机器通常由管道、传动装置、电缆或其他装置连接起来。

功能机组的归类原则：组合后的功能明显符合第八十四章或第八十五章某个品目所列功能时，全部机器或部件均归入该品目，而不再分别归类。

例如，番茄酱的成套加工设备，由番茄破碎设备、番茄汁浓缩设备、杀菌设备、电气控制柜等组成。这套设备的主要功能是食品加工，符合功能机组的条件，应将成套设备一并归入子目8438.6000。

3. 机器零件的归类

本类机器所属零件归类的一般步骤为：

（1）考虑是否是本类类注一、第八十四章章注一和第八十五章章注一排他条款中的商品，若已排除，则不能归入本类；

（2）考虑是否是第八十四章、第八十五章列名的商品，若已列名，则按列名归类；

（3）考虑是否是专用零件，若符合条件则与机器一并归类，或归入指定的专用零件品目；

（4）考虑是否可归入品目8487或8548。

例1　电冰箱用压缩机，作为电冰箱的一个部件，在品目8414内有列名，故应归入8414.30项下的相关子目。

例2　电冰箱用壳体，作为冰箱的专用零件，应归入8418.99项下的相关子目。

4. 可归入多个品目的机器或零件的归类

（1）当出现既可按功能归入品目8401～8424或8486，又可按应用行业归入品目8425～8480的情况时，优先归入品目8401～8424或8486。

例如，工业用火腿蒸煮器，既可按利用温度变化工作的机器归入品目8419，又可按食品（肉类）的加工机器归入品目8438，应优先归入品目8419。

但下列情况除外：

① 品目8419不包括：

A. 催芽装置、孵卵器或育雏器（品目8436）；

B. 谷物调湿机（品目8437）；

C. 萃取糖汁的浸提装置（品目8438）；

D. 纱线、织物及纺织制品的热处理机器（品目8451）；

E. 温度变化（即使必不可少）仅作为辅助功能的机器设备。

② 品目8422不包括：

A. 缝合袋子或类似品用的缝纫机（品目8452）；

B. 品目 8472 的办公室用机器。

③ 品目 8424 不包括：

喷墨印刷（打印）机器（品目 8443）或水射流切割机（品目 8456）。

（2）在对特种机床归类时，也会出现可归入多个品目的情况：既可按特种机床归入品目 8456，同时又可按功能归入品目 8457～8465，此时应优先按特种机床归入品目 8456。

例如，利用激光在各种材料上打孔的机床。该机床既可按加工方式（激光加工）归入品目 8456，又可按功能（钻孔）归入品目 8459，此时，应将该机床归入子目 8456.1000。

（3）对于集成电路、晶体管等，也会出现可归入多个品目的情况：既可按其功能归入品目 8542 或 8541，又可按所用机器设备的零件归入相关品目，此时应优先归入品目 8542 或 8541。

5. 第八十四章结构规律

第八十四章主要包含非电气的机器、机械器具及其零件，是 HS 中品目最多的一章，有 87 个品目，其结构主要按下列规律排列。

（1）品目 8401～8424，主要按商品的功能列目。详见下列结构：

核反应堆等·······························品目 8401
锅炉及其他气体发生器·················品目 8402～8405
动力机器·······························品目 8406～8412
液体泵、气体泵或压缩机···············品目 8413～8414
能量的转化机器·························品目 8415～8419
其他按功能列名的机器···················品目 8420～8424

（2）品目 8425～8478，主要按商品的应用行业（或用途）列目。详见下列结构：

起重与搬运机器·························品目 8425～8431
农、林、食品加工机器···················品目 8432～8438
造纸、印刷机器·························品目 8439～8443
纺织及相关机器·························品目 8444～8452
皮革加工机器···························品目 8453
冶金制造机器···························品目 8454～8455
机床···································品目 8456～8466
办公机器·······························品目 8469～8473
其他···································品目 8474～8478

（3）品目 8479 包括不能归入该章该品目以前任何品目的机器及机械器具；品目 8480 包括金属铸造用的型箱及阳模，还包括模制某些材料用的手工模具或机器模具（锭模除外）；品目 8481～8484 包括某些可作为机器零件使用或可用做其他章货品零件的通用物品；品目 8486 包括专用于或主要用于制造半导体单晶柱或圆片、半导体器件、集成电路或平板显示器的机器及装置，以及该章章注九（三）所列的机器及装置；品目 8487 包括其他品目未列名的非电气零件。

6. 动力机器及其零部件的归类

动力机器（电动机除外）归入品目 8406～8412。其中内燃机为最广泛的动力机器之一，点燃式内燃发动机（主要包括汽油机）归入品目8407，压燃式内燃发动机（即柴油机）归入品目8408。

液压、气压动力装置（即以液体能或压缩气体作为动力源的装置）也作为动力装置归入品目8412。

电动机（将电能转变成机械能的动力装置）归入品目8501。

只有"主要用于或专用于"内燃机的零部件才归入品目8409，如活塞、连杆、气缸体、气缸盖等。

例1　别克轿车用发动机，气缸容量为1.6升，发动机为点燃往复式内燃发动机，应归入子目8407.3410。

例2　摩托车用气缸盖，属于内燃机专用的零件，应归入品目8409，又因摩托车用的发动机一般为点燃式内燃发动机，所以归入子目8409.9199。

7. 液体泵、气体泵和压缩机的归类

液体泵、气体泵和压缩机是应用较广泛的通用机器。

液体泵归入品目8413。归入本品目的液体泵可以带有计量装置或计价装置，不要将计量泵按仪器归入第九十章。

气泵、压缩机等归入品目8414。本品目还包括手动或动力驱动的用以压缩空气或其他气体（如氟利昂）或造成真空的机器设备，空气或其他气体循环用的机器（风机和风扇），手动的打气筒也归入此品目。

例1　活塞式内燃机冷却用水泵。该水泵属于液体泵，按其功能归入品目8413，然后根据其用途按活塞式内燃机用冷却剂泵归入子目8413.3090。

例2　轿车空调用压缩机。该压缩机用于制冷设备，按其功能归入品目8414，又因轿车用的压缩机一般由发动机直接驱动，属于非电动机驱动的压缩机，所以归入子目8414.3090。

8. 制冷设备的归类

制冷设备主要包括空调器和电冰箱等。空调器及其专用零件归入品目8415，其他制冷设备及其零件归入品目8418。

例1　家用壁式分体空调器，具有制冷和制热功能，制冷量为3200大卡/小时。此空调器应归入品目8415，根据分体式和制冷量再归入子目8415.1021。

例2　可逆式热泵，制冷量为2800大卡/小时。可逆式热泵为双向传送热量的热泵，属于装有冷热循环换向阀的制冷装置，应按空调器归入品目8415，再根据其制冷量归入子目8415.8110。

9. 利用温度变化处理材料的设备的归类

利用温度变化处理材料的设备一般归入品目8419，但品目8419的条文分成两部分，分号前面的商品必须是非家用的，不论是否用电加热，而分号后面的商品必须是非电热的，不论是否家用。

例如，电热医用消毒设备（将要消毒的物品或材料放入设备内加热至高温以杀灭细菌）。该消毒设备属于利用温度变化处理材料的设备，根据其功能归入品目8419，然后按医用消毒器具归入子目8419.2000。

10. 印刷机械及打印、复印、传真等多功能机器的归类

印刷（打印）、复印、传真等机器归入品目8443。该品目项下的子目结构如下：

传统印刷机器（即采用品目8442的印版进行印刷的机器）········子目8443.1

其他机器 ┤ 可与自动数据处理设备或网络相连的 ┤ 具有多功能 ······子目8443.31
具有单功能 ······子目8443.32
不可与自动数据处理设备或网络相连的 ·····················子目8443.39

零件 ──────────────────────────────子目8443.9

归入本品目的机器在确定子目时，主要考虑的因素有：是否是传统的印刷机器，是否可与自动数据处理设备或网络（这里的网络既包括计算机网络，也包括电话网络、电报网络等）相连，是否具有打印、复印、传真等多种功能。

这里应注意，具有单一功能的打印机不能按自动数据处理设备的输出部件归入品目8471，具有单一功能的传真机不能按通信设备归入品目8517。

例1 激光打印机（只有打印功能）。该打印机可与自动数据处理设备相连，归入子目8443.3212。

例2 激光打印机用硒鼓。硒鼓作为打印机的零件，应归入子目8443.9990。

11. 各种加工机床及零件的归类

各种加工机床归入品目8456～8465，机床的分类及归类归纳如下：

特种加工机床··品目8456

金属加工机床 ┤ 金属切削 ┤ 加工中心、组合机床 ·····························品目8457
车床 ···品目8458
钻、镗、铣、攻丝机床 ·······················品目8459
磨床（不含齿轮磨床）·······················品目8460
刨、插、拉、齿轮加工（含齿轮磨床）、锯机床 ·····品目8461
压力加工机床 ··································品目8462
其他非切削加工机床 ······························品目8463

其他加工机床 ┤ 加工矿物质等 ··································品目8464
加工木材、塑料、橡胶等 ·······················品目8465

机床的一般归类方法如下：

（1）判断其是否符合该章章注九有关品目8486的设备和装置的规定，若符合则优先归入品目8486。

（2）判断其是否是用激光、光子束、超声波等加工各种材料的特种加工机床，若是则优先归入品目8456；若不是，则根据加工对象的不同归类，加工金属的机床归入品目8457～8463，加工其他材料的机床归入品目8464～8465。而加工金属的机床，还要区分是金属切削机床（即加工过程中有切屑产生）还是压力加工机床或其他非切削加工机床，前者按加工方式归入品目8457～8461，后者则按压力加工机床或其他非切削加工机床归入品目8462～8463。

品目8457的加工中心不包括车削中心，因为车削中心以车削为主要加工方式，因此仍按车床归入品目8458。

（3）确定某些子目时还要考虑是立式机床还是卧式机床，立式指机床的回转主轴为垂直方向，卧式指机床的回转主轴为水平方向。

（4）品目 8464 的机床加工对象包括石料、陶瓷、混凝土、石棉水泥、玻璃等矿物质；品目 8465 的加工对象包括木材、软木、骨、硬质橡胶、硬质塑料等。例如，木工用刨床、钻床、铣床等应归入品目 8465。

（5）只有专用于上述机床的零件、附件才归入零件专用品目 8466，如工具夹具、工件夹具及分度头等；若是在其他品目列名的零件、附件，则归入其他相关品目，例如，机床上用的刀具（如车刀、铣刀、钻头等）归入品目 8207。

例 1　数控齿轮磨床。加工普通工件的一般磨床（如平面磨床、外圆磨床等）归入品目 8460，但在品目 8460 的条文中已明确品目 8461 的用于加工齿轮的磨床除外，所以将此磨床归入品目 8461，然后按功能及数控的条件归入子目 8461.4011。

例 2　非数控卷板机（用于将较厚的板材卷成圆筒状）。此卷板机通过压力使板材弯曲，属于通过压力加工金属的设备，应归入品目 8462，然后按功能和非数控的条件归入子目 8462.2990。

12. 自动数据处理设备及零部件的归类

（1）自动数据处理设备只有符合下列条件的才归入品目 8471：

① 存储处理程序及执行程序直接需要的起码的数据；

② 按照用户的要求随意编辑程序；

③ 按照用户指令进行算术计算；

④ 在运行过程中，可不需人为干预而通过逻辑判断，执行一个处理程序，这个处理程序可改变计算机指令的执行。

（2）自动数据处理设备的部件如果单独报验，应归入品目 8471。

常见的自动数据处理设备及部件的归类归纳如下：

```
┌ 便携式自动数据处理设备 ·························· 子目 8471.30
│ 其他以系统形式报验的自动数据处理设备 ·········· 子目 8471.49
│                        ┌ 自动数据处理部件 ······· 子目 8471.50
│                        │ 输入输出部件 ··········· 子目 8471.60
└ 单独报验的部件 ────────┤ 存储部件 ··············· 子目 8471.70
                         └ 其他部件 ··············· 子目 8471.80
```

例如，一起报验的微电脑主机（含 CPU、主板、硬盘等）、键盘（输入设备）和显示器（输出设备）一并按"系统"归入子目 8471.49，而单独报验的微电脑主机（含 CPU、主板、硬盘等）归入子目 8471.50，单独报验的键盘归入 8471.6071，单独报验的微电脑用内存条应作为自动数据处理设备的零件归入 8473.3090，而单独报验的显示器则应归入品目 8528 的相关子目。

（3）配有自动数据处理设备，或与数据处理设备连用，但却从事数据处理以外的某项专门功能的机器、仪器或设备不归入品目 8471，应按其功能归入相应的品目。

例如，与电脑连接使用的名片印刷机，主要功能是印刷，应归入品目 8443。

13. 半导体、集成电路及平板显示器制造设备的归类

半导体、集成电路及平板显示器制造设备归入品目 8486。根据第八十四章章注九（四），符合品目 8486 规定的设备和装置在归类时优先于 HS 的其他所有品目。

14. 通用机械零部件的归类

通用机械零部件归入品目8480~8484及8487，其中：

（1）模具（包括金属铸造、玻璃热加工、陶瓷、水泥制品、橡胶、塑料制品等用的模具）归入品目8480。

（2）机器设备用的各种阀门及龙头归入品目8481。

（3）机器设备用的传动装置（如传动轴、变速箱及单个齿轮、离合器及联轴器等）归入品目8483。

（4）滚动轴承和滑动轴承都属于轴承，但前者归入品目8482，后者归入品目8483，安装这些轴承的轴承座归入品目8483。

（5）只有用金属片与其他材料制成或用双层或多层金属片制成的密封垫或类似接合衬垫才归入品目8484，而用单一材料制的密封垫不归入品目8484，应按所用材料归类；只有成套的各式密封垫（必须至少配有两个及两个以上由不同材料制成）才归入品目8484。

例如，点燃式内燃发动机用的气缸密封垫（由两层铜片中间夹一层纸板构成）。该密封垫是用金属片与其他材料制成的，符合品目8484条文的描述，所以归入子目8484.1000。

（6）该章其他品目未列名的通用机器零件归入品目8487，如不同行业的机器上可通用的手轮就归入品目8487。

15. 第八十五章结构规律

第八十五章主要包含电气电子产品及其零件，基本上是按商品的功能排列的。详见下列结构：

电能的产生、变换及储存设备 ………品目8501~8504、8506~8507
电动机械器具 ………………………品目8508~8510
依靠电性能工作的设备 ……………品目8505、8511~8518、8525~8531、8543
声音、图像录放设备 ………………品目8519~8522
记录媒体 ……………………………品目8523
电子元器件、电路开关、连接设备 …品目8532~8542、8545
绝缘电导体及绝缘体 ………………品目8544、8546~8547

16. 电池的归类

电池按其是否可充电分为原电池和蓄电池，一般不可充电的原电池归入品目8506，可以充电的蓄电池归入品目8507。例如，石英手表用的扣式锂电池为不可充电的电池，归入子目8506.5000，而手机用锂离子电池为可充电电池，归入子目8507.6000。

但与这两类电池工作原理不同的光电池则要归入品目8541。

废的原电池、蓄电池归入品目8548。

17. 电动机械器具的归类

（1）一般电动机械器具归入品目8508~8510。其中真空吸尘器不论是家用还是非家用，一律归入品目8508，电动剃须刀归入品目8510，其他家用的电动机械器具归入品目8509。

（2）品目8509仅适用于"家用"和"电动"的器具，还应注意归入该品目的有些家用电动器具要受重量的限制（不超过 20 千克）。

例如，不同类型绞肉机的归类。小于 20 千克的家用电动绞肉机归入品目 8509，大于 20 千克的电动绞肉机则要按工业用的食品加工机器归入品目 8438，不超过 10 千克的手摇绞肉机则应按手工工具归入品目 8210。

另外，其他品目已列名的家用电动器具不归入本品目，例如，家用洗衣机在品目 8450 已有列名。

18. 加热器具的归类

加热器具归类时一般要考虑的因素包括：工业或实验室用还是家用，是炉具还是一般加热器具，是电加热还是非电加热。

一般将电加热的工业或实验室用炉具归入品目 8514，而非电加热的工业或实验室用炉具归入品目 8417；一般家用的电加热器具归入品目 8516，家用非电热的器具归入品目 7321、7322、7418 或 8419，非家用的加热器具归入品目 8419 或 7322。

例如，燃气热水器，由于其为非电热的，故应归入品目 8419。再如，农产品干燥用的器具，由于其为非家用的，故应归入品目 8419。

19. 焊接设备的归类

对焊接设备归类时，首先判断其工作方式，若是以电气、激光、光子束、超声波、电子束、等离子弧等方式工作的焊接设备，归入品目 8515；若是以其他方式工作的焊接设备（例如气焊设备、摩擦焊设备），则归入品目 8468。

20. 通信设备的归类

不论是有线通信设备还是无线通信设备，一律归入品目 8517，只有在确定子目时才区分是有线通信设备还是无线通信设备。常见的通信设备包括有线电话、蜂窝网络电话或其他无线网络电话（主要指手机），基站，电话交换机，光通信用设备（如光端机等），计算机网络通信用设备（如以太网交换机、路由器、集线器等），其他声音、图像或其他数据的转换及接收设备和发送设备。

这里应注意，无绳电话机不同于无线电话机，无绳电话机又称子母机，由主机和副机两部分组成，因主机与电话线相连，只是主机与副机的通信为无线方式，故无绳电话机仍属有线通信设备，而无线电话机属无线通信设备。

用于声音、图像或其他数据的发送设备不要误归入品目 8525，计算机通信用的路由器、集线器等不要误按自动数据处理设备的部件归入品目 8471；其他品目已列名的通信设备，不归入本品目，例如，传真机已在品目 8443 列名，不要误按通信设备归入本品目。

21. 音像设备及无线广播、电视接收设备的归类

音像设备主要包括声音的录制、播放设备，转化设备（话筒和喇叭）等，图像的录制、播放设备，摄像机等。音像设备及无线广播、电视接收设备的归类情况归纳如下：

信号种类	变换方式	归类
声音	话筒和喇叭（声音⇄电信号）	品目 8518
	放音（记录媒体→声音）	品目 8519
	录音（声音→记录媒体）	品目 8519
	收音（无线电广播信号→声音）	品目 8527
图像	录放像（图像电信号⇄记录媒体）	品目 8521
	摄像（图像→记录媒体）	品目 8525
	电视（无线电电视信号→图像、声音）	品目 8528

22. 记录媒体的归类

记录媒体一律归入品目 8523，只有在确定本国的七、八位子目时才考虑是否录制信息。目前常见的记录媒体主要包括磁性媒体、光学媒体和半导体媒体。磁性媒体常见的类型为磁带、磁盘及磁卡；光学媒体常见的类型主要是光盘；半导体媒体常见的类型有 U 盘、数码相机用的记忆棒、SD 卡、CF 卡、SM 卡等。

例如，DVD 光盘（内含国外获奖影片）。此光盘属光学记录媒体，归入品目 8523，因它既包含声音信息，又包含图像信息，所以归入子目 8523.4990。

这里应注意，微电脑用内存条不能作为记录媒体归入品目 8523，应作为自动数据处理设备的零件归入 8473.3090；移动硬盘不能作为记录媒体归入品目 8523，应作为自动数据处理设备的存储部件归入 8471.7010。

23. 灯、灯具的归类

对灯、灯具进行归类时，一般考虑的因素包括：是否带有灯座、何种用途等。不带灯座的各种灯泡、灯管等电光源归入品目 8539；带有灯座的灯具归入品目 9405；机动车辆（不含火车、飞机）的照明灯、信号灯归入品目 8512；火车和飞机的前灯等归入品目 9405；自供电源的灯（如手电筒、手提式应急灯）归入品目 8513；交通管理用的信号灯（交叉路口的红绿灯等）归入品目 8530；照相机用的闪光灯及灯泡归入品目 9006。

近几年发展迅速的 LED 灯泡、灯管按列名归入品目 8539，但是安装有 LED 灯泡或灯管的灯具仍然应归入品目 9405。

24. 通用电子元器件及简单电器装置的归类

通用电子元器件一般按其不同的特性归入品目 8532～8533、8540～8542，这些元器件一般作为电气设备的零件，其中无源元件主要包括归入品目 8532 的电容器，归入品目 8533 的电阻器（但加热电阻器归入品目 8516）；有源元件主要包括归入品目 8540 的热电子管、冷阴极管或光阴极管，归入品目 8541 的半导体器件（二极管、晶体管等）。

集成电路归入品目 8542，然后按其用途（处理器及控制器用、存储器用、放大器用等）归入不同的子目。

常见的电感元器件在前面的品目已有列名，应归入品目 8504。

简单的电器装置一般分为高压电器（电压>1 000 伏）和低压电器（电压≤1 000 伏），前者归入品目 8535，后者归入品目 8536；而由品目 8535 的高压电器或品目 8536 的低压电器组成的通常装于盘、板、台上或柜子里的组合体，应归入品目 8537，如一些电器控制柜、数控装置等，本品目同时也包含一些较为复杂的装置，如可编程序控制器等。

例如，耳机插座，属于连接电路的电气装置，且为低压电器（电压小于 1 000 伏），归入品目 8536，然后按插座归入子目 8536.6900。

25. 具有独立功能未列名机电产品的归类

具有独立功能且其他品目未列名的机电产品一般归入品目 8479（机械设备）或 8543（电气设备）。这两个品目又可看作第八十四章和第八十五章的兜底品目，归入这两个品目的商品必须满足下列条件：

（1）任何类注或章注中均未规定不包括在这两章内；

（2）未更为具体地列入 HS 其他各章的某一品目内；

（3）根据其功能和用途均不能归入这两章的其他品目。

例如，配有机械装置的潜水箱，应作为未列名的机械设备归入品目 8479。

第十七类　车辆、航空器、船舶及有关运输设备（第八十六章至第八十九章）

（一）主要内容

本类共 4 章，包括各种铁道车辆（第八十六章），其他陆上车辆（第八十七章），航空器及航天器（第八十八章），船舶及浮动结构体（第八十九章）。此外还包括与运输设备有关的具体列名的货品，如归入品目 8609 的集装箱，归入品目 8608 的铁道或电车轨道固定装置及附件和机械信号装置，归入品目 8804 的降落伞等。

（二）归类方法

1. 多用途运输设备的归类

（1）既能在道路上又能在轨道上行驶的车辆归入第八十七章；

（2）水陆两用的机动车辆归入第八十七章；

（3）可兼作地面车辆的航空器归入第八十八章；

（4）在导轨上运行的气垫火车归入第八十六章；

（5）水陆两用的气垫运输工具归入第八十七章；

（6）水上航行但只能在海滩或浮码头上登陆或在冰上行驶的气垫运输工具归入第八十九章。

2. 运输设备零件、附件的归类

根据本类类注二，其他类已列名的零件、附件不归入本类，常见的有第八十四章、第八十五章列名的机电产品，第十五类类注二规定的"通用零件"及塑料制的类似品。例如，汽车发动机是车辆的一个部件，在第八十四章有列名，故归入第八十四章，而不归入第八十七章。

只有专用于本类设备的零件、附件才与设备一并归类或归入零件专用的品目。同时应注意，本类只有第八十六章至第八十八章包括这些运输设备的零件、附件，第八十九章不包括零件、附件，只包括船舶及浮动结构体等运输设备，所以即使能确定专用于或主要用于船舶也不归入该章，一般按主要用途归入前面各章。例如，船舶用舵机作为船舶的一个部件，应归入子目 8479.8910，而不归入第八十九章。

3. 客车、货车的归类

（1）用于载人的机动车辆按座位数分为两种：10 座及以上的车辆和 10 座以下的车辆。

10 座及以上的车辆，主要按发动机类型和座位数等因素归入品目 8702 项下的相关子目，其中座位数包括驾驶员座位和折叠椅座位数。

10 座以下的车辆，主要按用途、发动机类型、气缸容量等因素归入品目 8703 项下的相关子目。

传统汽车使用汽油或柴油作为燃料，新能源汽车则全部或部分使用电力作为汽车动力来源。目前，新能源汽车主要分为纯电动汽车、非插电式混合动力汽车和插电式混合动力汽车。

纯电动汽车（如"特斯拉"），特点是动力仅由电动机提供，用蓄电池存储电力。

混合动力汽车，特点是动力由传统的内燃发动机和电动机混合提供。具体又分为两种：

（1）非插电式混合动力汽车（如"丰田的'普锐斯'"），电池容量很小，仅在起/停、加/减速的时候供应/回收能量，不能外部充电，不能用纯电模式较长距离行驶；

（2）插电式混合动力汽车（如"比亚迪的'秦'"），是采用外接电源（充电桩甚至接线板）对蓄电池进行直接充电的混合动力车。电池容量相对比较大，通过外部充电，可以用纯电模式长途行驶，也可适时向电池充电。

点燃式活塞内燃发动机主要包括用火花塞点火的汽油发动机和沼气发动机；压燃式活塞内燃发动机主要包括柴油发动机。

气缸容量指发动机运转时气缸所排出气体的体积。

（2）用于载货的车辆按发动机类型（点燃式活塞内燃发动机、压燃式活塞内燃发动机）和车辆总重量归入品目 8704 项下的相关子目。

车辆的总重量＝车辆的自重＋最大设计载荷＋加满油的油箱重量＋驾驶员的重量

例如，旅游观光电瓶车，16 座（包括驾驶员座）。此车属 10 座以上载人的客运车辆，应归入品目 8702。

4. 特种车辆的归类

不以载人、载货为主要目的的特种车辆归入品目 8705，例如，消防车、起重车等。

而有些特殊用途的车辆仍以载人、载货为主要目的，例如，囚车、警车、灵车、赛车等仍以载人为主要目的，要归入品目 8702～8703，不按特种车辆归类；冷藏货车、液罐车、运钞车、自动装卸货车（装有绞车、提升机等装置，但主要用于运输）等仍以载货为主要目的，要归入品目 8704，不按特种车辆归类。

用于展示、教学用而无其他用途的未剖开或已剖开的模型车辆及真实车辆不归入第八十七章，而归入品目 9023。

5. 机动车辆底盘的归类

常见的机动车辆底盘有 3 种类型，分别归类如下：

（1）只装有发动机的机动车辆底盘归入品目 8706。

（2）装有驾驶室和发动机的机动车辆底盘，按相应的整车归入品目 8702～8704。

（3）未装有驾驶室和发动机的机动车辆底盘，按机动车辆的零件归入品目 8708。

6. 汽车零件、附件的归类

通常所称的汽车零件、附件，一般指品目 8701~8705 所列机动车辆用的零件、附件。

对这些零件、附件进行归类时，首先判断是否是本类类注二已排除掉的（即在其他类已列名），只有确定在其他类未列名的情况下，才归入品目 8708；其次根据零件所在车辆的部位（缓冲器、车身、制动器、变速箱、驱动桥、车轮、悬挂系统等）确定第五位子目；最后确定第六位至第八位子目，由于我国所列的某些第七、第八位子目是按前面整车类型所列，所以在确定这些子目前必须先确定整车的编码。

例 1　变速箱（车辆总重量为 12 吨的重型货车用，柴油发动机），应按货车专用零件归入品目 8708，然后按列名归入子目 8708.4，又因该货车整车归入子目 8704.2230，故最后将此变速箱归入子目 8708.4040。

例 2　带充气系统的安全气囊（小轿车用）。安全气囊属于轿车专用的零件，归入品目 8708，比较该品目下的一级子目，归入子目 8708.9，然后按列名归入子目 8708.9500。

7. 摩托车和自行车的归类

摩托车和自行车分别归入品目 8711 和 8712。摩托车按发动机类型和气缸容量归入不同的子目，自行车按用途和车轮直径（以英寸为单位）归入不同的子目。

电动自行车应按装有辅助动力的脚踏车归入子目 8711.6000。

摩托车及自行车的零件、附件归入品目 8714，但摩托车用的发动机及发动机的零件因在第八十四章已有列名，不归入本品目。

8. 其他运输设备的归类

坦克及其他机动装甲战斗车辆，不论是否装有武器，一律归入品目 8710，不能误按武器归入第九十三章。

第八十六章主要包括铁道运输设备及其零件，但也有部分设备即使不用于铁道运输仍归入该章。例如，用于内河航道、港口、停车场或机场等场所的机械交通信号设备归入品目 8608（若是电气的交通信号设备应归入品目 8530），集装箱即使不用于铁道运输（如用于海运）仍归入品目 8609。

第十八类　光学、照相、电影、计量、检验、医疗或外科用仪器及设备、精密仪器及设备；钟表；乐器；上述物品的零件、附件（第九十章至第九十二章）

（一）主要内容

本类共 3 章，第九十章主要包括光学、计量、医疗仪器、精密仪器及设备等，第九十一章主要包括钟表，第九十二章主要包括乐器。

（二）归类方法

1. 第九十章的结构规律

第九十章的光学、计量、医疗仪器、精密仪器，在结构编排上有一定规律，掌握这个规律，有助于正确归类。其结构规律如下：

光学仪器设备 { 简单光学元件（分未装配和已装配）·························品目 9001~9002
简单光学器具（眼镜、眼镜架、望远镜）·················品目 9003~9005
复杂光学器具（照相机、摄影机、显微镜等）·········品目 9006~9013
计量、测绘等仪器及器具·································品目 9014~9017 及 9028、9029
医疗仪器及器械·································品目 9018~9022
专供示范而无其他用途的仪器、装置及模型·········品目 9023
其他测试分析仪器及自动调节和控制装置··········品目 9024~9027、9030~9032

2. 光学元件的归类

对于玻璃制的光学元件，只有经过光学加工的光学元件（但未装配的）才归入品目 9001，未经光学加工的光学元件应按材料归入品目 7014；其他材料（如有机玻璃）制的光学元件不论是否经过光学加工，一律归入品目 9001。

已装配（即带有镜筒或框架）同时还要"作为仪器装置的零件、配件"的光学元件才归入品目 9002。例如，已装配的用于显微镜的物镜归入子目 9002.1990；而已装框的放大镜，因其不作为仪器装置的零件、配件，所以不归入本品目，应归入子目 9013.8010。

3. 光学仪器的归类

光学仪器一般按其功能和用途归入品目 9005~9013。其中：

（1）双筒望远镜、单筒望远镜等普通望远镜归入品目 9005，但用于机床上的校直望远镜和坦克上的潜望镜要归入品目 9013。

（2）印刷制版用的电子分色机、激光照相排版设备归入品目 9006，不能按制版的设备归入品目 8442。

（3）品目 9005~9013 包含的商品大部分是光学仪器，但也包括一些看起来不属于光学仪器的设备，例如，电子显微镜归入子目 9012.1000，液晶显示板归入子目 9013.8030。

4. 医疗器械及器具的归类

医疗器械及器具一般归入品目 9018~9022。

在确定其品目时，一般要根据其工作原理、特性及用途等因素。同样用于疾病诊断的医疗器械，因其工作原理不同而归入不同的品目。例如，B 型超声波检查仪、核磁共振成像仪和 X 射线断层检查仪均是通过影像进行疾病诊断的仪器，但因其成像原理不同而归入不同的品目，B 型超声波检查仪、核磁共振成像仪归入品目 9018，而 X 射线断层检查仪（又称 CT 机），利用 X 射线进行扫描成像，归入品目 9022。

机械疗法、氧疗法、臭氧疗法、吸入疗法、人工呼吸及按摩等用的设备及装置归入品目 9019。

矫形用具、人造假肢及骨折用具（包括兽用）、弥补人体生理缺陷的器具归入品目 9021。

X 射线或 α 射线、β 射线、γ 射线的应用设备归入品目 9022，不仅包括用于医疗上的，还包括用于其他行业（如工业）上的。例如，冶金工业中用于检查合金均匀性的 X 射线设备仍归入此品目。但是，用于探测 X 射线或 α 射线、β 射线、γ 射线的设备不归入本品目，应归入品目 9030。

其他用于医疗、外科、牙科或兽医的仪器及器具（未在其他品目列名）归入品目 9018。例如，电子眼压记录仪属于电子诊断设备，应归入品目 9018。但也有部分医疗仪器已在其他品目列名。例如，测量体温的体温表归入品目9025，观察病理切片的生物显微镜归入品目9011或9012，分析、检验血液、组织液、尿液等的仪器设备和检镜切片机归入品目9027，眼底照相机归入品目9006。

5. 第九十章设备所用零件、附件的归类

第九十章设备用零件、附件的归类流程归纳如下：

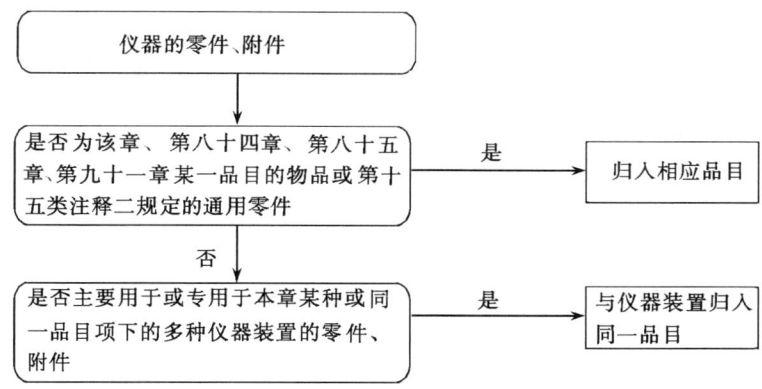

同时适用于该章不同品目的多种机器、器具、仪器或设备的零件或附件，应归入品目9033，除非其本身构成其他品目具体列名的完整仪器等。

6. 钟表及计时器具的归类

用于计时或与时间有关的某些操作器具（如考勤钟、定时开关等）及其零件归入第九十一章。该章的排列结构顺序为：完整品—不完整品（如钟表芯）—零件。

品目9101与9102所列手表的区别：只有表壳全部用贵金属或包贵金属制得的表才归入品目9101；若是表壳用贵金属或包贵金属以外的材料制成，表壳用贵金属或包贵金属制成而表背面用钢制成，或表壳用镶嵌贵金属的贱金属制成的表均归入品目9102。

某些钟表零件已在第九十一章章注一中排除，不要归入该章。

7. 乐器的归类

各种乐器及其零件归入第九十二章。乐器归类的关键是确定其种类（弦乐器、管乐器、打击乐器、电子乐器、其他未列名乐器），例如，普通钢琴归入品目9201，而目前市场上销售的电钢琴，不能按普通钢琴归类，因它属于电子乐器，应归入品目9207。

归入第九十二章的乐器可以带有电拾音器及扩音器，但这类电气装置必须已构成乐器的不可分割部分或与乐器装在同一机壳内。

第十九类　武器、弹药及其零件、附件（第九十三章）

（一）主要内容

本类仅有1章，主要包括供军队、警察或其他有组织的机构（海关、边防等）在陆、海、空战斗中使用的各种武器，个人自卫、狩猎等用的武器等。

（二）归类方法

归类时应注意以下两点：

1. 装甲战斗车辆不能作为武器归入该章，应按车辆归入品目8710；弓、箭、钝头击剑等不能作为武器归入该章，应作为运动用品归入第九十五章。

2. 其他章已列名的武器及零件不应归入该章，例如，第九十章的武器瞄准用的望远镜。

第二十类　杂项制品（第九十四章至第九十六章）

（一）主要内容

本类所称的杂项制品是指前述各类、章及品目未包括的货品。本类共 3 章，其中第九十四章包括各种家具、寝具、其他章未列名灯具和活动房屋等；第九十五章包括各种玩具、运动或游戏用设备等；第九十六章包括雕刻或模塑制品，扫把、刷子和筛，书写及办公用品，烟具，化妆品用具及其他品目未列名的物品。

（二）归类方法

1. 家具及其零件的归类

具有实用价值的落地式可移动的家具（如桌、椅等），落地式或悬挂的、固定在墙壁上叠摞的碗橱、书柜、其他架式家具（包括与将其固定于墙上的支撑物一同报验的单层搁架）、坐具及床归入品目 9401～9403；单独报验的组合家具各件均归入第九十四章，但落地灯不能按家具归类，应按灯具归入品目 9405。

品目 9402 的医疗、外科、牙科或兽医用的家具不能带有医疗器械（设备），如带有牙科器械的牙科用椅不能归入本品目，而应按医疗器械归入品目 9018。

具有特定用途或为安装特定用途的装置、设备而特制的家具，一般按特定用途的装置、设备归类。例如，有象棋盘桌面的桌子和台球桌归入品目 9504，作为缝纫机台架用的家具归入品目 8452。

品目 9401～9403 的家具可用木、柳条、竹、藤、塑料、贱金属、玻璃、皮革、石、陶瓷等材料制成，例如，玻璃制的柜台仍归入第九十四章，而不按玻璃制品归类。

专用于或主要用于第九十四章家具的零件归入该章相应品目；单独报验的玻璃或镜子、大理石等按材料归类。

第九十四章也包括机动车辆、飞机等用的坐具及零件（如座椅调角器），这些坐具及零件不能按车辆或飞机的零件归入第十七类。

2. 床上用品及寝具的归类

装有弹簧或内部填充棉花、羊毛、马毛、羽绒、合成纤维等，或以海绵橡胶或泡沫塑料制成的床上用品及寝具，如褥垫、被褥及床罩（内含填充物）、鸭绒被、棉被、枕头、靠垫、坐垫、睡袋等归入品目 9404。

未装有内部填充物的床上用品及寝具，例如，床单、床罩、枕头套、鸭绒被套、靠垫套、毯子等则按纺织品归入第六十三章。

3. 玩具的归类

儿童乘骑的带轮玩具（如三轮车、踏板车、踏板汽车等），玩偶车，玩偶及其零件、附件（如玩偶的服装、鞋、靴、帽等）和其他供儿童或成人娱乐用的各种智力玩具或其他玩具均归入品目 9503，但宠物玩具（指专供宠物使用的玩具）不归入品目 9503。

4. 体育用品和游乐场用娱乐设备的归类

一般体育用品归入品目 9506 或 9507，游乐场用娱乐设备归入品目 9508。

体育用品中不同用途的球归入不同的子目，归纳如下：

（1）可充气的足球、篮球、排球归入子目 9506.6210；

（2）草地网球归入子目 9506.6100；

（3）乒乓球归入子目 9506.4010；

（4）高尔夫球归入子目 9506.3200；

（5）羽毛球归入子目 9506.9900。

5. 杂项制品的归类

各种纽扣归入品目 9606、拉链归入品目 9607、梳子归入品目 9615，这些不应按制成材料归入其他类。

打字机色带归入品目 9612，不应按打印机的零件归入第八十四章。

裁缝用和商品陈列或广告宣传用的人体活动模型归入品目 9618，不应按专供示范用模型归入品目 9023。

卫生巾（护垫）及止血塞、婴儿尿布及尿布衬里，以及具有吸收性的卫生护理垫、用于大小便失禁的成人尿布及内裤衬垫，不管是何种材料制成的，都应归入品目 9619。

由于越来越多的设备需要利用脚架来达到使用用途的多样性，且此类脚架的通用性越来越强，故本章为脚架单独设立了品目。因此，脚架不再考虑其用途、形式（独脚架、双脚架、三脚架及类似品），也不管是何种材料制成的，都应归入品目 9620。

第二十一类　艺术品、收藏品及古物（第九十七章）

（一）主要内容

本类只有 1 章，一般归入本类商品的最大特点是具有一定的收藏价值，主要包括艺术品和收藏品。例如，完全手工绘制的油画、粉画，完全手工制作的雕版画、印制画、石印画原本，雕塑品原件，邮票，动物、植物、矿物等的标本和超过 100 年的古物。

（二）归类方法

1. 超过 100 年古物的归类

除天然或养殖珍珠、宝石和半宝石以及品目 9701~9705 以外的物品，若超过 100 年则优先归入品目 9706。例如，超过 100 年的乐器不按乐器归入第九十二章，而应归入品目 9706；而品目 9701~9705 的物品即使超过 100 年，仍归入原品目。

2. 雕版画、印制画、石印画原本和雕塑品原件的归类

只有完全用手工制作的印版直接印制出的原本才归入品目 9702，而使用机器或照相制版方法制作的印版印制出的原本不能归入本品目。

只有各种材料制的雕塑品原件才归入品目 9703，而成批生产的复制品不能归入本品目。

3. 其他艺术品、收藏品的归类

对于已装框的油画、粉画，若框架的种类、价值与作品相称，此时一并按作品归类，若框架种类、价值与作品不相称，则框架与作品应分别归类。

该章与第四十九章未使用过的邮票的区别：该章邮票具有收藏价值，以收藏为主要目的；而第四十九章邮票不具有收藏价值。

第五章　进出口税费

第一节　进出口税费概述

进出口税费是指在进出口环节中由海关依法征收的关税、消费税、增值税等税费。依法征收税费是海关的任务之一。依法缴纳税费是有关纳税义务人的基本义务。学会如何缴纳进出口税费是报关人员应该具备的报关技能之一。

进出口税费征收的法律依据主要是《海关法》《关税条例》及其他有关法律、行政法规。

另外，按照《中华人民共和国船舶吨税暂行条例》，船舶吨税由海关征收，因此相关内容也在本章一并介绍。

一、关税

（一）关税的含义

关税是由海关代表国家，按照国家制定的关税政策和公布实施的税法及进出口税则，对进出关境的货物和物品征收的一种流转税。海关征收关税的依据是国家制定的法律和行政法规。

关税是国家税收的重要组成部分，是国家中央财政收入的重要来源，也是世界贸易组织允许缔约方保护其境内经济的一种手段，其基本作用在于体现国家主权，推动国家的经济建设。关税的起征点为人民币50元，低于50元的免征。

（二）关税的要素

1. 关税征税主体

关税征税主体，亦称关税征收主体。根据《海关法》的规定，行使征收关税职能的国家机关是中华人民共和国海关，征收关税是海关的一项主要任务。未经法律的授权，其他任何单位和个人均无权征收关税。

2. 关税征收对象

关税征收对象，亦称关税征收客体。法律规定，作为征收关税的标的物，是进出一国关境的货物或物品，它是区别关税和其他税种的重要标志。

3. 关税纳税义务人

关税纳税义务人，亦称关税纳税人或关税纳税主体，是指依法负有直接向国家缴纳关税义务的法人或自然人。我国关税的纳税义务人是进口货物的收货人、出口货物的发货人、进出境物品的所有人。

以下情形相关责任人应承担缴纳税款责任：

（1）报关企业接受纳税义务人的委托，以纳税义务人的名义办理报关纳税手续，因报关企业违反规定而造成海关少征、漏征税款的，报关企业对少征或者漏征的税款、滞纳金与纳税义务人承担纳税的连带责任。

（2）报关企业接受纳税义务人的委托，以报关企业的名义办理报关纳税手续的，报关企业与纳税义务人承担纳税的连带责任。

（3）除不可抗力外，在保管海关监管货物期间，海关监管货物损毁或者灭失的，对海关监管货物负有保管义务的人应当承担相应的纳税责任。

（4）欠税的纳税义务人，有合并、分立情形的，在合并、分立前，应当向海关报告，依法缴清税款。纳税义务人合并时未缴清税款的，由合并后的法人或者其他组织继续履行未履行的纳税义务；纳税义务人分立时未缴清税款的，分立后的法人或者其他组织对未履行的纳税义务承担连带责任。

（5）纳税义务人在减免税货物、保税货物监管期间，有合并、分立或者其他资产重组情形的，应当向海关报告。按照规定需要缴税的，应当依法缴清税款；按照规定可以继续享受减免税、保税待遇的，应当到海关办理变更纳税义务人的手续。

（6）纳税义务人欠税或者在减免税货物、保税货物监管期间，有撤销、解散、破产或者其他依法终止经营情形的，应当在清算前向海关报告。海关应当依法对纳税义务人的应缴税款予以清缴。

（三）关税的分类

按照不同的标准可对关税进行多种分类，本教材从应用角度将关税作如下划分：

1. 按照货物的流向，可分为进口关税、出口关税和过境关税

（1）进口关税

进口关税是指一国（地区）海关对进入其境内的货物和物品征收的关税，这是关税中最主要的一种。

（2）出口关税

出口关税是指一国（地区）海关以出境货物、物品为课税对象所征收的关税。

为鼓励出口，世界各国一般不征收出口关税或仅对少数商品征收出口关税。征收出口关税的主要目的是限制和调控某些商品的过度、无序出口，特别是防止本国一些重要自然资源和原材料的无序出口。

（3）过境关税

过境关税亦称通过税，指一国（地区）海关对通过其关境的外国货物所征收的一种关税。

征收过境关税的目的是增加财政收入。随着国际贸易的发展，特别是交通条件的改善，目前过境关税已很少见，大多采取税款担保形式操作，以保障过境货物依法原状运出关境。

2. 按照计征标准或计税方法，可分为从价税、从量税、复合税、滑准税

（1）从价税

从价税是以货物、物品的价格作为计税标准，以应征税额占货物价格的百分比为税率，价格和税额成正比例关系的关税。我国对进出口货物征收关税主要采用从价税计税标准。

（2）从量税

从量税是以货物和物品的计量单位（如重量、数量、容量等）作为计税标准，按每一计量单位的应征税额征收的关税。

我国目前对冻整鸡及鸡产品、啤酒、石油原油、胶卷等进口商品，对氯化钾、硫酸钾等出口化肥，征收从量税。

（3）复合税

复合税是在《税则》中，一个税目中的商品同时使用从价、从量两种标准计税，计税时按两者之和作为应征税额征收的关税。

我国目前对进口价格高于 2 000 美元的磁带录像机、磁带放像机，对进口价格高于 5 000美元的电视摄像机等进口商品征收复合关税。①

（4）滑准税

滑准税是在《税则》中预先按产品的价格高低分档制定若干不同的税率，然后根据进口商品价格变动而增减税率的一种关税。当商品价格上涨时采用较低税率，当商品价格下跌时则采用较高税率，其目的是使该种商品的国内市场价格保持稳定。

我国目前对关税配额外进口的一定数量的棉花（税号：5201.0000，进口完税价格低于 15 元/千克）实行滑准税。

3. 按照是否施惠，可分为普通关税、优惠关税

（1）普通关税

普通关税又称一般关税，是指对与本国没有签署贸易或经济互惠等友好协定的国家或地区原产货物征收的非优惠关税。目前我国对非原产于适用最惠国待遇税率、协定优惠税率、特惠税率的国家或地区的进口货物，以及无法判明原产地的进口货物，适用普通税率。

（2）优惠关税

优惠关税是指对来自特定国家或地区的进口货物在关税方面给予优惠待遇，按照比普通关税税率低的税率征收的关税。

优惠关税一般有最惠国待遇关税、协定优惠关税、特定优惠关税、普遍优惠关税 4 种。

① 最惠国待遇关税

我国规定，原产于共同适用最惠国待遇条款的世界贸易组织成员的进口货物、原产于与我国签订含有相互给予最惠国待遇条款的双边贸易协定的国家或地区的进口货物，以及原产于我国关境内的进口货物，适用最惠国待遇关税。

② 协定优惠关税

我国规定，原产于与我国签订含有关税优惠条款的区域性贸易协定的国家或地区的进口货物，适用协定税率。目前，我国对亚太、东盟、中国香港 CEPA、中国澳门 CEPA、中国台湾农产品、ECFA、秘鲁、新加坡、智利、巴基斯坦、新西兰、哥斯达黎加、冰岛、瑞士、澳大利亚、韩国等自由贸易协定或优惠安排项下进口货物适用协定优惠关税。

---

① 对进口价格低于 2 000 美元的磁带录像机、磁带放像机，对进口价格低于 5 000 美元的电视摄像机等进口商品征收单一从价关税。

③ 特定优惠关税

特定优惠关税又称特惠关税，原产于与我国签订含有特殊关税优惠条款的贸易协定国家或地区的进口货物，适用特惠税率。目前，我国对孟加拉、老挝、缅甸、柬埔寨、埃塞俄比亚等国家部分进口商品实施特惠关税。

④ 普遍优惠制关税

普遍优惠制关税指发达国家对进口原产于发展中国家的工业制成品、半制成品和某些初级产品降低或取消进口关税待遇的一种关税优惠。我国是发展中国家，对进口货物不存在普惠税率。

4. 按照是否根据税则征收，分为正税和附加税

（1）正税

正税是按照《税则》中的进口税率征收的关税。正税具有规范性、相对稳定性的特点。从价税、从量税、复合税、滑准税等都属于正税。

（2）附加税

附加税指国家由于特定需要，对货物除征收关税正税之外另行征收的关税，一般具有临时性特点。附加税包括反倾销税、反补贴税、保障措施关税、报复性关税等。

世界贸易组织不准其成员方在一般情况下随意征收附加税，只有符合世界贸易组织反倾销、反补贴等有关规定的，才可以征收。

① 反倾销税

反倾销税是为抵制外国商品倾销进口，保护国内相关产业而征收的一种进口附加税，即在倾销商品进口时除征收进口关税外，另外加征反倾销税。根据我国《反倾销条例》的规定，凡进口产品以低于其正常价值出口到我国且对我国相关企业造成实质性损害的即为倾销。

反倾销税由商务部提出建议，国务院关税税则委员会作出决定，海关负责征收，其税额不超出倾销幅度。我国目前征收的进口附加税主要是反倾销税。

② 反补贴税

反补贴税是指为抵消进口商品在制造、生产和输出时直接或间接接受的任何奖金或补贴而征收的附加税，即在补贴商品进口时除征收进口关税外，另外加征反补贴税。根据我国《反补贴条例》的规定，出口国（地区）政府或者任何公共机构提供的为接受者带来利益等的财政资助以及任何形式的收入或者价格支持的为补贴。进口产品存在补贴，并对已经建立的国内产业造成实质损害或者产生实质损害威胁，或者对建立国内产业造成实质阻碍的，采取反补贴措施。

反补贴税由商务部提出建议，国务院关税税则委员会作出决定，海关负责征收，其税额不超出补贴幅度。

③ 保障措施关税

保障措施关税是指因进口产品数量增加，并对生产同类产品或直接竞争产品的国内产业造成严重损害或严重威胁而征收的关税，分临时保障措施关税和最终保障措施关税两类。其不分国别，对来自所有国家和地区的同一产品，一般只适用一个税率。

根据我国《保障措施条例》的规定，保障措施关税由商务部提出建议，国务院关税税则委员会作出决定，海关负责征收。

④ 报复性关税

报复性关税是指当他国对本国出口货物有不利或歧视性待遇时，对从该国进口的货物予以报复而征收的一种附加税。

《关税条例》规定：任何国家或者地区违反与中华人民共和国签订或者共同参加的贸易协定及相关协定，对中华人民共和国在贸易方面采取禁止、限制、加征关税或者其他影响正常贸易的措施的，对原产于该国家或者地区的进口货物可以征收报复性关税，适用报复性关税税率。征收报复性关税的货物、适用国别、税率、期限和征收办法，由国务院关税税则委员会决定并公布。

以上按照是否施惠及是否按税则征收标准对关税的分类，均只适用于进口关税。

二、进口环节代征税

进口货物、物品在办理海关手续放行后，进入国内流通领域，与国内货物同等对待，需缴纳应征的国内税。进口货物、物品的国内税依法由海关在进口环节征收。目前，进口环节海关代征税（简称进口环节代征税）主要有增值税、消费税两种。

（一）增值税

1. 含义

增值税是以商品的生产、流通和劳务服务各个环节所创造的新增价值为课税对象的一种流转税。进口环节增值税是在货物、物品进口时，由海关依法向进口货物的法人或自然人征收的一种增值税。

采用并全面推行国际通行的增值税制，有利于促进专业分工与协作，体现税负的公平合理，稳定国家财政收入，同时也有利于出口退税的规范操作。

2. 征纳

进口环节增值税由海关依法向进口货物的法人或自然人征收，其他环节的增值税由税务机关征收。

进口环节增值税计税价格由关税完税价格加上关税税额组成，应征消费税的品种增值税组成价格要另加上消费税税额。

进口环节增值税税率的调整及增值税的免税、减税项目由国务院规定，任何地区、部门均不得规定免税、减税项目。进口环节增值税的起征点为人民币 50 元，低于 50 元的免征。

在中华人民共和国境内销售货物或者提供加工、修理修配劳务以及进口货物的单位和个人，为增值税的纳税义务人，应当依照《中华人民共和国增值税暂行条例》缴纳增值税。进口货物由纳税义务人（进口人或者其代理人）向办理进口手续的海关申报纳税。

进口环节增值税的征收管理，适用关税征收管理的规定。

3. 征收范围和税率

在我国境内销售货物（销售不动产或免征的除外）或提供加工、修理修配劳务以及进口货物的单位和个人，都要依法缴纳增值税。在我国境内销售货物，是指所销售的货物起运地和所在地都在我国境内。

我国增值税的征收原则是中性、简便、规范，采取基本税率再加一档低税率的征收模式。适用基本税率（17%）的范围包括：纳税人销售或者进口除适用低税率的货物以外的货物，以及提供加工、修理修配劳务。

适用低税率（11%）① 的范围是指纳税人销售或者进口下列货物：

农产品（含粮食）、自来水、暖气、石油液化气、天然气、食用植物油、冷气、热水、煤气、居民用煤炭制品、食用盐、农机、饲料、农药、农膜、化肥、沼气、二甲醚、图书、报纸、杂志、音像制品、电子出版物。

（二）消费税

1. 含义

消费税是以消费品或消费行为的流转额作为课税对象而征收的一种流转税。我国开征消费税的目的是调节我国的消费结构，引导消费方向，确保国家财政收入，它是在对货物普遍征收增值税的基础上，选择少数消费品再予征收的税。

2. 征纳

在中华人民共和国境内生产、委托加工和进口《中华人民共和国消费税暂行条例》（以下简称《消费税暂行条例》）规定的消费品（以下简称应税消费品）的单位和个人，以及国务院确定的销售《消费税暂行条例》规定的消费品的其他单位和个人，为消费税的纳税义务人。我国的消费税由税务机关征收，进口的应税消费品的消费税由海关代征，由纳税义务人（进口人或者其代理人）在报关进口时向报关地海关申报纳税。

我国进口的应税消费品消费税采用从价、从量和复合计税的方法计征。消费税的税目、税率，依照《消费税暂行条例》所附的"消费税税目税率表"执行；消费税税目、税率的调整，由国务院决定。进口环节消费税的起征点为人民币 50 元，低于 50 元的免征。

进口环节消费税的征收管理，适用关税征收管理的规定。

3. 征收范围

消费税的征税范围，主要是根据我国经济社会发展现状和现行消费政策、人民群众的消费结构，以及财政需要，并借鉴国外的通行做法确定的。

消费税的征收范围，仅限于少数消费品。应税消费品大体可分为以下 4 种类型：

（1）一些过度消费会对人的身体健康、社会秩序、生态环境等方面造成危害的特殊消费品，如烟、酒、鞭炮、焰火等；

（2）奢侈品、非生活必需品，如贵重首饰及珠宝玉石、化妆品等；

（3）高能耗消费品，如小轿车、气缸容量 250 毫升以上摩托车等；

（4）不可再生和替代的资源类消费品，如汽油、柴油等。

为促进环保节能，国家决定自 2015 年 2 月 1 日起新增对电池（铅蓄电池除外）、涂料征收进口环节消费税，自 2016 年 1 月 1 日起对铅蓄电池征收进口环节消费税。

三、船舶吨税

（一）含义

船舶吨税（简称吨税）是由海关在设关口岸对自中华人民共和国境外港口进入境内港

---

① 自 2017 年 7 月 1 日起，我国简并增值税税率结构，取消 13% 的增值税税率，纳税人进口指定范围货物，税率为 11%。

口的船舶（简称应税船舶）征收的一种使用税，是对船舶使用港口助航设施征收的税款，征收吨税的目的是用于航道设施的建设。

（二）征纳规定

吨税设置优惠税率和普通税率。中华人民共和国籍的应税船舶，船籍国（地区）与中华人民共和国签订含有相互给予船舶税费最惠国待遇条款的条约或者协定的应税船舶，适用优惠税率。其他应税船舶，适用普通税率。

吨税按照船舶净吨位和吨税执照期限征收。

吨税税目税率表

税目 （按船舶净吨位划分）	税率（元/净吨）					
	普通税率 （按执照期限划分）			优惠税率 （按执照期限划分）		
	1 年	90 日	30 日	1 年	90 日	30 日
不超过 2 000 净吨	12.6	4.2	2.1	9.0	3.0	1.5
超过 2 000 净吨，但不超过 10 000 净吨	24.0	8.0	4.0	17.4	5.8	2.9
超过 10 000 净吨，但不超过 50 000 净吨	27.6	9.2	4.6	19.8	6.6	3.3
超过 50 000 净吨	31.8	10.6	5.3	22.8	7.6	3.8
备注	拖船和非机动驳船分别按相同净吨位船舶税率的 50%计征税款					

吨税分 1 年期缴纳、90 天期缴纳与 30 天期缴纳 3 种。缴纳期限由应税船舶负责人或其代理人自行选择。船舶吨税起征日为应税船舶进入港口的当日。进境后驶达锚地的，以船舶抵达锚地之日起计算；进境后直接靠泊的，以靠泊之日起计算。应税船舶在吨税执照期满后尚未离开港口的，应当申领新的吨税执照，自上一次执照期满的次日起续缴吨税。

吨税的缴款期限为自海关填发海关船舶吨税专用缴款书之日起 15 日。缴款期限届满日遇星期六、星期日等休息日或者法定节假日的，顺延至休息日或者法定节假日之后的第一个工作日。国务院临时调整休息日与工作日的，按照调整后的情况计算缴款期限。未按期缴纳税款的，从滞纳税款之日起，按日加收滞纳税款 0.5‰的滞纳金。

吨税税款、滞纳金、罚款以人民币计算。

（三）下列船舶免征吨税

1. 应纳税额在人民币 50 元以下的船舶；
2. 自境外以购买、受赠、继承等方式取得船舶所有权的初次进口到港的空载船舶；
3. 吨税执照期满后 24 小时内不上下客货的船舶；
4. 非机动船舶（不包括非机动驳船）；
5. 捕捞、养殖渔船；
6. 避难、防疫隔离、修理、终止运营或者拆解，并不上下客货的船舶；
7. 军队、武装警察部队专用或者征用的船舶；

8. 依照法律规定应当予以免税的外国驻华使领馆、国际组织驻华代表机构及其有关人员的船舶；

9. 国务院规定的其他船舶。

符合第 2~4 项规定的船舶，船舶负责人或其代理人应当向海关提供书面申请和相关证明材料；符合第 5~8 项规定的船舶，船舶负责人或其代理人应当向海关提供海事部门、渔业船舶管理部门或者卫生检疫部门等部门、机构出具的具有法律效力的证明文件或者使用关系证明文件，申明免税的依据和理由。

（四）计算公式

吨税按船舶吨位证明中净吨位计征。

计税公式为：

船舶吨税税额 = 船舶净吨位 × 适用税率（元/净吨）

对申报为拖船的，应按照发动机功率每 1 千瓦折合净吨位 0.67 吨进行折算。

（五）船舶吨税的征收和退补

海关发现少征或者漏征税款的，应当自应税船舶应当缴纳税款之日起 1 年内，补征税款。但因应税船舶违反规定造成少征或者漏征税款的，海关可以自应当缴纳税款之日起 3 年内追征税款，并自应当缴纳税款之日起按日加征少征或者漏征税款 0.5‰ 的滞纳金。

海关发现多征税款的，应当立即通知应税船舶办理退还手续，并加算银行同期活期存款利息。应税船舶发现多缴税款的，可以自缴纳税款之日起 1 年内以书面形式要求海关退还多缴的税款并加算银行同期活期存款利息。应税船舶负责人或其代理人向海关申请退还税款及利息时，应当提交退税申请书及原船舶吨税缴款书和可以证明应予退税的材料。海关自受理退税申请之日起 30 日内查实并通知应税船舶办理退税手续或者不予退税的决定。应税船舶负责人或其代理人应当自收到海关准予退税的通知之日起 3 个月内办理退税手续。

第二节　进出口货物完税价格的确定

我国海关税收征管主要使用从价税计税方式，即以货物的价格为基础确定纳税义务人需向海关缴纳的税款。审定完税价格是海关根据一定的法律规范和判定标准，确定进出口货物海关计税价格的过程。准确认定进出口货物完税价格是贯彻关税政策的重要环节，也是海关依法行政的重要体现。

进出口关税、进口环节代征税的完税价格以人民币计算，采用四舍五入法计算至分。

一、我国海关审价的法律依据

我国已加入世界贸易组织，并已全面实施世界贸易组织估价协定。目前，我国已基本建立起既与《WTO 估价协定》相衔接，又与我国国情相适应的审价体系。海关审价的依据大致可分为 3 个层次：

第一是法律层次，即《海关法》。《海关法》规定："进出口货物的完税价格，由海关以该货物的成交价格为基础审查确定。成交价格不能确定时，完税价格由海关估定。"

第二是行政法规层次，即《关税条例》。其作为《海关法》的配套法规，对估价定义、估价方法、海关和纳税义务人之间的权利义务作了原则性的规定。

第三是部门规章层次，如海关总署颁布施行的《中华人民共和国海关审定进出口货物完税价格办法》（以下简称《进出口货物审价办法》）和《内销保税货物审价办法》，上述办法结合我国加入世界贸易组织以来在探索实施《WTO 估价协定》过程中的经验及我国审价工作实际，完整、明确地体现了《WTO 估价协定》的基本原则和主要内容，进一步增强了规定的指导性和操作性，是较低层次的执法依据。需要注意的是，准许进口的进境旅客行李物品、个人邮递物品及其他个人自用物品的完税价格和涉嫌走私的进出口货物、物品计税价格的核定不适用《进出口货物审价办法》，涉嫌走私的内销保税货物计税价格的核定不适用《内销保税货物审价办法》，上述特殊情况的货物及物品完税价格的审定方法由海关总署另行制定。

二、《进出口货物审价办法》关于完税价格审定的规定

（一）进口货物完税价格的审定

按照货物交易形式的不同，《进出口货物审价办法》将进口货物主要划分为两大类，一类是特殊交易形式进口货物，另一类是特殊交易形式之外进口的其他货物。为便于理解，此处分别称之为特殊进口货物和一般进口货物。《进出口货物审价办法》对一般进口货物规定了 6 种完税价格的审核方法，对特殊进口货物的完税价格审核方法，区分不同交易形式分别作出了规定。

1. 一般进口货物完税价格的审定

《进出口货物审价办法》规定：进口货物的完税价格，由海关以该货物的成交价格为基础审查确定，并应包括货物运抵中华人民共和国境内输入地点起卸前的运输及相关费用、保险费。"相关费用"主要是指与运输有关的费用，如装卸费、搬运费等属于广义运费范围内的费用。

海关确定进口货物完税价格共有进口货物成交价格估价方法、相同货物成交价格估价方法、类似货物成交价格估价方法、倒扣价格估价方法、计算价格估价方法、合理方法 6 种估价方法。上述估价方法应当依次采用，纳税义务人向海关提供有关资料后，可以申请颠倒倒扣价格法和计算价格法的适用次序。

（1）进口货物成交价格估价方法

进口货物成交价格估价方法是《进出口货物审价办法》规定的第一种估价方法，进口货物的完税价格应首先以成交价格估价方法审查确定。

进口货物的成交价格，是指卖方向中华人民共和国境内销售该货物时买方为进口该货物向卖方实付、应付的，并按有关规定调整后的价款总额，包括直接支付的价款和间接支付的价款。

需要注意的是，成交价格不完全等同于贸易实际中的发票或合同价格。贸易中的发票或合同价格取决于买卖双方的约定，它的定价是自由的，但成交价格有其特定含义，必须符合"销售"的要求，并由实付、应付价格和直接、间接支付及调整因素构成，还要满足一定的条件。

① 成交价格定义方面

A. 关于"向中华人民共和国境内销售"

《进出口货物审价办法》要求：向中华人民共和国境内销售，是指将进口货物实际运入中华人民共和国境内，货物的所有权和风险由卖方转移给买方，买方为此向卖方支付价款的行为。成交价格存在的一个重要前提就是买卖双方之间存在销售行为。按照《进出口货物审价办法》，"销售"必须要同时符合：货物实际进入中华人民共和国关境内、货物的所有权和风险由卖方转移给买方、买方为此向卖方支付价款3个要件。例如，以下情形，可能导致海关拒绝使用成交价格方法进行审核：进口时不存在销售行为的寄售交易，国外卖方由于种种原因，未在国内设立子公司开展业务，这时，它通常会委托一家国内企业负责进口申报，但是销售行为全部控制在国外卖方手中。因此，在名义上，国内销售由委托人或代理人负责，但是货物的实际所有权及货物损益的风险均由国外卖方承担，国内的委托人或代理人只收取固定的代理费。在寄售情况下，国外卖方的申报行为只是为了把货物运至境内，而国内实际购买人在进口时尚未确定。此时，由于不存在导致货物跨越关境的销售，不符合成交价格中"出口销售"的概念，海关应认定上述货物不存在成交价格，应使用其他方法估定货物的完税价格。其他诸如免费赠送、捐赠的货物，经营租赁进口货物，免费提供样品等交易方式均不同时符合上述3个条件，同样不能适用成交价格方法审核确定完税价格。

B. 关于"买方""卖方"

《进出口货物审价办法》规定，买方是指通过履行付款义务购入货物，并且为此承担风险、享有收益的自然人、法人或者其他组织，其中进口货物的买方是指向中华人民共和国境内购入进口货物的自然人、法人或者其他组织。卖方是指销售货物的自然人、法人或者其他组织，其中进口货物的卖方是指向中华人民共和国境内销售进口货物的自然人、法人或者其他组织。

《进出口货物审价办法》强调，判断"买方"不应简单地以进口单证上出现的名称为标准，而应以其在交易中承担的功能确定。"买方"可以是进口报关的企业，也可以是国内的最终用户，关键在于销售对应的主体。如果某一自然人、法人或其他组织通过与卖方进行交易，导致"向中华人民共和国境内销售"的条件成立，则该自然人、法人或其他组织应成为海关估价中的"买方"，其支付的款项应成为海关审核的对象，其中既包括根据实付或应付价格进行审核，也包括根据价格调整项目进行审核。即使"买方"没有出现在进口货物报关单相关栏目内，也不能免除其接受海关审核并估价的义务。例如，国内最终用户直接与国外卖方达成交易，并委托国内代理负责报关事宜，根据成交价格和"买方"的定义，则无论报关单上的经营单位和收货单位体现该国内最终用户与否，海关估价时均应按该国内最终用户与国外卖家达成交易的价格为基础审核认定成交价格，进而确定完税价格。与"买方"相对应，《进出口货物审价办法》把"卖方"定义为销售货物的自然人、法人或者其他组织，其中进口货物的卖方是指向中华人民共和国境内销售进口货物的卖方。这一定义同样是以其在交易中承担的功能为标准，判断是否符合估价中"卖方"的定义。

C. 关于"实付、应付价格"

按照《进出口货物审价办法》的要求，成交价格不仅应包括实付价格，还要包括应付价格，即作为卖方销售进口货物的条件，由买方向卖方或者为履行卖方义务向第三方已经支付或者将要支付的全部款项。实付或应付价格强调的是，只要买方为了获得进口货物，而承担了对应付款义务，则无论支付以何种形式发生，包括现金、信用证或可转让有价证券等，或者在进口申报之时支付行为是否发生，都不影响海关的估价结论。海关应根据买方承担的付款义务确定完税价格。

D. 关于"直接、间接支付"

成交价格应包括直接支付和间接支付，其中直接支付是买方直接向卖方支付的款项，而间接支付是指买方根据卖方的要求，将货款全部或者部分支付给第三方，或者冲抵买卖双方之间的其他资金往来的付款方式。对于买方为自己利益而非受卖方限制进行的活动而支付的费用，尽管有可能使卖方受益，但它还是不属于买方向卖方的间接支付，如由买方负担的市场调研和营销费用、广告费用、参展费用、检测费用或开立信用证的费用等。

E. 关于"调整因素"

调整因素包括计入项目和扣除项目。

a. 计入项目

下列项目若由买方支付，必须计入完税价格。

ⓐ 由买方负担的费用

——除购货佣金以外的佣金和经纪费

佣金通常可分为购货佣金和销售佣金。购货佣金指买方向其采购代理人支付的佣金，按照规定，购货佣金不应该计入进口货物的完税价格中。销售佣金指卖方向其销售代理人支付的佣金，但上述佣金如果由买方直接付给卖方的代理人，按照规定应该计入完税价格中。

经纪费指买方为购进进口货物向代表买卖双方利益的经纪人支付的劳务费用，根据规定应计入完税价格中。

——与进口货物作为一个整体的容器费

"与货物视为一体的容器"是指用于盛装某个或某套物品并与所装物品同时使用，且通常与所装物品一同出售的容器。一般情况下，其价值已经包含在被估货物的完税价格内。如果合同规定买方需另外支付容器费用的，或买方另行向第三方支付容器费用的，则应将该费用计入进口货物的完税价格。

——包装材料费用和包装劳务费用

按照商业惯例，除裸装、散装货物不需包装外，一般在销售时卖方均会提供货物的包装，且包装费（包括包装材料和包装劳务的成本、费用）一般已包含在合同货价内，不另行计算。如果合同规定包装费由买方在合同货价之外另行支付，或者买方为了运输或再销售的目的而额外对被估货物进行包装，这些费用应调整计入货物成交价格中。

ⓑ 协助的价值

在国际贸易中，买方以免费或以低于成本价的方式向卖方提供了一些货物或者服务，这些货物或服务的价值被称为协助的价值。

协助价值计入进口货物完税价格中应满足以下条件：

——由买方以免费或低于成本价的方式直接或间接提供；

——未包括在进口货物的实付或应付价格之中；

——与进口货物的生产和向中华人民共和国境内销售有关；

——可按适当比例分摊。

下列 4 项协助费用应计入：

——进口货物所包含的材料、部件、零件和类似货物的价值；

——在生产进口货物过程中使用的工具、模具和类似货物的价值；

——在生产进口货物过程中消耗的材料的价值；

——在境外完成的为生产该进口货物所需的工程设计、技术研发、工艺及制图等工作的价值。

协助费用计入的标准：

——由买方从与其无特殊关系的第三方购买的，应当计入的价值为购入价格；

——由买方自行生产或者从有特殊关系的第三方获得的，应当计入的价值为生产成本；

——由买方租赁获得的，应当计入的价值为买方承担的租赁成本；

——生产进口货物过程中使用的工具、模具和类似货物的价值，应当包括其工程设计、技术研发、工艺及制图等费用。

如果货物在被提供给卖方前已经被买方使用过，应当计入的价值为根据国内公认的会计原则对货物进行折旧后的价值。

ⓒ 特许权使用费

特许权使用费是指进口货物的买方为取得知识产权权利人及权利人有效授权人关于专利权、商标权、专有技术、著作权、分销权或者销售权的许可或者转让而支付的费用。

以成交价格为基础审查确定进口货物的完税价格时，未包括在该货物实付、应付价格中的特许权使用费需计入完税价格，但是符合下列情形之一的除外：一是特许权使用费与该货物无关，二是特许权使用费的支付不构成该货物向中华人民共和国境内销售的条件。买方认为属于上述特许权使用费不应计入进口货物完税价格情形的，应保留做出上述判断的证据，并在进口申报时向海关出示特许权使用费与该货物无关，或者特许权使用费的支付不构成该货物向中华人民共和国境内销售的条件的证据。如果买方无法提供上述证据的，则海关将不接受其申报，并将该笔特许权使用费计入进口货物的完税价格。

符合下列条件之一的特许权使用费，应当视为与进口货物有关：一是特许权使用费是用于支付专利权或者专有技术使用权，且进口货物含有专利或者专有技术的，或用专利方法或者专有技术生产的，或为实施专利或者专有技术而专门设计或者制造的；二是特许权使用费是用于支付商标权，且进口货物附有商标的，或进口后附上商标直接可以销售的，或进口时已含有商标权，经过轻度加工后附上商标即可以销售的；三是特许权使用费是用于支付著作权，且进口货物含有软件、文字、乐曲、图片、图像或者其他类似内容的（包括磁带、磁盘、光盘或者其他类似载体的形式），或含有其他享有著作权内容的；四是特许权使用费是用于支付分销权、销售权或者其他类似权利，且进口货物进口后可以直接销售的，或经过轻度加工即可以销售的。

买方不支付特许权使用费则不能购得进口货物或该货物不能以合同议定的条件成交的，应当视为特许权使用费的支付构成进口货物向中华人民共和国境内销售的条件。

ⓓ 返回给卖方的转售收益

如果买方在货物进口之后，把进口货物的转售、处置或使用的收益的一部分返还给卖方，这部分收益的价格应该计入完税价格中。

上述所有项目的费用或价值计入完税价格中，必须同时满足 3 个条件：由买方负担，未包括在进口货物的实付或应付价格中，有客观量化的数据资料。如果缺乏客观量化的数据，导致无法确定应计入完税价格的准确金额的，则不应使用成交价格方法而使用其他估价方法确定货物的完税价格。

b. 扣减项目

进口货物的价款中单独列明的下列税收、费用，不计入该货物的完税价格：

ⓐ 厂房、机械或者设备等货物进口后发生的建设、安装、装配、维修或者技术援助费用，但是保修费用除外；

ⓑ 货物运抵境内输入地点起卸后发生的运输及其相关费用、保险费；

ⓒ 进口关税、进口环节代征税及其他国内税；

ⓓ 为在境内复制进口货物而支付的费用；

ⓔ 境内外技术培训及境外考察费用。

此外，同时符合下列条件的利息费用不计入完税价格：

ⓐ 利息费用是买方为购买进口货物而融资所产生的；

ⓑ 有书面的融资协议的；

ⓒ 利息费用单独列明的；

ⓓ 纳税义务人可以证明有关利率不高于在融资当时当地此类交易通常具有的利率水平，且没有融资安排的相同或者类似进口货物的价格与进口货物的实付、应付价格非常接近的。

进口货物的价款中单独列明的上述税收、费用，不计入该货物的完税价格，必须同时满足 3 个条件：一是有关税收或费用已经包括在进口货物的实付、应付价格中；二是有关费用是分列的，并且纳税义务人可以向海关提供客观量化的资料；三是有关费用应在合理范围内。如果贸易中存在上述规定的税收或费用之一的，但是买卖双方在贸易安排中未单独分列上述费用，或者缺乏客观量化资料，则本条所述的各项费用不得予以扣除。例如，买卖双方在交易中规定卖方应承担厂房、机械或者设备等货物进口后发生的建设、安装、装配、维修或者技术援助费用，且费用已经包括在合同总价中，卖方不再另行向买方收取。但是贸易单证中未单列厂房、机械或者设备等货物进口后发生的建设、安装、装配、维修或者技术援助的费用清单，同时买方也无法向海关提供上述费用的实际发生金额，则即使卖方承担了上述行为，其费用也不得从完税价格中进行扣除。

需注意，只有在使用成交价格估价方法时，海关才需使用本条规定的价格调整项目对买卖双方的交易价格进行调整。在使用其他估价方法时，因已不再使用买卖双方的交易金额，而另行参照其他价格估定，因此也不再涉及上述加项及减项价格调整项目。

② 成交价格本身须满足的条件方面

成交价格必须满足一定的条件才能被海关所接受，否则不能适用成交价格估价方法。根据规定，成交价格必须具备以下 4 个条件：

A. 买方对进口货物的处置和使用不受限制。

如果买方对进口货物的处置权或者使用权受到限制，则进口货物就不适用成交价格估价方法。

有下列情形之一的，视为对买方处置或者使用进口货物进行了限制：

a. 进口货物只能用于展示或者免费赠送的；

b. 进口货物只能销售给指定第三方的；

c. 进口货物加工为成品后只能销售给卖方或者指定第三方的；

d. 其他经海关审查，认定买方对进口货物的处置或者使用受到限制的。

但是以下 3 种限制并不影响成交价格的成立：国内法律、行政法规规定的限制，对货物转售地域的限制，对货物价格无实质影响的限制。

B. 进口货物的价格不应受到某些条件或因素的影响而导致该货物的价格无法确定。

有下列情形之一的，视为进口货物的价格受到了使该货物成交价格无法确定的条件或者因素的影响：

a. 进口货物的价格是以买方向卖方购买一定数量的其他货物为条件而确定的；

b. 进口货物的价格是以买方向卖方销售其他货物为条件而确定的；

c. 其他经海关审查，认定货物的价格受到使该货物成交价格无法确定的条件或者因素影响的。

C. 卖方不得直接或间接从买方获得因转售、处置或使用进口货物而产生的任何收益，除非上述收益能够被合理确定。

如果买方在购得进口货物后，仍需将部分再销售收益返还给卖方，则上述需返还的利润或收益应计入进口货物的完税价格。转售收益可视同于销售中的分期付款，即在进口时，买卖双方仅约定了部分款项，余额部分由买方在货物进口以后再逐步返还。判断是否存在转售收益的关键在于买方是否承担了未来的付款义务，上述款项向谁支付、支付行为是否发生并不是判断的依据。

D. 买卖双方之间没有特殊关系，或虽有特殊关系但不影响成交价格。

根据规定，有下列情形之一的，应当认定买卖双方有特殊关系：

a. 买卖双方为同一家族成员；

b. 买卖双方互为商业上的高级职员或董事；

c. 一方直接或间接地受另一方控制；

d. 买卖双方都直接或间接地受第三方控制；

e. 买卖双方共同直接或间接地控制第三方；

f. 一方直接或间接地拥有、控制或持有对方 5% 以上（含 5%）公开发行的有表决权的股票或股份；

g. 一方是另一方的雇员、高级职员或董事；

h. 买卖双方是同一合伙的成员。

此外，买卖双方在经营上相互有联系，一方是另一方的独家代理、经销或受让人，若与以上规定相符，也应当视为有特殊关系。

买卖双方有特殊关系这个事实本身并不能构成海关拒绝成交价格的理由。买卖双方之间存在特殊关系，但能通过价格测试或销售环境测试的，视为特殊关系未对进口货物的成交价格产生影响。

a. 价格测试

纳税义务人能证明其成交价格与同时或者大约同时发生的下列任何一款价格相近的，视为特殊关系未对进口货物成交价格产生影响：

——向境内无特殊关系的买方出售的相同或者类似进口货物的成交价格；

——按照倒扣价格估价方法所确定的相同或者类似进口货物的完税价格；

——按照计算价格估价方法所确定的相同或者类似进口货物的完税价格。

海关在使用上述价格进行比较时，需考虑商业水平和进口数量的不同，以及买卖双方有无特殊关系造成的费用差异。

b. 销售环境测试

海关对与货物销售有关情况进行审查，认为符合一般商业惯例的，可以确定特殊关系未对进口货物的成交价格产生影响。

进口货物成交价格估价方法是海关估价中使用最多的一种估价方法，但是如果货物的进口价格不符合成交价格定义及条件方面的规定，就不能采用成交价格估价方法，而应该依次采用下列方法审查确定货物的完税价格。

（2）相同及类似货物成交价格估价方法

相同及类似进口货物成交价格估价方法，即以与被估货物同时或大约同时向中华人民共和国境内销售的相同货物及类似货物的成交价格为基础，审查确定进口货物完税价格的方法。

① 相同货物和类似货物

"相同货物"，指与进口货物在同一国家或者地区生产的，在物理性质、质量和信誉等所有方面都相同的货物，但是表面的微小差异允许存在。

"类似货物"，指与进口货物在同一国家或者地区生产的，虽然不是在所有方面都相同，但是却具有相似的特征、相似的组成材料、相同的功能，并且在商业中可以互换的货物。

② 相同或类似货物的时间要素

时间要素是指相同或类似货物必须与进口货物同时或大约同时进口，其中的"同时或大约同时"指在海关接受申报之日的前后各45天以内。

③ 关于相同及类似货物成交价格估价方法的运用

在运用这两种估价方法时，首先应使用和进口货物处于相同商业水平、大致相同数量的相同或类似货物的成交价格，只有在上述条件不满足时，才可采用以不同商业水平和不同数量销售的相同或类似进口货物的价格，但不能将上述价格直接作为进口货物的价格，还须对由此而产生的价格方面的差异作出调整。

此外，对进口货物与相同或类似货物之间由于运输距离和运输方式不同而在成本和其他费用方面产生的差异应进行调整。

上述调整都必须建立在客观量化的数据资料的基础上。

同时还应注意，在采用相同或类似货物成交价格估价方法确定进口货物完税价格时，首先应使用同一生产商生产的相同或类似货物的成交价格，只有在没有同一生产商生产的相同或类似货物的成交价格的情况下，才可以使用同一生产国或地区不同生产商生产的相同或类似货物的成交价格。如果有多个相同或类似货物的成交价格，应当以最低的成交价格为基础估定进口货物的完税价格。需要注意，本处的"同一生产国或地区"是指一个国家或其组成部分，包括某一国家规定的特别关税区；而由几个国家组成的关税同盟或地区联盟不属于相同或类似货物中的"同一生产国或地区"，例如欧盟、东盟等。

（3）倒扣价格估价方法

倒扣价格估价方法即以进口货物、相同或类似进口货物在境内第一环节的销售价格为基础，扣除境内发生的有关费用来估定完税价格。上述"第一环节"是指有关货物进口后进行的第一次转售，且转售者与境内买方之间不能有特殊关系。

① 用以倒扣的上述销售价格应同时符合的条件

A. 在被估货物进口时或大约同时，将该货物、相同或类似进口货物在境内销售的价格；

B. 按照该货物进口时的状态销售的价格；

C. 在境内第一环节销售的价格；

D. 向境内无特殊关系方销售的价格；

E. 按照该价格销售的货物合计销售总量最大。

② 倒扣价格法的核心要素

A. 按进口时的状态销售

必须首先以进口货物、相同或类似进口货物按进口时的状态销售的价格为基础。如果没有按进口时的状态销售的价格，应纳税义务人要求，可以使用经过加工后在境内销售的价格作为倒扣的基础。

B. 时间要素

必须是在被估货物进口时或大约同时转售给国内无特殊关系方的价格，其中"进口时或大约同时"为在进口货物接受申报之日的前后各45天以内。如果进口货物、相同或者类似货物没有在海关接受进口货物申报之日前后45天内在境内销售，可以将在境内销售的时间延长至接受货物申报之日前后90天内。

C. 合计的货物销售总量最大

必须使用被估的进口货物、相同或类似进口货物售予境内无特殊关系方合计销售总量最大的价格为基础估定完税价格。

③ 倒扣价格法的倒扣项目

确定销售价格以后，在使用倒扣价格法时，还必须扣除一些费用，这些倒扣项目根据规定有以下4项：

A. 该货物的同级或同种类货物在境内第一环节销售时通常支付的佣金及利润和一般费用；

B. 货物运抵境内输入地点之后的运输及其相关费用、保险费；

C. 进口关税、进口环节代征税及其他国内税；

D. 加工增值额，如果以货物经过加工后在境内转售的价格作为倒扣价格的基础，则必须扣除上述加工增值部分。

加工增值额应当依据与加工成本有关的客观量化数据资料，该行业公认的标准、计算方法及其他的行业惯例计算。

按照上述规定确定扣除的项目时，应当使用与国内公认的会计原则相一致的原则和方法。

（4）计算价格估价方法

计算价格估价方法既不是以成交价格，也不是以在境内的转售价格作为基础，它是以发生在生产国或地区的生产成本作为基础的价格。

① 计算价格的构成项目

按有关规定采用计算价格法时，进口货物的完税价格由下列各项目的总和构成：

A. 生产该货物所使用的料件成本和加工费用。

"料件成本"是指生产被估货物的原料成本，包括原材料的采购价值及原材料投入实际生产之前发生的各类费用。"加工费用"是指将原材料加工为制成品过程中发生的生产费用，包括人工成本、装配费用及有关间接成本。

B. 向境内销售同等级或者同种类货物通常的利润和一般费用（包括直接费用和间接费用）。

C. 货物运抵中华人民共和国境内输入地点起卸前的运输及其相关费用、保险费。

② 运用计算价格法的注意事项

按照上述方法确定有关价值或者费用时，应当使用与生产国或者地区公认的会计原则相一致的原则和方法。此外，海关在征得境外生产商同意并提前通知有关国家或者地区政府后，可以在境外核实该企业提供的有关资料。

（5）合理方法

合理方法，是指当海关不能根据成交价格估价方法、相同货物成交价格估价方法、类似货物成交价格估价方法、倒扣价格估价方法和计算价格估价方法确定完税价格时，根据公平、统一、客观的估价原则，以客观量化的数据资料为基础审查确定进口货物完税价格的估价方法。

合理方法本身不是一种具体的估价方法，实际运用时，应按顺序合理、灵活使用成交价格估价方法、相同货物成交价格估价方法、类似货物成交价格估价方法、倒扣价格估价方法和计算价格估价方法。例如，使用相同或类似货物成交价格估价方法估价时，必须采用与被估货物同一原产地的货物价格，依次使用合理方法时就可采用与被估货物国家发展程度相当的其他国家相同或类似货物价格估定。又如使用倒扣价格估价方法时有时间要素的要求限制，不得采用被估货物进口前后 90 天外的价格作为倒扣价格的基础，按照合理方法，这个期限就可以突破，只要不违背客观、公平、统一的海关估价原则。

在运用合理方法估价时，禁止使用以下 6 种价格：

① 境内生产的货物在境内的销售价格；

② 在两种价格中较高的价格；

③ 依据货物在出口地市场的销售价格；

④ 以计算价格法规定之外的价值或者费用计算的相同或者类似货物的价格；

⑤ 依据出口到第三国或地区货物的销售价格；

⑥ 依据最低限价或武断、虚构的价格。

进口货物确定完税价格流程图：

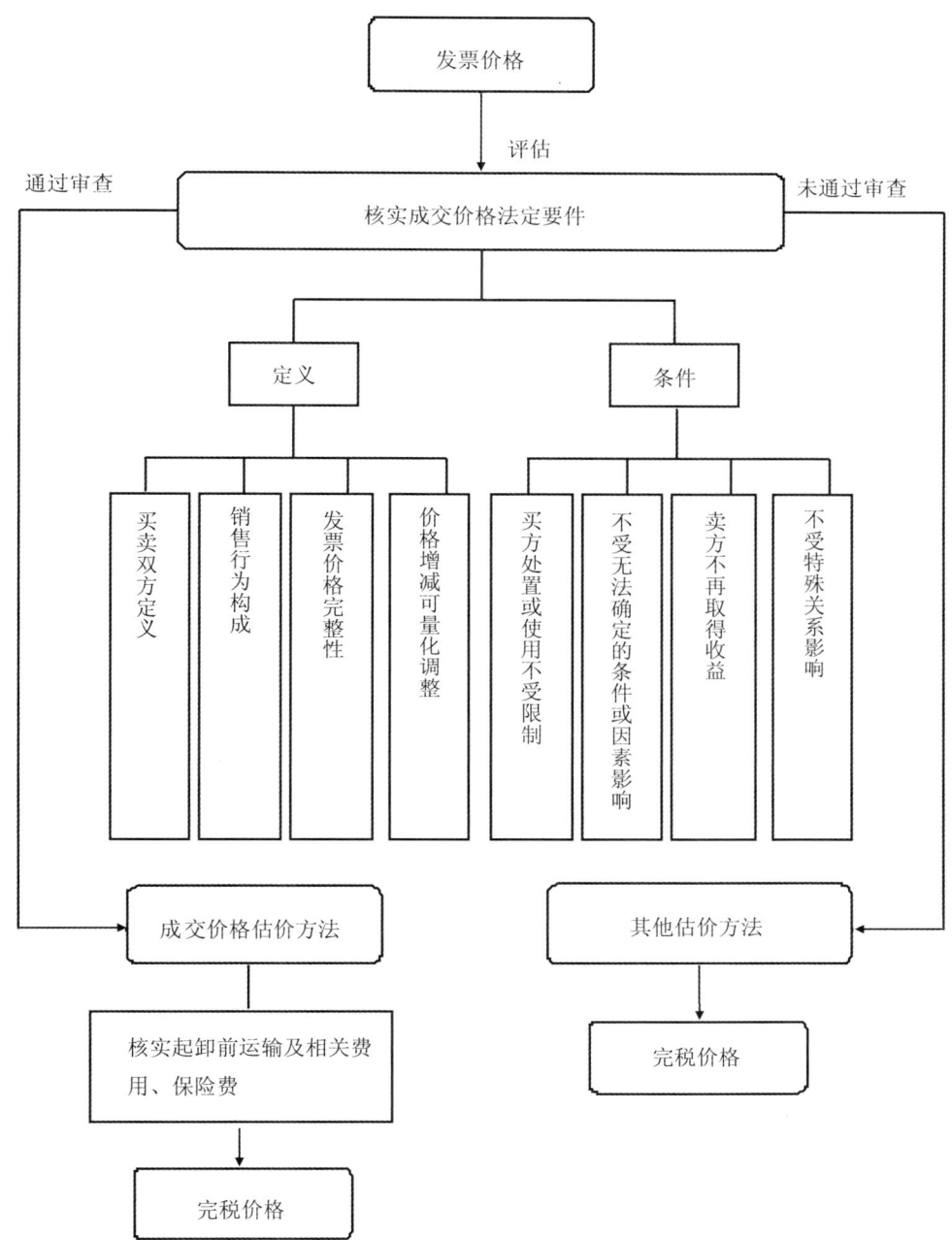

2. 特殊进口货物完税价格的审定

（1）出境修理复运进境货物的估价方法

运往境外修理的机械器具、运输工具或者其他货物，出境时已向海关报明，并在海关规定的期限内复运进境的，海关以境外修理费和料件费审查确定完税价格。需注意，此时确定完税价格无须计入运输及相关费用、保险费。

出境修理货物复运进境超过海关规定期限的，由海关按照审定一般进口货物完税价格的规定审查确定完税价格。

（2）出境加工复运进境货物的估价方法

运往境外加工的货物，出境时已向海关报明，并在海关规定期限内复运进境的，海关以境外加工费和料件费，以及该货物复运进境的运输及其相关费用、保险费审查确定完税价格。

出境加工货物复运进境超过海关规定期限的，由海关按照审定一般进口货物完税价格的规定审查确定完税价格。

（3）暂准进境货物的估价方法

经海关批准的暂准进境货物，应当缴纳税款的，由海关按照本节审定一般进口货物完税价格的规定审查确定完税价格。

经海关批准留购的暂准进境货物，以海关审查确定的留购价格作为完税价格。

（4）租赁进口货物的估价方法

① 以租金方式对外支付的租赁货物，在租赁期间以海关审定的该货物的租金作为完税价格，利息予以计入。

② 留购的租赁货物以海关审定的留购价格作为完税价格。

③ 纳税义务人申请一次性缴纳税款的，可以选择申请按照规定估价方法确定完税价格，或者按照海关审查确定的租金总额作为完税价格。

（5）减免税货物的估价方法

特定减免税货物在监管年限内不能擅自出售、转让，如果有特殊情况，经过海关批准可以出售、转让，须向海关办理纳税手续。减税或免税进口的货物需予征税时，海关以审定的该货物原进口时的价格，扣除折旧部分价值作为完税价格。

（6）无成交价格货物的估价方法

以易货贸易、寄售、捐赠、赠送等不存在成交价格的方式进口的货物，总体而言都不适用成交价格估价方法，海关与纳税义务人进行价格磋商后，依照《进出口货物审价办法》第六条列明的相同货物成交价格估价法、类似货物成交价格估价法、倒扣价格估价法、计算价格估价法及合理方法审查确定完税价格。

（7）软件介质的估价方法

进口载有专供数据处理设备用软件的介质，具有下列情形之一的，以介质本身的价值或者成本为基础审查确定完税价格：

① 介质本身的价值或者成本与所载软件的价值分列；

② 介质本身的价值或者成本与所载软件的价值虽未分列，但是纳税义务人能够提供介质本身的价值或者成本的证明文件，或者能提供所载软件价值的证明文件。

含有美术、摄影、声音、录像、影视、游戏、电子出版物的介质不适用上述规定，该类货物完税价格应为介质与介质所载内容的总价值。

（8）跨境电子商务零售进口商品的估价方法

跨境电子商务零售进口商品按照实际交易价格作为货物完税价格，实际交易价格包括货物零售价格、运费和保险费。

3. 进口货物完税价格中的运输及其相关费用、保险费的计算

（1）运费及其相关费用的计算标准

进口货物的运费及其相关费用，按照实际支付或应当支付的费用计算。如果进口货物的运费及其相关费用无法确定，海关应当按照该货物进口同期的正常运输成本审查确定。

运输工具作为进口货物，利用自身动力进境的，海关在审查确定完税价格时，不再另行计入运输及其相关费用。

（2）保险费的计算标准

进口货物的保险费，按照实际支付的费用计算。如果进口货物的保险费无法确定或者未实际发生，海关按照"货价加运费"两者总额的3‰计算保险费，其计算公式如下：

保险费 =（货价+运费）×3‰

（3）邮运货物运费计算标准

邮运进口的货物，以邮费作为运输及其相关费用、保险费。

邮运进口货物主要是指快件，而超过一定价值的快件应按货物管理，所以同样存在运保费的问题，而邮运进口货物，其邮费即为运保费。

（二）出口货物完税价格的审定

出口货物的完税价格由海关以该货物的成交价格为基础审查确定，包括货物运至中华人民共和国境内输出地点装载前的运输及其相关费用、保险费。

1. 成交价格估价方法

出口货物成交价格估价方法是《进出口货物审价办法》规定的第一种出口估价方法。出口货物的成交价格，是指该货物出口销售时，卖方为出口该货物应当向买方直接收取和间接收取的价款总额。

判断出口货物申报价格是否符合成交价格的要求，需考虑以下几个方面：

（1）出口销售是否符合《进出口货物审价办法》的规定

出口销售是确定出口货物是否存在成交价格的前提条件。交易是否符合销售定义，应根据以下3项标准作出判断：

① 所有权是否发生转移，是否由该交易的卖方转移给买方；

② 买方是否为了获得该货物支付对价；

③ 货物的风险是否发生了转移，包括货物灭失的风险和货物损益的风险。

如果一项交易不能导致前述3个条件同时发生，则销售不存在，因此也就不能使用成交价格方法估价，而应采用其他方法估价。

（2）直接收取和间接收取是否符合《进出口货物审价办法》的规定

出口货物的成交价格应包括我国卖方向国外买方直接收取和间接收取的款项总额，其中直接收取是指我国卖方直接向国外买方收取款项，而间接收取是指国外买方根据我国卖方的要求，将货款全部或部分支付给第三方，或冲抵买卖双方之间的其他资金往来。通常情况下，我国卖方会要求国外买方直接向其支付款项。但是，如果卖方出于某种考虑，要求买方将全部或部分款项支付给第三方，只要上述支付义务是买方为了购买被估的出口货物而必须承担的，则无论买方根据我国卖方的要求将货款支付给谁，均应以买方应支付的全部款项确定完税价格。

但应注意，需征收出口关税的货物销售价格中多包含了出口关税税额，按照相关规定，确定完税价格时应将出口货物价格中包含的出口关税税额予以扣除。此外，货物价款中单独列明的货物运至中华人民共和国境内输出地点装载后的运输及其相关费用、保险费也应扣除。但前述费用如未单独列明或无法证明各段费用则不予扣除。

2. 成交价格估价方法以外的其他估价方法

在审查出口单位合同或发票金额中，包括但不限于以下情况，则不能使用成交价格估价方法确定完税价格，应在磋商后依次使用其他估价方法进行确定：一是申报价格不符合出口货物成交价格的定义，例如出口货物不存在成交价格，我国出口商将货物交付给国外卖方时，不要求对方承担付款义务；二是海关对申报价格的真实性或准确性有怀疑，启动质疑程序，出口商不能作出合理的解释，或者未能在法定的期限内作出合理解释的。其他估价方法具体为：

（1）同时或者大约同时向同一国家或者地区出口的相同货物的成交价格；

（2）同时或者大约同时向同一国家或者地区出口的类似货物的成交价格；

（3）根据境内生产相同或者类似货物的成本、利润和一般费用（包括直接费用和间接费用）、境内发生的运输及其相关费用、保险费计算所得的价格；

（4）按照合理方法估定的价格。

操作层面，我国出口货物完税价格以 FOB 价格为基础审核确定，如出口货物采用其他术语成交，均需视情况将其他术语转换为 FOB 术语价格，并且按照规定，需将出口货物价格中包含的出口关税税额扣除，故出口货物完税价格＝FOB（中国境内口岸）价格－出口关税。而出口关税＝出口货物完税价格×出口关税税率，由此得到：出口货物完税价格＝ FOB／（1+出口关税税率）。

出口货物以其他贸易术语成交时，例如，在 CIF 术语下成交时，出口货物完税价格＝（CIF−国际运输及相关费用、保险费）／（1+出口关税税率），在 EXW 术语下成交时，出口货物完税价格＝（EXW+国内运输及相关费用、保险费）／（1+出口关税税率）。

出口货物确定完税价格流程图：

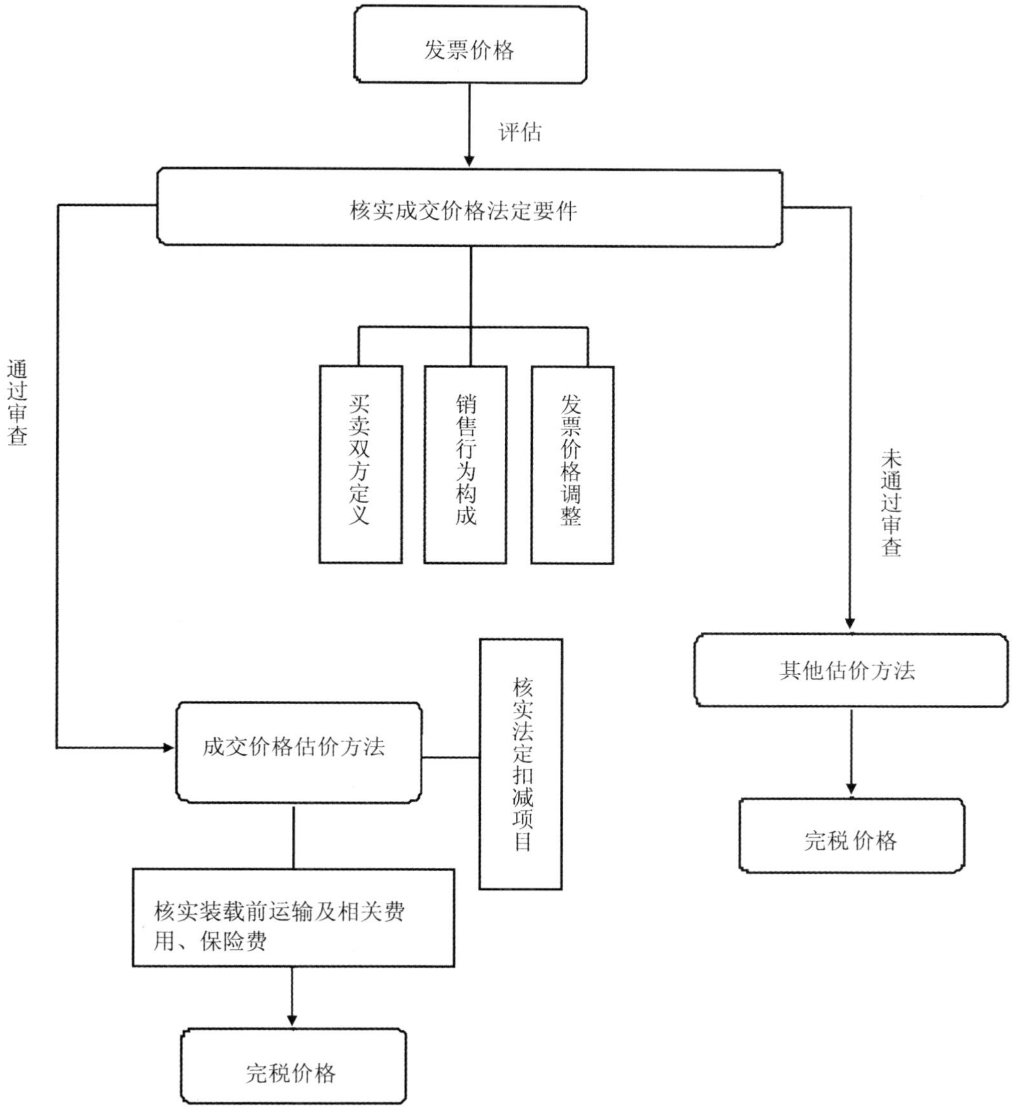

发票价格

↓ 评估

核实成交价格法定要件

买卖双方定义　销售行为构成　发票价格调整

通过审查

未通过审查

成交价格估价方法　核实法定扣减项目

其他估价方法

核实装载前运输及相关费用、保险费

完税价格

完税价格

三、《内销保税货物审价办法》关于完税价格审定的规定

内销保税货物，包括因故转为内销需要征税的加工贸易货物、海关特殊监管区域内货物、保税监管场所内货物和因其他原因需要按照内销征税办理的保税货物，但不包括以下项目：海关特殊监管区域、保税监管场所内生产性的基础设施建设项目所需的机器、设备和建设所需的基建物资；海关特殊监管区域、保税监管场所内企业开展生产或综合物流服务所需的机器、设备、模具及其维修用零配件；海关特殊监管区域、保税监管场所内企业和行政管理机构自用的办公用品、生活消费用品和交通运输工具。

《内销保税货物审价办法》规定，内销保税货物的完税价格，由海关以该货物的成交价格为基础审查确定。

（一）非海关特殊监管区域（保税监管场所）内加工贸易企业内销货物一般估价方法

1. 进料加工进口料件或者其制成品（包括残次品）内销时，海关以料件原进口成交价格为基础审查确定完税价格。

（1）属于料件分批进口，并且内销时不能确定料件原进口对应批次的，海关可按照同项号、同品名和同税号的原则，以其合同有效期内或电子账册核销周期内已进口料件的成交价格计算所得的加权平均价为基础审查确定完税价格。

（2）合同有效期内或电子账册核销周期内已进口料件的成交价格加权平均价难以计算或者难以确定的，海关以客观可量化的当期进口料件成交价格的加权平均价为基础审查确定完税价格。

2. 来料加工进口料件或者其制成品（包括残次品）内销时，因来料加工料件在原进口时没有成交价格，所以海关以接受内销申报的同时或者大约同时进口的与料件相同或者类似的保税货物的进口成交价格为基础审查确定完税价格。需注意，前述情形下确定完税价格时，不能采用相同或者类似货物一般贸易价格作为进口成交价格。

3. 加工企业内销的加工过程中产生的边角料或者副产品，以其内销价格为基础审查确定完税价格。副产品并非全部使用保税料件生产所得的，海关以保税料件在投入成本核算中所占比重计算结果为基础审查确定完税价格。边角料、副产品经海关允许采用拍卖方式内销时，海关以其拍卖价格为基础审查确定完税价格。

4. 按照规定需要以残留价值征税的受灾保税货物，海关以其内销价格为基础审查确定完税价格。按照规定应折算成料件征税的，海关以各项保税料件占构成制成品（包括残次品）全部料件的价值比重计算结果为基础审查确定完税价格。按照规定需要以残留价值征税的受灾保税货物经海关允许采用拍卖方式内销时，海关以其拍卖价格为基础审查确定完税价格。

5. 深加工结转货物内销时，海关以该结转货物的结转价格为基础审查确定完税价格。

（二）海关特殊监管区域及保税监管场所内销货物一般估价方法

1. 海关特殊监管区域保税加工货物内销估价办法

（1）保税区内保税加工企业内销进口料件或者其制成品

保税区内企业内销的保税加工进口料件或者其制成品，海关以其内销价格为基础审查确定完税价格。保税区内企业内销的保税加工制成品中，如果含有从境内采购的料件，海关以制成品所含从境外购入料件的原进口成交价格为基础审查确定完税价格。保税区内企业内销的保税加工进口料件或者其制成品的完税价格依据前述两种方法不能确定的，海关以接受内销申报的同时或者大约同时内销的相同或者类似的保税货物的内销价格为基础审查确定完税价格。

（2）除保税区以外海关特殊监管区域内保税加工企业内销进口料件或者其制成品

除保税区以外的海关特殊监管区域内保税加工企业内销的保税加工料件或者其制成品，以其内销价格为基础审查确定完税价格。上述内销价格不能确定的，海关以接受内销申报的同时或者大约同时内销的相同或者类似的保税货物的内销价格为基础审查确定完税价格。前述与企业内销的保税加工制成品、相同或者类似的保税货物内销价格不能确定的，海关以生产该货物的成本、利润和一般费用计算所得的价格为基础审查确定完税价格。

（3）海关特殊监管区域内保税加工企业内销边角料、废品、残次品和副产品

海关特殊监管区域内企业内销的保税加工过程中产生的边角料、废品、残次品和副产品，以其内销价格为基础审查确定完税价格。经海关允许采用拍卖方式内销的边角料、废品、残次品和副产品，海关以其拍卖价格为基础审查确定完税价格。

需注意，上述边角料、废品、残次品和副产品估价办法的无须区分保税区内外。

2. 海关特殊监管区域、保税监管场所内保税物流货物内销估价办法

海关特殊监管区域、保税监管场所内企业内销的保税物流货物，海关以该货物运出海关特殊监管区域、保税监管场所时的内销价格为基础审查确定完税价格，该内销价格包含的能够单独列明的海关特殊监管区域、保税监管场所内发生的保险费、仓储费和运输及其相关费用，不计入完税价格。

3. 海关特殊监管区域内企业内销的研发货物，检测、展示货物估价方法

海关特殊监管区域内企业内销的研发货物，检测、展示货物，海关以其内销价格为基础审查确定完税价格。

上述内销价格是指向国内企业销售保税货物时买卖双方订立的价格，是国内企业为购买保税货物而向卖方（保税企业）实际支付或者应当支付的全部价款，但不包括关税和进口环节海关代征税。拍卖价格是指国家注册的拍卖机构对海关核准参与交易的保税货物履行合法有效的拍卖程序，竞买人依拍卖规定获得拍卖标的物的价格。结转价格是指深加工结转企业间买卖加工贸易货物时双方订立的价格，是深加工结转转入企业为购买加工贸易货物而向深加工结转转出企业实际支付或者应当支付的全部价款。

（三）内销保税货物的其他估价方法

内销保税货物完税价格不能依照以上估价方法确定时，应依次按照下列价格估定其完税价格：

1. 与该货物同时或者大约同时向中华人民共和国境内销售的相同货物的成交价格。

2. 与该货物同时或者大约同时向中华人民共和国境内销售的类似货物的成交价格。

3. 与该货物进口的同时或者大约同时，将该进口货物、相同或者类似进口货物在第一级销售环节销售给无特殊关系买方最大销售总量的单位价格，但应当扣除以下项目：

（1）同等级或者同种类货物在中华人民共和国境内第一级销售环节销售时通常的利润和一般费用及通常支付的佣金；

（2）进口货物运抵境内输入地点起卸后的运输及其相关费用、保险费；

（3）进口关税及国内税收。

4. 按照下列各项总和计算的价格：生产该货物所使用的料件成本和加工费用，向中华人民共和国境内销售同等级或者同种类货物通常的利润和一般费用，该货物运抵境内输入地点起卸前的运输及其相关费用、保险费。

5. 以合理方法估定的价格。

纳税义务人向海关提供有关资料后，可以申请颠倒前述第 3 项和第 4 项的适用次序。

四、海关估价中的价格质疑程序和价格磋商程序

（一）价格质疑程序

在确定完税价格过程中，海关对申报价格的真实性或准确性有疑问，或有理由认为买

卖双方的特殊关系可能影响到成交价格时，向纳税义务人或者其代理人制发"中华人民共和国海关价格质疑通知书"，将质疑的理由书面告知纳税义务人或者其代理人。

纳税义务人或者其代理人应自收到价格质疑通知书之日起 5 个工作日内，以书面形式提供相关资料或者其他证据，证明其申报价格真实、准确或者双方之间的特殊关系未影响成交价格。纳税义务人或者其代理人确有正当理由无法在规定时间内提供资料或证据的，可以在规定期限届满前以书面形式向海关申请延期。除特殊情况外，延期不得超过 10 个工作日。

价格质疑程序的履行是为了核实成交价格的真实性、准确性和完整性，如进出口货物没有成交价格，海关无须履行价格质疑程序，可直接进入价格磋商程序。

（二）价格磋商程序

价格磋商是指海关在使用除成交价格以外的估价方法时，在保守商业秘密的基础上，与纳税义务人交换彼此掌握的用于确定完税价格的数据资料的行为。

海关制发"价格质疑通知书"后，有下列情形之一的，海关应进行价格磋商程序，按照相关规定列明的方法审查确定进出口货物的完税价格：

1. 纳税义务人在海关规定期限内，未能提供进一步说明的；

2. 纳税义务人提供有关资料、证据后，海关经审核其所提供的资料、证据后仍有理由怀疑申报价格的真实性、准确性的；

3. 纳税义务人提供有关资料、证据后，海关经审核其所提供的资料、证据后仍有理由认为买卖双方之间的特殊关系影响成交价格的。

海关按照相关规定通知纳税义务人进行价格磋商时，纳税义务人需自收到"中华人民共和国海关价格磋商通知书"之日起 5 个工作日内与海关进行价格磋商。纳税义务人未在规定的时限内与海关进行磋商的，视为其放弃价格磋商的权利，海关可以直接按照规定的方法审查确定进出口货物的完税价格。

海关与纳税义务人进行价格磋商时，应当制作"中华人民共和国海关价格磋商记录表"。

进行价格磋商的目的不是为了达成一个海关与纳税义务人都可以接受的价格，而是交换彼此掌握的价格信息。比如，有时海关掌握着纳税义务人所不知道的相同或类似货物的成交价格，有时则恰好相反，只有通过双方的充分交流，才便于得到海关估价的适当依据。因此，进出口货物的纳税义务人应重视价格磋商环节，积极配合海关履行价格磋商程序，如实填报进出口货物有关情况并提供相关的信息资料。

（三）价格质疑与价格磋商的特殊情形

对符合下列情形之一的，经纳税义务人书面申请，海关可以不进行价格质疑或价格磋商，依法审查确定进出口货物的完税价格：

1. 同一合同项下分批进出口的货物，海关对其中一批货物已经实施估价的；

2. 进出口货物的完税价格在人民币 10 万元以下或者关税及进口环节代征税总额在人民币 2 万元以下的；

3. 进出口货物属于危险品、鲜活品、易腐品、易失效品、废品、旧品等的。

五、纳税义务人在海关审定完税价格时的权利和义务

（一）纳税义务人的权利

1. 要求具保放行货物的权利，即在海关审查确定进出口货物的完税价格期间，纳税义务人可以在依法向海关提供担保后，先行提取货物。

2. 选择估价方法的权利，即纳税义务人向海关提供有关资料后，可以提出申请，颠倒倒扣价格估价法和计算价格估价法的适用次序。

3. 对海关如何确定进出口货物完税价格的知情权，即纳税义务人可以提出书面申请，要求海关就如何确定其进出口货物的完税价格作出书面说明。

4. 获得救济的权利，即对海关估价决定有权提出复议、诉讼。

（二）纳税义务人的义务

1. 如实提供单证及其他相关资料的义务，即纳税义务人向海关申报时，应当按照有关规定，向海关如实提供发票、合同、提单、装箱清单等单证。根据海关要求，纳税义务人还应当如实提供与货物买卖有关的支付凭证，以及证明申报价格真实、准确的其他商业单证、书面资料和电子数据。

2. 如实申报及提供相关资料的义务，即货物买卖中发生相关规定中所列的价格调整项目的，纳税义务人应当如实向海关申报。价格调整项目如果需要分摊计算的，纳税义务人应当根据客观量化的标准进行分摊，并同时向海关提供分摊的依据。

第三节　进出口货物原产地的确定

在国际贸易中，原产地这个概念是指货物生产的国家（地区），就是货物的"国籍"。

随着世界经济一体化和生产国际化的发展，准确认定进出口货物的"国籍"变得更为重要。因为确定了进口货物"国籍"，就确定了其依照进口国的贸易政策所适用的关税和非关税待遇。原产地的不同决定了进口商品所享受的待遇不同。

一、原产地规则的含义

为适应国际贸易的需要，并为执行本国关税及非关税方面的贸易措施，进口国必须对进出口商品的原产地进行认定。为此，各国以本国立法形式制定出其鉴别货物"国籍"的标准，这就是原产地规则。

世界贸易组织《原产地规则协议》将原产地规则定义为：一国（地区）为确定货物的原产地而实施的普遍适用的法律、法规和行政决定。

二、原产地规则的类别

从是否适用优惠贸易协定来分，原产地规则分为两大类：一类为优惠原产地规则，另一类为非优惠原产地规则。这是当今世界上最普遍的原产地规则分类方法。

（一）优惠原产地规则

优惠原产地规则是指一国为了实施国别优惠政策而制定的法律、法规，是以优惠贸易

协定通过双边、多边协定形式或者是由本国自主制定的一些特殊原产地认定标准，因此也称为协定原产地规则。优惠原产地规则具有很强的排他性，优惠范围以原产地为受惠国（地区）的进口产品为限，其目的是促进协议方之间的贸易发展。优惠原产地规则主要有以下两种实施方式：一是通过自主方式授予，如欧盟普惠制（GSP）、中国对最不发达国家的特别优惠关税待遇；二是通过协定以互惠性方式授予，如《北美自由贸易协定》《中华人民共和国与东南亚国家联盟全面经济合作框架协议》（以下简称《中国—东盟自由贸易协定》）等。由于优惠原产地规则是用于认定进口货物能否享受比最惠国更优惠待遇的依据，因此其认定标准通常会与非优惠原产地规则不同，其宽或严完全取决于成员方。进口国（地区）为了防止此类优惠措施被滥用或规避，一般都制定了货物直接运输的条款。

我国加入世界贸易组织后，为了进一步改善所处的贸易环境，推进市场多元化进程，截至 2017 年 7 月，共签订了《亚太贸易协定》（即原《亚洲及太平洋经济和社会理事会发展中国家成员国关于贸易谈判的第一协定》，又称《曼谷协定》）、《中国—东盟自由贸易协定》《内地与香港关于建立更紧密经贸关系的安排》（以下称香港 CEPA）、《内地与澳门关于建立更紧密经贸关系的安排》（以下称澳门 CEPA）、对台湾农产品零关税优惠措施、《中华人民共和国政府与巴基斯坦伊斯兰共和国政府自由贸易协定》（以下简称《中国—巴基斯坦自由贸易协定》）、《中华人民共和国与智利共和国政府自由贸易协定》（以下简称《中国—智利自由贸易协定》）、《中华人民共和国政府和新西兰政府自由贸易协定》（以下简称《中国—新西兰自由贸易协定》）、《中华人民共和国政府和新加坡共和国政府自由贸易协定》（以下简称《中国—新加坡自由贸易协定》）、《中华人民共和国政府和秘鲁共和国政府自由贸易协定》（以下简称《中国—秘鲁自由贸易协定》）、对埃塞俄比亚等最不发达国家给予的特别优惠关税待遇（以下称最不发达国家特别优惠关税待遇）、《海峡两岸经济合作框架协议》（ECFA）、《中华人民共和国政府和哥斯达黎加政府自由贸易协定》（以下简称《中国—哥斯达黎加自由贸易协定》）、《中华人民共和国政府和冰岛政府自由贸易协定》（以下简称《中国—冰岛自由贸易协定》）、《中华人民共和国和瑞士联邦自由贸易协定》（以下简称《中国—瑞士自由贸易协定》）、《中华人民共和国政府和澳大利亚政府自由贸易协定》（以下简称《中国—澳大利亚自由贸易协定》）、《中华人民共和国政府和大韩民国政府自由贸易协定》（以下简称《中国—韩国自由贸易协定》）、《中华人民共和国政府和格鲁吉亚政府自由贸易协定》[①]（以下简称《中国—格鲁吉亚自由贸易协定》）等优惠贸易协定。上述优惠贸易协定中均包含有相应的优惠原产地规则。

上述贸易协定中，《亚太贸易协定》适用国家包括韩国、印度、斯里兰卡、孟加拉国和老挝；《中国—东盟自由贸易协定》适用国家包括越南、泰国、新加坡、马来西亚、印度尼西亚、文莱、缅甸、老挝、柬埔寨和菲律宾。

（二）非优惠原产地规则

非优惠原产地规则，是一国根据实施其海关税则和其他贸易措施的需要，由本国立法自主制定的，因此也称为自主原产地规则。按照世界贸易组织的规定，适用于非优惠性贸易政策措施的原产地规则，其实施必须遵守最惠国待遇原则，即必须普遍地、无差别地适用于所有原产地为最惠国的进口货物。它包括实施最惠国待遇、反倾销和反补贴税、保障

---

① 该协定签署后，两国正履行国内程序，力争于 2017 年年底或 2018 年年初正式实施。

措施、数量限制或关税配额、原产地标记或贸易统计、政府采购时所采用的原产地规则。《WTO 协调非优惠原产地规则》正由各国进行磋商，待谈判达成一致并正式实施后，世界贸易组织成员将实施统一的协调非优惠原产地规则，以取代各国自主制定的非优惠原产地规则。

三、原产地认定标准

在认定货物的原产地时，会出现以下两种情况：一种是货物完全是在一个国家（地区）获得或生产制造，另一种是货物由两个或两个以上国家（地区）生产或制造。目前，世界各国（地区）原产地规则，无论是优惠原产地规则还是非优惠原产地规则，都包含这两种货物的原产地认定标准。

（一）完全获得标准

对于完全在一国（地区）获得的产品，如农产品或矿产品，各国的原产地认定标准基本一致，即以产品的种植、开采或生产国为原产国，这一标准通常称为"完全获得标准"（Wholly Obtained Standard）。

世界海关组织《京都公约》规定可视为完全获得产品的各种情况有：

1. 在该国土地、领水或海床开采的矿产品；
2. 在该国收获或采集的植物产品；
3. 在该国出生和饲养的活动物；
4. 在该国从活动物所得产品；
5. 在该国狩猎或捕捞所得产品；
6. 海上捕捞所得产品及该国船只在海上得到的其他产品；
7. 由该国加工船完全使用上述第 6 项的产品加工制得产品；
8. 在该国领水以外的海洋积土或底土开采的产品，只要该国对这些海洋积土或底土拥有单独开发权；
9. 在该国收集并只适于原材料回收的、在制造或加工过程中得到的废碎料及废旧物品；
10. 在该国完全使用上述第 1 项至第 9 项的产品生产而制得的货物。

在确定货物是否在一个国家（地区）完全获得时，为运输、储存期间保存货物而做的加工或者处理，为货物便于装卸而进行的加工或者处理，为货物销售而进行的包装等加工或者处理等，不予考虑。

（二）实质性改变标准

对于经过几个国家（地区）加工、制造的产品，各国多以最后完成实质性加工的国家为原产国，这一标准通常称为"实质性改变标准"（Substantial Transformation Standard）。

实质性改变标准包括税则归类改变标准、从价百分比标准（或称增值百分比标准、区域价值成分标准等）、加工工序标准、混合标准等。

1. 税则归类改变标准是指在某一国家（地区）对非该国（地区）原产材料进行加工、制造后，所得货物在《协调制度》中的某位数级税目归类发生了变化。
2. 从价百分比标准是指在某一国家（地区）对非该国（地区）原产材料进行加工、制造后的增值部分超过了所得货物价值的一定比例。
3. 加工工序标准是指在某一国家（地区）进行的赋予制造、加工后所得货物基本特征的主要工序。

4. 混合标准是指将上述两种或两种以上标准结合起来制定货物的原产地标准。

另外，在国际通行的原产地规则中，除了原产地标准外，还包括一些补充或辅助规则，以确保原产地规则的完整性。补充规则或辅助规则主要分为累积规则、微小加工及处理规则、微小含量规则等。累积规则主要用于优惠原产地规则当中。

为保障缔约各方的优惠贸易利益，目前大多数国家的优惠原产地规则中都设有直接运输规则条款。

四、我国优惠原产地管理

为加强我国优惠原产地的统一管理，海关总署于 2009 年 1 月发布了《优惠原产地管理规定》。《优惠原产地管理规定》与各项自由贸易协定和优惠贸易安排项下的原产地管理办法，初步构成我国优惠原产地管理的基本框架。

（一）优惠原产地管理规定的主要内容

1. 适用范围

适用于对优惠贸易项下进出口货物原产地管理。

2. 原产地标准

《优惠原产地管理规定》就优惠贸易项下普遍适用的原产地认定作了统领性规定。对于完全在一国（地区）获得或者生产的货物，适用完全获得标准。对于非完全在一国（地区）获得或者生产的货物，适用实质性改变标准。

（1）完全获得标准

完全获得，即从优惠贸易协定成员国或者地区（以下简称成员国或者地区）直接运输进口的货物是完全在该成员国或者地区获得或者生产的，这些货物指：

① 在该成员国或者地区境内收获、采摘或者采集的植物产品；

② 在该成员国或者地区境内出生并饲养的活动物；

③ 在该成员国或者地区领土或者领海开采、提取的矿产品；

④ 其他符合相应优惠贸易协定项下完全获得标准的货物。

原产于优惠贸易协定某一成员国或者地区的货物或者材料在同一优惠贸易协定另一成员国或者地区境内用于生产另一货物，并构成另一货物组成部分的，该货物或者材料应当视为原产于另一成员国或者地区境内。

为便于装载、运输、储存、销售进行的加工、包装、展示等微小加工或者处理，不影响货物原产地确定。在货物生产过程中使用，本身不构成货物物质成分，也不成为货物组成部件的材料或者物品，其原产地不影响货物原产地确定。

（2）实质性改变标准

主要分税则归类改变标准、区域价值成分标准、制造加工工序标准、其他标准。

① 税则归类改变，是指原产于非成员国或者地区的材料在出口成员国或者地区境内进行制造、加工后，所得货物在《协调制度》中税则归类发生了变化。

② 区域价值成分，是指出口货物船上交货价格（FOB）扣除该货物生产过程中该成员国或者地区非原产材料价格后，所余价款在出口货物船上交货价格（FOB）中所占的百分比。

区域价值成分＝［货物的出口价格（FOB）－非原产材料价格］÷货物的出口价格（FOB）×100%

不同协定框架下的优惠原产地规则均包含区域价值成分标准，但各有不同。相关贸易协定的"区域价值成分标准"见以下"（二）各项优惠原产地管理措施主要内容"部分。

③ 制造加工工序，是指赋予加工后所得货物基本特征的主要工序。

④ 其他标准，是指除上述标准之外，成员国或者地区一致同意采用的确定货物原产地的其他标准。

3. 直接运输规则

"直接运输"是指优惠贸易协定项下进口货物从该协定成员国或者地区直接运输至中国境内，途中未经过该协定成员国或者地区以外的其他国家或者地区。

原产于优惠贸易协定成员国或者地区的货物，经过其他国家或者地区运输至中国境内，不论在运输途中是否转换运输工具或者作临时储存，同时符合下列条件的，视为"直接运输"：

（1）该货物在经过其他国家或者地区时，未作除使货物保持良好状态所必须处理以外的其他处理；

（2）该货物在其他国家或者地区停留的时间未超过相应优惠贸易协定规定的期限；

（3）该货物在其他国家或者地区作临时储存时，处于该国家或者地区海关监管之下。

不同协定框架下的优惠原产地规则均包含"直接运输"规则，相关贸易协定的"直接运输"规则见以下"（二）各项优惠原产地管理措施主要内容"部分。

4. 原产地证书及签证机构

原产地证书是证明产品原产地的书面文件，是受惠国的产品出口到给惠国时享受关税优惠的重要凭证。《亚太贸易协定》原产地证书所列货物税则号列与海关认定的实际进口货物税则号列前4位应当相同；香港CEPA、澳门CEPA、ECFA项下原产地证书所列货物税则号列与海关认定的实际进口货物税则号列前8位应当相同；其他优惠贸易协定货物，实际税则号列与原产地证书所列货物税则号列前6位应当相同。

我国规定，国家质检总局所属的各地出入境检验检疫机构（以下称质检机构）、中国国际贸易促进会及其地方分会（以下称贸促机构）有权签发出口货物原产地证书。进口原产地证书签发机构，由具体的自由贸易协定或优惠贸易安排另行规定。

5. 申报及审核要求

货物申报进口时，进口货物收货人或者其代理人（以下称"进口人"）应当按照海关的申报规定填制"中华人民共和国海关进口货物报关单"，申明适用协定税率或者特惠税率，并同时提交货物的有效原产地证书正本[①]或者相关优惠贸易协定规定的原产地声明文件，货物的商业发票正本、运输单证等其他商业单证。

进口人向海关提交的原产地证书，应当符合相应优惠贸易协定关于证书格式、填制内容、签章、提交期限等规定，并与商业发票、报关单等单证的内容相符。报关单所列货物

---

① 为便利自贸协定实施，对于已实现电子数据联网并收到原产地电子数据的香港及澳门CEPA、《海峡两岸经济合作框架协议》、中韩、中新（西兰）自贸协定及《亚太贸易协定》项下韩国原产货物，进口人申报进口时可不再向海关提交纸质原产地证书。

数量不得超过原产地证书上该商品的数量。原产地证书"收货人"栏（或"货物运至"栏）所列的收货人应当为中国境内企业。当"收货人"栏（或"货物运至"栏）不是中方实际收货人或者非中国境内企业时，我方境内实际收货人应当出示合同、发票等商业单证，证明其与原产地证书上的收货人存在商业贸易关系。出具货物商业发票的出口商是否为货物原产地的出口商，不影响海关对货物原产地的认定。

对经香港或澳门中转，符合以下情形的自贸协定项下货物应提交"中转确认书"①：经香港中转的需进行预检验的货物（包括集装箱运输及散装货物），应当提交中检公司签发的"中转确认书"；在香港中转期间非因预检验开箱的集装箱运输货物，以及无须预检验的散装货物，应当提交香港海关签发的"中转确认书"；在香港中转期间未开箱的集装箱运输货物，应当提交香港海关或中检公司签发的"中转确认书"；经澳门中转的货物，应当提交澳门海关签发的"中转确认书"。以下情形无须提交"中转确认书"：空运或海运进口货物，国际班轮运输经营者及其委托代理人、民用航空运输企业、经营国际快递业务的企业等出具了单份运输单证。该运输单证应在同一页上载明始发地为进口货物的原产国（地区）境内，且目的地为中国内地；原产于内陆国家（地区）的海运进口货物，始发地可为其海运始发地；已实现原产地电子数据交换的自由贸易协定（如《海峡两岸经济合作框架协议》《中国—韩国自由贸易协定》等）项下集装箱运输货物，也可提交能够证明货物在运输过程中集装箱箱号、封志号未发生变动的全程运输单证。

对于经香港或澳门之外的第三方中转的进口货物，进口人申报适用协定税率或特惠税率时向海关提交下列运输单证之一的，海关不再要求提交中转地海关出具的证明文件：对空运或海运进口货物，经营国际快递业务的企业、民用航空运输企业、国际班轮运输经营者及其委托代理人出具的单份运输单证。该运输单证应在同一页上载明始发地为进口货物的原产国（地区）境内，且目的地为中国境内。原产于内陆国家（地区）的海运进口货物，始发地可为其海运始发地；对已实现原产地电子数据交换的《海峡两岸经济合作框架协议》等协定项下集装箱运输货物，也可提交能够证明货物在运输过程中集装箱箱号、封志号未发生变动的全程运输单证。海关对相关运输单证有疑问的，进口人应当补充提交相关资料。

原产地证书与报关单的关系：一份报关单应当对应一份原产地证书；一份原产地证书应当对应同一批次进口货物。"同一批次"进口货物指由同一运输工具同时运抵同一口岸，并且属于同一收货人，使用同一提单的进口货物。对于客观原因（集装箱货物因海河联运需大船换小船、因海陆联运需分车运输，陆路运输集装箱货物需大车换小车以及其他多式联运情况下同一批次货物在中转地需要分拆由多个小型运输工具进行中转运输的情况等）导致有关进口货物在运抵中国关境（运抵口岸）前必须分批运输的情况，不影响同一批次的认定。同一批次出口货物比照上述规定进行审核认定。

货物申报出口时，出口货物发货人应当按照海关的申报规定填制"中华人民共和国海关出口货物报关单"，并向海关提交原产地证书电子数据或者原产地证书正本的复印件。

海关对上述单证有疑问的，进出口人应当补充提交相关资料。

---

① 自2017年7月10日起，如果海关已收到有关"中转确认书"电子信息，且与进口人申报内容一致，海关不再要求进口人提交"中转确认书"正本。海关未收到相关"中转确认书"电子信息或认为有必要时，仍应当提交"中转确认书"正本。

6. 补充申报及保证金收取

进口申报时未按照规定提交原产地证书、原产地申明的，进口货物收货人或其代理人应就货物是否具备原产地资格向海关补充申报。按照规定补充申报的，海关可根据申请，收取相当于应缴税款的等值保证金先行办理放行手续。进口人可按规定在一定的期限内向海关申请退还缴纳的保证金。

7. 原产地标记

优惠贸易协定项下进出口货物及其包装上标有原产地标记的，其原产地标记所标明的原产地应当与依照《优惠原产地管理规定》有关规定确定的货物原产地一致。

8. 货物查验

按照规定，为确定货物原产地是否与进出口货物收发货人提交的原产地证书及其他单证相符，海关可以对进出口货物进行查验，通过验核原产地标记、规格型号、品质、货柜号码及封志，必要时采取取样化验等方式判定货物原产地。具体程序依照《中华人民共和国海关进出口货物查验管理办法》的有关规定办理。

9. 原产地核查

海关认为需要对进口货物收货人或其代理人提交的原产地证书的真实性、货物是否原产于优惠贸易协定成员国或者地区进行核查的，应当按照该货物适用的最惠国税率、普通税率或者其他税率收取相当于应缴税款的等值保证金放行货物。

海关认为必要时，可以对优惠贸易协定项下出口货物原产地进行核查，以确定其原产地。应优惠贸易协定成员国或者地区要求，海关可以对出口货物原产地证书或者原产地进行核查，并应当在相应优惠贸易协定规定的期限内反馈核查结果。

10. 不适用协定或者特惠税率情形

（1）进口货物收货人或其代理人在货物申报进口时没有提交有效原产地证书、原产地声明，也未就进口货物是否具备原产地资格向海关补充申报的；

（2）进口货物收货人或其代理人未提供商业发票、运输单证等其他商业单证，也未提交其他证明文件的；

（3）经查验或原产地核查，确认货物原产地与申报内容不符，或者无法确定货物真实原产地的；

（4）未按补充申报相关规定，在货物申报进口之日起一年内补交有效的原产地证书的；

（5）我国海关已要求优惠贸易协定有关成员方签证机构或原产地主管机构开展核查，在规定期限内未收到核查反馈结果的。

11. 行政裁定及决定

进出口货物收发货人可以依照《中华人民共和国海关行政裁定管理暂行办法》有关规定，向海关申请原产地行政裁定。海关总署可以依据有关法律、行政法规、海关规章的规定，对进出口货物作出具有普遍约束力的原产地决定。

除其他署令另有规定外，海关保税监管转内销货物同样适用《优惠原产地管理规定》。海关保税监管货物转内销时，进口人应当提交符合规定的原产地证书等单证，海关经确认货物与原产地证书上列明货物一致，货物符合"直接运输"相关规定，对有关货物给予相应的协定税率或者特惠税率待遇。

（二）各项优惠原产地管理措施主要内容

1. 《亚太贸易协定》

《亚太贸易协定》的前身为《曼谷协定》，是我国政府首次实施的优惠贸易协定。

（1）原产地标准

① 完全获得标准

与世界海关组织《京都公约》规定的完全获得标准基本一致。

② 实质性改变标准

在生产过程中所使用的非成员国原产的或者不明原产地的材料、零件或产物的总价值不超过该货物船上交货价（FOB）的55%，且最后生产工序在成员国境内完成的货物。其中，原产于最不发达受惠国（即孟加拉国和老挝）的产品的以上比例不超过65%。

（2）直接运输规则

该协议项下的"直接运输"是指进口货物从出口方至我国未经第三方境内。货物运输途中经过非成员国，无论是否在这些国家或者地区转换运输工具或者作临时储存，同时符合下列条件的，应当视为"直接运输"：

① 由于地理原因或者仅出于运输需要；

② 货物未在这些国家或者地区进入贸易或者消费领域；

③ 货物在经过这些国家或者地区时未作除装卸或者其他为使货物保持良好状态所必须处理以外的其他处理。

《亚太贸易协定》项下韩国原产货物，如果海关已收到有关原产地证书电子信息，进口人能够提交证明相关货物的集装箱箱号、封志号在运输过程中未发生变动的全程运输单证，海关将视为符合直接运输规则。

（3）原产地证书

进口原产地证书应由出口成员国政府指定机构签发。

《亚太贸易协定》原产地证书应当同时符合以下3个条件：由该成员国政府指定机构以手工或者电子形式签发；符合《〈亚太贸易协定〉项下原产地管理办法》附件所列格式，用国际标准A4纸印制，所用文字为英文；证书印章与该成员国通知中国海关的印章印模相符。

原产地证书自签发之日起1年内有效，不得涂改和叠印，所有未填空白之处应当予以划去，以防事后填写。

（4）通关管理措施

① 提交单证

货物申报进口时，进口货物收货人应当按照海关的申报规定填制"中华人民共和国海关进口货物报关单"，申明适用《亚太贸易协定》协定税率或者特惠税率，并同时提交下列单证：

A. 由《亚太贸易协定》成员国政府指定的机构在货物出口时签发或者货物装运后3个工作日内签发的原产地证书正本。因不可抗力不能在原产地证书签发之日起1年内提交原产地证书的，进口货物收货人还应当一并提交证明材料。

为进一步促进《亚太贸易协定》项下进出口货物通关便利，"亚太贸易协定项下中韩原产地电子信息交换系统"已上线运行。货物进口申报环节，如果海关已收到韩国原产地证书电子信息，且与进口人申报内容一致，海关不再要求进口人提交原产地证书正本。海关认为有必要时，进口人应当补充提交相关原产地证书正本。

B. 货物商业发票正本、装箱单及其相关运输单证。货物经过其他国家或者地区运输至我国境内的，进口货物收货人应当按照上述"（一）优惠原产地管理规定的主要内容"中"5. 申报及审核要求"描述提供符合直接运输规则的相关文件。

② 补充申报

货物进口时，进口货物收货人及其代理人未能提交原产地证书[①]的，应当在报关时就进口货物是否具备原产地资格进行补充申报。向海关补充申报的，海关可以根据进口货物收货人或其代理人的申请，收取相当于应缴税款的等值保证金先行办理放行手续。

③ 拒绝给惠

货物申报进口时，进口货物收货人及其代理人未申明适用《亚太贸易协定》协定税率或者特惠税率，也未同时提交《亚太贸易协定》成员国政府指定机构签发的原产地证书正本（或海关未收到符合要求的原产地证书电子信息[②]）的，其申报进口的货物不适用《亚太贸易协定》协定税率或者特惠税率，海关应当依法选择按照该货物适用的最惠国、普通或者其他税率计征关税及进口环节海关代征税。进口货物收货人或其代理人在货物征税放行后向海关提交原产地证书的，海关不予受理，已征税款不予调整。

④ 原产地验核

在货物申报进口时，海关应对原产地证书的格式、内容、签章、有效期等栏目进行认真审核，并确保报关单申报内容与原产地证书、商业发票等单证内容相符。

海关对原产地证书的真实性或货物原产地的准确性存在怀疑时，可向出口方有关机构提出核查要求。核查期间，海关可依法选择按照该货物适用的最惠国税率、普通税率和其他税率收取相当于应缴税款的等值保证金后放行货物。根据核查结果，办理保证金退还或保证金转税手续。

进口货物属于国家限制进口的，或者有违法嫌疑的，在原产地证书核查完毕前，海关不予放行货物。

2. 《中国—东盟自由贸易协定》

2002 年 11 月，中国与东盟国家签订了《中国—东盟自由贸易协定》，由此正式启动中国—东盟自由贸易区进程。目前，中国与东盟 6 个老成员国取消了大部分产品关税，初步建成中国—东盟自由贸易区。

（1）原产地标准

① 完全获得标准

与世界海关组织《京都公约》规定的完全获得标准基本一致。

② 实质性改变标准

在东盟成员国非完全获得或者生产的货物，其生产过程中使用的非原产于中国—东盟自贸区的材料、零件或者产品的总价格不超过该货物船上交货价格（FOB）的 60%，并且最后生产工序在东盟成员国境内完成，或者其生产过程中使用的原产于任一东盟成员国的

---

① 《亚太贸易协定》项下韩国原产货物可在 2017 年 5 月 10 日前提交纸质原产地证书，自 2017 年 5 月 11 日起需以海关收到的原产地证书电子信息为准。

② 该原产地证书电子信息要求同样适用于已实现电子信息交换的中新（西兰）、中韩等自贸协定项下货物。

中国—东盟自贸区成分不低于该货物船上交货价格（FOB）的 40%。

（2）直接运输规则

该协议项下的"直接运输"是指进口货物从东盟成员国直接运输至我国境内，途中没有经过中国—东盟自贸区成员国以外的其他国家或者地区。原产于东盟成员国的货物，经过其他国家或者地区运输至我国，不论在运输中是否转换运输工具或者作临时储存，同时符合下列条件的，应当视为"直接运输"：

① 该货物经过这些国家或者地区仅是由于地理原因或者运输需要；

② 未进入这些国家或者地区进行贸易或者消费；

③ 该货物经过这些国家或者地区时，未作除装卸或者为使货物保持良好状态所必须处理以外的其他处理。

（3）原产地证书

进口原产地证书应由出口成员国政府指定机构签发。

进口货物收货人或其代理人向海关提交的原产地证书、流动证明应当同时符合下列条件：

由东盟成员国签证机构签发；符合规定格式，以英文填制；原产地证书、流动证明的签证机构印章、签证人员签名，与东盟成员国通知中国海关的签证机构印章、签证人员签名样本相符；所列的一项或者多项货物为同一批次的进口货物；仅有一份正本，并且具有不重复的原产地证书编号；注明确定货物具有原产资格的依据。

该协议项下进口货物原产地证书应当由东盟成员国签证机构在货物装运前或者装运时签发。因不可抗力未能在货物装运前或者装运时签发的，可以在货物装运后 3 天内签发。进口货物原产证书自签发之日起 1 年内有效。

（4）通关管理措施

① 提交单证

货物申报进口时，进口货物收货人或其代理人应当按照海关的申报规定填制"中华人民共和国海关进口货物报关单"，申明适用中国—东盟自贸区协定税率，并提交下列单证：

A. 由东盟成员国签证机构签发的有效原产地证书正本或有效流动证明正本。

B. 货物的商业发票正本、装箱单及其相关运输单证。货物经过其他国家或者地区运输至我国境内的，进口货物收货人应当按照上述"（一）优惠原产地管理规定的主要内容"中"5. 申报及审核要求"描述提供符合直接运输规则的相关文件。

原产于东盟成员国的进口货物，每批船上交货价格（FOB）不超过 200 美元的，免于提交原产地证书或者流动证明。进口货物收货人应当同时按照有关要求就进口货物具备原产资格进行书面声明。

② 补充申报、拒绝给惠、原产地验核

与《亚太贸易协定》规定基本一致。

3. 香港 CEPA、澳门 CEPA

2003 年 6 月与 10 月，中央政府分别与香港、澳门特别行政区政府签署了内地与香港 CEPA、内地与澳门 CEPA，于 2004 年 1 月 1 日正式实施。

（1）原产地标准

① 完全获得标准

香港 CEPA、澳门 CEPA 与世界海关组织《京都公约》规定的完全获得标准基本一致。

② 实质性改变标准

香港 CEPA、澳门 CEPA 实质性加工认定标准包括制造加工工序标准、税号改变标准、从价百分比标准及混合标准。

以《税则》为基础，制定了"享受货物贸易优惠措施的货物原产地标准表"，具体产品原产地标准与税目逐一对应。其中，税则改变标准是指非原产材料经过加工生产后，所得产品的 4 位数级税则归类发生变化。港澳 CEPA 项下从价百分比标准要求，在港澳获得的原料、组合零件、劳工价值和产品开发支出价值的合计，与在港澳生产或获得产品 FOB 价的比例应不低于 30%。

（2）直接运输规则

① 香港 CEPA

从香港直接运输至内地口岸，中途不得经过第三方关境。

② 澳门 CEPA

从澳门货物直接运输至内地口岸。货物经香港运输的，同时符合下列条件的，应当视为"直接运输"：

A. 基于地理原因或运输需要；

B. 未进入香港进行贸易或消费；

C. 除装卸或保持货物处于良好状态所需的工作外，在香港未进行任何其他加工。

（3）原产地证书

香港 CEPA 原产地证书签发机构包括香港工贸署、香港总商会、香港印度商会、香港工业总会、香港中华厂商联合会、香港中华总商会 6 家机构。澳门 CEPA 原产地证书签发机构为澳门经济局。

为确保内地与香港 CEPA、内地与澳门 CEPA 项下原产地规则有效实施，双方采取联网核查方式对零税率进口货物进行管理。

原产地证书应同时符合下列条件：原产地证书具有唯一的编号，一份原产地证书只能对应同一批次输入内地的货物，列明指定的单一到货口岸，商品编码按照 8 位数级税号填写，计量单位按照实际成交计量单位填写，不许涂改及叠印，商定格式中文填写。

原产地证书有效期为签发之日起 120 天。

（4）通关管理措施

① 单证提交

货物申报进口时，进口货物收货人或其代理人应当按照海关的申报规定填制"中华人民共和国海关进口货物报关单"，申明适用零关税，并提交由授权签证机构签发的有效原产地证书正本。

如果是澳门 CEPA 项下原产于澳门的受惠商品，且经过香港转运至内地口岸的，除上述单证之外，进口货物收货人还应当按照上述"（一）优惠原产地管理规定的主要内容"中"5. 申报及审核要求"描述提供符合直接运输规则的相关文件。

原产地证书经海关联网核查无误的，按照零关税办理货物进口手续。经海关核对确认无效的，不适用协定关税。

② 原产地验核

与《亚太贸易协定》规定基本一致。

4. 对台湾农产品零关税优惠措施

为积极支持和促进新形势下两岸经济发展，推动两岸农业合作与互补，经国务院批准，自 2005 年 8 月 1 日起，大陆对原产于台湾地区的农产品实施零关税。截至 2017 年 7 月，上述实行零关税的农产品共涉及 73 个税则号列。

（1）原产地标准

实行完全获得标准：

① 水果和蔬菜的原产地标准为在台湾地区完全获得，即在台湾地区收获、采摘、或采集。

② 水产品的原产地标准为在台湾地区完全获得，即在台湾地区养殖或者由台湾籍渔船在远洋、近海捕捞。

（2）直接运输规则

享受零关税的台湾原产农产品，应符合以下运输要求：

① 直接从台湾本岛、澎湖、金门、马祖运输到大陆关境口岸；

② 经香港、澳门或日本石垣岛转运到大陆关境口岸。

经过上述地点转运的，在进口申报时须向海关提交在台湾地区签发的并以台湾地区为起运地的运输单证。

（3）原产地证书

进口原产地证书应由经海关总署认可的台湾地区有关机构和民间组织签发。

进口货物收货人或其代理人向海关提交的原产地证书应当符合下列条件：由经认可的相关机构和民间组织签发，所列一项或多项货物应当为同一批次进口货物。

（4）通关管理措施

① 单证提交

货物申报进口时，进口货物收货人或其代理人应当按照海关的申报规定填制"中华人民共和国海关进口货物报关单"，申明适用零税率，并提交下列单证：

A. 由授权签证机构签发的有效原产地证书正本；

B. 货物的商业发票正本、装箱单及其相关运输单证。

货物经过其他国家或者地区运输至我国境内的，进口货物收货人应当按照上述"（一）优惠原产地管理规定的主要内容"中"5. 申报及审核要求"描述提供符合直接运输规则的相关文件。

每批货物经海关依法审定的完税价格不超过 600 美元的，进口货物收货人或其代理人可免予提交原产地证书。对上述货物，进口货物收货人或其代理人应当同时提交原产地声明，原产地声明所列的一项或者多项货物应为同一批次的进口货物，且仅对应一份"进口货物报关单"。

② 具保放行

台湾原产的农产品进口时，进口人申明享受零关税，但未能提交符合规定的原产地证书的，海关可先收取保证金放行货物，并要求进口人在保证期限内补交符合规定的原产地证书。逾期未提交的，海关按照最惠国税率照章征税。

5. 《中国—巴基斯坦自由贸易协定》

2006 年 11 月，《中国—巴基斯坦自由贸易协定》签订，自 2007 年 7 月 1 日正式实施。

（1）原产地标准

① 完全获得标准

与世界海关组织《京都公约》规定的完全获得标准基本一致。

② 实质性改变标准

非完全获得或者生产的货物，其生产过程中使用的非原产的材料、零件或者产品的总价格不超过该货物船上交货价格（FOB）的 60%。

（2）直接运输规则

该协议项下的"直接运输"是指进口货物从出口方至我国未经第三方境内。如运输途中经过其他国家或者地区运输至我国，不论在运输中是否转换运输工具或者作临时储存，同时符合下列条件的，应当视为"直接运输"：

① 该货物经过这些国家或者地区仅是由于地理原因或者运输需要；

② 未进入这些国家或者地区进行贸易或者消费；

③ 该货物经过这些国家或者地区时，未作除装卸或者为使货物保持良好状态的处理外，货物未经任何其他加工。

（3）原产地证书

进口原产地证书应由出口国政府指定机构签发。

进口货物收货人或其代理人向海关提交的原产地证书应当同时符合下列条件：由巴方指定签证机构签发；符合双方商定格式，以英文填制；原产地证书签证机构印章、签证人员签名，与巴方通知中国海关的签证机构印章、签证人员签名样本相符；不得涂改和叠印。

该协议项下进口货物原产地证书应当在货物出口前、出口时或货物实际出口后 15 日内签发；因不可抗力未能在出口前、出口时或出口后 15 日内签发的，可在货物装运之日起 1 年内补发，但要注明"补发"字样。除不可抗力外，中巴自贸协定项下原产地证书应当自签发之日起 6 个月之内向我国海关提交。若货物经过一个或者多个中国和巴基斯坦之外的国家或者地区运输的，其原产地证书提交期限延长至 8 个月。

（4）通关管理措施

① 单证提交

货物申报进口时，进口货物收货人或其代理人应当按照海关的申报规定填制"中华人民共和国海关进口货物报关单"，申明适用中国—巴基斯坦自贸区协定税率，并提交下列单证：

A. 由指定签证机构签发的有效原产地证书正本。

B. 货物的商业发票正本、装箱单及其相关运输单证。货物经过其他国家或者地区运输至我国境内的，进口货物收货人应当按照上述"（一）优惠原产地管理规定的主要内容"中"5. 申报及审核要求"描述提供符合直接运输规则的相关文件。

原产于巴基斯坦的进口货物，每批船上交货价格（FOB）不超过 200 美元的，免于提交原产地证书。进口货物收货人应当同时按照有关要求就进口货物具备原产资格进行书面声明。

② 补充申报、拒绝给惠、原产地验核

与《亚太贸易协定》规定基本一致。

6. 《中国—智利自由贸易协定》

2005 年 11 月，我国与智利政府签订《中国—智利自由贸易协定》，自 2006 年 10 月 1 日起正式实施，这是我国与拉美国家签署的第一个自由贸易协定。

（1）原产地标准

① 完全获得标准

与世界海关组织《京都公约》规定的完全获得标准基本一致。

② 实质性改变标准

除产品特定规则清单列明货物外，非完全获得或者生产的货物，其生产过程中使用的非原产的材料、零件或者产品的总价格不超过该货物船上交货价格（FOB）的 60%，即区域价值成分不得少于 40%。产品特定规则清单列明的货物符合相应"章改变标准""4 位级税号改变标准""区域价格成分不少于 50% 标准"的，原产国为智利。

（2）直接运输规则

该协议项下的"直接运输"是指进口货物从出口方至我国未经第三方境内。如运输途中经过其他国家或者地区运输至我国，不论在运输中是否转换运输工具或者作临时储存，同时符合下列条件的，应当视为"直接运输"：

① 由于地理原因或者运输需要；

② 该货物在经过其他国家或者地区时，未作除装卸和为使货物保持良好状态或者运输所必须处理以外的其他处理；

③ 未进入该国家或者地区进行贸易或者消费。

不论该货物是否换装运输工具，其进入所经过的其他国家或者地区停留时间最长不得超过 3 个月。

（3）原产地证书

原产地证书应由出口国政府指定机构签发。

进口货物收货人或其代理人向海关提交的原产地证书应当同时符合下列条件：由智利政府指定签证机构签发；符合双方商定格式，以英文填制，并且加盖有"正本（ORIGINAL）"字样的印章；所列的一项或者多项货物应为同一批次的进口货物；一份原产地证书应仅对应一份"进口货物报关单"。

该协议项下进口货物原产地证书应当在货物出口前或出口后 30 天内签发。原产地证书自出口方签发之日起 1 年内有效。

（4）通关管理措施

① 提交单证

货物申报进口时，进口货物收货人或其代理人应当按照海关的申报规定填制"中华人民共和国海关进口货物报关单"，申明适用中国—智利自贸区协定税率，并提交下列单证：

A. 由指定签证机构签发的有效原产地证书正本；

B. 在智利境内签发的提单；

C. 货物的商业发票正本。

货物经过其他国家或者地区运输至我国境内的，进口货物收货人应当按照上述"（一）优惠原产地管理规定的主要内容"中"5. 申报及审核要求"描述提供符合直接运输规则的相关文件。

原产于智利的进口货物，每批船上交货价格（FOB）不超过 600 美元的，免于提交原产地证书。进口货物收货人应当同时按照有关要求就进口货物具备原产资格进行书面声明。

② 补充申报、拒绝给惠、原产地验核

与《亚太贸易协定》规定基本一致。

7.《中国—新西兰自由贸易协定》

2007年12月,《中国—新西兰自由贸易协定》签订,自2008年10月1日起正式实施,这是我国与发达国家签署的第一个自由贸易协定。

(1)原产地标准

① 完全获得标准

与世界海关组织《京都公约》规定的完全获得标准基本一致。

② 实质性改变标准

以全税则为基础对税则中的各项商品逐一制定原产地标准。原产地标准包括税则归类改变标准及区域价值成分标准、加工工序标准等。

(2)直接运输规则

该协议项下的"直接运输"是指进口货物从出口方至我国未经第三方境内。如运输途中经过其他国家或者地区运输至我国,不论在运输中是否转换运输工具或者作临时储存,同时符合下列条件的,应当视为"直接运输":

① 货物在第三方境内未进入贸易或消费领域;

② 未作除装卸或者其他为使货物保持良好状态所必须处理以外的其他处理。

相关货物在第三方境内停留时间最长不超过6个月。

(3)原产地证书

原产地证书应由出口国授权机构签发。

进口货物收货人或其代理人向海关提交的原产地证书应当同时符合下列条件:由新西兰政府授权的3家机构签发,并加盖"正本"字样印章;符合双方商定格式,以英文填制;原产地证书签证机构印章、签证人员签名,与新西兰通知中国海关的签证机构印章、签证人员签名样本相符;具有不重复的原产地证书编号;所列一项或多项货物应当为同一批次进口货物;注明确定货物具有原产资格的依据。

该协议项下进口货物原产地证书自出口方签发之日起1年内有效。

(4)通关管理措施

① 单证提交

货物申报进口时,进口货物收货人或其代理人应当按照海关的申报规定填制"中华人民共和国海关进口货物报关单",申明适用中国—新西兰自贸区协定税率,并提交下列单证:

A. 由授权签证机构签发的有效原产地证书正本。为进一步促进《中新(西兰)自由贸易协定》项下进出口货物通关便利,"中新(西兰)贸易协定项下原产地电子信息交换系统"已上线运行。货物进口申报环节,如果海关已收到有关原产地证书电子信息,且与进口人申报内容一致,海关不再要求进口人提交原产地证书正本。海关认为有必要时,进口人应当补充提交相关原产地证书正本。

B. 货物的商业发票正本、装箱单及其相关运输单证。货物经过其他国家或者地区运输至我国境内的,进口货物收货人应当按照上述"(一)优惠原产地管理规定的主要内容"中"5. 申报及审核要求"描述提供符合直接运输规则的相关文件。

原产于新西兰的进口货物，每批经海关审定的货物完税价格不超过 1 000 美元的，免于提交原产地证书。进口货物收货人应当同时按照有关要求就进口货物具备原产资格进行书面声明。

② 补充申报、拒绝给惠、原产地验核

与《亚太贸易协定》规定基本一致。

8.《中国—新加坡自由贸易协定》

2008 年 10 月，《中国—新加坡自由贸易协定》签订，自 2009 年 1 月 1 日起正式实施。

（1）原产地标准

① 完全获得标准

与世界海关组织《京都公约》规定的完全获得标准基本一致。

② 实质性改变标准

除列入产品特定原产地规则清单货物外，其他非完全获得或者生产的货物，其生产过程中使用的非原产的材料、零件或者产品的总价格不超过该货物船上交货价格（FOB）的 60%。

对于列入产品特定原产地规则清单货物，适用《中国—新加坡自由贸易协定》项下产品特定原产地规则。

（2）直接运输规则

该协议项下的"直接运输"是指进口货物从出口方至我国未经第三方境内。如运输途中经过其他国家或者地区运输至我国，不论在运输中是否转换运输工具或者作临时储存，同时符合下列条件的，应当视为"直接运输"：

① 货物在第三方境内未进入贸易或消费领域；

② 未作除装卸或任何其他为使货物保持良好状态必须处理以外的其他处理；

③ 经过这些国家或者地区仅是由于地理原因或者运输需要。

相关货物在第三方境内停留时间最长不超过 3 个月。

（3）原产地证书

原产地证书应由新加坡授权机构签发。

进口货物收货人或其代理人向海关提交的原产地证书应当同时符合下列条件：由新加坡授权机构签发；符合双方商定格式，以英文填制；原产地证书签证机构印章，与新加坡通知中国海关的签证机构印章样本相符；所列一项或多项货物应当为同一批次进口货物。

该协议项下进口货物原产地证书自出口方签发之日起 1 年内有效。

（4）通关管理措施

① 单证提交

货物申报进口时，进口货物收货人或其代理人应当按照海关的申报规定填制"中华人民共和国海关进口货物报关单"，申明适用中国—新加坡自由贸易协定税率，并提交下列单证：

A. 由授权签证机构在货物出口前、出口时或者在货物装运后 3 天内签发的有效原产地证书正本。

B. 货物的商业发票正本、装箱单及其相关运输单证。货物经过其他国家或者地区运输至我国境内的，进口货物收货人应当按照上述"（一）优惠原产地管理规定的主要内容"中"5. 申报及审核要求"描述提供符合直接运输规则的相关文件。

原产于新加坡的进口货物，每批货物出口价格（FOB）不超过 600 美元的，免于提交原产地证书。进口货物收货人应当同时按照有关要求就进口货物具备原产资格进行书面声明。

② 补充申报、拒绝给惠、原产地验核

与《亚太贸易协定》规定基本一致。

9.《中国—秘鲁自由贸易协定》

2009 年 4 月，《中国—秘鲁自由贸易协定》签订，自 2010 年 3 月 1 日起正式实施，是我国与拉美国家签署的第二个自由贸易协定，也是我国与拉美国家签署的首个一揽子自由贸易协定。

（1）原产地标准

① 完全获得标准

与世界海关组织《京都公约》规定的完全获得标准基本一致。

② 实质性改变标准

以全税则为基础对税则中的各项商品逐一制定原产地标准。原产地标准包括税则归类改变标准及区域价值成分标准、加工工序标准等。

（2）直接运输规则

该协议项下的"直接运输"是指进口货物从出口方至我国未经第三方境内。如运输途中经过其他国家或者地区运输至我国，不论在运输中是否转换运输工具或者作临时储存，同时符合下列条件的，应当视为"直接运输"：

① 货物在第三方境内未进入贸易或消费领域；

② 该货物在经过这些国家或者地区时，未作除装卸、重新包装或者其他为使货物保持良好状态所必须处理以外的其他处理。

相关产品在第三方境内停留时间最长不超过 3 个月。

（3）原产地证书

原产地证书应由出口国授权机构签发。

进口货物收货人或其代理人向海关提交的原产地证书应当同时符合下列条件：由秘鲁政府授权机构在出口前或出口时签发；符合双方商定格式，以英文填制；原产地证书签证机构印章与秘鲁通知中国海关的签证机构印章样本相符；所列的一项或者多项货物为同一批次的进口货物；仅有一份正本，具有不重复的原产地证书编号；注明确定货物具有原产资格的依据。

原产地证书自出口方签发之日起 1 年内有效。

（4）通关管理措施

① 单证提交

货物申报进口时，进口货物收货人或其代理人应当按照海关的申报规定填制"中华人民共和国海关进口货物报关单"，申明适用中国—秘鲁自贸区协定税率，并提交下列单证：

A. 由授权签证机构签发的有效原产地证书正本。

B. 货物的商业发票正本、装箱单及其相关运输单证。货物经过其他国家或者地区运输至我国境内的，进口货物收货人应当按照上述"（一）优惠原产地管理规定的主要内容"中"5. 申报及审核要求"描述提供符合直接运输规则的相关文件。

原产于秘鲁的进口货物，每批经海关审定的货物完税价格不超过 600 美元的，免于提交原产地证书。进口货物收货人应当同时按照有关要求就进口货物具备原产资格进行书面声明。

② 补充申报、拒绝给惠、原产地验核

与《亚太贸易协定》规定基本一致。

10. 对最不发达国家特别关税优惠措施

2003 年，我国首次宣布向老挝、柬埔寨、缅甸三国的部分产品提供特惠关税待遇。截至 2017 年 7 月，可以享受对华贸易特别关税待遇的最不发达国家达到 41 个。目前，我国面向最不发达国家实施的特别关税优惠措施已接近发达国家特惠制的水平。

（1）原产地标准

① 完全获得标准

与世界海关组织《京都公约》规定的完全获得标准基本一致。

② 实质性改变标准

根据产品不同采用税则归类改变标准或者从价百分比标准。税则归类改变标准是指非原产材料在该受惠国境内加工生产后，所得产品在《协调制度》中 4 位数级税则归类发生了变化。从价百分比标准是指在受惠国对非该国原产材料进行制造、加工后的增值部分不小于所得货物出口价格的 40%。

（2）直接运输规则

"直接运输"是指进口货物从出口方至我国未经第三方境内。如运输途中经过其他国家或者地区运输至我国，不论在运输中是否转换运输工具或者作临时储存，同时符合下列条件的，应当视为"直接运输"：

① 未进入这些国家或者地区进行贸易或者消费；

② 该货物经过这些国家或者地区时，未作除装卸和为使货物保持良好状态或者运输所必须处理以外的其他处理；

③ 处于该国家或者地区海关的监管之下。

相关货物在第三方停留时间最长不超过 3 个月。

（3）原产地证书

进口原产地证书应由受惠国政府授权机构签发。

进口货物收货人或其代理人向海关提交的原产地证书应当同时符合下列条件：由出口受惠国政府指定的原产地证书签发机构在货物出口时或者出口后 5 日内签发；符合约定格式，以英文填制；符合与受惠国通知中国海关的印章样本相符等安全要求；具有出口受惠国海关加盖的印章；所列的一项或者多项货物为同一批次的进口货物；具有不重复的原产地证书编号；注明确定货物具有原产资格的依据；证书在有效期内。

该协议项下进口货物原产地证书自出口方签发之日起 1 年内有效。

（4）通关管理措施

① 单证提交

货物申报进口时，进口货物收货人或其代理人应当按照海关的申报规定填制"中华人民共和国海关进口货物报关单"，申明适用特惠税率，并提交下列单证：

A. 由授权签证机构签发的有效原产地证书正本及第二副本；

B. 货物的商业发票正本及货物运输单证。

货物从受惠国直接运输至我国境内，进口货物收货人或者其代理人应当提交在出口受惠国签发的运输单证。

货物经过其他国家或者地区运输至我国境内，进口货物收货人应当按照上述"（一）优惠原产地管理规定的主要内容"中"5. 申报及审核要求"描述提供符合直接运输规则的相关文件。

受惠国为内陆国家，因运输原因货物必须从其他国家起运的，进口货物收货人或者其代理人可以提交国际联运始发的其他国家或者地区签发的联运提单、由出口受惠国运输至签发联运提单的国家或者地区的运输单证及证明符合"直接运输"要求的证明文件。在其他国家或者地区作临时储存的，进口货物收货人或者其代理人应当提交货物全程运输单证，以及临时储存货物的国家或者地区海关出具的证明文件。

相关货物进入其他国家或者地区停留时间最长不得超过 3 个月。

② 补充申报、拒绝给惠、原产地验核

与《亚太贸易协定》规定基本一致。

11. 《海峡两岸经济合作框架协议》

2010 年 6 月 29 日，我国大陆与台湾签署了《海峡两岸经济合作框架协议》。其内容基本涵盖了两岸间的主要经济活动，是一个综合性的、具有两岸特色的经济协议。

（1）原产地标准

① 完全获得标准

与世界海关组织《京都公约》规定的完全获得标准基本一致。

② 实质性改变标准

采用税则归类改变标准及区域价值成分标准、加工工序标准。具体产品原产地标准与税目逐一对应，并根据每一税目具体规定。

（2）直接运输规则

该协议项下的"直接运输"是指进口货物从台湾直接运至大陆，途中未经过大陆、台湾以外的第三方。如运输途中经过其他国家或者地区运输至我国，不论在运输中是否转换运输工具或者作临时储存，同时符合下列条件的，应当视为"直接运输"：

① 由于地理原因或者运输需要；

② 货物在该第三方未进行贸易或者消费；

③ 除装卸、重新包装或者使货物保持良好状态或者运输所必须处理外，货物在该第三方未经其他处理；

④ 该货物在第三方临时储存时，处于该国家或者地区海关的监管之下。

货物在第三方停留时间最长不超过 60 天。

（3）原产地证书

原产地证书应由台湾授权机构签发。

进口货物收货人或其代理人向海关提交的原产地证书应当同时符合下列条件：由签证机构在货物申报出口前签发；在有效期内；符合规定格式正确填制、署名和签章；仅有一份正本并且具有单一证书编号；所列的货物为同一批次的进口货物，项数不超过 20 项；一份进口报关单所列货物对应一份原产地证书。

该协议项下进口货物原产地证书自出口方签发之日起1年内有效。

（4）通关管理措施

① 单证提交

货物申报进口时，进口货物收货人或其代理人应当按照海关的申报规定填制"中华人民共和国海关进口货物报关单"，申明适用协定税率，并提交下列单证：

A. 由台湾签证机构签发的有效原产地证书；

B. 货物的商业发票正本、装箱单及其相关运输单证。

货物经过其他国家或者地区运输至我国境内，进口货物收货人应当按照上述"（一）优惠原产地管理规定的主要内容"中"5. 申报及审核要求"描述提供符合直接运输规则的相关文件。

相关货物进入第三方停留时间最长不得超过60天。

② 补充申报、拒绝给惠、原产地验核

与《亚太贸易协定》规定基本一致。

12. 《中国—哥斯达黎加自由贸易协定》

2010年4月，《中国—哥斯达黎加自由贸易协定》签订，自2011年8月1日起正式实施。

（1）原产地标准

① 完全获得标准

与世界海关组织《京都公约》规定的完全获得标准基本一致。

② 实质性改变标准

采用税则归类改变标准及区域价值成分、制造加工工序标准。具体产品原产地标准与税目逐一对应，并根据每一税目具体规定，增值比例也根据具体产品而有所变化。

（2）直接运输规则

该协议项下的"直接运输"是指进口货物从出口方至我国未经第三方境内。如运输途中经过其他国家或者地区运输至我国，不论在运输中是否转换运输工具或者作临时储存，同时符合下列条件的，应当视为"直接运输"：

① 该货物经过这些国家或者地区仅是由于地理原因或者运输需要；

② 未进入这些国家或者地区进行贸易或者消费；

③ 该货物经过这些国家或者地区时，未作除装卸、重新包装或者其他为使货物保持良好状态所必须处理以外的其他处理；

④ 处于这些国家或地区海关监管之下。

相关产品在第三方境内停留时间最长不超过3个月。

（3）原产地证书

原产地证书应由哥斯达黎加政府授权机构签发。

进口货物收货人或其代理人向海关提交的原产地证书应当同时符合下列条件：由哥斯达黎加授权机构在出口前或出口时签发；符合双方商定格式，以英文填制；原产地证书签证机构印章，与哥斯达黎加通知中国海关的签证机构印章样本相符；所列一项或多项货物应当为同一批次进口货物；仅有一份正本且具有不重复的原产地证书编号；注明确定货物具有原产资格的依据。

该协议项下进口货物原产地证书自出口方签发之日起1年内有效。

（4）通关管理措施

① 单证提交

货物申报进口时，进口货物收货人或其代理人应当按照海关的申报规定填制"中华人民共和国海关进口货物报关单"，申明适用《中国—哥斯达黎加自由贸易协定》税率，并提交下列单证：

A. 由授权签证机构签发的有效原产地证书正本。

B. 货物的商业发票正本、装箱单及其相关运输单证。货物经过其他国家或者地区运输至我国境内的，进口货物收货人应当按照上述"（一）优惠原产地管理规定的主要内容"中"5. 申报及审核要求"描述提供符合直接运输规则的相关文件。

原产于哥斯达黎加的进口货物，每批货物海关审定完税价格不超过600美元的，免于提交原产地证书。进口货物收货人应当同时按照有关要求就进口货物具备原产资格进行书面声明。

② 补充申报、拒绝给惠、原产地验核

与《亚太贸易协定》规定基本一致。

13.《中国—冰岛自由贸易协定》

2013年4月15日，《中国—冰岛自由贸易协定》签订，自2014年7月1日起正式实施。

（1）原产地标准

① 完全获得标准

与世界海关组织《京都公约》规定的完全获得标准基本一致。

② 实质性改变标准

采用税则归类改变标准及区域价值成分、制造加工工序标准。具体产品原产地标准与税目逐一对应，并根据每一税目具体规定，增值比例也根据具体产品而有所变化。

（2）直接运输规则

该协议项下的"直接运输"是指进口货物从出口方至我国未经第三方境内。如运输途中经过其他国家或者地区运输至我国，不论在运输中是否转换运输工具或者作临时储存，同时符合下列条件的，应当视为"直接运输"：

① 货物经过这些国家或者地区仅是由于地理原因或者运输需要；

② 未进入这些国家或者地区进行贸易或者消费；

③ 货物经过这些国家或者地区时，未作除装卸、物流分拆或者为使货物保持良好状态所必须处理以外的其他处理；

④ 处于这些国家或地区海关监管之下。

（3）原产地证书

原产地证书应由冰岛授权机构签发。

进口货物收货人或其代理人向海关提交的原产地证书应当同时符合下列条件：具有唯一的证书编号；列明同一批进口货物的一项或者多项货物；注明货物具有原产资格的依据；具有冰岛通知中国海关的签名或者印章样本等安全特征；以英文打印填制。

产地证书应在货物出口前或者出口时签发，并自签发之日起1年内有效。

（4）原产地声明

由冰岛的经核准出口商填具，并载有冰岛通知中国海关的该企业所使用的印章；标注填具原产地声明的经核准出口商授权号码；所列明的货物符合《中国—冰岛自由贸易协定》原产地规则；原产地声明应于货物进口前填具。

原产地声明应自填具之日起 1 年内有效。

（5）通关管理措施

① 单证提交

货物申报进口时，进口货物收货人或其代理人应当按照海关的申报规定填制"中华人民共和国海关进口货物报关单"，申明适用《中国—冰岛自由贸易协定》税率，并同时提交下列单证：

A. 由冰岛授权机构签发的有效原产地证书正本或者冰岛经核准出口商填具的原产地声明正本。

B. 货物的商业发票及其相关运输单证。货物经过其他国家或者地区运输至我国境内的，进口货物收货人应当按照上述"（一）优惠原产地管理规定的主要内容"中"5. 申报及审核要求"描述提供符合直接运输规则的相关文件。

原产于冰岛的进口货物，经海关依法审定的完税价格不超过 600 美元的，免予提交原产地证书或者原产地声明。为规避本规定，一次或者多次进口货物的，不适用本规定。

② 补充申报、拒绝给惠、原产地验核

与《亚太贸易协定》规定基本一致。

14.《中国—瑞士自由贸易协定》

2013 年 7 月 6 日，《中国—瑞士自由贸易协定》签订，自 2014 年 7 月 1 日起正式实施。

（1）原产地标准

① 完全获得标准

与世界海关组织《京都公约》规定的完全获得标准基本一致。

② 实质性改变标准

采用税则归类改变标准及非原产材料价值百分比、制造加工工序标准。具体产品原产地标准与税目逐一对应，并根据每一税目具体规定，增值比例也根据具体产品而有所变化。

（2）直接运输规则

该协议项下的"直接运输"是指进口货物自瑞士关境直接运输至我国境内，途中未经过中国、瑞士关境以外的其他国家或者地区。除通过管道运输至我国的瑞士原产货物外，原产于瑞士关境的其他货物经其他国家或者地区运输至我国，同时符合下列条件的，应当视为"直接运输"：

① 未作除装卸、物流拆分或者为使货物保持良好状态所必须处理以外的操作；

② 处于其他国家或者地区海关的监管之下。

（3）原产地证书

进口货物收货人或其代理人向海关提交的原产地证书应当同时符合下列条件：由瑞士授权机构在货物出口前或者出口时签发；含有瑞士通知中国海关的印章样本等安全特征；以英文填制；自签发之日起 12 个月内有效。

（4）原产地声明

原产地声明应当由瑞士经核准出口商打印、加盖或者印刷在发票或者装箱单等商业单证上，并且同时符合下列条件：包含瑞士经核准出口商的注册号码和原产地声明序列号；自商业单证开具之日起 12 个月内有效。

（5）通关管理措施

① 单证提交

货物申报进口时，进口货物收货人或其代理人应当按照海关的申报规定填制"中华人民共和国海关进口货物报关单"，申明适用《中国—瑞士自由贸易协定》税率，并同时提交下列单证：

A. 由瑞士关境授权机构签发的有效原产地证书正本或者经核准出口商出具的原产地声明；

B. 货物商业发票、运输单证。货物经过其他国家或者地区运输至我国境内的，进口货物收货人应当按照上述"（一）优惠原产地管理规定的主要内容"中"5. 申报及审核要求"描述提供符合直接运输规则的相关文件。原产于瑞士关境的货物通过管道经过其他国家或者地区运输至我国境内的，应当提交相关证明文件。

原产于瑞士关境的同一批次进口货物，经海关依法审定的完税价格不超过 600 美元的，免予提交原产地证书或者原产地声明。为规避本规定，一次或者多次进口货物的，不适用本规定。

② 补充申报、拒绝给惠、原产地验核

与《亚太贸易协定》规定基本一致。

15. 《中国—澳大利亚自由贸易协定》

2015 年 6 月 17 日，《中国—澳大利亚自由贸易协定》签订，自 2015 年 12 月 20 日起正式实施。

（1）原产地标准

① 完全获得标准

与世界海关组织《京都公约》规定的完全获得标准基本一致。

② 实质性改变标准

采用税则归类改变标准及区域价值成分、制造加工工序标准。具体产品原产地标准与税目逐一对应，并根据每一税目具体规定，增值比例也根据具体产品而有所变化。

（2）直接运输规则

该协议项下的"直接运输"是指进口货物从出口方至我国未经第三方境内。如运输途中经过其他国家或者地区运输至我国，不论在运输中是否转换运输工具或者作临时储存，同时符合下列条件的，应当视为"直接运输"：

① 货物经过这些国家或者地区时，未作除装卸、物流拆分或者为使货物保持良好状态所必须处理以外的其他处理；

② 在其他国家或地区进行临时存储的，在这些国家或地区停留时间不得超过 12 个月；

③ 处于这些国家或地区海关监管之下。

（3）原产地证书

原产地证书应由澳大利亚授权机构签发。

进口货物收发货人或者其代理人提交的原产地证书应当同时符合下列条件：原产地证书应当由澳大利亚授权机构在货物出口前或者出口时签发；具有澳大利亚通知中国海关的印章样本等安全特征；以英文填制；自签发之日起 12 个月内有效。原产地证书未能在出口前或者出口时签发的，可以在货物装运之日起 12 个月内补发。补发的原产地证书应当注明"补发"字样，其有效期为货物装运之日起 12 个月。

（4）通关管理措施

① 单证提交

货物申报进口时，进口货物收货人或其代理人应当按照海关的申报规定填制"中华人民共和国海关进口货物报关单"，申明适用《中国—澳大利亚自由贸易协定》税率，并提交下列单证：

A. 由授权签证机构签发的有效原产地证书正本。

B. 货物的商业发票正本、装箱单及其相关运输单证。货物经过其他国家或者地区运输至我国境内的，进口货物收货人应当按照上述"（一）优惠原产地管理规定的主要内容"中"5. 申报及审核要求"描述提供符合直接运输规则的相关文件。

原产于澳大利亚的进口货物，同一批次进口货物海关审定完税价格不超过 6 000 元人民币的，免于提交原产地证书或者原产地声明。一次或者多次进口货物的，不适用前款规定。

② 补充申报、拒绝给惠、原产地验核

与《亚太贸易协定》规定基本一致。

16. 《中国—韩国自由贸易协定》

2015 年 6 月 1 日，《中国—韩国自由贸易协定》签订，自 2015 年 12 月 20 日起正式实施。

（1）原产地标准

① 完全获得标准

与世界海关组织《京都公约》规定的完全获得标准基本一致。

② 实质性改变标准

采用税则归类改变标准及区域价值成分、制造加工工序标准。具体产品原产地标准与税目逐一对应，并根据每一税目具体规定，增值比例也根据具体产品而有所变化。

（2）直接运输规则

该协议项下的"直接运输"是指进口货物从出口方至我国未经第三方境内。如运输途中经过其他国家或者地区运输至我国，不论在运输中是否转换运输工具或者作临时储存，同时符合下列条件的，应当视为"直接运输"：

① 货物经过这些国家或者地区仅仅是由于地理原因或者运输需要；

② 未进入这些国家或者地区进行贸易或者消费；

③ 货物经过这些国家或者地区时，未作除装卸、物流拆分或者为使货物保持良好状态所必须处理以外的其他处理；

④ 在其他国家或地区进行临时存储的，货物存储期间必须处于其他国家或者地区海关监管之下。货物在其他国家或者地区停留时间应当少于 3 个月。由于不可抗力导致货物停留时间超过 3 个月的，其停留时间不得超过 6 个月。

（3）原产地证书

原产地证书应由韩国授权机构签发。

进口货物收发货人或者其代理人提交的原产地证书应当同时符合下列条件：原产地证书应当由韩国授权机构在货物装运前、装运时或者装运后 7 个工作日内签发；具有签名以及印章等安全特征，并且印章应当与韩国通知中国海关的印章样本相符合；以英文填制；具有不重复的证书编号；注明货物具备原产地资格的依据；自签发之日起12个月内有效。

原产地证书未能在货物装运前、装运时或者转运后7个工作日内签发的，原产地证书可以在货物装船之日起12个月内补发。补发的原产地证书应当注明"补发"字样。

（4）通关管理措施

① 单证提交

货物申报进口时，进口货物收货人或其代理人应当按照海关的申报规定填制"中华人民共和国海关进口货物报关单"，申明适用《中国—韩国自由贸易协定》税率，并提交下列单证：

A. 由授权签证机构签发的有效原产地证书正本。为进一步促进《中国—韩国自由贸易协定》项下进出口货物通关便利，"中韩自贸协定原产地电子信息交换系统"已上线运行。货物进口申报环节，如果海关已收到有关原产地证书电子信息，且与进口人申报内容一致，海关不再要求进口人提交原产地证书正本。海关认为有必要时，进口人应当补充提交相关原产地证书正本。

B. 货物的商业发票正本、装箱单及其相关运输单证。货物经过其他国家或者地区运输至我国境内的，进口货物收货人应当按照上述"（一）优惠原产地管理规定的主要内容"中"5. 申报及审核要求"描述提供符合直接运输规则的相关文件。

原产于韩国的进口货物，同一批次进口货物海关审定完税价格不超过700美元的，免于提交原产地证书。一次或者多次进口货物的，不适用前款规定。

② 补充申报、拒绝给惠、原产地验核

与《亚太贸易协定》规定基本一致。

我国目前实施的各个优惠贸易协定 "实质性改变"标准的基本判定标准比较表

相关协定	"实质性改变"标准的基本判定标准
《亚太贸易协定》	大于45%区域价值成分
《中国—东盟自由贸易协定》	不小于40%区域价值成分，并制定部分税号商品的清单列出具体标准（包括税则归类改变标准、加工工序标准与混合标准）
香港/澳门 CEPA	以清单列出具体标准（包括加工或制造工序，4位税号归类改变标准，不小于30%加工增值标准、其他标准或混合标准）
《中国—巴基斯坦自由贸易协定》	不小于40%区域价值成分
《中国—智利自由贸易协定》	不小于40%区域价值成分，并制定部分税号商品的清单列出具体标准（包括税则归类改变标准与50%的区域价值成分标准）
《中国—新西兰自由贸易协定》	以清单列出具体标准（包括税则归类改变标准、区域价值成分标准、加工工序标准与混合标准）

续表

相关协定	"实质性改变"标准的基本判定标准
《中国—新加坡自由贸易协定》	不小于40%区域价值成分，并制定部分税号商品的清单列出具体标准（包括税则归类改变标准、加工工序标准与混合标准）
《中国—秘鲁自由贸易协定》	以清单列出具体标准（包括税则归类改变标准、区域价值成分标准、加工工序标准与混合标准）
对最不发达国家特别关税优惠措施	4位税号归类改变或者不小于40%区域价值成分
《海峡两岸经济合作框架协议》	以清单列出具体标准（包括税则归类改变标准、区域价值成分标准、加工工序标准与混合标准）
《中国—哥斯达黎加自由贸易协定》	以清单列出具体标准（包括税则归类改变标准、区域价值成分标准、加工工序标准与混合标准）
《中国—冰岛自由贸易协定》	以清单列出具体标准（包括税则归类改变标准、区域价值成分标准、加工工序标准与混合标准）
《中国—瑞士自由贸易协定》	以清单列出具体标准（包括税则归类改变标准、区域价值成分标准、加工工序标准与混合标准）
《中国—澳大利亚自由贸易协定》	以清单列出具体标准（包括税则归类改变标准、区域价值成分标准、加工工序标准与混合标准）
《中国—韩国自由贸易协定》	以清单列出具体标准（包括税则归类改变标准、区域价值成分标准、加工工序标准与混合标准）

五、我国非优惠原产地管理

为加强我国原产地的统一管理，国务院颁布了《原产地条例》。条例适用于实施最惠国待遇、反倾销和反补贴、保障措施、原产地标记管理、国别数量限制、关税配额等非优惠性贸易措施，以及进行政府采购、贸易统计等活动对进出口货物原产地的确定。实施优惠贸易措施进出口货物的原产地规则，依照我国缔结或参加的国际条约、协定的有关规定另行制定。依据《原产地条例》，海关总署会商商务部、国家质检总局发布了《关于非优惠原产地规则中实质性改变标准的规定》（以下称《实质性改变标准规定》），与《原产地条例》同时实施。《原产地条例》与《实质性改变标准规定》初步构成了我国非优惠进出口货物原产地管理的法制框架。

（一）原产地认定标准

分完全获得标准和实质性改变标准。

1. 完全获得标准

适用于完全在一个国家（地区）获得的货物。符合以下条件的，视为在一国（地区）"完全获得"，以该国（地区）为原产地：

（1）在该国（地区）出生并饲养的活的动物；

（2）在该国（地区）野外捕捉、捕捞、收集的动物；

（3）从该国（地区）的活的动物获得的未经加工的物品；

（4）在该国（地区）收获的植物和植物产品；

（5）在该国（地区）采掘的矿物；

（6）在该国（地区）获得的上述第（1）～（5）项范围之外的其他天然生成的物品；

（7）在该国（地区）生产过程中产生的只能弃置或者回收用做材料的废碎料；

（8）在该国（地区）收集的不能修复或者修理的物品，或者从该物品中回收的零件或者材料；

（9）由合法悬挂该国旗帜的船舶从其领海以外海域获得的海洋捕捞物和其他物品；

（10）在合法悬挂该国旗帜的加工船上加工上述第（9）项所列物品获得的产品；

（11）从该国领海以外享有专有开采权的海床或者海床底土获得的物品；

（12）在该国（地区）完全从上述第（1）～（11）项所列物品中生产的产品。

在确定货物是否在一个国家（地区）完全获得时，为运输、储存期间保存货物而做的加工或者处理，为货物便于装卸而进行的加工或者处理，为货物销售而进行的包装等加工或者处理等，不予考虑。

2. 实质性改变标准

该实质性改变标准规定适用于非优惠性贸易措施项下两个及以上国家（地区）所参与生产货物原产地的确定，确定时以最后一个对货物进行实质性改变的国家（地区）作为原产地。实质性改变标准以税则归类改变为基本标准，税则归类改变不能反映实质性改变的，以从价百分比、制造或者加工工序等为补充标准。

税则归类改变标准，是指在某一国家（地区）对非该国（地区）原产材料进行制造、加工后，所得货物在《税则》中的 4 位级税目归类发生了改变。

"制造、加工工序"标准，是指在某一国家（地区）进行的赋予制造、加工后所得货物基本特征的主要工序。

从价百分比标准，是指在某一国家（地区）对非该国（地区）原产材料进行制造、加工后的增值部分超过了所得货物的 30%。用公式表示如下：

$$\frac{工厂交货价-非该国（地区）原产材料价值}{工厂交货价}\times100\%\geq30\%$$

这里应注意：上述"工厂交货价"是指支付给制造厂所生产的成品的价格；"非该国（地区）原产材料价值"是指直接用于制造或装配最终产品而进口原料、零部件的价值（含原产地不明的原料、零配件），以其进口的成本、保险费加运费价格（CIF 价）计算。

以上述"制造、加工工序"和"从价百分比"作为标准来判定实质性改变的货物在《实质性改变标准规定》所附的"适用制造或者加工工序及从价百分比标准的货物清单"中具体列明，并按列明的标准判定是否发生实质性改变。对未列入上述清单货物的，其实质性改变的判定，应当适用税则归类改变标准。

"适用制造或者加工工序及从价百分比标准的货物清单"由海关总署会同商务部、国家质检总局根据实施情况修订并公告。

（二）原产地预确定

进口货物进口前，进口货物的收货人或者与进口货物直接相关的其他当事人，在有正当理由的情况下，可以书面申请货物拟进口地直属海关对将要进口货物的原产地作出预确定，申请人应当按照规定向海关提供作出原产地预确定决定所需的资料。

海关应当在收到原产地预确定书面申请及全部必要资料之日起150天内对该进口货物作出原产地预确定决定，并对外公布。已作出原产地预确定决定的货物，自预确定决定做出之日起3年内实际进口时，经海关审核其实际进口的货物与预确定决定所述货物相符，且原产地确定标准未发生变化的，海关不再重新确定该进口货物的原产地；经海关审核其实际进口的货物与预确定决定所述货物不相符的，海关应当重新审核确定该进口货物的原产地。

（三）原产地证书申领

出口货物发货人可以向国家质检总局所属的各地出入境检验检疫机构、中国国际贸易促进会及其地方分会，申请领取出口货物原产地证书。

（四）原产地验核

海关在审核确定进口货物原产地时，可以要求进口货物的收货人提交该进口货物的原产地证书，并予以审验；必要时，可以请求该货物出口国（地区）的有关机构对该货物的原产地进行核查。应出口货物进口国（地区）有关机构的请求，海关、签证机构可以对出口货物的原产地情况进行核查，并及时将核查情况反馈进口国（地区）有关机构。

（五）处罚

违反规定申报进口货物原产地的，依照《对外贸易法》《海关法》《海关行政处罚实施条例》的有关规定进行处罚。提供虚假材料骗取出口货物原产地证书或者伪造、变造、买卖或盗窃出口货物原产地证书的，由出入境检验检疫机构、海关处5 000元以上10万元以下的罚款；骗取、伪造、变造、买卖或者盗窃作为海关放行凭证的出口货物原产地证书的，处货值金额等值以下的罚款，但货值金额低于5 000元的，处5 000元罚款。有违法所得的，由出入境检验检疫机构、海关没收违法所得；构成犯罪的，依法追究刑事责任。

（六）适用非优惠原产地规则的原产地证书

1. 对适用反倾销、反补贴措施的进口商品的要求

（1）进口经营单位申报进口与反倾销、反补贴措施相同的货物时，应向海关提交原产地证书。

（2）对于进口经营单位确实无法提交原产地证书，经海关实际查验不能确定货物原产地的，海关按与该货物相同的被诉产品的最高反倾销、反补贴税率或保证金征收比率征收反倾销、反补贴税或现金保证金。

（3）进口经营单位在反倾销、反补贴保证金或其他临时措施存续期间补交原产地证明或原厂商发票的，海关可以接受，并根据查证核实后的原产地证明或原厂商发票，对征收的保证金或实施的其他临时措施予以调整。

（4）进口经营单位在海关征收反倾销、反补贴税后补交原产地证明或原厂商发票的，海关不予接受，对已征税款不予调整。

2. 对适用保障措施的进口商品的要求

进口企业申报进口涉案产品时，不能提供不适用保障措施的国家（地区）的原产地证书或尚不应加征关税的适用保障措施的国家（地区）的原产地证书，或者海关对其所提供的原产地证书的真实性有怀疑的，如经海关审核有关单证（包括合同、发

票、提运单等）及对货物实际验估能够确定原产地的，应按照相关规定处理；如仍不能确定原产地，且进口企业也不能进一步提供能够证明原产地的其他材料的，应在现行适用的关税税率基础上，按照相应的涉案产品适用的加征关税税率加征关税。

在海关审核认定原产地期间，进口企业可在提供相当于全部税款的保证金担保后，要求先行验放货物。

原产地证书并不是确定货物原产地的唯一标准。若海关通过查验货物或审核单证认为所提供的原产地证书可能不真实，海关可以请求出口国（地区）的有关机构对该货物的原产地进行核查。

第四节　进出口税费征收

一、税费征收方式

税费征收方式是海关确定纳税义务人纳税义务的程序，包括税款征收和税款缴纳两方面。

（一）以海关在货物放行是否对涉税要素进行实质性审核为区分点，可将税费征收方式区分为海关审定制与自报自缴制（自主申报，自行缴税）

海关审定制，即纳税义务人按照法律、行政法规和海关规章关于商品归类、价格和原产地管理的有关规定，如实申报进出口货物的商品名称、税则号列（商品编码）、规格型号、价格、运保费及其他相关费用、原产地、数量等关键申报要素，由海关按照规定对前述涉税信息进行审核，其作业基本特点是先审核后放行。经审核未发现异常的，由申报地海关按照税率及汇率适用的相关规定及关税和进口环节海关代征税计算公式计征应缴税款并出具海关税款专用缴款书，由纳税义务人在规定的时限内缴纳税款。对审核后，海关发现纳税义务人申报的进出口货物税则号列有误的，应当按照商品归类的有关规则和规定予以重新确定；进出口货物价格不符合成交价格条件或者成交价格不能确定的，应当按照审定进出口货物完税价格的有关规定另行估价；进出口货物原产地有误的，应当通过审核纳税义务人提供的原产地证明、对货物进行实际查验或者审核其他相关单证等方法，按照原产地管理的有关规定予以确定。在此过程中发现纳税义务人违反海关规定，涉嫌伪报、瞒报的，移交海关稽查或者缉私部门处理。海关审定制，需要企业先申报涉税要素，再由海关进行商品归类、货物价格、原产地等要素审核，纳税义务人缴税后（部分货物需经查验）货物方予放行。该模式有利于海关在货物放行前核定归类、价格和原产地等关键涉税信息并及时纠正，降低税收及监管风险，但货物放行前逐一对上述要素的审核往往耗时费力，导致货物通关时间较长。该作业方式已经不能适应现代物流及进出口企业生产和经营的需要，需要进行适当的变革。海关审定制是以往海关税费征收方式的主流模式，随着全国通关作业一体化改革不断推进，自2017年7月1日起，企业自报自缴形式的税费征收方式在全国海关得以全面实施。企业自报自缴制，即进出口企业、单位自主向海关申报报关单及随附单证、税费电子数据，并自行缴纳税费的行为，其作业基本特点是先放行后审核。按照海关全面深化改革总体方案，全国海关在2020年前要建成"两中心三制度"。"两中心"即风险防控中心、税收征管中心。"三制度"分别是创新报关审核、改革税收征管方式及创新协同监管制度。按照改革方案，现行的通关作业流程将发生重大改变。改革后进出口企业按照自行确定的涉税要素向海关申报，由海关分析验证货物品名、数量、禁限等准入属性，通过安全准入风险排查后，在企业按照自行申报对应的税款自行缴税或提供有效担保后放行货物。货物放行后，再由海关分析验证货物归类、价格、原产地等税收属性，通过批量抽核与验估、核查、稽查等手段完成货物放行后的税收征管作业。通关作业一体化改革全面实施后，海关税费征收方式正由以往的"海关审定"变为"自报自缴"，由"要我缴税"向"我要缴税"模式转变。改革后，海关的管理模式不再是逐票"审定"企业申报要素是否准确，而是由企业自主按照规则申报归类、价格、原产地等要素，并自行完成应缴税款计算及自行办理税款的支付等作业环节。海关在放行前仅对安全准入风险进行排查，不再对涉税要素进行审核，进出口企业的货物流将不再受海关行政审核的影响，但特殊情况除外①。进出口企业通关成本大大降低，通关时效得以提高。

（二）以海关征税作业程序为区分点，分为申报纳税方式和稽征纳税方式

申报纳税方式，是指海关根据纳税义务人对其进出口货物的申报作出的征税行为，也称申报纳税制。世界各国（地区）海关一般都以申报纳税方式作为征收税款的基本程序。凡未向海关申报，而由海关查获并直接根据进出口事实作出征税决定，该征税程序称为稽征纳税方式或稽征纳税制。

（三）以海关征收税款和纳税义务人纳税的地点为区分点，分为口岸（货运进出地）纳税方式和属地（企业注册地）纳税方式

口岸纳税方式，是指进出口申报行为发生在口岸海关，纳税义务人在口岸海关办理税款缴纳手续。属地纳税方式，是指由口岸海关办理转关或验放手续，而缴纳税款手续由纳税义务人在属地海关完成。

（四）以纳税义务人缴纳税款的支付方式为区分点，分为柜台支付方式、电子支付方式

柜台支付方式，即传统的税款缴纳方式，是指由海关开具专用缴款书后，纳税义务人在指定银行通过柜台缴纳税款。电子支付方式，是目前的主流税费支付方式，通过联网操作，因其便捷、高效等方面优势。

（五）以海关征收和纳税义务人缴纳方式为区分点，分为逐票征税方式、汇总征税方式

逐票征税方式，即海关以纳税义务人纳税申报行为为单元，针对每一次申报应纳税款单独计征。汇总征税方式，是指对符合一定条件的纳税义务人，在一定的时限内多次进出口产生的税款集中进行汇总计征，以满足进出口企业对通关实效的需要。

二、纳税期限及滞纳金

为保证海关作出的征税决定得到执行，保证税款及时入库，必须规定纳税义务人缴纳税款的时间限制，逾期缴纳即构成滞纳。

---

① 涉及公式定价、特案以及尚未实现电子联网的优惠贸易协定项下原产地证书或者原产地声明的报关单，不纳入改革范围。

（一）纳税期限

1. 法定纳税期限

《关税条例》规定："进出口货物的纳税义务人，应当自海关填发税款缴款书之日起15日内向指定银行缴纳税款。"

2. 延期纳税期限

纳税义务人因不可抗力或者国家税收政策调整不能按期缴纳税款的，依法提供税款担保后，可以直接向海关办理延期缴纳税款手续。延期缴纳税款的期限，自货物放行之日起最长不超过6个月。6个月内未缴纳税款的，海关应按照规定征收滞纳金，并在必要时采取税收保全和税收强制措施。

（二）滞纳金

1. 征收目的

征收滞纳金，其目的在于使纳税义务人承担增加的经济制裁责任，促使其尽早履行纳税义务。征收滞纳金并不影响海关采取的其他税收强制措施的执行。

2. 征收范围

按照规定，关税、进口环节增值税、进口环节消费税的纳税义务人或其代理人，应当自海关填发税款缴款书之日起15日内向指定银行缴纳税款，逾期缴纳的，海关依法在原应纳税款的基础上，按日加收滞纳税款万分之五的滞纳金。

根据规定，对逾期缴纳税款应征收滞纳金的，还有以下几种情况：

（1）进出口货物放行后，海关发现因纳税义务人违反规定造成少征或者漏征税款的，可以自缴纳税款或货物放行之日起3年内追征税款，并从缴纳税款或货物放行之日起至海关发现之日止，按日加收少征或者漏征税款万分之五的滞纳金。

（2）因纳税义务人违反规定造成海关监管货物少征或者漏征税款的，海关应当自纳税义务人应缴纳税款之日起3年内追征税款，并自应缴纳税款之日起至海关发现违规行为之日止按日加收少征或者漏征税款万分之五的滞纳金。

这里所述"应缴纳税款之日"是指纳税义务人违反规定的行为发生之日；该行为发生之日不能确定的，应当以海关发现该行为之日作为应缴纳税款之日。

（3）租赁进口货物分期支付租金的，纳税义务人应当在每次支付租金后的15日内向海关申报办理纳税手续，逾期办理申报手续的，海关除了征收税款外，还应当自申报办理纳税手续期限届满之日起至纳税义务人申报纳税之日止，按日加收应缴纳税款万分之五的滞纳金。

租赁进口货物自租期届满之日起30日内，应向海关申请办结海关手续，逾期办理手续的，海关除按照审定进口货物完税价格的有关规定和租期届满后第30日该货物适用的计征汇率、税率，审核确定其完税价格、计征应缴纳的税款外，还应当自租赁期限届满后30日起至纳税义务人申报纳税之日止按日加收应缴纳税款万分之五的滞纳金。

（4）暂准进出境货物未在规定期限内复运出境或者复运进境，且纳税义务人未在规定期限届满前向海关申报办理进出口及纳税手续的，海关除按照规定征收应缴纳的税款外，还应当自规定期限届满之日起至纳税义务人申报纳税之日止按日加收应缴纳税款万分之五的滞纳金。

（5）海关采取强制措施时，对纳税义务人、担保人未缴纳的滞纳金应当同时强制执行。滞纳金应当从税款缴纳期限届满的次日起至海关执行强制措施之日止，按日计算。

（6）办理延期缴税的货物，在货物放行之日起6个月内未缴纳税款的，海关按照规定征收滞纳金。

3. 滞纳期间

税款缴纳期限内含有星期六、星期日或法定节假日不予扣除。缴纳期限届满日遇星期六、星期日等休息日或者法定节假日的，应当顺延至休息日或法定节假日之后的第一个工作日。国务院临时调整休息日与工作日的，则按照调整后的情况计算缴款期限。例如，缴款期限的最后一天是9月30日，该日恰好是星期日，国务院决定将9月29日、30日与10月4日、5日互相调换，即9月29日、30日成为工作日，如果纳税义务人在9月30日仍未缴纳税款，则从10月1日开始即构成滞纳。

海关征收滞纳金自缴款期限届满之次日起，至纳税义务人缴纳税款之日止，按照滞纳税款的万分之五比例按日征收，滞纳期限内的星期六、星期日或法定节假日一并计算。

4. 征收标准

滞纳金按每票货物的关税、进口环节增值税和消费税单独计算，起征点为人民币50元，不足人民币50元的免予征收。

其计算公式为：

关税滞纳金金额＝滞纳关税税额×0.5‰×滞纳天数

进口环节海关代征税滞纳金金额＝滞纳进口环节海关代征税税额×0.5‰×滞纳天数

5. 滞纳金减免

海关对未履行税款给付义务的纳税义务人征收税款滞纳金，符合下列情形的，直属海关可以依法减免税款滞纳金：纳税义务人确因经营困难，自海关填发税款缴款书之日起在规定期限内难以缴纳税款，但在规定期限届满后3个月内补缴税款的；因不可抗力或者国家政策调整原因导致纳税义务人自海关填发税款缴款书之日起在规定期限内无法缴纳税款，但在相关情形解除后3个月内补缴税款的；货物放行后，纳税义务人通过自查发现少缴或漏缴税款并主动补缴的；经海关总署认可的其他特殊情形。

在办理税款滞纳金减免手续时，纳税义务人应按照海关要求提交以下材料：报关单及随附资料复印件，滞纳金缴款书复印件，已补缴税款的税单复印件，自查情况报告（经海关总署认可的其他特殊情形需减免的除外），海关认为需要提供的其他材料。

纳税义务人应声明对上述材料的真实性、合法性、有效性承担法律责任。

三、税率及汇率的适用

（一）税率适用

税率适用是指进出口货物在征税、补税、追税或退税时选择适用的各种税率。

1. 关税税率设置

我国对进口关税设置最惠国税率、协定税率、特惠税率、关税配额税率、普通税率等。

对适用最惠国税率、协定税率、特惠税率、关税配额税率的进口货物及出口货物在一定期限内可以实行暂定税率。

2. 关税税率适用原则

（1）进口税率

对于同时适用多种税率的进口货物，在选择适用的税率时，基本的原则是"从低适用"，特殊情况除外。

① 原产于共同适用最惠国待遇条款的世界贸易组织成员的进口货物，原产于与中华人民共和国签订含有相互给予最惠国待遇条款的双边贸易协定的国家或者地区的进口货物，以及原产于中华人民共和国境内的进口货物，适用最惠国税率。

原产于与中华人民共和国签订含有关税优惠条款的贸易协定的国家或者地区的进口货物，适用协定税率。原产于与中华人民共和国签订含有特殊关税优惠条款的贸易协定的国家或者地区的进口货物，或者原产于中华人民共和国自主给予特别优惠关税待遇的国家或者地区的进口货物，适用特惠税率。

上述之外的国家或者地区的进口货物及原产地不明的进口货物，适用普通税率。

② 适用最惠国税率的进口货物有暂定税率的，应当适用暂定税率；适用协定税率、特惠税率的进口货物有暂定税率的，应当从低适用税率；适用普通税率的进口货物，不适用暂定税率。

③ 按照国家规定实行关税配额管理的进口货物，关税配额内的，适用关税配额税率；关税配额外的，其税率的适用按其所适用的其他相关规定执行。

④ 按照有关法律、行政法规的规定对进口货物采取反倾销、反补贴、保障措施的，其税率的适用按照《反倾销条例》《反补贴条例》《保障措施条例》的有关规定执行。

⑤ 任何国家或者地区违反与中华人民共和国签订或者共同参加的贸易协定及相关协定，对中华人民共和国在贸易方面采取禁止、限制、加征关税或者其他影响正常贸易的措施的，对原产于该国家或者地区的进口货物可以征收报复性关税，适用报复性关税税率。征收报复性关税的货物、适用国别、税率、期限和征收办法，由国务院关税税则委员会决定并公布。

⑥ 凡进口原产于与我国达成优惠贸易协定的国家或地区并享受协定税率的商品，同时该商品又属于我国实施反倾销或反补贴措施范围内的，应按照优惠贸易协定税率计征进口关税，并同时实施反倾销税、反补贴措施；凡进口原产于与我国达成优惠贸易协定的国家或地区并享受协定税率的商品，同时该商品又属于我国采取保障措施范围内的，应在该商品全部或部分中止、撤销、修改关税减让义务后所确定的适用税率基础上计征进口关税。

⑦ 执行国家有关进出口关税减征政策时，首先应当在最惠国税率基础上计算有关税目的减征税率，然后根据进口货物的原产地及各种税率形式的适用范围，将这一税率与同一税目的特惠税率、协定税率、进口暂定税率进行比较，税率从低执行，但不得在暂定税率基础上再进行减免。

（2）出口税率

对于出口货物，在计算出口关税时，出口暂定税率的执行优先于出口税率。

3. 关税税率适用时间

《关税条例》规定，进出口货物应当适用海关接受该货物申报进口或者出口之日实施的税率。

在实际运用时应区分以下不同情况：

（1）进口货物到达前，经海关核准先行申报的，应当适用装载该货物的运输工具申报进境之日实施的税率。

（2）进口转关运输货物，应当适用指运地海关接受该货物申报进口之日实施的税率；货物运抵指运地前，经海关核准先行申报的，应当适用装载该货物的运输工具抵达指运地之日实施的税率。

（3）出口转关运输货物，应当适用起运地海关接受该货物申报出口之日实施的税率。

（4）经海关批准，实行集中申报的进出口货物，应当适用每次货物进出口时海关接受该货物申报之日实施的税率。

（5）因超过规定期限未申报而由海关依法变卖的进口货物，其税款计征应当适用装载该货物的运输工具申报进境之日实施的税率。

（6）因纳税义务人违反规定需要追征税款的进出口货物，应当适用违反规定的行为发生之日实施的税率；行为发生之日不能确定的，适用海关发现该行为之日实施的税率。

（7）已申报进境并放行的保税货物、减免税货物、租赁货物或者已申报进出境并放行的暂准进出境货物，有下列情形之一需缴纳税款的，应当适用海关接受纳税义务人再次填写报关单申报办理纳税及有关手续之日实施的税率：

① 保税货物经批准不复运出境的；

② 保税仓储货物转入国内市场销售的；

③ 减免税货物经批准转让或者移作他用的；

④ 可暂不缴纳税款的暂准进出境货物，经批准不复运出境或者进境的；

⑤ 租赁进口货物，分期缴纳税款的。

进出口货物关税的补征和退还，按照上述规定确定适用的税率。

同时有两种及以上税率可适用的进口货物最终适用税率汇总表

货物可选用的税率	适用税率
同时适用最惠国税率、进口暂定税率	应当适用暂定税率
同时适用最惠国税率、减征税率	优先适用减征税率
同时适用减征税率、进口暂定税率、协定税率、特惠税率	应当从低适用税率
适用普通税率的进口货物，存有进口暂定税率	适用普通税率
适用关税配额税率、其他税率	关税配额内的，适用关税配额税率；关税配额外的，按其在《税则》中对应的进口税率征收进口关税

对于出口货物，在计算出口关税时，出口暂定税率的执行优先于出口税率。

（二）汇率的适用

进出口货物的成交价格及有关费用以外币计价的，海关按照该货物适用税率之日所适用的计征汇率折合为人民币计算完税价格。完税价格采用四舍五入法计算至分。

海关每月使用的计征汇率为上一个月第三个星期三（第三个星期三为法定节假日的，顺延采用第四个星期三）中国人民银行公布的外币对人民币的基准汇率；以基准汇率币种以外的外币计价的，采用同一时间中国银行公布的现汇买入价和现汇卖出价的中间值（人民币元后采用四舍五入法保留 4 位小数）。如果上述汇率发生重大波动，海关总署认为必要时，可另行规定计征汇率，并对外公布。

四、税款退还、追补与后续补税

（一）税款退还

纳税义务人按照规定缴纳税款后，因误征、溢征及其他国家政策调整原因应予退还的税款可由海关依法退还。进出口税收的起退点为 0 元。①

1. 多征税款退税

（1）海关发现多征税款的，应立即通知纳税义务人办理退税手续。纳税义务人应当自收到海关通知之日起 3 个月内办理退税手续。

（2）纳税义务人发现多征税款的，自缴纳税款之日起 1 年内，可以向海关申请退还多缴的税款并加算银行同期活期存款利息。

"多征税款"一般指由于某种差错或工作失误，造成海关所征收的税款大于应征税款，不包括由于政策调整导致的征税差异。

2. 品质或者规格原因退税

（1）已缴纳税款的进口货物，因品质或者规格原因原状退货复运出境的，纳税义务人自缴纳税款之日起 1 年内，可以向海关申请退税。

（2）已缴纳出口关税的出口货物，因品质或者规格原因原状退货复运进境并已重新缴纳因出口而退还的国内环节有关税收的，纳税义务人自缴纳税款之日起 1 年内，可以向海关申请退税。

3. 退关退税

已缴纳出口关税的货物，因故未装运出口申报退关的，纳税义务人自缴纳税款之日起 1 年内，可申请退税。

4. 短装退税

散装进出口货物发生短装并已征税放行的，如该货物发货人、承运人、保险公司已对短装部分退还或者赔偿相应货款，纳税义务人自缴纳税款之日起 1 年内，可申请退还短装部分相应税款。

5. 赔偿退税

因进出口货物残损、品质不良、规格不符等原因或发生上述散装货物短装以外的货物短少情形，由进出口货物的发货人、承运人或保险公司赔偿相应货款的，纳税义务人自缴纳税款之日起 1 年内，可申请退还赔偿货款部分的相应税款。

海关应当自受理退税申请之日起 30 日内查实并通知纳税义务人办理退还手续。纳税义务人应当自收到通知之日起 3 个月内办理有关退税手续。

---

① 本处所述退税不包含根据国家鼓励出口政策对出口产品退还已缴纳税款内容，该部分退税主管部门是国家税务机关。

退税必须在原征税海关办理。办理退税时，纳税义务人应填写"退税申请表"并持凭原进口或出口报关单、原盖有银行印章的税款缴纳书正本及其他必要单证（如合同、发票、协议、商检机构证明等）送海关审核。海关同意后，应按原征税或者补税之日所实施的税率计算退税额。

进口环节增值税已予抵缴的，除国家另有规定外不予退还。已征收的滞纳金不予退还。

（二）税款追补

1. 补税

（1）少征税款补税

进出口货物放行后，海关发现少征税款，即海关对该进出口货物实际征收的税款少于应当征收的税款的，应当自纳税义务人缴纳税款之日起1年内，由海关补征。

（2）漏征税款补税

海关发现漏征税款，即海关对进出口货物应当征收但未征收税款的，应当自货物放行之日起1年内，向纳税义务人补征漏征的税款。

2. 追税

（1）少征税款追税

因纳税义务人违反规定导致海关对进出口货物少征税款的，海关应当自缴纳税款之日起3年内追征税款。因纳税义务人违反规定造成海关监管货物少征税款的，海关应当自纳税义务人应缴纳税款之日起3年内追征税款。

（2）漏征税款追税

因纳税义务人违反规定导致海关对进出口货物漏征税款的，海关应当自该货物放行之日起3年内追征税款。因纳税义务人违反规定造成海关监管货物漏征税款的，海关应当自纳税义务人应缴纳税款之日起3年内追征税款。

"应缴纳税款之日"是指纳税义务人违反规定的行为发生之日，该行为发生之日不能确定的，应当以海关发现该行为之日作为应缴纳税款之日。

少征或漏征税款部分涉及滞纳金的应一并征收。补征关税、进口环节代征税、滞纳金起征点均为50元。

（三）减免税货物后续补税

1. 移作他用后续补税

减免税申请人经主管海关批准将减免税货物移作他用，应当补缴税款的，税款的计算公式为：

$$补缴税款 = 海关审定的货物原进口时完税价格 \times 税率 \times \frac{需补缴税款的时间}{监管年限 \times 12 \times 30}$$

上述计算公式中的税率为海关接受纳税义务人再次填写报关单申报办理纳税及有关手续之日实施的税率；需补缴税款的时间是指减免税货物移作他用的实际时间，按日计算，每日实际生产不满8小时或者超过8小时的均按1日计算。

2. 转让及其他原因后续补税

减免税货物因转让或者其他原因需要补征税款的，补税的完税价格以海关审定的货物原进口时的价格为基础，按照减免税货物已进口时间与监管年限的比例进行折旧，其计算公式如下：

$$补税的完税价格 = \frac{海关审定的货物}{原进口时完税价格} \times \left(1 - \frac{减免税货物已进口时间}{监管年限 \times 12}\right)$$

上述计算公式中"减免税货物已进口的时间"自减免税货物的放行之日起按月计算，不足 1 个月但超过 15 日的，按照 1 个月计算；不超过 15 日的，不予计算。已进口时间的截止日期按以下规定确定：

（1）转让减免税货物的，应当以海关接受减免税申请人申请办理补税手续之日作为计算其已进口时间的截止之日。

（2）减免税申请人未经海关批准，擅自转让减免税货物的，应当以货物实际转让之日作为计算其已进口时间的截止之日；转让之日不能确定的，应当以海关发现之日作为截止之日。

（3）在海关监管年限内，减免税申请人发生破产、撤销、解散或者其他依法终止经营情形的，已进口时间的截止日期应当为减免税申请人破产清算之日或者被依法认定终止生产经营活动的日期。

五、加工贸易保税货物缓税利息

加工贸易保税货物在规定的有效期限内（包括经批准延长的期限）全部出口的，由海关通知中国银行将保证金及其活期存款利息全部退还；加工贸易保税料件或制成品内销的，海关除依法征收税款外，还应加征缓税利息。缓税利息缴纳方式、缴纳凭证、缴纳规定等与税款缴纳相同。缓税利息不足 50 元的免于征收。

（一）征收规定

1. 缓税利息的利率为中国人民银行公布的活期存款利率，海关根据中国人民银行最新公布的活期存款利率随时调整并公布执行。目前实施的缓税利息率为 0.36%。

2. 对于实行保证金台账实转（包括税款保付保函）管理的加工贸易手册项下的保税货物，在办理内销征税手续时，如果海关征收的缓税利息大于对应台账保证金的利息，应由中国银行在海关税款缴款书上签注后退单，由海关重新开具两份缴款书，一份将台账保证金利息全额转为缓税利息，另一份将台账保证金利息不足部分单开海关税款缴款书，企业另行缴纳。

（二）计息期限

1. 加工贸易保税料件或制成品经批准内销的，缓税利息计息期限的起止日期为内销料件或制成品所对应的加工贸易合同项下首批料件进口之日至海关填发税款缴款书之日；加工贸易 E 类电子账册项下的料件或制成品内销时，起止日期为内销料件或制成品所对应电子账册的最近一次核销之日（若没有核销日期的，则为电子账册的首批料件进口之日）至海关填发税款缴款书之日。

2. 加工贸易保税料件或制成品未经批准擅自内销违反海关监管规定的，或加工贸易保税货物需要后续补税但海关未按违规处理的，缓税利息计息期限的起止日期为内销料件或制成品所对应的加工贸易合同项下首批料件进口之日至保税料件或制成品内销之日（内销之日无法确定的，终止日期为海关发现之日）；若内销涉及多本合同，且内销料件或制成品与合同无法一一对应的，则计息的起止日期为最近一本合同项下首批料件进口之日至保税料件或制成品内销之日（内销之日无法确定的，终止日期为海关发现之日）。若加工贸易 E 类电子账册项下的料件或制成品擅自内销的，则计息的起止日期为内销料件或制成品所对应电子账册的最近一次核销之日（若没有核销日期的，则为电子账册的首批料件进口之日）至保税料件或制成品内销之日（内销之日无法确定的，终止日期为海关发现之日）。

按照上述方法仍无法确定计息的起止日期的，则不再征收缓税利息。

加工贸易保税料件或制成品等违规内销的，还应根据规定征收滞纳金。滞纳金是从应缴纳税款之日起至海关发现之日止按日计算，滞纳金征收比例为少征或漏征税款的万分之五。

3. 加工贸易剩余料件、残次品、副产品和受灾保税货物等内销需征收缓税利息的，亦应比照上述规定办理。

（三）计算公式

加工贸易补税缓税利息应根据填发海关税款缴款书时海关总署调整的最新缓税利息率按日征收。

缓税利息的计算公式为：

$$应征缓税利息 = 应征税款 × 计息期限（天数）× \frac{缓税利息率}{360}$$

（四）办理程序

1. 海关审核准予内销后向经营企业签发"加工贸易货物内销征税联系单"。

2. 经营企业持该"加工贸易货物内销征税联系单"办理通关申报手续。在填制内销报关单时，经营企业需在备注栏注明"活期"字样。

3. 海关核对确认无误后，按规定办理内销货物审单、征税、放行等海关手续。

六、暂准进出境货物税款征收

《关税条例》将暂准进出境货物区分为两种：一是列明的 9 类暂准进出境货物，主要有在展览会、交易会、会议及类似活动中展示或者使用的货物，文化、体育交流活动中使用的表演、比赛用品，进行新闻报道或者摄制电影、电视节目使用的仪器、设备及用品，开展科研、教学、医疗活动使用的仪器、设备及用品，前述 4 项所列活动中使用的交通工具及特种车辆，货样，供安装、调试、检测设备时使用的仪器、工具，盛装货物的容器，其他用于非商业目的的货物；二是上述九类之外的其他暂准进出境货物。

（一）《关税条例》列明的 9 类暂准进出境货物

在海关规定期限内，可以暂不缴纳税款。在规定期限届满后不再复运出境或者复运进境的，纳税义务人应当在规定期限届满前向海关申报办理进出口及纳税手续。经海关批准留购的暂准进境货物，以海关审查确定的留购价格作为完税价格，并适用海关接受纳税义务人再次填写报关单申报办理纳税及有关手续之日实施的税率、汇率。

（二）《关税条例》列明的 9 类之外的暂准进出境货物

海关按照审定进出口货物完税价格的有关规定和海关接受该货物申报进出境之日适用的计征汇率、税率，按月征收税款，或者在规定期限内货物复运出境或者复运进境时征收税款。暂准进出境货物在规定期限届满后不再复运出境或者复运进境的，纳税义务人应当在规定期限届满前向海关申报办理进出口及纳税手续，缴纳剩余税款。

计征税款的期限为 60 个月。不足 1 个月但超过 15 天的，按 1 个月计征；不超过 15 天的，免予计征。计征税款的期限自货物放行之日起计算。

按月征收税款的计算公式为：

$$每月关税税额 = 关税总额 \times \frac{1}{60}$$

$$每月进口环节代征税税额 = 进口环节代征税总额 \times \frac{1}{60}$$

上述（一）、（二）中的暂准进出境货物未在规定期限内复运出境或者复运进境，且纳税义务人未在规定期限届满前向海关申报办理进出口及纳税手续的，海关除按照规定征收应缴纳的税款外，还应当自规定期限届满之日起至纳税义务人申报纳税之日止按日加收应缴纳税款万分之五的滞纳金。

上述规定期限均包括经海关批准的暂准进出境货物延长复运出境或者复运进境的期限。

七、税款担保

税款担保是海关事务担保的一种，是指纳税义务人以法定形式向海关承诺在一定期限内履行其纳税义务的行为。内容详见本教材第七章第三节"海关事务担保制度"。

八、税收保全与强制措施

（一）保全措施

进出口货物的纳税义务人在规定的纳税期限内有明显的转移、藏匿其应税货物及其他财产迹象的，海关可以要求纳税义务人在海关规定的期限内提供海关认可的担保。纳税义务人不能在海关规定的期限内按照海关要求提供担保的，经直属海关关长或者其授权的隶属海关关长批准，海关应当采取税收保全措施。

1. 暂停支付存款

海关书面通知纳税义务人开户银行或者其他金融机构（以下统称金融机构）暂停支付纳税义务人相当于应纳税款的存款。

纳税义务人在规定的纳税期限内缴纳税款的，海关书面通知金融机构解除对纳税义务人相应存款实施的暂停支付措施。

纳税义务人在规定的纳税期限内未缴纳税款的，海关书面通知金融机构从暂停支付的款项中扣缴相应税款。海关确认金融机构已扣缴税款的，书面告知纳税义务人。

2. 暂扣货物或财产

因无法查明纳税义务人账户、存款数额等情形不能实施暂停支付措施的，书面通知（随附扣留清单）纳税义务人扣留其价值相当于应纳税款的货物或者其他财产。货物或者其他财产本身不可分割，又没有其他财产可以扣留的，被扣留货物或者其他财产的价值可以高于应纳税款。

纳税义务人在规定的纳税期限内缴纳税款的，海关书面通知纳税义务人解除扣留措施，随附发还清单，办理确认手续后将有关货物、财产发还纳税义务人。

（二）强制措施

进出口货物的纳税义务人、担保人自规定的纳税期限届满之日起超过 3 个月未缴纳税款或经海关总署批准延期缴纳税款的，自延期缴税时限届满之日起超过 3 个月仍未缴纳税款的，经直属海关关长或其授权的隶属海关关长批准，依次采取下列强制措施：

1. 书面通知金融机构从其存款中扣缴税款；
2. 将应税货物依法变卖，以变卖所得抵缴税款；
3. 扣留并依法变卖其价值相当于应纳税款的货物或者其他财产，以变卖所得抵缴税款。

实施强制措施的，海关书面通知金融机构从纳税义务人、担保人的存款中扣缴相应税款，同时书面告知纳税义务人、担保人。海关采取强制措施时，对纳税义务人未缴纳的税款滞纳金同时强制执行。

海关决定以应税货物、被扣留的价值相当于应纳税款的货物或者其他财产变卖并抵缴税款的，书面告知纳税义务人、担保人。变卖所得不足以抵缴税款的，海关继续采取强制措施抵缴税款的差额部分；变卖所得抵缴税款及扣除相关费用后仍有余款的，应当发还纳税义务人、担保人。

无法采取税收保全措施、强制措施，或者采取税收保全措施、强制措施仍无法足额征收税款的，海关依法向人民法院申请强制执行，并按照法院要求提交相关材料。

纳税义务人、担保人对海关采取税收保全措施、强制措施不服的，可以依法申请行政复议或者提起行政诉讼。

第五节　进出口税收减免

进出口税收减免是指海关按照国家政策、《海关法》和其他有关法律、行政法规的规定，对进出口货物的关税和进口环节海关代征税给予减征或免征。进出口税收减免可分为三大类，即法定减免税、特定减免税和临时减免税。

一、法定减免税

法定减免税是指按照《海关法》《关税条例》和其他法律、行政法规的规定，进出口货物可以享受的减免关税优惠。海关对法定减免税货物一般不进行后续管理。

下列进出口货物、进出境物品，减征或者免征关税：

（一）关税税额在人民币 50 元以下的一票货物；

（二）无商业价值的广告品和货样；

（三）外国政府、国际组织无偿赠送的物资；

（四）在海关放行前遭受损坏或者损失的货物；

（五）进出境运输工具装载的途中必需的燃料、物料和饮食用品；

（六）中华人民共和国缔结或者参加的国际条约规定减征、免征关税的货物、物品；

（七）法律规定减征、免征关税的其他货物、物品。

进口环节增值税或消费税税额在人民币 50 元以下的一票货物也应免征。

二、特定减免税

特定减免税是指海关根据国家规定，对特定地区、特定用途和特定企业给予的减免关税和进口环节海关代征税的优惠，也称政策性减免税。特定减税或者免税的范围和办法由国务院规定，海关根据国务院的规定单独或会同国务院其他主管部门制定具体实施办法并加以贯彻执行。

为配合全国增值税转型改革，规范税制，国家对部分进口税收优惠政策进行相应调整。目前实施特定减免税的项目主要有：

（一）外商投资项目投资额度内进口自用设备

1. 根据对外商投资的法律法规规定，在中国境内依法设立，并领取中华人民共和国外商投资企业批准证书和外商投资企业营业执照等有关法律文件的中外合资经营企业、中外合作经营企业和外资企业（以下统称外商投资企业），所投资的项目符合《外商投资产业指导目录》中鼓励类或《中西部地区外商投资优势产业目录》的产业条目，在投资总额内进口的自用设备及按合同随设备进口的配套技术、配件、备件（以下简称自用设备），除《外商投资项目不予免税的进口商品目录》《进口不予免税的重大技术装备和产品目录》所列商品外，免征关税，进口环节增值税照章征收。

《外商投资项目不予免税的进口商品目录》主要有电视机、摄像机、录像机、放像机、音响设备、空调器、电冰箱（电冰柜）、洗衣机、照相机、复印机、程控电话交换机、微型计算机及外设、电话机、无线寻呼系统、传真机、电子计算器、打字机及文字处理机、汽车、摩托车及《税则》中第一章至第八十三章、第九十一章至第九十七章的所有税号商品。

《进口不予免税的重大技术装备和产品目录》主要有大型清洁高效发电设备、特高压输变电设备、大型石油及石化设备、大型煤化工设备、大型煤炭设备、大型船舶、海洋工程设备、高速铁路、城市轨道交通设备、大型环保及资源综合利用设备、大型施工机械和基础设施专用设备、各类机床及压力成型设备、新型纺织机械、新型大马力农业设备、电子信息及生物医疗装备，以及按照合同随上述设备进口的技术及配套件、备件。非数控机床、数控机床、压力成型机械、农业机械、矿用挖掘机、全断面掘进机、煤炭采掘设备、矿用自卸车、风力发电设备、石化设备、煤化工设备、火电水电设备、输变电设备、冶金设备、新型纺织机械、环保和综合利用设备、施工机械、轨道交通、大功率机车、高速动车组、大型铁路养护设备，以及按照合同随上述设备进口的技术及配套件、备件。

中外投资者采取发起或募集方式在境内设立外商投资股份有限公司，或已设立的外商投资有限责任公司转变为外商投资股份有限公司，并且外资股比不低于25%的，在投资总额内进口的自用设备，以及内资有限责任公司和股份有限公司转变为外资股比不低于25%的外商投资股份有限公司，并且同时增资，其增资部分对应的进口自用设备，可享受外商投资项目进口税收优惠政策。

持有外商投资企业批准证书的A股上市公司股权分置改革方案实施后增发新股，或原外资法人股股东出售股份，但外资股比不低于25%，在投资总额内进口的自用设备可享受外商投资项目进口税收优惠政策。

外商投资企业向中西部地区再投资设立的企业或其通过投资控股的公司，注册资本中外资比例不低于25%，并取得外商投资企业批准证书，其在投资总额内进口的自用设备可享受外商投资项目进口税收优惠政策。

2. 下列情况中，所投资项目符合《外商投资产业指导目录》中鼓励类或《中西部地区外商投资优势产业目录》的产业条目，在投资总额内进口的自用设备，除《国内投资项目不予免税的进口商品目录》《进口不予免税的重大技术装备和产品目录》所列商品外，可以免征关税，进口环节增值税照章征收：

（1）外国投资者的投资比例低于25%的外商投资企业；

（2）境内内资企业发行B股或发行海外股（H股、N股、S股、T股或红筹股）转化为外商投资股份有限公司；

（3）外商投资企业向中西部地区再投资设立的外资比例低于25%的企业，以及向中西部以外地区再投资设立的企业。

（二）外商投资企业自有资金项目

投资项目符合现行《外商投资产业指导目录》鼓励类条目的外商投资企业（外国投资者的投资比例不低于25%），利用投资总额以外的自有资金（指企业储备基金、发展基金、折旧、税后利润），在原批准的生产经营范围内，对本企业原有设备更新（不包括成套设备和生产线）和维修进口国内不能生产或性能不能满足需要的设备，以及与上述设备配套的技术、配件、备件，除《国内投资项目不予免税的进口商品目录》《进口不予免税的重大技术装备和产品目录》所列商品外，可以免征进口关税，进口环节增值税照章征收。

（三）国内投资项目进口自用设备

符合《产业结构调整指导目录》鼓励类范围的国内投资项目单位，在投资总额内进口的自用设备，以及按照合同随设备进口的技术及配套件、备件，除《国内投资项目不予免税的进口商品目录》《进口不予免税的重大技术装备和产品目录》所列商品外，免征进口关税，进口环节增值税照章征收。

（四）贷款项目进口物资

外国政府贷款和国际金融组织贷款项目，在项目额度或投资总额内进口的自用设备，以及按照合同随设备进口的技术及配套件、备件，除《外商投资项目不予免税的进口商品目录》《进口不予免税的重大技术装备和产品目录》所列商品外，免征进口关税。

对贷款项目进口自用设备，经确认按有关规定增值税进项税额无法抵扣的，除《外商投资项目不予免税的进口商品目录》《进口不予免税的重大技术装备和产品目录》所列商品外，同时免征进口环节增值税。

对贷款项目进口自用设备涉及污水处理厂、再生水项目（不包括自来水项目）、环境综合治理、环境监测、生物资源保护项目（不包括固体废弃物焚烧发电项目）、公安、消防、气象、防洪项目、教育培训、人才培养项目、文化遗产保护项目、交通项目、医疗卫生项目、广播电视、邮电项目、农林产品种植、畜牧养殖、农机服务项目（不包括农林产品加工项目）以及项目单位是政府部门的其他贷款项目，同时免征关税和增值税，无须确认增值税进项税额是否抵扣。

（五）重大技术装备

为提高我国企业的核心竞争力及自主创新能力，推动产业结构调整和升级，促进国民经济可持续发展，贯彻落实国务院关于装备制造业振兴规划和加快振兴装备制造业有关调整进口税收优惠政策的决定，对经认定符合规定条件的国内企业为生产国家支持发展的重大技术装备和产品进口规定范围的关键零部件、原材料商品，免征关税和进口环节增值税。

国家支持发展的重大技术装备和产品，以及重大技术装备和产品进口关键零部件、原材料商品主要是：大型清洁高效发电装备，超、特高压输变电设备，大型石油及石化设备，大型煤化工设备，大型冶金成套设备，大型煤炭设备，大型船舶和海洋工程设备，高速铁路、城市轨道交通设备，大型环保和资源综合利用设备，大型施工机械及基础设施专用设备，大型、精密、高速数控设备、数控系统、功能部件与基础制造装备，新型纺织机械，新型、大马力农业装备、电子信息及生物医疗设备等。

（六）特定区域物资

保税区、出口加工区等特定区域进口的区内生产性基础设施项目所需的机器、设备和基建物资可以免税；区内企业进口企业自用的生产、管理设备和自用合理数量的办公用品及其所需的维修零配件，生产用燃料，建设生产厂房、仓储设施所需的物资、设备可以免税；行政管理机构自用合理数量的管理设备和办公用品及其所需的维修零配件，可以免税。

（七）科教用品

为了促进科学研究和教育事业的发展，推动科教兴国战略的实施，国务院规定对国务院部委和直属机构，以及省、自治区、直辖市、计划单列市所属专门从事科学研究工作的科学研究机构和国家承认学历的实施专科及以上高等学历教育学校，或财政部会同国务院有关部门核定的其他科学研究机构和学校，以科学研究和教学为目的，在合理数量范围内进口国内不能生产或者性能不能满足需要的科学研究和教学用品，免征进口关税和进口环节增值税、消费税。

（八）科技开发用品

为了鼓励科学研究和技术开发，促进科技进步，规范科技开发用品的免税进口行为，国务院规定对经国家有关部门核准从事科技开发的科学研究、技术开发机构，在一定时期内，进口国内不能生产或者性能不能满足需要的合理数量范围内的科技开发用品，免征进口关税和进口环节增值税、消费税。

对符合国家规定条件的外资研发中心进口国内不能生产或者性能不能满足需要的合理数量范围内的科技开发用品，免征进口关税和进口环节增值税。

对符合条件的国家中小企业公共服务示范平台中的技术类服务平台纳入现行科技开发用品进口税收优惠政策范围，在一定时期内，其在合理数量范围内进口国内不能生产或者国内产品性能尚不能满足需要的科技开发用品，免征进口关税和进口环节增值税、消费税。

（九）救灾捐赠物资

对外国民间团体、企业、友好人士和华侨、港澳居民和台湾同胞无偿向我境内受灾地区（限于新华社对外发布和民政部中国灾情信息公布的受灾地区）捐赠的直接用于救灾的物资，在合理数量范围内，免征关税和进口环节增值税、消费税。

（十）扶贫慈善捐赠物资

为促进公益事业的健康发展，经国务院批准下发了《慈善捐赠物资免征进口税收暂行办法》，对境外捐赠人（指中华人民共和国关境外的自然人、法人或者其他组织）无偿向受赠人捐赠的直接用于慈善事业的物资，免征进口关税和进口环节增值税。

（十一）残疾人专用品

为支持残疾人的康复工作，国务院制定了《残疾人专用品免征进口税收暂行规定》，对民政部直属企事业单位和省、自治区、直辖市民政部门所属福利机构、假肢厂、荣誉军人康复医院等，中国残疾人联合会直属事业单位和省、自治区、直辖市残联所属福利机构和康复机构进口国内不能生产的残疾人专用物品，免征进口关税和进口环节增值税、消费税。

（十二）集成电路项目进口物资

我国对集成电路生产企业进口自用生产性原材料及净化室专用建筑材料等实施税收优惠政策，对在中国境内设立的投资额超过80亿元、线宽小于0.5微米或集成电路线宽小于0.25微米的集成电路生产企业进口自用生产性原材料、消耗品，净化室专用建筑材料、配套系统，集成电路生产设备零、配件，免征进口关税，进口环节增值税照章征收及进口环节增值税。

（十三）海上石油、陆上石油项目进口物资

在我国海洋进行石油（天然气）开采作业的项目，进口国内不能生产或性能不能满足要求，并直接用于开采作业的设备、仪器、零附件、专用工具，在规定的免税进口额度内，免征进口关税和进口环节增值税。

在我国领土内的沙漠、戈壁荒漠进行石油（天然气）开采作业的自营项目，进口国内不能生产或性能不能满足要求，并直接用于勘探、开发作业的设备、仪器、零附件、专用工具，在规定的免税进口额度内，免征进口关税；在我国领土内的沙漠、戈壁荒漠进行石油（天然气）开采作业的中外合作项目，进口国内不能生产或性能不能满足要求，并直接用于勘探、开发作业的设备、仪器、零附件、专用工具，在规定的免税进口额度内，免征进口关税和进口环节增值税。

（十四）远洋渔业项目进口自捕水产品

对经农业部批准获得"农业部远洋渔业企业资格证书"的远洋渔业企业运回的品种及产地符合要求的自捕水产品执行不征进口关税和进口环节增值税的政策。

（十五）无偿援助项目进口物资

无偿援助项目进口物资，指外国政府、国际组织无偿赠送及我国履行国际条约规定减免税进口的物资，其减免税范围包括根据中国与外国政府、国际组织间的协定或协议，由外国政府、国际组织直接无偿赠送的物资或由其提供无偿赠款，由我国受赠单位按照协定或协议规定用途自行采购进口的物资；外国地方政府或民间组织受外国政府委托无偿赠送进口的物资；国际组织成员受国际组织委托无偿赠送进口的物资；我国缔结或者参加的国际条约规定减征、免征关税的货物、物品。

无偿援助项目进口物资，性质上属于法定减免税范畴，但是按照特定减免税货物管理。

（十六）科技重大专项进口

自2010年7月15日起，对承担《国家中长期科学和技术发展规划纲要（2006—2020年）》的项目承担单位使用中央财政拨款、地方财政资金、单位自筹资金以及其他渠道获

得的资金进口项目（课题）所需国内不能生产的关键设备（含软件工具及技术）、零部件、原材料，免征进口关税和进口环节增值税。科技重大专项包括：核心电子器件、高端通用芯片及基础软件产品，极大规模集成电路制造装备及成套工艺，新一代宽带无线移动通信网，高档数控机床与基础制造装备，大型油气田及煤层气开发，大型先进压水堆及高温气冷堆核电站，水体污染控制与治理，转基因生物新品种培育，重大新药创制，艾滋病和病毒性肝炎等重大传染病防治。

（十七）新型显示器件生产企业

对新型显示器件生产企业进口国内不能生产的净化室专用建筑材料、配套系统，免征进口关税和进口环节增值税；对其进口国内不能生产的维修用生产设备零部件，免征进口关税和进口环节增值税，并按照年度免税额度进行管理；对其进口国内不能生产的自用生产性原材料和消耗品，免征进口关税，照章征收进口环节增值税。对符合国内产业自主化发展规划的彩色滤光膜、偏光片等属于新型显示器件产业上游的关键原材料、零部件的生产企业进口国内不能生产的自用生产性原材料、消耗品，免征关税。

（十八）勘探开发煤层气

勘探开发煤层气项目单位在我国境内进行煤层气勘探开发项目，进口国内不能生产或国内产品性能不能满足要求，并直接用于勘探开发作业的设备、仪器、零附件、专用工具，免征进口关税和进口环节增值税。

（十九）种子种源

取得农业部、国家林业局出具的"中华人民共和国农业部动植物苗种进（出）口审批表""国家林业局种子苗木（种用）进口许可表""国家林业局从境外引进林木种质资源许可表""国家濒危办进口种用野生动植物种源确认表"的企业，以及取得相关主管部门出具的工作犬相关货品属于免税品种范围的说明文件及相关资料的军队、武警、公安（含缉私警察）、安全部门进口单位，在一定时期内进口《种子（苗）种畜（禽）鱼种（苗）和种用野生动植物种源免税货品清单》列名的种子（苗）、种畜（禽）、鱼种（苗）和种用野生动植物种源（以下简称"种子种源"）及工作犬相关货品免征进口环节增值税。

（二十）中储粮

在一定时期内，对中国储备粮管理总公司及其子公司（包括中储粮油脂有限公司等）为实现中央储备粮油年度轮换、转储备以及履行政府承诺而组织进口的粮油，免征进口环节增值税。

（二十一）公益收藏

列入财政部会同国务院有关部门审定并以公告形式发布的《省级以上国有公益性收藏单位名单》内国有文物收藏单位，以从事永久收藏、展示和研究等公益性活动为目的，通过接受境外捐赠、归还、追索和购买等方式进口的藏品，免征关税和进口环节增值税、消费税。

（二十二）国内航空公司进口飞机

对国内从事航空运输业的航空公司进口的空载重量在 25 吨以上的客货运飞机，以及租赁公司进口并租赁给国内航空公司使用的上述飞机，一律减按 5% 征收进口环节增值税。

（二十三）动漫开发生产用品

为推动我国动漫产业健康快速发展，支持产业升级优化发展，在一定时期内，经国务院有关部门认定的动漫企业自主开发、生产动漫直接产品，确需进口的商品可享受免征进口关税及进口环节增值税的政策。

此外，国家还根据不同时期的需要制定相关的减免税政策。

三、临时减免税

临时减免税是指法定减免税和特定减免税以外的其他减免税，国务院根据某个单位、某类商品、某个时期或某批货物的特殊情况和需要，给予特别的临时性减免税优惠，如汶川地震灾后重建进口物资。为支持和帮助汶川地震受灾地区积极开展生产自救，重建家园，自 2008 年 7 月 1 日起，对受灾地区企业、单位，或支援受灾地区重建的企业、单位，进口国内不能满足供应并直接用于灾后重建的大宗物资、设备等，3 年内免征进口关税和进口环节增值税。

第六节　进出口税费计算实例

进出口关税、进口环节代征税、滞纳金、船舶吨税一律以人民币计征，采用四舍五入法计算至分。起征点均为人民币 50 元，不足人民币 50 元的免予征收。

（一）进口关税的计算

1. 从价税

（1）计算公式

进口关税税额＝进口货物完税价格×进口从价关税税率

减税征收的进口关税税额＝进口货物完税价格×减按进口从价关税税率

其中：

① 进口货物完税价格使用 CIF 贸易术语成交并经海关审定

进口关税税额＝CIF×进口从价关税税率

② 进口货物完税价格使用 FOB 贸易术语成交并经海关审定

进口关税税额＝（FOB+运输及相关费用+保险费）×进口从价关税税率

③ 进口货物完税价格使用 CFR 贸易术语成交并经海关审定

进口关税税额＝（CFR+保险费）×进口从价关税税率或 $\dfrac{CFR}{1-保险费率}$ ×进口从价关税税率

（2）计算程序

① 按照归类原则确定税则归类，将应税货物归入适当的税号；

② 根据原产地规则和税率适用规定，确定应税货物所适用的税率；

③ 根据审定完税价格办法的有关规定，确定应税货物的 CIF 价格；

④ 根据汇率适用规定，将以外币计价的 CIF 价格折算成人民币（完税价格）；

⑤ 按照计算公式正确计算应征税款。

（3）计算实例

实例一：

国内某企业进口美国产加工金属的立式加工中心1台，成交价格为FOB洛杉矶150 000美元。已知运费2 000美元，保险费150美元，适用的外汇折算价为1美元=6.126 8元人民币，计算应征进口关税。

计算方法：

① 确定税则归类，加工金属的立式加工中心归入税号8457.1010；

② 原产国美国适用最惠国税率9.7%；

③ 审定CIF价格为150 000美元+2 000美元+150美元=152 150美元；

④ 审定完税价格为152 150美元×6.126 8=932 192.62元；

⑤ 计算应征税款：

$$应征进口关税税额=完税价格×关税税率$$
$$=932\ 192.62×9.7\%$$
$$=90\ 422.68（元）$$

实例二：

国内某企业购进韩国产低密度聚乙烯颗粒100吨，成交价格为CFR上海151 600美元，保险费金额380元人民币，卖方提供了符合《亚太贸易协定》规定的原产地证书，协定税率6%。已知适用的外汇折算价为1美元=6.126 8元人民币，计算应征进口关税。

计算方法：

① 确定税则归类，该塑料颗粒归入税号3901.1000；

② 原产国韩国适用最惠国税率6.5%，且韩国属于《亚太贸易协定》成员国，故按协定税率6%计征；

③ 审定CIF价格为151 600美元+380元；

④ 审定完税价格为151 600美元×6.126 8+380元=929 202.88元；

⑤ 计算应征税款：

$$应征进口关税税额=完税价格×协定税率$$
$$=929\ 202.88×6\%$$
$$=55\ 752.17（元）$$

实例三：

国内某企业从德国购进国内性能不能满足需要的船用导航设备3台，成交价格为FOB汉堡145 503美元，运费896美元，保险费金额256元人民币。经批准该船用导航设备进口关税税率减按1%计征。已知适用的外汇折算价为1美元=6.271 6元人民币，计算应征进口关税。

计算方法：

① 确定税则归类，该设备归入税号8526.9190；

② 原产国德国适用最惠国税率2%，减按1%计征；

③ 审定CIF价格为145 503美元+896美元+256元；

④ 审定完税价格为（145 503美元+896美元）×6.271 6+256元=918 411.97元；

⑤ 计算应征税款：

应征进口关税税额=完税价格×减按进口关税税率
$$=918\ 411.97×1\%$$
$$=9\ 184.12\ （元）$$

2. 从量税

（1）计算公式

应征税额=进口货物数量×单位税额

（2）计算程序

① 按照归类原则确定税则归类，将应税货物归入适当的税号；

② 根据原产地规则和税率适用规定，确定应税货物所适用的税率；

③ 确定其实际进口量；

④ 如需计征进口环节代征税，根据审定完税价格的有关规定，确定应税货物的 CIF 价格；

⑤ 根据汇率适用规定，将外币折算成人民币（完税价格）；

⑥ 按照计算公式正确计算应征税款。

（3）计算实例

实例四：

国内某公司从香港购进美国产冻带骨鸡块 100 吨，成交价格为 CIF 境内某口岸 7 800 港币/吨。已知适用的外汇折算价为 1 港币=0.803 2 元人民币，计算应征进口关税。

计算方法：

① 确定税则归类，冻带骨鸡块归入税号 0207.1411；

② 冻带骨鸡块适用从量关税，美国产冻带骨鸡块适用最惠国税率 0.6 元/千克；

③ 确定其实际进口量 100 吨=100 000 千克；

④ 计算应征关税税款：

应征进口关税税额=货物数量×单位税额
$$=100\ 000×0.6$$
$$=60\ 000.00\ （元）$$

3. 复合关税

（1）计算公式

应征税额=进口货物数量×单位税额+进口货物完税价格×进口从价税税率

（2）计算程序

① 按照归类原则确定税则归类，将应税货物归入适当的税号；

② 根据原产地规则和税率适用规定，确定应税货物所适用的税率；

③ 确定其实际进口量；

④ 根据审定完税价格的有关规定，确定应税货物的 CIF 价格；

⑤ 根据汇率适用规定，将外币折算成人民币（完税价格）；

⑥ 按照计算公式正确计算应征税款。

（3）计算实例

实例五：

国内某公司从日本进口非特种用途的广播级电视摄像机100台，其中有20台成交价格为CIF境内某口岸4 900美元/台，其余80台成交价格为CIF境内某口岸5 800美元/台。已知适用的外汇折算价为1美元=6.126 8元人民币，计算应征进口关税。

计算方法：

① 确定税则归类，该批非特种用途的广播级电视摄像机归入税号8525.8012。

② 货物适用复合税率。原产国为日本，适用最惠国税率，经查关税税率为：完税价格不高于5 000美元/台的，关税税率为单一从价税率35%；完税价格高于5 000美元/台的，关税税率为3%，每台加9 728元从量税。

③ 审定CIF价格分别合计为98 000美元（20台×4 900美元）和464 000美元（80台×5 800美元）。

④ 审定完税价格分别为98 000美元×6.126 8＝600 426.40元和464 000美元×6.126 8＝2 842 835.20元。

⑤ 按照计算公式分别计算进口关税税款：

$$20 台单一从价进口关税税额＝完税价格×关税税率$$
$$＝600 426.40×35\%$$
$$＝210 149.24（元）$$

$$80 台复合进口关税税额＝货物数量×单位税额＋完税价格×关税税率$$
$$＝80×9 728＋2 842 835.20×3\%$$
$$＝778 240＋85 285.06$$
$$＝863 525.06（元）$$

$$100 台合计进口关税税额＝从价进口关税税额＋复合进口关税税额$$
$$＝210 149.24＋863 525.06$$
$$＝1 073 674.30（元）$$

4. 滑准税

（1）确定滑准税暂定关税税率的具体方式

① 当进口棉花完税价格高于或等于15.000元/千克时，暂定从量税率为0.570元/千克。

② 当进口棉花完税价格低于15.000元/千克时，暂定关税税率按下述公式计算：

$$Ri = \frac{9.337}{Pi} + 2.77\% \times Pi - 1$$

其中Ri为暂定关税税率，对上式计算结果小数点后第4位四舍五入保留前3位小数，Ri≤40%，若Ri高于40%时，则取40%；Pi为关税完税价格，单位为元/千克。

（2）计算公式

从价应征进口关税税额＝完税价格×暂定关税税率

从量应征进口关税税额＝进口货物数量×暂定从量税率

（3）计算程序

① 按照归类原则确定税则归类，将应税货物归入适当的税号；

② 根据审定完税价格的有关规定，确定应税货物的 CIF 价格，根据汇率适用规定，将外币折算成人民币（完税价格）；

③ 根据原产地规则和税率适用规定，确定应税货物所适用的税率种类；

④ 根据关税税率计算公式确定暂定关税税率；

⑤ 按照计算公式正确计算应征税款。

（4）计算实例

实例六：

国内某公司进口原产于阿根廷的配额外未梳棉花（已取得配额外数量份额）1 000 吨，成交价格为 CIF 国内某口岸 1 060.72 美元/吨。已知适用的汇率为 1 美元＝6.271 6 元人民币，计算应征进口关税税款。

计算方法：

① 确定税则归类，未梳棉花归入税号 5201.0000。

② 确定货物完税价格为 1 060.72 美元/吨×1 000 吨×6.271 6＝6 652 411.55 元，每千克货物完税价格为 6 652 411.55 元÷1 000 吨÷1 000 千克＝6.652 元/千克。

③ 根据规定适用滑准税率。

④ 根据税率计算公式确定暂定关税税率。

根据当配额外进口棉花完税价格低于 15.000 元/千克时，暂定关税税率按公式计算，当公式计算值高于 40% 时取值 40% 的规定，该批棉花完税价格折算后每千克为 6.652 元，按照公式计算该货物的暂定关税税率：

$$暂定关税税率＝9.337÷完税价格（元/千克）+2.77\%×完税价格（元/千克）-1$$
$$＝9.337÷6.652+2.77\%×6.652-1$$
$$＝0.609$$

该滑准关税税率计算后为 60.9%，大于 40%，按照 40% 的关税税率计征关税。

⑤ 计算应征关税税款：

$$应征进口关税税额＝完税价格×暂定关税税率$$
$$＝6 652 411.55×40\%$$
$$＝2 660 964.62（元）$$

5. 反倾销税

（1）计算公式

$$反倾销税税额＝完税价格×反倾销税税率$$

（2）计算程序

① 按照归类原则确定税则归类，将应税货物归入适当的税号；

② 根据反倾销税有关规定，确定应税货物所适用的反倾销税税率；

③ 根据审定完税价格的有关规定，确定应税货物的 CIF 价格；

④ 根据汇率适用规定，将外币折算成人民币（完税价格）；

⑤ 按照计算公式正确计算应征反倾销税税款。

（3）计算实例

实例七：

国内某公司从美国首诺有限公司购进己二酸一批，成交总价为 CIF 国内某口岸 68 000 美元。已知该货物需要征收反倾销税，适用的外汇折算价为 1 美元＝6.126 8 元人民币，计算应征的反倾销税税款。

计算方法：

① 确定税则归类，该货物归入税号 2917.1200；

② 根据该批货物原产国和原产商确定，反倾销税税率为 16.8%；

③ 审定 CIF 价格为 68 000 美元；

④ 审定完税价格为 68 000 美元×6.126 8＝416 622.40 元；

⑤ 计算应征税款：

$$反倾销税税额＝完税价格×反倾销税税率$$
$$＝416\ 622.40×16.8\%$$
$$＝69\ 992.56（元）$$

（二）出口关税的计算

1. 计算公式

出口关税税额＝出口货物完税价格×出口关税税率

其中：

$$出口货物完税价格＝\frac{FOB（中国境内口岸）}{1+出口关税税率}$$

即出口货物是以 FOB 价成交的，应以该价格扣除出口关税后作为完税价格。如果以其他价格成交的，应换算成 FOB 价后再按上述公式计算，具体如下：

以 CIF 方式成交，出口关税计算公式为：

出口关税税额＝出口货物完税价格×出口关税税率

其中：

$$出口货物完税价格＝\frac{CIF-运费-保险费}{1+出口关税税率}$$

以 CFR 方式成交，出口关税计算公式为：

出口关税税额＝出口货物完税价格×出口关税税率

其中：

$$出口货物完税价格＝\frac{CFR-运费}{1+出口关税税费}$$

2. 计算程序

（1）按照归类原则确定税则归类，将应税货物归入适当的税号；

（2）根据审定完税价格的有关规定，确定应税货物 FOB 价格；

（3）根据汇率适用规定，将外币折算成人民币；

（4）按照计算公式正确计算应征出口关税税款。

3. 计算实例

实例八：

国内某企业向韩国出口活鳗鱼苗一批，合同采用 CIF 贸易术语。已知成交总价为 9 090 美元，运费为 987 美元，保险费用 50 美元，适用的外汇折算价为 1 美元＝6.271 6 元人民币，计算出口关税。

计算方法：

（1）确定税则归类，该批货物归入税号 0301.9210，出口税率为 20%；

（2）审定 FOB 美元价格为 8 053 美元（9090 美元−987 美元−50 美元）；

（3）将外币价格折算成人民币为 50 505.19 元；

（4）计算应征税款：

$$
\begin{aligned}
出口关税税额 &= [\,成交价格 \div (1+出口关税税率)\,] \times 出口关税税率 \\
&= [\,50\,505.19 \div (1+20\%)\,] \times 20\% \\
&= 42\,087.66 \times 20\% \\
&= 8\,417.53\ （元）
\end{aligned}
$$

(三) 进口环节消费税的计算

1. 计算公式

（1）实行从价定率办法计算纳税额，采用价内税的计税方法，即计税价格的组成中包括了消费税税额。其计算公式为：

消费税应纳税额＝消费税组成计税价格×消费税比例税率

其中：

$$
消费税组成计税价格 = \frac{关税完税价格+关税税额}{1-消费税比例税率}
$$

（2）从量定额征收的消费税的计算公式为：

消费税应纳税额＝应征消费税进口数量×消费税定额税率

（3）实行从价定率和从量定额复合计税办法计算纳税的组成计税价格，其计算公式为：

消费税应纳税额＝消费税组成计税价格×消费税比例税率＋应征消费税进口数量×消费税定额税率

其中：

$$
消费税组成计税价格 = \frac{关税完税价格+关税税额+应征消费税进口数量×消费税定额税率}{1-消费税税率}
$$

2. 计算程序

（1）按照归类原则确定税则归类，将应税货物归入适当的税号；

（2）根据有关规定，确定应税货物所适用的消费税税率/消费税税额；

（3）根据审定完税价格的有关规定，确定应税货物的 CIF 价格；

（4）根据汇率适用规定，将外币折算成人民币（完税价格）；

（5）按照计算公式正确计算消费税税款。

3. 计算实例

实例九：

国内某公司进口英国产香烟 10 标准箱（1 标准箱＝250 标准条；1 标准条＝200 支），成交价格为 CIF 国内某口岸 2 700 美元/标准箱。已知适用的外汇折算价为 1 美元＝6.271 6 元人民币，关税税率 25%，计算应征的进口环节消费税税款。

计算方法：

（1）确定税则归类，香烟归入税号 2402.2000。

（2）香烟征收复合消费税：每标准条进口完税价格≥50 元人民币时，按 45% 从价税率+150 元/标准箱从量税征收；每标准条进口完税价格<50 元人民币时，按 30% 从价税率+150 元/标准箱从量税征收。

（3）计算完税价格：2 700 美元×10 标准箱×6.271 6＝169 333.20 元。

（4）每标准条完税价格：169 333.20 元÷10 箱÷250 条＝67.73 元/条。

（5）适用税率为 45%+150 元/标准箱。

（6）按照公式计算进口环节消费税：

关税＝169 333.20×25%＝42 333.30（元）

从量消费税＝10×150＝1 500（元）

消费税组成计税价格＝（关税完税价格+关税+应征消费税进口数量×消费税定额税率）
　　　　　　　　÷（1−消费税税率）

　　　　　　　　＝（169 333.20+42 333.30+1 500）÷（1−45%）

　　　　　　　　＝387 575.45（元）

消费税应纳税额＝消费税组成计税价格×消费税比例税率+应征消费税进口数量×消费
　　　　　　　税定额税率

　　　　　　　＝387 575.45×45%+10×150

　　　　　　　＝175 908.95（元）

（四）进口环节增值税的计算

1. 计算公式

应纳税额＝增值税组成计税价格×增值税税率

增值税组成计税价格＝关税完税价格+关税税额+消费税税额

2. 计算程序

（1）按照归类原则确定税则归类，将应税货物归入适当的税号；

（2）根据有关规定，确定应税货物所适用的增值税税率；

（3）根据审定完税价格的有关规定，确定应税货物的 CIF 价格；

（4）根据汇率适用规定，将外币折算成人民币（完税价格）；

（5）按照计算公式正确计算关税税款；

（6）按照计算公式正确计算消费税税款、增值税税款。

3. 计算实例

实例十：

国内某公司进口美国产扫雪机1台，经海关审核其成交价格总值为CIF境内某口岸90 000美元。已知该批货物的关税税率为10%，增值税税率为17%，其适用的外汇折算价为1美元＝6.126 8元人民币，计算应征增值税税额。

计算方法：

首先计算关税税额，然后计算增值税税额。

（1）审定完税价格为90 000美元×6.126 8＝551 412元；

（2）计算关税税额：

应征关税税额＝关税完税价格×关税税率
＝551 412×10%
＝55 141.2（元）

（3）计算增值税税额：

应征增值税税额＝（关税完税价格＋关税税额）×增值税税率
＝（551 412＋55 141.2）×17%
＝606 553.2×17%
＝103 114.04（元）

实例十一：

国内某公司进口西班牙产散装葡萄酒一批，经海关审核其成交价格总值为CIF境内某口岸32 640欧元。已知该批货物的关税税率为20%，消费税税率为10%，增值税税率为17%，其适用的外汇折算价为1欧元＝7.143 8元人民币，计算应征增值税税额。

计算方法：

首先计算关税税额，然后计算消费税税额，最后再计算增值税税额。

（1）审定完税价格为32 640欧元×7.143 8＝233 173.63元；

（2）计算关税税额：

应征关税税额＝关税完税价格×关税税率
＝233 173.63×20%
＝46 634.73（元）

（3）计算消费税税额：

应征消费税税额＝[（关税完税价格＋关税税额）÷(1−消费税税率)]×消费税税率
＝[（233 173.63＋46 634.73）÷(1−10%)]×10%
＝310 898.18×10%
＝31 089.82（元）

（4）计算增值税税额：

应征增值税税额=（关税完税价格+关税税额+消费税税额）×增值税税率

$$=（233\ 173.63+46\ 634.73+31\ 089.82）×17\%$$

$$=310\ 898.18×17\%$$

$$=52\ 852.69\ （元）$$

（五）滞纳金的计算

滞纳金需按每票货物的关税、进口环节增值税、消费税单独计算。

1. 计算公式

关税滞纳金=滞纳关税税额×0.5‰×滞纳天数

进口环节消费税滞纳金=滞纳消费税税额×0.5‰×滞纳天数

进口环节增值税滞纳金=滞纳增值税税额×0.5‰×滞纳天数

2. 计算程序

（1）根据有关规定，确定滞纳关税及代征税税额；

（2）根据滞纳金管理规定，确定滞纳天数；

（3）按照公式分别正确计算关税、进口环节增值税、消费税滞纳金。

3. 计算实例

实例十二：

国内某公司进口西班牙产散装葡萄酒一批，经海关审核其成交价格总值为 CIF 境内某口岸 32 640 欧元。已知该批货物的关税税率为 20%，消费税税率为 10%，增值税税率为 17%，其适用的外汇折算价为 1 欧元=7.143 8 元人民币，滞纳天数为 5 天。计算进口环节海关代征增值税滞纳金。

计算方法：

首先计算关税税额，然后计算消费税税额，最后再计算增值税税额。

（1）审定完税价格为 32 640 欧元×7.143 8=233 173.63 元；

（2）计算关税税额：

应征关税税额=关税完税价格×关税税率

$$=233\ 173.63×20\%$$

$$=46\ 634.73\ （元）$$

（3）计算消费税税额：

应征消费税税额=[（关税完税价格+关税税额）÷（1-消费税税率）]×消费税税率

$$=[（233\ 173.63+46\ 634.73）÷（1-10\%）]×10\%$$

$$=310\ 898.18×10\%$$

$$=31\ 089.82\ （元）$$

（4）计算增值税税额：

应征增值税税额=（关税完税价格+关税税额+消费税税额）×增值税税率

$$=（233\ 173.63+46\ 634.73+31\ 089.82）×17\%$$

$$=310\ 898.18×17\%$$

$$=52\ 852.69（元）$$

（5）计算应缴滞纳金：

$$进口环节增值税滞纳金 = 滞纳增值税税额 \times 0.5‰ \times 滞纳天数$$
$$= 52\ 852.69 \times 0.5‰ \times 5$$
$$= 132.13\ （元）$$

（六）船舶吨税的计算

1. 计算公式

$$船舶吨税税额 = 船舶净吨位 \times 适用税率（元/净吨）$$

2. 计算程序

（1）确定适用的税率种类；

（2）确定船舶吨位和申报纳税期所适用的税率额；

（3）按照计算公式计算应征税额。

3. 计算实例

实例十三：

一艘进入我国境内某口岸的希腊籍船舶（净吨位58 000），船舶负责人申报纳税期90日。计算应征税额。

计算方法：

首先，确定适用的税率种类，希腊与我国签订了船舶税费最惠国待遇条款的条约或者协定，适用优惠税率；其次，确定船舶吨位和申报纳税期所适用的税率额为7.6元/净吨；最后，按照计算公式计算应征税额。

$$船舶吨税税额 = 船舶净吨位 \times 适用税率（元/净吨）$$
$$= 58\ 000 \times 7.6$$
$$= 440\ 800.00\ （元）$$

第六章　进出口货物报关单填制

为规范进出口收发货人的申报行为，统一进出口货物报关单填制要求，保证报关单数据质量，根据《海关法》及有关法规，制定《报关单填制规范》。本章主要依据公告要求，重点讲述进出口货物报关单各栏目填制的基本要求及应注意事项。

第一节　进出口货物报关单概述

一、含义

"中华人民共和国海关进（出）口货物报关单"是指进出口货物收发货人或其代理人，按照海关规定的格式对进出口货物的实际情况作出的书面申明，以此要求海关对其货物按适用的海关制度办理通关手续的法律文书。

二、类别

进出口货物报关单分为以下几种类型：

（一）按进出口流向分类

1. 进口货物报关单；

2. 出口货物报关单。

（二）按载体表现形式分类

1. 纸质报关单；

2. 电子数据报关单。

根据《海关总署办公厅关于执行修改进出口货物报关单和进出境货物备案清单格式的公告有关事项的通知》（署办发〔2016〕0031号），加工贸易专用报关单作废。

三、进出口货物报关单的法律效力

《海关法》规定："进口货物的收货人、出口货物的发货人应当向海关如实申报，交验进出口许可证件和有关单证。"

进出口货物报关单及其他进出境报关单（证）在对外经济贸易活动中具有十分重要的法律效力，是货物的收发货人向海关报告其进出口货物实际情况及适用海关业务制度、申请海关审查并放行货物的必备法律文书。它既是海关对进出口货物进行监管、征税、统计，以及开展稽查、调查的重要依据，又是出口退税和外汇管理的重要凭证，也是海关处理进出口货物走私、违规案件及税务、外汇管理部门查处骗税、逃套汇犯罪活动的重要书证。因此，申报人对所填报的进出口货物报关单的真实性和准确性应承担法律责任。

四、海关对进出口货物报关单填制的一般要求

第一，进出口货物收发货人或其代理人应按照《中华人民共和国海关进出口货物申报管理规定》《报关单填制规范》《统计商品目录》《规范申报目录》等有关规定要求向海关申报，并对申报内容的真实性、准确性、完整性和规范性承担相应的法律责任。

第二，报关单的填报应做到"两个相符"：一是单证相符，即所填报关单各栏目的内容必须与合同、发票、装箱单、提单及批文等随附单据相符；二是单货相符，即所填报关单各栏目的内容必须与实际进出口货物的情况相符，不得伪报、瞒报、虚报。

第三，不同运输工具、不同航次、不同提运单、不同监管方式、不同备案号、不同征免性质的货物，均应分单填报。

同一份报关单上的商品不能同时享受协定税率和减免税。

一份原产地证书，只能用于同一批次进口货物。含有原产地证书管理商品的一份报关单，只能对应一份原产地证书。

同一批次货物中实行原产地证书联网管理的，如涉及多份原产地证书应分单填报，如同时含有非原产地证书商品，港澳 CEPA 项下应分单填报，但《海峡两岸经济合作框架协议》（ECFA）项下可在同一张报关单中填报。

第四，一份报关单所申报的货物，须分项填报的情况主要有：商品编号不同的，商品名称不同的，计量单位不同的，原产国（地区）/最终目的国（地区）不同的，币制不同的，征免不同的等。

五、进出口货物报关单模版

中华人民共和国海关进口货物报关单

预录入编号： 海关编号：

收发货人		进口口岸	进口日期	申报日期
消费使用单位		运输方式	运输工具名称	提运单号
申报单位		监管方式	征免性质	备案号
贸易国（地区）	启运国（地区）		装货港	境内目的地
许可证号	成交方式	运费	保费	杂费
合同协议号	件数	包装种类	毛重（千克）	净重（千克）
集装箱号	随附单证			
标记唛码及备注				

项号	商品编号	商品名称、规格型号	数量及单位	原产国（地区）	单价	总价	币制	征免

录入员　录入单位	兹申明以上内容承担如实申报、依法纳税之法律责任 报关人员	海关批注及签章
	申报单位（签章）	

中华人民共和国海关出口货物报关单

预录入编号：　　　　　　　　　　　　　　　　　海关编号：

收发货人			出口口岸	出口日期	申报日期
生产销售单位			运输方式	运输工具名称	提运单号
申报单位			监管方式	征免性质	备案号
贸易国（地区）	运抵国（地区）		指运港		境内货源地
许可证号	成交方式	运费	保费		杂费
合同协议号	件数	包装种类	毛重（千克）		净重（千克）
集装箱号	随附单证				

标记唛码及备注

项号	商品编号	商品名称、规格型号	数量及单位	最终目的国（地区）	单价	总价	币制	征免

录入员　录入单位	兹申明以上内容承担如实申报、依法纳税之法律责任 报关人员 　　　　申报单位（签章）	海关批注及签章

第二节　进出口货物报关单表头栏目的填报

进出口货物报关单上方的预录入编号是指预录入单位录入报关单的编号。预录入编号由接受申报的海关决定编号规则。

进出口货物报关单上方的海关编号是指海关接受申报时给予报关单的18位顺序编号。一份报关单对应一个海关编号。海关编号由各直属海关在接受申报时确定，并标示在报关单的每一联上。

进口报关单和出口报关单分别编号，确保在同一公历年度内，能按进口和出口唯一标志本关区的每一份报关单。报关单海关编号由18位数组成，其中第1~4位为接受申报海关的编号（关区代码表中相应关区代码），第5~8位为海关接受申报的公历年份，第9位为进出口标志（"1"为进口，"0"为出口；集中申报清单"I"为进口，"E"为出口），第10~18位为顺序编号。例如：

5302	2016	0	000018999
罗湖海关	年份	出口	报关单顺序编号

一、收发货人

指在海关注册登记的对外签订并执行进出口贸易合同的中国境内法人、其他组织或个人的名称及编码。编码可选填18位法人和其他组织统一社会信用代码或10位海关注册编码任一项。

（一）统一社会信用代码

当前我国机构代码不统一，缺乏有效的协调管理和信息共享工作机制，大多数代码仅应用于各部门内部管理，法人和其他组织在设立和办理相关业务时，多个代码共存现象较为普遍，影响了同一主体信息比对，增加了社会负担，降低了行政效率。从唯一、统一、共享、便民和低成本转换等角度综合考虑，国家统一机构代码设计。新的社会信用代码为18位，由登记管理部门代码、机构类别代码、登记管理机关行政区划码、主体标识码（组织机构代码）、校验码5个部分组成。

1. 第1位是登记管理部门代码，使用阿拉伯数字或英文字母表示。例如，机构编制、民政、工商3个登记管理部门分别使用1、2、3表示，其他登记管理部门可使用相应阿拉伯数字或英文字母表示。

2. 第2位是机构类别代码，使用阿拉伯数字或英文字母表示。登记管理部门根据管理职能，确定在本部门登记的机构类别编码。例如，机构编制部门可用1表示机关单位，2表示事业单位，3表示由中央编办直接管理机构编制的群众团体；民政部门可用1表示社会团体，2表示民办非企业单位，3表示基金会；工商部门可用1表示企业，2表示个体工商户，3表示农民专业合作社。

3. 第3~8位是登记管理机关行政区划码，使用阿拉伯数字表示。例如，国家用100000，北京用110000，注册登记时由系统自动生成，体现法人和其他组织注册登记及其登记管理机关所在地，既满足登记管理部门按地区管理需求，也便于社会对注册登记主体所在区域进行识别。

4. 第 9~17 位是主体标识码（组织机构代码），使用阿拉伯数字或英文字母表示。

5. 第 18 位是校验码，使用阿拉伯数字或英文字母表示。

统一代码及其 9 位主体标识码（组织机构代码）在全国范围内是唯一的。

（二）海关注册编码

海关注册编码适用于在海关注册的进出口货物收发货人、报关企业、报关企业跨关区（或关区内）分支机构、临时注册登记单位、从事对外加工的生产企业、海关保税仓库、出口监管仓库等行政管理相对人。该编码是我国原有机构代码管理体制下的"衍生码"，海关凭申请单位提交的工商营业执照、组织机构代码证和税务登记证等证（照）办理注册备案手续。海关注册编码共 10 位，由数字和 24 个英文大写字母（I、O 除外）组成。其结构为：

1. 第 1~4 位为企业注册地行政区划代码。其中，第 1、2 位表示省、自治区或直辖市，如北京市为 11，江苏省为 32；第 3、4 位表示省所直辖的市、地区、自治州、盟或其他省直辖的县级行政区划，如北京西城区 1102，广州市 4401。

2. 第 5 位为企业注册地经济区划代码。

"1"：经济特区；

"2"：经济技术开发区；

"3"：高新技术产业开发区；

"4"：保税区；

"5"：出口加工区/珠澳跨境工业园区；

"6"：保税港区/综合保税区；

"7"：保税物流园区；

"8"：综合实验区；

"9"：其他；

"A"：国际边境合作中心；

"W"：保税物流中心。

例如，珠海市为 4404，包括珠海特区 44041、珠海保税区 44044、珠海国家高新技术产业开发区 44043、珠澳跨境工业区（珠海园区）44045、珠海市其他地区 44049。

3. 第 6 位为企业经济类型代码。

"1"：国有企业；

"2"：中外合作企业；

"3"：中外合资企业；

"4"：外商独资企业；

"5"：集体企业；

"6"：民营企业；

"7"：个体工商户；

"8"：报关企业；

"9"：其他，包括外国驻华企事业机构、外国驻华使领馆和临时进出口货物的企业、单位和个人等；

"A"：国营对外加工企业（无进出口经营权）；

"B"：集体对外加工企业（无进出口经营权）；

"C"：私营对外加工企业（无进出口经营权）。

4. 第 7 位为企业注册用海关经营类别代码，表示海关行政管理相对人的类别。如数字 0～9 为进出口货物收发货人/报关企业，英文大写字母 D～I 为各类保税仓库，L 为临时注册登记单位，Z 为报关企业分支机构，J 为国内结转型出口监管仓库，P 为出口配送型出口监管仓库。

5. 第 8～10 位为企业注册流水编号。

（三）本栏目特殊填报要求

1. 存在代理进出口关系的，"收发货人"栏应填报对外签订并执行进出口贸易合同的企业，即代理方的中文名称及编码。但属外商投资企业委托其他企业进口投资设备、物品的（监管方式为合资合作设备"2025"、外资设备物品"2225"），"收发货人"栏仍填报该外商投资企业的中文名称及编码，并在"标记唛码及备注"栏注明"委托××公司进口"，同时注明被委托企业的 18 位法人和其他组织统一社会信用代码。

2. 进出口货物合同的签订者和执行者非同一企业的，填报执行合同的企业。

3. 援助、赠送、捐赠的进口货物，"收发货人"栏填报直接接受货物的单位的中文名称及编码。

4. 收发货人编码第 6 位数为"8"的单位是只有报关权而没有进出口经营权的企业，不得作为收发货人填报。

5. 有代理报关资格的报关企业代理其他进出口企业办理进出口报关手续时，填报委托的进出口企业的代码。

6. 使用海关核发的加工贸易手册、电子账册及其分册管理的货物，收发货人应与加工贸易手册的"经营企业"一致。

二、进口口岸/出口口岸

报关单中的"进（出）口口岸"特指根据货物实际进出境的口岸海关，本栏目应填报海关规定的《关区代码表》中相应口岸海关的名称及代码。

关区名称指直属海关、隶属海关或海关监管场所的中文名称。关区代码由四位数字组成，前两位为直属海关关别代码，后两位为隶属海关或海关监管场所的代码。例如，货物由天津新港口岸进境，"进口口岸"栏不能填报为"天津关区"＋"0200"，亦不应填报为"天津海关"＋"0201"，而应填报为"新港海关"＋"0202"。

（一）特殊填报要求

进口转关运输货物应填报货物进境地海关名称及代码，出口转关运输货物应填报货物出境地海关名称及代码。按转关运输方式监管的跨关区深加工结转货物，出口报关单填报转出地海关名称及代码，进口报关单填报转入地海关名称及代码。

在不同海关特殊监管区域或保税监管场所之间调拨、转让的货物，填报对方特殊监管区域或保税监管场所所在的海关名称及代码。

无实际进出境的货物，填报接受申报的海关名称及代码。

无法确定进出口口岸的货物，填报接受货物申报的海关名称及代码。

（二）限定口岸要求

国家实行许可证件管理的货物，按证件核准口岸限定进出口。

加工贸易进出境货物，应填报主管海关备案时所限定或指定货物进出的口岸海关名称及其代码。限定或指定口岸与货物实际进出境口岸不符的，应向合同备案主管海关办理变更手续后填报。

三、进口日期/出口日期

进口日期是指运载所申报进口货物的运输工具申报进境的日期。

出口日期是指运载所申报出口货物的运输工具办结出境手续的日期。

填报要求：

第一，日期均为8位数字，顺序为年（4位）、月（2位）、日（2位）。例如，2015年8月10日申报进口一批货物，运输工具申报进境日期为2015年8月8日，"进口日期"栏填报为："20150808"。

第二，进口货物进口日期以运载进口货物的运输工具申报进境日期为准，进口货物申报时无法确知运输工具的实际进境日期的，申报时可免予填报。海关与运输企业实行舱单数据联网管理的，进口日期由海关自动生成。

第三，出口日期以运载出口货物的运输工具实际离境日期为准，海关与运输企业实行舱单数据联网管理的，出口日期由海关自动生成。本栏目在申报时免予填报。

第四，集中申报的报关单，进出口日期以海关接受报关单申报的日期为准。

第五，无实际进出境的报关单，以海关接受申报的日期为准。

四、申报日期

申报日期是指海关接受进出口货物的收发货人或受其委托的报关企业向海关申报数据的日期。

以电子数据报关单方式申报的，申报日期为海关计算机系统接受申报数据时记录的日期。以纸质报关单方式申报的，申报日期为海关接受纸质报关单并对报关单进行登记处理的日期。

申报日期为8位数字，顺序为年（4位）、月（2位）、日（2位）。本栏目在申报时免予填报。

五、消费使用单位/生产销售单位

消费使用单位是指已知的进口货物在境内的最终消费、使用单位的名称，包括自行从境外进口货物的单位、委托进出口企业进口货物的单位等。

生产销售单位是指出口货物在境内的生产或销售单位，包括自行出口货物的单位、委托进出口企业出口货物的单位等。

填报要求：

第一，本栏目可选填18位法人和其他组织统一社会信用代码、10位海关注册编码、9位组织机构代码中任一项。没有代码的应填报"NO"。有10位海关注册编码或18位法人和其他组织统一社会信用代码或加工贸易企业编码的消费使用单位/生产销售单位，本栏目应填报其中文名称及编码；没有编码的应填报其中文名称。

第二，加工贸易报关单的消费使用单位/生产销售单位应与加工贸易手册的"加工企业"一致。

第三，减免税货物报关单的消费使用单位/生产销售单位，应与征免税证明的"减免税申请人"一致。

第四，进口货物的最终消费、使用单位难以确定的，应以货物进口时预知的最终收货单位为准填报；出口货物的生产或销售单位难以确定的，以最早发运该出口货物的单位为准填报。

六、运输方式

报关单中的运输方式包括实际运输方式和海关规定的特殊运输方式，前者指货物实际进出境的运输方式，按进出境所使用的运输工具分类；后者指货物无实际进出境的运输方式，按货物在境内的流向分类。

"运输方式"栏应根据货物实际进出境的运输方式或货物在境内流向的类别按海关规定的《运输方式代码表》选择填报相应的运输方式名称或代码。

运输方式代码表及说明

代码	名称	运输方式说明
0	非保税区	境内非保税区运入保税区和保税区退区（退运境内）货物
1	监管仓库	境内存入出口监管仓库和出口监管仓库退仓
2	水路运输	
3	铁路运输	
4	公路运输	
5	航空运输	
6	邮件运输	
7	保税区	保税区运往境内非保税区
8	保税仓库	保税仓库转内销
9	其他运输	人扛、驮畜、输水管道、输油管道、输送带和输电网等方式实际进出境货物，部分非实际进出境货物
H	边境特殊海关作业区	境内运入深港西部通道港方口岸区
T	综合试验区	经横琴新区和平潭综合试验区二线指定申报通道运往境内区外或从境内经二线指定申报通道进入综合试验区，以及综合试验区内按选择性征收关税申报
W	物流中心	从境内保税物流中心外运入保税物流中心或从保税物流中心运往境内非保税物流中心

代码	名称	运输方式说明
X	物流园区	从境内特殊监管区域之外运入园区内或从保税物流园区运往境内
Y	保税港区/综合保税区	保税港区等特殊区域运往区外和区外运入保税港区等特殊区域
Z	出口加工区	出口加工区运往加工区外和区外运入出口加工区

（一）实际进出境货物填报要求

1. 进境货物的运输方式，按货物运抵我国关境第一个口岸时的运输方式填报；出境货物的运输方式，按货物运离我国关境最后一个口岸时的运输方式填报。运输方式具体包括水路运输（2）、铁路运输（3）、公路运输（4）、航空运输（5）、邮件运输（6）、其他运输（9）等。

2. 进口转关运输货物，按载运货物抵达进境地的运输工具填报；出口转关运输货物，按载运货物驶离出境地的运输工具填报。

3. 非邮件方式进出口的快递货物，按实际进出境运输方式填报。

4. 进出境旅客随身携带的货物，按旅客实际进出境时所对应的运输方式填报。

5. 不复运出（入）境而留在境内（外）销售的进出境展览品、留赠转卖物品等，填报"其他运输"（9）。

（二）无实际进出境货物在境内流转时填报要求

1. 境内非保税区运入保税区货物和保税区退区货物，填报"非保税区"（代码0）。

2. 保税区运往境内非保税区货物，填制进口报关单，"运输方式"填报"保税区"（代码7）。

3. 境内存入出口监管仓库和出口监管仓库退仓货物，填报"监管仓库"（代码1）。

4. 保税仓库转内销货物，填报"保税仓库"（代码8）。

5. 从境内保税物流中心外运入中心或从中心运往境内中心外的货物，填报"物流中心"（代码W）。

6. 从境内保税物流园区外运入园区或从园区运往境内园区外的货物，填报"物流园区"（代码X）。

7. 保税港区、综合保税区与境内（区外）（非特殊区域、保税监管场所）之间进出的货物，填报"保税港区/综合保税区"（代码Y）。

8. 出口加工区珠澳跨境工业区（珠海园区）、中哈霍尔果斯边境合作区（中方配套区）与境内（区外）（非特殊区域、保税监管场所）之间进出的货物，填报"出口加工区"（代码Z）。

9. 境内运入深港西部通道港方口岸区的货物，填报"边境特殊海关作业区"（H）。

10. 经横琴新区和平潭综合试验区二线指定申报通道运往境内区外或从境内经二线指定申报通道进入综合试验区的货物，以及综合试验区内按选择性征收关税申报的货物，填报"综合试验区"（代码T）。

11. 其他境内流转货物，填报"其他运输"（9），包括特殊监管区域内货物之间的流转、调拨货物，特殊监管区域、保税监管场所之间相互流转货物，特殊监管区域外的加工贸易余料结转、深加工结转、内销等货物。

12. 网购保税进口商品零售出区域（中心）申报时，运输方式应为二线出区域（中心）对应的运输方式。

七、运输工具名称

运输工具名称指载运货物进出境的运输工具的名称或运输工具编号。

航次号指载运货物进出境的运输工具的航次编号。

报关单"运输工具名称"与"航次号"的填报内容应与运输部门向海关申报的舱单（载货清单）所列相应内容一致。

在纸质报关单上，"运输工具名称"与"航次号"合并填报在"运输工具名称"一个栏目。

一份报关单只允许填报一个运输工具名称及其航次号。

（一）运输工具名称的填报要求

1. 实际进出境，直接在进出境地办理报关手续，或采用区域通关一体化通关模式的报关单：

（1）水路运输：填报船舶编号（来往港澳小型船舶为监管簿编号）或者船舶英文名称。

（2）公路运输：启用公路舱单前，填报该跨境运输车辆的国内行驶车牌号，深圳提前报关模式的报关单填报国内行驶车牌号+"/"+"提前报关"。启用公路舱单后，免予填报。

（3）铁路运输：填报车厢编号或交接单号。

（4）航空运输：填报航班号。

（5）邮件运输：填报邮政包裹单号。

（6）其他运输填：报具体运输方式名称，如管道、驮畜等。

2. 实际进出境，转关运输货物报关单：

（1）进口转关

① 水路运输：直转、提前报关填报"@"+16位转关申报单预录入号（或13位载货清单号），中转填报进境英文船名。

② 铁路运输：直转、提前报关填报"@"+16位转关申报单预录入号，中转填报车厢编号。

③ 航空运输：直转、提前报关填报"@"+16位转关申报单预录入号（或13位载货清单号），中转填报"@"。

④ 公路及其他运输：填报"@"+16位转关申报单预录入号（或13位载货清单号）。

⑤ 以上各种运输方式使用广东地区载货清单转关的提前报关的货物应填报"@"+13位载货清单号，其他地区货物提前报关免予填报。

（2）出口转关

① 水路运输：非中转的，填报"@"+16位转关申报单预录入号（或13位载货清单号），如多张报关单需要通过一张转关单转关的，运输工具名称字段填报"@"；中转的，境内水路运输填报驳船船名，境内铁路运输填报车名［主管海关4位关别代码+"TRAIN"（英文单词）］，境内公路运输填报车名［主管海关4位关别代码+"TRUCK"（英文单

词）］。

　　② 铁路运输：填报 "@" +16 位转关申报单预录入号（或 13 位载货清单号），如多张报关单需要通过一张转关单转关的，填报 "@"。

　　③ 航空运输：填报 "@" +16 位转关申报单预录入号（或 13 位载货清单号），如多张报关单需要通过一张转关单转关的，填报 "@"。

　　④ 其他各类出境运输方式：填报 "@" +16 位转关申报单预录入号（或 13 位载货清单号）。

　　3. 非实际进出境货物，运输工具名称为空。

　　4. 采用 "集中申报" 通关方式办理报关手续的，填报 "集中申报"。

（二）航次号的填报要求

　　1. 实际进出境，直接在进出境地办理报关手续的报关单或采用区域通关一体化通关模式：

　　（1）水路运输：填报船舶的航次号。

　　（2）公路运输：启用公路舱单前，填报运输车辆的 8 位进出境日期 ［顺序为年（4 位）、月（2 位）、日（2 位）］。启用公路舱单后，填报货物运输批次号。

　　（3）铁路运输：填报进出境日期。

　　（4）航空运输：免予填报。

　　（5）邮件运输：填报进出境日期。

　　（6）其他各类运输方式：免予填报。

　　2. 实际进出境，转关运输货物报关单：

　　（1）进口转关

　　① 水路运输：中转转关方式填报 "@" +进境干线船舶航次，直转、提前报关免予填报。

　　② 公路运输：免予填报。

　　③ 铁路运输："@" +进出境日期。

　　④ 航空运输：免予填报。

　　⑤ 其他各类运输方式：免予填报。

　　（2）出口转关

　　① 水路运输：非中转货物免予填报。中转货物，境内水路运输填报驳船航次号；境内铁路、公路运输填报 6 位起运日期，顺序为年、月、日各 2 位。

　　② 铁路拼车拼箱捆绑出口：免予填报。

　　③ 航空运输：免予填报。

　　④ 其他运输方式：免予填报。

　　3. 非实际进出境货物，航次号免予填报。

八、提运单号

　　提（运）单号是指进出口货物提单或运单的编号。报关单 "提运单号" 栏所填报的运输单证编号，主要包括海运提单号、海运单号、铁路运单号、航空运单号。提（运）单号必须与舱单数据一致。

　　一份报关单只允许填报一个提单或运单号，一票货物对应多个提单或运单时，应分单填报。

（一）实际进出境，直接在进出境地或采用区域通关一体化通关模式办理报关手续的

1. 水路运输：填报进出口提单号；如有分提单的，填报进出口提单号+" ＊ "+分提单号。

2. 公路运输：启用公路舱单前，免予填报；启用公路舱单后，填报进出口总运单号。

3. 铁路运输：填报运单号。

4. 航空运输：填报总运单号+" _ "+分运单号，无分运单的填报总运单号。

5. 邮件运输：填报邮运包裹单号。

（二）实际进出境，转关运输货物的报关单

1. 进口转关

（1）水路运输：直转、中转填报提单号，提前报关免予填报。

（2）铁路运输：直转、中转填报铁路运单号，提前报关免予填报。

（3）航空运输：直转、中转货物填报总运单号+" _ "+分运单号，提前报关免予填报。

（4）其他运输方式：免予填报。

（5）以上运输方式进境货物，在广东省内用公路运输转关的，填报车牌号。

2. 出口转关

（1）水路运输：中转货物填报提单号；非中转货物免予填报；广东省内汽车运输提前报关的转关货物，填报承运车辆的车牌号。

（2）其他运输方式：免予填报；广东省内汽车运输提前报关的转关货物，填报承运车辆的车牌号。

（三）非实际进出境货物

非实际进出境货物，本栏目免予填报。

（四）采用"集中申报"通关方式办理报关手续的

采用"集中申报"通关方式办理报关手续的，报关单填报归并的集中申报清单的进出口起止日期［按年（4位）月（2位）日（2位）年（4位）月（2位）日（2位）］。

九、申报单位

本栏目包括申报单位及报关单左下角用于填报申报单位有关情况的相关栏目，包括报关人员、申报单位签章等。自理报关的，本栏目填报进出口企业的名称及海关注册编码；委托代理报关的，本栏目填报经海关批准的报关企业名称及海关注册编码。

本栏目可选填18位法人和其他组织统一社会信用代码或10位海关注册编码任一项。

申报单位指向海关办理进出口货物报关手续的法人，主要有已在海关登记注册的进出口货物收发货人、报关企业。本项填报申报单位的中文名称及编码，并签印。

报关人员指具体负责该批货物向海关办理报关手续的人员。由该报关人员在该栏中签印。

单位地址主要填报向海关办理报关手续的单位在境内居住或通信联系的地址。

邮编及电话主要填报申报单位所在地区的邮政编码及通信联系的电话号码。

填制日期主要指该份报关单的填制日期，由经办的报关人员负责填写。电子数据报关单的填制由计算机自动打印。填制日期为 8 位数字，顺序为：年（4 位）、月（2 位）、日（2 位）。

十、监管方式

进出口货物报关单上所列的监管方式专指以国际贸易中进出口货物的交易方式为基础，结合海关对进出口货物征税、统计及监管条件综合设定的海关对进出口货物的管理方式。一份报关单只允许填报一种监管方式。

监管方式代码为 4 位数字。前两位按照海关监管要求和计算机管理需要划分的业务分类代码，例如 02~08、44、46 表示加工贸易货物，11~12 表示保税仓储、转口货物，20~22 表示外商投资企业进口货物，45 表示退运货物，50~53 表示特殊区域货物。后两位是参照国际标准编制的贸易方式代码，其中 10~39 表示列入海关贸易统计，41~66 表示列入单项统计；00 表示不列入海关贸易统计和单项统计。

常见监管方式的名称、代码、适用范围及主要填报要求如下：

（一）一般贸易

一般贸易是指我国境内有进出口经营权的企业单边进口或单边出口的贸易。

本监管方式代码"0110"，简称"一般贸易"，适用范围包括：

1. 以正常交易方式成交的进出口货物；

2. 贷款援助的进出口货物；

3. 外商投资企业为加工内销产品而进口的料件，属于非保税加工的；

4. 外商投资企业用国产原材料加工成品出口或采购产品出口；

5. 供应外国籍船舶、飞机等运输工具的国产燃料、物料及零配件；

6. 保税仓库进口供应给中国籍国际航行运输工具使用的燃料、物料等保税货物；

7. 境内企业在境外投资以实物投资进出口的设备、物资；

8. 来料养殖、来料种植进出口货物；

9. 国有公益性收藏单位通过合法途径从境外购入的藏品。

（二）加工贸易项下进口料件和出口成品

1. 来料加工

来料加工是指进口料件由境外企业提供，经营企业不需要付汇进口，按照境外企业的要求进行加工或装配，只收取加工费，制成品由境外企业销售的经营活动。

本监管方式代码"0214"，简称"来料加工"，主要适用于来料加工项下进口的料件和加工出口的成品。

来料加工进出口货物报关单"备案号"栏目应填报加工贸易手册或电子账册编号。成品出口报关单"征免"栏方式应填报"全免"，应征出口税的，应填报"照章征税"。

2. 进料加工

进料加工贸易是指进口料件由经营企业付汇进口，制成品由经营企业外销出口的经营活动。进料加工对口合同是指买卖双方分别签订进出口对口合同，料件进口时，我方先付料件款，加工成品出口时再向对方收取出口成品款项的交易方式，包括动用外汇的对口合同或不同客户的对口联号合同，以及对开信用证的对口合同。

本监管方式代码"0615",简称"进料对口",主要适用于进料加工项下进口料件和出口成品,以及进料加工贸易中外商免费提供进口的主、辅料和零部件。

进料加工进出口货物报关单"备案号"栏目应填报加工贸易手册或电子账册编号。成品出口报关单"征免"栏方式应填报"全免",应征出口税的,应填报"照章征税"。

(三)加工贸易项下其他货物

1. 结转

加工贸易经营企业将保税进口料件所加工的产品在境内结转给另一个加工贸易企业,用于再加工后复出口的,转入、转出企业分别填制进、出口报关单,监管方式填报"来料深加工"(0255)或"进料深加工"(0654)。

加工贸易经营企业将加工过程中剩余的进口料件,结转到本企业同一加工监管方式下的另一个加工贸易合同,继续加工为制成品后复出口的,应分别填制进、出口报关单,监管方式填报"来料余料结转"(0258)或"进料余料结转"(0657)。

2. 内销

(1)料件内销

加工贸易加工过程产生的剩余料件、制成品、未完成品、残次品及受灾保税货物,经批准转为国内销售,不再加工复出口的,以及海关事后发现企业擅自转内销并准予补办进口补税手续的加工贸易项下货物,应填制进口报关单,监管方式填报"来料料件内销"(0245)或"进料料件内销"(0644)。

(2)边角料内销

加工贸易加工过程中有形损耗产生的边角料,以及加工副产品,有商业价值且经批准在境内销售的,应填制进口报关单,监管方式填报"来料边角料内销"(0845)或"进料边角料内销"(0844)。

(3)成品转减免税

加工贸易项下制成品,在境内销售给凭征免税证明进口的货物的企业,加工贸易经营企业填制出口报关单,监管方式填报"来料成品减免"(0345)或"进料成品减免"(0744)。

3. 退运(复出)

加工贸易进口料件因品质、规格等原因退运出境,或加工过程中产生的剩余料件、边角料退运出境,且不再更换同类货物进口的,分别填报"来料料件复出"(0265)、"来料边角料复出"(0865)、"进料料件复出"(0664)、"进料边角料复出"(0864)。

4. 退换

(1)料件退换

加工贸易保税料件因品质、规格等原因退运出境,更换料件后复进口的,退运出境报关单和复运进境报关单的监管方式应填报为"来料料件退换"(0300)或"进料料件退换"(0700)。

(2)成品退换

加工贸易出口成品因品质、规格等原因退运进境,经加工、维修或更换同类商品复出口的,退运进境报关单和复运出境报关单的监管方式应填报为"来料成品退换"(4400)或"进料成品退换"(4600)。

5. 销毁

企业销毁处置加工贸易货物未获得收入，销毁处置货物为料件、残次品的，填报"料件销毁"（0200）；销毁处置货物为边角料、副产品的，填报"边角料销毁"（0400）。企业销毁处置加工贸易货物获得收入的，填报为"进料边角料内销"或"来料边角料内销"。

（四）加工贸易进口设备

1. 加工贸易设备

加工贸易设备，指来料加工、进料加工贸易项下外商作价提供、不扣减企业投资总额的进口设备，以及服务外包企业履行国际服务外包合同，由国际服务外包业务境外发包方免费提供的进口设备。

本监管方式代码"0420"，对应征免性质为"一般征税"（101）或"加工设备"（501）。

2. 不作价设备

加工贸易项下外商提供的不作价设备，指境外企业与境内企业开展来料、进料业务，外商免费向境内加工贸易收发货人提供加工生产所需设备，境内收发货人不需支付外汇、不需用加工费或差价偿还。

本监管方式代码"0320"，简称"不作价设备"，对应征免性质为"加工设备"（501）。

加工贸易进口不作价设备由加工贸易合同备案地海关办理备案手续，核发加工贸易手册，手册编号第一位标记为"D"。进口《外商投资项目不予免税的进口商品目录》所列商品范围外的不作价设备，且符合规定条件的，免征进口关税。

与加工贸易免税进口不作价设备相关的监管方式有：

（1）加工设备内销，指海关监管期内的加工贸易免税进口设备经批准转售给境内非加工企业，代码"0446"。

（2）加工设备结转，指海关监管期内的加工贸易免税进口设备经批准转让给另一加工企业，或从本企业一本加工贸易手册结转入另一本加工贸易手册，代码"0456"。

（3）加工设备退运，指加工贸易免税进口设备退运出境，代码"0466"。

（五）外商投资企业进口自用设备、物品

1. 投资总额内进口设备、物品

外商投资企业作为投资进口的设备、物品，是指外商投资企业投资总额内的资金（包括中方投资）进口的机器设备、零部件和其他建厂（场）物料，安装、加固机器所需材料，以及进口本企业自用合理数量的交通工具、生产用车辆、办公用品（设备）。

中外合资、合作企业进口设备、物品，监管方式代码"2025"，简称"合资合作设备"；外商独资企业（以下简称外资企业）进口设备、物品，监管方式代码"2225"，简称"外资设备物品"。

2. 投资总额外自有资金免税进口设备

鼓励类外商投资企业，以及符合中西部利用外资优势产业和优势项目目录的项目，利用企业投资总额以外的自有资金，在原批准的生产经营范围内，对设备进行更新维修，进

口国内不能生产或性能不能满足需要的自用设备及其配套的技术、配件、备件，进口报关单监管方式应为"一般贸易"（0110），对应征免性质为"自有资金"（799）。

3. 减免税设备结转

这是指海关监管年限内的减免税设备，从进口企业结转到另一享受减免税待遇的企业，监管方式代码"0500"，简称"减免设备结转"。减免设备结转的转入、转出企业应分别填写进、出口报关单向海关申报，具体栏目填制要求见本章第五节对应表格内容。

需注意的是，加工贸易项下免税进口的不作价设备结转给另一加工贸易企业，不适用本监管方式，应适用"加工设备结转"（0456）。

（六）暂准进出境货物

1. 进出境展览品

进出境展览品指外国为来华或我国为到外国举办经济、文化、科技等展览或参加博览会而进出口的展览品，以及与展览品有关的宣传品、布置品、招待品、小卖品和其他物品。

本监管方式代码"2700"，简称"展览品"，对应征免性质为"其他法定"（299）。

进出境展览品的范围主要包括在展览会、交易会、会议及类似活动中展示或者使用的货物。不复运出入境而留在境内外销售的进出境展览品，应按实际监管方式填报，不适用本监管方式。ATA 单证册项下的暂准进出展览品，持证人免填报关单，无须使用本监管方式。

2. 暂时进出境货物

暂时进出境货物是指暂时进出关境并且在规定的期限内复运出境或进境的货物，包括国际组织、外国政府或外国和我国香港、澳门及台湾地区的企业、群众团体及个人为开展经济、技术、科学、文化合作交流而暂时运入或运出我国关境及复运出入境的货物。

本监管方式代码"2600"，简称"暂时进出货物"，对应征免性质为"其他法定"（299）。

对符合《中华人民共和国海关暂时进出境货物管理办法》所述暂予免征税率的货物，"征免性质"栏填报"299 其他法定"；对符合规定应予征税的货物，"征免性质"栏填报"101 一般征税"。

申请人可以直接办理暂时进出境货物进出口申报手续，提交有关材料，无需事前办理审批手续；申请人办理暂时进出境货物延期手续的，海关按照现行程序采取内部核批，不再出具法律文书。

暂时进出境货物包括如下：

（1）在展览会、交易会、会议及类似活动中展示或者使用的货物；

（2）文化、体育交流活动中使用的表演、比赛用品；

（3）进行新闻报道或者摄制电影、电视节目使用的仪器、设备及用品；

（4）开展科研、教学、医疗活动使用的仪器、设备和用品；

（5）在第（1）项至第（4）项所列活动中使用的交通工具及特种车辆；

（6）货样；

（7）慈善活动使用的仪器、设备及用品；

（8）供安装、调试、检测、修理设备时使用的仪器及工具；

（9）盛装货物的容器；

（10）旅游用自驾交通工具及其用品；

（11）工程施工中使用的设备、仪器及用品；

（12）海关批准的其他暂时进出境货物。

除我国缔结或者参加的国际条约、协定及国家法律、行政法规和海关总署规章另有规定外，暂时进出境货物可以免于交验许可证件。

（七）租赁贸易

租赁贸易是指经营租赁业务的企业与外商签订国际租赁合同项下境内企业租赁进口或出租出口的货物。

相关监管方式包括：租赁期在一年及以上的进出口货物，监管方式代码"1523"，简称"租赁贸易"；租赁期在一年及以上的进出口货物分期办理征税手续时，每期征税适用监管方式代码"9800"，简称"租赁征税"；租赁期不满一年的进出口货物，监管方式代码"1500"，简称"租赁不满一年"。

上述监管方式的适用范围不包括：经营租赁业务的企业进口自用的设备、办公用品，监管方式为"一般贸易"（0110）；加工贸易租赁进口的机器设备，监管方式应为"加工贸易设备"（0420）。

租赁贸易货物报关单的主要填制要求如下：

1. 首次进口时，分期支付租金的，应填制两份报关单，一份监管方式为"租赁贸易"（1523）或"租赁不满一年"（1500），申报租赁货物的全值，用于监管和统计；另一份监管方式为"租赁征税"（9800），用于计征税款。纳税义务人申请一次性缴纳税款的，可以选择申请按照依次审查确定该货物的完税价格的方法，或者按照海关审查确定的租金总额作为完税价格。

2. 进口后，按合同约定支付各期租金并征税的，报关单监管方式均为"租赁征税"（9800），并将首次进口的报关单号作为"关联报关单"填报于"标记唛码及备注"栏。

3. 退运时："租赁贸易"（1523）期满复运出（进）口的货物，监管方式为"退运货物"（4561）；"租赁不满一年"（1500）期满复运出（进）口境的货物，监管方式为"租赁不满一年"（1500）。

（八）修理物品

进出境修理物品是指进境或出境维护修理的货物、物品。

本监管方式代码"1300"，简称"修理物品"。

本监管方式适用于各类进出境维修的货物，以及修理货物维修所用的原材料、零部件，但不包括：按加工贸易保税货物管理的进境维修业务，以及加工贸易项下进口料件和出口成品的进出境维修退换（0300、0700、4400、4600）业务。

修理物品进口报关单对应征免性质为"一般征税"（101）或"其他法定"（299）。进出境维修货物复运出进境，进出口报关单需将关联的出、进口报关单号作为关联报关单号填报在"标记唛码及备注"栏。

（九）无代价抵偿进出口货物

无代价抵偿进出口货物是指进出口货物经海关征税或免税放行后，因货物残损、短少或品质不良及规格不符等原因，而由进出口货物的发货人、承运人或保险公司免费补偿或更换的与原货物相同或者与合同规定相符的货物。

本监管方式代码"3100"，简称"无代价抵偿"。

无代价抵偿进出口货物相关申报要求如下：

1. 如原进出口货物退运出进境，其报关单的"监管方式"栏应填报为"其他"（9900）。补偿进口货物的报关单监管方式填报"无代价抵偿"（3100），"征免性质"填报"其他法定"（299）或"一般征税"（101）；补偿出口报关单"征免性质"填报"其他法定"（299）。

2. 退运出进境货物报关单（9900）及补偿进出口货物报关单（3100），均应在"标记唛码及备注"栏内填报原进出口货物报关单号。

（十）退运货物

退运进出口货物是指原进、出口货物因残损、缺少、品质不良、规格不符、延误交货或其他原因退运出、进境的货物。

本监管方式代码"4561"，简称"退运货物"。

1. 适用范围

本监管方式适用于以下货物的退运出、进境：一般贸易（0110）、易货贸易（0130）、旅游购物商品（0139）、租赁贸易（1523）、寄售代销（1616）、外商投资企业设备物品（2025）／（2225）、外汇免税商品（1831）、货样广告品（3010）、其他进出口免费（3339）、承包工程进口（3410）、对外承包出口（3422）、无偿援助（3511）、捐赠物资（3612）、边境小额（4019）、对台小额（4039）、其他贸易（9739）。

本监管方式不适用于以下货物：

（1）加工贸易项下料件、成品维修退换，监管方式为"来料料件退换"（0300）、"进料料件退换"（0700）、"来料成品退换"（4400）、"进料成品退换"（4600）。

（2）加工贸易项下料件、边角料退运，监管方式为"来料料件复出"（0265）、"来料边角料复出"（0865）、"进料料件复出"（0664）、"进料边角料复出"（0864）。

（3）加工贸易设备退运，监管方式为"加工设备退运"（0466）。

（4）货物进境后、放行结关前退运的货物，监管方式"直接退运"（4500）。

（5）"租赁不满一年"货物退运，监管方式为"租赁不满一年"（1500）。

（6）进出口无代价抵偿货物，被更换的原进口货物退运出境，监管方式为"其他"（9900）。

2. 相关申报要求

退运货物进出口时，应随附原出（进）口货物报关单，并将原出（进）口货物报关单号填报在"标记唛码及备注"栏内。

（十一）直接退运货物

直接退运货物是指进口货物收发货人、原运输工具负责人或者其代理人在货物进境后、办结海关放行手续前，因海关责令或有正当理由获准退运境外的货物。

本监管方式代码"4500"，简称"直接退运"。

1. 适用范围包括

（1）在货物进境后、办结海关放行手续前，由于客观原因需向海关申请办理直接退运手续的，包括错发、误卸、溢卸货物、残损货物等；

（2）在货物进境后，办结海关放行手续前，由于不符合有关法令，依法应当退运的，由海关责令当事人将进口货物直接退运境外的，包括违反有关进口法令，经海关处理后责令退运境外的；

（3）保税区、出口加工区及其他海关特殊监管区域和保税监管场所进口货物直接退运的。

2. 适用范围不包括

海关放行后需办理退运出境的进口货物，以及进口转关货物在进境地海关放行后申请办理退运手续的货物。两者均应按"退运货物"（4561）手续办理报关手续。

3. 相关申报要求

按照"先报出、后报进"的原则先办理出口手续，后办理进口手续，进口报关单"标记唛码及备注"栏将对应的出口报关单号作为"关联报关单号"填报，进出口报关单监管方式均为"直接退运货物"，"标记唛码及备注"栏均应填报"进口货物直接退运表"或"海关责令进口货物直接退运通知书"的编号。

（十二）国家或国际组织无偿援助和赠送的物资

国家或国际组织无偿援助和赠送的物资是指我国根据两国政府间的协议或临时决定，对外提供无偿援助的物资、捐赠品，或我国政府、组织基于友好关系向对方国家政府、组织赠送的物资，以及我国政府、组织接受国际组织、外国政府或组织无偿援助、捐赠或赠送的物资。

本监管方式代码"3511"，简称"无偿援助物资"。本监管方式对应征免性质为"无偿援助"（201）。

商务部负责管理的援外项目实施企业应当持由商务部、紧急援助部际工作机制领导小组或项目管理机构出具的"援外项目任务通知函"向海关办理援外物资出口手续。监管方式填报为"援助物资"（代码为3511），且免于提交"出口许可证"。

（十三）进出口捐赠物资

进出口捐赠物资是指境外捐赠人以扶贫、慈善、救灾为目的向我国境内捐赠的直接用于扶贫、救灾、兴办公益福利事业的物资，以及境内捐赠人以扶贫、慈善、救灾为目的向境外捐赠的直接用于扶贫、救灾、兴办公益福利事业的物资。

本监管方式代码"3612"，简称"捐赠物资"。对应征免性质为"救灾捐赠"（801）、"扶贫慈善"（802）、"公益收藏"（698）、"科教用品"（401）、"残疾人"（413）等。

（十四）其他免费提供的进出口货物

其他免费提供的进出口货物指除已具体列名的礼品、无偿援助和赠送物资、捐赠物资、无代价抵偿进口货物、国外免费提供的货样、广告品等归入列名监管方式的免费提供货物以外，进出口其他免费提供的货物。

本监管方式代码"3339"，简称"其他进出口免费"。适用范围包括：外商在经贸活动中赠送的物品，外国人捐赠品，驻外中资机构向国内单位赠送的物资，经贸活动中由外商免费提供的试车材料、消耗性物品等。

本监管方式对应征免性质："一般征税"（101）、"其他法定"（299）。

（十五）保税仓库进出境仓储、转口货物

保税仓库进出境仓储及转口货物指从境外进口直接存入保税仓库、保税仓库出境的仓储、转口货物，以及出口监管仓库出境的货物。

本监管方式代码"1233"，简称"保税仓库货物"。

本监管方式无对应征免性质代码，报关单"运输方式"栏应为实际进出境的运输方式。

相关申报要求如下：

1. 保税仓库进境货物销往境内，按货物运出保税仓库的实际用途填报相应的监管方式，运输方式为"保税仓库"（8）。

2. 境内存入出口监管仓库和出口监管仓库退仓货物，按实际监管方式填报，运输方式为"监管仓库"（1）。

3. 保税仓库货物出仓运往境内其他地方转为正式进口的，在仓库主管海关办结出仓报关手续，填制出口报关单，监管方式填写"1200"，进口报关单按实际进口监管方式填报。

（十六）物流中心进出境货物

保税物流中心进出境仓储货物是指从境外直接存入保税物流中心和从保税物流中心运出境的仓储、转口货物。

本监管方式代码"6033"，简称"物流中心进出境货物"。

相关申报要求如下：

1. 从境内（海关特殊监管区域除外）运入保税物流中心货物应填制出口报关单，从保税物流中心提取运往境内的货物应填制进口报关单，监管方式按实际情况选择填报。

2. 保税物流中心与保税区、出口加工区、保税物流园区、保税仓库、出口监管仓库及保税物流中心之间等海关特殊监管区域或保税监管场所之间往来的货物，监管方式填报"保税间货物"（1200）。

（十七）保税区进出境仓储、转口货物

保税区进出境仓储、转口货物是指从境外存入保税区、保税物流园区和从保税区、保税物流园区运出境的仓储、转口货物。

本监管方式代码"1234"，简称"保税区仓储转口"。

保税区、保税物流园区进出境仓储、转口货物实行"备案制"，区内企业凭"保税区、保税物流园区进（出）境货物备案清单"向保税区、保税物流园区海关办理申报手续。保税区仓储、转口货物无须填报征免性质。

相关申报要求如下：

1. 保税区、保税物流园区除仓储、转口货物以外的其他进出境货物，应按实际监管方式填报。如区内企业开展加工贸易业务所需进口料件和制成品出口，监管方式应填报为"来料加工"（0214）或"进料对口"（0615）。

2. 从保税区、保税物流园区运往境内非海关特殊监管区域、保税监管场所的货物，按实际监管方式填报，运输方式为"保税区"（7）。

3. 从境内非海关特殊监管区域、保税监管场所运入保税区、保税物流园区的货物，以及从境内非海关特殊监管区域、保税监管场所运入保税区、保税物流园区后又退回境内的货物，按实际监管方式填报，运输方式为"非保税区"（0）。

（十八）保税区加工贸易内销货物

保税区进料加工、来料加工成品不复运出境，转为国内使用，按征税方式区分适用以

下监管方式：

1. 区内加工企业来料、进料加工全部用境外运入料件加工的制成品销往非保税区，以及来料、进料加工内销制成品所含进口料件的品名、数量、价值难以区分的，按照制成品征税。监管方式分为"保区来料成品"（0445）和"保区进料成品"（0444）。

2. 区内企业来料、进料加工用含有部分境外运入料件加工的制成品销往非保税区时，对其制成品按照所含进口料件征税，监管方式分为"保区来料料件"（0545）和"保区进料料件"（0544）。

相关申报要求如下：

保税区加工贸易成品转内销货物填报进口报关单，运输方式均为"保税区"（7），"0444"和"0445"备案号栏目应填报加工贸易手册编号，原产国（地区）填报中国（142）；"0544"和"0545"备案号为空，原产国（地区）填报原进口料件的原产国（地区）。

（十九）海关特殊监管区域、保税监管场所间往来的货物

指保税区、保税物流园区、出口加工区、出口监管仓库、保税仓库、保税物流中心等海关特殊监管区域、保税监管场所间往来的货物。本监管方式代码"1200"，简称"保税间货物"。

本监管方式不适用出口加工区间结转货物。不同出口加工区企业结转货物适用"成品进出区"（5100）和"料件进出区"（5000）。

本监管方式下的货物，转出企业和转入企业应分别填制出口货物报关单或进口货物报关单，监管方式"保税间货物"（1200），征免性质免予填报，运输方式"其他"（9），启运国或运抵国为"中国"（142），原产国或最终目的国按照实际国别填报。

（二十）海关特殊监管区域进出境货物

下述5014、5015、5034、5335、5361、5010六种监管方式，适用于保税港区、综合保税区、出口加工区、珠澳跨境工业园区（珠海园区）、中哈霍尔果斯边境合作区（中方配套区）内企业申报使用，不适用于区外企业和保税区、保税物流园区内企业。

1. 5014"区内来料加工"指海关特殊监管区域与境外之间进出的来料加工货物，适用于海关特殊监管区域内企业在来料加工贸易业务项下的料件从境外进口及制成品出境。

2. 5015"区内进料加工货物"指海关特殊监管区域与境外之间进出的进料加工货物，适用于海关特殊监管区域内企业在进料加工贸易业务项下的料件从境外进口及制成品出境。

3. 5034"区内物流货物"指海关特殊监管区域与境外之间进出的物流货物，适用于海关特殊监管区域内企业从境外运进或运往境外的仓储、分拨、配送、转口货物，包括流通领域的物流货物及供区内加工生产用的仓储货物。

4. 5335"境外设备进区"指海关特殊监管区域从境外进口的设备及货物，适用于海关特殊监管区域内企业从境外进口用于区内业务所需的设备、物资，以及区内企业和行政管理机构自用合理数量的办公用品等。

5. 5361"区内设备退运"指海关特殊监管区域设备及货物退运境外，适用于海关特殊监管区域内企业将监管方式代码"5335"项下的设备、物资退运境外。

6. 5010"特殊区域研发货物"指海关特殊监管区域与境外之间进出的研发货物，适用于海关特殊监管区域内企业从境外购进的用于研发的材料、成品，或研发后将上述货物

退回境外，但不包括企业自用或其他用途的设备。

7. 海关监管方式代码"1239"，全称"保税跨境贸易电子商务 A"，简称"保税电商A"，适用于境内电子商务企业通过海关特殊监管区域或保税物流中心（B 型）一线进境的跨境电子商务零售进口商品。

上述监管方式中，"区内进料加工货物"（5015）适用征免性质代码"进料加工"（503），监管方式"区内物流货物"（5034）无须填报征免性质代码。

（二十一）海关特殊监管区域进出区货物

下述 5000、5100、5300 三种监管方式，适用于保税港区、综合保税区、出口加工区、珠澳跨境工业园区（珠海园区）、中哈霍尔果斯边境合作区（中方配套区）内企业申报使用，不适用于区外企业和保税区、保税物流园区内企业。

1. 5000"料件进出区"指料件进出海关特殊监管区域，适用于海关特殊监管区域内保税加工、保税物流或研发企业与境内（区外）之间进出的料件，包括此类料件在境内的退运、退换。

2. 5100"成品进出区"指成品进出海关特殊监管区域，适用于海关特殊监管区域内保税加工、保税物流或研发企业与境内（区外）之间进出的成品，包括此类成品在境内的退运、退换。

3. 5300"设备进出区"指设备及物资进出海关特殊监管区域，适用于海关特殊监管区域内企业从境内（区外）购进的自用设备、物资，或将设备、物资销往区外，结转到同一海关特殊监管区域或另一海关特殊监管区域的企业，以及在境内的退运、退换。

相关申报要求如下：

1. 出区货物

（1）区外企业填制"中华人民共和国海关进口货物报关单"，监管方式填报区外企业提取区内货物适用的监管方式；原产国按实际填报（对于未经加工的进口货物，按货物原进口时的原产国统计；对于经加工的成品或未完成品，按现行进口原产地规则确定原产国）；启运国填写"中国"（142）。

（2）区内企业填制出境货物备案清单，监管方式分别适用"料件进出区"（5000）、"成品进出区"（5100）、"设备进出区"（5300）。

2. 进区货物

（1）区外企业填制"中华人民共和国海关出口货物报关单"，监管方式填报区外企业将货物运入区内货物适用的监管方式，目的国和运抵国填写"中国"（142）。

（2）区内企业填制进境货物备案清单，监管方式分别适用"料件进出区"（5000）、"成品进出区"（5100）、"设备进出区"（5300）。

5000、5100、5300 监管方式下进出区货物均无须填报征免性质代码。

上述第（二十）、（二十一）项特殊区域进出货物不包括下列情形：

第一，出口加工区企业加工贸易进口料件退换进出境或在区内企业间退换，监管方式代码"0700"，简称"进料料件退换"。

第二，出口加工区企业加工贸易成品退换进出境或在区内企业间退换，监管方式代码"4600"，简称"进料成品退换"。

第三，出口加工区企业进境料件退运出境，监管方式代码"0664"，简称"进料料件复出"。

第四，出口加工区企业边角料退运出境，监管方式代码"0864"，简称"进料边角料复出"。

第五，出口加工区企业加工设备运出境外、区外维修及维修后运回，监管方式代码"1300"，简称"修理物品"。

第六，出口加工区企业产品运出区外展览及展览完毕运回区内，监管方式代码"2700"，简称"展览品"。

第七，出口加工区企业产品、设备运往区外测试、检验及复运回区内，加工区企业委托区外加工产品运出、运回加工区，监管方式代码"2600"，简称"暂时进出货物"。

（二十二）货样广告品

进出口货样广告品是指进出口用以宣传有关商品内容的广告宣传品。监管方式代码"3010"，简称"货样广告品"，全称"进出口的货样广告品"，适用于有进出口经营权的单位进出口货样广告品。暂时进出口的货样、广告品和驻华商业机构不复运出口的进口陈列样品不适用本监管方式。

（二十三）低值辅料

进口少量低值辅料（即5 000美元以下，78种以内的低值辅料）按规定不使用加工贸易手册的，填报"低值辅料"。使用加工贸易手册的，按加工贸易手册上的监管方式填报。

（二十四）网购保税进口业务

是指在海关特殊监管区域或保税物流中心（B型）[以下简称区域（中心）]内以保税模式开展的跨境电子商务零售进口业务。

网购保税进口商品一线进境[一线入区域（中心）]申报环节，申报进入天津、上海、杭州、宁波、福州、平潭、郑州、广州、深圳、重庆等10个城市区域（中心）的，监管方式应填报"保税电商"（监管代码1210），暂不验核通关单，暂不执行《跨境电子商务零售进口商品清单》备注中关于化妆品、婴幼儿配方奶粉、医疗器械、特殊食品（包括保健食品、特殊医学用途配方食品等）的首次进口许可证、注册或备案要求；申报进入其他城市区域（中心）的，监管方式应填报"保税电商A"（监管代码1239）。

网购保税进口商品可以在区域（中心）间流转，流转商品应符合正面清单的要求。转入地与转出地主管海关分别审核企业的申报单证，海关监管方式应填报"保税间货物"（监管代码"1200"），备注应填报"网购保税进口商品"。电子账册底账数据进行相应核增核减。

网购保税进口商品零售出区域（中心）申报时，主管海关审核电子商务企业或其代理人申报的《中华人民共和国海关跨境电子商务零售进口商品申报清单》，海关监管方式应与一线入区域（中心）时申报的监管方式一致，运输方式应为二线出区域（中心）对应的运输方式。电子账册底账数据进行相应核减。

监管方式代码表

代码	简称	全称
0110	一般贸易	一般贸易
0130	易货贸易	易货贸易
0139	旅游购物商品	用于旅游者5万美元以下的出口小批量订货
0200	料件销毁	加工贸易料件、残次品（折料）销毁
0214	来料加工	来料加工装配贸易进口料件及加工出口货物
0245	来料料件内销	来料加工料件转内销
0255	来料深加工	来料深加工结转货物
0258	来料余料结转	来料加工余料结转
0265	来料料件复出	来料加工复运出境的原进口料件
0300	来料料件退换	来料加工料件退换
0314	加工专用油	国营贸易企业代理来料加工企业进口柴油
0320	不作价设备	加工贸易外商提供的不作价进口设备
0345	来料成品减免	来料加工成品凭征免税证明转减免税
0400	边角料销毁	加工贸易边角料、副产品（按状态）销毁
0420	加工贸易设备	加工贸易项下外商提供的进口设备
0444	保区进料成品	按成品征税的保税区进料加工成品转内销货物
0445	保区来料成品	按成品征税的保税区来料加工成品转内销货物
0446	加工设备内销	加工贸易免税进口设备转内销
0456	加工设备结转	加工贸易免税进口设备结转
0466	加工设备退运	加工贸易免税进口设备退运出境
0500	减免设备结转	用于监管年限内减免设备的结转
0513	补偿贸易	补偿贸易
0544	保区进料料件	按料件征税的保税区进料加工成品转内销货物
0545	保区来料料件	按料件征税的保税区来料加工成品转内销货物
0615	进料对口	进料加工
0642	进料以产顶进	进料加工成品以产顶进
0644	进料料件内销	进料加工料件转内销
0654	进料深加工	进料深加工结转货物
0657	进料余料结转	进料加工余料结转

代码	简称	全称
0664	进料料件复出	进料加工复运出境的原进口料件
0700	进料料件退换	进料加工料件退换
0744	进料成品减免	进料加工成品凭征免税证明转减免税
0815	低值辅料	低值辅料
0844	进料边角料内销	进料加工项下边角料转内销
0845	来料边角料内销	来料加工项下边角料内销
0864	进料边角料复出	进料加工项下边角料复出口
0865	来料边角料复出	来料加工项下边角料复出口
1139	国轮油物料	中国籍运输工具境内添加的保税油料、物料
1200	保税间货物	海关保税场所及保税区域之间往来的货物
1210	保税电商	
1233	保税仓库货物	保税仓库进出境货物
1234	保税区仓储转口	保税区进出境仓储转口货物
1239	保税电商 A	保税跨境贸易电子商务 A
1300	修理物品	进出境修理物品
1427	出料加工	出料加工
1500	租赁不满 1 年	租期不满 1 年的租赁贸易货物
1523	租赁贸易	租期在 1 年及以上的租赁贸易货物
1616	寄售代销	寄售、代销贸易
1741	免税品	免税品
1831	外汇商品	免税外汇商品
2025	合资合作设备	合资合作企业作为投资进口设备物品
2225	外资设备物品	外资企业作为投资进口的设备物品
2439	常驻机构公用	外国常驻机构进口办公用品
2600	暂时进出货物	暂时进出口货物
2700	展览品	进出境展览品
2939	陈列样品	驻华商业机构不复运出口的进口陈列样品
3010	货样广告品	有经营权单位进出口的货样广告品
3100	无代价抵偿	无代价抵偿进出口货物
3339	其他进出口免费	其他进出口免费提供货物

续表2

代码	简称	全称
3410	承包工程进口	对外承包工程进口物资
3422	对外承包出口	对外承包工程出口物资
3511	援助物资	国家和国际组织无偿援助物资
3612	捐赠物资	进出口捐赠物资
4019	边境小额	边境小额贸易（边民互市贸易除外）
4039	对台小额	对台小额贸易
4139	对台小额商品交易市场	进入对台小额商品交易专用市场的货物
4200	驻外机构运回	我驻外机构运回旧公用物品
4239	驻外机构购进	我驻外机构境外购买运回国的公务用品
4400	来料成品退换	来料加工成品退换
4500	直接退运	直接退运
4539	进口溢误卸	进口溢卸、误卸货物
4561	退运货物	因质量不符、延误交货等原因退运进出境货物
4600	进料成品退换	进料成品退换
5000	料件进出区	料件进出海关特殊监管区域
5010	特殊区域研发货物	海关特殊监管区域与境外之间进出的研发货物
5014	区内来料加工	海关特殊监管区域与境外之间进出的来料加工货物
5015	区内进料加工货物	海关特殊监管区域与境外之间进出的进料加工货物
5034	区内物流货物	海关特殊监管区域与境外之间进出的物流货物
5100	成品进出区	成品进出海关特殊监管区域
5300	设备进出区	设备及物资进出海关特殊监管区域
5335	境外设备进区	海关特殊监管区域从境外进口的设备及物资
5361	区内设备退运	海关特殊监管区域设备及物资退运境外
6033	物流中心进出境货物	保税物流中心与境外之间进出仓储货物
9600	内贸货物跨境运输	内贸货物跨境运输
9610	电子商务	跨境贸易电子商务
9639	海关处理货物	海关变卖处理的超期未报货物、走私违规货物
9700	后续补税	无原始报关单的后续补税
9739	其他贸易	其他贸易
9800	租赁征税	租赁期1年及以上的租赁贸易货物的租金
9839	留赠转卖物品	外交机构转售境内或国际活动留赠放弃特批货物
9900	其他	其他

十一、征免性质

征免性质是应根据实际情况按海关规定的《征免性质代码表》选择填报相应的征免性质简称及代码，持有海关核发的征免税证明的，应按照征免税证明中批注的征免性质填报。

（一）常见征免性质及其适用范围

1. 一般征税（101），适用于依照《海关法》《关税条例》《税则》及其他法律、行政法规和规章所规定的税率征收进出口关税、进口环节增值税和其他税费的进出口货物，包括除其他征免性质另有规定者外的一般照章（包括按照公开暂定税率、关税配额、反倾销、反补贴、保障措施等）征税或补税的进出口货物。

2. 其他法定（299），适用于依照《海关法》《关税条例》，对除无偿援助进出口物资外的其他实行法定减免税的进出口货物，以及根据有关规定非按全额货值征税的部分进出口货物。具体适用范围如下：

（1）无代价抵偿进出口货物（照章征税的除外）；

（2）无商业价值的广告品和货样；

（3）进出境运输工具装载的途中必需的燃料、物料和饮食用品；

（4）因故退还的境外进口货物（包括料件退运出口）；

（5）因故退还的我国出口货物（包括成品退运进口）；

（6）在境外运输途中或者在起卸时遭受损坏或损失的货物；

（7）起卸后海关放行前，因不可抗力遭受损坏或者损失的货物；

（8）因不可抗力因素造成的受灾保税货物；

（9）海关查验时已经破漏、损坏或者腐烂，经证明不是保管不慎造成的货物；

（10）我国缔结或者参加的国际条约规定减征、免征关税的货物和物品；

（11）暂准进出境货物；

（12）展览会货物；

（13）出料加工项下的出口料件及复进口的成品；

（14）进出境的修理物品；

（15）租赁期不满1年的进出口货物；

（16）边民互市进出境货物；

（17）非按全额货值征税的进出口货物（如按租金、修理费征税的进口货物）；

（18）其他不按"进出口货物征免税证明"管理的减免税货物。

3. 保税区（307），适用于对保税区单独实施征减免税政策的进口自用物资，包括保税区用于基础设施建设的物资，以及保税区内企业（外商投资企业除外）进口的生产设备、其他自用物资和出口货物、保税区行政管理机构自用合理数量的管理设备和办公用品等。

4. 科教用品（401），适用于为促进科学研究和教育事业的发展，科学研究机构和学校以科学研究、教学为目的按照有关征减免税政策，在合理数量范围以内，进口国内不能生产的或性能不能满足需要的、直接用于科研或教学的货物。

5. 科技开发用品（405），指为鼓励科学研究和技术开发，促进科技进步，科学研究、技术开发机构在规定的时间内，在合理数量范围内进口国内不能生产或者性能不能满足需要的科技开发用品。

6. 加工设备（501），适用于加工贸易收发货人按照有关征减免税政策进口的外商免费（即不需收发货人付汇，也不需用加工费或差价偿还）提供的加工生产所需设备。

7. 来料加工（502），适用于来料加工装配项下进口所需的料件等，以及经加工后出口的成品、半成品。

8. 进料加工（503），适用于为生产外销产品用外汇购买进口的料件，以及加工后返销出口的成品、半成品。

9. 中外合资（601），目前一般适用于中外合资企业自产的出口产品。

10. 中外合作（602），目前一般适用于中外合作企业自产的出口产品。

11. 外资企业（603），目前一般适用于外商独资企业自产的出口产品。

12. 鼓励项目（789），适用于 1998 年 1 月 1 日后经主管部门审批并确认的国家鼓励发展的国内投资项目、外商投资项目、利用外国政府贷款和国际金融组织贷款项目，以及从 1999 年 9 月 1 日起，按国家规定程序审批的外商投资研究开发中心及中西部省、自治区、直辖市利用外资优势产业和优势项目目录的项目，在投资总额内进口的自用设备，以及按合同随设备进口的技术及数量合理的配套件、备件。

13. 自有资金（799），适用于已设立的鼓励类外商投资企业（外国投资者的投资比例不低于 25%），以及符合中西部利用外资优势产业和优势项目目录的项目，在投资总额以外利用自有资金（包括企业储备基金、发展基金、折旧和税后利润），在原批准的生产经营范围内进口国内不能生产或性能不能满足需要的（即不属于《国内投资项目不予免税的进口商品目录》的）自用设备及其配套的技术、配件、备件，用于本企业原有设备更新（不包括成套设备和生产线）或维修。

"鼓励项目"和"自有资金"的使用，须依程序取得海关核发的征免税证明并与之"征免性质"栏批注内容相符。

征免性质代码表

代码	简　称	全称
101	一般征税	一般征税进出口货物
201	无偿援助	无偿援助进出口物资
299	其他法定	其他法定减免税进出口货物
301	特定区域	特定区域进口自用物资及出口货物
307	保　税　区	保税区进口自用物资
399	其他地区	其他执行特殊政策地区出口货物
401	科教用品	大专院校及科研机构进口科教用品
402	示范平台用	
403	技术改造	企业技术改造进口货物
405	科技开发品	科学研究、技术开发机构进口科技开发用品
406	重大项目	国家重大项目进口货物

续表1

代码	简 称	全 称
407	动漫用品	动漫开发生产用品
408	重大技术装备	生产重大技术装备进口关键零部件及原材料
409	科技重大专项	科技重大专项进口关键设备、零部件和原材料
412	基础设施	通信、港口、铁路、公路、机场建设进口设备
413	残 疾 人	残疾人组织和企业进出口货物
417	远洋渔业	远洋渔业自捕水产品
418	国 产 化	国家定点生产小轿车和摄录机企业进口散件
420	远洋船舶	远洋船舶及设备部件
421	内销设备	内销远洋船用设备及关键部件
422	集成电路	集成电路生产企业进口货物
423	新型显示器件	新型显示器件生产企业进口货物
499	ITA 产品	非全税号信息技术产品
501	加工设备	加工贸易外商提供的不作价进口设备
502	来料加工	来料加工装配和补偿贸易进口料件及出口成品
503	进料加工	进料加工贸易进口料件及出口成品
506	边境小额	边境小额贸易进口货物
510	港澳 OPA	港澳在内地加工的纺织品获证出口
601	中外合资	中外合资经营企业自产出口货物
602	中外合作	中外合作经营企业自产出口货物
603	外资企业	外商独资企业自产出口货物
605	勘探开发煤层气	勘探开发煤层气
606	海洋石油	勘探、开发海洋石油进口货物
608	陆上石油	勘探、开发陆上石油进口货物
609	贷款项目	利用贷款进口货物
611	贷款中标	国际金融组织贷款、外国政府贷款中标机电设备零部件
698	公益收藏	国有公益性收藏单位进口藏品
789	鼓励项目	国家鼓励发展的内外资项目进口设备
799	自有资金	外商投资额度外利用自有资金进口设备、备件、配件
801	救灾捐赠	救灾捐赠进口物资
802	扶贫慈善	境外向我境内无偿捐赠用于扶贫慈善的免税进口物资

续表2

代码	简　称	全　称
803	抗艾滋病药物	进口抗艾滋病病毒药物
811	种子种源	进口种子（苗）、种畜（禽）、鱼种（苗）和种用野生动植物种源
818	中央储备粮油	中央储备粮油免征进口环节增值税政策
819	科教图书	进口科研教学用图书资料
888	航材减免	经核准的航空公司进口维修用航空器材
898	国批减免	国务院特准减免税的进出口货物
997	自贸协定	
998	内部暂定	享受内部暂定税率的进出口货物
999	例外减免	例外减免税进出口货物

（二）填报要求

1. 报关单"征免性质"栏应按照海关核发的进出口货物征免税证明中批注的征免性质填报，或根据实际情况按《征免性质代码表》选择填报相应的征免性质简称或代码。

2. 一份报关单只允许填报一种征免性质，涉及多个征免性质的，应分单填报。

3. 加工贸易货物特殊情况填报要求：

（1）加工贸易转内销货物，按实际应享受的征免性质填报，如"一般征税""科教用品""其他法定"等。

（2）加工贸易料件退运出口、成品退运进口的货物填报"其他法定"。

（3）加工贸易结转货物，本栏目为空。

（4）保税工厂经营的加工贸易，根据《加工贸易手册》填报"进料加工"或"来料加工"。

4. 外商投资企业为加工内销产品而进口的料件，属于非保税加工的，填报"一般征税"或其他相应征免性质。

5. 我国驻外使领馆工作人员、外国驻华机构及人员、非居民常驻人员、政府间协议规定等应税（消费税）进口自用小汽车，并且单台完税价格130万元及以上的，本栏填报"特案"。

十二、备案号

备案号是指进出口货物收发货人、消费使用单位、生产销售单位在海关办理加工贸易合同备案或征、减、免税备案审批等手续时，海关核发的加工贸易手册、征免税证明、实行优惠贸易协定项下原产地证书联网管理的原产地证书、适用ITA税率的商品用途认定证明等编号。

备案号的字头为备案或审批文件的标记，如下表所列：

首位代码	备案审批文件	首位代码	备案审批文件
B	加工贸易手册（来料加工）	K	保税仓库备案式电子账册
C	加工贸易手册（进料加工）	Z	征免税证明
D	加工贸易不作价进口设备	RB	减免税货物补税通知书
E	加工贸易电子账册	RT	减免税进口货物同意退运证明
H	出口加工区电子账册	RZ	减免税进口货物结转联系函
J	保税仓库记账式电子账册		

填报要求：

第一，一份报关单只允许填报一个备案号。无备案审批文件的报关单，本栏目免予填报。

第二，备案号的首位标记应与报关单"监管方式""征免性质""征免""用途""项号"等栏目内容相对应。

报关单"监管方式"栏为下表中的监管方式时，"备案号"栏应填报与其相应的编号，不得为空：

代码	监管方式名称	代码	监管方式名称	代码	监管方式名称
0200	料件销毁	0214	来料加工	0245	来料料件内销
0255	来料深加工	0258	来料余料结转	0265	来料料件复出
0300	来料料件退换	0314	加工专用油	0320	不作价设备
0345	来料成品减免	0400	边角料销毁	0446	加工设备内销
0456	加工设备结转	0466	加工设备退运	0500	减免设备结转
0513	补偿贸易	1200	保税间货物	0615	进料对口
0644	进料料件内销	0654	进料深加工	0657	进料余料结转
0664	进料料件复出	0700	进料料件退换	0744	进料成品减免
0815	低值辅料	0844	进料边角料内销	0845	来料边角料内销
0864	进料边角料复出	0865	来料边角料复出	2025	合资合作设备
2225	外资设备物品	4400	来料成品退换	4600	进料成品退换
5014	区内来料加工	5015	区内进料加工货物	5100	成品进出区
0420	加工贸易设备				

报关单"征免性质"栏为下表中的征免性质时，"备案号"栏应填相应的编号，不得为空：

代码	征免性质简称	代码	征免性质简称	代码	征免性质简称
201	无偿援助	307	保税区	401	科教用品
406	重大项目	412	基础设施	413	残疾人
417	远洋渔业	422	集成电路	499	ITA 产品
501	加工设备	502	来料加工	503	进料加工
506	边境小额	601	中外合资	602	中外合作
603	外资企业	606	海洋石油	608	陆上石油
609	贷款项目	611	贷款中标	789	鼓励项目
801	救灾捐赠	802	扶贫慈善	898	国批减免
998	内部暂定	999	例外减免		

第三，加工贸易项下除少量低值辅料按规定不使用加工贸易手册及后续退补税监管方式办理内销征税外的货物，本栏应填写加工贸易手册或账册编号，不得为空。

使用异地直接报关分册和异地深加工结转出口分册在异地口岸报关的，本栏目应填报分册号；本地直接报关分册和本地深加工结转分册限制在本地报关，本栏目应填报总册号。

加工贸易成品凭征免税证明转为减免税进口货物的，进口报关单填报征免税证明编号，出口报关单填报加工贸易手册编号，并在进口报关单"标记唛码及备注"栏填报加工贸易手册编号，在出口报关单的"标记唛码及备注"栏填报征免税证明编号。

加工贸易设备之间结转，转入和转出企业分别填制进、出口报关单，在本栏目填加工贸易手册编号。

第四，涉及征、减、免税备案审批的报关单，填报征免税证明编号。

正在办理减免税申请，而货物已进境，经海关核准凭担保先予以放行的，报关单"备案号"栏可免予填报，同时应在"标记唛码及备注"栏的"备注"项中注明"后补征免税证明"。事后根据所申请的减免税实际结果，删除或更正原报关单的相关栏目。

减免税货物退运出口，填报"减免税进口货物同意退运证明"的编号。监管方式栏目填报"退运货物"（4561）。

减免税货物补税进口，填报减免税货物补税通知书的编号。监管方式栏目填报"后续补税"（9700）。

减免税货物结转进口（转入），填报征免税证明的编号。监管方式栏目按现行规范填报，关联备案号栏目填报本次减免税货物结转所申请的减免税进口货物结转联系函的编号。相应的结转出口（转出）报关单备案号栏目填报减免税进口货物结转联系函的编号。监管方式栏目填报"减免设备结转"（0500），关联备案号填报与该出口（转出）报关单相对应的进口（转入）报关单备案号栏目所填写的征免税证明编号，关联报关单号填报对应的进口（转入）报关单号。

第五，进出特殊区域的保税货物，在"备案号"栏应填报标记代码为"H"的电子账册的备案号。进出特殊区域的企业自用设备、基建物资、自用合理数量的办公用品，在"备案号"栏应填报标记代码为"H"、编号第6位为"D"的电子账册备案号。

十三、贸易国（地区）

本栏目填报对外贸易中与境内企业签订贸易合同的外方所属的国家（地区）。发生商业性交易的进口填报购自国家（地区），出口填报售予国家（地区）。未发生商业性交易的填报货物所有权拥有者所属的国家（地区）。

本栏目应按海关规定的《国别（地区）代码表》选择填报相应的贸易国（地区）或贸易国（地区）中文名称及代码。

无实际进出境的，填报"中国"（代码142）

十四、启运国（地区）/运抵国（地区）

启运国（地区）是指进口货物起始发出直接运抵我国的国家或地区，或者在运输中转国（地区）未发生任何商业性交易的情况下运抵我国的国家或地区。

运抵国（地区）是指出口货物离开我国关境直接运抵的国家或地区，或者在运输中转国（地区）未发生任何商业性交易的情况下最后运抵的国家或地区。

进口货物报关单的"启运国（地区）"栏和出口货物报关单的"运抵国（地区）"栏，应按海关规定的"国别（地区）代码表"选择填报相应国别（地区）的中文名称或代码。

主要国别（地区）代码表

代码	中文名称	代码	中文名称
110	中国香港	307	意大利
116	日本	331	瑞士
121	中国澳门	344	俄罗斯联邦
132	新加坡	501	加拿大
133	韩国	502	美国
142	中国	601	澳大利亚
143	台澎金马关税区	609	新西兰
303	英国	701	国（地）别不详的
304	德国	702	联合国及其机构和国际组织
305	法国		

（一）直接运抵货物

不经过第三国（地区）转运的直接运输进出口货物，以进口货物的装货港所在国（地区）为启运国（地区），以出口货物的指运港所在国（地区）为运抵国（地区）。

（二）在第三国（地区）中转（转运）货物

所谓中转（转运）货物，指船舶、飞机等运输工具从装运港将货物装运后，不直接驶往目的港，而在中途的港口卸下后，再换装另外的船舶、飞机等运输工具转运往目的港。

货物中转的原因很多，如至目的港无直达船舶（飞机），或目的港虽有直达船舶（飞机）而时间不定或航次间隔时间太长，或目的港不在装载货物的运输工具的航线上，或货物属于多式联运等。

货物是否中转，可根据随附单据中的有关信息来判断。例如"FROM LONDON TO PARIS VIA DOVER"意为从伦敦多佛中转运至巴黎；又如"HAMBURG IN TRANSIT TO ZURICH SWITZERLAND"意为经汉堡中转运至瑞士苏黎世。

对于中转货物，启运国（地区）或运抵国（地区）分两种不同情况填报：

1. 发生运输中转而未发生任何买卖关系的货物，其启运国（地区）或运抵国（地区）不变，仍以进口货物的始发国（地区）为启运国（地区）填报，以出口货物的最终目的国（地区）为运抵国（地区）填报。

例1 上海某进出口公司与日本某公司签约，进口100台日本产丰田面包车从日本某港口起运，经中国香港中转运抵中国境内。进口报关单"启运国（地区）""原产国（地区）"均应为日本。

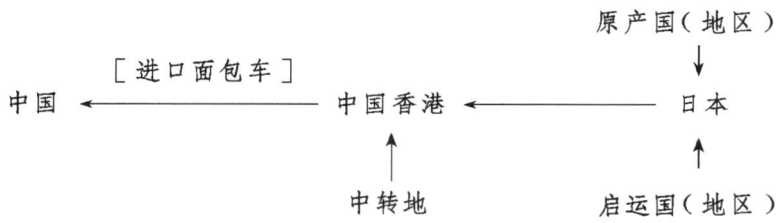

例2 深圳某公司与日本某公司签约，出口1万台自产DVD机，经中国香港中转运至日本名古屋。出口报关单"运抵国（地区）""最终目的国（地区）"均应为日本。

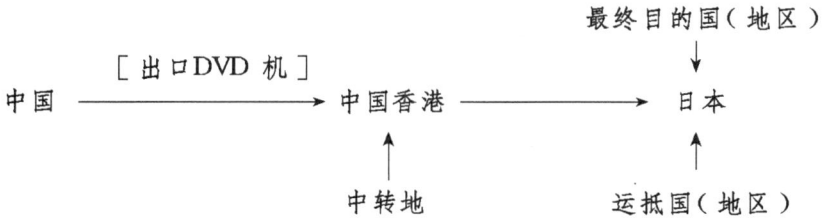

2. 发生运输中转并发生了商业性交易（买卖关系）的货物，其中转地为启运国（地区）或运抵国（地区）。可通过发票等商业单证来判断货物中转时是否发生了买卖关系。

例3 上海某进出口公司与中国香港某公司签约，进口100台日本产丰田面包车从日本某港口起运，经中国香港中转运抵中国境内。进口报关单"原产国（地区）"应为日本，"启运国（地区）"应为中国香港，因为境外签约人香港某公司所在地是中转地香港。

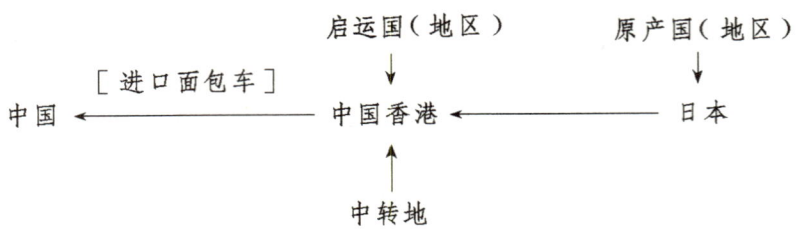

例4 深圳某公司与香港某公司签约，出口1万台自产 DVD 机，经中国香港中转运至日本名古屋。出口报关单"最终目的国（地区）"应为日本，"运抵国（地区）"应为中国香港，因为境外签约人香港某公司所在地是中转地香港。

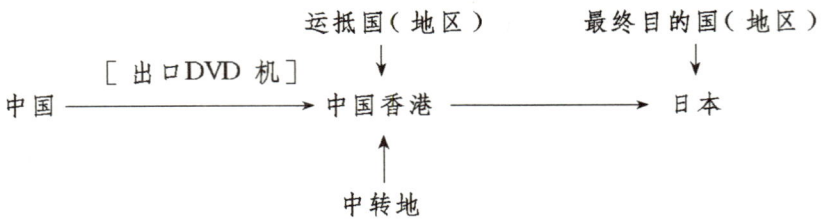

（三）非实际进出境货物

运输方式代码为"0""1""7""8""T""W""X""Y""Z""H"的，以及监管方式后两位为42~46，54~58的货物，启运国（地区）和运抵国（地区）均为"中国"（142）。

十五、装货港/指运港

装货港指进口货物在运抵我国关境前最后一个境外装运港。

指运港指出口货物运往境外的最终目的港。出口货物最终目的港不可预知的，指运港按尽可能预知的目的港填报。

本栏目应根据实际情况按海关规定的《港口航线代码表》选择填报相应的港口中文名称或代码。装货港/指运港在《港口航线代码表》中无港口中文名称及代码的，可选择填报相应的国家（地区）中文名称或代码。

不经过第三国（地区）转运的直接运输货物，进口报关单"装货港"所属国家（地区）应与"启运国（地区）"一致，出口报关单"指运港"所属国家（地区）应与"运抵国（地区）"一致。发生运输中转的货物，最后一个中转港就是装货港，指运港不受中转影响。在运输中转地换装运输工具但未发生商业性交易的进口货物，运输单证上的装货港可与"启运国（地区）"不一致。

无实际进出境的货物填报"中国境内"（142）。

十六、境内目的地/境内货源地

境内目的地是指已知的进口货物在我国关境内的消费、使用地区或最终运抵的地点，其中最终运抵地为最终使用单位所在的地区。境内货源地是指出口货物在我国关境内的生产地或原始发货地（包括供货地点）。

本栏目应根据进口货物的收货单位、出口货物生产厂家或发货单位所属国内地区，按《国内地区代码表》选择国内地区名称或代码填报，代码含义与收发货人代码前 5 位的定义相同。

进口货物最终使用单位难以确定的，填报货物进口时预知的最终收货单位所在地；出口货物产地难以确定的，填报最早发运该出口货物的单位所在地。

海关特殊监管区域、保税物流中心（B 型）与境外之间的进出境货物，境内目的地/境内货源地填报本海关特殊监管区域、保税物流中心（B 型）所对应的国内地区名称及代码。

十七、许可证号

许可证号是指商务部配额许可证事务局、驻各地特派员办事处以及各省、自治区、直辖市、计划单列市及商务部授权的其他省会城市商务厅（局）、外经贸委（厅、局）签发的进出口许可证编号。

进（出）口下表所列许可证管理商品，申报时应将相关证件编号（不包括证件代码）填报在报关单本栏目。非许可证管理商品本栏目为空。一份报关单只允许填报一个许可证号。

需注意：进出口货物中含甲苯、丙酮、丁酮、硫酸 4 种易制毒化学品之一且比例高于 40% 的货物应当办理"两用物项和技术进出口许可证"（以下简称"两用物项许可证"）。含甲苯、丙酮、丁酮、硫酸 4 种易制毒化学品之一且比率高于 40% 的货物是指：

（一）上述 4 种物项的单一成分含量超过 40% 的混合物；

（二）上述 4 种物项的单一成分含量不超过 40%，但其总含量超过 40% 的混合物。

加工监管方式在境内产生的副产品属于易制毒化学品的货物，企业办理其内销手续时无须申领两用物项许可证。含易制毒化学品的混合物办理深加工结转手续时，转入方企业无须提交两用物项许可证。

代码	监管证件名称	代码	监管证件名称
1	进口许可证	5	纺织品临时出口许可证
2	两用物项和技术进口许可证	G	两用物项和技术出口许可证（定向）
3	两用物项和技术出口许可证	x	出口许可证（加工贸易）
4	出口许可证	y	出口许可证（边境小额贸易）

十八、成交方式

在进出口贸易中，进出口商品的价格构成和买卖双方各自应承担的责任、费用和风险，以及货物所有权转移的界限，以贸易术语（价格术语）进行约定。

在填制进出口货物报关单时，应依据发票中的实际成交价格条款，按照海关《成交方式代码表》选择填报相应的成交方式代码。

成交方式代码表

成交方式名称	成交方式代码	成交方式名称	成交方式代码
CIF	1	市场价	5
CFR（C&F/CNF）	2	垫仓	6
FOB	3	EXW	7
C&I	4		

应注意的是，海关规定的"成交方式"与国际贸易术语解释通则中的贸易术语内涵并非完全一致。"CIF""CFR""FOB"等常见的成交方式，并不仅限于水路，而适用于任何国际货物运输方式，主要体现成本、运费、保险费等成交价格构成因素。

《2000通则》13种贸易术语与报关单"成交方式"栏一般对应关系如下：

组 别	E组	F 组			C 组				D 组				
术语	EXW	FCA	FAS	FOB	CFR	CPT	CIF	CIP	DAF	DES	DEQ	DDU	DDP
成交方式	FOB				CFR				CIF				

《2010通则》11种贸易术语与报关单"成交方式"栏一般对应关系如下：

组 别	E组	F 组			C 组				D 组		
术语	EXW	FCA	FAS	FOB	CFR	CPT	CIF	CIP	DAT	DAP	DDP
成交方式	FOB				CFR				CIF		

无实际进出境的货物，进口成交方式为CIF或其代码，出口成交方式为FOB或其代码。

采用集中申报的归并后的报关单，进口的成交方式必须为CIF或其代码，出口的成交方式必须为FOB或其代码。

十九、运费

进出口报关单所列的运费是指进口货物运抵我国境内输入地点起卸前的运输费用，出口货物运至我国境内输出地点装载后的运输费用。

进口货物成交价格不包含前述运输费用或者出口货物成交价格含有前述运输费用，即进口成交方式为FOB、C&I或出口成交方式为CIF、CFR的，应在本栏填报运费。进口货物成交价格包含前述运输费用或者出口货物成交价格不包含前述运输费用的，本栏目免于填报。

本栏应根据具体情况选择运费单价、运费总价或运费率3种方式之一填报，同时注明运费标记，并按海关规定的"货币代码表"选择填报相应的币种代码。运费标记"1"表示运费率，"2"表示每吨货物的运费单价，"3"表示运费总价。

运保费合并计算的，运保费填报在本栏目。

二十、保费

进出口报关单所列的保费是指进出口货物在国际运输过程中，由被保险人付给保险人的保险费用。其中，进口货物保费是指货物运抵我国境内输入地点起卸前的保险费用，出口货物保费是指货物运至我国境内输出地点装载后的保险费用。

进口货物成交价格包含前述保险费用或者出口货物成交价格不包含前述保险费用的，本栏目免予填报。进口货物成交价格不包含保险费的和出口货物成交价格含有保险费的，即进口成交方式为 FOB、CFR 或出口成交方式为 CIF、C&I 的，应在本栏填报保费。

陆运、空运和海运进口货物的保险费，按照实际支付的费用计算。进口货物保险费无法确定或者未实际发生的，按货价加运费的3‰计算保险费，计算公式：

保险费 = （货价+运费）×3‰

本栏应根据具体情况选择保险费总价或保险费率两种方式之一填报，同时注明保险费标记，并按海关规定的"货币代码表"选择填报相应的币种代码。保险费标记"1"表示保险费率，"3"表示保险费总价。

运保费合并计算的，运保费填报在"运费"栏中，本栏目免予填报。

二十一、杂费

杂费是指成交价格以外的，按照《关税条例》等相关规定应计入完税价格或应从完税价格中扣除的费用，如佣金、折扣等费用。

本栏目应根据具体情况选择杂费总价或杂费率两种方式之一填报，同时注明杂费标记，并按海关规定的"货币代码表"选择填报相应的币种代码。杂费标记"1"表示杂费率，"3"表示杂费总价。

应计入完税价格的杂费填报为正值或正率，应从完税价格中扣除的杂费填报为负值或负率。无杂费时，本栏免填。

运费、保费、杂费填写例表

项目	率 1	单价 2	总价 3
运费	5% → 5/1	USD50/MT→502/50/2	HKD5000 → 110/5000/3
保费	0.27%→0.27/1	—	EUR5000 → 300/5000/3
杂费（计入）	1% → 1/1	GBP5000 → 303/5000/3	
杂费（扣除）	1% → −1/1	—	JPY5000 → 116/−5000/3

二十二、合同协议号

合同（协议）号是指在进出口贸易中，买卖双方或数方当事人根据国际贸易惯例或国家有关法律、法规，自愿按照一定条件买卖某种商品签订的合同（包括协议或订单）的编号。

本栏目填报进（出）口货物合同（包括协议或订单）的全部字头和号码。在原始单据上合同号一般表示为"Contract No.：×××××"，此处的"×××××"即为"合同协议号"所应填报内容。

进出口报关单所申报货物必须是在合同中明确包含的货物。

未发生商业性交易的免予填报。

二十三、件数

件数是指有外包装的单件进出口货物的实际件数，货物可以单独计数的一个包装称为一件。

报关单件数栏目不得为空，件数应大于或等于1，不得填报"0"。

舱单件数为集装箱的，填报集装箱个数；舱单件数为托盘的，填报托盘数。

散装、裸装货物填报"1"。

二十四、包装种类

进出口货物报关单所列的"包装种类"栏是指进出口货物在运输过程中外表所呈现的状态，包括包装材料、包装方式等。一般情况下，应以装箱单或提运单据所反映的货物处于运输状态时的最外层包装或称运输包装作为"包装种类"向海关申报，并相应计算件数。

本栏目应根据进出口货物的实际外包装种类，选择填报相应的包装种类，如木箱、纸箱、铁桶、散装、裸装、托盘、包、捆、袋等。

在原始单据（装箱单或提运单据）上件数和包装种类一般表示为"No. of PKGS"，其后数字即表示应填报的"Packages"（包装）的件数。

例1 "TOTAL PACKED IN 200 CARTONS"，表明共有200个纸箱，件数填报为"200"，包装种类填报为"纸箱"。

例2 "Quantity：22 CTNS ONLY"，表明共有22个纸箱，件数填报为"22"，包装种类填报为"纸箱"。

例3 "3 Units & 4 Cartons"，表明共有3个计件单位（辆、台、件等）和4个纸箱，件数合计为7，包装种类统报为"其他"。

二十五、毛重（千克）

毛重是指商品重量加上商品的外包装物料的重量。

"毛重"栏填报进出口货物及其包装材料的重量之和，不得为空。

毛重的计量单位为千克，毛重应大于或等于1，不足1千克的填报为"1"。

应以合同、发票、提运单、装箱单等有关单证中"GROSS WEIGHT"（缩写 G. W.）栏所显示的重量确定进出口货物的毛重。但空运货物中，货物计费重量并非实际毛重，会根据体积计算出抛重，具体公式为：

空运货物抛重（公斤）＝货物长（厘米）×宽（厘米）×高（厘米）/6000

抛重如果大于实际毛重，则按照抛重计费，反之按照毛重计费。

此栏目企业应向海关申报最终计费重量，即"CHARGE WEIGHT"。

二十六、净重（千克）

净重是指货物的毛重扣除外包装材料后的重量，即商品本身的实际重量。部分商品的净重还包括直接接触商品的销售包装物料的重量（如罐头装食品等）。

"净重"栏填报进出口货物实际净重，不得为空。

净重的计量单位为千克，净重应大于或等于1，不足1千克的填报为"1"。

商品的净重一般都在合同、发票、装箱单或提运单据的"Net Weight（缩写 N. W.）"栏体现。合同、发票等有关单证不能确定净重的货物，可以估重填报。

以毛重作为净重计价的，可填毛重。按照国际惯例以公量重计价的货物，如未脱脂羊毛、羊毛条等，填报公量重。

二十七、集装箱号

集装箱号是在每个集装箱箱体两侧标示的全球唯一的编号。其组成规则是：箱主代号（3位字母）+设备识别号"U"+顺序号（6位数字）+校验码（1位数字）。例如：CRCU5682365。

进出口报关单"集装箱号"栏应填报装载进出口货物（包括拼箱货物）的集装箱的箱体信息，一个集装箱填一条记录，分别填报集装箱号。（在集装箱箱体上标示的全球唯一编号）、集装箱的规格和自重。

非集装箱货物，填报为"0"。非实际进出境货物采用集装箱运输的，本栏目免予填报。

二十八、随附单证

随附单证，是指随进出口货物报关单一并向海关递交的，除商业、货运单证及"许可证号"栏填报的进出口许可证以外的监管证件。

本栏目分为随附单证代码和随附单证编号两栏，其中代码栏应按海关规定的"监管证件代码表"选择填报相应证件代码，编号栏应填报证件编号。

（一）监管证件代码表

在海关监管和报关实务中，为满足计算机管理和便捷通关的需要，海关依据我国对外贸易法律法规和规章，对于每一商品编码项下的商品，在通关系统中均对应设置一定的监管条件，用以表示该商品是否可以进出口，或者进出口时是否需要提交监管证件，以及提交何种监管证件。监管条件以监管证件代码来表示；如监管条件为空，则表示该商品可以进出口且无须提交任何监管证件。例如：商品编号为 8479. 8999. 10 项下用于光盘生产的金属母盘生产设备（具有独立功能的），监管条件为"6A"，其中代码"6"表示该商品的旧品禁止进口，代码"A"表示该商品进口时需提交入境货物通关单。

监管证件代码表

代码	监管证件名称	代码	监管证件名称
1	进口许可证	2	两用物项和技术进口许可证
3	两用物项和技术出口许可证	4	出口许可证
6	旧机电产品禁止进口	7	自动进口许可证
8	禁止出口商品	9	禁止进口商品
A	入境货物通关单	B	出境货物通关单
D	出/入境货物通关单（毛坯钻石用）	E	濒危物种允许出口证明书
F	濒危物种允许进口证明书	G	两用物项和技术出口许可证（定向）
H	港澳OPA纺织品证明	I	精神药物进（出）口准许证
J	黄金及其制品进出口准许证或批件	L	药品进出口准许证
M	密码产品和设备进口许可证	O	自动进口许可证（新旧机电产品）
P	固体废物进口许可证	Q	进口药品通关单
R	进口兽药通关单	S	农药进出口登记管理放行通知单
T	银行调运现钞进出境许可证	U	合法捕捞产品通关证明
W	麻醉药品进出口准许证	X	有毒化学品环境管理放行通知单
Y	原产地证明	Z	音像制品进口批准单或节目提取单
e	关税配额外优惠税率进口棉花配额证	q	国别关税配额证明
s	适用ITA税率的商品用途认定证明	t	关税配额证明
v	自动进口许可证（加工贸易）	x	出口许可证（加工贸易）
y	出口许可证（边境小额贸易）		

除上表所示监管条件及主管部门签发的许可证件外，海关通关系统中亦包含部分由海关设置的监管证件，如"内销征税联系单"（c）、"预归类标志"（r）、"深加工结转申报表"（K）等。

（二）优惠贸易协定项下原产地证书相关内容的填报

1. 办理海关申报手续时，只能使用原产地证书申请享受协定税率或者特惠税率（以下统称"优惠税率"）的优惠贸易协定项下货物（"无原产地声明模式"），应在报关单"随附单证栏"的"随附单证代码栏"填写"Y"，在"随附单证编号栏"填写"<优惠贸易协定代码>"和"原产地证书编号"。

例如，凭编号为EB14CA12345的原产地证书进出口ECFA项下货物，应在报关单随附单证栏的随附单证代码栏填写"Y"，随附单证编号栏填写"<14>EB14CA12345"。

2. 可以使用原产地证书或者原产地声明申请享受优惠税率的优惠贸易协定项下货物（"有原产地声明模式"），应在报关单"随附单证栏"的"随附单证代码栏"填写"Y"，在"随附单证编号栏"填写"<优惠贸易协定代码>""C"（凭原产地证书申报）或"D"（凭原产地声明申报），以及"原产地证书编号（或者原产地声明序列号）"。

例如，凭序列号为00345201501010000000Abc的原产地声明进出口中国—瑞士自贸协定项下货物，应在报关单随附单证栏的随附单证代码栏填写"Y"，随附单证编号栏填写"<17>D00345201501010000000Abc"。

3. 在"单证对应关系表"中应当填写报关单上的申报商品项与原产地证书（原产地声明）上的商品项之间的对应关系。报关单上的商品序号与原产地证书（原产地声明）上的项目编号应当一一对应，不要求顺序对应。享受和不享受协定税率或者特惠税率（以下统称"优惠税率"）的同一批次进口货物可以在同一张报关单中申报。不享受优惠税率的货物序号不填写在"单证对应关系表"中。

例如，报关单第1、3、4、5、8、9、10项为享受某优惠贸易协定项下优惠税率的商品，且其分别对应原产地证书（或者原产地声明）第3、1、4、5、6、7、8项，则"单证对应关系表"应填写为：

报关单商品项号	对应原产地证书（或者原产地声明）项号
1	3
3	1
4	4
5	5
8	6
9	7
10	8

"同一批次"进口货物指由同一运输工具同时运抵同一口岸，并且属于同一收货人，使用同一提单的进口货物。对于客观原因（如集装箱货物因海河联运需大船换小船，因海陆联运需分车运输，陆路运输集装箱货物需大车换小车，以及其他多式联运情况下同一批次货物在中转地需要分拆由多个小型运输工具进行中转运输的情况等）导致有关进口货物在运抵中国关境（运抵口岸）前必须分批运输的情况，不影响同一批次的认定。同一批次出口货物比照上述规定进行审核认定。

4. 海关特殊监管区域和保税监管场所［以下统称"区域（场所）"］内销货物拟申请适用优惠税率的，有关货物进出区域（场所）及内销时的报关单填制要求如下：

（1）已通过原产地电子信息交换系统实现电子联网的优惠贸易协定项下货物报关单，按照第1条的要求填制；

（2）未实现电子联网的优惠贸易协定项下货物报关单，应在"随附单证栏"的"随附单证代码栏"填写"Y"，在"随附单证编号栏"填写"<优惠贸易协定代码>"和"原产地证据文件备案号"。

"原产地证据文件备案号"为进出口货物的收发货物人或者其代理人录入原产地证据文件电子信息后，系统自动生成的号码。

例如，凭编号为AB001234的原产地证书进口中国—哥斯达黎加自贸协定项下货物，

企业录入原产证书电子信息后，系统自动生成的"原产地证据文件备案号"为
T15415201500000040，应当在报关单随附单证栏的随附单证代码栏填写"Y"，随附单证
编号栏填写"<15> T15415201500000040"。

5. 向香港或者澳门特别行政区出口用于生产《内地与香港关于建立更紧密经贸关系
的安排》（香港 CEPA）或者《内地与澳门关于建立更紧密经贸关系的安排》（澳门
CEPA）协定税率货物的原材料时，应当按照第 1 条的要求填制报关单，香港或澳门生产
厂商在香港工贸署或者澳门经济局登记备案的有关备案号填写在报关单的关联备案号栏。

6. 原产地证据文件是指相关优惠贸易协定原产地管理办法所规定的原产地证书和原
产地声明。

7. 进口报关单上申报商品的 HS 编码前 6 位应当与原产地证书上对应商品的 HS 编码
前 6 位一致。

8. 一份报关单仅对应一份原产地证书或原产地声明。

优惠贸易协定相关情况对照表

优惠贸易协定名称	优惠贸易协定代码	原产地声明模式	是否实现传输原产地证据文件电子数据
亚太贸易协定	01	无	否（部分）
中国—东盟自贸协定	02	无	否
香港 CEPA	03	无	是
澳门 CEPA	04	无	是
台湾农产品零关税措施	06	无	否
中国—巴基斯坦自贸协定	07	无	是
中国—智利自贸协定	08	无	否
中国—新西兰自贸协定	10	有	是
中国—新加坡自贸协定	11	无	否
中国—秘鲁自贸协定	12	无	否
最不发达国家特别优惠关税待遇	13	有	否（部分）
海峡两岸经济合作框架协议（ECFA）	14	无	是
中国—哥斯达黎加自贸协定	15	无	否
中国—冰岛自贸协定	16	有	否
中国—瑞士自贸协定	17	有	否
中国—澳大利亚自贸协定	18	有	否
中国—韩国自贸协定	19	无	是

二十九、标记唛码及备注

纸质报关单"标记唛码及备注"栏用于填报标记唛码、备注说明和集装箱号等与进出口货物有关的文字或数字。

(一)标记唛码项

标记唛码是运输标志的俗称。进出口货物报关单上标记唛码专指货物的运输标志。货物标记唛码中除图形以外的所有文字和数字,填报在本栏"标记唛码"项。

标记唛码英文表示为 Marks、Marking、MKS、Marks & No.、Shipping Marks 等,通常是由一个简单的几何图形和一些字母、数字及简单的文字组成,包含收货人代号、合同号和发票号、目的地、原产国(地区)、最终目的国(地区)、目的港或中转港和件数号码等内容。

例1:

Marks & No.	(唛头)
HAMBURG	(中转港:汉堡)
IN TRANSIT TO ZURICH SWITZERLAND	(目的国/港:瑞士/苏黎世)
C/NO. 1~1533	(件数:1533 件)
MADE IN CHINA	(原产国:中国)

例2:

MKS/Marking	(唛头)
SHANGHAI WORLDBEST	(收货人)
98L~025SH	(合同号)
SHANGHAI	(目的地:上海)
C/NO. 1~420	(件数:420 件)

(二)备注项

备注是指除按报关单固定栏目申报进出口货物有关情况外,需要补充或特别说明的事项,包括关联备案号、关联报关单号,以及其他需要补充或特别说明的事项。

常见备注内容:

1. 接受外商投资企业委托,代理进口其投资设备、物品的进出口企业名称。例如:"委托××公司进口"。

2. 关联备案号,即与本报关单有关联关系的,同时在业务管理规范方面又要求填报的备案号,包括:

(1)加工贸易结转货物及凭征免税证明转内销货物,填写其对应的备案号;

(2)减免税货物结转进口(转入),填写本次减免税货物结转所申请的"减免税进口货物结转联系函"的编号;减免税货物结转出口(转出),填写与其相对应的进口(转入)报关单"备案号"栏中征免税证明的编号。

3. 关联报关单号,即与本报关单有关联关系的,同时在业务管理规范方面又要求填报的报关单号，包括：

（1）加工贸易结转类货物，应先办理进口报关后办理出口报关，并将进口报关单号在出口报关单中备注；

（2）减免税货物结出口（转出），应先办理进口报关后办理出口报关，并将进口（转入）报关单号在出口（转出）报关单中备注；

（3）进口货物办理直接退运手续，本栏目填报进口货物直接退运表或者海关责令进口货物直接退运通知书编号。

4. 加工贸易货物：

（1）加工贸易转内销货物，经营企业凭加工贸易货物内销征税联系单纸质或电子数据办理通关手续。在填制内销报关单时，在备注项注明"活期"字样。

（2）来料加工出口成品报关单，注明料件费与工缴费金额。

（3）涉及加工贸易货物销毁处置的，填写海关加工贸易货物销毁处置申报表编号。

5. 办理进口货物直接退运手续的，本栏目填报"<ZT"+"海关审核联系单号或者'海关责令进口货物直接退运通知书'编号"+">"。

6. 对于与我国实施 AEO 互认企业的进口报关单，需在备注填按规则填制：

	备注栏填制规范	举例
内地—香港	"AEO"（英文半角大写）+"<"（英文半角）+"HK"+"10 位认证企业数字编码"+">"（英文半角）	AEO<HK1234567890>
中国—韩国	"AEO"（英文半角大写）+"<"（英文半角）+"KR"+"7 位认证企业编码"+">"（英文半角）	AEO<KR1234567>
中国—欧盟	"AEO"（英文半角大写）+"<"（英文半角）+"欧盟 EORI 编码"+">"（英文半角）	AEO<FR123456789012345>
中国—新加坡	"AEO"（英文半角大写）+"<"（英文半角）+"SG"+"12 位认证企业数字编码"+">"（英文半角）	AEO<SG123456789012>

7. 监管方式为"暂时进出货物"（2600）和"展览品"（2700）时，如果为复运进出境货物，在进出口货物报关单的本栏内分别填报"复运进境""复运出境"。

8. 跨境电子商务进出口货物，在本栏目内填报"跨境电子商务"

9. 公式定价进口货物应在报关单备注栏内填写公式定价备案号，格式为："公式定价"+备案编号+"@"。对于同一报关单下多项商品的，如需要指明某项或某几项商品为公式定价备案的，则备注栏内填写为："公式定价"+备案编号+"#"+商品序号+"@"。

10. 获得预审价决定书的进出口货物，应在报关单备注栏内填报预审价决定书编号，格式为预审价（P+2 位商品项号+决定书编号），若报关单有多项商品为预审价，需依次写入括号中。

11. 含预归类商品报关单，应在报关单备注栏内填写 R-3-关区代码-年份-顺序编号，其中关区代码、年份、顺序编号均为 4 位数字，例如：R-3-0100-2016-0130。

12. 含归类裁定报关单，应在备注栏填写归类裁定编号，格式为"C"+4 位数字。

13. 网购保税进口商品可以在区域（中心）间流转，备注应填报"网购保税进口商品"。

14. 保税监管场所进出货物，在"保税/监管场所"栏填写本保税监管场所编码［保税物流中心（B型）填报本中心的国内地区代码］，其中涉及货物在保税监管场所间流转的，在本栏填写对方保税监管场所代码。

15. 服务外包货物进口，填报"国际服务外包进口货物"。

16. 申报时其他必须说明的事项填报在本栏目。

第三节　进出口货物报关单表体栏目的填报

一、项号

项号是指所申报货物在报关单中的商品排列序号及该项商品在加工贸易手册、征免税证明等备案单证中的顺序编号。

一份报关单表体共有50栏，每项商品占据表体的一栏，超过50项商品须分单填报。

纸质报关单中的一项商品分两行填报：第一行填报该项商品在报关单中的商品排列序号；第二行专用于加工贸易、减免税和实行原产地证书联网管理等已备案、审批的货物，填报该项商品在加工贸易手册中的备案项号、征免税证明备案项号或原产地证书上的对应商品项号。

（一）加工贸易货物

加工贸易项下进出口货物的报关单，第一行填报报关单中的商品顺序编号，第二行填报该项商品在加工贸易手册（账册）中的备案项号，用于核销对应项号下的料件或成品数量。如一张加工贸易料件进口纸质报关单上某项商品项号填报为上"01"、下"10"，说明该商品位列报关单所申报商品的第1项，且对应加工贸易手册备案料件第10项。第二行特殊情况填报要求如下：

1. 深加工结转货物，分别按照加工贸易手册中的进口料件项号和出口成品项号填报。

2. 料件结转货物（包括料件、成品和半成品折料），出口报关单按照转出加工贸易手册中进口料件的项号填报，进口报关单按照转入加工贸易手册中进口料件的项号填报。

3. 料件转内销货物及按料件补办进口手续的转内销成品、半成品、残次品，应填制进口报关单，本栏目填报加工贸易手册进口料件的项号。加工贸易边角料、副产品内销，本栏目填报加工贸易手册中对应的料件项号。当边角料或副产品对应一个以上料件项号时，填报主要料件项号。

4. 料件复出货物（包括料件、边角料、来料加工半成品折料），出口报关单按照加工贸易手册中进口料件的项号填报；如边角料对应一个以上料件项号时，填报主要料件项号。料件退换货物（包括料件，不包括半成品），进出口报关单按照加工贸易手册中进口料件的项号填报。

5. 成品退运货物，退运进境报关单和复运出境报关单按照加工贸易手册原出口成品的项号填报。

6. 成品凭征免税证明转为享受减免税进口货物的，应先办理进口报关手续。进口报关单填报征免税证明中的项号，出口报关单填报加工贸易手册原出口成品项号，进出口报关单货物的数量应一致。

7. 加工贸易料件销毁，本栏目应填报加工贸易手册中相应的进口料件的项号。残次品销毁的应按单耗折成料件，以料件销毁申报，本栏目填报加工贸易手册中对应的料件项号。

8. 副产品退运出口、结转出口，本栏目应填报加工贸易手册中新增的变更副产品的出口项号。

9. 经海关批准实行加工贸易联网监管的企业，按海关联网监管要求，企业需申报报关清单的，应在向海关申报货物进出口（包括形式进出口）报关单前，向海关申报清单。一份报关清单对应一份报关单，报关单商品由报关清单归并而得。

（二）优惠贸易协定项下实行原产地证书联网管理的货物

报关单第一行填写报关单中商品排列序号，第二行填写对应的原产地证书上的"商品项号"。

二、商品编号

由《税则》确定的进出口货物的税则号列和《统计商品目录》确定的商品编码，以及符合海关监管要求的附加编号组成的 10 位商品编码。前 8 位为《税则》中的税则号列和《统计商品目录》确定的商品编号，后 2 位数为符合海关监管要求的附加编号。进出口货物应填报 10 位海关商品编号。

填报要求：

第一，加工贸易货物，报关单商品编号应与加工贸易手册（账册）中备案的商品编号一致。

第二，减免税货物，报关单商品编号应与征免税证明备案数据一致。

第三，加工贸易保税货物跨关区深加工结转的结转双方的商品编号的前 4 位必须一致。

三、商品名称、规格型号

商品名称是指国际贸易缔约双方同意买卖的商品名称。报关单中的商品名称是指进出口货物规范的中文名称。

规格型号是指反映商品性能、品质和规格的一系列指标，如品牌、等级、成分、含量、纯度、尺寸等。

填报要求：

第一，"商品名称及规格型号"栏分两行填报。

第一行填报进出口货物规范的中文名称。如果发票中的商品名称为非中文名称，则需翻译成规范的中文名称填报，必要时加注原文。

第二行填报规格型号。例如：

商品名称、规格型号	
棕榈仁油	（第一行，规范的中文名称）
H2100G，氢化，碘值0.21，游离脂肪酸0.014%	（第二行，规格型号）

第二，商品名称及规格型号应据实填报，并与合同、商业发票等相关单证相符。商品名称及规格型号通常体现在发票的"Description of Goods""Product and Description""Goods Description""Quantities and Description"栏目。

第三，商品名称应当规范，规格型号应当足够详细，以能满足海关归类、审价及许可证件管理要求为准。为了规范进出口企业申报行为，提高申报数据质量，促进贸易便利化，海关制定了《规范申报目录》，进出口货物收发货人或其代理人在报关时应当严格按照《规范申报目录》中关于规范申报商品品名、规格的要求填制报关单并依法办理通关手续，申报要素分为归类要素、价格要素、审单及其他要素等，具体要求参看《规范申报目录》。

进出口商品申报要素示例

商品编码	商品名称	申报要素		
		归类要素	价格要素	审单及其他要素
1806.1000	-加糖或其他甜物质的可可粉	1. 品名；2. 制作或保存方法（粉末状、加糖或其他甜物质）；3. 容器包装或内包装每件净重；	4. 品牌。	
1806.2000	-其他重量超过2千克的块状或条状含可可食品，或液状、膏状、粉状、粒状或其他散装形状的含可可食品，容器包装或内包装每件净重超过2千克的	1. 品名；2. 成分含量；3. 形状（条状、块状等）；4. 容器包装或内包装每件净重；	5. 品牌。	
	-其他块状或条状的含可可食品：	1. 品名；2. 成分含量；3. 形状（条状、块状等）；4. 容器包装或内包装每件净重；5. 是否夹心；	6. 品牌。	
1806.3100	--夹心			
1806.3200	--不夹心			
1806.9000	-其他	1. 品名；2. 成分含量；3. 容器包装或内包装每件净重；	4. 品牌。	

续表1

商品编码	商品名称	申报要素		
		归类要素	价格要素	审单及其他要素
26.01	铁矿砂及其精矿，包括焙烧黄铁矿：			
	-铁矿砂及其精矿，但焙烧黄铁矿除外：			
	--未烧结：	1.品名；2.用途；3.加工方法；4.外观；5.成分含量；6.平均粒度；	7.来源（矿区名称）；8.签约日期。	
2601.1110	---平均粒度小于0.8毫米的			
2601.1120	---平均粒度不小于0.8毫米，但不大于6.3毫米的			
2601.1190	---其他			
2601.1200	--已烧结	1.品名；2.用途；3.加工方法；4.外观；5.成分含量；	6.来源（矿区名称）；7.签约日期。	
2601.2000	-焙烧黄铁矿	1.品名；2.用途；3.加工方法；4.外观；5.成分含量；6.来源（矿区名称）；7.签约日期。		
40.02	合成橡胶及从油类提取的油膏，初级形状或板、片、带；税目40.01所列产品与本税目所列产品的混合物，初级形状或板、片、带：			
	-丁苯橡胶（SBR）；羧基丁苯橡胶（XSBR）：			
	--胶乳：	1.品名；2.用途；3.外观；4.成分含量；	5.签约日期；6.品牌；7.型号。	
4002.1110	---羧基丁苯橡胶			
4002.1190	---其他			

续表2

商品编码	商品名称	申报要素		
		归类要素	价格要素	审单及其他要素
	--其他：	1. 品名；2. 用途；3. 外观；4. 丁苯橡胶请注明是否充油、热塑；5. 成分含量；	6. 签约日期；7. 品牌；8. 型号。	
	---初级形状的：			
4002.1911	----未经任何加工的丁苯橡胶			
4002.1912	----充油丁苯橡胶			
4002.1913	----热塑丁苯橡胶			
4002.1914	----充油热塑丁苯橡胶			
4002.1919	----其他			
4002.1990	---其他			
	-丁二烯橡胶（BR）：	1. 品名；2. 用途；3. 外观；4. 成分含量；	5. 签约日期；6. 品牌；7. 型号。	

例1　ZIPPO 牌打火机用液体燃料，100%石脑油制，125 毫升/支。

商品编码 3606.1000 的申报要素为：

商品编码	商品名称	申报要素归类及价格要素
3606.1000	-直接灌注香烟打火机及类似打火器用的液体燃料或液化气体燃料，其包装容器的容积不超过 300 立方厘米	1. 品名；2. 用途；3. 包装容器的容积。

"商品名称、规格型号"栏应填报为：

```
打火机液体燃料
ZIPPO 牌打火机用，125 毫升/支
```

例2　粗锯成方的柚木原木，直径 40~50 厘米，长 400~500 厘米。

商品编码	商品名称	申报要素归类及价格要素	
44.03	原木，不论是否去皮、去边材或粗锯成方：		
44034	-其他，热带木的：	1. 品名；2. 种类（中文及拉丁学名）。	3. 截面尺寸（直径或宽度×厚度）；4. 长度；5. 级别（锯材级、切片级等）。
	--其他：		
4403.4910	---柚木		

"商品名称、规格型号"栏应填报为：

> 粗锯成方的柚木原木 Tectona Grandis L. F.
> 截面尺寸 40~50cm，长 400~500cm，锯材级

报关单商品规范申报标准：

1. 保证报关单规格型号栏显示的完整性，要素应填写明确，不能简单填报"是/否/有/无/非"等字样。如"是否野生"可填报"非野生"；没有品牌，应注明"无品牌"或"无牌"。

2. 申报要素附带有括号提示说明内容的，应根据实际商品判断其提示的说明内容之间是"或（or）"还是"和（and）"的关系，并准确申报。主要有三种情形：

（1）说明内容之间是"或（or）"关系的，应选择实际对应的项目申报，如品目2519的申报要素"外观（粉末、粒状、块状等）"，应按实际申报"粉末""粒状"或"块状"，或说明内容未列明的其他外观形状；

（2）说明内容之间是"和（and）"关系的，应逐项具体申报，如品目4811的申报要素"规格（成条等、浸渍或涂布物、每平方米克重）"，应按实际逐项具体申报为"成条、浸渍甘油、300 克/平方米"；

（3）说明内容之间既有"或（or）"又有"和（and）"关系的，应选择实际对应的项目分别申报，如品目0802的申报要素"制作或保存方法（鲜、干、去壳、未去壳）"，应按实际分别申报"鲜、未去壳"或"干、去壳"。

3. 《规范申报目录》注解对申报要素作具体要求的，应按照注解要求填报。如2013版《规范申报目录》注解要求28、29、30、32、33、34、38等章节商品的要素"包装"内容应足以判断是否零售包装，则具体格式应填写为"××计量单位（如公斤等）/包装容器（如桶等）"。

4. 其他要素的填报内容应能够满足归类、价格审核等要求。如品目8482项下滚珠轴承，申报要素"结构类型"应根据归类要求选择填写"调心球轴承""深沟球轴承""角接触轴承""推力球轴承"等。

5. 对于针对某一级税号项下部分商品申报要求，如申报商品确属无需填报之特殊情形的，应填报为"无需报"。如税号28299000，按照其申报要素 2 "如为高氯酸铵请注明

粒度"的要求，如申报商品为高氯酸铵需注明粒度，如申报商品为溴酸盐、碘酸盐等，该要素的对应内容应填报为"无需报"。

6.《规范申报目录》中要求填写中英文的，应填写中文和英文。

7."拉丁学名"要素应填写国际通用的拉丁文或拉丁化的希腊文表达的正式学名，不应填写成英文名。

8."成分含量"要素应同时申报商品的成分及含量。成分指货品所构成的部分或要素，一般指所含物质的种类；含量一般指所含物质的数量。28、29章的化工品原则上应将各成分报清且含量相加为100%，除非未明确申报的残留物质不影响归类。

9."规格型号"要素应同时申报货品的规格及型号。规格，主要表示货品大小尺寸，应申报完整，如块状、板状物申报长度、宽度、厚度，卷状申报宽幅、单层厚度、长度，管状物申报外径内径长度等，原则上不能申报为无规格，不规则品应填报为"不规则形状"；型号，一般由一组文字或字母和数字以一定规律编号组成，反映货品性质等级等，如无型号，应据实申报，不应用其他数据代替。

10."包装规格"要素，应注明具体包装和规格（单位包装容量×每包装单位数/包装单位），如750毫升×6瓶/箱。

11."外观"要素主要指货品的颜色形状等表观性状，《规范申报目录》中有特别标明的除外。如品目3915废塑料的要素"外观"包含颜色、尺寸，对于尺寸范围较固定的，应申报尺寸范围；对于无法判断尺寸的，应填"不规则，无固定尺寸"。

12."材质"要素，应以不影响商品归类为前提进行具体申报。如塑料材质的货物应填写为"聚乙烯""PET"等，钢铁类应填写为"不锈钢""硅锰钢"等。

13."用途"要素主要指适用的最小化场合及其具体作用，并且申报内容能够满足归类需要，《规范申报目录》中有特别标明的除外。对于同时要求申报功能和用途的，用途主要指适用的最小化场合。如果影响归类的，特别是机械、电器设备的零部件税号，不能仅注明"某某机器用"，应要求企业注明"某某机器的某某部位用"。

14."功能"要素指商品所发挥的作用的或所具有的本有属性，并且申报内容能够满足归类需要，如贴片式电感"功能"应填写"在交流电路中起阻流等作用"。

15."原理"要素指商品在运行机制中存在的基本规律，并且申报内容能够满足归类需要。如归入90275000的"全自动生化分析仪"原理应填写"通过单色光照射到被测物上，检测被测物的消光度"。

16."适用车型"要素，应注明汽车品牌和型号，如"日产天籁2.3L小轿车用"，而不能简单填写为"小汽车用"；如多种车型通用，则应填写为"日产天籁2.3L等小轿车通用"。

17."技术指标"要素应填报相应的指标单位，如合模力××KN、细度××微米、电池容量××安时（Ah）等。

18. 39章塑料原料的"成分含量"与"单体单元的种类和比率"应明确区分。如乙烯-丙烯共聚物，其"成分含量"可申报为：乙烯-丙烯共聚物99%，炭黑1%。其单体单元可申报为：乙烯8%，丙烯92%。

19. 48章纸张的"纤维种类及含量""规格（成条等、浸渍或涂布物、每平方米克重）"应填写具体，如"机械方法制木纤维100%，硫酸盐化学制浆""成条，甘油涂布，200克/平方米"。

20. 固体废物应结合海关总署 2010 年 16 号公告要求及《规范申报目录》要求填报。

21. 葡萄酒应结合海关总署 2010 年 17 号公告要求及《规范申报目录》要求填报。

22. 汽车零配件应结合海关总署 2006 年 64 号公告要求及《规范申报目录》要求填报。

23. 品目 2710 项下的成品油申报应结合海关总署 2013 年 10 号公告要求及《规范申报目录》要求填报。

24. 上述 20~23 项公告中，如果对品名及其他项目的申报要求能够在规格型号栏目中的规范申报要素中进行体现的话，则仅申报规范申报要素即可。如汽车零配件 64 号公告要求品名栏应申报"品名/品牌"，如规范申报要素已要求申报"品牌"，则品名栏可以不再申报。

第四，同一商品编号、多种规格型号的商品，可归并为一项商品的，按照归并后的商品名称和规格型号填报（海关另有要求的除外）。

第五，减免税货物、加工贸易等已备案的货物，本栏目填报的内容须与海关备案登记中同项号下货物的名称与规格型号一致。

加工贸易边角料和副产品内销、边角料复出口，应填报其报验状态的名称和规格型号。属边角料、副产品、残次品、受灾保税货物且按规定需加以说明的，在本栏目中填注规定的字样。

第六，对需要海关签发"货物进口证明书"的车辆，商品名称应填报"车辆品牌+排气量（注明 cc）+车型（如越野车、小轿车等）"。进口汽车底盘可不填报排气量。车辆品牌应按照"进口机动车辆制造厂名称和车辆品牌中英文对照表"中"签注名称"一栏的要求填报。规格型号可填报"汽油型"等。

四、数量及单位

报关单上的"数量及单位"栏指进出口商品的成交数量及计量单位，以及海关法定计量单位和按照海关法定计量单位计算的数量。

海关法定计量单位又分为海关法定第一计量单位和海关法定第二计量单位。海关法定计量单位以《统计商品目录》中规定的计量单位为准。例如，天然水为千升/吨，卷烟为千支/千克，牛皮为千克/张，毛皮衣服为千克/件。

（一）填报格式

1. 本栏目分三行填报。

（1）《统计商品目录》列明的第一计量单位及数量填报在第一行；

（2）《统计商品目录》列明的第二计量单位及数量填报在第二行，无第二计量单位的，第二行为空；

（3）买卖双方在交易过程中所确定的成交计量单位及数量填报在第三行。

2. 本栏目长度为 13 位整数及 5 位小数。超出上述范围的，允许合理修正实际计量单位，例如将克改为千克或吨。数量栏目不得为空或填报"0"。

（二）填报要求

1. 加工贸易备案的货物，成交计量单位必须与备案登记中同项号下货物的计量单位一致。加工贸易边角料和副产品内销、边角料复出口，填报其报验状态的计量单位。

加工贸易结转货物进出口报关单对应的数量、计量单位应当一致。

2. 优惠贸易协定项下进出口商品的成交计量单位必须与原产地证书上对应商品的计量单位一致，申报数量不得超出原产地证书批准数量。

3. 法定计量单位为"千克"的数量填报要求：

（1）装入可重复使用的包装容器的货物，按货物的净重填报。如罐装同位素、罐装氧气及类似品等，应扣除其包装容器的重量。

（2）使用不可分割包装材料和包装容器的货物，按货物的净重填报（即包括内层直接包装的净重重量）。例如，采用供零售包装的罐头。

（3）按照商业惯例以公量重计价的商品，应按公量重填报。例如，未脱脂羊毛、羊毛条等。

（4）以毛重作为净重计价的货物，可按毛重填报。例如，散装粮食、饲料等价格较低的农副产品。

（5）采用零售包装的酒类、饮料，按照液体部分的重量填报。

（6）包装标注含量以重量计的化妆品，按照净含量申报第一法定数量，即不包括内层包装物和外层包装物的重量；按照有独立包装的瓶（罐）数量申报第二法定数量。包装标注含量以体积计的化妆品，按照净含量 1 升＝1 千克的换算关系申报第一法定数量，即不包括内层包装物和外层包装物的体积；按照有独立包装的瓶（罐）数量申报第二法定数量。包装标注规格为"片"或"张"的化妆品，按照商品净重申报第一法定数量；按照"片"或"张"的数量申报第二法定数量。

4. 成套设备、减免税货物如需分批进口，货物实际进口时，应按照实际报验状态确定数量。

根据归类规则，零部件按整机或成品归类的进出口商品，法定计量单位为非重量的，应按报验状态申报法定数量。

具有完整品或制成品基本特征的不完整品、未制成品，根据归类规则应按完整品归类的，申报数量按照构成完整品的实际数量申报。

5. 法定计量单位为立方米的气体货物，应折算成标准状况（即摄氏零度及 1 个标准大气压）下的体积进行填报。

6.《濒危野生动植物种国际贸易公约》（CITES，以下简称《公约》）管控濒危物种国际贸易的核心是限制物种和数量，"濒危物种允许进口证明书"（以下简称"证明书"）证面上的数量即是准予进出口的数量上限。

五、原产国（地区）／最终目的国（地区）

原产国（地区）是指进口货物的生产、开采或加工制造的国家或地区。

最终目的国（地区）是指已知的出口货物最后交付的国家或地区，也即最终实际消费、使用或做进一步加工制造的国家或地区。

进口报关单"原产国（地区）"栏目按《国别（地区）代码表》选择填报相应的国家（地区）名称或代码，出口报关单"最终目的国（地区）"栏目按《国别（地区）代码表》选择填报相应的国家（地区）名称或代码。

（一）"原产国（地区）"栏目的一般填报要求

1. 原产国（地区）应依据《原产地条例》《中华人民共和国海关关于执行〈非优惠原产地规则中实质性改变标准〉的规定》及海关总署关于各项优惠贸易协定原产地管理规

章规定的原产地确定标准填报。

在原始单据（发票或原产地证明书）上原产国（地区）一般表示为"Made in…"（在……制造）或"Origin / Country of Origin：×××"（原产于：×××）。

2. 同一批进出口货物的原产地不同的，应当分别填报原产国（地区）。

3. 进出口货物原产国（地区）无法确定的，填报"国别（地区）不详"（701）。中性包装进口货物，原产国（地区）确实不详的，应填报"国别（地区）不详"（701）。

海关可以通过审核原产地证明，或者实际查验，或者审核原产地证明以外的其他相关单证三种方法审核确定进出口货物的原产地，并以此计征相关货物的税款。上述方法之间是并列关系，满足其一即可。

（二）"最终目的国（地区）"栏目的一般填报要求

1. 最终目的国（地区）填报已知的进出口货物的最终实际消费、使用或进一步加工制造的国家（地区）。

2. 同一批进出口货物的最终目的国（地区）不同的，应分别填报最终目的国（地区）。

3. 不经过第三国（地区）转运的直接运输货物，以运抵国（地区）为最终目的国（地区）；经过第三国（地区）转运的货物，以最后运往国（地区）为最终目的国（地区）。

4. 进出口货物不能确定最终目的国（地区）时，以尽可能预知的最后运往国（地区）为最终目的国（地区）。

（三）加工贸易报关单特殊情况的填报要求

1. 料件结转货物，进口报关单原产国（地区）为原进口料件生产国（地区），出口报关单最终目的国（地区）填报"中国"（142）。

2. 深加工结转货物，进出口报关单原产国（地区）和最终目的国（地区）均为"中国"（142）。

3. 料件复运出境货物，填报实际最终目的国（地区）；加工出口成品因故退运境内的，原产国（地区）填报"中国"（142），复运出境的货物填报实际最终目的国（地区）。

4. 加工贸易剩余料件内销，原产国（地区）填报料件的原实际生产国（地区）；加工贸易成品（包括半成品、残次品、副产品）转内销，原产国（地区）均填报"中国"（142）。

5. 海关特殊监管区域运往区外，未经加工的进口货物，填报货物原进口时的原产国（地区）；经加工的成品或半成品，按现行原产地规则确定原产国（地区）。区外运入区内的货物，最终目的国（地区）为中国。

六、单价、总价、币制

单价是指进出口货物实际成交的商品单位价格的金额部分。

总价是指进出口货物实际成交的商品总价的金额部分。

币制是指进出口货物实际成交价格的计价货币的名称。

填报要求：

第一，"单价"栏填报同一项号下进出口货物实际成交的商品单位价格的数字部分。无实际成交价格的，填报单位货值。

第二，"总价"栏填报同一项号下进出口货物实际成交的商品总价的数字部分。无实际成交价格的，填报货值。

第三，"币制"栏根据实际成交情况按海关规定的"货币代码表"选择填报相应的货币名称或代码。如"货币代码表"中无实际成交币种，需将实际成交币种按照申报日外汇折算率折算成"货币代码表"列明的货币填报。

常用货币代码表

货币代码	货币符号	货币名称	货币代码	货币符号	货币名称	货币代码	货币符号	货币名称
110	HKD	港币	116	JPY	日本元	132	SGD	新加坡元
142	CNY	人民币	133	KRW	韩国元	300	EUR	欧元
302	DKK	丹麦克朗	303	GBP	英镑	330	SEK	瑞典克朗
331	CHF	瑞士法郎	344	RUB	俄罗斯卢布	501	CAD	加拿大元
502	USD	美元	601	AUD	澳大利亚元	609	NZD	新西兰元

七、征免

征免是指海关依照《海关法》《关税条例》及其他法律、行政法规，对进出口货物进行征税、减税、免税或特案处理的实际操作方式。

同一份报关单上可以填报不同的征减免税方式。

（一）主要征减免税方式

1. 照章征税

照章征税指对进出口货物依照法定税率计征各类税、费。

2. 折半征税

折半征税指依照主管海关签发的征免税证明或海关总署的通知，对进出口货物依照法定税率折半计征关税和增值税，但照章征收消费税。

3. 全免

全免指依照主管海关签发的征免税证明或海关总署的通知，对进出口货物免征关税和增值税，但消费税是否免征应按有关批文的规定办理。

4. 特案减免

特案减免指依照主管海关签发的征免税证明或海关总署通知规定的税率或完税价格计征各类税、费。

5. 随征免性质

随征免性质指对某些特定监管方式下进出口的货物按照征免性质规定的特殊计税公式或税率计征税、费。

6. 保证金

保证金指经海关批准具保放行的货物，由担保人向海关缴纳现金的一种担保形式。

7. 保函

保函指担保人根据海关的要求，向海关提交的定有明确权利义务的一种担保形式。

（二）填报要求

1. 根据海关核发的征免税证明或有关政策规定，对报关单所列每项商品选择填报海关规定的《征减免税方式代码表》中相应的征减免税方式的名称。

2. 加工贸易报关单应根据登记手册中备案的征免规定填报。加工贸易手册中备案的征免规定为"保金"或"保函"的，不能按备案的征免规定填报，而应填报"全免"。

3. 我国驻外使领馆工作人员、外国驻华机构及人员、非居民常驻人员、政府间协议规定等应税（消费税）进口自用小汽车，并且单台完税价格在130万元及以上的，报关单征免性质栏需填报"特案"。

征减免税方式代码表

代码	名称	代码	名称
1	照章征税	5	随征免性质
2	折半征税	6	保证金
3	全免	7	保函
4	特案		

八、特殊关系确认

本栏目根据《进出口货物审价办法》第十六条，填报确认进出口行为中买卖双方是否存在特殊关系，有下列情形之一的，应当认为买卖双方存在特殊关系，在本栏目应填报"是"，反之填"否"：

（一）买卖双方为同一家族成员的；

（二）买卖双方互为商业上的高级职员或者董事的；

（三）一方直接或者间接地接受另一方控制的；

（四）买卖双方都直接或者间接地受第三方控制的；

（五）买卖双方共同直接或者间接地控制第三方；

（六）一方直接或者间接的拥有、控制或者持有对方5%以上（含5%）公开发行的有表决权的股票或者股份的；

（七）一方是另一方的雇员，高级职员或者董事的；

（八）买卖双方是同一合伙的成员的。

买卖双方在经营上相互有联系，一方是另一方的独家代理、独家经销商或者独家受让人，如果符合前款的规定，也应当视为存在特殊关系。

买卖双方存在特殊关系并不是海关重新确定的理由。存有特殊关系对价格有无产生影响，需按照下列"价格影响确认"项目进行判断并准确申报。

本栏目出口货物免予填报，加工贸易及保税监管货物（内销保税货物除外）免予填报。

九、价格影响确认

本栏目根据《进出口货物审价办法》第十七条，填报确认进出口行为中买卖双方存在特殊关系是否影响成交价格，纳税义务人如不能证明其成交价格与同时或者大约同时发生的下列任何一款价格相近的，应当视为特殊关系对进出口货物的成交价格产生影响，在本栏目应填报"是"，反之填报"否"：

（一）向境内无特殊关系的买方出售的相同或者类似进出口货物的成交价格；

（二）按照《进出口货物审价办法》倒扣价格估价方法的规定所确定的相同或者类似进出口货物的完税价格；

（三）按照《进出口货物审价办法》计算价格估价方法的规定所确定的相同或者类似进出口货物的完税价格。

本栏目出口货物免予填报，加工贸易及保税监管货物（内销保税货物除外）免予填报。

十、支付特许权使用费确认

本栏目根据《进出口货物审价办法》第十三条，填报确认进出口行为中买方是否存在向卖方或者有关方直接或者间接支付特许权使用费。特许权使用费是指进出口货物的买方为取得知识产权权利人及权利人有效授权人关于专利权、商标权、专有技术、著作权、分销权或者销售权的许可或者转让而支付的费用，包括专利权使用费、商标权使用费、著作权使用费、专有技术使用费、分销或转售权费、其他类似费用。

如该项费用与进口货物有关，费用的支付作为卖方出口销售该货物到中华人民共和国关境内的条件，相应费用应当计入进口货物的完税价格。

（一）特许权使用费与该货物有关

符合下列条件之一的特许权使用费，应当视为与进口货物有关：

1. 特许权使用费是用于支付专利权或者专有技术使用权，且进口货物属于下列情形之一的：

（1）含有专利或者专有技术的；

（2）用专利方法或者专有技术生产的；

（3）为实施专利或者专有技术而专门设计或者制造的。

2. 特许权使用费是用于支付商标权，且进口货物属于下列情形之一的：

（1）附有商标的；

（2）进口后附上商标直接可以销售的；

（3）进口时已含有商标权，经过轻度加工后附上商标即可以销售的。

3. 特许权使用费是用于支付著作权，且进口货物属于下列情形之一的：

（1）含有软件、文字、乐曲、图片、图像或者其他类似内容的进口货物，包括磁带、磁盘、光盘或者其他类似载体的形式；

（2）含有其他享有著作权内容的进口货物。

4. 特许权使用费是用于支付分销权、销售权或者其他类似权利，且进口货物属于下列情形之一的：

（1）进口后可以直接销售的；

（2）经过轻度加工即可以销售的。

（二）特许权使用费的支付构成该货物向中华人民共和国境内销售的条件

买方不支付特许权使用费则不能购得进口货物，或者买方不支付特许权使用费则该货物不能以合同议定的条件成交的，应当视为特许权使用费的支付构成进口货物向中华人民共和国境内销售的条件。

如果进出口行为中买方存在向卖方或者有关方直接或者间接支付特许权使用费，且未包含在进口货物成交价格中，并且符合《审价办法》第十三条的，在本栏目应填报"是"；如果买方存在向卖方或者有关方直接或者间接支付特许权使用费，且未包含在进口货物成交价格中，但纳税义务人无法确认是否符合《审价办法》第十三条的，在本栏目应填报"是"；如果买方存在向卖方或者有关方直接或者间接支付特许权使用费，且未包含在进口货物成交价格中的，纳税义务人根据《审价办法》第十三条，可以确认需支付的特许权使用费与进口货物无关，在本栏目应填报"否"；如果买方不存在向卖方或者有关方直接或者间接支付特许权使用费的，或者特许权使用费已包含在进口货物成交价格中的，本栏目应填报"否"。

本栏目出口货物免予填报，加工贸易及保税监管货物（内销保税货物除外）免予填报。

需要说明的是，买方存在向卖方或者有关方直接或者间接支付特许权使用费的，经海关审核认定需计入完税价格的，或正在接受海关审核的，在该栏目填"是"，并将有关海关的审核认定情况在"标记唛码及备注"栏目进行填报。例如，某直属海关某部门正在处置，或某直属海关某部门于某年某月已认定计入完税价格。

以上三项申报内容为新版《报关单填制规范》增加的申报项目，该三项涉税要素被纳入报关单申报要素，在通关环节即进行证据固定，其内容申报准确与否，将直接影响海关通关即时审核效率及事后核查法律责任认定，相关报关企业及人员应给予足够的关注并积极应对。此外，非应税的出口货物、加工贸易进出口货物、保税物流进出口货物报关单和货物备案清单不必填写此栏目。

十一、版本号

本栏目适用加工贸易货物出口报关单，应与加工贸易手册中备案的成品单耗版本一致，通过手册备案数据或企业出口报关清单提取。

十二、货号

本栏目适用加工贸易货物进出口报关单，应与加工贸易手册中备案的料件、成品货号一致，通过手册备案数据或企业出口报关清单提取。

十三、录入员及录入单位

录入员，用于记录预录入操作人员的姓名。

录入单位，用于记录预录入单位名称。

十四、海关批注及签章

本栏目供海关作业时签注。

本规范所述的（<>）、（,）、连接符（-）、冒号（:）等标点符号，填报时必须使用非中文状态下的半角字符。

第四节　报关单填制栏目对应关系

一、报关单各栏目内容与主要商业、货运单证对应关系

由于现已改为无纸报关单，申报单位须将纸本单据电子扫描件上传填报于随附单据栏中，海关审单人员可直接调取企业相关单据。

（一）发票

根据发票填制的栏目内容一般有：收发货人、收/发货单位、成交方式、运费、保险费、杂费、商品名称、规格型号、数量及单位、原产国（地区）/最终目的国（地区）、单价、总价、币制、合同协议号、集装箱号等。

发票由出口企业自行拟制，无统一格式，但基本栏目大致相同。一般标明"发票"（Invoice）或"商业发票"（Commercial Invoice）字样，用粗体字印刷在单据的明显位置。发票的主要栏目内容如下：

1. 出票人的名称与地址。发票的出票人一般为出口人，其名称和地址相对固定，故出口商通常将此项内容事先印制在发票的正上方或右上方。这个栏目是判断进口货物中转时是否发生买卖关系的指标之一。如果出票人的地址与进口货物起运地一致，则说明进口货物中转时没有发生买卖关系；如果出票人的地址与进口货物运输的中转地一致，与起运地不一致，则说明进口货物中转时发生了买卖关系。

2. 起运及目的地。该栏标明了货物运输的实际起止地点。如货物需要转运，则注明转运地。有的还注明运输方式。例如，FROM SHANGHAI TO TOKYO VIA HONGKONG（从上海经香港到达东京）。

3. 抬头，即收货人。此栏前通常印有"To"，"Sold to Messrs"或者"For Account and Risk of Messrs"等字样，在这些字样后，一般注明买方的名称和地址。例如：

TO WINNING TEXTILE CO. LTD. ，

UNIT H, 6/F WORLD TECH CTR,

95 HOW MING ST, TOKYO, JAPAN

4. 唛头及编号（Marks & Nos. ）。该栏一般注明包装的运输标记及包装的件数。例如：

MADE IN CHINA（产地）

PORT：LOS ANGELES（指运港）

C/No. ：1~117（件数）

5. 品名和货物描述。该栏一般印有"Description of Goods"或者"Name of Commodity"的字样，在其下一般注明了具体装运的货物的名称、品质、规格及包装状况等内容。例如：

FOOTWEAR（货物名称）

COL：WHITE SZ：5~10（规格型号）

TOTAL PACKED IN 117 CARTONS ONLY（包装状况）

6. 数量、单价和总价。数量为实际装运的数量。单价包括计价货币、具体价格数、计价单位、贸易术语四部分。总价一般由大小写组成。如果合同单价含有佣金（Commission）或折扣（Rebate/Discount/Allowance），发票上一般也会注明。有时发票上还列明运费（Freight/F）、保险费（Insurance/I）及杂费（Extras）等。

（二）装箱单和提运单

根据装箱单和提运单查找的栏目内容一般有：运输方式、运输工具名称、航次、提运单号、启运国（地区）/运抵国（地区）、装货港/指运港、件数、包装种类、毛重、净重、标记唛码及备注。

发票/装箱单主要内容中英文对照表

中英文	英文缩写	中英文	英文缩写
合同 Contract	CONT.	单价 Unit Price	
货物描述 Description of Goods		总额 Amount	AMT
规格、型号 Model		总价 Total Amount	
尺寸 Size		件数 Packages	PKGS
数量 Quantity	Q'TY	毛重 Gross Weight	G. W.
原产国 Made In / Origin		净重 Net Weight	N. W.
装货港 Port of Loading	P. O. L.	保险费 Insurance	
目的国 Destination Country		杂费 Extras	
指运港 Port of Destination	P. O. D.	佣金 Commission	
运费 Freight		折扣 Discount /Rebate/Allowance	
集装箱 Container	CTNR	唛头及编号 Marks & Nos.	
包装种类 Packing		所附单证 Document Attached	DOC. ATT.

提运单主要内容中英文对照表

中英文	英文缩写	中英文	英文缩写
提单 Bill of Lading	B/L	到达港 Port of Arrival	P. A
提单号 Bill of Lading No.	B/L No.	指运港 Port of Destination	P. O. D.
承运人 Carrier		托运人 Shipper	
收货人 Consignee		被通知人 Notify Party	
空运运单 Air Way Bill	A. W. B.	卸货港 Port of Discharge	P. O. D
空运总运单 Master Air Way Bill	M. A. W. B	装货港 Port of Loading	P. O. L
空运分运单 House Air Way Bill	H. A. W. B	转运港 Port of Transshipment	
原产国 Made In/Country of Origin		转运到 In transit to	
船名 Ocean Vessel		航次 Voyage No.	Voy. No.

以下举例说明提单、发票、装箱单等原始单证与进口报关单有关栏目的基本对应关系，报关单标有带圈数字的栏目内容，可以从随附的原始单证中标注对应带圈数字的内容中查找、填报。

资料 1：报关单

中华人民共和国海关进口货物报关单

预录人编号：　　　　　　　　　　　　　　　　　　　　海关编号：

收发货人		进口口岸 ①	进口日期	申报日期
消费使用单位		运输方式 ②	运输工具名称 ③	提运单号 ④
申报单位		监管方式	征免性质	备案号
贸易国（地区）	启运国（地区） ⑤	装货港 ⑥		境内目的地
许可证号	成交方式 ⑦	运费	保费	杂费
合同协议号 ⑧	件数 ⑨	包装种类 ⑩	毛重（千克） ⑪	净重（千克） ⑫
集装箱号 ⑬	随附单证			
标记唛码及备注 ⑭	⑮			

项号	商品编号	商品名称、规格型号	数量及单位	原产国（地区）	单价	总价	币制	征免

录入员　录入单位	兹申明以上内容承担如实申报、依法纳税之法律责任	海关批注及签章……
报关人员	申报单位（签章）	

资料2：提单

BILL OF LADING ②
For Combined Transport Shipment Or Port To Port Shipment

Shipper : KOREA.CHEMICAL CO.LTD 1301-4,SEOCHO-DONG,SEOCHO-KU,SEOUL,KOREA	Page: 1 of 1 B/L No.: MISC200000537 ④ Reference No.:
Consignee or Order : TO THE ORDER OF SHANGHAI FAR EAST CONTAINER CO.,LTD 1729-1731, YANG GAO ROAD. PUDONG,SHANGHAI,CHINA	Carrier : MALAYSIA INTERNATIONAL SHIPPING CORPORATION BERHAD
Notify Party / Address : It is agreed that no responsibility shall attach to the Carrier or his Agents For failure to notify (See Clause 20 on reverse of this Bill of Lading) : SAME AS CONSIGNEE	Place of Receipt (Applicable only when this document is used as Transport Bill of lading) : SINGAPORE CY
Vessel and VOY No. : ESSEN EXPRESS 28ED09 ③	Place of Delivery (Applicable only when this document is used as Transport Bill of lading) : SHANGHAI CY
Port of Loading : SINGAPORE ⑤ ⑥	
Port of Transhipment :	Port of Discharge : SHANGHAI ①

Marks & Nos.	Number & Kind of Packages	Description of Goods	Gross Weight 161 492.00 ⑪	Measurement(CBM) 281
FAR EAST SHANGHAI ⑭ C/NO.:	SHIPPER'S LOAD COUNT AND SEALED 12×20'CONTAINER(S) SAID TO CONTAIN: 234 CRATES ⑨ ⑩ PAINT ⑯ FREIGHT PREPAID TOTAL: TWELVE TWENTY FOOT CONTAINERS ONLY			

SIZE/TYPE/CONTAINER#/TARE WGNT/GROSS WGHT/SEAL NUMBER/QUANTITY/STAT/STATU

20/DRY/TPHU8290658 ⑬	/2300	/.00	/0464	0/FCL/FCL
20/DRY/TEXU2391475	/2300	/.00	/0384	0/FCL/FCL
20/DRY/MISU2369721	/2300	/.00	/00977	0/FCL/FCL
20/DRY/MISU1173640	/2300	/.00	/04959	0/FCL/FCL
20/DRY/MISU1123306	/2300	/.00	/04980	0/FCL/FCL
20/DRY/MISU1107429	/2300	/.00	/04973	0/FCL/FCL
20/DRY/MISU1171114 ⑮	/2300	/.00	/04958	0/FCL/FCL
20/DRY/MISU1328245	/2300	/.00	/04979	0/FCL/FCL
20/DRY/MISU1304351	/2300	/.00	/04963	0/FCL/FCL
20/DRY/MISU1306797	/2300	/.00	/165529	0/FCL/FCL
20/DRY/MISU1418038	/2300	/.00	/166671	0/FCL/FCL
20/DRY/MISU1113376	/2300	/.00	/165576	0/FCL/FCL

ABOVE PARTICULARS AS DECLARED BY SHIPPER

资料 3：发票

MR'02 02:25PM KCCS' PORE OFFICE 65 8630679 P.2

COMMERCIAL INVOICE

Seller : KOREA CHEMICAL CO.LTD. 1301-4.SEOCHO-DONG BEOCHO-KU, SEOUL.KOREA	Invoice No. and Date : EX80320 15th MAR 2008 L/C No. and Date :
Consignee : TO THE ORDER OF SHANGHAI FAR EAST CONTAINER CO., LTD. 1729-1731 YANG GAO RD.PUDONG SHANGHAI,CHINA	Buyer (If any than consignee) : AS PER CONSIGNEE
Departure Date : ETD: 20 MAR 2008	Terms of Delivery and Payment : T/T SHANGHAI T/T 60 DAYS FROM B/L DATE
Vessel : ESSEN EXPRESS v.28ED09 ③	Other Reference : CONTRACT No : SFEC/KCC803-01 ⑧
From : To : SINGAPORE ⑤ ⑥ SHANGHAI,CHINA ①	

Shipping Marks	No. & Kinds of Packing	Goods Description	Quantity	Unit Price	Amount
		CIF SHANGHAI CHINA ⑦			
FAR EAST SHANGHAI ⑭ C/NO.:		PAINT ⑯ 114 056 LTR ⑰ ⑱	2.00/LTR ⑳	USD ㉒ 228 112.00 ㉑	
		Country of Origin: SINGAPORE ⑲			

KOREA CHEMICAL CO., LTD.

Signed By : _____

资料4：装箱单

PACKING LIST

Seller : KOREA CHEMICAL CO.LTD. 1301-4.SEOCHO-DONG BEOCHO-KU, SEOUL,KOREA	Invoice No. and Date : EX80320 15th MAR 2008
Consignee: TO THE ORDER OF SHANGHAI FAR EAST CONTAINER CO, LTD. 1729-1731 YANG GAO RD.PUDONG SHANGHAI,CHINA	Buyer (If any than consignee) : AS PER CONSIGNEE
Departure Date : ETD: 20 MAR 2008	Other Reference : CONTRACT NO: SFEC/KCC803-01 ⑧
Vessel : ESSEN EXPRESS v.28ED09 ③	
From : To: SINGAPORE ⑤ ⑥ SHANGHAI,CHINA ①	

Shipping Marks	No. & Kinds of Packing	Goods Description	Quantity	N/Weight	G/Weight	Measurement
			LTR⑱	KG	KG	
		PAINT ⑯				
TOTAL:	234 CRATES ⑨ ⑩		114 056 ⑰	136 256 ⑫	161 492 ⑪	

KOREA CHEMICAL CO., LTD.

Signed By: _____

二、加工贸易货物报关单常见填报内容及对应关系

加工贸易进出口货物的报关单填制较为复杂，料件、成品、剩余料件、残次品、副产品、边角料等各类货物的流转处理，均须根据各自不同去向，按照海关监管的相应要求，分别填制报关单向海关办理报关手续。此处主要选择料件、成品的常见处理方式，列表汇总其报关单填制要求及其对应关系：

项目 ＼ 栏目	料件进口 进境	料件退换 先出境后进境	余料结转 形式进口	余料结转 形式出口	深加工结转 形式进口	深加工结转 形式出口	料件内销 形式进口	料件复出 出境
监管方式	来料加工 / 进料对口	来/进料料件退换	来/进料余料结转	来/进料余料结转	来/进料深加工	来/进料深加工	来/进料料件内销	来/进料料件复出
进口口岸/出口口岸	指定范围内实际进出口岸海关	指定范围内实际进出口岸海关	接受申报的海关	接受申报的海关	接受申报的海关	接受申报的海关	接受申报的海关	指定范围实际进出口岸海关
征免性质	来料加工 / 进料加工	免予填报	免予填报	免予填报	免予填报	免予填报	一般征税	其他法定
备案号	加工贸易手册编号	加工贸易手册编号	转入手册编号	转出手册编号	转入手册编号	转出手册编号	加工贸易手册编号	加工贸易手册编号
运输方式	实际进境运输方式	实际出/进境运输方式	其他运输	其他运输	其他运输	其他运输	其他运输	实际出境运输方式
运输工具名称	实际进境运输工具名称	实际出/进境运输工具名称	免予填报	免予填报	免予填报	免予填报	免予填报	实际出境运输工具名称
启运国(地区)/运抵国(地区)	实际启运国(地区)	实际运抵国(地区)/启运国(地区)	中国	中国	中国	中国	中国	实际运抵国(地区)
随附单证					K：深加工结转申请表编号	K：深加工结转申请表编号	c：内销征税联系单号	
用途	加工返销	加工返销（进口）	加工返销	—	加工返销	—	其他内销	—
备注		退出：原进口报关单号；换进：退出报关单号	转出手册编号	转入进口报关单号；转入手册编号	转出手册编号	转入进口报关单号；转入手册编号	"活期"	原进口报关单号
项号（第2行）	手册对应进口料件项号	手册对应进口料件项号	转入手册对应进口料件项号	转出手册对应进口料件项号	转入手册对应进口料件项号	转出手册对应出口成品项号	手册对应进口料件项号	手册对应进口料件项号
原产国(地区)/最终目的国(地区)	料件进口原产国(地区)/成品出口最终目的国(地区)	原进口料件原产国(地区)	原进口料件原产国(地区)	中国	中国	中国	原进口料件原产国(地区)	实际最终目的国(地区)
征免	全免	全免	全免	全免	全免	全免	照章征税	全免

续表

项目 栏目	成品出口		成品内销			成品退换	
			按料件征税	转减免税			
	出境		形式进口	形式进口	形式出口	进境	出境
监管方式	来料加工	进料对口	来/进料料件内销	根据货物实际情况选择填报	来/进料成品减免	来/进料成品退换	
进口口岸/出口口岸	指定范围进出口岸海关		接受申报的海关			指定范围进出口岸海关	
征免性质	来料加工	进料加工	一般征税	征免税证明所批征免性质	免予填报	免予填报	
备案号	加工贸易手册编号		征免税证明编号	加工贸易手册编号			
运输方式	实际出境运输方式		其他运输			实际进境运输方式	实际出境运输方式
运输工具名称	实际出境运输工具名称		免予填报			实际进境运输工具名称	实际出境运输工具名称
启运国(地区)/运抵国(地区)	实际运抵国(地区)		中国			实际启运国(地区)	实际运抵国(地区)
随附单证			c:内销征税联系单号				
用途	—		其他内销	企业自用	—	其他	—
备注	料件费、工缴费		"活期"	转出手册编号	转入征免税证明编号	原出口报关单号	退运进口报关单号
项号(第2行)	手册出口成品项号		手册进口料件项号	征免税证明对应项号	手册原出口成品对应项号		
原产国(地区)/最终目的国(地区)	实际最终目的国(地区)		中国				实际最终目的国(地区)
征免	征免:一般为"全免",应征出口税的"照章征税"		照章征税	全免			

三、减免税进口设备报关单常见填报内容及对应关系

项目〔栏目〕	投资总额内进口			投资总额外进口	减免税设备结转	
	合资合作企业	外商独资企业	国内投资项目			
	进境	进境	进境	进境	形式进口	形式出口
监管方式	合资合作设备	外资设备物品	一般贸易	一般贸易	减免设备结转	
征免性质	鼓励项目等			自有资金	根据货物实际情况选择填报	免予填报
备案号	征免税证明编号				征免税证明编号	结转联系函编号
收发货人 / 收发货单位	该合资合作企业	该外商独资企业	设备进口企业		转入企业	转出企业
运输方式	进境实际运输方式				其他运输	
启运国（地区）/运抵国（地区）	实际启运国（地区）				中国	
备注	如为委托进口，须注明代理进口的外贸企业名称				结转联系函编号	转入进口报关单号；转入方征免税证明编号
用途	企业自用				企业自用	—
原产国（地区）/最终目的国（地区）	设备实际原产国（地区）				设备原生产国（地区）	中国
征免	特案				全免	

四、加工贸易进口设备报关单常见填报内容及对应关系

项目〔栏目〕	加工贸易免税进口不作价设备				
	进境	退运出境	内销	结转	
			形式进口	形式进口	形式出口
监管方式	不作价设备	加工设备退运	加工设备内销	加工设备结转	
征免性质	加工设备	其他法定	免予填报		
备案号	加工贸易手册（首位标记"D"）编号				

续表

收发货人 收发货单位	加工贸易经营企业		转入企业	转出企业
运输方式	进境实际运输方式	出境实际运输方式	其他运输	
启运国（地区）/运抵国（地区）	实际启运国（地区）	实际运抵国（地区）	中国	
备注		原进口报关单号	转出手册号	转入进口报关单号；转入手册号
用途	企业自用	—	其他内销	企业自用	—
原产国（地区）/最终目的国（地区）	设备实际原产国（地区）	实际最终目的国（地区）	设备原生产国（地区）	中国
征免	特案	全免	照章征税	全免

五、暂准进出境货物报关单常见填报内容及对应关系

暂准进出境货物涉及的监管方式包括"展览品"与"暂时进出货物"两类，各自的适用范围参见本章第二节及第三章相应内容。暂准进境及复出境货物的报关单栏目对应关系如下表所示，暂准出境及复进境报关单栏目亦参照填报。

项目　　栏目	进境展览品		其他暂准进境货物	
	进境	复出境	进境	复出境
监管方式	展览品		暂时进出货物	
征免性质	其他法定			
用途	收保证金/其他	—	收保证金/其他	—
备注		原进口报关单号	审批决定书编号、暂时进境货物类别、复出境日期	"暂时进境复出境"、原进口报关单号
征免	保证金/保函	全免	保证金/保函	全免

六、无代价抵偿、一般退运、直接退运货物报关单常见填报内容及对应关系

项目 栏目	无代价抵偿进口货物		一般退运货物 （品质规格原因）		直接退运货物	
	退运出境	补偿进境	进境	出境	先出口报关	后进口报关
监管方式	其他	无代价抵偿	退运货物		直接退运	
征免性质	其他法定				免予填报	
备注	原进口报关单号		原出口报关单号	原进口报关单号	"进口货物直接退运表"或"责令直接退运通知书"编号	出口报关单号；"进口货物直接退运表"或"责令直接退运通知书"编号
征免	全免					

第五节　其他进出境报关单

其他进出境报关单指除了报关单填制规范所规定的报关单格式以外，专用于特定区域、特定货物及特定运输方式的进出境报关单证。

一、进出境货物备案清单

海关特殊监管区域（以下简称特殊区域）企业向海关申报货物进出境、进出区，以及在同一特殊区域内或者不同特殊区域之间流转货物的双方企业，应填制进（出）境货物备案清单，特殊区域与境内（区外）之间进出的货物，区外企业应同时填制进（出）口货物报关单，向特殊区域主管海关办理进出口报关手续。

货物流转应按照"先报进，后报出"的原则，在同一特殊区域企业之间、不同特殊区域企业之间流转的，先办理进境备案手续，后办理出境备案手续，在特殊区域与区外之间流转的，由区内企业、区外企业分别办理备案和报关手续。进（出）境货物备案清单原则上按《报关单填制规范》的要求填制。

保税区内企业从境外进口自用的机器设备、管理设备、办公用品，以及区内工作人员自用的应税物品，填制进（出）口货物报关单。

特殊区域（保税区除外）内企业从境外进口自用的机器设备、管理设备、办公用品，填制进（出）境货物备案清单。

进出境货物备案清单商品项数上限 50 项，单页备案清单最多打印 8 个商品项。

中华人民共和国海关进境货物备案清单

预录入编号：   海关编号：

收发货人		进境口岸	备案号	进境日期	申报日期
消费使用单位		监管方式	贸易国（地区）	启运国（地区）	境内目的地
申报单位		运输方式	运输工具名称		提运单号
许可证号	成交方式	运费	保费		杂费
件数	毛重（千克）	净重（千克）	随附单证		

标记唛码及备注

项号	商品编号	商品名称、规格型号	数量及单位	原产国（地区）	单价	总价	币制

| 录入员 录入单位

报关人员 | 兹申明以上内容承担如实申报、依法纳税之法律责任

申报单位（签章） | 海关批注及签章

审核日期 |

中华人民共和国海关出境货物备案清单

预录入编号：　　　　　　　　　　　　　　　　海关编号：

收发货人		出境口岸	备案号	出境日期	申报日期
生产销售单位		监管方式	贸易国(地区)	运抵国(地区)	境内货源地
申报单位		运输方式	运输工具名称		提运单号
许可证号	成交方式	运费	保费		杂费
件数	毛重(千克)	净重(千克)	随附单证		

标记唛码及备注

项号	商品编号	商品名称、规格型号	数量及单位	最终目的国(地区)	单价	总价	币制

录入员　录入单位	兹申明以上内容承担如实申报、依法纳税之法律责任	海关批注及签章
报关人员	申报单位(签章)	审核日期

二、过境货物报关单

过境货物报关单是指由过境货物经营人向海关递交申请过境货物进（出）境的法律文书，是海关依法监管货物过境的重要凭证。

三、进（出）境快件报关单

进（出）境快件报关单是指进出境快件运营人向海关提交的申报以快件运输方式进出口货物、物品的报关单证。

进（出）境快件报关单包括 A 类报关单、B 类报关单、C 类报关单，其适用范围见本书第三章。

四、暂准进口单证册

暂准进口单证册，即 ATA 单证册，是指由世界海关组织通过的《货物暂准进口公约》及其附约 A 和《ATA 公约》中规定的，用于替代各缔约方海关暂准进出口货物报关单和税费担保的国际统一通用的海关报关单证。

由于我国目前只加入了展览品暂准进口使用 ATA 单证册的有关国际公约，因此，我国目前只接受属于展览品范围的 ATA 单证册。有关单位向海关递交 ATA 单证册时，应递交中文或英文填报的 ATA 单证册。如递交英文时，应提供中文译本；用其他文字填写的，必须同时递交忠实于原文的中文或英文译本。

五、集中申报清单

集中申报是指经向海关备案，进出口货物收发货人在同一口岸多批次进出口属于《中华人民共和国海关进出口货物集中申报管理办法》规定范围内的货物，可以先以"海关进（出）口货物集中申报清单"申报货物进出口，然后在海关规定的期限内再以进（出）口货物报关单集中办理海关申报手续的特殊通关方式。

第七章 与报关工作相关的海关法律制度

第一节 海关统计制度

一、海关统计概述

（一）海关统计的含义

《统计条例》第二条对海关统计作了明确定义，即海关统计是海关依法对进出口货物贸易的统计，是国民经济统计的组成部分。而海关统计工作、海关统计资料和海关统计理论，则是理解"海关统计"含义的3个重要概念。

海关统计工作是指收集、整理、分析我国对外贸易进出口货物原始资料，并形成海关统计资料的工作过程。

海关统计资料是指反映我国对外贸易进出口货物情况的数据和资料。它是国家制定对外贸易政策和检查、监督政策执行情况及进行宏观经济调控的重要依据，也是研究对外贸易发展和国际经济贸易关系的重要资料。

海关统计理论是指我国海关统计在实践中不断总结，逐步形成并不断完善的一整套较为系统的制度、原则和方法，是统计学原理与海关管理理论和海关具体业务的有机结合。

（二）海关统计的性质

海关统计的性质可以从以下5个方面来理解：

1. 海关统计是国家进出口货物贸易的统计。编制海关统计是海关的四大任务之一。《海关法》第二条规定："中华人民共和国海关是国家的进出关境监督管理机关。海关依照本法和其他有关法律、行政法规，监督进出境的运输工具、货物、行李物品、邮递物品和其他物品，征收关税和其他税、费，查缉走私，并编制海关统计和办理其他海关业务。"

2. 海关统计是国民经济统计的重要组成部分。我国海关不仅负责收集、汇总和整理进出口统计数据，而且负责海关统计资料的编制、发布和分析。海关在执行对进出口货物的监督管理中取得的报关资料，经过整理后，可以全面地反映我国货物进出口和对外贸易运行的状况。国家公布国民经济计划执行结果和国际收支平衡表时所使用的对外贸易的进出口数据就是海关统计资料，海关统计是我国对外贸易的官方统计。

3. 海关统计是国家制定对外贸易政策、进行宏观经济调控的重要依据。海关统计是对进出关境的货物统计，能够全面地反映进出口商品的品种、数量、金额、贸易方式、经营单位和国别情况等。海关统计提供的对外贸易统计资料，为国务院及有关主管部门了解对外贸易的运行状况和发展趋势，制定有关经济贸易政策和管理措施，以及检查、监督政策措施的执行效果提供了决策依据。

4. 海关统计是研究我国对外贸易发展和国际经济贸易关系的重要资料。我国现行海关统计制度是参照联合国的国际贸易统计标准制定的，统计范围和统计口径同国际标准的要求基本相符。我国定期向联合国报送海关统计数据。因此，海关统计具有国际可比性，是研究对外贸易发展和国际经济贸易关系的重要资料。

5. 海关统计客观地反映了我国的对外贸易和海关依法行政的过程和结果。因此，海关统计是海关管理决策、确定管理方式和方法，以及评估海关执法状况和水平的重要依据。

（三）海关统计的特点

我国的海关统计，除具有社会经济统计的一般特点外，还具有全面性、可靠性和国际可比性等特点。

1. 全面性。《海关法》明确规定，进口货物的收货人、出口货物的发货人应当向海关如实申报，接受海关监督管理，从而为海关及时收集全面的进出境货物统计资料提供了法律依据和根本保证。

2. 可靠性。海关统计的原始资料是经海关实际监管的进出口货物报关单及有关单证。海关统计是海关监管过程和结果的记录，因此，其可靠性由海关在对外贸易活动中所处的客观地位所决定。

3. 国际可比性。海关统计全面采用国际标准，统计方法与统计口径同各国通行的贸易统计方法是一致的，因此，海关统计数据具有国际可比性。

（四）海关统计的任务和作用

1. 任务

海关统计是国家赋予海关的一项基本职能，海关统计的任务包括以下4项：

（1）依法开展统计调查，全面收集、审核进出口货物收发货人或者其代理人的原始报关资料，并对统计数据进行汇总、整理。

（2）依法对进出口贸易统计数据进行统计分析，研究对外贸易运行特点、趋势和规律，根据进出口贸易统计数据及国内外有关宏观经济统计数据开展进出口实时监测和动态预警工作。

（3）利用海关统计数据依法开展统计监督，对企业进出口行为和过程进行监督，对海关执法活动进行分析评估，并检查、纠正虚报、瞒报、伪造、篡改统计资料的行为。

（4）根据国家有关规定开展统计咨询服务。除依法公布及无偿提供的综合统计资料以外，海关还对进出口贸易统计的数据资料提供有偿咨询服务。

2. 作用

（1）有助于强化国家宏观经济管理与宏观调控

① 海关统计全面运用现代计算机技术和科学的统计分析方法，可以客观、真实、及时、正确地反映国家对外贸易的总体情况，有利于国家及时掌握对外贸易情况，适时制定和调整对外贸易政策，进行宏观调控。

② 政府及其管理部门可以通过海关统计数据反映的现实情况，运用经济杠杆调整市场供求，避免主观性和盲目性。海关统计通过进出口数据，在一定程度上可以及时、正确地反映国内外市场供求变化情况，有利于政府及其管理部门对市场运行过程所产生的、不可避免的盲目性进行及时有效的干预；有助于经济实体知己知彼，有效组织生产和经营活动。

③ 海关统计还可以对国家有效引进和利用外资提供依据。海关统计能及时、正确地

反映我国进出口国外物质资源的基本情况，有利于国家对引进和利用外资政策的制定和适时调整。

（2）有助于国家对进出口情况进行监测、预警

海关统计部门可以通过对海关所采集的数据进行整合分析，向政府及有关管理部门反映进出口环节的不正常情况，引起政府及有关管理部门的重视，促使其进一步加强管理，从而起到对企业进行守法监督和规范进出口秩序的作用。

（3）有助于海关对业务管理、执法状况进行监控

通过对海关贸易统计和业务统计数据的监控分析，对海关业务管理、执法状况进行执法评估和统计监督，加强海关科学管理，防范海关执法风险和廉政风险，打击各种走私、违法活动。

二、海关统计制度的基本内容

中华人民共和国国务院以国务院令的形式发布实施的《统计条例》，以及中华人民共和国海关总署以海关总署令的形式发布实施的《中华人民共和国海关统计工作管理规定》（以下简称《统计规定》）是关于海关统计的法律规范，它们明确了进出口货物统计的性质、任务、组织机构、职责、统计范围、统计项目、海关及当事人的权利、义务等，是指导海关统计工作的行政法规和海关规章。其基本内容包括：

（一）海关统计资料的管理

1.海关统计数据的收集

（1）海关统计数据的原始资料

《统计条例》第十五条规定：海关统计的原始资料是经海关确认的进出口货物报关单及其他有关单证。进出口货物报关单和其他申报单证是由进出口货物收发货人或其代理人填制并向海关提交的申报货物状况的法律文书，是编制海关统计的重要凭证。

（2）海关统计数据的收集

《海关法》规定，进口货物的收货人、出口货物的发货人应当向海关如实申报，接受海关的监督管理，这为海关及时收集全面、准确的进出境货物统计资料提供了法律依据和根本保证。海关统计数据是从 H2000 通关管理系统报关单数据库中提取的。

2.海关统计数据的审核

海关统计数据的审核是指通过利用计算机的各种检控条件对已转入统计数据库的数据进行的检查，并打印出各种统计数据审核表供统计人员进行复核。

海关统计数据的审核主要是由各直属海关与海关总署综合统计司共同来完成的。各直属海关通过电子审核、人工专业化审核、现场接单审核、通关数据综合复核、统计数据最终审核；海关总署综合统计司负责对各直属海关上报数据进行最终复核和检查，重点是对错误信息进行检控。

3.海关统计数据的报送

各直属海关的统计部门将审核后的统计数据通过网络传到海关总署。

4.海关统计资料的编制

海关统计资料的编制是指对所收集的统计数据，进行科学的汇总与加工整理，使之系统化、条理化，成为能够反映进出口货物贸易和物品特征的综合统计资料。其范围为列入

海关统计的货物、物品及海关统计项目。

海关统计资料的来源是经过海关各业务环节审核，并通过统计合法性和可靠性检查的"中华人民共和国海关进（出）口货物报关单""中华人民共和国海关保税区进（出）境货物备案清单""中华人民共和国海关出口加工区进（出）境货物备案清单"等报关单、随附单证及有关的电子数据。

5. 海关综合统计资料的发布和提供

海关综合统计资料的发布是指海关总署及各直属海关统计部门对经汇总加工编制的海关统计资料，通过出版发行统计书刊、电子数据交换、新闻媒介等形式，定期向地方政府通报和向社会各界公开发布。其中，海关总署应当定期、无偿地向国务院有关部门提供有关综合统计资料；直属海关应当定期、无偿地向所在地省、自治区、直辖市人民政府有关部门提供有关综合统计资料。开展统计服务是海关统计的工作任务之一，其目的是充分开发和利用海关统计信息资源，及时向各级政府和社会各界提供海关统计资料，为国家外贸政策的制定提供决策依据，帮助企业了解市场、占领市场和参与国际竞争。公众可以通过查阅《海关统计快讯》《海关统计月刊》《中国海关统计年鉴》等统计出版物来获取有关信息。

海关综合统计资料包括下列内容：

（1）各地区进出口总值表；

（2）进出口商品贸易方式总值表；

（3）国别（地区）进出口总值表；

（4）主要商品进出口总值表；

（5）进出口贸易方式企业性质总值表；

（6）运输方式进出口总值表；

（7）反映进出口总体进度的分析报告、进出口监测预警信息等。

2017 年中国海关统计数据公布时间表

时间	快讯（电子版）	月度正式数据	中文月报（印刷版）	英文月报（印刷版）	中文年鉴（印刷版）	英文年鉴（电子版）
1 月	13 日 星期五	23 日 星期一	25 日 星期三	30 日 星期一		
2 月	10 日 星期五	23 日 星期四	25 日 星期六	28 日 星期二		
3 月	8 日 星期三	23 日 星期四	25 日 星期六	30 日 星期四	·	
4 月	13 日 星期四	23 日 星期日	25 日 星期二	30 日 星期日		
5 月	8 日 星期一	23 日 星期二	25 日 星期四	30 日 星期二		

续表

时间	快讯 （电子版）	月度正式数据	中文月报 （印刷版）	英文月报 （印刷版）	中文年鉴 （印刷版）	英文年鉴 （电子版）
6 月	8 日 星期四	23 日 星期五	25 日 星期日	30 日 星期五		
7 月	13 日 星期四	23 日 星期日	25 日 星期二	30 日 星期日		
8 月	8 日 星期二	23 日 星期三	25 日 星期五	30 日 星期三	31 日 星期四	
9 月	8 日 星期五	23 日 星期六	25 日 星期一	30 日 星期六		30 日 星期六
10 月	13 日 星期五	23 日 星期一	25 日 星期三	30 日 星期一		
11 月	8 日 星期三	23 日 星期四	25 日 星期六	30 日 星期四		
12 月	8 日 星期五	23 日 星期六	25 日 星期一	30 日 星期六		

注：

1. 月度数据指上月的当月数据及 1 月至上月的累计数据。其中，"快讯"为海关统计月度初步汇总数据；"月度正式数据"是在月度初步数据的基础上，进一步修正差错后形成的正式数据；"中文月报"和"英文月报"为以海关统计月度正式数据为基础编制的系列报表。

2. "中文年鉴"和"英文年鉴"指以上年的海关统计正式数据为基础编制的系列报表。年鉴出版后对上年数据不再更正。

3. "快讯"中文版由海关总署通过政府网站（www. customs. gov. cn）和海关统计资讯网（www. chinacustomsstat. com）及新闻媒体对外公布。

4. "月度正式数据"由海关对外数据咨询服务部门提供。海关总署数据咨询电话为 010-65195623、010 - 65195923；传真为 010 - 65195884；网址为 www. chinacustomsstat. com，www. hgtj. cn；邮箱为 service@ hgtj. cn。

5. "中文月报"和"中文年鉴"由《中国海关》杂志社出版发行。联系地址为中国北京市朝阳区东四环南路甲 1 号朝阳口岸中国海关信息出版大厦 6 层《中国海关》杂志社，电话为 010-65194252，传真为 010-65194245，邮编为 100023，邮箱为 fa_ xing@ customs. gov. cn。

6. "英文月报"由香港经济导报社出版发行。联系地址为香港轩尼诗道 342 号 16 字楼，电话为 852 - 25722289，传真为 852 - 28342985，网址为 www. eiahk. com，邮箱为 eiaet @ pacif-ic. net. hk。

7. "英文年鉴"由香港方誉信息有限公司提供在线服务。联系地址为香港菲林明道 8 号大同大厦 803-804 室，电话为 852-29739133，传真为 852-25309820，网址为 www. b2bchina. com. hk，邮箱为 info@ goodwill. com. hk。

（二）海关统计范围

《统计条例》规定，实际进出境并引起境内物质存量增加或减少的货物，列入海关统计；进出境物品超过自用合理数量的，列入海关统计。这表明列入我国海关统计范围的货物必须同时具备两个条件：一是跨越我国经济领土边界的物质商品流动；二是改变我国的物质资源存量。

根据联合国关于国际货物贸易统计的原则，我国将进出口货物分为列入海关统计的进出口货物、不列入海关统计的货物和不列入海关统计但实施单项统计的货物三类。

1. 列入海关统计的进出口货物

列入海关统计的进出口货物，以海关的监管方式为基础进行分类。列入海关统计的货物主要包括：我国境内法人和其他组织以一般贸易、易货贸易、加工贸易、补偿贸易、寄售代销贸易等方式进出口的货物，保税区和保税仓库进出境货物，租赁期1年及以上的租赁进出口货物，边境小额贸易货物，国际间或国际组织间无偿援助、赠送的物资等。

2. 不列入海关统计的货物

根据国际惯例和我国确定的海关统计范围，对于没有实际进出境或虽然实际进出境但没有引起境内物质资源存量增加或减少的货物、物品，不列入海关统计（即不列入我国进出口统计）。

（1）不列入海关统计的货物主要有：

过境货物、转运货物和通运货物；暂时进出货物；用于国际收支手段的流通中的货币及货币用黄金；租赁期在1年以下的租赁货物；由于货物残损、短少、品质不良或者规格不符，而由该进出货物的承运人、发货人或者保险公司免费补偿或者更换的同类货物；退运货物；边民互市贸易进出货物；中国籍船舶在公海捕获的水产品；中国籍船舶或者飞机在境内添装的燃料、物料、食品；中国籍或者外国籍的运输工具在境外添装的燃料、物料、食品，以及放弃的废旧物料等；无商业价值的货样或者广告品；海关特殊监管区域之间、保税监管场所之间，以及海关特殊监管区域和保税监管场所之间转移的货物；其他不列入海关统计的货物。

（2）不列入海关统计的物品主要有：

修理物品；打捞物品；进出境旅客的自用物品（汽车除外）；我国驻外国和外国驻我国使领馆进出境的公务物品，以及使领馆人员的自用物品；我国驻香港和澳门特别行政区军队进出境的公务物品，以及军队人员的自用物品；其他不列入海关统计的物品。

3. 不列入海关统计但实施单项统计的货物

为了更好地发挥海关统计在国民经济核算和海关管理中的作用，对于部分不列入海关统计的货物，海关可以根据管理需要对其实施单项统计，尽管其统计数值不列入国家进出口货物贸易统计的总值。海关实施单项统计的货物包括免税品、进料与来料加工以产顶进、进料与来料加工转内销货物、加工贸易转内销设备、进料与来料加工深加工结转货物及余料、加工贸易结转设备、退运货物、进料与来料加工复出口料件等。

（三）海关统计项目

进出口货物的统计项目包括：

——品名及编码；

——数量、价格；

——经营单位；

——贸易方式；

——运输方式；

——进口货物的原产国（地区）、启运国（地区）、境内目的地；

——出口货物的最终目的国（地区）、运抵国（地区）、境内货源地；

——进出口日期；

——关别；

——海关总署规定的其他统计项目。

进出口货物的品种、数（重）量、价格、国别（地区）和运输方式，是各国对外贸易统计的常规项目。在海关统计中，对这些项目的定义和统计方法是全面采用了联合国建议的国际标准制定的；而经营单位、境内目的地、境内货源地、贸易方式和关别等，则是为满足国家对外贸实施有效的宏观调控和海关对进出口货物实施有效监督管理的需要而设置的项目。对这些项目的定义和统计方法是以相关的海关法规和海关业务制度为基础制定的。

对上述海关统计项目的规范要求是：

1. 海关统计商品分类

凡列入海关统计范围的进出口货物，均应依照《统计商品目录》归类统计。《统计商品目录》是以《协调制度》为基础编制的，采用8位数编码的结构。《统计商品目录》分为98章，其中第一章至第九十七章（前6位数编码及商品名称）与《协调制度》完全一致（第七十七章为空章），第九十八章是根据我国海关统计的需要设置的。

2. 海关统计数（重）量

海关统计数（重）量是指商品的实物量，用以反映实际进出口商品的规模和发展变化情况。

（1）商品计量单位的规定

我国海关在《统计商品目录》中为每一个8位数编码商品设置了国际标准计量单位，当进出口货物收发货人或其代理人报关时，必须在进出口货物报关单上填报8位数的商品编码和目录规定的重量或数量。凡《统计商品目录》中列有第二计量单位的货物，应当同时按照第二计量单位统计其第二数（重）量。为便于计算机的汇总，海关统计的计量单位采用代码形式，统计代码采用两位数。

（2）数（重）量统计的规定

① 进出口货物的统计重量和数量应以海关查验放行的实际重量和数量为依据，对免予查验的，可根据合同、发票等有关单证确定；根据合同、发票等单证不能确定重量的货物，可估重统计。

② 成套设备、减免税货物如需分批进口，货物实际进口时，应按照实际报验状态确定数量。如经批准分批进出口货物按完整品归类的，且法定计量单位是非重量的，其各批次统计数量之和应等于完整品数量。

③ 根据《协调制度》归类规则，零部件按整机或成品归类的，且法定计量单位是非重量的，其对应的法定数量应申报为"0.1"，统计为0。

④ 具有完整品或制成品基本特征的不完整品、未制成品，根据《商品名称及编码协调制度》归类规则应按完整品归类的，按照构成完整品的实际数量申报和统计。

⑤ 法定计量单位为立方米的气体货物，应折算成标准状况（即摄氏零度及 1 个标准大气压）下的体积进行申报和统计。

⑥ 法定计量单位为"千克"的商品，其重量统计要求如下：

A. 装入可重复使用的包装容器的货物，应按货物扣除包装容器后的重量统计，如罐装同位素、罐装氧气及类似品等。

B. 使用不可分割包装材料和包装容器的货物，按货物的净重统计（即包括内层直接包装的净重重量），如采用供零售包装的罐头、化妆品、药品及类似品等。

C. 有些商品按照商业惯例是以公量重而不是净重计价的，公量重的计算方法是用科学方法抽去商品中的水分，再加上标准含水量所求得的重量，这种计算方法适用于经济价值较高而含水量又极不稳定的商品，如未脱脂羊毛、羊毛条等。对这类商品应按公量统计，而不按净重统计。

D. 国际贸易中，有些商品因包装本身不便分别计量，或因包装同商品价格相差不大，如粮食、饲料等价格较低的农副产品，采用以毛重作为净重计价的货物，可按毛重统计。

E. 采用零售包装的酒类、饮料，按照液体部分的重量统计。

值得注意的是，报关单上的成交计量单位或成交数量栏目不是统计指标，可以不按照法定计量单位填报。比如，加工贸易等已备案的货物，成交计量单位必须与加工贸易手册中同项号下货物的计量单位一致；优惠贸易协定项下进出口商品的成交计量单位必须与原产地证书上对应商品的计量单位一致。

3. 海关统计价格

海关统计价值是确定海关统计价格的基础。对外贸易进出口商品品种繁多，商品数量反映的只是商品的实物量，难以用于不同商品的比较，商品的价值可以综合反映进出口商品的贸易流量。因此，统计价值是所有海关统计项目的核心内容，其他海关统计项目一般需同价值相结合来反映对外贸易方面的情况。

（1）按统计价格的货币计算

我国在海关统计价值的货币计算和汇率折算方面，进出口货物的价格分别按照人民币和美元统计。进出口货物的价格以其他外币计价的，应当分别按照国家外汇管理部门按月公布的各种外币对美元的折算率及海关征税适用的中国银行折算价，折算成美元值和人民币值进行统计。

（2）价格统计的规定

进出口货物的价格以海关审定的完税价格为基础进行统计。根据《统计条例》第八条的规定，进口货物的价格，按照货价、货物运抵中华人民共和国境内输入地点起卸前的运输及其相关费用、保险费之和统计；出口货物的价格，按照货价、货物运抵中华人民共和国境内输出地点装卸前的运输及其相关费用、保险费之和统计，其中包含的出口关税税额，应当予以扣除，即进口货物的价格按照 CIF 价格进行统计，出口货物的价格按照 FOB 价格进行统计。

4. 海关统计国别（地区）

海关统计国别（地区）是指国际货物贸易统计资料的报告国（地区）接收其进口货物的对象国家（地区），或报告国（地区）出口货物发往的对象国家（地区）。在国际货物贸易中，通过国别统计可以反映各国间的经济贸易关系，反映一国与世界其他国家的贸易情况，以及一国在世界经济交往中所处的地位。

（1）国别统计的规定

我国进出口货物的国别（地区）统计，按照原产/最终目的国（地区）和启运/运抵国（地区）分别进行编制。对外发布国别的海关统计数字时，遵循国际规范，使用原产/最终目的国（地区）统计。

（2）原产/最终目的国（地区）

进口货物统计原产国（地区），出口货物统计最终目的国（地区），反映的是世界经济关系的实质性结构，即商品生产和消费在世界范围的分布。同时，这一统计标准符合国际贸易中备受关注的贸易国别政策的要求。如最惠国待遇、普惠制、配额、反倾销等关税和非关税措施都是针对商品的原产国别实施的，而贸易禁运、某些产品的限制出口等则涉及有关出口货物的目的国（地区）。

① 原产国（地区）

原产国（地区）指进口货物的生产、开采或加工制造的国家或地区。对经过几个国家加工制造的进口货物，以最后一个对货物进行经济上可以视为实质性加工的国家（地区）作为该货物的原产国（地区）。

进口货物的原产国（地区）按照《原产地条例》及海关总署有关规定进行统计。

进口货物原产国（地区）无法确定的，按照"国别不详"进行统计。

② 最终目的国（地区）

最终目的国（地区）是指出口货物已知的消费、使用或进一步加工制造的国家或地区。

出口货物的最终目的国（地区）按照出口货物已知的消费、使用或者进一步加工制造的国家（地区）进行统计。

不经过第三国（地区）转运的出口直接运输货物，以直接运抵的国家（地区）为最终目的国（地区）。

经过第三国（地区）转运的出口货物，以最后运往国（地区）为最终目的国（地区）。

出口货物不能确定最终目的国（地区）的，按照出口时尽可能预知的最后运往国（地区）进行统计。

（3）启运起运/运抵国（地区）

进口货物统计启运国（地区），出口货物统计运抵国（地区），可以反映进出口货物的整个流程，它比按照原产/最终目的国（地区）标准统计更容易达到国际贸易统计中伙伴国（地区）记录一一对应的要求，为获得准确的统计和合理的可比性提供了最大的可能。

① 启运国（地区）

进口货物的启运国（地区）按照货物起始发出直接运抵我国或者在运输中转国（地区）未发生任何商业交易的情况下运抵我国的国家（地区）进行统计。

不经过第三国（地区）转运的直接运输货物，以进口货物的装货港所在国（地区）为启运国（地区）。

经过第三国（地区）转运的进口货物，未在中转国（地区）发生商业交易的，以进口货物的始发国（地区）为启运国（地区）；在中转国（地区）发生商业交易的，以中转国（地区）作为启运国（地区）。

② 运抵国（地区）

出口货物的运抵国（地区）按照出口货物从我国直接运抵或者在运输中转国（地区）未发生任何商业交易的情况下最后运抵的国家（地区）进行统计。

不经过第三国（地区）转运的直接运输货物，以出口货物的指运港所在国（地区）为运抵国（地区）。

经过第三国（地区）转运的出口货物，未在中转国（地区）发生商业交易的，以出口货物的最终目的国（地区）为运抵国（地区）；在中转国（地区）发生商业交易的，以中转国（地区）作为运抵国（地区）。

5. 海关统计经营单位

海关统计经营单位是按照已在海关注册登记的，从事进出口经营活动的境内法人、其他组织或者个人进行的统计。经营单位统计可以反映各地区、各种经济类型的企业进出口情况及其在我国对外贸易中所占比重的变化情况，为国家制定有关政策和经济发展规划提供重要依据。同时，海关为每个进出口企业都设置全国适用的经营单位代码，有助于进出口货物快捷通关，提高海关通关管理的工作效率。

在海关注册登记、有权经营进出口业务的经营单位，注册登记的海关应当为其设置全国通用的经营单位代码。

经营单位代码由经营单位所在地主管海关负责管理。

6. 海关统计贸易方式

海关统计的贸易方式及单项统计的货物按照进出口货物买卖双方交易形式以及海关监管要求进行分类统计。

为了使海关统计资料进一步与国家对进出口的宏观调控和海关实施有效监督管理相结合，与有关的海关法规和海关业务管理办法相衔接，进出口货物的贸易方式以海关的监管方式为基础进行分组。按贸易方式分组的海关统计资料，可以反映各种贸易方式进出口货物情况及其在我国对外贸易中所占比重，为研究和分析对外贸易发展变化提供资料，为有关部门制定外贸政策及检查执行情况提供参考依据。海关根据国民经济发展的变化和海关监管需要对贸易方式进行调整，由海关总署发布公告。

7. 海关统计境内目的地、境内货源地

（1）境内目的地

进口货物的境内目的地按照进口货物在我国境内的消费、使用地或者最终运抵地进行统计，其中最终运抵地为最终使用单位所在的地区。

最终使用单位难以确定的，按照货物进口时预知的最终收货单位所在地进行统计。

（2）境内货源地

出口货物的境内货源地按照出口货物在我国境内的产地或者原始发货地进行统计。

出口货物在境内多次转换运输工具、难以确定其生产地的，按照最早发运该出口货物的单位所在地进行统计。

境内目的地和境内货源地采用 5 位数代码，其结构及编码原则和经营单位的前 5 位数代码完全一致。

8. 海关统计运输方式

在国际商品贸易中，货物的买卖合同签订后，卖方就要按照合同规定的时间、地点和

方式将货物运交指定的承运工具，买卖货物的交接是通过运输来实现的。

进出口货物的运输方式，按照货物进出境时的运输方式统计，包括水路运输、铁路运输、公路运输、航空运输、邮件运输及其他运输方式。进境货物的运输方式，应当按照货物运抵我国关境第一口岸时的运输方式进行统计；出境货物的运输方式，应当按照货物运离我国关境最后一个口岸时的运输方式进行统计。

进出境旅客随身携带的货物，按照旅客所乘运输工具进行统计。

非邮政方式进出口的快递货物，按照实际运输方式统计。

以人扛、畜驮、管道、电缆、输送带等方式运输的货物，按照其他运输方式进行统计。

9. 海关统计关别

海关统计关别是指对进出口货物实施统计的海关，用以反映一定时期内各口岸进出口货物的情况及货物进出关境的路线分布，便于对各口岸监管验放货物的执法水平进行比较分析。同时，也可以结合其他统计指标分析进出口货物的流向。

海关统计关别由接受申报的海关进行统计。进口转关运输货物，由接受申报的指运地海关进行统计，出口转关运输货物，由接受申报的启运地海关进行统计，进出海关特殊区域的货物，由特殊区域所在地海关进行统计。

10. 海关统计时间

海关统计时间是指海关对进出口货物实施统计的时间。为了便于联合国各成员国统计资料的汇总对比，联合国统计局在《国际货物贸易统计的概念和定义》中，建议将货物进入或离开一国经济领土的时间作为统计的时间。

我国进口货物按海关的放行日期进行统计，出口货物按海关结关的日期进行统计。进口转关运输货物按照指运地海关放行的日期进行统计，出口转关运输货物按照启运地海关的结关日期进行统计。

（四）海关统计的权利、义务及法律责任

1. 海关统计部门对统计原始资料中的申报内容有疑问的，可以直接向当事人提出查询，核实有关内容，当事人应当及时据实作出答复。

2. 海关统计人员对在统计过程中知悉的国家秘密、商业秘密和海关工作秘密负有保密义务。

3. 海关统计人员有权拒绝、揭发、制止影响海关统计客观性和真实性的人为干扰。

4. 海关统计人员应当遵守《海关法》和《统计法》的规定，不得自行、参与或者授意篡改海关统计资料，编造虚假数据。

5. 海关统计人员玩忽职守、滥用职权、徇私舞弊的，依法给予处分；构成犯罪的，依法追究刑事责任。

6. 未经海关授权，任何单位或者个人不得擅自销售海关统计资料和海关统计电子数据。

7. 依法应当申报的项目未申报或者申报不实影响海关统计准确性的，除责令当事人予以更正外，需要予以行政处罚的，依照《海关行政处罚实施条例》的规定予以处罚。

第二节　海关稽查制度

一、海关稽查概述

（一）海关稽查的含义

海关稽查是指是指海关自进出口货物放行之日起 3 年内或者在保税货物、减免税进口货物的海关监管期限内及其后的 3 年内，对与进出口货物直接有关的企业、单位的会计账簿、会计凭证、报关单证及其他有关资料（以下统称账簿、单证等有关资料）和有关进出口货物进行核查，监督其进出口活动的真实性和合法性。

对此，我们可从以下几方面来理解海关稽查的含义：

1. 海关享有依法实施稽查的权力。海关稽查的执法主体是海关本身，而不能为其他机关、组织所代替。《海关法》第四十五条将海关稽查制度以法律形式予以确认，使海关稽查有了法律授权。而《中华人民共和国海关稽查条例》（以下简称《海关稽查条例》）则是对实施稽查时海关享有的权利、义务等实体性和程序性规范的内容作出的具体规定。

2. 海关稽查具有特定期限。海关稽查必须在法定的期限内，对与进出口货物直接有关的企业、单位实施才具有法律效力，才能产生合法的法律效果。

对于一般进出口货物，海关的稽查期限是自货物放行之日起 3 年内；对于保税货物和特定减免税进口货物等，海关的稽查期限是海关监管期限内及其后的 3 年内。

3. 海关稽查针对特定的对象。海关稽查的相对人是与进出口活动直接有关的企业、单位。只有与海关在进出口监督管理活动中产生法律关系的当事人，海关才能对其实施稽查。

4. 海关稽查具有特定的内容。海关稽查的内容主要是被稽查人的会计账簿、会计凭证、报关单证，以及其他有关资料（以下统称账簿、单证等有关资料）和有关进出口货物。

5. 海关稽查具有特定的目的。海关实施稽查是为了评估被稽查人进出口信用状况和风险状况，检查其进出口活动的真实性、合法性和规范性。

（二）海关稽查的特征

从本质上看，海关稽查是海关监督管理职能的实现方式，也是海关监管制度的主要组成部分。然而，海关稽查与传统的海关监管相比又有着显著的区别，其特征主要表现在：

1. 海关监管"前推后移"，将原有海关监管的时间、空间进行了大范围的延伸和拓展。海关监管不仅局限于进出口的实时监控和进出境口岸，而是通过评估验证企业守法状况或贸易安全情况，有针对性地规范企业内部经营管理，引导企业守法自律，保障其更好地享受海关监管便利。海关对放行未结关货物的使用、管理情况和在货物结关放行之后的一定期限内，对与进出口货物直接有关的企业和单位的会计资料、报关单证及其他相关资料进行稽查。

2. 海关监管"由企及物"，将海关监管的主要目标从控制进出口货物转变为控制货物的经营主体——进出口企业，不再人为地将企业与货物割裂开来。海关围绕企业的进出口活动实施动态和全方位的监管，通过监管企业的进出口行为来达到监管进出口货物的目的。

（三）海关稽查的目标

根据海关实施稽查针对的内容和产生的影响，海关稽查的目标可以分为直接目标和最终目标。

1. 直接目标

即海关稽查直接作用于被稽查人（企业、单位），通过对被稽查人的会计资料、报关单证及其他相关资料和进出口货物的稽核，监督被稽查人进出口活动的真实性、合法性。因而，所追求的目标是具体的、有形的、现实的。

2. 最终目标

即通过有计划、分步骤的海关稽查，全面规范企业的进出口行为，提高进出口企业守法自律意识，防范或减少企业违法行为的发生，维护正常的进出口秩序。因而，所追求的目标是整体的、无形的、长远的。

3. 实现海关稽查目标的主要手段

为了防范和查究在进出口货物的通关过程中和在保税货物、减免税货物的海关监管期间可能发生或者已经发生的各种走私违法情事，引导和规范从事进出口活动的企业守法经营，海关在进出口货物已实现脱离其控制后的规定期限内，以稽查的方式有针对性稽核与进出口货物直接有关的企业账册、文件单证等商业记录，并实地核查有关进出口货物的使用情况或实际去向，以此保证海关对企业进出口活动的合法性、真实性进行有效监管。

二、海关稽查制度的基本内容

（一）海关稽查的对象

1. 海关稽查的企业、单位

根据《海关稽查条例》第三条的规定，海关对下列与进出口货物直接有关的企业、单位实施稽查：

（1）从事对外贸易的企业、单位，包括具备进出口业务经营权的专业对外贸易公司、工贸公司和有进出口业务经营权的企业、单位；

（2）从事保税加工业务的企业，包括承接来料加工业务的企业、承接进料加工业务的企业等；

（3）经营保税物流及仓储业务的企业；

（4）使用或者经营减免税进口货物的企业、单位，包括外商投资企业、使用减免税进口物资的企业、单位；

（5）报关企业，包括专业从事报关服务的企业，经营对外贸易仓储、运输、国际运输工具或国际运输工具服务及代理等业务又兼营报关服务的企业；

（6）海关总署规定的从事与进出口货物直接有关的其他企业、单位。

上述企业、单位是海关稽查的对象，亦称为被稽查人。

2. 海关稽查的进出口活动

根据《〈中华人民共和国海关稽查条例〉实施办法》（以下简称《〈海关稽查条例〉实施办法》）的规定，海关对被稽查人实施稽查所涉及的进出口活动包括：

（1）进出口申报；

（2）进出口关税和其他税费的缴纳；

（3）进出口许可证件的交验；

（4）与进出口货物有关资料的记载、保管；

（5）保税货物的进口、使用、储存、加工、销售、运输、展示和复出口；

（6）减免税进口货物的使用、管理；

（7）转关运输货物的承运、管理；

（8）暂准进出境货物的使用、管理；

（9）其他进出口活动。

（二）海关稽查的方式

海关稽查包括常规稽查、专项稽查和验证稽查 3 种方式。

1. 常规稽查是指海关根据关区的实际情况，以监督企业进出口活动，提高海关后续管理效能为目标，以中小型企业为重点，采取计划选取与随机抽取相结合的方式，对企业开展的全面性稽查。

2. 专项稽查是指海关根据关区的实际情况，以查缉企业各类问题，为税收和防范走私违法活动提供保障为目标，以风险程度较高或政策敏感性较强的企业或行业为重点，采用风险分析、贸易调查等方式，对某些企业或某些商品实施的行业式、重点式、通关式稽查。

3. 验证稽查是指海关以验证企业守法状况或贸易安全情况，动态监督企业进出口活动，规范企业内部管理，促进企业守法自律为目标，对申请评为 AA 类企业[①]的准入资质实施的稽查。

与其他稽查方式相比，验证稽查的"工作目标"特殊，是海关分类管理工作的配套措施；"管理对象"特殊，是具备条件的申请评为 AA 类企业；"管理方式"特殊，是"事前准入验证"与"后续监控管理"两种方式的有机结合；"验证内容"特殊，不仅要验证企业的守法状况，还要验证其贸易安全情况。

（三）海关稽查的常用方法

海关稽查方法是指海关稽查人员采用审计、稽核、检查等方式和技术手段，对特定的稽查对象进行核查，以核实被稽查人的进出口行为是否合法、规范，有无违反海关法行为。海关稽查常用的方法有：

1. 查账法

查账法是海关稽查最主要、最基本的方法。海关稽查人员根据会计凭证、会计账簿和财务报表等的内在关系，通过对被稽查人会计资料记录及其所反映的经济业务的稽核、检查，以核查被稽查人的进出口行为是否合法、规范。它以被稽查人的各种会计资料为稽查的直接对象。

查账法，按照检查会计资料的记账顺序的不同划分，可分为顺查法和逆查法；按照检

---

① 根据海关总署令第 225 号，《中华人民共和国海关企业信用管理暂行办法》于 2014 年 12 月 1 日起施行，原《中华人民共和国海关企业分类管理办法》同时废止。企业管理办法发生调整，相应的监管规定与措施陆续调整，原 AA 类企业自动过渡为高级认证企业，本书有些地方暂采用原有企业管理类别及相应的监管措施。

查会计资料的数量（范围）的大小划分，可分为详查法和抽查法；按照检查会计资料的技术内容划分，可分为核对法和审阅法。

2. 调查法

调查法是指海关稽查人员通过观察、询问、检查、比较等方式，对被稽查人的进出口活动进行全面综合的调查了解，以核实其进出口行为是否真实合法、规范的方法。

3. 盘存法

盘存法是指海关在检查进出口货物的使用状况时，通过盘点实物库存等方法，具体查证核实现金、商品、材料、在产品、产成品、固定资产和其他商品的实际结存量的方法。

4. 分析法

分析法是指海关利用现有的各种信息数据系统，充分依靠现代信息技术，对海关监管对象及其进出口活动全面综合统计、汇总，进行定量定性分析、评估，以确定被分析对象进出口活动的风险情况的基本方法。

此外，海关可以委托具有法定资质的社会中介机构就有关事项出具专业评估报告。专业评估报告经海关认可的，可以作为海关稽查的参考依据。

（四）对企业管理账簿、单证等有关资料的规范性要求

1. 账簿、单证等有关资料的真实性

与进出口活动直接有关的企业、单位，所设置和编制的会计账簿、会计凭证、会计报表及其他会计资料，应当真实、准确、完整地记录和反映进出口业务的有关情况。与进出口货物直接有关的企业、单位会计制度健全，能够通过计算机正确、完整地记账、核算的，其计算机储存和输出的会计记录视同会计资料。

2. 账簿、单证等有关资料的保管

（1）会计资料的保管

与进出口活动直接有关的企业、单位应当按照有关法律和行政法规规定的保管期限，保管会计账簿、会计凭证、会计报表和其他会计资料。

（2）与进出口业务有关的海关统计原始资料的保管

经海关确认的进出口货物报关单，以及与进出口业务直接有关的其他资料的保管期限按照海关稽查期限确定。

（五）海关稽查的实施

1. 海关稽查实施的基本规则

（1）海关稽查由被稽查人注册地海关实施。被稽查人注册地与货物报关地或者进出口地不一致的，也可以由报关地或者进出口地海关实施。海关总署可以指定或者组织下级海关实施跨关区稽查。直属海关可以指定或者组织下级海关在本关区范围内实施稽查。

（2）海关将按照海关监管的要求，根据与进出口货物直接有关的企业、单位的进出口信用状况和风险状况，以及进出口货物的具体情况，确定海关稽查重点，制订稽查工作计划。

（3）海关稽查应当由具备稽查执法资格的人员实施，实施稽查时应当向被稽查人出示海关稽查证。海关进行稽查时，将组成稽查组，其成员不少于2人。

（4）海关根据稽查工作需要，可以向有关行业协会、政府部门和相关企业等收集特定商品、行业的与进出口活动有关的信息。收集的信息涉及商业秘密的，海关应当予以保密。

（5）海关进行稽查时，可以委托会计、税务等方面的专业机构就相关问题作出专业结论。被稽查人委托会计、税务等方面的专业机构作出的专业结论，可以作为海关稽查的参考依据。

（6）海关稽查人员实施稽查时，有下列情形之一的，应当回避：

① 海关稽查人员与被稽查人的法定代表人或者主要负责人有近亲属关系的；

② 海关稽查人员或者其近亲属与被稽查人有利害关系的；

③ 海关稽查人员或者其近亲属与被稽查人有其他关系，可能影响海关稽查工作正常进行的。

被稽查人有正当理由，可以对海关稽查人员提出回避申请。但在海关作出回避决定前，有关海关稽查人员不停止执行稽查任务。

2. 海关稽查的实施程序

按照《海关稽查条例》和《〈海关稽查条例〉实施办法》的有关规定，海关稽查的实施由下列环节组成：

（1）稽查通知

海关实施稽查 3 日前，应当向被稽查人制发"海关稽查通知书"。海关不经事先通知实施稽查的，应当在开始实施稽查时向被稽查人制发"海关稽查通知书"。

被稽查人在收到稽查通知书后，正本留存，副本加盖被稽查人印章并由被稽查人代表签名后交海关留存。

在被稽查人有重大违法嫌疑，其账簿、单证等有关资料及进出口货物可能被转移、隐匿、毁弃等紧急情况下，经直属海关关长或者其授权的隶属海关关长批准，海关可以不经事先通知进行稽查。

（2）稽查实施

稽查实施是指海关依照稽查的程序，采用各种有效的稽查方法，对被稽查人进出口活动的合法性、真实性和规范性进行核查的行政执法活动。稽查实施主要包括以下几项内容。

① 查阅和复制被稽查人账簿、单证等有关资料

海关稽查人员查阅、复制被稽查人的会计账簿、会计凭证、报关单证及其他有关资料（以下统称账簿、单证等有关资料）时，被稽查人的法定代表人或者主要负责人或者其指定的代表（以下统称被稽查人代表）应当到场，按照海关要求如实提供并协助海关工作。海关稽查人员复制被稽查人的账簿、单证等有关资料或对计算机文件进行拷贝时，被稽查人代表应当到场，按照海关要求如实提供并协助海关工作。

对被稽查人的账簿、单证等有关资料进行复制的，被稽查人代表应当在确认复制资料与原件无误后，在复制资料上注明出处、页数、复制时间及"本件与原件一致，核对无误"，并签章。

被稽查人以外文记录账簿、单证等有关资料的，应当提供符合海关要求的中文译本。

被稽查人利用计算机、网络通信等现代信息技术手段进行经营管理的，应当向海关提供账簿、单证等有关资料的电子数据，并根据海关要求开放相关系统，提供使用说明及其他有关资料。对被稽查人的电子数据进行复制的，应当注明制作方法、制作时间、制作

人、数据内容及原始载体存放处等，并由制作人和被稽查人代表签章。

② 异地查阅或者复制账簿、单证等有关资料

被稽查人所在场所不具备查阅、复制工作条件的，经被稽查人同意，海关可以在其他场所查阅、复制。海关需要在其他场所查阅、复制的，应当填写"海关稽查调审单"，经双方清点、核对后，由海关稽查人员签名和被稽查人代表在"海关稽查调审单"上签章。

③ 检查与进出口有关的生产经营和货物情况

海关稽查人员进入被稽查人的生产经营场所、货物存放场所，检查与进出口活动有关的生产经营情况和货物时，被稽查人代表应当到场，按照海关的要求开启场所，搬移货物，开启、重封货物的包装等。检查结果应当由海关稽查人员填写"检查记录"，由海关稽查人员签名和被稽查人代表在"检查记录"上签章。

④ 向被稽查人询问与进出口活动有关的情况和问题

海关稽查人员询问被稽查人的法定代表人、主要负责人和其他有关人员时，应当制作"询问笔录"，并由询问人、记录人和被询问人签名确认。

⑤ 收集与进出口活动有关的资料和证明材料

海关实施稽查时，可以向与被稽查人有财务往来或者其他商务往来的企业、单位收集与进出口活动有关的资料和证明材料，有关企业、单位应当配合海关工作。

⑥ 查询被稽查人在商业银行或者其他金融机构的存款账户

经直属海关关长或者其授权的隶属海关关长批准，海关可以凭"协助查询通知书"向商业银行或者其他金融机构查询被稽查人的存款账户。

⑦ 查封、扣押被稽查人账簿、单证等资料或者进出口货物

海关实施稽查时，发现被稽查人有可能转移、隐匿、篡改、毁弃账簿、单证等有关资料的，经直属海关关长或者其授权的隶属海关关长批准，可以查封、扣押其账簿、单证等有关资料及相关电子数据存储介质。

海关实施稽查时，发现被稽查人的进出口货物有违反海关法或者其他有关法律、行政法规嫌疑的，经直属海关关长或者其授权的隶属海关关长批准，可以查封、扣押有关进出口货物。

海关实施查封、扣押应当依据《中华人民共和国行政强制法》及其他有关法律、行政法规。海关发现被稽查人未按照规定设置或者编制账簿，或者转移、隐匿、篡改、毁弃账簿的，应当将有关情况通报被稽查人所在地的县级以上人民政府财政部门。

（3）稽查报告与稽查结论

海关稽查组实施稽查后，应当向海关报送稽查报告。稽查报告认定被稽查人涉嫌违法的，在报送海关前应当就稽查报告认定的事实征求被稽查人的意见。被稽查人应当自收到相关材料之日起 7 日内，将其书面意见送交海关。海关应当在收到稽查报告之日起 30 日内作出"海关稽查结论"，并送达被稽查人。海关应当在稽查结论中说明作出结论的理由，并告知被稽查人的权利。

（4）稽查终结

有下列情形之一的，经直属海关关长或者其授权的隶属海关关长批准，海关可以终结稽查：

① 被稽查人下落不明的；

② 被稽查人终止，无权利义务承受人的。

（六）主动披露

1. 进出口企业、单位主动向海关书面报告其违反海关监管规定的行为并接受海关处理的，海关可以认定有关企业、单位主动披露。但有下列情形之一的除外：

（1）报告前海关已经掌握违法线索的；

（2）报告前海关已经通知被稽查人实施稽查的；

（3）报告内容严重失实或者隐瞒其他违法行为的。

2. 进出口企业、单位主动披露应当向海关提交账簿、单证等有关证明材料，并对所提交材料的真实性、准确性、完整性负责。海关应当核实主动披露的进出口企业、单位的报告，可以要求其补充有关材料。

3. 主动披露的进出口企业、单位违反海关监管规定的，海关应当对其从轻或者减轻行政处罚；违法行为轻微并及时纠正，没有造成危害后果的，不予行政处罚。对主动披露并补缴税款的进出口企业、单位，海关可以减免滞纳金。

（七）海关稽查发现问题的处理

海关稽查是海关监督被稽查人进出口活动真实性和合法性的一种措施。稽查中发现税款少征或漏征，或者被稽查人存在违法活动的，应按《海关稽查条例》的规定分别作出相应的处理：

1. 经海关稽查，发现关税或者其他进口环节的税收少征或者漏征的，由海关依照《海关法》和有关税收法律、行政法规的规定向被稽查人补征；因被稽查人违反规定而造成少征或者漏征的，由海关依照《海关法》和有关税收法律、行政法规的规定追征。

被稽查人在海关规定的期限内仍未缴纳税款的，海关可以依法采取强制执行措施。

2. 封存的有关进出口货物，经海关稽查排除违法嫌疑的，海关应当立即解除封存；经海关稽查认定违法的，由海关依照《海关法》和《海关行政处罚实施条例》的规定处理。

3. 经海关稽查，认定被稽查人有违反海关监管规定的行为的，由海关依照《海关法》和《海关行政处罚实施条例》的规定处理。

与进出口货物直接有关的企业、单位主动向海关报告其违反海关监管规定的行为，并接受海关处理的，应当从轻或者减轻行政处罚。

4. 经海关稽查，发现被稽查人有走私行为，构成犯罪的，依法追究刑事责任；尚不构成犯罪的，由海关依照《海关法》和《海关行政处罚实施条例》的规定处理。

5. 海关通过稽查决定补征或者追征的税款、没收的走私货物和违法所得及收缴的罚款，全部上缴国库。

6. 被稽查人同海关发生纳税争议的，依照《海关法》的规定办理。

（八）与海关稽查相关的法律责任

1. 被稽查人的法律责任

（1）被稽查人有下列行为之一的，由海关责令限期改正，逾期不改正的，处2万元以上10万元以下的罚款；情节严重的，撤销其报关注册登记；对负有直接责任的主管人员和其他直接责任人员处5 000元以上5万元以下的罚款；构成犯罪的，依法追究刑事责任：

① 向海关提供虚假情况或者隐瞒重要事实的；

② 拒绝、拖延向海关提供账簿、单证等有关资料，以及相关电子数据存储介质的；

③ 转移、隐匿、篡改、毁弃报关单证、进出口单证、合同、与进出口业务直接有关的其他资料，以及相关电子数据存储介质的。

（2）被稽查人未按照规定编制或者保管报关单证、进出口单证、合同，以及与进出口业务直接有关的其他资料的，由海关责令限期改正，逾期不改正的，处1万元以上5万元以下的罚款；情节严重的，撤销其报关注册登记，并对负有直接责任的主管人员和其他直接责任人员处1 000元以上5 000元以下的罚款。

（3）被稽查人未按照规定设置或者编制账簿，或者转移、隐匿、篡改、毁弃账簿的，依照会计法的有关规定追究法律责任。被稽查人有上述（1）、（2）所列行为之一的，海关应当制发"海关限期改正通知书"，告知被稽查人改正的内容和期限，并对改正情况进行检查。被稽查人逾期不改正的，海关可以依据相关规定调整其信用等级。

2. 海关工作人员的法律责任

海关工作人员在稽查中玩忽职守、徇私舞弊、滥用职权或者利用职务上的便利，收受、索取被稽查人的财物，构成犯罪的，依法追究刑事责任；不构成犯罪的，由海关依照《中华人民共和国公务员法》《海关法》和其他有关法律、行政法规予以处理。

第三节　海关事务担保制度

一、海关事务担保概述

（一）海关事务担保的含义

所谓海关事务担保，是指与进出境活动有关的自然人、法人或者其他组织（以下统称"当事人"）在向海关申请从事特定的经营业务或者办理特定的海关事务时，以向海关提交保证金、保证函等担保，承诺在一定期限内履行其法律义务的法律行为。

（二）海关事务担保的性质

1. 履行性

当事人提供的担保，具有在规定期限内由当事人履行其在正常情况下应当履行其承诺义务的性质。

2. 惩罚性

若由于当事人的过错，不能履行担保事项所列明的义务，海关将依法对当事人给予惩罚，让其承担一定的法律责任，以达到惩戒和教育的目的。

3. 补偿性

对涉及税款的担保，无论是责令补缴税款，还是将保证金抵作税款，或是通知银行扣缴税款，主要目的还是在于补偿进出口税的收入。

（三）海关事务担保的作用

海关事务担保制度从本质上讲，是海关支持和促进对外贸易发展和科技文化交流的措施，既保障国家利益不被侵害，又便利进出境活动，促进对外贸易效率的提高。同时，担保制度对进出境活动的当事人也将产生较强的制约作用，促进企业守法自律，按时履行其承诺的诸如补交单证、补缴税款、按规定复出（进）口等义务。

二、海关事务担保制度的基本内容

（一）海关事务担保的适用

1. 海关事务担保的一般适用

为使当事人获得提前放行、办理特定海关业务及免于扣留财产等便利，《海关事务担保条例》主要规定了4种情形下的海关事务担保：

（1）当事人申请提前放行货物的担保

当事人申请提前放行货物的担保是指在办结商品归类、估价和提供有效报关单证等海关手续前，当事人向海关提供与应纳税款相适应的担保，申请海关提前放行货物。

有下列情形之一的，当事人可以在办结海关手续前向海关申请提供担保，要求提前放行货物：

① 进出口货物的商品归类、完税价格、原产地尚未确定的；

② 有效报关单证尚未提供的；

③ 在纳税期限内税款尚未缴纳的；

④ 滞报金尚未缴纳的；

⑤ 其他海关手续尚未办结的。

国家对进出境货物、物品有限制性规定，应当提供许可证件而不能提供的，以及法律、行政法规规定不得担保的其他情形，海关不予办理担保放行。

（2）当事人申请办理特定海关业务的担保

当事人申请办理特定海关业务的担保是指当事人在申请办理内地往来港澳货物运输、办理货物、物品暂时进出境，将海关监管货物抵押或者暂时存放在海关监管区外等特定业务时，根据海关监管需要或者税收风险大小向海关提供的担保。

当事人申请办理下列特定海关业务的，按照海关规定提供担保：

① 运输企业承担来往内地与港澳公路货物运输、承担海关监管货物境内公路运输的；

② 货物、物品暂时进出境的；

③ 货物进境修理和出境加工的；

④ 租赁货物进口的；

⑤ 货物和运输工具过境的；

⑥ 将海关监管货物暂时存放在海关监管区外的；

⑦ 将海关监管货物向金融机构抵押的；

⑧ 为保税货物办理有关海关业务的。

当事人不提供或者提供的担保不符合规定的，海关不予办理所列特定海关业务。

（3）税收保全担保

进出口货物的纳税义务人在规定的纳税期限内有明显的转移、藏匿其应税货物及其他财产迹象的，海关可以责令纳税义务人提供担保；纳税义务人不能提供担保的，海关依法采取税收保全措施。

（4）免予扣留财产的担保

① 有违法嫌疑的货物、物品、运输工具应当或者已经被海关依法扣留、封存的，当事人可以向海关提供担保，申请免予或者解除扣留、封存。

② 有违法嫌疑的货物、物品、运输工具无法或者不便扣留的，当事人或者运输工具负责人应当向海关提供等值的担保；未提供等值担保的，海关可以扣留当事人等值的其他财产。

有违法嫌疑的货物、物品、运输工具属于禁止进出境，或者必须以原物作为证据，或者依法应当予以没收的，海关不予办理担保。

③ 法人、其他组织受到海关处罚，在罚款、违法所得或者依法应当追缴的货物、物品、走私运输工具的等值价款未缴清前，其法定代表人、主要负责人出境的，应当向海关提供担保；未提供担保的，海关可以通知出境管理机关阻止其法定代表人、主要负责人出境。（受海关处罚的自然人出境的，适用上述规定。）

2. 海关事务担保的其他适用

进口已采取临时反倾销措施、临时反补贴措施的货物应当提供担保的，或者进出口货物收发货人、知识产权权利人申请办理知识产权海关保护相关事务等，依照海关事务担保一般适用的规定办理海关事务担保。法律、行政法规有特别规定的，从其规定。

3. 海关事务担保的免除

《海关法》的有关条款规定，如其他法律、行政法规根据实践需要规定在特定情形下可以免除担保提前放行货物的，这种"免除担保"的特别规范优先于"凭担保放行"的一般规范。因此，在这种特别规范的适用范围内，因各种原因未办结海关手续的货物，可以免除担保而被收发货人先予提取或装运出境。但同时规定，海关对享受免除担保待遇的进出口企业实行动态管理，当事人不再符合规定条件的，海关应当停止对其适用免除担保。

当事人连续 2 年同时具备通过海关验证稽查、年度进出口报关差错率在 3% 以下、没有拖欠应纳税款、没有受到海关行政处罚且在相关行政管理部门无不良记录、没有被追究刑事责任等的，可以向直属海关申请免除担保，并按照海关规定办理有关手续。

4. 海关事务总担保

为了使进出口货物品种、数量相对稳定且业务频繁的企业免于反复办理担保，《海关事务担保条例》规定，当事人在一定期限内多次办理同一类海关事务的，可以向海关申请提供总担保；提供总担保后，当事人办理该类海关事务，不再单独提供担保。同时规定，总担保的适用范围、担保金额、担保期限、终止情形等由海关总署规定。

可申请总担保的常见情形有：

（1）ATA 单证册项下暂准出口货物由中国国际商会统一向海关总署提供总担保；

（2）经海关同意，知识产权权利人可以向海关提供总担保，总担保金额不得低于人民币 20 万元；

（3）由银行对纳税义务人在一定时期内通过网上支付方式申请缴纳的进出口税费提供总担保。

（二）海关事务担保担保人的资格及担保责任

1. 担保人的资格

《海关法》规定："具有履行海关事务担保能力的法人、其他组织或者公民，可以成为担保人。法律规定不得为担保人的除外。"

具有履行海关担保义务能力是对自然人、法人或其他组织作为担保人的基本要求。对于担保人而言，其履行义务的能力主要表现在应当拥有足以承担担保责任的财产。公民作为担保人还应当具有民事行为能力，无民事行为能力或者限制行为能力的公民，即使拥有足以承担担保责任的财产，也不能作为担保人。

如其他有关法律对担保人资格已作出限制性规定的，则这种法人、其他组织或公民就不能作为担保人。

2. 担保人的担保责任

《海关法》规定："担保人应当在担保期限内承担担保责任。担保人履行担保责任的，不免除被担保人应当办理有关海关手续的义务。"海关则应当及时为被担保人办理有关海关手续。

（1）担保责任的含义

担保人应承担的担保责任，主要是指被担保人应当在规定的期限内全面、正确地履行其承诺的海关义务。根据担保个案的不同情况，其责任范围也有区别。

（2）担保的期间

这是指担保人承担担保责任的起止时间。担保人在规定的担保期间内承担担保责任，逾期，即使被担保人未履行海关义务，担保人也不再承担担保责任。鉴于法律规定可适用担保的范围内所涉及的事项千差万别，不可能对此作统一规定，因而担保期间主要由海关行政法规及海关规章来制定。

（3）担保责任的解除

被担保人如能在规定的期间内履行担保承诺的义务或者规定的担保期间届满，担保人的担保责任则应依法予以解除，由海关及时办理销案手续，退还有关保证金等。

（三）海关事务担保的方式

《海关法》明确规定的海关事务担保方式分为 4 种：

1. 以人民币、可自由兑换的货币提供担保

人民币是我国的法定货币，支付我国境内的一切公共的和私人的债务，任何单位或个人均不能拒收。

可自由兑换货币，指国家外汇管理局公布挂牌的作为国际支付手段的外币现钞。

2. 以汇票、本票、支票、债券、存单提供担保

汇票是指由出票人签发的委托付款人在见票时或者在指定日期无条件支付确定的金额给收款人或持票人的票据，分为银行承兑汇票和商业承兑汇票两种。

本票是由出票人签发的，承诺自己在见票时无条件支付确定的金额给收款人或持票人的票据。

支票是指出票人签发的，委托办理支票存款业务的银行或者其他金融机构在见票时无条件支付确定的金额给收款人或者持票人的票据。

债券是指依照法定程序发行的，约定在一定期限还本付息的有价证券，包括国库债券、企业债券、金融债券等。

存单是指储蓄机构发给存款人的证明其债权的单据。

3. 以银行或者非银行金融机构出具的保函提供担保

保函，即法律上的保证，属于人的担保范畴。保函不是以具体的财产提供担保，而是以保证人的信誉和不特定的财产为他人的债务提供担保；保证人必须是第三人；保证人应当具有清偿债务的能力。

根据《中华人民共和国中国人民银行法》的规定，中国人民银行作为中央银行不能为任何单位和个人提供担保，故不属担保银行的范畴。

对于ATA单证册项下进出口的货物，可由中国国际商会这一特殊的第三方作为担保人，为展览品等暂准进出口货物提供保函方式的担保。

4. 以海关依法认可的其他财产、权利提供担保

指除上述财产、权利外的其他财产和权利。

（四）海关事务担保的实施

1. 保证金资金与保函的使用

（1）保证金资金的分类及适用

海关依法收取的保证金资金，根据担保业务性质的不同分为税款类保证金、风险类保证金和案件类保证金3种。

① 税款类保证金

税款类保证金适用于下列情形：

A. 海关尚未确定商品归类、完税价格、原产地、进口货物物品数量等征税要件的；

B. 正在海关办理减免税审批手续的；

C. 申请延期缴纳税款的；

D. 暂时进出境的；

E. 进境修理和出境加工的；

F. 因残损、品质不良或者规格不符，纳税义务人申报进口或者出口无代价抵偿货物时，原进口货物尚未退运出境或者尚未放弃交由海关处理的，或者原出口货物尚未退运进境的；

G. 对缉私、稽查查获的执行风险较大的追征补征税款情事的；

H. 其他按照有关规定应当收取税款类保证金的情形。

② 风险类保证金

风险类保证金包括：

A. 对实施联网监管的相关加工贸易企业收取的保证金；

B. 对加工贸易货物备案征收的保证金；

C. 对同一经营单位申请将剩余料件结转到另一加工厂收取的保证金；

D. 对从事转关运输的企业收取的保证金；

E. 对加工区之间往来的货物、物品不能按照转关运输办理的企业收取的保证金；

F. 对进口货物收货人在申请减免滞报金期间因故需先行提取货物收取的保证金；

G. 对租赁进出口货物、物品收取的保证金；

H. 其他按照有关规定收取的保证金。

③ 案件类保证金

案件类保证金包括：

A. 对无法或者不便扣留的货物、物品或者运输工具收取的等值保证金；

B. 对受海关处罚，在出境前未缴清罚款、违法所得和依法追缴的货物、物品、走私运输工具的等值价款的当事人收取的保证金；

C. 对涉及知识产权保护收取的保证金；

D. 其他按照有关规定收取的保证金。

（2）保证金资金额

当事人提供的担保应当与其需要履行的法律义务相当，其保证金资金额按照下列标准确定：

① 为提前放行货物提供的担保，保证金资金额不得超过可能承担的最高税款总额；

② 为办理特定海关业务提供的担保，保证金资金额不得超过可能承担的最高税款总额或者海关总署规定的金额；

③ 因有明显的转移、藏匿应税货物及其他财产迹象被责令提供的担保，保证金资金额不得超过可能承担的最高税款总额；

④ 为有关货物、物品、运输工具免予或者解除扣留、封存提供的担保，保证金资金额不得超过该货物、物品、运输工具的等值价款；

⑤ 为罚款、违法所得或者依法应当追缴的货物、物品、走私运输工具的等值价款未缴清前出境提供的担保，保证金资金额应当相当于罚款、违法所得数额或者依法应当追缴的货物、物品、走私运输工具的等值价款。

此外，有违法嫌疑的货物、物品、运输工具无法或者不便扣留的，当事人或者运输工具负责人应当向海关提供等值的担保；未提供等值担保的，海关可以扣留当事人等值的其他财产。

2. 办理海关事务担保的程序

（1）担保的申请

凡符合申请担保条件的货物，由当事人向办理有关货物进出口手续的海关申请担保。办理担保，当事人应当提交书面申请，以及真实、合法、有效的财产、权利凭证和身份或者资格证明等材料，并按海关审核确定的担保方式提供担保。

① 交付保证金资金

以保证金资金方式申请担保的，应按下列规则交付：

A. 当事人向海关办理资金交付手续应通过银行转账，无法办理银行转账或金额较小的以现金交付；

B. 海关保证金资金金额一般应按人民币计算收取。对能开设外汇（钞）账户的币种，可按其本位币收取，退还时按原币种退还。

海关业务部门向当事人收取担保资金后应开具"海关保证金收据"，并注明保证金资金类别。

② 交付保函

当事人以保函向海关提供担保的，保函应当以海关为受益人，并且载明担保人与被担保人的基本情况、被担保的法律义务、担保金额、担保期限、担保责任，以及需要说明的其他事项。

担保人应当在保函上加盖印章，并注明日期。

（2）担保的受理

海关应当自收到当事人提交的材料之日起5个工作日内对相关财产、权利等进行审核，并决定是否接受担保。当事人申请办理总担保的，海关应当在10个工作日内审核并决定是否接受担保。

符合规定的担保，自海关决定接受之日起生效。对不符合规定的担保，海关应当书面通知当事人不予接受，并说明理由。

担保财产、权利不足以抵偿被担保人有关法律义务的，海关应当书面通知被担保人另行提供担保或者履行法律义务。

（3）担保的变更

被担保人履行法律义务期限届满前，担保人和被担保人因特殊原因要求变更担保内容的，应当向接受担保的海关提交书面申请及有关证明材料。海关应当自收到当事人提交的材料之日起 5 个工作日内作出是否同意变更的决定，并书面通知当事人；不同意变更的，应当说明理由。

（4）担保财产、权利的退还

《海关事务担保条例》规定，当事人已经履行有关法律义务、不再从事特定海关业务，或者担保财产、权利被海关采取抵缴措施后仍有剩余的，海关应当书面通知当事人办理担保财产、权利的退还手续。

① 应予退还的情形

有下列情形之一的，海关应当书面通知当事人办理担保财产、权利退还手续：

A. 当事人已经履行有关法律义务的；

B. 当事人不再从事特定海关业务的；

C. 担保财产、权利被海关采取抵缴措施后仍有剩余的；

D. 其他需要退还的情形。

② 退还手续

自海关要求办理担保财产、权利退还手续的书面通知送达之日起 3 个月内，当事人无正当理由未办理退还手续的，海关应当发布公告。

自海关公告发布之日起 1 年内，当事人仍未办理退还手续的，海关应当将担保财产、权利依法变卖或者兑付后，上缴国库。

海关履行职责，金融机构等有关单位应当依法予以协助。

（5）担保的销案

当事人必须于规定的担保期限届满前，凭"海关保证金、风险担保金、抵押金收据"或留存的保函向海关办理销案手续。在当事人履行了向海关承诺的义务后，海关将退还当事人已缴纳的担保资金，或注销已提交的保函。

3. 担保人、被担保人的法律责任

被担保人在规定的期限内未履行有关法律义务的，海关可以依法从担保财产、权利中抵缴。当事人以保函提供担保的，海关可以直接要求承担连带责任的担保人履行担保责任。

担保人、被担保人违反《海关事务担保条例》，使用欺骗、隐瞒等手段提供担保的，由海关责令其继续履行法律义务，处 5 000 元以上 50 000 元以下的罚款；情节严重的，可以暂停被担保人从事有关海关业务或者撤销其从事有关海关业务的注册登记。

担保人、被担保人对海关有关海关事务担保的具体行政行为不服的，可以依法向上一级海关申请行政复议或者向人民法院提起行政诉讼。

第四节　知识产权海关保护制度

一、知识产权海关保护概述

（一）知识产权海关保护的含义

知识产权，概括地说是指公民、法人或其他组织对其在科学技术和文学艺术等领域内，主要基于脑力劳动创造完成的智力成果所依法享有的专有权利，因此又称智力成果权。

知识产权海关保护，则是指海关依法禁止侵犯知识产权的货物进出口的措施，在世界贸易组织《与贸易措施有关的知识产权协议》中被称为知识产权的边境措施。

（二）知识产权海关保护的范围

知识产权具有无形性、专有性、地域性、时间性和可复制性的特点。世界贸易组织关于《与贸易措施有关的知识产权协议》将与贸易有关的知识产权的范围确定为：著作权和与著作权有关的权利、商标权、地理标志权、工业品外观设计权、专利权、集中电路布图设计权、未披露过的信息专有权。

根据《知识产权海关保护条例》及其他法律、行政法规的规定，我国知识产权海关保护的适用范围为：与进出口货物有关并受中华人民共和国法律、行政法规保护的知识产权，包括商标专用权、著作权和与著作权有关的权利、专利权、奥林匹克标志专有权、世界博览会标志专有权。具体地说，以下知识产权可以向海关申请备案保护：

1. 国家工商行政主管部门核准注册的商标；

2. 在世界知识产权组织注册并延伸至我国的国际注册商标；

3. 国家专利行政主管部门授予专利权的发明、外观设计、实用新型专利；

4. 《保护文学和艺术作品的伯尔尼公约》成员国的公民或者组织拥有的著作权和与著作权有关的权利。

《知识产权海关保护条例》同时规定，侵犯受法律、行政法规保护的知识产权的货物禁止进出口。此外，根据《奥林匹克标志保护条例》和《世界博览会标志保护条例》的规定，我国海关也应当对奥林匹克标志和世界博览会标志实施保护。

（三）知识产权海关保护的模式

中国海关对知识产权的保护可以划分为"依申请保护"和"依职权①保护"两种模式：

1. 依申请保护，是指知识产权权利人发现侵权嫌疑货物即将进出口时，根据《知识产权海关保护条例》第十二、十三和十四条的规定向海关提出采取保护措施的申请，由海关对侵权嫌疑货物实施扣留的措施。由于海关对依申请扣留的侵权嫌疑货物不进行调查，知识产权权利人需要就有关侵权纠纷向人民法院起诉，所以依申请保护也被称作海关对知识产权的"被动保护"模式。

---

① "依职权"一词源于《与贸易措施有关的知识产权协议》中的 ex-officio。

2. 依职权保护，是指海关在监管过程中发现进出口货物有侵犯在海关总署备案的知识产权的嫌疑时，根据《知识产权海关保护条例》第十六条的规定，主动中止货物的通关程序并通知有关知识产权权利人，并根据知识产权权利人的申请对侵权嫌疑货物实施扣留的措施。由于海关依职权扣留侵权嫌疑货物属于主动采取措施制止侵权货物进出口，而且海关还有权对货物的侵权状况进行调查和对有关当事人进行处罚，所以依职权保护也被称作海关对知识产权的"主动保护"模式。

知识产权权利人向海关申请采取依职权保护措施前，应当按照《知识产权海关保护条例》第七条的规定，将其知识产权及其他有关情况向海关总署进行备案。

（四）知识产权海关保护的作用

1. 通过保护与进出口货物有关的知识产权来履行我国作为世界贸易组织成员国应尽的义务

我国加入世界贸易组织之后，一个全方位、宽领域、多层次的对外开放的格局逐渐形成，中国与世界各国在科技、经济、文化等方面的合作与交流日益频繁。为给开展国际科技、经济、文化等方面的合作与交流创造一个良好的环境和提供有利的条件，我国通过建立和完善既符合国际通行做法，又具有中国特色的知识产权海关保护法律制度，从而严格遵循了《与贸易措施有关的知识产权协议》的各项规定，全面履行了我国在双边协议中承诺的知识产权保护义务。

2. 通过保护与进出口货物有关的知识产权来规范进出口秩序

随着国家逐渐放开对进出口经营权和进出口商品经营品种的限制，越来越多的企业可以直接从事进出口贸易，这对促进对外贸易的发展产生了十分重要的作用。但同时一些企业为抢占市场，不惜采取低价竞销和冒用他人注册商标的手段大肆进出口侵权商品。针对在对外贸易中侵犯知识产权的情况比较严重的状况，国家通过立法授权海关在进出境环节保护知识产权，对与进出口货物有关的知识产权进行保护，从而有效地规范了进出口秩序。

二、知识产权海关保护制度的基本内容

（一）知识产权海关保护的备案

1. 知识产权海关保护备案的含义

知识产权海关保护备案，是指知识产权权利人按照《知识产权海关保护条例》的规定，将其知识产权的法律状况、有关货物的情况、知识产权合法使用情况和侵权货物进出口情况以书面形式通知海关总署，以便海关在对进出口货物的监管过程中能够主动对有关知识产权实施保护。

2. 知识产权海关保护备案的意义

根据《知识产权海关保护条例》，知识产权权利人在向海关申请保护前不要求必须进行知识产权备案。但是，对商标专用权权利人等某些知识产权权利人而言，备案与否有很大的差异，主要体现在：

（1）是海关采取主动保护措施的前提条件。根据《知识产权海关保护条例》的规定，知识产权权利人如果事先没有将其知识产权向海关备案，海关即便发现侵权货物即将进出境，也没有权力主动中止其进出口，也无权对侵权货物进行调查处理。

（2）有助于海关发现侵权货物。由于知识产权权利人在备案时，需要提供有关知识产权的法律状况、权利人的联系方式、合法使用知识产权情况、侵权嫌疑货物情况、有关图片和照片等情况，使海关有可能在日常监管过程中发现侵权嫌疑货物并主动予以扣留。所以，事先进行知识产权备案，可以使权利人的合法权益得到及时的保护。

（3）知识产权权利人的经济负担较轻。根据海关总署有关《知识产权海关保护条例》的实施办法规定，在海关依职权保护模式下，知识产权权利人向海关提供的担保最高不超过人民币 10 万元。如果知识产权权利人事先未进行知识产权备案，则不能享受上述待遇，必须提供与其要求扣留的货物等值的担保。

（4）可以对侵权人产生震慑作用。由于海关对进出口侵权货物予以没收并给予进出口企业行政处罚，尽早进行知识产权备案，可以对那些过去毫无顾忌地进出口侵权货物的企业产生警告和震慑作用，促使其自觉地尊重有关知识产权。此外，有些并非恶意出口侵权产品的企业也可以通过查询备案，了解其承揽加工和出口的货物是否可能构成侵权。

3. 知识产权海关保护的备案申请

（1）知识产权海关保护备案的申请人

知识产权海关保护备案的申请人应为知识产权权利人，知识产权权利人可以委托代理人办理知识产权海关保护备案。

（2）知识产权海关保护备案申请的文件及证据

① 申请书

知识产权权利人向海关总署申请知识产权海关保护备案的，应当向海关总署提交申请书。知识产权权利人应当就其申请备案的每一项知识产权单独提交一份申请书。知识产权权利人申请国际注册商标备案的，应当就其申请的每一类商品单独提交一份申请书。

申请书应当包括以下内容：

A. 知识产权权利人的名称或者姓名、注册地或者国籍、通信地址、联系人姓名、电话和传真号码、电子邮箱地址等。

B. 注册商标的名称，核定使用商品的类别和商品名称，商标图形，注册有效期，注册商标的转让、变更、续展情况等；作品的名称，创作完成的时间，作品的类别，作品图片，作品转让、变更情况等；专利权的名称、类型，申请日期，专利权转让、变更情况等。

C. 被许可人的名称、许可使用商品、许可期限等。

D. 知识产权权利人合法行使知识产权的货物的名称、产地、进出境地海关、进出口商、主要特征、价格等。

E. 已知的侵犯知识产权货物的制造商、进出口商、进出境地海关、主要特征、价格等。

② 随附文件、证据

知识产权权利人向海关总署提交备案申请书，应当随附以下文件、证据：

A. 知识产权权利人个人身份证件的复印件、工商营业执照的复印件或者其他注册登记文件的复印件。

B. 商标注册、著作、专利权证明或证书：

a. 国务院工商行政管理部门商标局签发的"商标注册证"的复印件。申请人经核准变更商标注册事项、续展商标注册、转让注册商标或者申请国际注册商标备案的，还应当提交国务院工商行政管理部门商标局出具的有关商标注册的证明。

b. 著作权登记部门签发的著作权自愿登记证明的复印件和经著作权登记部门认证的作品照片。申请人未进行著作权自愿登记的，提交可以证明申请人为著作权人的作品样品以及其他有关著作权的证据。

c. 国务院专利行政部门签发的专利证书的复印件。专利授权自公告之日起超过 1 年的，还应当提交国务院专利行政部门在申请人提出备案申请前 6 个月内出具的专利登记簿副本；申请实用新型专利或者外观设计专利备案的，还应当提交由国务院专利行政部门作出的专利权评价报告。

C. 知识产权权利人许可他人使用注册商标、作品或者实施专利，签订许可合同的，提供许可合同的复印件；未签订许可合同的，提交有关被许可人、许可范围和许可期间等情况的书面说明。

D. 知识产权权利人合法行使知识产权的货物及其包装的照片。

E. 已知的侵权货物进出口的证据。知识产权权利人与他人之间的侵权纠纷已经人民法院或者知识产权主管部门处理的，还应当提交有关法律文书的复印件。

F. 海关总署认为需要提交的其他文件或者证据。

知识产权权利人向海关总署提交的上述文件和证据应当齐全、真实和有效。有关文件和证据为外文的，应当另附中文译本。海关总署认为必要时，可以要求知识产权权利人提交有关文件或者证据的公证、认证文书。

（3）知识产权海关保护备案申请的受理

海关总署应当自收到申请人全部申请文件之日起 30 个工作日内作出是否准予备案的决定，并书面通知申请人。不予备案的，海关须说明理由。

有下列情形之一的，海关总署不予受理：

① 申请文件不齐全或者无效的；

② 申请人不是知识产权权利人的；

③ 知识产权不再受法律、行政法规保护的。

4. 知识产权海关保护备案的时效

（1）备案有效期

知识产权海关保护备案自海关总署核准备案之日起生效，有效期为 10 年。自备案生效之日起知识产权的有效期不足 10 年的，备案的有效期以知识产权的有效期为准。

（2）续展备案有效期

在知识产权海关保护备案有效期届满前 6 个月内，知识产权权利人可以向海关总署提出续展备案的书面申请并随附有关文件。海关总署应当自收到全部续展申请文件之日起 10 个工作日内作出是否准予续展的决定，并书面通知知识产权权利人；不予续展的，将说明理由。

续展备案的有效期自上一届备案有效期满次日起算，有效期为 10 年。知识产权的有效期自上一届备案有效期满次日起不足 10 年的，续展备案的有效期以知识产权的有效期为准。

知识产权海关保护备案有效期届满而不申请续展或者知识产权不再受法律、行政法规保护的，知识产权海关保护备案随即失效。

5. 知识产权海关保护备案的变更

向海关提交的申请书内容发生改变的，知识产权权利人应当自发生改变之日起 30 个工作日内向海关总署提出变更备案的申请并随附有关文件。

6. 知识产权海关保护备案的注销

（1）注销备案的适用范围

知识产权在备案有效期届满前不再受法律、行政法规保护或者备案的知识产权发生转让的，以及知识产权权利人在备案有效期内放弃备案的，应向海关总署申请注销备案。

（2）权利人注销备案的申请

原知识产权权利人应当自备案的知识产权不再受法律、行政法规保护或者转让生效之日起 30 个工作日内向海关总署提出注销知识产权海关保护备案的申请并随附有关文件。

（3）海关注销备案的通知

海关总署注销备案，应当书面通知有关知识产权权利人，知识产权海关保护备案自海关总署注销之日起失效。

7. 知识产权海关保护备案的撤销

（1）撤销备案的适用范围

海关发现知识产权权利人申请知识产权备案未如实提供有关情况或者文件的，海关总署可以撤销其备案。

知识产权备案情况发生改变，但知识产权权利人自发生改变之日起 30 个工作日内未向海关总署办理备案变更或者注销手续，给他人合法进出口或者海关依法履行监管职责造成严重影响的，海关总署可以根据有关利害关系人的申请撤销有关备案，也可以主动撤销有关备案。

（2）利害关系人撤销备案的申请

知识产权海关保护的利害关系人申请撤销备案的，应当向海关总署提交申请书。申请书应当有明确的申请人和被申请人、请求事项、基本事实和理由，并随附相关证明文件。

（3）海关作出撤销或者维持备案决定前的调查

海关总署作出撤销或者维持备案的决定，应当事先对有关情况进行调查。海关总署进行调查，可以要求有关知识产权权利人在规定期限内提交书面的申辩意见。

（4）海关撤销或者维持备案决定及其通知

海关总署作出撤销备案的决定，应当书面通知有关知识产权权利人。其中根据利害关系人的申请作出撤销的决定的，还应当书面通知有关申请人。

对利害关系人申请撤销备案的，海关总署作出维持备案的决定，应当书面通知有关申请人。

（5）撤销备案决定的效力

备案自海关总署作出撤销决定之日起失效。备案被撤销且有关知识产权仍属于原申请备案的知识产权权利人的，该知识产权权利人自备案被撤销之日起在 1 年内再次向海关总署备案该知识产权的，海关总署可不予受理。

（二）权利人申请扣留侵权嫌疑货物及提供担保

知识产权权利人发现侵权嫌疑货物即将进出口，或者接到海关就实际监管中发现进出口货物涉嫌侵犯在海关总署备案的知识产权而发出的书面通知的，可以向货物进出境地海关提出扣留侵权嫌疑货物的申请，并按规定提供相应的担保。

1. 知识产权权利人发现侵权嫌疑货物的扣留申请（海关依申请保护）

（1）申请扣留侵权嫌疑货物的文件

知识产权权利人发现侵权嫌疑货物即将进出口并要求海关予以扣留的，应当向货物进出境地海关提交申请书及相关证明文件。有关知识产权未在海关总署备案的，知识产权权利人还应当随附有关知识产权的证明文件及证据。申请书应当包括下列主要内容：

① 知识产权权利人的名称或者姓名、注册地或者国籍等；

② 知识产权的名称、内容及其相关信息；

③ 侵权嫌疑货物收货人或发货人的名称；

④ 侵权嫌疑货物名称、规格等；

⑤ 侵权嫌疑货物可能进出境的口岸、时间、运输工具等；

⑥ 侵权嫌疑货物涉嫌侵犯备案知识产权的，申请书还应当包括海关备案号。

（2）申请扣留侵权嫌疑货物的证据

权利人或其代理人提出申请时，除填具申请书外还应提供足以证明侵权事实明显存在的证据。知识产权权利人提交的证据，应当能够证明以下事实：

① 请求海关扣留的货物即将进出口；

② 在货物上未经许可使用了侵犯其商品专用权的商标标志、作品或者实施了其专利。

（3）请求扣留侵权嫌疑货物的担保

知识产权权利人发现侵权嫌疑货物即将进出口，请求海关扣留侵权嫌疑货物，应当在海关规定的期限内向海关提供相当于货物价值的担保。

知识产权权利人提出的申请不符合规定或者未按规定提供担保的，海关应驳回其申请并书面通知知识产权权利人。

2. 知识产权权利人接到海关发现侵权嫌疑货物通知的扣留申请（海关依职权保护）

（1）海关书面通知知识产权权利人

海关对进出口货物实施监管，发现进出口货物涉及在海关总署备案的知识产权且进出口商或者制造商使用有关知识产权的情况未在海关总署备案的，可以要求收发货人在规定期限内申报货物的知识产权状况和提交相关证明文件。

收发货人未按照有关规定申报货物知识产权状况，提交相关证明文件或者海关有理由认为货物涉嫌侵犯在海关总署备案的知识产权的，海关应当中止放行货物并书面通知知识产权权利人。

（2）知识产权权利人的回复及其扣留申请

知识产权权利人在接到海关书面通知送达之日起 3 个工作日内应予以回复：

① 认为有关货物侵犯其在海关总署备案的知识产权并要求海关予以扣留的，向海关提出扣留侵权嫌疑货物的书面申请；

其扣留申请办法与知识产权权利人发现侵权嫌疑的扣留申请相同。

② 认为有关货物未侵犯其在海关总署备案的知识产权或者不要求海关扣留的，向海关书面说明理由。

经海关同意，知识产权权利人可以查看有关货物。

（3）请求扣留货物的担保

知识产权权利人在接到海关发现侵权嫌疑货物通知后，认为有关货物侵犯其在海关总署备案的知识产权并提出申请，要求海关扣留侵权嫌疑货物的，应当按照以下规定向海关提供担保：

① 货物价值不足人民币 2 万元的，提供相当于货物价值的担保；

② 货物价值为人民币 2 万至 20 万元的，提供相当于货物价值 50% 的担保，但担保金额不得少于人民币 2 万元；

③ 货物价值超过人民币 20 万元的，提供人民币 10 万元的担保。

（4）请求扣留货物的总担保

① 总担保适用范围

知识产权权利人根据规定请求海关扣留涉嫌侵犯商标专用权货物的，可以向海关总署提供总担保。

在海关总署备案的商标专用权的知识产权权利人，经海关总署核准可以向海关总署提交银行或者非银行金融机构出具的保函，为其向海关申请商标专用权海关保护措施提供总担保。

自海关总署核准其使用总担保之日至当年 12 月 31 日，知识产权权利人在接到海关发现侵权嫌疑货物通知后，请求海关扣留涉嫌侵犯其已在海关总署备案的商标专用权的进出口货物的，无须另行提供担保，但知识产权权利人未按规定支付有关费用或者未按规定承担赔偿责任，海关总署向担保人发出履行担保责任通知的除外。

② 总担保的申请及随附材料

知识产权权利人申请使用总担保，应向海关总署提交"知识产权海关保护总担保申请书"，并随附已获准在中国大陆境内开展金融业务的银行出具的为知识产权权利人申请总担保承担连带责任的"总担保保函"和知识产权权利人上一年度向海关申请扣留侵权嫌疑货物后发生的仓储处置费的清单。

③ 总担保的金额

总担保的金额应相当于知识产权权利人上一年度向海关申请扣留侵权嫌疑货物后发生的仓储、保管和处置等费用之和；知识产权权利人上一年度未向海关申请扣留侵权嫌疑货物或者仓储处置费不足人民币 20 万元的，总担保的担保金额为人民币 20 万元。

④ 总担保保函的有效期及担保事项发生期间

总担保保函的有效期是指作为担保人的银行承担履行担保责任的期间，即总担保保函签发之日起至第二年 6 月 30 日。

担保事项发生期间是指知识产权权利人在向海关提出采取保护措施申请时无须另行提供担保的期间，即自海关总署核准之日起至当年 12 月 31 日。

知识产权权利人未提出申请或者未提供担保的，海关将放行货物。

（三）海关对侵权嫌疑货物的调查处理

1. 扣留侵权嫌疑货物并制发通知和扣留凭单

知识产权权利人申请扣留侵权嫌疑货物并提供担保的，海关应当扣留侵权嫌疑货物并将扣留侵权嫌疑货物的扣留凭单送达收发货人。经海关同意，收发货人可以查看海关扣留的货物。

2. 海关对扣留侵权嫌疑货物的调查

海关依职权扣留侵权嫌疑货物属于主动采取制止侵权货物进出口措施，海关扣留侵权嫌疑货物后，应当依法对侵权嫌疑货物及其他有关情况进行调查。收发货人和知识产权权利人应当对海关调查予以配合，如实提供有关情况和证据。海关对依申请扣留的侵权嫌疑货物不进行调查，知识产权权利人需要就有关侵权纠纷向人民法院起诉。

海关对侵权嫌疑货物进行调查，可以请求有关知识产权主管部门提供咨询意见。

知识产权权利人与收发货人就海关扣留的侵权嫌疑货物达成协议，向海关提出书面申请并随附相关协议，要求海关解除扣留侵权嫌疑货物的，海关除认为涉嫌构成犯罪外，可以终止调查。

3. 放行被扣留的侵权嫌疑货物

（1）海关对扣留的侵权嫌疑货物进行调查，不能认定货物是否侵犯有关知识产权的，应当自扣留侵权嫌疑货物之日起 30 个工作日内书面通知知识产权权利人和收发货人。

海关不能认定货物是否侵犯有关专利权的，收发货人向海关提供相当于货物价值的担保后，可以请求海关放行货物。海关同意放行货物的，海关应当放行货物并书面通知知识产权权利人。

知识产权权利人就有关专利侵权纠纷向人民法院起诉的，应当在海关放行货物的书面通知送达之日起 30 个工作日内向海关提交人民法院受理案件通知书的复印件。

（2）对海关不能认定有关货物是否侵犯其知识产权的，知识产权权利人可以依法在起诉前向人民法院申请采取责令停止侵权行为或者财产保全的措施。

海关自扣留侵权嫌疑货物之日起 50 个工作日内收到人民法院协助扣押有关货物书面通知的，应当予以协助；未收到人民法院协助扣押通知或者知识产权权利人要求海关放行有关货物的，海关应当放行货物。

4. 没收被扣留的侵权货物

（1）没收侵权货物并通知知识产权权利人

被扣留的侵权嫌疑货物，海关经调查后认定侵犯知识产权的，予以没收，并应当将侵犯知识产权货物的下列情况书面通知知识产权权利人：

① 侵权货物的名称和数量；

② 收发货人名称；

③ 侵权货物申报进出口日期、海关扣留日期和处罚决定生效日期；

④ 侵权货物的启运地和指运地；

⑤ 海关可以提供的其他与侵权货物有关的情况。

进出口货物或者进出境物品经海关调查认定侵犯知识产权，根据规定应当由海关予以没收，但当事人无法查清的，自海关制发有关公告之日起满 3 个月后可由海关予以收缴。

（2）侵权货物没收后的处理

对没收的侵权货物，海关应当按照下列规定处置：

① 有关货物可以直接用于社会公益事业或者知识产权权利人有收购意愿的，将货物转交给有关公益机构用于社会公益事业或者有偿转让给知识产权权利人。

② 有关货物不能转交给有关公益机构用于社会公益事业或者有偿转让给知识产权权利人，且侵权特征能够消除的，在消除侵权特征后依法拍卖；但对进口假冒商标货物，除特殊情况外，不能仅清除货物上的商标标志即允许其进入商业渠道。

拍卖货物所得款项上缴国库。

③ 有关货物不能按照①、②项规定处置的，应当予以销毁。

海关拍卖侵权货物，应当事先征求有关知识产权权利人的意见。海关销毁侵权货物，知识产权权利人应当提供必要的协助。有关公益机构将海关没收的侵权货物用于社会公益事业，以及知识产权权利人接受海关委托销毁侵权货物的，海关应当进行必要的监督。

（四）知识产权权利人应承担的责任

1. 海关协助人民法院扣押侵权嫌疑货物或者放行被扣留货物的，知识产权权利人应当支付货物在海关扣留期间的仓储、保管和处置等费用。

2. 海关没收侵权货物的，知识产权权利人应当按照货物在海关扣留后的实际存储时间支付仓储、保管和处置等费用。但海关自没收侵权货物的决定送达收发货人之日起 3 个月内不能完成货物处置，且非因收发货人申请行政复议、提起行政诉讼或者货物处置方面的其他特殊原因导致的，知识产权权利人不需支付 3 个月后的有关费用。

3. 知识产权权利人未支付有关费用的，海关可以从其向海关提供的担保金中予以扣除，或者要求担保人履行有关担保责任。侵权嫌疑货物被认定为侵犯知识产权的，知识产权权利人可以将其支付的有关仓储、保管和处置等费用计入其为制止侵权行为所支付的合理开支。

4. 海关接受知识产权保护备案和采取知识产权保护措施的申请后，因知识产权权利人未提供确切情况而未能发现侵权货物，未能及时采取保护措施或者采取保护措施不力的，由知识产权权利人自行承担责任。

5. 知识产权权利人请求海关扣留侵权嫌疑货物后，海关不能认定被扣留的侵权嫌疑货物侵犯知识产权权利人的知识产权，或者人民法院判定不侵犯知识产权权利人的知识产权的，知识产权权利人应当依法承担赔偿责任。

（五）海关对当事人所提供担保的处理

1. 海关没收侵权货物的，应当在货物处置完毕并结清有关费用后，向知识产权权利人退还担保金或者解除担保人的担保责任。

2. 海关协助人民法院扣押侵权嫌疑货物或者根据规定放行被扣留货物的，收发货人可以就知识产权权利人提供的担保向人民法院申请财产保全。海关自协助人民法院扣押侵权嫌疑货物或者放行货物之日起 20 个工作日内，未收到人民法院就知识产权权利人提供的担保采取财产保全措施的协助执行通知的，海关应当向知识产权权利人退还担保金或者解除担保人的担保责任；收到人民法院协助执行通知的，海关应当协助执行。

3. 海关放行被扣留的涉嫌侵犯专利权的货物后，知识产权权利人向海关提交人民法院受理案件通知书复印件的，海关应当根据人民法院的判决结果处理收发货人提交的担保金；知识产权权利人未提交人民法院受理案件通知书复印件的，海关应当退还收发货人提交的担保金。对知识产权权利人向海关提供的担保，收发货人可以向人民法院申请财产保全，海关未收到人民法院对知识产权权利人提供的担保采取财产保全措施的协助执行通知的，应当自处理收发货人提交的担保金之日起 20 个工作日后，向知识产权权利人退还担保金或者解除担保人的担保责任；收到人民法院协助执行通知的，海关应当协助执行。

第五节　海关行政处罚制度

一、海关行政处罚概述

（一）海关行政处罚的含义

海关行政处罚是指海关根据法律授予的行政处罚权力，对公民、法人或者其他组织违反海关法律、行政法规，依法不追究刑事责任的走私行为和违反海关监管规定的行为，以及法律、行政法规、国务院规范性文件规定由海关实施行政处罚的行为所实施的一种行政制裁。

（二）海关行政处罚的性质

海关行政处罚作为一种行政制裁行为，通过对违反海关法的当事人财产、资格或声誉予以一定的剥夺或者限制，以达到规范进出境监管秩序、保护国家利益和他人合法权益的目的。海关行政处罚以当事人的行为违反海关法律、行政法规，并需要追究当事人的行政法律责任为前提，因此不能把海关行政处罚和海关行政强制措施相混淆。同时，对于应追究刑事法律责任的违反海关法的行为也不能以罚代刑，即不能用海关行政处罚代替刑事惩罚。

（三）海关行政处罚的基本原则

1. 公正、公开原则

（1）公正原则

公正原则是指海关对公民、法人或者其他组织的行政处罚，应当同其违反海关法行为的事实、性质、情节及危害程度相当；对有基本相同的违法行为的两个以上的公民、法人或者其他组织，如果其违法行为发生的环境条件、危害程度基本相同，受到的处罚也应基本相同。

（2）公开原则

公开原则是指有关海关行政处罚的法律、行政法规及规章应当公布；海关执法人员应当公开执法身份，出示执法证件；海关行政处罚的依据、证据、理由等应当向当事人公开。

2. 法定原则

法定原则包括海关行政处罚的法律依据是法定的，海关行政处罚的程序是法定的，海关行政处罚的主体及其职权是法定的等。

3. 处罚与教育相结合的原则

海关行政处罚的功能不只是单纯的处罚和惩戒，而是通过制裁手段，使违法者改正违法行为，形成守法自律意识，因此海关行政处罚的过程包含着教育的内容。

4. 救济原则

按照现代行政法治的要求，"有处罚即有救济"。也就是说，行为人受到处罚，同时应具有救济手段。海关行政处罚中的救济手段包括行政申诉、行政复议、行政诉讼和行政赔偿。

二、海关行政处罚制度的基本内容

（一）海关行政处罚的范围

《海关行政处罚实施条例》仅适用于应受海关行政处罚行为的处理。应受海关处罚行为包括不予追究刑事责任的走私行为和违反海关监管规定行为，以及法律、行政法规规定由海关实施行政处罚的行为。

根据《海关法》的规定，走私情节严重的（主要以走私物的品种、数量和逃税额为标准），构成走私罪。认定和惩罚走私罪（追究刑事责任）属于司法机关的职能，不在海关行政处罚范围内；而依法不追究刑事责任的走私行为，以及涉嫌走私罪但人民检察院依法不追究刑事责任、构成走私犯罪但人民法院依法决定免于追究刑事责任的，应由海关依据《海关行政处罚实施条例》进行行政处罚。

1. 依法不追究刑事责任的走私行为

（1）走私行为

① 走私行为的含义

根据《海关行政处罚实施条例》的规定，违反《海关法》及其他有关法律、行政法规，逃避海关监管，偷逃应纳税款、逃避国家有关进出境的禁止性或者限制性管理，并有《海关行政处罚实施条例》第七条所列行为之一的是走私行为。

《海关行政处罚实施条例》第七条所列行为包括：

A. 未经国务院或者国务院授权的机关批准，从未设立海关的地点运输、携带国家禁止或者限制进出境的货物、物品或者依法应当缴纳税款的货物、物品进出境的；

B. 经过设立海关的地点，以藏匿、伪装、瞒报、伪报或者其他方式逃避海关监管，运输、携带、邮寄国家禁止或者限制进出境的货物、物品或者依法应当缴纳税款的货物、物品进出境的；

C. 使用伪造、变造的手册、单证、印章、账册、电子数据或者以其他方式逃避海关监管，擅自将海关监管货物、物品、进境的境外运输工具，在境内销售的；

D. 使用伪造、变造的手册、单证、印章、账册、电子数据或者以伪报加工贸易制成品单位耗料量等方式，致使海关监管货物、物品脱离监管的；

E. 以藏匿、伪装、瞒报、伪报或者其他方式逃避海关监管，擅自将保税区、出口加工区等海关特殊监管区域内的海关监管货物、物品，运出区外的；

F. 有逃避海关监管，构成走私的其他行为的。

走私行为在客观上首先表现为违反《海关法》及其他有关法律、行政法规，其次表现为逃避海关监管，这是构成走私行为必不可少的两个前提条件，二者缺一不可。

② 走私行为的构成特征

走私行为的构成特征可以从4个方面来理解：

第一，违反的法律。走私行为违反的是《海关法》及其他有关法律、行政法规。

第二，走私的目的。走私行为的目的是偷逃应纳税款、逃避国家有关进出境的禁止性或者限制性管理。

第三，走私的行为特征。走私的行为特征是逃避海关监管，非法运输、携带、邮寄进出境，或者擅自在境内销售等。

第四，走私的对象。走私的对象是国家禁止、限制进出口或者依法应当缴纳税款的货物、物品，或者是未经海关许可并且未缴应纳税款、交验有关许可证件的保税货物、特定减免税货物，以及其他海关监管货物、物品、进境的境外运输工具等。

（2）按走私行为论处的行为

① 按走私行为论处的行为范围及条件

有下列行为之一的，按走私行为论处：

A. 明知是走私进口的货物、物品，直接向走私人非法收购的。

该项行为要以走私行为论处，必须同时符合3个条件：

一是行为人必须明知收购的货物、物品是走私进口的货物、物品；

二是行为人必须明知对方是走私人，而直接向走私人非法收购走私进口的货物、物品，即所谓的"第一手交易"，如果不是直接向走私分子收购走私进境的货物、物品，而是经过第二手、第三手，甚至更多的收购环节，则不能以走私行为论处；

三是收购的行为是非法进行的。

B. 在内海、领海、界河、界湖，船舶及所载人员运输、收购、贩卖国家禁止或者限制进出境的货物、物品，或者运输、收购、贩卖依法应当缴纳税款的货物，没有合法证明的。

该项行为要以走私行为论处，必须符合4个条件：

一是区域，行为人必须是在特定的区域，即在内海、领海、界河、界湖运输、收购、贩卖国家禁止或者限制进出境的货物、物品，或者运输、收购、贩卖依法应当缴纳税款的货物，如果是在内地运输、收购、贩卖，则不是本项规定的以走私论处的行为；

二是行为方式，即运输、收购、贩卖；

三是运输、收购、贩卖的对象是国家禁止、限制进出境的货物、物品，或者是依法应当缴纳税款的货物；

四是在上述特定区域运输、收购、贩卖上述货物、物品，必须没有合法证明。

"合法证明"是指船舶及其所载人员依照国家有关规定或者依照国际运输惯例所必须持有的证明其运输、携带、收购、贩卖所载货物、物品真实、合法、有效的商业单证、运输单证及其他有关证明、文件。

② 按走私行为论处的行为特征

《海关行政处罚实施条例》规定了上述两项以走私行为论处的行为。这些行为不具有典型的走私特征，但这些行为与走私行为联系密切，为走私货物、物品提供了销售、流通渠道，成为完成走私的一个重要环节，其违法性质、危害后果与直接走私行为相近，因此，为严厉打击走私违法行为，海关法规定应当按走私行为论处。

（3）以走私的共同当事人论处的行为

与走私人通谋为走私人提供贷款、资金、账号、发票、证明、海关单证的，与走私人通谋为走私人提供走私货物、物品的提取、发运、运输、保管、邮寄或者其他方便的，以走私的共同当事人论处。

2. 违反海关监管规定的行为

（1）违反海关监管规定的行为的含义及范围

违反海关监管规定的行为是指海关管理相对人在从事运输工具、货物、物品的进出境活动或从事海关监管货物的运输、储存、加工、装配、寄售、展示等业务活动中，违反

《海关法》及其他有关法律、行政法规的规定，且未构成走私的行为。主要是违反海关关于进出境监管的具体要求、监管程序和监管手续，没有按照海关规定履行应尽的义务，执法实践中简称为"违规"行为。

根据《海关行政处罚实施条例》，违反海关监管规定的行为主要有：

① 违反国家进出口管理规定，进出口国家禁止进出口货物的；

② 违反国家进出口管理规定，进出口国家限制进出口的货物或属于自动进出口许可管理的货物，进出口货物的收发货人向海关申报时不能提交许可证件的；

③ 进出口货物的品名、税则号列、数量、规格、价格、贸易方式、原产地、启运地、运抵地、最终目的地或者其他应当申报的项目未申报或者申报不实的；

④ 擅自处置监管货物，违规存放监管货物，监管货物短少灭失且不能提供正当理由的，未按规定办理保税手续，单耗申报不实，过境、转运、通运货物违规，暂时进出口货物违规的；

⑤ 非法代理、行贿、未经许可从事报关业务、骗取许可的；

⑥ 其他违法（中断监管程序、伪造、变造、买卖单证、进出口侵犯知识产权货物等）。

（2）走私行为与违规行为的区别

《海关法》和《海关行政处罚实施条例》将违反《海关法》及其他有关法律、行政法规的行为分为走私行为和违规行为。这是两类性质完全不同的行为，有着本质的不同：

① 主观故意不同。走私具有很强的主观目的性，其行为的目的就在于偷逃国家应缴税款或逃避国家对进出境运输工具、货物、物品的禁止或限制性管制，并往往有针对性地采取各种伪装欺骗手法，企图逃避海关监管；而违规行为在主观认识上通常表现为"过失"状态，没有很明确的追求逃税、逃证的主观目的性，通常也不会采取有针对性的欺骗手法来逃避海关监管。

② 客观行为不同。走私为了达到逃税、逃证的目的，通常会采取欺骗手法逃避海关监管，而且这种逃避海关监管的手法是行为人在明知或应知条件下有针对性采取的。而违规行为一般都不会采取欺骗手法来掩饰自己的过失行为，其行为往往没有明确的逃税、逃证的针对性和目的性，发生的环节也多是在程序和手续方面不履行海关规定的义务。

③ 行为危害结果不同。走私行为侵害的主体是国家关于运输工具、货物、物品进出境税收和管制的实体性规定，通常会产生逃税、逃证的实质性危害，《海关行政处罚实施条例》规定的走私行为和以走私行为论处的行为都会直接产生逃税、逃证的结果。而违规行为侵害的是海关监管的程序、手续，以及具体要求等进出境管理秩序。

走私与违规还有很多不同之处，但上述 3 个方面的区别是最基本、最直观并易于把握的。

3. 法律、行政法规规定由海关实施行政处罚的行为

除《海关法》规定了走私行为和违反海关监管规定的行为由海关处理外，还包括其他法律、行政法规，以及国务院的规范性文件规定由海关实施处罚的行为的处理。

（二）海关行政处罚的管辖

海关行政处罚的管辖是指海关实施行政处罚权限的划分和分工。根据《海关行政处罚实施条例》，海关行政处罚的管辖主要是：

1. 由发现违法行为的海关管辖，也可以由违法行为发生地海关管辖。

2. 两个以上海关都有管辖权的案件，由最先发现违法行为的海关管辖。

3. 管辖不明确的案件，由有关海关协商确定管辖，协商不成的，报请共同的上级海关指定管辖。

4. 重大、复杂的案件，可以由海关总署指定管辖。

上述第1、2点针对的是明确规定的管辖；第3点针对的是不明确的情况，规定协商或指定管辖；第4点针对的是特殊情况，规定由总署指定管辖。一个海关只有同时具有地域管辖、级别管辖、职权管辖3个权能，才具有行政处罚权。

（三）海关行政处罚的形式及具体内容

1. 海关行政处罚的基本形式

由于海关行政处罚的违法标的物分别为禁止、限制进出口的货物及物品，应缴纳税款的货物，既属限制进出口又属应税的货物，以及法律规定的其他特殊货物（固体废物）等，其造成的危害后果是不同的。因此，《海关行政处罚实施条例》对上述不同违法行为所涉的违法标的作出了不同的处罚规定。其形式主要包括：

（1）警告；

（2）罚款；

（3）没收走私货物、物品、运输工具及违法所得；

（4）撤销报关等企业的注册登记，暂停从事有关业务；

（5）取缔未经注册登记从事报关业务的企业的有关活动。

2. 海关行政处罚的具体方式

（1）对走私行为的行政处罚

《海关行政处罚实施条例》对走私行为的处罚规定了下列处罚方式：

① 没收走私货物、物品及违法所得；

② 可以并处罚款；

③ 专门用于走私的运输工具或者用于掩护走私的货物、物品应当予以没收；

④ 2年内3次以上用于走私的运输工具或者用于掩护走私的货物、物品，应当予以没收；

⑤ 藏匿走私货物、物品的特制设备、夹层、暗格，应当予以没收或者责令拆毁。使用特制设备、夹层、暗格实施走私的，应当从重处罚；

⑥ 在海关注册的企业，构成走私犯罪或者1年内有2次以上走私行为的，海关可以撤销其注册登记。

（2）对违反海关监管规定的行为的行政处罚

《海关行政处罚实施条例》对违规行为的处罚规定了下列处罚方式：

① 警告。警告作为一种正式的海关行政处罚类型，在依据《海关行政处罚实施条例》的规定对有关违法行为给予警告处罚时，应严格按照《行政处罚法》所规定的程序实施（单独给予警告处罚的，可以适用行政处罚简易程序）。

② 罚款。罚款是对违规行为的一种重要的处罚种类，几乎涉及违反《海关行政处罚实施条例》关于海关监管行为处罚的所有条款。同时，《海关行政处罚实施条例》在处罚幅度上还作了上下限规定，减少了处罚的随意性。

③ 没收违法所得。没收违法所得是《海关行政处罚实施条例》中增加的对违规行为

的处罚种类，使处罚更加具有针对性。

④ 暂停有关企业从事有关业务、撤销海关注册登记，使海关对违规行为的处罚有更多的选择性和针对性，对整顿和规范企业行为具有深远影响。

⑤ 未经海关注册登记从事报关业务的，予以取缔。

（四）海关行政处罚的程序

1. 一般规定

（1）案件移交

海关发现的依法应当由其他行政机关或者刑事侦查部门处理的违法行为，应当制作案件移送函，及时将案件移送有关行政机关或者刑事侦查部门处理。

（2）双人办案

海关在调查、收集证据时，办理行政处罚案件的海关工作人员（以下简称办案人员）不得少于2人，并且应当向当事人或者有关人员出示执法证件。

（3）回避

办案人员有下列情形之一的，应当回避，当事人及其代理人有权申请其回避：

① 当事人的近亲属；

② 本人或者其近亲属与本案有利害关系；

③ 与本案当事人有其他关系，可能影响案件公正处理的。

2. 案件调查

（1）立案

海关发现公民、法人或者其他组织有依法应当由海关给予行政处罚的行为的，应当立案调查。

海关受理或者发现的违法线索，经核实有下列情形之一的，不予立案：

① 没有违法事实的；

② 违法行为超过法律规定的处罚时效的；

③ 其他依法不予立案的情形。

海关决定不予立案的，应当制作不予立案通知书，及时通知举报人、线索移送机关或者主动投案的违法嫌疑人。

（2）调查取证

① 调查取证的基本要求

海关立案后，应当全面、客观、公正、及时地进行调查、收集证据。海关调查、收集证据，应当按照法律、行政法规及其他有关规定的要求办理。调查、收集的证据涉及国家秘密、商业秘密或者个人隐私的，海关应当保守秘密。

② 调查取证的手段

调查取证的手段包括查问违法嫌疑人、询问证人，依法检查运输工具和场所，查验货物、物品，对有关货物、物品进行取样化验和鉴定，查询案件涉嫌单位和涉嫌人员在金融机构、邮政企业的存款及汇款，依法扣留货物、物品、运输工具、其他财产及账册、单据等资料。

③ 调查获取的证据种类

海关办理行政处罚案件的调查，所获取的证据主要有：书证、物证、视听资料、电子数据、证人证言、化验报告、鉴定结论、当事人的陈述、查验与检查记录等。证据应当经查证属实，才能作为认定事实的根据。

（3）调查中止和终结

① 中止调查

海关办理行政处罚案件，在立案后发现当事人的违法行为应当移送其他行政机关或者刑事侦查部门办理的，应当及时移送。行政处罚案件自海关移送其他行政机关或者刑事侦查部门之日起中止调查。

② 恢复调查

海关中止调查的行政处罚案件，有下列情形之一的，应当恢复调查：

A. 其他行政机关或者刑事侦查部门已作出处理的海关移送案件，仍需要海关作出行政处罚的；

B. 其他行政机关或者刑事侦查部门不予受理或者不予追究刑事责任，退回海关处理的。

③ 终结调查

经调查后，行政处罚案件有下列情形之一的，可以终结调查：

A. 违法事实清楚、法律手续完备、据以定性处罚的证据充分的；

B. 没有违法事实的；

C. 作为当事人的自然人死亡的；

D. 作为当事人的法人或者其他组织终止，无法人或者其他组织承受其权利义务，又无其他关系人可以追查的；

E. 其他行政机关或者刑事侦查部门已作出处理的海关移送案件，不需要海关作出行政处罚的；

F. 其他依法应当终结调查的情形。

（4）案件审查

① 海关对已经调查终结的行政处罚案件，应当经过审查；未经审查程序，不得作出撤销案件、不予行政处罚、予以行政处罚等处理决定。

② 海关对行政处罚案件进行审查时，应当审查案件的违法事实是否清楚，定案的证据是否客观、充分，调查取证的程序是否合法、适当，以及是否存在不予行政处罚或者减轻、从轻、从重处罚的情节，并且提出适用法律和案件处理意见。

有关案件违法事实不清、证据不充分或者调查程序违法的，应当退回补充调查。

③ 不满14周岁的人有违法行为的，不予行政处罚，但是应当责令其监护人加以管教。已满14周岁不满18周岁的人有违法行为的，从轻或者减轻行政处罚。

④ 精神病人在不能辨认或者不能控制自己行为时有违法行为的，不予行政处罚，但应当责令其监管人严加看管和治疗。间歇性精神病人在精神正常时有违法行为的，应当给予行政处罚。

（5）告知、复核和听证

① 告知

海关在作出行政处罚决定前，应当告知当事人作出行政处罚决定的事实、理由和依据，并且告知当事人依法享有的权利。在履行告知义务时，海关应当制发行政处罚告知单，送达当事人。

除因不可抗力或者海关认可的其他正当理由外，当事人应当在收到行政处罚告知单的3个工作日内提出书面陈述、申辩和听证申请。逾期视为放弃陈述、申辩和要求听证的权利。

当事人当场口头提出陈述、申辩的，海关应当制作书面记录，并且由当事人签字或者盖章确认。

当事人放弃陈述、申辩和听证权利的，海关可以直接作出行政处罚决定。当事人放弃陈述、申辩和听证权利应当有书面记载，并且由当事人或者其代理人签字或者盖章确认。

② 复核

海关在收到当事人的书面陈述、申辩意见后，应当进行复核；当事人提出的事实、理由或者证据成立的，海关应当采纳。

海关不得因当事人的申辩而加重处罚，但是海关发现新的违法事实的除外。

经复核后，变更原处罚告知事实、理由、依据、处罚幅度的，应当重新制发海关行政处罚告知单。

③ 听证

A. 举行听证的范围

根据《行政处罚法》《海关行政处罚实施条例》的规定，海关在作出暂停从事有关业务，撤销海关注册登记，对公民处1万元以上罚款，对法人或者其他组织处10万元以上罚款，没收有关货物、物品、走私运输工具等行政处罚决定之前，应当告知当事人有要求举行听证的权利。当事人要求听证的，海关应当组织听证，听证的费用由海关承担。

B. 举行听证的组织

海关行政处罚案件的听证由海关行政处罚案件审理部门负责组织；涉及知识产权处罚案件的听证，由海关法制部门负责组织；涉及资格罚案件的听证，由海关作出资格罚处罚决定的部门负责组织。组织听证应指定1名听证主持人和1名记录员，必要时可以另外指定1~4名听证员协助听证主持人组织听证。

C. 举行听证的申请

当事人应当在海关告知其听证权利之日起3日以内，以书面形式向海关提出听证申请。以邮寄方式提出申请的，以寄出的邮戳日期为申请日期。因不可抗力或者其他特殊情况不能在规定期限内提出听证申请的，申请并经海关同意，可以在障碍消除后3日以内提出听证申请。

D. 举行听证的决定

海关决定组织听证的，应当自收到听证申请之日起30日以内举行听证，并在举行听证的7日以前将"海关行政处罚听证通知书"送达当事人；决定不予听证的，海关应当在收到听证申请之日起5日以内制作"海关行政处罚不予听证通知书"并及时送达申请人。

3. 处理决定

海关关长应当根据对行政处罚案件审查的不同结果，依法作出以下决定：

（1）确有违法行为，应当给予行政处罚的，根据其情节和危害后果的轻重，作出行政处罚决定；

（2）依法不予行政处罚的，作出不予行政处罚的决定；

（3）符合撤销案件规定的，予以撤销；

（4）符合《海关行政处罚实施条例》规定的收缴条件的，予以收缴；

（5）违法行为涉嫌犯罪的，移送刑事侦查部门依法办理。

海关依法作出行政处罚决定或者不予行政处罚决定的，应当制发行政处罚决定书或者不予行政处罚决定书。

行政处罚决定书应当在宣告后当场交付当事人；当事人不在场的，海关应当在 7 日内将行政处罚决定书送达当事人。

根据《海关行政处罚实施条例》的规定收缴有关货物、物品、违法所得、运输工具、特制设备的，应当制作收缴清单送达被收缴人。

4. 行政处罚决定的执行

（1）执行

海关作出行政处罚决定后，当事人应当在行政处罚决定书规定的期限内，予以履行。海关对当事人依法作出暂停从事有关业务、撤销其注册登记等行政处罚决定的执行程序，由海关总署另行制定。

当事人确有经济困难向海关提出延期或者分期缴纳罚款的，应当以书面方式提出申请。海关在收到当事人申请延期、分期执行申请后，应当在 10 个工作日内作出是否准予延期、分期缴纳罚款的决定，并且制发通知书送达申请人。海关同意当事人延期或者分期缴纳的，应当及时通知收缴罚款的机构。同意当事人延期或者分期缴纳罚款的，执行完毕的期限自处罚决定书规定的履行期限届满之日起不得超过 180 日。

当事人逾期不履行行政处罚决定的，海关可以采取下列主要措施：

① 到期当事人不缴纳罚款的，每日按照罚款数额的 3% 加处罚款。

② 当事人逾期不履行海关的处罚决定又不申请复议或者向人民法院提起诉讼的，海关可以将扣留的货物、物品、运输工具变价抵缴，或者以当事人提供的担保抵缴，也可以申请人民法院强制执行。

采取加处罚款、抵缴措施之前，应当制发执行通知书并且送达当事人。

③ 受海关处罚的当事人或者其法定代表人、主要负责人在出境前未缴清罚款、违法所得和依法追缴的货物、物品、走私运输工具的等值价款的，也未向海关提供相当于上述款项担保的，海关可以制作阻止出境协助函，通知出境管理机关阻止其出境。

（2）中止执行

有下列情形之一的，应当中止执行：

① 处罚决定可能存在违法或者不当情况的（应当经直属海关关长或者其授权的隶属海关关长批准）；

② 申请人民法院强制执行，人民法院裁定中止执行的；

③ 行政复议机关、人民法院认为需要中止执行的；

④ 其他依法应当中止执行的。

（3）恢复执行

中止执行的情形消失后，应当恢复执行。

（4）终结执行

有下列情形之一的，应当终结执行：

① 据以执行的法律文书被撤销的；

② 作为当事人的自然人死亡的；

③ 作为当事人的法人或者其他组织被依法终止，又无权利义务承受人的，也无其他

财产可供执行的；

④ 海关行政处罚决定履行期限届满超过 2 年，海关依法采取各种执行措施后仍无法执行完毕的，但是申请人民法院强制执行情形除外；

⑤ 申请人民法院强制执行的，人民法院裁定中止执行后超过 2 年仍无法执行完毕的；

⑥ 申请人民法院强制执行后，人民法院裁定终结执行的；

⑦ 其他依法应当终结执行的。

5. 简单案件处理程序

（1）简单案件的含义

简单案件是指海关在行邮、快件、货管、保税监管等业务现场，以及其他海关监管、统计业务中发现的违法事实清楚、违法情节轻微，经现场调查后，可以当场制发行政处罚告知单的违反海关监管规定案件。

（2）简单案件程序的适用

简单案件程序适用于以下案件：

① 适用《海关行政处罚实施条例》第十五条第一、二项规定进行处理的；

② 适用《海关行政处罚实施条例》第二十条至第二十三条规定进行处理的；

③ 违反海关监管规定携带货币进出境，金额折合人民币 20 万元以下的；

④ 其他违反海关监管规定案件货物价值在人民币 20 万元以下，物品价值在人民币 5 万元以下的。

（3）适用简单案件程序的告知、调查取证和制发行政处罚告知单

适用简单案件程序办理案件的，海关应当告知当事人。当事人应当根据海关要求提交有关单证材料。办理案件的，海关应当当场立案，立即开展调查取证工作。

海关进行现场调查后，应当当场制发行政处罚告知单，并将行政处罚告知单交由当事人或者其代理人当场签收。符合《行政处罚法》第三十三条规定的简单案件，可以不制发行政处罚告知单。

（4）行政处罚决定书的制发

海关依法作出行政处罚决定或者不予行政处罚决定的，应当制发行政处罚决定书或者不予行政处罚决定书，送达当事人或者其代理人。

有下列情形之一的，海关可以当场制发行政处罚决定书，并当场送达当事人或者其代理人：

① 当事人对被告知的事实、理由及依据无异议，并填写《放弃陈述、申辩、听证权利声明》的；

② 当事人对海关告知的内容提出陈述、申辩意见，海关能够当场进行复核且当事人对当场复核意见无异议的。

适用简单案件程序办理的案件，海关应当在立案后 5 个工作日以内制发行政处罚决定书。

（5）适用简单案件程序的终止

适用简单案件程序办理的案件有下列情形之一的，海关应当终止适用简单案件程序，适用一般程序规定办理，并告知当事人：

① 海关发现新的违法事实，认为案件需要进一步调查取证的；

② 当事人对海关告知的内容提出陈述、申辩意见，海关无法当场进行复核的；

③ 海关当场复核后，当事人对海关的复核意见仍然不服的；

④ 当事人向海关提出听证申请的。

第六节　海关行政复议制度

一、海关行政复议概述

（一）海关行政复议的含义

海关行政复议是指公民、法人或者其他组织不服海关及其工作人员作出的具体行政行为，认为该行政行为侵犯其合法权益，依法向海关复议机关提出复议申请，请求重新审查并纠正原具体行政行为，海关复议机关按照法定程序对上述具体行政行为的合法性和适当性（合理性）进行审查并作出决定的海关法律制度。

（二）海关行政复议的特征

海关行政复议具有如下特征：

1. 海关行政复议的申请人是公民、法人或者其他组织；

2. 海关行政复议的被申请人是作出具体行政行为的海关；

3. 海关行政复议是因公民、法人或其他组织认为海关具体行政行为侵犯其合法权益而引起的；

4. 海关行政复议机关是作出具体行政行为海关的上一级海关。对海关总署直接作出的具体行政行为不服而申请复议的，海关总署是复议机关。

（三）海关行政复议的作用

1. 保护公民、法人或其他组织的合法权益

海关行政复议是保护海关行政管理相对人的合法权益，为行政管理相对人提供的一种法律救济途径。

2. 维护和监督海关依法行使职权

海关行政复议是为了维护海关具体行政行为的合法性，防止和纠正违法的或者不当的海关具体行政行为，使得作出具体行政行为的海关依法行使职权。

（四）海关行政复议的原则

1. 合法原则

合法原则是海关行政复议的重要原则，包括复议的主体要合法、复议的程序要合法、复议的法律依据要合法等。

2. 公开原则

公开原则是行政法合理性原则的核心内容，在整个复议过程中，应当通过公开原则来保证申请人的权益，同时也便于申请人行使自己的权利，加强执法监督。

3. 公正原则

在海关行政复议中遵循公正原则主要包括适用法律依据正确、裁决适当、解决矛盾和争议且不得回避或不作为 3 个方面。

4. 及时原则

及时原则是实现行政复议的效率性和行政复议制度目的的要求。海关行政复议机关必须按照《行政复议法》规定的期限执行，延长期限也必须严格按照法律规定。

5. 便民原则

即在尽量节省费用、时间、精力的情况下，保证公民、法人或者其他组织充分行使复议申请权，同时，在为申请人提供便利时，也照顾到海关行政复议机关的行政效率。

6. 有错必纠原则

在海关行政复议中只要坚持上述原则，就能坚持依法行政、有错必纠，保障法律、行政法规的正确实施，保证海关行政管理相对人的合法权益。

二、海关行政复议制度的基本内容

（一）海关行政复议的范围

根据《行政复议法》《中华人民共和国行政复议法实施条例》及《中华人民共和国海关行政复议办法》（以下简称《海关行政复议办法》）的规定，公民、法人或者其他组织对海关下列具体行政行为不服的，可以申请行政复议：

1. 对海关作出的警告，罚款，没收货物、物品、运输工具和特制设备，追缴无法没收的货物、物品、运输工具的等值价款，没收违法所得，暂停从事有关业务，撤销注册登记及其他行政处罚决定不服的；

2. 对海关作出的收缴有关货物、物品、违法所得、运输工具、特制设备决定不服的；

3. 对海关作出的限制人身自由的行政强制措施不服的；

4. 对海关作出的扣留有关货物、物品、运输工具、账册、单证或者其他财产，封存有关进出口货物、账簿、单证等行政强制措施不服的；

5. 对海关收取担保的具体行政行为不服的；

6. 对海关采取的强制执行措施不服的；

7. 对海关确定纳税义务人、完税价格、商品归类、原产地、适用税率和汇率、减征或者免征税款、补税、退税、征收滞纳金、计征方式、纳税地点，以及其他涉及税款征收的具体行政行为有异议的；

8. 认为符合法定条件，申请海关办理行政许可事项或者行政审批事项，海关未依法办理的；

9. 对海关检查运输工具和场所，查验货物、物品或者采取其他监管措施不服的；

10. 对海关作出的责令退运、不予放行、责令改正、责令拆毁和变卖等行政决定不服的；

11. 对海关稽查决定或者其他稽查具体行政行为不服的；

12. 对海关作出的企业分类决定及按照该分类决定进行管理的措施不服的；

13. 认为海关未依法采取知识产权保护措施，或者对海关采取的知识产权保护措施不服的；

14. 认为海关未依法办理接受报关、放行等海关手续的；

15. 认为海关违法收取滞报金或者其他费用，违法要求履行其他义务的；

16. 认为海关没有依法履行保护人身权利、财产权利的法定职责的；

17. 认为海关在政府信息公开工作中的具体行政行为侵犯其合法权益的；

18. 认为海关的其他具体行政行为侵犯其合法权益的。

对于上述第 7 点因纳税争议而产生的事项，公民、法人或者其他组织应当依据《海关法》的规定先向海关行政复议机关申请行政复议，对海关行政复议决定不服的，再向人民法院提起行政诉讼，即实行复议前置的原则。

公民、法人或者其他组织认为海关的具体行政行为所依据的规定不合法，在对具体行政行为申请行政复议时，可以一并向海关行政复议机关提出对该规定的审查申请。如果申请人在对具体行政行为提起行政复议申请时尚不知道该具体行政行为所依据的规定的，可以在海关行政复议机关作出行政复议决定前提出。

（二）海关行政复议的管辖

海关行政复议的管辖，是指有关海关复议机关在受理海关行政复议案件上的分工和权限。

海关行政复议实行上级复议的原则，即对海关具体行政行为不服申请复议的，作出该具体行政行为海关的上一级海关为复议机关。对海关总署作出的具体行政行为不服申请复议的，海关总署为复议机关。两个以上海关以共同的名义作出具体行政行为的，其共同的上一级海关为复议机关。海关与其他行政机关以共同的名义作出具体行政行为的，海关和其他行政机关的共同上一级行政机关为复议机关。对海关总署与国务院其他部门共同作出的具体行政行为不服，由海关总署、国务院其他部门共同作出处理决定。海关设立的派出机构、内设机构或者其他组织，未经法律、行政法规授权，对外以自己名义作出具体行政行为的，该海关的上一级海关为复议机关。

（三）海关行政复议的程序

1. 海关行政复议的申请

（1）申请人

海关行政复议申请人，是指认为自己的合法权益受到海关具体行政行为的侵犯，依法向海关复议机关申请行政复议的公民、法人或者其他组织。

有权申请行政复议的公民死亡的，其近亲属可以申请行政复议。有权申请行政复议的法人或者其他组织终止的，承受其权利的公民、法人或者其他组织可以申请行政复议。法人或者其他组织实施违反海关法的行为后，有合并、分立或者其他资产重组情形，海关以原法人、组织作为当事人予以行政处罚并且以承受其权利义务的法人、组织作为被执行人的，该被执行人可以以自己的名义申请行政复议。

（2）被申请人

公民、法人或者其他组织对海关作出的具体行政行为不服申请行政复议的，作出该具体行政行为的海关是被申请人。两个以上海关以共同的名义作出具体行政行为的，以作出具体行政行为的海关为共同被申请人。海关与其他行政机关以共同的名义作出具体行政行为的，海关和其他行政机关为共同被申请人。下级海关经上级海关批准后以自己的名义作出具体行政行为的，以作出批准的上级海关为被申请人。海关设立的派出机构、内设机构或者其他组织，未经法律、行政法规授权，对外以自己名义作出具体行政行为的，以该海关为被申请人。

（3）第三人

在行政复议期间，申请人以外的公民、法人或者其他组织认为与被审查的海关具体行政行为有利害关系的，可以向海关行政复议机构申请作为第三人参加行政复议；海关行政复议机构认为申请人以外的公民、法人或者其他组织与被审查的具体行政行为有利害关系的，应当通知其作为第三人参加行政复议。

（4）申请的期限

公民、法人或者其他组织认为海关具体行政行为侵犯其合法权益的，可以自知道该具体行政行为之日起60日内提出行政复议申请。因不可抗力或者其他正当理由耽误法定申请期限的，期限自障碍消除之日起继续计算。

（5）申请的方式

申请人可以书面形式，也可以口头形式申请行政复议。口头申请的，复议机构应当当场制作行政复议申请笔录，交申请人核对或者向申请人宣读，并且由其签字确认。

申请人提出行政复议申请时错列被申请人的，海关行政复议机构应当告知申请人变更被申请人。

2. 海关行政复议申请的受理

海关行政复议机关收到行政复议申请后，对复议申请进行审核。不予受理的，应制作行政复议申请不予受理决定书，并送达申请人。凡是符合法定的范围、条件和要求的，自收到复议申请书之日起5个工作日内作出受理决定，并制作行政复议申请受理通知书和行政复议答复通知书分别送达申请人和被申请人，行政复议申请自海关行政复议机构收到之日起即为受理。

申请人就同一事项向两个或者两个以上有权受理的海关申请行政复议的，由最先收到行政复议申请的海关受理；同时收到行政复议申请的，由双方在10日内协商确定；协商不成的，由共同上一级海关在10日内指定受理海关。

两个以上的复议申请人对同一海关具体行政行为分别向海关复议机关申请复议，或同一申请人对同一海关的数个相同类型或者具有关联性的具体行政行为分别向海关行政复议机关申请行政复议的，海关复议机关可以并案审理，并以后一个申请复议的日期为正式受理的日期。

3. 海关行政复议的审理

海关行政复议的审理工作是指海关行政复议机关受理复议案件后，对复议案件的事实是否清楚，适用依据是否准确，程序是否合法等方面进行的全面审查。

每一个海关行政复议案件由不得少于3人的单数的行政复议人员实行合议制审理，由其中一名行政复议人员担任主审。对事实清楚、案情简单、争议不大的案件，也可以不适用合议制，但是应当由2名以上行政复议人员参加审理。

申请人、被申请人或者第三人认为合议人员或者案件审理人员与本案有利害关系或者有其他关系可能影响公正审理行政复议案件的，可以说明理由，申请合议人员或者案件审理人员回避。合议人员或者案件审理人员认为自己具有上述情形的应当主动申请回避。此外，复议机构负责人也可以指令合议人员或者案件审理人员回避。

案件审理中，复议机构应当向有关组织和人员调查情况，听取申请人、被申请人和第三人的意见；海关行政复议机构认为必要时可以实地调查核实证据；对于事实清楚、案情简单、争议不大的案件，可以采取书面审查的方式进行审理。同时，申请人、第三人也可以申请查阅被申请人提出的书面答复、提交的作出具体行政行为的证据、依据和其他有关材料。审理后，复议机关对复议案件提出处理意见。行政复议期间海关具体行政行为不停止执行，但具有法定情形的，可以停止执行。

案件受理后，对于申请人提出听证要求的，申请人与被申请人对事实争议较大的，申请人对具体行政行为适用依据有异议的，案件重大复杂或者争议的标的价值较大的，以及海关行政复议机构认为有必要听证的其他情形，海关行政复议机构可以采取听证的方式审理。除涉及国家秘密、商业秘密、海关工作秘密或者个人隐私的案件外，听证应当公开举行。

4. 海关行政复议的决定

海关复议机构在对案件依法审理后，提出处理意见，经海关行政复议机关负责人审查批准后，作出复议决定。

（1）作出复议决定的期限

行政复议机关应当自受理复议申请之日起 60 日内作出行政复议决定。有下列情形之一的，经海关行政复议机关负责人批准，可以延长 30 日：

① 复议案件案情重大、复杂、疑难的；

② 经申请人或其代理人同意的；

③ 有第三人参加复议的；

④ 申请人或第三人提出新的事实或证据需进一步调查的；

⑤ 决定举行行政复议听证的。

海关行政复议机关延长复议期限，应当制作延长行政复议审查期限通知书，并送达申请人、第三人、被申请人。

（2）复议决定的种类

① 决定维持

海关行政复议机关对于原海关的行政行为适用依据正确，具体行政行为所认定的事实清楚、证据确凿，符合法定权限、法定程序，内容适当的复议案件应给予维持的决定。所谓事实清楚、证据确凿，符合法定权限、法定程序，内容适当，即指海关作出的具体行政行为有事实依据，该事实经得起时间的考验，有足够的证据支持，适用的法律依据准确，海关缉私部门办理案件的程序合法，行政处罚决定的内容适当，未畸轻畸重。

② 决定被申请人限期履行法律职责

对于复议申请人要求被申请人履行某一法定职责有事实和法律上的依据、被申请人具有这一法定职责且被申请人未履行此法定职责无正当理由的，海关行政复议机关经审理后认为被申请人的不作为行为属于未履行法定职责的，应作出责令其在一定期限内履行法定职责的决定。"未履行法定职责"是指被申请人负有法律、行政法规等规定的职责，有能力履行而明示拒绝履行或不予答复的行为。这种行为是一种不作为的行为，是被申请人主观上不肯履行或者疏于履行法定职责的行为。被申请人拒绝履行法定职责，通常表现为失职行为。海关复议机关作出被申请人应履行法定职责的决定是以被申请人有法定义务为前提的。

③ 责令被申请人在一定期限内重新作出具体行政行为

海关行政复议机关认定原海关行政行为具有主要事实不清、证据不足、适用法律错误、违反法定程序、超越或滥用职权或具体行政行为明显不当的，应决定撤销、变更或者确认该具体行政行为违法。对于决定撤销或者确认该具体行政行为违法的，可以责令被申请人在一定期限内重新作出具体行政行为。行政复议机关责令被申请人重新作出具体行政行为的，被申请人不得以同一的事实和理由作出与原具体行政行为相同或者基本相同的具体行政行为。

④ 变更决定

对于案件认定事实清楚、证据确凿、程序合法，但是明显不当或者适用依据错误的；或案件认定事实不清、证据不足，但是经海关行政复议机关审理查清事实、证据确凿的，海关行政复议机关可以决定变更。复议机关全部或者部分改变具体行政行为的内容，变更决定所变更的是原具体行政行为的内容。具体行政行为具有可变更的情形，主要是指具体行政行为的内容明显不当或者适用依据错误。复议机关一旦作出变更决定，原具体行政行为即不存在，代之以复议机关作出的新的具体行政行为。

⑤ 撤销决定

对于被申请人作出的具体行政行为应予撤销的，作出撤销决定。对某个具体行政行为申请行政复议，如果海关复议机关经审查确认该具体行政行为应该被撤销或者被确认违法，应符合下列条件之一：

A. 主要事实不清、证据不足的；

B. 适用依据错误；

C. 违反法定程序；

D. 超越或者滥用职权；

E. 具体行政行为明显不当。

海关复议机关决定撤销或者确认具体行政行为违法的，可以责令被申请人在一定期限内重新作出具体行政行为。

⑥ 复议决定的特殊形式除上述 5 种情形外，《海关行政复议办法》还规定了其他的情形，主要有：

A. 决定驳回行政复议申请

决定驳回行政复议申请有两种情形：

a. 申请人认为海关不履行法定职责而申请行政复议，海关行政复议机关受理后发现被申请人没有相应法定职责或者被申请人在海关行政复议机关受理该行政复议申请之前已经履行法定职责的。

b. 行政复议申请受理后，行政复议机关发现该行政复议申请不符合《海关行政复议办法》规定的受理条件。海关复议机关在制作"驳回行政复议申请决定书"时就要告知申请人，如果对驳回复议申请决定不服的，可以根据《行政诉讼法》有关规定，自收到"驳回行政复议申请决定书"之日起 15 日内向人民法院起诉。

B. 申请人自愿撤回行政复议申请

《海关行政复议办法》规定，申请人在行政复议决定作出前自愿撤回行政复议申请的，经海关行政复议机关同意，可以撤回。申请人自愿撤回复议申请，需要注意几个环节：

a. 自愿撤回的时间

一是要在海关复议机关正式受理该复议申请之后，二是申请人撤回复议申请要在海关复议机关作出行政复议决定之前。

b. "一事不再理"

申请人撤回复议申请后不得再以同一事实理由提出复议申请。由于申请人撤回复议申请是自愿的，完全是出于自身的考虑和自觉的行为，因此从基本的诚信原则出发，也是不允许其出尔反尔的。但是，申请人能够证明撤回行政复议申请违背其真实意思表示的除外。如果申请人再次提出复议申请的事实和理由有所变化，海关复议机关应当允许。

c. 被申请人主动改变原具体行政行为

被申请人主动意识到原来作出的具体行政行为在事实、证据、适用依据等方面存在问题，决定改变原来作出的具体行政行为，并得到申请人认可，申请人自愿撤回复议申请，海关复议机关终结该复议案件审查。

C. "复议变更不利禁止"

"复议变更不利禁止"原则是指海关复议机关在申请人的行政复议请求范围内，不得作出对申请人更为不利的复议决定。广义上说，这也是复议决定的一种特殊形式。

5. 海关行政复议和解与复议调解

海关行政复议中，对于符合条件的案件，可以遵循自愿、合法、公正、合理、及时、便民原则，进行复议和解、调解。但是，行政复议和解、调解不是办理行政复议案件的必经程序。

海关行政复议和解，是指公民、法人或者其他组织，对海关行使法律、行政法规或者海关规章规定的自由裁量权作出的具体行政行为不服申请行政复议，在海关行政复议机关作出行政复议决定之前，申请人和被申请人双方在自愿、合法基础上达成和解协议，并报请海关行政复议机关审查批准的活动。

海关行政复议调解，是指公民、法人或者其他组织，对海关行使法律、行政法规或者海关规章规定的自由裁量权作出的具体行政行为不服申请行政复议，以及行政赔偿、查验赔偿或者行政补偿纠纷的行政复议处理中，海关行政复议机关在查明事实基础上依法进行协调，引导申请人和被申请人在自愿、合法基础上达成调解协议的活动。

第七节　海关行政申诉制度

一、海关行政申诉制度概述

（一）海关行政申诉制度的含义

海关行政申诉制度是指公民、法人或者其他组织不服海关作出的具体行政行为但在法定期限内未申请行政复议或提起行政诉讼，或者不服海关行政复议决定但在法定期限内未提起行政诉讼的，向海关提出申诉请求，海关对原具体行政行为的合法性和适当性进行审查并作出处理决定的法律救济制度。这是对已经丧失行政复议和诉讼救济权利的当事人，本着保护当事人合法权益、实事求是、有错必纠的原则，再给当事人一次陈述理由、申辩意见的机会。

（二）海关办理申诉案件的基本制度

1996年颁布实施的《行政处罚法》对当事人针对行政机关作出的行政处罚的申诉权作了原则规定。随着行政领域执法实践的发展，申诉成为行政复议、行政诉讼之外公民、法人和其他组织寻求法律救济的重要途径。

为了规范海关申诉案件的办理，保护公民、法人或者其他组织的合法权益，保障和监督海关依法行使职权，海关总署依据《海关法》《行政处罚法》，以及其他有关法律、行政法规，制定了《中华人民共和国海关办理申诉案件暂行规定》（以下简称《申诉规定》）。

（三）海关行政申诉制度的作用

海关申诉制度，作为一种为公民、法人和其他组织提供法律救济手段的制度，是围绕着有错必纠，便民利民，切实保护公民、法人和其他组织合法权益的原则和目标模式设计和运作的。《申诉规定》的实施，对及时解决行政争议，提高行政效率，监督海关依法行使行政职权，进一步贯彻执法为民、依法行政理念，减轻信访压力，缓解社会矛盾都会产生积极的作用。

二、海关行政申诉制度的基本内容

《申诉规定》对海关办理申诉案件制定了具体的要求，在受案范围、审查机关、办理程序、审查要求、决定形式等方面作了明确规定，规范和统一了全国海关有关申诉案件的处理和执行。

（一）海关办理申诉案件的范围

海关办理的申诉案件包括：

1. 公民、法人或者其他组织不服海关作出的具体行政行为但在法定期限内未申请行政复议或提起行政诉讼，向海关提出申诉请求的案件；

2. 公民、法人或者其他组织不服海关行政复议决定但在法定期限内未提起行政诉讼的，向海关提出申诉请求的案件；

3. 海关有关部门接到公民、法人或者其他组织的信访、投诉，如涉及海关具体行政行为或者行政复议决定的合法性问题，由申诉人按规定提出申诉要求而转送海关申诉审查部门的申诉案件。

（二）海关办理申诉案件的管辖

1. 申诉案件的管辖海关

申诉人可以向作出原具体行政行为或者复议决定的海关提出申诉，也可以向其上一级海关提出申诉。

对海关总署作出的具体行政行为或者复议决定不服的，应当向海关总署提出申诉。

海关总署认为必要时，可以将不服广东省内直属海关作出的具体行政行为或者行政复议决定向海关总署提出申诉的案件，交由广东分署办理。

2. 海关申诉审查部门

对海关调查、缉私部门经办的具体行政行为不服的申诉案件由调查、缉私部门具体负责办理；对其他海关具体行政行为和复议决定不服的申诉案件由负责法制工作的机构具体负责办理。

（三）海关办理申诉案件的程序

1. 申诉人提出申诉申请

申诉人提出申诉应当递交书面申诉材料，申诉材料中应写明申诉人的基本情况、明确要求撤销或者变更海关原具体行政行为的申诉请求、具体事实和理由。

2. 海关受理申诉申请

（1）海关受理申诉的时限

海关申诉审查部门收到申诉人的书面申诉材料后，应当在 5 个工作日内进行审查，作出受理或不予受理的决定。决定受理申诉的，海关申诉审查部门收到书面申诉材料之日为受理之日。

（2）海关受理与不予受理的处理规则

对符合本规定要求的，决定予以受理，并制发受理申诉决定书；

对不符合本规定，有下列情形之一的，决定不予受理，并书面告知申诉人不予受理的理由：

① 申诉针对的具体行政行为或者复议决定不是海关作出的；

② 申诉事项已经人民法院或者行政复议机关受理，正在审查处理中的；

③ 申诉事项已经人民法院作出判决的；

④ 申诉事项已经其他海关作为申诉案件受理或者处理的；

⑤ 申诉事项已经海关申诉程序处理，申诉人重复申诉的；

⑥ 仅对海关制定发布的行政规章或者具有普遍约束力的规定、决定提出不服的；

⑦ 请求事项已超过法律、行政法规规定的办理时限的；

⑧ 其他依法不应受理的情形。

具体行政行为尚在行政复议、诉讼期限内，或者行政复议决定尚在行政诉讼期限内的，应当及时告知申诉人有权依法申请行政复议或者向人民法院提起行政诉讼。

（3）转送其他海关处理

符合海关办理申诉案件规定，但需要转送其他海关处理的，应当将申诉材料转送相应海关，同时书面通知申诉人，由接受转送的海关办理。

3. 海关审查申诉案件

（1）申诉案件的审查内容

申诉审查部门应当对原具体行政行为、行政复议决定是否合法进行审查。

（2）申诉案件的审查方法

申诉案件的审查，原则上采取书面审查的办法。申诉人提出要求或者申诉审查部门认为有必要时，可以向有关组织和人员调查情况，听取申诉人、与申诉案件有利害关系的第三人的意见，听取作出原具体行政行为或者复议决定的海关或者原经办部门的意见。

调查情况、听取意见必要时可以采用听证的方式。

申诉审查部门认为需要向作出原具体行政行为或者复议决定的海关或者原经办部门了解情况的，可以在受理申诉之日起 7 个工作日内，将申诉材料副本发送该海关或者经办部门，该海关或者经办部门应当自收到申诉材料副本之日起 10 日内，书面说明有关情况，并提交当初作出具体行政行为或者复议决定的有关证据材料。

（3）申诉案件的审理人员

原具体行政行为、复议决定的经办人员不得担任申诉案件的审理人员。

申诉人认为申诉案件的审理人员与本案有利害关系或者有其他关系可能影响公正审理的，有权申请该审理人员回避。审理人员认为自己与本案有利害关系或者有其他关系的，应当申请回避。

审理人员的回避由申诉审查部门负责人决定，申诉审查部门负责人的回避由其所属海关负责人决定。

4. 申诉案件的撤销、撤诉

（1）申诉案件的撤销

海关在受理申诉之后，作出处理决定之前，发现有上述"决定不予受理"情形之一的，应当撤销申诉案件，并书面告知申诉人。

（2）申诉案件的撤诉

申诉案件处理决定做出前，申诉人可以撤回申诉，撤回申诉应当以书面形式提出。

申诉人撤回申诉的，海关应当终止申诉案件的审查。

5. 申诉案件的处理决定

（1）海关作出处理决定的时限

海关应当在受理申诉之日起 60 日内作出处理决定，情况复杂的案件，经申诉审查部门负责人批准，可以适当延长，但延长期限最多不超过 30 日。延长审查期限应当书面通知申诉人。

（2）海关处理决定的种类

海关经对申诉案件进行审查，应当分下列情况作出处理决定：

① 原具体行政行为、复议决定认定事实清楚，证据确实充分，适用依据正确，程序合法，内容适当的，决定维持，驳回申诉人的申诉请求；

② 海关有不履行法定职责情形的，决定在一定期限内履行或者责令下级海关在一定期限内履行；

③ 原具体行政行为有下列情形之一的，决定撤销、变更或者确认违法；需要重新作出具体行政行为的，由原作出具体行政行为的海关重新作出：

A. 主要事实不清，证据不足的；

B. 适用依据错误的；

C. 违反法定程序，可能影响公正处理的；

D. 超越或者滥用职权的；

E. 具体行政行为明显不当的。

④ 原复议决定违反法定程序，可能影响公正处理的，决定撤销，由原复议机关重新作出复议决定。

（3）申诉案件处理决定的送达

对申诉案件作出处理决定应当制发法律文书，加盖海关行政印章，并在 7 个工作日内将法律文书送达申诉人。

上级海关办理的对下级海关的具体行政行为或者复议决定不服的申诉案件，处理决定应当同时送达下级海关。

（四）申诉人的救济途径

经申诉后，申诉人对海关改变原行政行为或者作出新的行政行为仍不服的，可以依据《行政复议法》和《行政诉讼法》的规定向复议机关申请行政复议，或者是向人民法院提起行政诉讼。对于驳回当事人的申诉请求的，根据《最高人民法院关于执行〈中华人民共和国行政诉讼法〉若干问题的解释》，驳回当事人对行政行为提起申诉的重复处理行为，不属于人民法院行政诉讼的受案范围，同理，也不属于行政复议的受案范围。

第八节　海关行政裁定制度

一、海关行政裁定概述

（一）海关行政裁定的含义

海关行政裁定是指海关在货物实际进出口前，应对外贸易经营者的申请，依据有关海关的法律、行政法规和规章，对与实际进出口活动有关的海关事务作出的具有普遍约束力的决定。

（二）海关行政裁定的适用范围

海关行政裁定主要适用于以下海关事务：

1. 进出口商品的归类；
2. 进出口货物原产地的确定；
3. 禁止进出口措施和许可证件的适用；
4. 海关总署决定可以适用行政裁定的其他海关事务。

（三）海关行政裁定的作用

1. 保证各海关执法的统一性和规范性，避免不同的对外贸易经营者在不同的海关、于不同的时间受到不同的待遇。

2. 促进海关法律规范解释的透明度，促成对外贸易经营者知法、守法经商。

3. 增强海关执法和对外贸易经营者贸易活动的可预知性，加快通关速度，降低贸易成本，提高贸易效率。

4. 通过在法律制度上限制海关的自由裁量权，防范执法风险。

二、海关行政裁定制度的基本内容

（一）海关行政裁定的程序

1. 海关行政裁定的申请

（1）申请人

海关行政裁定的申请人只能是在海关注册登记的进出口货物经营单位。进出口货物经营单位可以自行向海关申请，也可以委托他人向海关提出申请。

（2）申请的期限和方式

除特殊情况外，申请人一般应当在货物拟进口或出口的 3 个月前向海关总署或者直属海关提交书面申请。

申请人每一份申请只能就一项海关事务请求行政裁定，如果申请人有多项海关事务要求裁定必须逐项申请。

（3）申请书的主要内容

海关行政裁定申请书的内容主要包括：

① 申请人的基本情况；

② 申请行政裁定的事项；

③ 申请行政裁定的货物的具体情况；

④ 货物的预计进出口日期及进出口口岸；

⑤ 海关认为需要说明的其他情况。

（4）提交申请书及其他申请资料的要求

① 申请人应当按照海关要求提供足以说明申请事项的资料，包括进出口合同或意向书的复印件、图片、说明书、分析报告等；

② 申请书所附文件如为外文，申请人应同时提供外文原件及中文译文；

③ 申请书应当加盖申请人印章，所提供文件与申请书应当加盖骑缝章；

④ 申请人委托他人申请的，应当提供授权委托书及代理人的身份证明。

海关认为必要时，可要求申请人提供货物样品。

（5）商业秘密的保护

申请人为申请行政裁定向海关提供的资料，如果涉及商业秘密，可以要求海关予以保密。申请人对所提供资料的保密要求，应当书面向海关提出，并具体列明需要保密的内容，除司法程序要求提供的以外，未经申请人同意，海关不应泄露。

2. 海关行政裁定的受理

直属海关收到行政裁定申请书后，应予初审。对符合规定的申请，应在接受申请之日起 3 个工作日内移送海关总署或其授权机构。申请资料不符合有关规定的，海关应当书面通知申请人在 10 个工作日内补正。申请人逾期不补正的，视为撤回申请。

海关总署或其授权机构收到申请书后，应自收到之日起的 15 个工作日内作出受理或不受理的决定，并应书面告知申请人。对于不受理的还应说明理由。具有下列情况之一的，海关不予受理：

（1）申请超出行政裁定范围的；

（2）申请人不具备资格的；

（3）申请与实际进出口活动无关的；

（4）海关已就同一事项作出有效的行政裁定或有其他明确规定的；

（5）经海关认定不予受理的其他情形。

3. 海关行政裁定的审查

海关行政裁定的审查机构应为海关总署或海关总署授权的机构。

海关在受理申请后，作出行政裁定以前，可以要求申请人补充提供相关资料或货物样品。

申请人主动向海关提供新的资料或样品作为补充的，应当说明原因。海关审查决定是否采用。

审查过程中，海关可以征求申请人以及其他利害关系人的意见。

申请人可以在海关作出行政裁定前以书面形式向海关申明撤回其申请。

申请人在规定期限内未能提供有效、完整的资料或样品，影响海关作出行政裁定的，海关可以终止审查。

4. 海关作出行政裁定

海关对申请人申请的海关事务应当根据有关事实和材料，依据有关法律、行政法规、规章进行审查并作出行政裁定。裁定应当自受理申请之日起 60 日内作出。

海关作出的行政裁定应当书面通知申请人，并对外公布。

（二）海关行政裁定的法律效力

行政裁定与海关规章具有同等法律效力，在关境内具有普遍约束力。对于裁定生效前已经办理完毕裁定事项的进出口货物，不适用该裁定。

（三）海关行政裁定的失效与撤销

1. 海关行政裁定的失效

海关作出行政裁定所依据的法律、行政法规及规章中的相关规定发生变化，影响行政裁定效力的，原行政裁定自动失效。

2. 海关行政裁定的撤销

有下列情形之一的，由海关总署撤销原行政裁定：

（1）原行政裁定错误的；

（2）因申请人提供的申请文件不准确或者不全面，造成原行政裁定需要撤销的；

（3）其他需要撤销的情形。

海关撤销行政裁定的，应当书面通知原申请人，并对外公布。撤销行政裁定的决定，自公布之日起生效。

经海关总署撤销的行政裁定对已经发生的进出口活动无溯及力。

海关总署应公布自动失效或被撤销的行政裁定，并应告知申请人。

（四）海关行政裁定的异议审查

进出口活动的当事人对于海关作出的具体行政行为不服，并对该具体行政行为依据的行政裁定持有异议的，可以在对具体行政行为申请复议的同时一并提出对行政裁定的审查申请。复议海关受理该复议申请后应将其中对于行政裁定的审查申请移送海关总署，由总署作出审查决定。

第八章　与报关相关的国际贸易知识

第一节　国际贸易概述

一、国际贸易的基本业务程序

在进出口贸易中，由于交易方式和成交条件不同，其业务环节也不尽相同。就基本业务程序而言，进出口贸易均可概括为以下 4 个阶段：准备阶段、磋商和订立合同阶段、履行合同阶段、业务善后阶段。

（一）出口贸易的基本业务程序

1. 出口交易前的准备

出口交易前的准备工作，主要包括下列事项：

（1）落实货源和做好备货；

（2）加强对国外市场与客户的调查研究，选择适销的目标市场和资信好的客户；

（3）制定出口商品经营方案或价格方案；

（4）开展多种形式的广告宣传和促销活动。

2. 出口交易磋商和合同订立

在做好上述准备工作之后，即可通过函电联系或当面洽谈等方式，就出口交易的具体内容同国外客户磋商交易。当一方的发盘被另一方接受后，交易即告达成，合同就算订立。然而，在实际业务中，为了明确责任，便于履行，或使口头谈成的合同生效，通常还需当事人双方签署一份有一定格式的书面合同，例如出口销售合同或售货确认书。

3. 出口合同的履行

出口合同订立后，买卖双方就应该根据合同规定，各自履行自己的义务。如按 CIF 条件和信用证付款方式达成交易，就卖方履行出口合同而言，主要包括下列各环节的工作：

（1）认真备货，根据合同规定按时、按质、按量准备好货物；

（2）落实信用证，做好催证、审证、改证等工作；

（3）及时租船订舱，安排运输保险，并办理出口报关手续；

（4）缮制、备妥有关单据，及时向银行交单结汇、收取货款。

4. 出口业务善后

收到货款后，还有一些国内善后手续需要办理。主要是出口收汇核销和出口退税两项工作：

（1）完成登记、领单、报关、送交存根、收汇核销等出口收汇流程；

（2）持有关凭证按月向税务机关申报出口退税。

（二）进口贸易的基本业务程序

1. 进口交易前的准备

进口交易前的准备工作，主要包括下列事项：

（1）制定进口商品经营方案或价格方案；

（2）在对国外市场和外商资信情况调查研究的基础上，货比三家，选择适当的采购市场和供货对象。

2. 进口交易磋商和合同订立

进口贸易的交易磋商和合同订立的做法与出口贸易基本相同，但特别应做好比价工作，以便在外商谈判中争取最有利条件。

3. 进口合同的履行

履行进口合同与履行出口合同的程序相反，工作侧重点也不一样。如按 FOB 条件和信用证付款方式成交，买方履行合同的程序，一般包括下列事项：

（1）按合同规定向银行申请开立信用证；

（2）及时派船到对方口岸接运货物，并催促卖方备货装船；

（3）办理货运保险；

（4）审核有关单据，在单证相符时付款赎单；

（5）办理进口报关手续，并验收货物。

4. 进口业务善后

（1）进口提货后，若发现货品与合同约定不符，应在合理期限内向责任方提出索赔；

（2）进口货款付出后，国家外汇管理局对相应的到货进行核销。

二、国际贸易方式

（一）经销（Distributorship）

1. 经销的含义

经销是指出口企业与国外经销商达成书面协议，在约定的经销期限和范围内，利用国外经销商就地推销某种商品的一种方式。

2. 经销的方式

经销可以分为一般经销和独家经销。在一般经销方式下，出口企业根据经销协议向国外经销商提供在一定地区、一定时期内某项商品的销售权，经销商则有义务维护出口企业的利益，必要时，还要为经销商品提供技术服务和宣传推广，而出口企业也需向经销商提供种种帮助。经销商虽享有经销权，在购货上能得到一些优惠，但没有专营权利，出口企业可以在同一地区指定几个经销商。

独家经销是指出口企业与国外一个或几个客户组成的集团即独家经销商达成书面协议，由前者给予后者在约定地区和一定期限内独家经营某一种商品或某一类商品的权利。独家经销方式可以说是承包方式，即由后者向前者承包一定商品在一定期限和地区内的销售，因此，独家经销方式在我国又习称包销（Exclusive Sales）方式。独家经销商与出口企业之间的关系是买卖关系，独家经销商从出口企业处购进货物后、自行销售、自负盈亏，承担货价跌落及库存积压的风险。

（二）代理（Agency）

1. 代理的含义

代理是许多国家的商人在从事进出口业务中习惯采用的一种贸易方式。在国际贸易中的代理业务以委托人为一方，独立的代理人为另一方，在约定的时间和地区内，代理人以委托人的名义与资金从事业务活动。

2. 代理的类型

国际货物买卖中的代理按委托人授权的大小可分为总代理、独家代理和一般代理。

总代理是在指定地区委托人的全权代理。总代理除了有权代理委托人进行签订买卖合同、处理货物等商务活动外，也可以进行一些非商业性的活动，他有权指派分代理并可分享代理的佣金。

独家代理是在指定地区和期限内，委托人给予代理人独家代理某项商品权利的方式。按惯例，在独家代理的情况下，凡是委托人在约定地区发生的交易，只要是独家代理的商品，不论其是否通过该独家代理人，委托人都要向独家代理人支付约定比例的佣金。

一般代理又称为佣金代理（Commission Agency），是指在同一代理地区和期限内委托人可同时委派几个代理人代表委托人行为，代理人不享有独家专营权。对于一般代理，代理人根据销售金额及协议规定的办法和百分率向委托人计收佣金。

（三）招标（Invitation to Tender）、投标（Submission of Tender）

1. 招标、投标的含义

招标是指招标人（买方）事先发出招标通告或招标单，提出在规定的时间、地点，准备购买的商品名称、品种、数量和有关的交易条件，邀请投标人（卖方）在规定的时间、地点按照一定的程序进行投标的行为。投标是指投标人（卖方）应招标通告的邀请，根据招标人规定的要求和条件，在规定的时间内向招标人发盘，争取中标的行为。投标是针对招标而来的后续行动，有招标才有投标，因此，招标与投标不是两种贸易方式，而是一种贸易方式的两个方面，属于竞卖方式。

2. 常用的招标方式

（1）公开招标（Open Bidding）

公开招标是指招标人在主要报刊上刊登招标广告，凡对该项招标内容有兴趣的人均有机会购买招标资料进行投标。政府采购物资，大部分采用公开招标。

（2）选择性招标（Selected Bidding）

选择性招标是指招标人不在报刊上刊登广告，而是根据自己具体的业务关系和情报资料由招标人对客商进行邀请，进行资格预审后，再由他们进行投标。

（3）谈判招标（Negotiated Bidding）

谈判招标又叫议标，是指招标人物色几家客商直接进行合同谈判，谈判成功，交易达成。它是非公开的，是一种非竞争性的招标。

（4）两段招标（Two stage Bidding）

两段招标是指无限竞争招标和有限竞争招标的综合方式，采用此类方式时，先是用公开招标，再用选择招标，分两段进行。

（四）拍卖（Auction）

1. 拍卖的含义

拍卖是由专营拍卖业务的拍卖行接受货主的委托，在规定的时间和场所，按照一定的章程和规则，以公开叫价的方法，把货物卖给出价最高的买主的一种贸易方式。

在国际贸易中，采用拍卖方式进行交易的商品，一般都是些品质不易标准化，或难以久存的或习惯上采用拍卖销售的商品，主要有艺术品、茶叶、烟草、羊毛、毛皮、木材等。拍卖是一种典型的现货交易，它采用事先看货、当场叫价、落槌成交的做法。

2. 拍卖的特点

拍卖的特点主要表现在以下几个方面：

（1）是一种公开竞买的现货交易。拍卖必须由两个以上的买主参加竞争。它实际上是由众多竞买人事先看货，然后在规定的时间和场所对目的标的进行公开竞价，最终由价高者获得，它并不经过"一对一"的谈判协商。

（2）是在一定的机构内有组织地进行。拍卖是一种中介服务性质的交易方式。一般情况下，拍卖都是在拍卖行的统一组织下进行，也就是说，在拍卖活动中，委托人不是直接把拍卖标的转让给买受人，而是通过拍卖行的中介服务来实现。

（3）具有自己独特的法律和规章。拍卖不同于一般的进出口交易，拍卖除了受国家法律的规范外，其在交易磋商程序和方式以及最终合同的订立和履行上还受拍卖行自身特殊规定的约束。

（五）寄售（Consignment）

1. 寄售的含义

寄售是一种委托代售的贸易方式，是指寄售人（Consigner）先将准备销售的货物运往国外寄售地，委托当地代销人（Consignee），按照寄售协议规定的条件，替寄售人进行销售，在货物出售后，再由代销人同寄售人结算货款的一种贸易方式。

2. 寄售的特点

寄售与正常的出口销售相比，具有以下特点：

（1）寄售是凭实物进行买卖的现货交易。寄售人先将货物运至目的地市场，然后经代销人在寄售地向当地买主销售。因此，它是典型的凭实物进行买卖的现货交易。

（2）寄售人与代销人之间属于委托代售关系，而非买卖关系。代销人只根据寄售人的指示代为处置货物，在委托人授权范围内可以以自己的名义出售货物、收取货款并执行与买主订立的合同。

（3）货物售出以前，所有权属寄售人。在代销人未将货物售出前，商品的所有权仍属寄售人所有。万一代销人破产，寄售人可以收回寄售货物。因而，货物售出以前，所有的风险和费用都由寄售人自行承担，代销人只收取佣金作为报酬。

（六）加工贸易（Processing Trade）

1. 加工贸易的含义

加工贸易是指经营企业进口全部或者部分原辅材料、零部件、元器件、包装物料，经加工或者装配后，将制成品复出口的经营活动。可见，加工贸易是以加工为特征、以商品为载体的再出口业务。

2. 加工贸易的种类

加工贸易的形式多种多样，目前常见的基本形式主要有：进料加工和对外加工装配两种。

（1）进料加工（Processing with Imported Materials）

进料加工在我国曾被称为"以进养出"，指本国经营企业与国外原材料、零部件供应商订立进口合同，以自有外汇购入国外的原材料、辅料、元器件或零部件，利用本国的技术、设备和劳力，加工成成品后，再销往国外市场的经营活动。

（2）对外加工装配

对外加工装配是来料加工和来件装配的总称，是一种委托加工的贸易方式。

来料加工，是一种委托加工的贸易方式，是指国外客户作为委托方，提供原材料、辅料、包装物料等，委托本国生产企业即加工业务承接方，按委托方的要求加工成成品后运交委托方，由委托方在国外销售的经营活动。来料加工业务中，委托方对其所提供的原材料、辅料、包装物料，以及加工成的成品拥有所有权，承担原材料市场和成品销售市场的风险，承接方则按约定收取工缴费（加工费）。

来件装配是指国外委托方提供零部件、元器件，有的还提供包装材料，委托本国承接方按其工艺设计要求进行装配，成品交还委托方处置，承接方按约定收取工缴费（装配费）的经营活动。

（七）对销贸易（Counter Trade）

对销贸易的基本形式可以归纳为易货贸易、互购贸易、补偿贸易等多种贸易方式。

1. 易货贸易（Barter）

易货贸易是在买卖双方之间进行的货物或劳务等值或基本等值的直接交换，不涉及现金的收付。易货贸易的双方当事人以一份易货合同，确定交易商品的价值，以及作为交换的商品或劳务的种类、规格、数量等内容。

2. 互购贸易（Counter Purchase）

互购贸易也被称为对购交易（Reciprocal Trade）或平行交易（Parallel Trade），是指一方向另一方出口商品和（或）劳务的同时，承担以所得款项的一部分或全部向买方购买一定数量或金额的商品和（或）劳务的义务。采用互购贸易方式，交易双方一般要签订两份互相独立的合同，交易双方互为买主和卖主。

3. 补偿贸易（Compensation Trade）

补偿贸易又称产品返销（Product Buyback），是指交易的一方在对方提供信贷的基础上，进口设备和技术，而用向对方返销进口设备和（或）技术所生产的直接产品或相关产品或其他产品或劳务所得的价款分期偿还进口价款。补偿贸易是我国改革开放以来使用较多的一种利用外资的方式。补偿贸易的补偿办法主要有 3 种形式：

（1）直接产品补偿（又称为返销），是补偿贸易最基本的方法，是指设备与技术的进口方以设备与技术直接生产出来的产品来偿还提供设备与技术的一方。

（2）补偿（又称为回购），是指设备与技术的进口方以其他产品来偿还提供设备与技术的一方。

（3）混合抵偿，是指设备与技术的进口方部分以设备与技术直接生产出来的产品来偿还，部分以其他产品来偿还提供设备与技术的一方。

（八）当代国际贸易方式的创新

1. 电子商务通过信息网络提供全方位、多层次、多角度的互动式的商贸服务，简化业务流程，缩短交易时间，加速资金周转，节省利息开支，为国际贸易提供了一种信息完备的市场环境。

2. 网络贸易是在网络平台基础上直接进行的在线交易（trade on line），利用数字化技术将企业、海关、运输、金融、商检和税务等有关部门有机连接起来，实现从浏览、洽谈、签约、交货到付款等全部或部分业务自动化处理。

3. 传统纸票据正在被电子票据、电子货币取代，各种新型的支付方式正在或将在国际贸易结算中得到广泛的运用和推广。无纸贸易（EDI）普及后，国际贸易运输不仅仅是单一方式的运输，而是必须将仓储、运输、交通等密切结合起来，形成电子商务下的国际贸易综合物流。

第二节　进出口商品的品质、数量和包装

一、品质

商品的品质是报关人员对进出口货物、物品进行归类的基本依据，一般由品名和质量两部分构成。

品质条款是国际货物买卖合同中的主要条款之一。根据《联合国国际货物销售合同公约》（以下简称《合同公约》），卖方交货必须符合约定的质量，如果卖方交货不符合约定的品质条件，买方有权要求损害赔偿，在一定条件下要求修理、减低价款或者交付替代货物，直至拒收货物或解除合同。

（一）品名

品名即商品的名称，它在一定程度上体现了商品的自然属性、用途以及主要的性能特征，因而能使某种商品区别于其他商品。在实践中，商品的命名方法有很多，概括起来主要有以用途、主要原材料或成分、外观造型、制造工艺等来命名。

（二）质量

1. 质量的表示方法

在国际贸易中，表示货物质量的方法有多种，归纳起来，可以分为两大类：文字说明表示和样品表示。

（1）用文字说明表示

用文字说明表示商品的质量又称为"凭文字说明买卖"（Sales by Description），其主要方式和示例如下：

方式	示例
凭规格买卖	Vital Wheat Gluten，Moisture Max 10%，Protein Min 75%，Ash Max 2%，Water Absorption Min 150% 活性小麦面筋粉，水分最高 10%、蛋白质最低 75%、灰分最高 2%、吸水最低 150%
凭等级买卖	Chinese Green Tea，Special Chunmee，Special Grade，Art no. 41022 中国绿茶，特珍眉，特级，货号 41022
凭标准买卖	Rifampicin，B. P. 1993 利福平，英国药典 1993 年版
凭牌名或商标买卖	Golden Star Brand Color TV Set，Model：SC374 金星牌彩电，型号 SC374
凭产地名称买卖	China Northeast Rice 中国东北大米
凭说明书或图样买卖	Quality and Technical Data to Be Strictly in Conformity with the Description Submitted by the Seller 品质和技术数据必须与卖方所提供的产品说明书严格相符

在用文字说明表示商品质量的方式中，使用最广泛的就是用规格（Specification）来确定质量，如成分、含量、纯度、大小等。也可以通过规定商品的等级或标准来确定质量。

等级（Grade）是指同一类商品，按其质地差异或尺寸、重量、成分、效能等的不同，用文字、数字或者符号所做的分类。标准（Standard）是商品规格的固定化，一般由标准化组织、政府机关或者行业等制定并公布。我国有国家标准、行业标准、地方标准和企业标准 4 种。

凭牌号或者商标买卖多用于在国际市场上信誉良好、质量稳定，且为买方所熟悉或喜爱的商品。凭产地名称买卖多用于受产地自然条件和传统加工技术影响较大的农副土特产品。凭说明书或图样买卖多用于机械、电器、仪表等结构复杂和型号繁多的工业制成品买卖。

（2）用样品表示

实物样品是从一批商品中抽出来或者由生产部门设计、加工出来的，并且能够反映和代表整批商品品质的少量实物。以样品所表示的商品品质作为交货的质量依据，即凭样品买卖，该样品称为"标准样品"（Type Sample）。贸易实践中有时买卖双方为了发展贸易关系而寄送样品供对方参考，即所谓"参考样品"（Reference Sample），但这种样品不能作为交货的质量依据。

按照样品提供者的不同，样品可分为卖方样品、买方样品和对等样品。凭卖方样品买卖是指由卖方提供样品，买方加以确认并作为交货的品质依据。在向买方送交标准样品时，卖方应当留存一份或者数份同样的样品，即"复样"（Duplicate Sample），以备日后交货或者处理争议时核对之用。凭买方样品买卖是指由买方提供样品，卖方加以确认并作为交货的品质依据。

在实际业务中，如卖方认为按买方来样供货没有切实把握，他可以根据买方来样，加工出一个类似的样品交给买方确认，这种样品称"对等样品"（Counter Sample），或称"回样"（Return Sample）、"确认样品"（Confirming Sample）。如买方同意凭对等样品洽谈交易，就等于把"凭买方样品买卖"变为"凭卖方样品买卖"，使得卖方处于较为有利的地位。

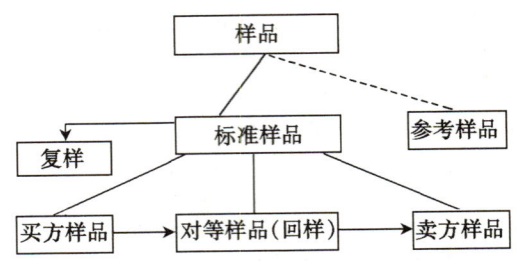

此外，除了凭文字说明买卖和凭样品买卖外，少数特种商品还采用看货买卖的方式，即买方或者其代理人先在卖方存放货物的场所验看货物，并就所验货物成交。这种方法多用于寄售、拍卖或者展卖业务中，主要针对珠宝、首饰、工艺品等具有独特性质的商品。

2. 质量的机动幅度条款和质量公差

（1）质量机动幅度条款

质量机动幅度条款是指为了避免质量条款的规定过于严格造成卖方交货困难，在合同中确定对特定质量指标在一定幅度内可以机动。质量机动幅度主要适用于初级产品以及某些工业制成品的质量指标。其具体方法大致有以下几种：规定范围，如"棉布，阔度39/40"；规定极限，如"鱼粉，蛋白质55%以上"；规定上下差异，如"灰鸭毛，含绒量18%，允许上下1%"。

（2）质量公差

在工业品生产过程中，对产品的质量指标产生一定的误差有时难以避免，如对手表可以允许其有一定的走时误差。这种被国际同行业公认的允许产品品质出现的差异即为"质量公差"（Quality Tolerance），交货质量在此范围内即可认为与合同相符。一般来说，质量公差为国际同行业公认，因此无须在合同中明确规定。但如果国际同行业对特定指标并没有公认的公差，或者双方对质量公差存在不同理解，应在合同中具体约定公差的内容。

卖方交货质量在机动幅度或质量公差的范围内，一般按照合同单价计价，但也可以在合同中约定按照质量不同增减价格的条款。

二、数量

（一）数量的计算

在国际贸易中，通常采用的数量计算方法有6种：按重量（Weight）计量、按容积（Capacity）计量、按个数（Number）计量、按长度（Length）计量、按面积（Area）计量、按体积（Volume）计量。在不同计量方法下，通常采用的计量单位名称及适用的商品具体如下：

计量方法	常用计量单位	适用商品
重量	千克（kilogram, kg.）、公吨（metric ton, m/t）、长吨（long ton, l/t）、短吨（short ton, s/t）、盎司（ounce, oz.）	一般天然产品、部分工业制成品，如羊毛、棉花、谷物、矿产品等
容积	蒲式耳（bushel, bu.）、公升（liter, l.）、加仑（gallon, gal.）	谷物类以及部分流体、气体物品，如小麦、玉米、汽油、天然瓦斯等
个数	只（piece, pc.）、件（package, pkg.）、双（pair）、套（set）、打（dozen, doz.）、卷（roll 或 coil）、罗（gross, gr.）、辆（unit）、头（head）、袋（bag）、箱（case）、包（bale）	一般日用工业制品及杂货类商品，如文具、纸张、玩具、成衣、车辆、活牲畜等
长度	码（yard, yd.）、米（meter, m.）、英尺（foot, ft.）、厘米（centimeter, cm.）	纺织品、绳索、电线电缆等
面积	平方米（square meter, m^2）、平方码（square yard, yd^2）、平方英尺（square foot, ft^2）、平方英寸（square inch）	皮制商品、塑料商品等，如塑料篷布、塑料地板、皮革等
体积	立方米（cubic meter, m^3）、立方码（cubic yard, yd^3）、立方英尺（cubic foot, ft^3）、立方英寸（cubic inch）	化学气体、木材等

在进出口贸易中，重量是一种最为常用的货物数量的计量方法。合同中重量的不同计量方法见下表：

类 别	计 量 方 法		备 注
毛重（Gross Weight）	指商品本身的重量加皮重（tare），也即商品连同外包装的重量。按照毛重计算重量又称为"以毛作净"（Gross for Net）。		一般用于单位价值不高的农副产品和初级产品。
净重（Net Weight）	商品本身重量扣除皮重得出净重	实际皮重：将整批商品的包装逐一过磅，算出每件包装的重量和总重量。	在国际贸易中，如果合同没有明确规定采用何种方法计算重量和价格，按照惯例应当以净重计算。
		平均皮重：从全部商品中取出几件，秤其包装的重量，除以抽取的件数，得出平均数，再乘以总件数，算出全部包装重量。	
		习惯皮重：按照市场已公认的规格化的包装计算，即用标准单件皮重乘总件数即可。	
		约定皮重：无须经实际衡量，而以买卖双方事先约定的皮重作为计算的基础。	

续表

类　别	计　量　方　法	备注
公量 （Conditioned Weight）	用科学的方法去掉商品中所含水分之后，再加上标准水分重量所求得的重量。 公量＝净重×（1＋标准回潮率）／（1＋实际回潮率）	通常用于少数经济价值较高而水分含量不稳定的货物，如羊毛、生丝、鸭绒等。
理论重量 （Theoretical Weight）	件重量乘以件数得出总重量。	主要用于某些有固定规格和固定体积的商品，其形状规则，密度均匀，每一件的重量大致相同。如钢板、马口铁等。
法定重量 （Legal Weight）	纯商品的重量加上直接接触商品的包装材料，如内包装等的重量。	是海关依法征收从量税时的计量方法。
净净重量 （Net Net Weight）	净重扣除内包装的重量及其他包含杂物，如水分、尘芥等的重量。	

1. 毛重、净重、实际重量的关系

（1）毛重＝净重+外包装重量（皮重）

（2）净重＝毛重−外包装重量（皮重）

（3）实物重量＝净重−内包装重量−其他包含杂物重量

在国际贸易中，如合同没有明确规定，按照惯例应当按照"净重"计算重量和价格。

2. 皮重的类型

（1）实际皮重：将整批商品的包装逐一过磅，算出每件包装的重量和总重量；

（2）平均皮重：从全部商品中取出几件，称其包装的重量，除以抽取的件数，得出平均数，再乘以总件数，算出全部包装重量；

（3）习惯皮重：按照市场已公认的规格化的包装计算，即用标准单件皮重乘以总件数；

（4）约定皮重：按照买卖双方事先约定的皮重作为计算的基础。

（二）数量机动幅度条款

在国际货物买卖中，有些商品受本身特性、生产、运输或包装等条件的限制，在实际交货时不易精确计算。为了便于合同的顺利履行，减少争议，买卖双方通常要在合同制定时规定数量机动幅度条款，这种条款一般称为"溢短装条款"（more or less clause）。所谓溢短装条款，是指在规定具体数量的同时，再在合同中规定允许多装或少装的一定百分比。卖方交货的数量只要在允许增减的范围内即为符合合同有关交货数量的规定。例如在合同中规定"装运数量允许有5%的增减"（Shipment Quantity 5% more or less allowed）。溢短装条款也称为增减条款（plus or minus clause），在使用时只要在增减幅度前加上"±"符号即可。

在采用溢短装条款时，具体伸缩量的掌握大多明确由卖方决定，在由买方负责装运时，也可由买方决定。在采用租船运输时，为了充分利用船舱容积，也可授权由承运人决定。

此外，在少数合同中也采用"约量"（Approximately or About）条款来表示实际交货数量可有一定幅度的伸缩。但由于"约"字在国际贸易中有不同的解释，有的为2.5%，有的为5%，因此双方应事先在合同中规定对"约"的理解，并达成书面协议或在一般交易条件中列明。但一般情况下，以在数量条款中明确溢短装幅度为宜，尽量避免使用约量条款。另外，根据《UCP600》第30条规定，凡"约"或"大约"的词语用于涉及信用证规定的数量，应解释为允许有关数量可有10%的增减幅度。

三、包装

包装条款也是国际货物买卖合同的重要条款之一，按照合同规定的包装要求提交货物是卖方的主要义务之一。包装条款一般包括包装的方式和包装的标志两个方面的内容。

（一）运输包装和销售包装

根据包装在货物流通过程中所起的不同作用，可分为运输包装和销售包装两大类。

1. 运输包装

运输包装又称大包装或者外包装，主要作用在于保护货物在运输中不被损坏或散失，并且方便货物的搬运和储存。

（1）包装的方式

在进出口贸易中，根据货物种类和特点的不同，对包装方式的要求也不尽相同。通常有箱（case）、袋（bag）、包（bale）、桶（drum）、集装箱（container）、托盘（pallet）等。此外，对于可以自行成件的商品，如圆钢、钢板、木材，在运输过程中，只需加以捆扎即可的，即为裸装（nude pack）；对于大宗的液态或者成粉、粒、块状的商品，如煤炭、矿砂、粮食、石油等，可直接装入运输工具内运送的，即为散装（in bulk）。根据不同的包装方式，买卖双方还会对包装的材料作出规定。目前，进出口贸易中常用的包装材料一般分为纸包装、金属包装、塑料包装、木制品包装、玻璃制品包装、陶瓷制品包装和其他一些特殊材料包装等。

（2）包装的标志

货物包装的标志是为了方便货物的识别、运输、仓储、检验和交接，防止错发、错运、错提货物，而在商品的外包装上标明或刷写的标志。按其作用的不同，可分为运输标志、指示性标志和警告性标志。详见下表：

名称	内容	作用	示例
运输标志 （唛头， Shipping Mark）	包括收货人名称的英文缩写、参照号码、目的地、件号等，有的还包括原产地、合同号、体积与重量等。	便于在装卸、运输、储存过程中识别，防止错发错运。	联合国欧洲经济委员会简化国际贸易程序工作组在国际标准化组织和国际货物装卸协调协会的支持下制定了标准唛头，该标准唛头由4行组成，每行不得超过17个英文字母。例如： TMCO　　　　　　（收货人） NEW YORK　　　　（目的地或目的港） 2003/C NO. 56　（合同、订单、发票 　　　　　　　　　号码） No. 1~30　　　　（件号）
指示性标志 （操作标志， Indicative Mark）	根据商品特性，用醒目的图形或简洁的文字标示注意事项。	提示有关人员在装卸、搬运和储存时应注意的事项。	THIS WAY UP　　KEEP DRY
警告性标志 （危险品标志， Warning Mark）	危险品货物包装上刷制表明货物危险性质和等级的标志。	提醒装卸、搬运、储存人员注意商品危险属性并提高警惕。	有毒气体 2　　爆炸品 1

2. 销售包装

销售包装又称小包装、内包装，其作用除保护商品外，更重要的是美化商品，便于商家销售和消费者购买。

商品的销售包装上通常标明条形码。条形码是由一组粗细间隔不等的平行线条及其相应的数字组成的标记，通过计算机系统可以判断出该商品的生产国别或地区、生产厂家、品种规格和售价等一系列有关该产品的信息。

（二）定牌和中性包装

1. 定牌

定牌是指买方要求在出口商品和包装上使用买方指定的商标或者牌号。采用定牌是为了利用买方或者其品牌的声誉，扩大商品销路。采用定牌的中国出口商品，一般要标明"中国制造"。

2. 中性包装

中性包装（Neutral Packing）是指在出口商品和内外包装上不注明生产国别的包装，主要是为了适应国外市场的特殊需要，如转口销售，或者为了打破某些进口国家的关税和非关税壁垒。中性包装又有定牌中性和无牌中性。定牌中性是指在商品和包装上使用买方指定的商标、牌号，但不注明生产国别。无牌中性是指在商品和包装上均不使用任何商标、牌号，也不注明生产国别。

第三节 贸易术语和进出口商品的价格

一、《2000年国际贸易术语解释通则》

《2000年国际贸易术语解释通则》（INCOTERMS2000，以下简称《2000通则》）是目前在国际贸易中最广泛使用的贸易术语惯例，它是国际商会（ICC）在《1936年国际贸易术语解释通则》的基础上，历经5次修订形成的，于2000年1月1日起生效。

《2000通则》包含13种术语，并将这13种术语按其自身特点分为E、F、C、D四组。13种术语含义的主要区别与联系如下：

组别	术语	术语译名	交货地点	运输方式
E组	EXW	工厂交货（……指定地点）	商品产地、所在地	任何方式
F组	FCA	货交承运人（……指定地点）	出口国内地、港口	任何方式
	FAS	装运港船边交货（……指定装运港）	装运港口	水上运输
	FOB	装运港船上交货（……指定装运港）	装运港口	水上运输
C组	CFR	成本加运费（……指定目的港）	装运港口	水上运输
	CIF	成本加保险费、运费（……指定目的港）	装运港口	水上运输
	CPT	运费付至（……指定目的地）	出口国内地、港口	任何方式
	CIP	运费、保险费付至（……指定目的地）	出口国内地、港口	任何方式
D组	DAF	边境交货（……指定地点）	两国边境指定地点	任何方式
	DES	目的港船上交货（……指定目的港）	目的港口	水上运输
	DEQ	目的港码头交货（……指定目的港）	目的港口	水上运输
	DDU	未完税交货（……指定目的地）	进口国指定地点	任何方式
	DDP	完税后交货（……指定目的地）	进口国指定地点	任何方式

组别	术语	风险划分界限①	运输办理②	保险办理③	出口报关④	进口报关⑤
E 组	EXW	货交买方处置时起	无	无	买方	买方
F 组	FCA	货交承运人处置时起	买方	无	卖方	买方
	FAS	货交装运港船边	买方	无	卖方	买方
	FOB	货物越过装运港船舷	买方	无	卖方	买方
C 组	CFR	货物越过装运港船舷	卖方	无	卖方	买方
	CIF	货物越过装运港船舷	卖方	卖方	卖方	买方
	CPT	货交承运人处置时起	卖方	无	卖方	买方
	CIP	货交承运人处置时起	卖方	卖方	卖方	买方
D 组	DAF	货交买方处置时起	卖方	无	卖方	买方
	DES	目的港船上货交买方处置时起	卖方	无	卖方	买方
	DEQ	目的港码头货交买方处置时起	卖方	无	卖方	买方
	DDU	指定目的地货交买方处置时起	卖方	无	卖方	买方
	DDP	指定目的地货交买方处置时起	卖方	无	卖方	卖方

注：

① "风险划分界限"一栏只能体现风险的主要原则，但是在特定情况下，存在例外。

② "运输办理"一栏表明谁有义务订立运输合同并承担运费。在该栏项下，"无"表示买卖双方都没有义务订立运输合同，但不意味他们不能为了自身的利益订立运输合同。

③ "保险办理"一栏表明谁有义务订立保险合同并承担保险费。在该栏项下，"无"表示买卖双方都没有义务订立保险合同，但不意味他们不能为了自身的利益订立保险合同。

④ "出口报关"一栏在本表中意指由谁承担风险和费用以取得任何出口许可证和其他官方许可，在需要办理海关手续时办理该手续，并承担海关手续费用以及出口应当交纳的一切关税、税款和其他费用。

⑤ "进口报关"一栏在本表中意指由谁承担风险和费用以取得任何出口许可证和其他官方许可，在需要办理海关手续时办理货物进口和从他国过境的一切海关手续，并承担海关手续费用以及进口应当交纳的一切关税、税款和其他费用。

（一）E 组术语

E 组术语仅 EXW（工厂交货）一个，称起运术语。按此组术语订立的合同属于发货合同。

在该术语下，卖方在自己的地点（工厂、仓库等地）备妥货物，并将其置于买方处置之下，即履行了交货义务。需要指出的是，该术语是卖方义务最小、买方义务最大的术语，也是唯一的一个由买方负责出口清关的术语。

（二）F 组术语

F 组术语包括 FCA（货交承运人）、FAS（装运港船边交货）和 FOB（装运港船上交货）。F组术语，称主运费未付术语（Main Carriage Unpaid）。按F组术语订立的合同属于"装运合同"。

在该组术语下，买方负责订立运输合同，支付运费，卖方在合同指定的装运地/港将货物交付至买方指定的承运人/船边/船上，即履行了交货义务。

（三）C组术语

C组包括CFR（成本加运费）、CIF（成本加运保费）、CPT（运费付至）和CIP（运费、保险费付至）。C组术语，称主运费已付术语（Main Carriage Paid）。按C组术语订立的合同也属于"装运合同"。

在该组术语下，卖方负责订立运输合同，并支付运费，其中CIF、CIP的卖方还需要办理货物运输保险并支付保险费，卖方在合同规定的装运港/地将货物交付至船上或承运人，即履行了交货义务。

C组术语和其他组术语相比，有一个特点就是风险划分点和费用划分点是相分离的，即费用点在目的港（地），而风险点在装运港（地）。例如，CIF术语的卖方不仅要将货物运至买方指定的装运港，还需支付自装运港至目的港的正常运费和保险费，但货物灭失或损坏的一切风险在货物越过装运港船舷时就由卖方转移给了买方。

（四）D组术语

D组包括DAF（边境交货）、DES（目的港船上交货）、DEQ（目的港码头交货）、DDU（未完税交货）、DDP（完税后交货）五种贸易术语。D组术语，称到达术语。按D组术语订立的合同属于"到货合同"。在该组术语下，卖方应负责将货物运至指定目的港/地，并承担货物运至目的港（地）以前的全部费用和风险。需要指出的是，DDP是买方义务最小、卖方义务最大的术语，也是唯一的一个由卖方负责进口清关的术语。

二、国际贸易中3种常用的贸易术语

FOB、CFR和CIF是3种在国际贸易中常用的贸易术语。

（一）FOB、CFR和CIF的含义

FOB（Free on Board…named port of shipment），即为装运港船上交货（……指定装运港），指卖方必须在合同规定的装运期限内在指定装运港将货物交付至买方指定的船上，并负担货物越过船舷以前的一切费用和货物灭失或损坏的风险。

CFR（Cost and Freight…named port of destination），即成本加运费（……指定目的港），指卖方负责租船或订舱，支付运费，在合同规定的装运期限内在装运港将货物交付至运往指定目的港的船上，负担货物越过船舷以前的一切费用和货物灭失或损坏的风险。

CIF（Cost Insurance and Freight…named port of destination），即成本加保险费、运费（……指定目的港），指卖方负责租船或订舱，支付从装运港至目的港的运费，办理货运保险，支付保险费，在合同规定的装运期限内在装运港将货物交付至运往指定目的港的船上，负担货物越过船舷以前的一切费用和货物灭失或损坏的风险。

（二）FOB、CFR 和 CIF 的关系

1. FOB 术语下买卖双方的基本义务

卖方（Seller）	买方（Buyer）
1. 提供合同规定的货物。 2. 在合同规定的期限内在指定装运港将货物交至买方指定的船上，并给予买方充分的通知。 3. 承担货物在装运港越过船舷以前的一切费用和风险。 4. 取得出口许可证和（或）其他有关证件，办理出口清关手续，支付出口关税和（或）有关出口费用。 5. 提供商业发票和证明已交货的通常运输单据。	1. 租船/订舱，支付运费，将船名、装船点和要求交货的时间（船期）通知卖方。 2. 承担货物在装运港越过船舷以后的一切费用和风险。 3. 取得进口许可证和（或）其他有关证件，办理进口报关手续，支付进口关税和（或）有关进口费用。 4. 接受单据，受领货物并支付价款。

2. CIF 术语下买卖双方的基本义务

卖方（Seller）	买方（Buyer）
1. 提供合同规定的货物。 2. 租船/订舱，支付运费。 3. 办理货运保险，支付保险费。 4. 在合同规定的装运期限内将货物交至运往指定目的港的船上，并给予买方充分的通知。 5. 承担货物在装运港越过船舷以前的一切费用和风险。 6. 取得出口许可证和（或）其他证件，办理出口清关手续，支付出口关税和（或）其他费用。 7. 提供商业发票、证明已交货的通常运输单据以及保险单。	1. 承担货物在装运港越过船舷以后的一切费用和风险。 2. 取得进口许可证和（或）其他证件，办理进口报关手续，支付进口关税和（或）其他费用。 3. 接受单据，受领货物并支付价款。

CFR 与 CIF 的不同之处仅在于：CFR 合同的卖方不负责办理保险手续，不支付保险费，不提供保险单据，有关海上运输的货物保险由买方自理。除此之外，CFR 与 CIF 合同中买卖双方的义务划分基本上是相同的。

3. FOB、CFR、CIF 的异同比较

（1）相同点

运输方式	交货地点	风险转移
只适用于水上运输	装运港口	装运港船舷

（2）不同点

贸易术语	卖方义务	费用承担	价格构成
FOB	装运港交货	不承担出口运费、保险费	离岸成本价
CFR	装运港交货，办理出口运输	承担出口运费	成本加运费
CIF	装运港交货，办理出口运输及保险	承担出口运费及保险费	成本加运费、保险费

（三）三种常用术语的变形

在 FOB 项下，买方有义务订立运输合同并承担运费。如果买方使用班轮运输货物，班轮运费内包括了货物在装运港的装货费用和在目的港的卸货费用，那么意味着装货费用实际上由买方负担了。但在大宗货物需使用租船运输时，买卖双方往往需在合同中明确规定装货费用的承担，这种规定逐渐演变为 FOB 术语的变形。

在 CIF、CFR 项下，卖方必须支付运输合同项下的运费。如果使用班轮运输货物，班轮运费内也包括了在目的港的卸货费用，因此卸货费用实际上由卖方负担了。如果大宗货物需使用租船运输，在目的港的卸货费用究竟由谁负担，买卖双方应在合同中订明，也就逐渐演变为对 CIF、CFR 术语的变形。

常见的 FOB、CIF 术语变形有：

类别	英文名称	中文名称	有关费用
FOB术语变形	FOB Liner Terms	FOB 班轮条件	有关装船费用按班轮条件办理，卖方不负担有关装船费用。
	FOB Under Tackle	FOB 吊钩下交货	卖方仅负责把货物交到买方指定船只的吊钩所及之处，从货物起吊开始所发生的装船费用由买方负担。
	FOB Stowed	FOB 包括理舱	卖方负责将货物装入船舱，并且支付包括理舱费在内的装船费用。
	FOB Trimmed	FOB 包括平舱	卖方负责将货物装入船舱，并且支付包括平舱费在内的装船费用。
	FOB Stowed and Trimmed	FOB 包括理舱、平舱	卖方负责将货物装入船舱，并支付包括理舱费和平舱费在内的装船费用。
CIF术语变形	CIF Liner Terms	CIF 班轮条件	卸货费按班轮条件办理，买方不负担有关卸货费。
	CIF Landed	CIF 卸至岸上	卖方承担货物卸到目的港岸上的各项费用，包括驳船费、码头费。
	CIF Ex Tackle	CIF 吊钩交货	卖方负责将货物从船舱吊起卸至船舶吊钩所及之处（码头或驳船上）的费用。在船舶不能靠岸的情况下，买方承担租船费用和货物从驳船上卸至岸上的费用。
	CIF Ex ship' hold	CIF 舱底交货	货物抵达目的港后，货物至舱底起吊直至卸至码头的卸货费用均由买方负担。

上面 CIF 的变形也同样适用于 CFR 术语。

值得注意的是，贸易术语的变形是为了解决装卸费用的负担问题而产生的，传统上认为，它不改变交货地点和风险划分的界限，但在实践中并没有形成一致，因此，国际商会推荐在使用这些变形时，应在合同中写明这些变形是仅限于费用的划分，还是包括了风险在内。

三、进出口商品的价格

（一）价格的确定

1. 成交价格的影响因素

（1）商品质量。价格的确定首先要考虑商品本身的质量情况。品质的优劣、档次的高低、包装的好坏、式样的新旧、商标和品牌的知名度等因素，都影响货物的价格。

（2）运输距离。运输距离的远近决定了运输费用的高低，尤其在一些附加值较低、运输距离较远的商品贸易中，运输费用甚至成了商品价格的重要组成部分。

（3）交货条件。交货条件主要由交易双方所选择的贸易术语来决定，按照哪种贸易术语成交，即表明买卖双方需承担哪些交易费用、风险和责任，例如 CFR 术语的卖方要比 FOB 的卖方多承担运费，因此贸易术语是核算报价的基础。

（4）支付条件。支付条件的不同，也会给交易双方带来不同的费用和风险。例如，选择信用证方式支付时，由于卖方面临的风险较小而买方需预支开证保证金，因而买方会压低价格；选用汇付、托收等方式支付时，由于卖方收回货款依赖于买方的商业信用，因而面临的风险较大，尽管银行费用比信用证方式要低，但卖方应把增大的风险考虑到货价中去，可据此适当抬价。

此外，在定价和报价时，还应将汇率变动的风险、远期收款的垫款成本等也考虑到货价中去。

2. 合同中的计价货币

（1）应尽量采用可自由兑换的货币。根据贸易双方的协商，在不与双方国家相关规定冲突的情况下，合同的计价货币可以选择出口国货币、进口国货币或第三国货币。被用来计价的货币一般都是可以在国际外汇市场上自由买卖的可自由兑换货币，如美元、欧元、英镑等，选择这些货币，有利于转移汇率风险。

（2）计价货币的选择。对于可自由兑换货币的币值而言，存在硬币与软币之分。硬币是指币值较稳定且趋于升值的货币，而软币是指汇价较疲软且趋于贬值的货币。一般来说，出口采用硬币计价较有利，而进口采用软币计价较有利。

3. 商品的作价方法

（1）固定价格。固定价格是指买卖双方在合同中明确约定价格并在履约时按此价格交货付款。即使合同约定的价格与合同交货当时的价格差别很大，双方也必须履行合同。

（2）暂不固定价格。如果买卖双方在签订合同时，商品的价格走势难以确定，为了减少价格风险，可以签订"活价合同"，不确定具体价格只规定具体价格的作价时间和定价方法。例如，按提单日的国际市场价格计算。

（3）部分固定价格，部分暂不定价。在大宗交易和分批交货的情况下，买卖双方为了避免承担远期交货部分的价格变动风险，也可采用部分固定价格，部分暂不定价的做法或分批作价的方法。这样可以解决买卖双方作价方法方面的分歧并照顾到双方的利益，有利于早日签订合同。

（4）暂定价格。在订立合同时，买卖双方先规定一个初步价格，作为开立信用证和初步付款的依据。待双方确定正式价格后，再根据多退少补的原则最后清算。

（5）滑动价格。在某些生产周期长的机器设备和原料性商品的交易中，由于商品价格容易受到原材料价格、工资水平等的变动的影响而发生大的变动，导致卖方承担一定的价格风险，为了保障双方的利益，通常会在这类商品的买卖合同中采用"价格调整条款"，即买卖双方只约定初步价格，再按原材料价格和工资变化来调整最后价格。

（二）进出口商品的价格构成

1. 进出口商品的价格构成依据所使用的贸易术语的不同而不同，企业的 FOB 价格一般包括商品成本、国内总费用和预期利润。

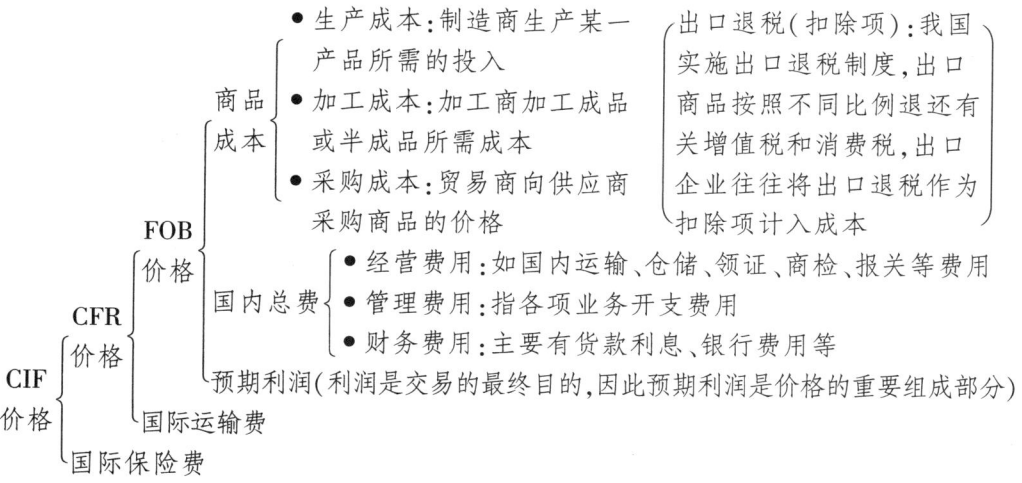

2. FOB、CFR、CIF 3 种价格术语间的换算。不同的贸易术语表示的价格构成因素不同。FOB 术语中不包括从装运港直至目的港的运费和保险费；CFR 术语则包括从装运港直至目的港的通常运费；CIF 术语中既包括上述通常运费，又包括通常保险费。

（1）FOB 价格换算为其他价格

CFR 价＝FOB 价＋国外运费

CIF 价＝（FOB 价＋国外运费）／［1－保险费率×（1＋投保加成率）］

保险加成率如果合同未作规定，一般按照 10% 计算，下同。

（2）CFR 价格换算为其他价格

FOB 价＝CFR 价－国外运费

CIF 价＝CFR 价／［1－保险费率×（1＋投保加成率）］

（3）CIF 价格换算为其他价格

FOB 价＝CIF 价×［1－保险费率×（1＋投保加成率）］－国外运费

CFR 价＝CIF 价×［1－保险费率×（1＋投保加成率）］

四、《2010 年国际贸易术语解释通则》简介

随着全球经济一体化进程的加速，国际贸易数额的不断增加，国际贸易的复杂性也随之加剧。为避免贸易双方在订立贸易合同时因对相关贸易规则的理解不同而可能产生的风险，并使国际货运更为安全、便利和规范，国际商会于 2010 年 9 月对《2000 年国际贸易术语解释通则》（以下简称《2000 通则》）作了第 6 次修订，形成《2010 年国际贸易术语解释通则》（以下简称《2010 通则》），并已于 2011 年 1 月 1 日起正式生效。与《2000 通则》相比，《2010 通则》进一步明确了各方承担货物运输风险和费用的责任，所有规则的表述也更加简洁明了。

《2010 通则》作为一种新的贸易惯例生效实施后，《2000 通则》并未自动作废。买卖双方既可以自愿遵循《2010 通则》中的相关规定，也可仍然沿用《2000 通则》甚至更早版本中的条款。《2010 通则》考虑了免税贸易区的不断增加、电子沟通在商务中的不断增多，以及更加受重视的货物运输中的安全和变化等问题。它更新并加强了交货规则，将术语从 13 条减少到了 11 条，并且使得所有规则的表述更加简洁明确。总体而言，《2010 通则》的变化主要有以下几个方面。

（一）贸易术语数量由原来的 13 种减少为 11 种

删除了 D 组术语中的 DDU、DAF、DES 和 DEQ，只保留了 DDP；新增加了两个术语，分别是 DAT 和 DAP。

DAT（Delivered at Terminal...named place of destination）：终点站交货……指定目的地。

DAP（Delivered at Place...named place of destination）：指定地点交货……指定目的地。

这两个术语都规定了在指定地点交货。在 DAT 情况下，卖方从运输工具上卸下货物交由买方处理；在 DAP 情况下，货物同样交由买方处理，但需作好卸货准备而无须卸货。

（二）贸易术语由原来的 E、F、C、D 四组分为两大类

一类适用于各种运输方式，另一类仅适用于水运。

1. 适用于各种运输方式（包括多式联运）共 7 种：

（1）EXW（工厂交货）；

（2）FCA（货交承运人）；

（3）CPT（运费付至目的地）；

（4）CIP（运费、保费付至目的地）；

（5）DAP（指定地点交货）；

（6）DAT（终点站交货）；

（7）DDP（完税后交货）。

2. 仅适用于海运、内河运输共 4 种：

（1）FAS（装运港船边交货）；

（2）FOB（装运港船上交货）；

（3）CFR（成本加运费）；

（4）CIF（成本加保险费、运费）。

（三）取消了"船舷"的概念

对 FOB、CFR 和 CIF 这三个术语的运用，删除了以往以越过船舷作为风险划分界限的

规定，取消了"船舷"的概念，即卖方必须承担货物自装运港装上船之前的一切风险，买方则必须承担货物自装运港装船之后的一切风险。应该说，这一变化更准确地反映了现代贸易实务。

（四）补充了连环贸易的责任义务划分

《2010 通则》首次在 FAS、FOB、CFR 和 CIF 等术语中加入了货物在运输期间连环贸易（String Sales）的责任义务的划分。在大宗货物买卖中，货物常常在运输期间被多次买卖，而作为中间环节的卖方无须装运货物，只承担由于"获得"所装运的货物而履行的义务，因此新版本对连环贸易下卖方的交付义务作了规定，弥补了以前版本在此问题上的疏漏。

（五）扩展了贸易术语的适用范围

虽然国际贸易术语传统上用于国际贸易合同中，但国际商会 ICC 考虑到在部分贸易区域内，国与国之间的边界手续趋于简化；同时，考虑到部分国家已经使用 INCOTERMS 做单纯的国内贸易，因此国际商会正式确认《2010 通则》不仅适用于国际销售合同，也适用于国内销售合同。这使得部分信用制度匮乏的国家可以借鉴《2010 通则》术语进行国际贸易，同时也显示了国际商会涉足国内贸易领域的企图。

（六）新增了指导性说明（Guidance Note）

《2010 通则》对每个术语都增加了指导性说明。

该说明主要解释了何时适用本术语及在何种情形下适用其他术语，该术语合同下与货物有关的风险负担何时转移，买卖双方之间的成本或费用及出口手续如何划分等事宜，还有双方应当明确规定交货的具体地点和未能规定所引起的费用的负担等。

在指导性说明中，《2010 通则》通常要求双方当事人自行明确风险转移的临界点，而非由《2010 通则》本身去规定这些临界点。这就需要买卖双方在订立合同时要考虑到该问题，必要时可在商定的基础上另行规定双方认可的风险临界点。

第四节　国际货物运输

国际货物贸易涉及货物的跨国流动，必然需要一定的运输工具来承担运输。国际物流运输即国际货物运输，是指在国家与国家、国家与地区之间的货物运输。分为贸易与非贸易（指展览品、援外品、个人行李、办公用品等）物品的运输。非贸易物品的运输只是附带业务，所以国际物流运输有时也简称国际贸易运输。根据运输工具的不同，国际货物运输分为海洋运输、铁路运输、公路运输、航空运输、内河运输、管道运输、国际多式联运等。

一、海洋运输

海洋运输具有运量大、不受轨道和道路的限制及运费低廉等优点，是国际贸易中最主要的运输方式。按照船舶的经营方式，海洋运输分为班轮运输和租船运输两种。

（一）班轮运输（Liner Transport）

班轮运输又称定期船运输，是在一定的航线上，在一定的停靠港口，定期开航的船舶运输。其服务对象是非特定的、分散的众多货主，班轮公司具有公共承运人的性质。

1. 班轮运输的特点

（1）"四固定"，即航线、停靠港口、船期皆固定，运费率也相对固定。

（2）"一负责"，即货物由班轮公司负责配载和装卸，运费内包括货物在装运港的装货费、在目的港的卸货费以及从装运港至目的港的运输费用和附加费用。班轮公司和托运人双方不计滞期费和速遣费。

（3）班轮公司和货主一般不订立书面合同，双方的权利义务和责任豁免以签发的提单条款为依据。

4）通常要求托运人送货至承运人指定的码头仓库交货，收货人在承运人指定的码头仓库提货。

班轮运输"四固定"的特点为进出口商订立买卖合同中的交货条款、掌握交接货的时间、适时安排货物运输提供了必要的依据。班轮公司负责办理货物的装卸及中途转运，且定期公布船期表，买卖双方还可以根据班轮公司的运价表事先核算运费和附加费用，这些都为买卖双方提供了很大方便。班轮船舶适用于零星成交、批次多、交接港口分散的货物运输。

2. 班轮运费的构成

班轮运费由两大部分构成，即班轮基本运费（Basic Rate）和附加运费（Surcharge or Additional）。前者是指货物从装运港到卸货港所应收取的基本运费，它是构成全程运费的主要部分；后者是指对一些需要特殊处理的货物、突然事件的发生或客观情况变化等原因而需另外加收的费用。

班轮运费的计算公式为：

运费总额＝基本运费＋附加运费＝总货运量×基本运费率×（1＋附加运费率）

（1）基本运费

基本运费是班轮运费的主要部分，是根据班轮公司的运价表来计算的。运价表的结构包括货物名称、计算标准、等级3个部分，其中等级一般分为20级，1级为低价货，运费最低；20级为高档货物，运费最高。

根据不同商品，班轮运费计收标准通常分为下列几种：

① 按货物的毛重计收运费，称为重量吨（Weight Ton），运价表内用"W"表示。重量吨的实际计量单位为公吨。

② 按货物的体积/容积计收，称为尺码吨（Measurement Ton），运价表中用"M"表示。尺码吨的实际计量单位为立方米。

以上两种计算运费的重量吨和尺码吨统称为运费吨（Freight Ton）。

③ 按毛重或体积从高计收，即由船公司选择其中收费较高的一种作为计费标准，运价表中用"W/M"表示。

④ 按商品价格计收，称为从价运费，运价表内用"A. V."或"Ad. Val."表示。

⑤ 按货物的重量或体积或从价计收，即在重量吨、尺码吨和从价运费中选择最高的一种标准计收，在运价表内用"W/M or A. V."表示。

⑥ 按货物的重量或体积，再加上从价运费计算，即先按货物重量吨或尺码吨中较高者计算，然后加收一定比例的从价运费，在班轮运价表中用"W/M plus Ad. Val."表示。

⑦ 按照货物的个数或件数计收，如卡车按辆、活牲畜按头计收。

⑧ 由货主和船公司议定，又称议定运价。这种方法通常在承运粮食、矿石、煤炭等农副产品和矿产品时选用。议定运价一般较低，在班轮运价表中用"Open"表示。

（2）附加运费

附加运费是按规定除基本运费外加收的费用，主要有：超重附加费、超长附加费、直航附加费、转船附加费、港口附加费、港口拥挤附加费、绕航附加费、燃油附加费、货币贬值附加费等。班轮附加运费通常以基本运费的百分比计收，或以每运费吨若干金额计算。

（3）班轮运费的计算方法

在计算班轮运费时，首先，根据货物的英文名称，从运价表的货物分级表中查出货物所属等级和计收运费的标准；然后，从航线划分的等级费率表中查出有关货物的基本运费费率，再加上各项附加费用，其总和即为某种货物运往指定目的港的单位运费。

在计算基本运费时，应注意以下 3 种情况：

① 若不同商品混装在同一包装内，则全部运费按其中较高者收取；

② 同一票货物若包装不同，其计费等级和标准也不同，除非货运人按不同包装分列毛重和体积，否则全部货物均按较高者计收运费；

③ 若同一提单内有两种以上的货名，如果托运人未列明不同货名的毛重和体积，则全部货物也均按较高者计收运费。

（二）租船运输（Shipping by Chartering）

租船运输是指租船人向船东租赁船舶用于货物的运输。在租船运输业务中，航期、航线、运价、港口等均不固定，装卸费及船期延误按租船合同规定划分及计算。双方的权利义务和责任豁免按租船合同的规定执行。租船运输主要有定期租船和定程租船两种。

1. 定期租船（Time Charter）

定期租船是指由船舶出租人将船舶出租给承租人，供其使用一定时期，承租人向船东给付租金的租船运输方式。在这种租船方式下，船舶出租人负责配备船员，租船人有船舶调度权并负责船舶在租期内的营运管理和日常开支，可以根据货运需要选择航线、挂靠港口。租期可长可短，短则数月，长则数年。

2. 定程租船（Voyage Charter）

定程租船又称程租船或航次租船，是指由船舶出租人负责提供船舶或船舶的部分舱位，在指定港口之间进行一个航次或数个航次承运指定货物的租船运输，包括单航次租船、来回航次租船、连续航次租船、连续来回程航次等方式。程租船由出租人负责营运，其责任与义务以租船合同为准。

在定程租船运输中，如果由于租船人的原因，致使未能在租船合同规定的时间内完成装船或者卸货，导致船舶留港时间增加，使船东港口费用的负担增加和遭受船期损失，租船人应当按照实际滞延的时间向船东支付补偿金，即为滞期费。如果由于租船人的原因，使得装船或者卸货提前完成，船舶早日离港可以减轻船东的港口费用的负担并使其获得船期利益，那么对所节约的时间，船东要给予租船人一定的奖励，即为速遣费。速遣费一般为滞期费的 1/2。

在我国，外贸企业使用较多的租船方式是定程租船，主要用于运输批量较大的初级产品，如粮食、油料、矿产品和工业原料等。

此外，在程租船的租船合同中，经常通过固定的用语表明由承租人还是船东负责装卸货以及承担相应的费用，具体如下：

固定用语	简称	含义
Liner Terms Gross Terms Berth Terms	班轮条件	船方负责装货和卸货，租金中包括装卸费。
Free out	F. O.	船方管装不管卸，租金中包括装货费不包括卸货费。
Free in	F. I.	船方管卸不管装，租金中包括卸货费不包括装货费。
Free in and out	F. I. O.	船方不负责装卸，租金中不包括装卸费。
Free in and out, Stowed and Trimmed	F. I. O. S. T.	船方不负责装卸，也不负责理舱和平舱，租金中不含有关费用。

定程租船和定期租船有以下差异，在选择时要注意：

① 定程租船是按航程租用船舶，而定期租船是按期限租用船舶。

② 定程租船方直接负责船舶的经营管理，租船方除了负责船舶的航行、驾驶和管理外，还应对货物运输负责。而定期租船的船方，仅对船舶的维护、修理、机器正常运转和船员工资和给养负责，船舶的调用、货物的运输、船舶在租期内的营运管理和日常开支费用都由租船方负责。

③ 定程租船的租金或运费，一般按装运货物的数量计算，而定期租船的租金一般是按租期每月每吨若干金额计算。

④ 采用定程租船时要规定装卸期限和装卸率，据此计算滞期费和速遣费，而采用定期租船时，则不规定装卸和滞期速遣费。定程租船费有五种规定的方法。

还有一种介于航次租船和定期租船之间的租船方式，即航次期租。这是一种以完成单个航次运输为目的，根据完成航次所花的时间，按照约定的租金率计算租金的租船方式。

此外，还有光船租船的定期租船方式。在这种租船方式下，船舶出租人提供的船舶不配备船员，在约定的期间内由租船人占有、使用和营运船舶，并向出租人支付租金。

（三）海洋运输操作流程

在货物进出口中，海洋运输操作流程因船舶经营方式、装卸港、贸易术语、集装箱的采用等的不同而有所不同，下面以 CFR 术语、件杂货班轮运输为例，介绍有关的流程。

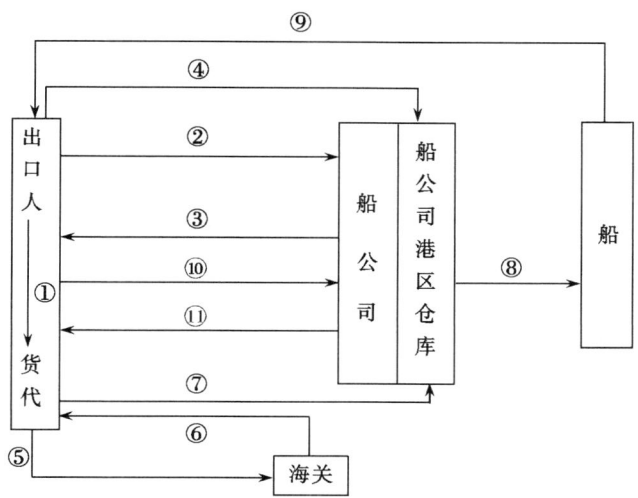

1. 海运出口运输和报关程序

上图中的序号表示如下含义：

① 订舱和报关委托。在 CFR 术语下，卖方有义务按照通常条件根据合同规定的时间订立将货物从装运港运至目的港的运输合同，并将货物交至船上。在此过程中往往涉及订舱、报关、仓储、国内运输、转运等一系列程序，卖方可以自己独立完成，但在我国，大多数出口商将这些任务委托给货运代理人完成。为此，出口商要给货运代理人（简称货代）出具订舱和（或）报关委托书，使货代成为其代理人，完成上述任务。

② 编制和递送出口托运单。出口人和（或）货代根据货物出口运输的需要，结合各个船公司发布的船期表和运价表，制作托运单，列明托运人、船名、目的港、货名、货物描述、件数、重量等，将其递送给船公司或者其代理，作为订舱的依据。

③ 签发装货单，确认运输合同。船公司或者其代理收到托运单后，如果认为可以接受，就向出口人和（或）货代签发装货单，此时订舱工作即告完成，这意味着托运人和承运人之间的运输合同已经缔结。

④ 货物集中港区。当船舶到港装货计划确定后，出口人和（或）货代按照港区进货通知并在规定的期限内，将出口货物及时运至港区集中，等待装船。

⑤ 报关。出口人和（或）货代凭编制好的出口货物报关单连同装货单、发票、装箱单、检验检疫出境货物通关单、外销合同、外汇核销单等有关单证向海关申报出口。

⑥ 海关放行。海关审核有关报关资料和（或）货物无误后，在装货单上加盖海关放行章，交给出口人和（或）货代。

⑦ 出口人和（或）货代将盖有放行章的装货单递交给船公司港区仓库。

⑧ 装船。船公司港区仓库在收到盖有放行章的装货单后，在代表船方的理货员的安排下将货物装船。

⑨ 签发收货单。装货完毕，理货组长要与船方大副共同签署收货单，注明实际装船货物的数量和所装船舱等情况，交与出口人和（或）货代。理货员如发现某批货物有缺陷或包装不良，即在收货单上注明，并由大副签署，以确定船货双方的责任。

⑩ 出口人和（或）货代将理货人员和大副签章的收货单递交给船公司。

⑪ 签发提单。船公司或者其代理根据理货人员和大副签章的收货单签发提单，并递

交出口人和（或）货代，收货单上如有货物有缺陷或包装不良批注，将转注在提单上。

2. 海运进口运输和报关程序

在海运进口中，根据不同的支付和交单方式，一般进口人首先从出口人处或者由银行转交取得海运正本提单。当货轮到港后，船公司或其代理通知进口人提货，同时将货物卸离海轮运至海关监管仓库或者其他海关监管场所。进口人将正本提单交至船公司或者其代理，以换取船公司或者其代理签发的提货单。进口人制作进口货物报关单，随附提货单、发票、装箱单、合同等报关单据，向海关申报。海关审核单据和货物无误后，在提货单上加盖海关放行章，并退返给进口人。进口人持盖有海关放行章的提货单向海关监管仓库领取货物。

二、陆路运输

陆路运输方式主要指铁路运输和公路运输。特别是在货物起运地或者目的地非港口时，除非采用航空运输，一般都采用国内铁路运输或者国内公路运输与海洋运输相结合的方式。

国际铁路联运的优势：简化手续，为发货人（收货人）提供了便利，发货人只需在发站办理一次性托运手续即可将货物运抵另一国的铁路到站；充分利用铁路成本较低、运输连贯性强、运输风险小和不易受天气和季节变化影响等优势，也便于选择运输路径，从而缩短运输时间，减少运输费用。

（一）铁路运输

在国际货运中，铁路运输的地位仅次于海洋运输。我国对外贸易铁路运输主要包括国际铁路货物联运和对香港特别行政区铁路货物运输（以下简称对港铁路运输）两部分。

1. 国际铁路货物联运

国际铁路货物联运指使用一份统一的国际联运单据，由铁路部门负责经过两国或者两国以上铁路的全程运送，并且由一国铁路当局向另一国移交货物时，不需发货人和收货人参加。国际铁路货物联运的单据主要是铁路运单（Rail Waybill）和运单副本，它是铁路运输承运人签发的货运单据，是收、发货人同铁路之间的运输契约。运单正本随同货物到达终点站交收货人作为提货通知，运单副本交托运人作为收到托运货物的收据。铁路运单只是运输合约和货物收据，而非物权凭证。但在托收和信用证支付方式下，托运人可凭运单副本办理托收和议付。

（1）在国际铁路货物联运方式下，发送国铁路的运送费用，按发送国铁路的国内运价计算。其中，国内段运费按《铁路货物运价规则》计算的程序。

第一，根据货物运价里程表确定发、到站间的运价里程，一般应按最短路径确定，并需将国境站至国境线的里程计算在内。

第二，根据运单上所列货物品名，查找货物运价分号表，确定适用的运价号。

第三，根据运价里程与运价号，在货物运价表中查出适用的运价率。

第四，计费重量与运价率相乘，即得出该批货物的国内运费，其计算公式为：

运费=运价率×计费重量

（2）到达国铁路的运送费用，按到达国铁路的国内运价计算。

（3）过境国铁路的运送费用，按国际铁路联运协定统一过境运价规程（统一货价）

的规定计算。过境运费按统一货价规定的计算程序。

第一，根据运单上载明的运输路线，在过境里程表中，查出各通过国的过境里程。

第二，根据货物品名，在货物品名分等表中查出其可适用的运价等级和计费重量标准。

第三，在慢运货物运费计算表中，根据货物运价等级和总的过境里程查出适用的运费率，其计算公式为：

基本运费额＝货物运费率×计费重量

运费总额＝基本运费额×（1+加成率）

加成率系指运费总额应按托运类别在基本运费额基础上所增加的百分比。快运货物运费按慢运运费加 100%，零担货物加 50% 后再加 100%。随旅客列车挂运整车费，另加 200%。

2. 对港铁路运输

对港铁路运输由内地段运输和港段运输两部分组成。供应港澳地区的物资经铁路运往深圳为内地铁路运输部分；货车到达深圳后，要过轨至香港，继续运送至九龙车站，这一段为港段铁路运输。各地外运分公司以运输承运人的身份向发货单位提供经深圳中转香港的承运货物收据，并以此作为向银行办理结汇的凭证。

对港铁路运输的费用，按内地段铁路运输和港段铁路运输分别计算，内地段按人民币计算，港段按港币计算。内地段运费包括铁路运费、深圳过轨租车费和深圳外运公司劳务费。港段运费包括铁路运费、港段终点站卸货费、港段调车费及劳务费等。

（二）公路运输

公路运输，又称汽车运输，是一种现代化的运输方式。它不仅可以直接承担跨国货物运输，而且也是车站、港口和机场集散进出口货物的重要手段。公路运输具有机动灵活、速度快和方便等特点，利于实现"门到门"运输。在我国与周边接壤国家的对外贸易中，公路运输占有重要地位。此外，内地对香港和澳门的部分货物进出口也是通过公路运输完成的。

三、航空运输

航空运输具有运送速度快、运输安全准时的特点。小件货物、鲜活商品、季节性商品和贵重商品适宜采用航空运输。

（一）航空运输方式

航空运输方式主要有班机运输、包机运输、集中托运和航空快递业务，见下表。

运输方式	含义	特点	适用
班机运输	由具有固定开航时间、航线和停靠航站的飞机承担运输。	运量较小，运价较贵，航期固定。	鲜活商品或急需商品
包机运输	航空公司按照约定的条件和费率，将整架飞机租给一个或若干个包机人（包机人指发货人或航空货运代理公司），从一个或几个航空站装运货物至指定目的地。	费率低，运量较大，但运送时间比班机长。	货量较大的商品
集中托运	航空货运代理公司将若干批单独发运的货物集中成一批向航空公司办理托运，填写一份总运单送至同一目的地，然后由其委托当地的代理人负责分发给各个实际收货人。	主要优势为运费低，是航空货运代理的主要业务之一。	一般商品
航空快递	快递公司与航空公司合作，由快递公司派专人从发货人处提取货物后以最快航班将货物发运，飞抵目的地后，由专人接机提货，办妥进关手续后直接送达收货人。	最为快捷、方便的运输方式，又称"桌到桌"运输。	各种急需物品和文件资料

（二）航空运费

航空运费是承运人为货物航空运输所收取的报酬。它只是货物从始发机场至到达机场的运价，不包括提货、报关、仓储等其他费用。航空运价仅适用于单一方向。

航空运费一般按照 W/M 方式计算，即取货物实际重量（千克）与体积重量（6 000 立方厘米或 366 立方英寸体积折合 1 千克）中高者计算。针对航空运输货物的不同性质和种类，航空公司规定有特种货物运价、货物的等级运价、一般货物运价和集装箱设备运价等不同的计收方法。

（三）邮包运输

邮包运输是指通过邮局寄送进出口商品的一种较简便的运输方式。根据各国邮政部门之间的协议，已形成国际邮包运输网。国际邮包运输具有国际多式联运和"门对门"运输的性质，而且手续简便，费用也不高。

邮包运输包括普通邮包和航空邮包两种方式。由于国际邮包运输对每个邮包的重量和体积都有一定的限制，如每个包裹重量不得超过 20 千克，长度不得超过 1 米，故只适用于重量轻、体积小的商品的运输。

四、国际多式联运

国际多式联运又称国际联合运输（Multi-modal Transport/Combined Transport），是在集装箱运输的基础上产生和发展起来、有机结合海、陆、空各种单一运输方式的一种国际性的连贯运输方式。

（一）集装箱运输

集装箱运输即以集装箱作为运输单位进行货物运输，它可以适用于公路、铁路、海洋、航空等多种运输方式。

1. 集装箱运输的特点

（1）在全程运输中，可以将集装箱从一种运输工具直接方便地换装到另一种运输工具，而无须接触或移动箱内所装货物。

（2）货物从发货人的工厂或仓库装箱后，可经由海、陆、空不同运输方式一直运至收货人的工厂或仓库，实现"门到门"运输而中途无须开箱倒载和检验。

（3）集装箱由专门的设备和运输工具装运，装卸快，效率高，质量有保证，在现代运输中被广泛使用。

2. 集装箱运输货物的交接

集装箱货物的装箱方式有两种：整箱货（Full Container Load，FCL）和拼箱货（Less Container Load，LCL）。整箱货一般由发货人在工厂或者仓库进行装箱，并直接运交集装箱堆场（Container Yard，CY）等待装运，货到目的地后，收货人可以直接到目的地集装箱堆场接货，这种交接方式称为"堆场到堆场"（CY-CY）。拼箱货指货量不足一个整箱，一般需要由承运人在集装箱货运站（Container Freight Station，CFS）负责将不同发货人的货物拼装在一个集装箱内，货到目的地后，承运人在目的地集装箱货运站拆箱将货物分拨，收货人就此提货，这种交接方式称为"货运站到货运站"（CFS-CFS）。此外，集装箱运输也可以实现"门到门"，即由承运人在发货人工厂或者仓库接货，在收货人工厂或者仓库交货。

3. 集装箱运输的主要单证

集装箱运输单证不同于传统的货运单证，主要有：场站收据（Dock Receipt，D/R）、集装箱装箱单（Container Load Plan，CLP）、提单（Bill of Lading）、集装箱联运提单（Combined Transport B/L，CTB/L）、多式运输单据（Multi-modal Transport Document，MTD），以及设备交接单（Equipment Receipt，E/R）、收（交）货记录（Delivery Record）等。

（二）国际多式联运

随着集装箱运输软、硬件成套技术臻于成熟，到 20 世纪 80 年代集装箱运输已进入国际多式联运时代。国际多式联运利用集装箱通过采用海、陆、空等两种或以上的运输手段，完成国际间的连贯货物运输。开展国际多式联运是实现"门到门"运输的有效途径。

国际多式联运是指按照多式联运合同，以至少两种不同的运输方式，由多式联运经营人将货物从一国境内接管货物的地点运至另一国境内指定地点交付的货物运输。

根据上述定义，国际多式联运应具备以下特征：

1. 必须具有一份多式联运合同。该运输合同是多式联运经营人与托运人之间权利、义务、责任与豁免的合同关系和运输性质的确定依据，也是区别多式联运与一般货物运输方式的主要依据。

2. 必须使用一份全程多式联运单据（Multi-modal Transport Document）。多式联运单据是证明多式联运合同成立以及证明多式联运经营人接管货物并负责按照合同条款交付货物的单据，由承运人或其代理人签发，作用和海运提单相似，既是货物收据又是运输契约的证明。根据托运人的要求，它可以制作成可转让的，也可以制作成不可转让的。在单据做成指示抬头时，经背书可转让，因此，多式联运单据是物权凭证及有价证券。多式联运单据是一种概称，如多式运输方式中主程为海运者通常使用多式运输提单（Multi-modal Transport B/L）。

3. 必须是两种或两种以上不同运输方式的连续运输。

4. 必须是国际间的货物运输。

5. 必须由一个多式联运经营人对货物运输全程负责。

多式联运经营人是指其本人或者通过其代表订立多式联运合同的人，他不是托运人的代理，也不是实际承担运输方的代理，而是一个独立的法律实体。他可以是实际承运人，办理全部或者部分运输，也可以是无船承运人，将全程运输交由各运输段实际承运人来完成，也就是说，他可以具有双重身份，对货主而言是承运人，对实际承运人来说又是托运人。他与货主签订多式联运合同，又与实际承运人签订运输合同，而作为总承运人，其对货物的灭失、损坏和延迟交货均承担责任。国际上经营多式联运的均为规模大、实力雄厚的国际货运公司。

6. 必须是全程单一的运费费率。

五、世界重要港口和航线一览表

港口名称	中文译名	所属国家（地区）	所属航线	港口名称	中文译名	所属国家（地区）	所属航线
Buenos Aires	布宜诺斯艾利斯	阿根廷	中南美	Veracruz	韦拉克鲁斯	墨西哥	中美
Melbourne	墨尔本	澳大利亚	澳新	Durban	德班	南非	东非
Sydney	悉尼			Oslo	奥斯陆	挪威	西北欧
Rio de Janeiro	里约热内卢	巴西	中南美	Lisbon	里斯本	葡萄牙	西北欧
Antwerp	安特卫普	比利时	西北欧	Kobe	神户	日本	日本
Copenhagen	哥本哈根	丹麦	西北欧	Osaka	大阪		
Bremen	不来梅	德国	西北欧	Tokyo	东京		
Hamburg	汉堡			Yokohama	横滨		
St. Petersburg	圣彼得堡	俄罗斯	西北欧	Nagoya	名古屋		
Nakhodka	纳霍德卡		远东线	Dammam	达曼	沙特阿拉伯	波斯湾
Marseilles	马赛	法国	地中海	Bangkok	曼谷	泰国	暹罗湾
Le Havre	勒阿弗尔		西北欧	La Guaira	拉瓜伊拉	委内瑞拉	中南美
Manila	马尼拉	菲律宾	菲律宾	Barcelona	巴塞罗那	西班牙	地中海
Helsinki	赫尔辛基	芬兰	西北欧	Singapore	新加坡	新加坡	新马

港口名称	中文译名	所属国家（地区）	所属航线	港口名称	中文译名	所属国家（地区）	所属航线
Inchon	仁川	韩国	韩国	Kingston	金斯敦	牙买加	中南美
Pusan	釜山			Abadan	阿巴丹	伊朗	波斯湾
Montreal	蒙特利尔	加拿大	加拿大东岸	Naples	那不勒斯	意大利	地中海
Toronto	多伦多			Calcutta	加尔各答	印度	孟加拉湾
Amsterdam	阿姆斯特丹	荷兰	西北欧	Bombay	孟买		波斯湾
Rotterdam	鹿特丹			Jakarta	雅加达	印尼	印尼
Houston	休斯敦	美国	美国东岸	Southampton	南安普敦	英国	西北欧
Los Angeles	洛杉矶		美国西岸	London	伦敦		
New York	纽约		美国东岸	Hong Kong	香港	中国香港	港澳

注：海上航线可按不同的角度进行分类，如按船舶的运行方式、按航程的远近和按航运的范围来分类。以上表格中的航线主要是按航程的远近来分类的，一般又分为近洋和远洋航线两大类。

第五节　国际货物运输保险

一、货物运输保险的含义

货物运输保险就是被保险人或投保人在货物装运前，估定一定的投保金额向保险人即保险公司投保货物运输险。被保险人按投保金额、投保险别及保险费率，向保险人支付保险费并取得保险单据。被保险货物若在运输过程中遭受事故造成损失，则保险人负责对保险险别责任范围内的损失，按保险金额及损失程度赔偿保险单据的持有人。

《中国保险条款》（China Insurance Clause，CIC）是中国人民保险公司根据我国保险业务的实际情况并参照国际保险市场的习惯做法，于 1981 年 1 月 1 日修订并正式生效的有关承运的险别及责任划分的规定条款，包括货物运输保险条款和各种附加条款，《海洋运输货物保险条款》（Ocean Marine Cargo Clause）是其中的主要内容。

二、海运货物保险

海上货物运输的损失又称海损（Average），指货物在海运过程中由于海上风险而造成的损失，海损也包括与海运相连的陆运和内河运输过程中的货物损失。海上损失按损失的程度可以分成全部损失和部分损失。全部损失又称全损，指被保险货物的全部遭受损失，有实际全损和推定全损之分。实际全损是指货物全部灭失或全部变质而不再有任何商业价值。推定全损是指货物遭受风险后受损，尽管未达到实际全损的程度，但实际全损已不可避免，或为避免实际全损所支付的费用和继续将货物运抵目的地的费用之和超过了保险价值，推定全损需经保险人核查后认定。部分损失指不属于实际全损和推定全损的损失，按照造成损失的原因可分为共同海损和单独海损。由于国际贸易以海洋运输为主要的运输手段，所以海运货物保险在国际货物运输保险中占有特别重要的地位。

（一）基本险

货物运输保险的险别，按照能否单独投保，可以分为基本险和附加险。基本险可以单独投保，附加险不能单独投保，只有在投保某一种基本险的基础上才能加保附加险。

1. 平安险、水渍险和一切险

按照中国人民保险公司《海洋运输货物保险条款》的规定，海洋运输货物保险的基本险别分为平安险（Free from Particular Average，F. P. A）、水渍险（With Average or With Particular Average，W. A 或 W. P. A）和一切险（All Risks，A. R）3 种。对于这 3 种险别，保险公司承担的责任范围如下：

- 在运输途中自然灾害（如恶劣气候、雷电、海啸、地震、洪水等）造成的整批货物的全部损失
- 在运输途中意外事故（如搁浅、触礁、沉没、互撞等）造成的全部或部分损失
- 在运输工具已经发生意外事故的情况下，货物在此前后又在海上遭受自然灾害所造成的部分损失
- 在装卸或转运时，一件或数件货物落海所造成的全部或部分损失
- 抢救、防止或减少货损发生的合理施救费用，但以不超过该批被救货物的保险金额为限
- 运输工具遭难后在中途港、避难港由于卸货、存仓以及运送货物所产生的损失和特别费用
- 共同海损的牺牲、分摊和救助费用
- 根据"船舶互撞责任条款"应由货方偿还船方的损失
- 被保险货物由于自然灾害造成的其他部分损失
- 在运输途中一般外来原因（如被窃、雨淋、渗漏、碰损、破碎、串味、受潮受热、钩损等）造成的全部或部分损失 → 一般外来风险

（平安险责任范围 / 水渍险责任范围 / 一切险责任范围 / 海上风险）

由上图可见，险别不同，保险范围的责任也不同。水渍险的责任范围等于平安险的责任范围加上自然灾害的部分损失，而一切险的责任范围等于水渍险的责任范围再加上一般外来风险造成的全部或部分损失。由于一切险的保险范围和责任比平安险、水渍险大，保险费率也相应较高。

此外，《中国保险条款》还包括了海洋运输散装桐油保险条款和海洋运输冷藏货物保险条款两个专门险别，它们本质上也属于基本险。

2. ICC（A）、ICC（B）、ICC（C）险

由于英国在保险业的历史影响，伦敦保险业协会海运货物保险条款是国际货物保险中运用最广泛的条款。该条款共有 6 种险别，它们是：ICC（A）、ICC（B）、ICC（C）、战争险、罢工险和恶意损害险。其中，ICC（A）险的承保责任范围最为广泛，类似于我国的一切险；ICC（B）险的承保责任范围小于 ICC（A）险；ICC（C）险的承保责任范围最小，类似于我国的平安险。

根据《2000 通则》，如果采用 CIF、CIP 等应由卖方投保的贸易术语，"卖方必须与信誉良好的保险人或者保险公司订立保险合同，如果没有相反的明示协议，按照伦敦保险业协会《协会货物条款》或其他类似的保险条款中最低责任的保险险别投保"。ICC（C）险和我国的平安险都是此处所指的最低责任的保险险别。

（二）附加险

《中国保险条款》中的附加险有一般附加险和特殊附加险两大类。

1. 一般附加险

一般附加险所承保的是由于一般外来风险所造成的全部或者部分损失，共有 11 个险别：偷窃、提货不着险，淡水雨淋险，短量险，渗漏险，混杂、玷污险，碰损、破碎险，串味险，受潮受热险，钩损险，包装破裂险，锈损险。

当投保险别为平安险或者水渍险时，可以根据货物的特性和运输的条件加保其中一种或者数种险别。但是如果已经投保了一切险，就不需要再加保任何一般附加险的险别，因为保险公司对于各个一般附加险险别的责任已经包含在一切险的责任范围内。

2. 特殊附加险

特殊附加险承保特殊外来风险所造成的全部或者部分损失，共有 8 个险别：罢工险、海运战争险、交货不到险、进口关税险、舱面险、拒收险、黄曲霉素险、卖方利益险。被保险人不论已经投保何种基本险别，均可以另行加保有关的特殊附加险险别。根据《2000 通则》的规定，在 CIP 和 CIF 项下，如果买方要求并负担费用，卖方应当在可能的情况下加投战争、罢工、暴乱和民变险。

三、其他运输保险

根据中国人民保险公司《中国保险条款》，适用于陆上、航空和邮政运输的险别主要有以下几种：

类别	基本险别	附加险别
陆上运输货物保险	陆运险、陆运一切险、陆上运输冷藏货物险	陆上运输货物战争险（火车）
航空运输货物保险	航空运输险、航空运输一切险	航空运输货物战争险
邮政包裹运输保险	邮包险、邮包一切险	邮包战争险

四、保险金额的确定和保险费的计算

（一）保险金额的确定

保险金额是保险公司（承保人、保险人）承担赔偿或者给付保险金责任的最高限额，也是保险公司计算保险费的基础。

在国际货物买卖中，凡按照 CIF、CIP 等由卖方负责投保的贸易术语达成的合同，一般买卖双方会约定保险金额，而且保险金额通常是在发票金额的基础上增加一定的百分率，即所谓的"保险加成率"，这部分增加的金额就是买方进行这笔交易所支付的费用和预期利润。如果合同未作约定，根据《2000 通则》，最低保险金额须为合同规定的价款加

10%（即110%），并以合同货币投保。一般来说，如果买方要求按照较高的金额投保，而保险公司同意承保，卖方也可以接受，由此增加的保险费应由双方协商确定。保险金额的计算公式如下：

保险金额＝CIF（或者CIP）价×（1＋投保加成率）

（二）保险费的计算

1. 保险费率

保险费率是计算保险费的依据，是保险公司在货物损失率和赔付率基础上制定的。商品、运输线路、运输工具和险别不同，保险费率也不同。

我国出口货物保险费率分为"一般货物费率"和"指明货物加费费率"两大类。凡是未列入后者列表的货物，均属于前者的范围。凡属后者列表中的货物，如果投保一切险，计算保险费时，应先查出"一般货物费率"，然后再加上"指明货物加费费率"。

2. 保险费

保险公司收取保险费的计算方法是：

保险费＝保险金额×保险费率

五、除外责任

除外责任是保险公司明确规定不予承保的损失和费用，它可起到划清保险人、被保险人和发货人各自应负责任的作用。

基本险的除外责任包括：被保险人的故意行为或过失所造成的损失；属于发货人责任所引起的损失；保险责任开始前被保险货物已存在品质不良或数量短差所造成的损失；被保险货物的自然损耗、本质缺陷、特性，以及市价跌落、运输延迟所引起的损失或费用；战争险和罢工险条款规定的责任及其除外责任。

六、承保责任的期限

（一）基本险的责任期限

在正常运输的情况下，基本险承保责任的起讫期限适用"仓至仓条款"（Warehouse to Warehouse Clause，W/W）的规定。即，保险责任自被保险货物运离保险单所载明的起运地发货人仓库开始，一直到运入保险单所载明的目的地收货人仓库为止。但如果在卸货港货物卸离海轮，不进入收货人仓库，只要满60天，其责任也会终止。

在非正常运输下，其保险责任期限有不同规定，即如果由于保险人无法控制的运输延迟、被迫卸货、航程变更等意外情况，被保险人在及时通知保险人、加付保费的前提下，可按"扩展责任条款"（Extended Cover Clause）办理。

（二）海运战争险的责任期限

海运战争险的责任期限只限于水上危险或运输工具的危险。其责任自保险单所载明的起运港装上海轮或驳船，则保险责任最长延至货物到达目的港之日午夜起15天止。如果中途转船，则不论货物在当地卸载与否，保险责任以海轮到达该港或卸货地点的当日午夜起15天为止，等再装上续运海轮时责任恢复有效。

七、保险索赔

（一）保险索赔的含义

保险索赔也称提赔，是指当被保险货物遭受承保范围内的风险损失时，被保险人依保险合同向保险人要求赔偿的行为。

（二）保险索赔应注意的问题

货运保险一般为定值保险，当货物发生全损时，应赔偿全部保险金额；如为部分损失，则应正确计算，合理确定赔偿比例。对某些易破碎和易短量的货物的赔偿，有两种赔偿方法。一种是不论损失程度，对损失部分给予100%赔偿；另一种是当货物发生破碎和短量时，保险人可免赔一定的百分数，即通常所说的免赔率。免赔率分为相对免赔率和绝对免赔率，若货物损失超过免赔率，前者不扣除免赔率，全部赔偿；后者则扣除免赔率，只赔偿超过的部分。中国人民保险公司采用绝对免赔率的做法。如果不计免赔率，保险公司要加收保险费。

当货物遭受承保范围内的损失，但损失应由第三者负责时，被保险人在取得保险赔偿后，应将向第三者追偿的权利转让给保险人，以使其取得代位权。

如果被保险的货物遭受严重损失，要求按推定全损赔偿时，必须将货物及其一切权利委付给保险人。

第六节　国际贸易结算

一、汇付（Remittance）

汇付（Remittance）又称汇款，指付款人通过银行，使用各种结算工具将款项汇交收款人的一种结算方式，其中涉及的银行主要是汇出行和汇入行。汇出行即接受汇款人的委托和申请汇出款项的银行，通常是进口地的银行。汇入行即接受汇出行委托，解付汇款给收款人的银行，因此又称解付行，通常是出口地的银行。因此汇付方式的4个基本当事人即汇款人、汇出行、汇入行和收款人。

（一）汇付的种类

汇付方式可分为信汇、电汇和票汇3种。

1. 电汇（T/T）和信汇（M/T）

电汇是由汇出行应汇款人的申请，用电报、电传或SWIFT等电讯手段委托收款人所在地的汇入行将款项解付给指定收款人的一种汇款方式。信汇是指汇出行应汇款人的申请，将信汇委托书寄给汇入行，指示其解付一定金额给收款人的一种汇款方式。

2. 票汇（D/D）

票汇是以银行即期汇票作为结算工具的一种汇付方式。一般是指汇出行应汇款人的申请而开立以其代理行或往来银行（即为汇入行）为付款人的银行即期汇票，交由汇款人自行寄交给收款人，收款人凭票向付款行取款的一种汇付方式。

（二）汇付的性质

电汇和信汇使用委托通知作为结算工具，票汇使用汇票等金融票据作为结算工具，这些结算工具的传递方向从买方流向卖方，与资金的流向一致，因此属于顺汇性质。在使用汇付方式结算货款的过程中，银行在其间完全是付款人（买方）的代理，只提供服务，不承担付款责任。因此，使用汇付方式完全取决于买卖双方中的一方对另一方的信任，并在此基础上向对方提供信用和进行资金融通。据此，汇付属于商业信用性质。

（三）汇付的使用

在国际贸易中，汇付方式多用于预付货款、货到付款。

1. 预付货款

预付货款（Payment in Advance）是指进口商先将部分或全部货款汇交出口商，出口商收到货款后发货。就卖方来讲是先收款后交货，不积压资金。这是建立在进口商对出口商绝对信任的基础上的，需要预付货款的商品大都是国际市场的抢手货。

2. 货到付款

货到付款（Payment after Arrival of Goods）通常也称为"赊账交易"（Open Account，O/A），是指在签订合同后，出口商先发货，进口商收到货物后将货款汇交出口商。这样一来，主动权就完全掌握在进口商手中。出口商不仅要延迟收回货款，而且要承担货物已发出、货款又无法收回的风险。

此外，汇付还可用于订金、货款尾款以及佣金等的支付。大宗货物采用分期付款或延期付款时，其货款支付也常采用汇付方式。

二、托收（Collection）

托收是出口人委托银行向进口人收款的一种方法。各银行在处理跨国托收业务时通常遵循国际商会《托收统一规则》。根据该规则，托收是指由接到委托指示的银行处理金融单据和（或）商业单据以便取得承兑或付款，或者凭承兑或付款交出商业单据，或者凭其他条件交出单据。在托收业务中，作为结算工具的票据和单据的传送与资金的流动呈相反方向，故属逆汇。托收方式的基本当事人也有4个，即托收委托人/出口人、托收行、代收行和付款人/进口人。

（一）托收的种类

托收可分为光票托收和跟单托收两种。在国际贸易货款结算中采用托收方式时，通常都是跟单托收。

1. 光票托收

光票托收是指金融单据不附带商业单据的托收。光票托收可以用于货款尾数、小额贷款、贸易从属费用和索赔款的收取。

2. 跟单托收

跟单托收是指金融单据附带商业单据或不用金融单据的商业单据的托收。下图显示了跟单托收的一般做法：

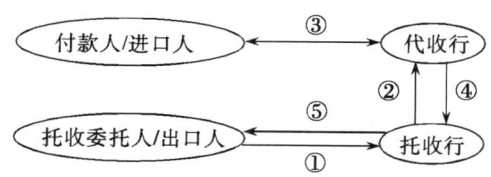

图中序号表示以下含义：

① 出口人按合同规定装货后，填写托收申请书，开立汇票，连同货运单据等交托收行委托代收货款。

② 托收行根据托收申请书缮制托收委托书，连同汇票、货运单据等寄交进口地代收行委托代收。

③ 代收行按托收委托书的指示向进口人提示汇票和单据，进口人审核单据无误后承兑或付款，代收行将有关货运单据等交进口人。

④ 代收行办理转账并通知托收行款已收妥。

⑤ 托收行向出口人交款。

跟单托收按照交付货运单据条件的不同，可分为：

（1）付款交单（D/P）

付款交单，指卖方的交单须以进口人的付款为条件，即出口人将汇票连同货运单据交给银行托收时，指示银行只有在进口人付清了货款时，才能向进口人交出货运单据。按照付款时间的不同，D/P又可分为即期付款交单与远期付款交单。

即期付款交单（D/P at sight）指由出口人通过银行向进口人提示汇票和货运单据，进口人见票即须付款，在付清货款后领取货运单据。

远期付款交单（D/P after sight）指由出口人通过银行向进口人提示汇票和货运单据，进口人即在汇票上承兑，并于汇票到期日付清货款后再从银行领取货运单据。

（2）承兑交单（D/A）

承兑交单是指出口人的交单以进口人在汇票上的承兑为条件，即进口人在承兑汇票后即可向银行领取货运单据，待汇票到期日再去银行付款。

（二）托收的性质

在托收业务中，银行处理金融单据和商业单据完全是根据出口人的指示来操作，到底银行是否能收到货款，依赖买方的信用。即使银行不能从买方实际收到货款，银行只要按照出口人的指示行事，就不承担任何责任。因此，托收方式与汇付方式一样，也属于商业信用性质。

（三）托收的使用

远期付款交单和承兑交单，卖方承受的资金负担很重，而承兑交单风险更大，因为买方只要承兑远期汇票，就可以取得运输单据，从而提取货物，一旦买方拒付，卖方可能要承担货款两失的风险。我国外贸企业以托收方式出口，主要采用付款交单方式，一般不采用承兑交单。在进口业务中，尤其是对外加工装配和进料加工业务中，往往对进口料件采用承兑交单方式付款。

三、信用证（L/C）

信用证是国际货物买卖中最重要的一种结算方式。与托收一样，信用证也分为光票信用证和跟单信用证两大类，由于在货物进出口中，一般都使用跟单信用证，所以通常意义上的信用证即指跟单信用证。

国际商会《跟单信用证统一惯例》（《UCP600》）是各国银行开立信用证时普遍遵守的国际惯例。根据该惯例第2条的定义："信用证是指按任何安排，不论其如何命名或描述，该安排是不可撤销的，从而构成开证行承付相符交单的确定承诺。承付是指：a. 见单即付，如果信用证为即期付款信用证；b. 承担延期付款的责任和到期付款，如果信用证为延期付款信用证；c. 承兑由受益人出具的汇票和到期付款，如果信用证为承兑款信用证。"简单地说，信用证是由银行开立的有条件付款的书面保证文件。

（一）跟单信用证的业务流程

跟单信用证有不同的类型，其业务程序也各有特点，但大体要经过申请开证、开证、通知、议付、索偿、偿付、赎单等环节。现以最常见的即期跟单议付信用证为例，说明其业务程序，见下图：

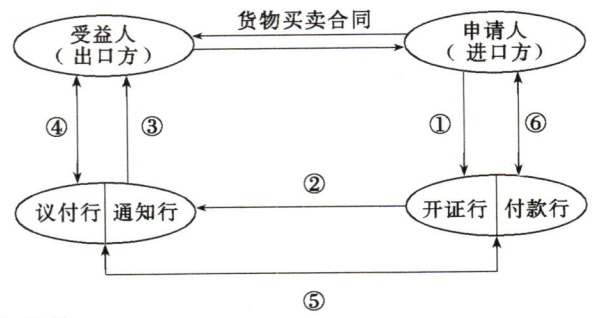

上图各序号的含义是：

① 申请开证。开证申请人即为合同的进口方，应按合同规定的期限向所在地银行（开证行）申请开证。

② 开证行开立信用证。开证行接受申请人的开证申请后，开立以出口人为受益人的信用证，并通过邮寄或电传或通过SWIFT电讯网络送交出口地的代理行（通知行），请其代为通知或转交受益人。

③ 通知行通知受益人。通知行收到信用证后，经核对签字印鉴或密押无误，立即将信用证转知受益人，并留存一份副本备查。

④ 交单议付。受益人对信用证的内容审核无误，即可根据信用证的规定发运货物，缮制并取得信用证规定的全部单据，开立汇票（或不开汇票，视信用证规定），连同信用证正本和修改通知书（如果有修改通知书），在信用证规定的有效期和交单期内，递交给通知行或与自己有往来的银行或信用证中指定的议付银行办理议付。

⑤ 寄单索偿。议付行议付后，即可凭单据向开证行或其指定银行请求偿付货款。如果开证行未在信用证内指定其他银行，则议付行应将单据寄交开证行；若开证行在信用证中指定了一家付款行，则议付行将单据寄交指定付款行。收到单据的开证行或付款行，在审单无误后，即应将款项偿付给议付行。开证行和付款行的付款，是不可追索的。开证行或付款行如发现单据和信用证不符，应在不迟于收到单据的次日起5个营业日内通知议付行表示拒绝接受单据。

⑥ 申请人付款赎单。开证行在向议付行偿付后，即通知申请人付款赎单。开证人应到开证行审核单据，若单据无误，即应付清全部货款与有关费用，若单据和信用证不符，

申请人有权向开证行拒付。申请人付款后，即可从开证行取得全套单据。

（二）信用证的特点和作用

1. 信用证的特点

（1）开证行负首要付款责任

《UCP600》第2条明确规定："信用证是指任何安排，不论其如何命名或描述，该安排是不可撤销的，从而构成开证行承付相符交单的确定承诺。"由此可见，开证行是信用证的首要付款人，出口人可凭信用证直接向开证行或其指定银行凭单取款，而无须先找进口人。在信用证业务中，开证行对受益人的付款责任不仅是第一性的，而且是独立的、终局的责任。

（2）信用证是一种自足文件

信用证是根据买卖合同开立的，但信用证一经开出，就成为独立于买卖合同之外的约定，信用证的各当事人的权利和责任完全以信用证中所列条款为依据，不受买卖合同的约束。出口人提交的单据即使符合买卖合同要求，但若与信用证条款不一致，仍会遭银行拒付。对此，《UCP600》第4条明确规定："信用证按其性质是一项与凭此开立信用证的销售合同或其他合同不相连的交易。即使信用证援引这类合同，银行也与之毫无关系并不受其约束。"

（3）信用证是一种纯单据业务

银行处理信用证业务时，只凭单据，不管货物，即只审查受益人所提交的单据是否与信用证条款相符，以决定其是否履行付款责任。《UCP600》第5条明确规定："银行所处理的是单据，而不是可能与单据有关的货物、服务及（或）履约。"在信用证业务中，只要受益人提交符合信用证条款的单据，开证行就应承担付款责任，进口人也应接受单据并向开证行付款赎单。所以，信用证业务是一种纯粹的单据业务。

2. 信用证的作用

信用证是一种银行对出口人的有条件的付款承诺。对出口人来说，其取得了银行信用，只要做到与信用证规定相符，"单单一致，单证一致"，银行就保证支付货款。对进口商来说，他可以通过信用证上所列条款的要求，在一定程度上确保出口人按时、按量交付货物。对银行来说，开证行只承担保证付款的责任，它贷出的只是信用而非资金，在对出口人或议付行交来的跟单汇票偿付前已掌握了代表货物的单据，加上开证申请人的押金，也无多大风险。正因为使用信用证对有关当事人都有利，信用证才在国际贸易中被如此广泛地使用。

（三）信用证的种类

按照《UCP600》第3条的解释，即使未作明示，信用证也是不可撤销的。在此基础上，信用证可从不同角度进行分类：

1. 保兑信用证（Confirmed L/C）与非保兑信用证（Unconfirmed L/C）

保兑信用证是指由开证行以外的另一家银行（保兑行）应开证行的请求，对其所开信用证加以保证兑付的信用证。在实际业务中，保兑行通常由通知行兼任，但也可以由其他银行担任。非保兑信用证是指未经除开证行以外的其他银行保兑的信用证。

2. 即期付款信用证（Sight Payment L/C）、延期付款信用证（Deferred Payment L/C）、承兑信用证（Acceptance L/C）和议付信用证（Negotiation L/C）

即期付款信用证是指付款行收到与信用证条款相符的单据后立即履行付款义务的信用证。延期付款信用证，又称迟期付款信用证，指在开证行承诺在受益人交单一定时期后付款的信用证。承兑信用证是指开证行或者付款行在收到符合信用证规定的远期汇票和单据时，先在汇票上履行承兑手续，于汇票到期日再行付款的信用证。议付信用证是指开证行在信用证中，邀请其他银行买入汇票和（或）单据的信用证。

3. 可转让信用证（Transferable L/C）与不可转让信用证（Untransferable L/C）

可转让信用证是指信用证特别规定它是可转让的。可转让信用证可按受益人（第一受益人）的请求，使其全部或部分供另一受益人（第二受益人）兑付。可转让信用证只能转让一次。如信用证允许分批装运/支款，在累计不超过信用证金额的前提下，可以分成几个部分转让，即同时转让给几个第二受益人，各项转让金额的总和将视为信用证的一次转让。

不可转让信用证是指受益人无权转让给其他人使用的信用证。凡在信用证上没有注明"可转让字样"的信用证，均为不可转让信用证。不可转让信用证只限于本人使用。

4. 对背信用证（Back to Back L/C）

对背信用证，又称转开信用证，指原证的受益人要求原证的通知行或其他银行以原证为基础和担保，另行开立的一张与原证内容相似的新信用证。对背信用证通常是由中间商为转售他人货物从中图利，或两国不能直接进行交易需要通过第三国商人以此种办法沟通贸易而开立的。对背信用证的装运期、到期日可较原证规定的提前，金额和单价可较原证规定的减少，但是货物的质量、数量必须与原证一致。

5. 对开信用证（Reciprocal L/C）

对开信用证是易货交易中的一种结算方式。双方互为进口方和出口方，互为对开信用证的申请人和受益人，即第一张信用证的受益人和开证申请人分别是第二张回头信用证的开证申请人和受益人。第一张信用证的开证行也是回头证通知行；第二张信用证通知行，一般也是回头证开证行。两证金额大致相等，可以同时生效，也可以先后生效。

6. 自由议付信用证与限制议付信用证

自由议付信用证指开证行允许任何银行对出口商的汇票和单据进行议付的信用证，限制议付信用证指开证行只允许指定银行对出口商汇票和单据进行议付的信用证。

7. 循环信用证

循环信用证指信用证被全部或部分使用后，其金额又恢复到原金额，可再次使用，直至达到规定的次数或规定的总金额为止。循环信用证与一般信用证的不同之处就在于一般信用证在使用后即告失效，而循环信用证则可多次循环使用。

8. 有追索权信用证与无追索权信用证

有追索权信用证是指当用票据作出正式提示（Presentation）要求付款或承兑，而被付款人拒付或拒绝承兑时，可向出票人或背书人（称前手人）行使追索权，追回垫付款。无追索权信用证系指出口商签发"对出票人免责"（Drawn without Recourse）字句的跟单汇票，若遭到拒付时，持票人或议付银行不得向出票人或背书人行使追索权。换言之，议付银行不得要求出票人退还垫付款，所遭损失只由议付银行承担。

四、银行保函

（一）银行保函的定义与作用

银行保函或银行保证书，是指商业银行根据申请人的要求向受益人开出的担保申请人正常履行合同义务的书面证明。它是银行有条件承担一定经济责任的契约文件，当申请人未能履行其所承诺的义务时，银行负有向受益人赔偿经济损失的责任。

概括而言，保函从其本质上来说具有两大基本作用：第一，保证合同价款的支付；第二，发生违约时，对受害方进行补偿并对违约责任人进行惩罚。依据保函的这两项基本职能，人们既可以用它来充当商务支付的手段，以解决交易中合同价款及费用的支付问题，又可以利用它来作为对履约责任人必须按期履行其合同义务的制约手段和违约受害方的补偿保证工具。

（二）银行保函的当事人

1. 申请人

申请人即向担保行申请开立保函的人。他应该按合同的规定履行其应尽的责任义务，具体来说就是负担保函项下的费用和利息，并在担保行依据保函条款的规定履行担保责任向受益人赔付款项时，立即对其进行补偿。此外，在保函实务中，担保行为了减少风险，往往还要求申请人提交反担保或财产抵押，在这种情况下，申请人必须按担保行的规定提供其认可的反担保或财产抵押。

2. 受益人

受益人即接受保函并有权按保函规定的条款向担保行索偿的人。具体来说，受益人按照合约的规定提供货物或劳务等，在保函规定的索偿条件具备时，可凭索偿条件或连同有关单据，要求担保行偿付。受益人可以是招标人、买方、卖方、雇主、签约人、出租人。

3. 担保行

担保行即受审请人的委托向受益人开立保函的商业银行。担保行的责任是促使申请人履行合同中的各项任务；在申请人违约时，根据受益人提出的索偿文件和保函的规定向受益人做出索赔；并有权赔偿后向申请人或反担保人索赔。

4. 通知行

通知行，也称转递行，即受担保行的委托将保函通知或转递给受益人的银行，通常是受益人所在的银行。通知行的责任是：负责核实保函表面的真实性，并严格按照担保行的要求和指示及时将情况告知担保行，以便担保行采取其他措施。

5. 转开行

转开行是指根据原担保行的要求，向受益人开立的以原担保行为申请人，以自身为担保行的保函的银行。

6. 反担保行

反担保行是指接受申请人的委托向担保行出具不可撤销的反担保函，并承诺在申请人违约且无法付款时，负责赔偿担保行所作出的全部支付的银行。

7. 保兑行

保兑行是指根据担保行的要求，在保函上加具保兑，承诺当担保行无力赔偿时，代其履行付款责任的银行，亦称第二担保行。

（三）银行保函的种类

1. 根据保函与基础交易合同的关系划分

（1）从属性保函

从属性保函是指其效力依附于基础商务合同的保函。这种保函是其基础交易合同的附属性契约或附属性合同，担保行只能以基础合约的条款及交易的实际执行情况来确定保函项下付款责任的成立与否。

（2）独立保函

独立保函与基础交易的执行情况相脱离。虽然根据基础交易的需要开立，但一旦开立后其本身的效力并不依附于基础交易合约，其付款责任仅以其自身的条款为准。

2. 根据保函项下支付前提划分

（1）付款类保函

付款类保函是指银行为有关合同价款的既定支付义务提供担保所出具的保函，或者说是为保证随着交易的发生而必然发生的债务支付所开立的保函。

（2）信用类保函

信用类保函是指银行对那些只有在合同的一方有违约行为而使其在合同项下承担了赔偿责任时，支付才可能发生的经济活动所开立的保函。

3. 根据保函索赔条件划分

（1）有条件保函

有条件保函是指担保人在保函的条文中对索赔的发生与受理设定了若干的限制条件，或规定了若干能反映某种事实发生、条件落实的单据提供。

（2）无条件保函

无条件保函主要是指"见所即付"保函。

4. 根据担保行付款责任的属性划分

（1）第一性责任保函

第一性责任保函是指那些已由担保人在保函中明白无误地作出了将其承担首先付款责任之承诺，只要索赔本身满足保函中规定的条件，则既无须受益人先行向申请人索要，也无须理会申请人是否愿意支付，担保函将在受益人首次索要后立即给予支付的担保。

（2）第二性责任保函

第二性责任人保函是指那些在保函项下明文规定了担保行只有在受益人提出索赔而申请人拒绝支付的方予付款的保函。

5. 根据保函的使用范围划分

（1）出口类保函

出口类保函是指银行应出口方的申请向进口方开出的保函，是为了满足出口的货物和劳务的需要而开立的保函。

① 投标保函

投标保函是指银行应投标人的要求向招标商人出具的保证人中标后履行标书规定的责任及义务的书面保证文件。

② 履约保函

履约保函是指银行应出口方或承包商的请求向进口方或接受承包的业主出具的保证

文件。

③ 预付款保函

预约款保函是指进口方或接受承包的业主在预付定金时要求出口方或承包商提供的银行担保。

④ 质量保函和维修保函

从本质上说，两者实际上是同一类型的保函，都是银行应出口方或承包商的要求，就合同标的物的质量向进口方或工程业主所出具的保证文件，所不同的就是两者使用范围有区别：质量保函通常应用于商品买卖合同项目，维修保函则应用于劳务承包合同。

⑤ 关税保付保函

关税保付保函又称为海关免税保函、海关保函等，是银行应承包商的请求向工程所在国海关出具的保证前者在工程完工后一定将施工机械撤离该国的保证文件。

⑥ 账户透支保函

账户透支保函是指银行应承包商的请求，就其融通款项的偿还向工程所在国某家银行出具的保证文件。

（2）进口类保函

进口类保函是指银行应进口方的请求，向出口方开立的保证文件。

① 付款保函

付款保函是指银行应进口方的要求，就其在某项合同下的付款责任向出口方出具的保证文件。

② 延期付款保函

延期付款保函是指银行就进口方在合同项下的付款责任向出口方出具的保证文件。

③ 补偿贸易保函

补偿贸易保函是指银行应进口方的要求，向供应设备方出具的保证进口方履行合同项下的部分付款义务的保证文件。

④ 来料加工保函和来件装备保函

来料加工保函和来件装备保函的性质是一样的，是银行应进料、进件一方的要求向供料、供件一方出具的书面保证文件。

⑤ 租赁保函

租赁保函是指银行应承租人的要求，对其在租赁合同下的付款义务向出租人出具的保证文件。

（3）其他类保函

① 借款保函

② 保释金保函

③ 票据保付保函

④ 费用保付保函

五、备用信用证

（一）备用信用证概述

1. 备用信用证的含义与用途

备用信用证又称商业票据信用证和担保信用证，是指开证行根据开证申请人的请求对受益人开立的承诺某项义务的凭证。即，开证行保证申请人未能履行其应履行的义务时，受益人只要凭备用信用证的规定向开证行开具汇票（或不开汇票），并提交开证申请人未履行义务的声明或证明文件，即可取得开证行的偿付。

备用信用证既可用于成套设备、大型机械、运输工具的分期付款和租金支付，又可用于一般进出口贸易、国际投标、国际融资、补偿贸易及技术贸易的履约保证。

2. 备用信用证的性质与特点

（1）不可撤销性。除非在备用信用证中另有规定或经双方当事人同意，开证人不得修改或撤销其在该备用信用证下的业务。

（2）独立性。备用信用证下开证行义务的履行并不取决于开证行从申请人那里获得偿付的权利和能力，受益人从申请人那里获得的付款的权利，也不取决于在备用信用证中对任何偿付协议或基础交易的援引，或开证行本身对任何偿付协议或基础交易的履约或违约的了解与否。

（3）强制性。备用信用证在开立后即具有约束力，无论申请人是否授权开立，开征权是否收取了费用，或受益人是否收到或因信赖备用信用证或修改而采取了行动，对开证行多是有强制性的。

（4）跟单性。开证人的义务取决于单据的提示，以及对所要求单据的表面审查。

3. 备用信用证的内容

备用信用证的内容包括：开证行的名称、开证日期、开证申请人名称和地址、受益人名称和地址、声明不可撤销的性质、备用信用证的金额、使用的货币种类、对单据的要求、备用信用证的有效期、保证文句、保证适用的惯例等。

（二）银行保函与备用信用证的异同

1. 银行保函与备用信用证的相同点

（1）都是银行应申请人的要求，向受益人开立的书面保证；

（2）都是银行信用代替商业信用或补充商业信用的不足；

（3）都适用于诸多经济活动中的履约担保。

2. 银行保函与备用信用证的不同点

不同点	银行保函	备用信用证
要求的单据	不要求受益人提交汇票，但要求受益人除提交证明申请人违约的文件外，还需要提交证明自己履约的文件。	要求受益人在索赔时提交即期汇票和证明申请人违约的书面文件。
付款的依据	分有条件保函和无条件保函两种，在有条件保函项下，只有保函所规定的条件得到满足后，或所规定的能反映客观事实的单据提交给担保行后，担保行才会履行其支付义务。	只要受益人能够提供符合信用证规定的文件或单据，开证行即验单付款。
遵循的规则	至今没有被世界各国所认可的通行惯例，只能参照《合约保函统一规则解释》。	有一个被世界各国所认可的通行惯例，只能参照《合约保函统一规则解释》。

第七节　索赔、不可抗力和仲裁

在进出口交易中买卖双方经常会产生争议，这些争议主要是一方或者双方违约造成的。对于违约造成的损失，违约方对受害方负有赔偿的责任。但是如果一方由于不可抗力而不能履行合同义务，可以免除损害赔偿的责任。此外，如果当事人不能通过协商解决争议，在国际贸易中常常采用仲裁的方式加以解决。

一、索赔（Claim）

索赔是指买卖合同的一方当事人因另一方当事人违约致使其遭受损失而向另一方当事人提出要求损害赔偿的行为。理赔是指一方对于对方提出的索赔进行处理。因此，索赔和理赔是一个问题的两个方面。

（一）索赔的依据和期限

一方当事人提出索赔时，必须要有充分的索赔依据。索赔依据包括法律依据和事实依据两个方面，前者是指买卖合同和所适用的法律，后者是指违约的事实、情节及其书面证明。该证明材料一般是双方认可的商检机构出具的各种检验证书。

索赔期限是指受损害一方有权向违约方提出索赔的期限。按照法律和国际惯例，受损害一方只能在一定的索赔期限内提出索赔，否则丧失索赔权。索赔期限有约定与法定之分。约定的索赔期限是指买卖双方在合同中明确规定的索赔期限，实际上也就是检验条款中的复验期限，一般根据商品的特点约定，可长可短，一般是货到目的港（地）后的30~60天，特殊情况可适当延长；法定索赔期限指有关法律、法规规定的受损害方向违约方提出索赔的最长期限。《合同公约》中将这一期限规定为两年；而《中华人民共和国合同法》将这一期限规定为四年。由于约定索赔期限是根据商品的不同特点做出的具体规定，所以在实际业务中，约定索赔期限的效力一般高于法定索赔期限。

（二）救济的方法

所谓救济，就是指一个人的合法权利被他人损害时，法律上给予受害方的补偿。《合同公约》规定的救济方式主要有损害赔偿、解除合同、实际履行3种。

1. 损害赔偿

损害赔偿是指违约方用金钱来补偿另一方由于其违约所遭受的损失，是国际货物买卖中使用最广泛的救济手段。根据《合同公约》，一方违反合同，只要使另一方蒙受损失，受害方就有权提出损害赔偿，而且损害赔偿并不因其采取了其他的救济而丧失。损害赔偿的范围应当与受损方因对方违约而遭受的包括利润在内的损失额相等，但不得超过违反合同一方在订立合同时，按照他当时已经知道或者理应知道的事实和情况对违反合同预料或者理应预料到的可能损失。

2. 解除合同

解除合同是指合同当事人免除或者终止履行合同义务的行为。根据《合同公约》，如果一方当事人违反合同的结果使得另一方当事人蒙受损失，以至于实际上剥夺了他根据合同有权期待得到的东西，就构成了根本性违约。合同的一方当事人不履行义务构成根本性违约时，另一方当事人有权解除合同。

3. 实际履行

实际履行指一方当事人未履行合同义务，另一方当事人有权要求他按照合同规定完整地履行合同义务，而不能用其他的补偿手段，如以金钱来替代，同时他还有权向法院起诉，要求法院强制另一方按合同规定履行。由于实际履行仅在大陆法国家作为主要的救济手段，而英美法国家仅仅视其为辅助的手段，因此，《合同公约》有限度地接受了这一手段，如《合同公约》规定，当卖方交货与合同不符时，在一定条件下买方方可要求卖方修补或者交付替代物。

此外还有一些其他的救济方式，如卖方交货不符，买方可以要求降低价款；双方当事人还可以在合同中约定在一方违约后向另一方支付一定的金额，即违约金。

二、不可抗力（Force Majeure）

（一）不可抗力的含义

不可抗力是指买卖合同签订后，不是由于当事人一方的过失或故意，发生了当事人在订立合同时无法预见，对其发生和后果无法控制、无法避免并且不可克服的事件，以致不能履行合同或不能如期履行合同。构成不可抗力必须具备以下要件：不可预见的偶然性，不可控制的客观性。

不可抗力事件包括两种类型：一种是由于自然原因，如洪水、暴风、干旱、大雪、地震等人类无法控制的自然力量所引起的灾害；另一种是社会原因，如战争、罢工、政府封锁禁运等引起的损害。不能错误地认为，所有的自然原因和社会原因引起的事件，都属于不可抗力。对于不可抗力的认定必须慎重，并要与诸如商品价格波动、汇率变化等正常的贸易风险严格区别开来。由于各国对不可抗力具体包括哪些事件有不同的解释，因此，最好在合同中订立不可抗力条款，并就其范围作出具体规定。

（二）不可抗力的法律后果

根据《合同公约》和有关的法律原则，如果发生不可抗力事件，致使合同无法得到全部、部分或者如期履行，有关当事人可以依据法律或者合同的规定，在不可抗力影响的时间和范围内，免除其相应的责任。一般来说，如果不可抗力事件的发生使得合同的履行成为不可能，如特定标的物灭失，可以解除合同；如果不可抗力事件只是部分地或者暂时地阻碍了合同的履行，则发生事件的一方可以部分履行或者延迟履行，同时当事人无须向对方承担损害赔偿的责任。

（三）不可抗力的处理

不可抗力事件的处理一般经过通知、确认和处理三个环节。

1. 通知

不可抗力事件发生以后，不能按规定履约的一方应当将不可抗力事件及时通知对方当事人。《合同公约》明确规定："不履行义务的一方，必须将障碍及其对他履行义务能力的影响通知另一方。如果该项通知在不能按规定履约的一方已经知道或者理应知道此一障碍后的一段合理时间内仍未为另一方收到，则他对由于另一方未收到通知而造成的损害，应负赔偿责任。"

另外，各国国内法一般都规定，一方要援引不可抗力免责，应当就不可抗力事件提供必要的证明文件。在我国，有关的证明文件一般由中国国际贸易促进委员会出具，外方大多由当地的商会或者登记注册的公证行出具。

2. 确认

对方接到违约方发出的不可抗力事件通知和证明文件后，应根据事件性质，决定是否确认其为不可抗力事件，并把处理意见及时通知违约方。

3. 处理

不可抗力事件的处理，关键是对不可抗力事件的认定。尽管在合同的不可抗力条款中做了一定的说明，但在具体问题上，双方会对不可抗力事件是否成立出现分歧。

三、仲裁（Arbitration）

在国际货物买卖中，一旦交易双方发生争议，通常首先由双方协商解决，协商不成时，就可能需要通过法律手段，即仲裁或者诉讼来解决。仲裁又称公断，是指买卖双方在争议发生之前或发生之后，签订书面协议，自愿将争议提交双方所同意的仲裁机构进行裁决以解决争议的一种方式。

一般在发达国家，贸易的履约过程中，一旦双方发生争议，应该按照合同，依据如下渐进的顺序：

1. 协商（Negotiation），通过协商方式以便保持合作关系，保护商业机密、维护企业声誉；

2. 调解（Intercession），通过第三方介入，对于双方有关争议提出"调解意见"，但是该意见对于双方当事人没有约束力；

3. 仲裁（Arbitration），仲裁是国际贸易中被广泛采用的一种方式，是指双方根据争议发生之前或发生之后达成的书面协议，自愿把相互间的争议提交双方同意的第三方进行裁决，裁决结果是终局的，对双方都具有约束力。

由于当今世界一国的法院裁决在另一国的承认和执行往往遇到较多的困难，而世界上大多数国家签署了《承认和执行外国仲裁裁决的纽约公约》，故目前仲裁已成为解决国际货物买卖纠纷的一种主要途径。

（一）仲裁协议

仲裁协议是指当事人达成的将争议提交仲裁裁决的书面协议，它可以是在争议发生之前合同当事人在合同中订立的仲裁条款，也可以是在争议发生之后双方当事人订立的提交仲裁的协议。其作用主要表现在3个方面：一是表明双方当事人在发生争议时自愿提交仲裁；二是使仲裁机构取得对争议案件的管辖权；三是可排除法院对于争议案件的管辖权。这3个方面的作用是互相联系、不可分割的。

仲裁协议是仲裁庭管辖仲裁案件的基础，具有独立性，即仲裁协议独立于主合同而存在，不因合同的变更、解除、终止、失效或无效而影响其效力。

（二）仲裁裁决的效力

仲裁裁决一般是终局的，对双方当事人都有约束力，当事人应当执行，而不能就同一问题再诉诸法院。一般来说，只有当事人认为仲裁协议无效或者仲裁有程序性问题，才可以要求法院对仲裁予以审查。法院一般不审查仲裁的实体问题。

第八节　进出口业务的主要单证

进出口业务中涉及许多单证，总的来说包括三大类：一是金融单证，主要为信用证、汇票、支票和本票；二是商业单证，主要有发票、装箱单、提单、保险单等；三是主要用于政府管制的单证，包括许可证、原产地证明、商检证书等。本节仅对主要的商业单证加以介绍。

一、发票（Invoice）

（一）发票的种类和作用

1. 商业发票（Commercial Invoice）

商业发票是卖方向买方开立的，对所装运货物作出全面、详细说明，并凭以向买方收款的货款价目总清单。

它是卖方结汇所需的单据之一，也是买方凭以收货、付款以及报关纳税的依据。其主要作用是：

（1）商业发票是整套货运单据的中心，通过了解发票的内容，可掌握每笔装运货物的全貌；

（2）商业发票便于进口商验收、核对出口商所发运的货物，查看是否符合合同或信用证的规定；

（3）商业发票可作为买卖双方记账的原始凭证；

（4）商业发票可以作为报关、纳税的计算依据；

（5）在没有汇票的情况下，商业发票可以代替汇票，作为出口商向进口商收款的根据。

2. 形式发票（Proforma Invoice）

形式发票是在贸易合同订立前开立的发票，主要用于进口方向当局申请批汇或进口许可证。它不是一种正式发票，不能用于托收和议付，它所列的单价等也仅仅是出口方根据当时情况所作的估计，对进出口双方都无最终的约束力。

3. 厂商发票（Manufacture's Invoice）

厂商发票是由出口货物的制造商出具的以本国货币计价的发票，其作用是供进口国海关检查是否有削价倾销行为，以便确定是否征收反倾销税。

4. 领事发票（Consular Invoice）

领事发票又称签证发票，是按某些国家法令规定，出口商对其国家输入货物时必须取得进口国在出口国或其邻近地区的领事签证的，作为装运单据一部分和货物进口报关的前提条件之一的特殊发票。

（二）商业发票的主要内容

商业发票由出口企业自行缮制，无统一格式，但基本栏目大致相同，分首文、本文和结文3部分。

首文部分包括发票名称、号码、出票日期、信用证或合同号码、收货人或抬头、运输工具及运输线路等。

本文部分包括唛头、货物描述、单价与总金额等。

结文部分包括许可证号、汇票出票条款、信用证要求在发票上证明或声明的其他内容、发票制作人签章等。

发票主要内容如下：

1. 出票人的名称与地址。发票的出票人一般为出口公司。

2. 合同编号（Contract No.）和信用证编号（L/C No.）。

3. 起讫地点（From/To/Via…）。该栏标明了货物运输的实际起讫地点。如货物需要转运，则注明转运地。有的还注明运输方式。

4. 抬头（To/Sold to Messrs/For Account and Risk of Messrs）。抬头即收货人，一般注明合同买方的名称和地址。

5. 唛头及件号（Mark & Nos./Shipping Marks）。该栏一般注明运输标记和集装箱号。无唛头时，列明"N/M"或者空白。

6. 品名和货物描述（Name and Commodity/Description of Goods）。该栏一般注明具体装运的货物的名称、品质、规格及包装状况等内容。

7. 数量（Quantity）、单价（Unit Price）和总价（Amount/Total Price）。数量为实际装运的数量。单价包括计价货币、具体价格数、计价单位、贸易术语4部分。总价一般由大小写组成。如果合同单价含有佣金（Commission）或折扣（Rebate/Discount/Allowance），发票上一般也会注明。另外，有时根据买方的要求，对按照CIF、CIP或者CFR、CPT成交的，还分别列明运费（Freight）、保费（Insurance/Premium）和FOB或FCA价格。

8. 特殊条款。主要是根据买方和信用证的要求，对一些特殊事项加以注明。比如，加注进口许可证号、货物产地、净重和毛重（一般只列总净重和总毛重）、船名、汇票出票条款等。

9. 签章（Signed by/Signature）。签字人一般为出口公司的法人代表或经办制单人员。签字可使用印鉴，并注明公司名称。

（三）商业发票样式

上海进出口贸易公司
SHANGHAI IMPORT & EXPORT TRADE CORPORATION
1321 ZHONGSHAN ROAD SHANGHAI CHINA

COMMERCIAL INVOICE

Tel: 021-65788877

Fax: 021-65788876

E-mail: SMTIC@168.com

Invoice No.:XH051111

Date: Oct. 01, 2005

S/C No.: ST303

L/C No.:TH2003

TO: YIYANG TRADING CORPORATION

   88 MARAHALL AVE.

   DONCASTER VIC 3108

   MONTREAL, CANADA

FROM <u>SHANGHAI,CHINA</u>   TO <u>MONTREAL, CANADA</u>

Marks & No.s	Descriptions of Goods	Quantity	Unit Price	Amount
	COTTON TEATOWELS		CIF	
			MONTREAL	
Y.Y.T.C	10′×10′	16 000DOZN	USD 1.31	USD 20 960.00
MONTREAL	20′×20′	6 000DOZN	USD 2.51	USD 15 060.00
C/No.1-330	30′×30′	11 000DOZN	USD 4.70	USD 51 700.00
				USD 87 720.00

PLEASE PAYMENT U.S. DOLLARS EIGHTY SEVEN THOUSAND SEVEN HUNDRED AND TWENTY ONLY.

WE HEREBY CERTIFY THAT THE ABOVE MENTIONED GOODS ARE OF CHINESE ORIGIN.

二、装箱单（Packing List/Packing Specification）

（一）装箱单的含义和作用

装箱单也称包装单、花色码单、码单，是用以说明货物包装细节的清单。卖方一般都向买方提供装箱单作为发票的补充，以便在货物到达目的港后，供海关验货和收货人核对货物。装箱单主要载明货物装箱的详细情况，包括所装货物的名称、规格、数量、花色搭配等。

（二）装箱单的主要内容

出口人制作的装箱单格式不尽相同，但基本栏目内容相似。装箱单主要内容如下：

1. 抬头。内容同发票，也有不列抬头而注明"As per Inv."或"To whom it may concern"。

2. 品名和规格。内容同发票，另外也通常对货物包装情况和包装材料作简要说明，如"拆散后装入木箱"（Packed in wooden case, C. K.）。

3. 包装及数量（Packing/Packed in）。注明每种货物的包装件数和合计数，以及每个包装件的实际尺寸（Length/Width/Height）和体积（Measurement）。

在单位包装货量或品种不固定的情况下，需注明每个包装件内的包装情况，因此包装件应编号。在每一个包装件内，一般尽可能详细地列出有关的包装细节，如规格、型号、色泽、内装量等。

4. 毛重（Gross Weight, G. W.）及净重（Net Weight, N. W.）。注明总毛重和总净重，有的也列明货物的单件毛重、净重或皮重（Tare）。不定量包装货物，通常要逐件列出单件重量。

5. 唛头。唛头内容一般与发票所列相同，有时仅在装箱单中列明。

（三）装箱单样式

上海进出口贸易公司
SHANGHAI IMPORT & EXPORT TRADE CORPORATION
1321 ZHONGSHAN ROAD SHANGHAI CHINA

PACKING LIST

Tel: 021-65788877

Fax: 021-65788876

E-mail: SMTIC@168.com

Invoice No.:XH051111

Date: Oct. 01, 2005

S/C No.: ST303

L/C No.:TH2003

MARKS & NO.S

TO: YIYANG TRADING CORPORATION   Y.Y.T.C

　88 MARAHALL AVE.   MONTREAL

　DONCASTER VIC 3108 C/No.1-330

　MONTREAL, CANADA

Case No.	Goods Description & Packing	QTY（DOZN）	G.W.（kg）	N.W.（kg）	MEAS（m³）
	COTTON TEATOWELS				
1-160	10′×10′	16 000	400	320	3.2
161-220	20′×20′	6 000	150	120	1.2
221-330	30′×30′	11 000	275	220	2.2
	PACKED IN ONE CARTON OF 100 DOZS EACH				
TOTAL:		33 000	825	660	6.6

PACKED IN <u>330</u> CARTONS

TOTAL GROSS WEIGHT <u>825kgs</u>

TOTAL NET WEIGHT <u>660kgs</u>

WE HEREBY CERTIFY THAT THE ABOVE MENTIONED GOODS ARE OF CHINESE ORIGIN

WANG LI

三、提单（Bill of Lading，B/L）

（一）海运提单的含义和作用

提单亦称海运提单（Ocean Bill of Lading），是指用以证明海上货物运输合同和货物已经由承运人接受或者装船，以及承运人保证据以交付货物的单据。

实际业务中，海运提单的性质和作用表现为三方面：

1. 它是承运人应托运人的要求所签发的货物收据，表明承运人已按提单所列内容收到了货物。

2. 它是承运人与托运人之间订立运输合同的证明。提单条款明确规定了承运人与托运人之间的权利与义务、责任与豁免，是处理双方之间有关海洋运输方面争议的主要依据。

3. 它是物权凭证。海运提单是代表货物所有权的凭证，收货人或提单的合法持有人，有权凭提单向承运人提取货物。提单是一种物权证明，持有人还可在载货船舶到达目的港之前进行转让，也可向银行押汇。

（二）提单的种类

提单可从不同的角度进行分类，常见的提单主要有以下几类：

分类角度	名称	含义	注明方法	意义
根据提单上对货物外表有无不良批注进行分类	清洁提单（Clean B/L）	货物装船时表面状况良好，承运人未加有不良批注的提单。	这类提单上一般印有"在提单内所列货物表面状况良好"一类的词句，未加其他不良批注。	《UCP600》规定，银行只接受未载有明确宣称货物或包装有缺陷的条款或批注的清洁运输单据。
	不清洁提单（Unclean B/L）	承运人在提单上另加有货物及（或）包装有缺陷的批注的提单。	承运人在提单上批注"外箱破裂""雨淋""唛头不清"等。	
根据货物是否装船进行分类	已装船提单（On Board B/L）	承运人在货物已装船后签发给托运人的提单。	① 预先印就表明货物已被装上指名船只或已装运于指名船只的文字。此时，装运日期和装船日期为签发日期。② 在收妥备运提单上加批注，即装船结束时在此类提单上批注货物装船日期和实际装货船名，则成为已装船提单。此时，批注日期即装运日期和装船日期。	一般信用证均要求提交已装船提单。备运提单由于在装货前就已经签发，因此不利于收货人安全收货，信用证项下银行一般不接受此种提单。
	备运提单（又称为收货提单）（Received for Shipment B/L）	承运人应托运人要求，在收货后等待装船期间先行签发的一种提单。	提单开头一般有如下声明文句："兹由……收到下列货物……"未载明船名、装船日期。	

分类角度	名称	含义	注明方法	意义
根据不同的收货人抬头或是否可转让进行分类	记名提单（Straight B/L）	必须由收货人本人持单提货的提单，一般不可转让。	"收货人"一栏载有收货人名称。	记名提单最保险。但它不能转让，因而使用不便；不记名提单凭交付即可转让，使用方便，但不保险；指示提单使用方便，又具有一定的保险性，故在实际业务中使用最为广泛
	不记名提单（Blank B/L）	未指明收货人，任何人持有该提单均可提货的提单。无须背书即可转让。	"收货人"一栏留空不填或填"持有人（To Bearer）"。	
	指示提单（Order B/L）	按记名人或非记名人的指示提货的提单，可背书转让。	在"收货人"一栏填有"凭指示（To Order）"（To Order）或"凭某人指示（To Order of …）"字样。	
根据不同的运输方式进行分类	直达提单（Direct B/L）	同一船舶将货物自装运港一直运送到目的港条件下签发的提单。	仅列有装运港和目的港。	转船提单和联运提单都包括全程运输，但是提单签发人一般都在提单中规定，只对他负责的第一程运输内发生的货物损失承担责任。
	转船提单（Transshipment B/L）	在运输全程中货物自装运港到最终目的港中途需换船转运条件下签发的提单。	列明了装运港、目的港和转船港，有的注明了二程船或者三程船的名称。	
	联运提单（Through B/L）	在运输全程中需由两种以上运输方式才能将货物自装运港运至最终目的港条件下，由第一程承运人（船公司）签发的提单。	列明了装运港、目的港和交货地（表明第一程运输为海运，到达目的港后改为其他运输方式）。	
根据运费支付方式进行分类	运费预付提单（Freight Prepaid B/L）	承运人在卖方支付运费的情况下签发的提单。	提单运费栏中填写有（Freight Prepaid)或（Freight Paid)等。	运费预付提单多见于CIF、CFR、CIP、CPT等由卖方支付运费的术语的合同。运费到付提单多见于FOB、FCA等由买方支付运费的术语的合同。
	运费到付提单（Freight to be Collected B/L）	承运人在装运港签发的提单，待货到目的港后，由收货人与承运人结算运费的提单。	提单运费栏中填写有"Freight to Collect""Freight Payable at Destination"等。	
根据使用效力进行分类	正本提单（Original B/L）	在法律上和商业上都是公认有效的单证。	提单上须注明"original"字样，并载有承运人、船长或代理人签字盖章及提单签发日期。	正本提单一般签发一式两份或三份，凭其中任何一份提货后，其余各份作废，因此一般买方或银行要求卖方提供全部正本提单，即全套提单。
	副本提单（copy B/L）	仅作参考之用	没有承运人、船长或代理人签字盖章，一般注明"copy"或"Non negotiable"。	

（三）提单的主要内容

提单的格式很多，每个船公司都有自己的提单格式，但基本内容大同小异，主要包含以下项目：

1. 承运人名称（Carrier）。提单是承运人签发的，因此承运人的名称一般在提单上事先印制在显著位置。

2. 提单号码（B/L No.）。即提单的顺序号，该编号与装货单一致。

3. 托运人（Consigner/Shipper）、收货人（Consignee）和被通知人（Notify Party）。托运人是与承运人签订运输契约的人，一般为出口人。有时出口人是实际供货商的代理，此时实际供货商也可以是托运人。收货人一栏有记名式、指示式、不记名式3种方式。记名式收货人为指定的收货人名称；指示式的收货人栏一般为"To Order"或"To Order of ..."等；不记名提单收货人一般为"To Bearer"（交持票人），即空白抬头。被通知人是接收船方发出货到通知的人，它是收货人的代理人。如果收货人栏采用指示式、不记名式，此栏一般为实际的提货人，通常为进口人。

4. 前段运输（Pre carriage by）。指正式装上海轮前可采用的运输工具，如"火车"（by train No. ××）。

5. 收货地点（Place of Receipt）。指货物需转运时运抵装运港前一段收货的地点。如在石家庄收货，运至天津新港装船，本栏应填写"SHI JIA ZHUANG"。若货物不需转运，此栏空白不填。

6. 船名及航次号（Ocean Vessel/Voyage No.）。根据该批货物所实际装运的船名和航次填写。

7. 装运港（Port of Loading）。指直接装运货物上船的港口。如果货物需转运，列明转运港口名称。

8. 卸货港（Ports of Discharge）。指货物最后卸货的港口。若货物直达目的港，卸货港为最后目的港。如果货物需转运，装运港后面没有注明中转港，则可在目的港之后加注。

9. 交货地点（Place of Delivery）。填写最终目的地名称。如果货物的目的地就是目的港，则这一栏可填写为目的港或者空白。

10. 唛头（Marks & Nos.）。采用集装箱运输时可以不列明唛头。无唛头时，列明"N/M"或者空白。

11. 集装箱号（Container No.）。如果采用集装箱运输，所使用的集装箱的号码、封号等列明在此栏中。

12. 件数、包装种类及货物描述（Number and Kind of packages，Description of Goods）。此栏的件数指预计装船出口的货物包装件的件数，而非货物的数量。对散装货，应注明"散装"（in bulk）字样。对裸装货和包装货，应详细列明最大包装数量或者件数。若出口货物有若干种，而包装方式、包装材料完全不同，则列明每种货物的最大包装件数，如出口的10万码布匹，分别以30个集装袋、21个捆包装，则列为30个集装袋、21个捆。货物如属托盘装运，该栏列明托盘的数量，同时用括号加注货物包装的件数，如"5 PALLETS（60 CARTONS）"。合计栏为合计数，各种包装方式的最大包装件数合计填在此栏。合计（Total Number of）一栏为上述合计数的英文大写。

货物的名称一般为大类统称，而无货物的详细品名及规格，但用途不同的大类产品一般分别列明。

13. 毛重（Gross Weight）和体积（Measurement）。一般以公吨作为重量单位，以立方米作为体积单位，小数点后保留三位。

（四）提单样式

Shipper	**COSCO** B/L No.××××××
SHANGHAI IMPORT & EXPORT TRADE CORPORATION	中 国 远 洋 运 输 公 司 **CHINA OCEAN SHIPPING COMPANY**
Consignee TO ORDER OF SHIPPER	**Combined Transport BILL OF LADING**
Notify Party YIYANG TRADING CORPORATION 88 MARAHALL AVE. DONCASTER VIC 3108 MONTREAL, CANADA	

Pre-carriage by	Place of Receipt	Ocean Vessel Voy. No. MAYER 05W	Port of Loading SHANGHAI, CHINA	Port of Discharge MONTREAL, CANADA	Place of Delivery

Container No	Marks & Nos	Number and Kind of Packages Description of goods	Gross weight	Measurement
	Y.Y.T.C MONTREAL C/No.1-330	COTTON TEATOWELS THREE HUNDRED AND THIRTY （330） CARTONS TOTAL ONE 20' CONTAINER CY TO CY FREIGHT PREPAID **ON BOARD**	825KGS	6.6CBM

TOTAL NUMBER OF CONTAINERS   （IN WORDS）

SAY THREE HUNDRED AND THIRTY CARTONS ONLY.

FREIGHT & CHARGES	Revenue Tons	Rate	Per	Prepaid	Collect
Ex. Rate.	Prepaid at	Payable at		Place and date of Issue **SHANGHAI, CHINA**	
	Total Prepaid No. of original B（s）/L THREE			Signed for the Carrier	

LADEN ON BOARD THE VESSEL

DateOCT. 20, 2005

By ×××

四、海上货运单（Sea Waybill/ Ocean Waybill）

（一）海上货运单的含义和作用

海上货运单，简称海运单，是证明海上货物运输合同和货物由承运人接管或装船，以及承运人保证据以将货物交付给单证所载明的收货人的一种不可流通的单证，因此又称"不可转让海运单"（Non-negotiable Sea Waybill）。

在实际业务中，海运单的性质及作用主要表现在：

1. 海运单是承运人和发货人之间海上运输合同的证明。

2. 海运单是出运货物的收据。不同于海运提单的是，海运单不可转让也不是物权凭证。收货人不凭海运单提货，承运人也不凭海运单而是凭海运单载明的收货人的提货或收货凭条交付货物，只要该凭条能证明其为海运单上指明的收货人即可。

由于海运单提货方便，费用节省，便于防止假单据欺诈，而且利于 EDI 的使用，所以海运单的使用范围正在逐渐扩大。但是目前海运提单仍然是最主要的海运单据。

（二）海运单的主要内容

海运单的内容和海运提单基本相同，在此不再赘述。但需要指出的是，由于海运单是不可转让的，亦不能作为物权凭证，所以海运单的"收货人"一栏必须是实际的收货人，而不能做成可转让形式的抬头，如"凭指示"（To order）或"凭某某指示"（To order of …）。

五、航空运单（Air Waybill）

（一）航空运单的含义和作用

航空运单是承运人签发给托运人表示已经收妥货物接受空运的货运单据，是承运人和托运人之间的运输合同和货物收据。航空运单和海运提单不同，它不是物权凭证，不能凭以提货或转让。货到目的地后，收货人凭承运人发出的到货通知书提货。航空运单依签发人不同可分为总运单（Master Air Waybill）和分运单（House Air Waybill）。总运单是航空公司签发的，分运单是航空货运代理公司签发的，两者在内容上基本相同，法律效力也无不同。

（二）航空运单的主要内容

不同的航空公司和航空货运代理公司所签发的航空运单的格式各有不同，但其基本内容如下：

1. 收发货人名称及地址。一般为发货人栏填写出口方的名称及地址，收货人栏填写进口方的名称和地址。

2. 签单承运人的代理人及城市（Carrier's Agent Name and City）。如由货运代理公司签发，此栏为实际名称及城市。如航空运单由承运人直接签发，此栏可不填。

3. 起航机场、指定航线和目的地机场［Airport of Departure（Add. Of First Carrier）and Requested Routing，Airport of Destination］。

4. 会计结算情况（Accounting Information）。一般根据实际情况填写运费预付或运费到付等内容。

5. 费用币制（Currency）。币制应以国际标准代码表示，如 CNY（人民币）。

6. 供运输使用的申报价值（Declared Value for Carriage）。按国际公约规定，托运人在交付托运时需申报货物价值，如发生货损，承运人按其申报价值赔偿。申报价值必须标明币制。如不填申报价值，此栏则填写"N.V.D."（No Value Declared）。

7. 供海关使用的申报价值（Declared Value for Customs）。此栏所填入价值为海关征税依据。如果本地以商业发票或出口货物报关单申报价值为征税依据时，可留空不填。如作为样品等极少数量货物，可填"N.C.V."（No Commercial Value）。

8. 商品名称、包装件数、毛重（Commodity, No. of Pieces, Gross Weight）。

9. 费率及运费总额（Rate/Charge, Total）。

10. 发货人或代理人签名（Signature of Shipper or His Agent）。由发货人或代理人在本栏签名，保证该货并非危险物。

11. 承运人或其代理签字及签发运单日期、地点〔Executed on … （date） at … （Place），Signature of Issuing Carrier or Its Agent）。正本航空运单必须由承运人或其代理人签章后才能生效。

按照国际惯例，承运人或其代理人签发的航空运单正本有 3 份，分别由航空公司和发货人留存，以及随机转给收货人；副本有 9 份，根据需要签发。

（三）航空运单样式

Shipper's Name and Address	Shipper's Account Number 045686	Not Negotiable **Air Waybill 中国东方航空公司** Issued by CHINA EASTERN AIRLINES
SHANGHAI TIANYE TOOLS MANUFACTURE CO., LTD 3188, GANXIANG TOWN, JINSHAN DISTRICT SHANGHAI, CHINA		2250 HONGQIAO ROAD SHANGHAI CHINA
Consignee's Name and Address	Consignee's Account Number SO099	Copies 1,2 and 3 this Air Waybill are originals and have the same validity
PT.HYCO LANGGENG 300 VIRA SEMARANG INDONESIA		It is agreed that goods described herein are accepted in apparent good order and condition (except as noted) for carriage SUBJECT TO THE CONDITIONS OF CONTRACT ON THE REVERSE HEREOF. ALL GOODS MAY BE CARRIED BY ANY OTHER MEANS INCLUDING ROAD OR ANY CARRIER UNLESS SPCIFIC CONTRARY INSCTRCTIONS ARE GIVEN HEREIN BY THE SHIPPER, AND SHIPPER AGREES THAT THE SHIPMENT MAY BE CARRIED DEEMS APPROPRIATE. THE SHIPPER'S ATTENTION IS DRAWN TO THE NOTICE CONCERNING CARRIER'S LIMITATION OF LIABILITY. Shipper may increase such limitation of liability by declaring a higher value for carriage and paying a supplemental charge of required.
Issuing Carrier's Agent Name and City		Accounting Information
FUKANGWA EX3 （030-424） SEMARANG EXPRESS CO., LTD.		**FREIGHT PREPAID**
Agents IATA Code 08321550	Account No.	**D=34 （20CBM）**

Airport of Departure （Add. of First Carrier） and Requested Routing

To	By First Carrier	Routing and Destination	To	By	To	By	Currency USD	Chgs Code	WT/VAL		Order		Declared val for Carrier	Declared val for Customs
									PPD	COLL	PPD	COLL		

Airport of Destination **SHANGHAI**	Requested Flight/Date **MU0514/02**	Amount of Insurance	If shipper requests insurance in accordance with the conditions thereof indicate amount to be insures in figures in box marked "Amount of Insurance".

Handling Information

AS PER REF NO. XY050401

No. of Place RCP	Gross Weight	kg lb	Rate Class Commodity Item No.		Chargeable Weight	Rate Charge	Total	Nature and Quantity of Goods (Incl. Dimensions or Volume)
1400	3 200	K	S		3 200	1.50	2 400.00	TOOLS 20CBM

Prepaid / Weight Charge / Collect	Other Charges
	AWB FEE: 200.00
Valuation Charge	
Tax	
Total other Charges Due Agent 200.00	Shipper certifies that particular's on the face hereof are correct and agree THE CONDITIONS ON REVERSE HEREOF:
Total Charges Due Carrier	高丽 PUDONG AIRPORT Signature Shipper or his Agent
Total Prepaid / Total Collect 2200.00	Carrier certifies that the goods described hereon are accepted for carriage subject to THE CONDITION OF CONTRACT ON THE REVERSE HEREOF. The goods then being in apparent good order and condition except as noted hereon.
Currency Conversion Rate / CC Charges in Dest Currency	MAY. 01, 2005 SHANGHAI, CHINA
For Carriers Use only at Destination / Charges at Destination / Total Collect Charges	Executed （date） at （place） Signature of issuing Carrier 789-3905 0933

六、提货单（Delivery Order）

（一）提货单的含义

提货单又被称为"小提单""交货单""交割单"，是指收货人凭正本提单或副本提单随同有效的担保向船公司或其代理人换取的，可向港口装卸部门提取货物的凭证。提货单的性质与提单完全不同，它是船公司或其代理人指令仓库或装卸公司向收货人交付货物的凭证，不具备流通或其他作用。

在海运进口中，船到卸货港后，进口人需持正本提单（或副本提单随同有效担保）向船公司或其代理换取提货单。进口人向海关进行进口货物申报，海关审核单据和货物无误后，在提货单上加盖海关放行章，并退返给进口人。进口人持盖有海关放行章的提货单向海关监管仓库领取货物。

从法律性质上说，提货单与提单完全不同。提单是其上所记载的货物的物权凭证，根据《中华人民共和国海商法》规定，除记名提单不得转让外，其他提单能够流通转让；而提货单不具有物权凭证的作用，因此，它不能流通转让，不能像提单那样转让、融资。

（二）提货单的作用

在运费到付的情况下，收货人只有先付清运费及各项其他费用后才可换领提货单。因此，对船公司来说，提货单起到保证收取运费的作用。说通俗些，提货单主要有以下几个作用：

1. 港口可以凭此放货；
2. 对船公司来说，保证能收到钱；
3. 保证能收到保函及其他单据；
4. 方便管货部门的管理，放货人员可以只认提货单，而不需对提单、应付费用发票、保函等单据——确认。

（三）提货单的主要内容

提货单主要包含两部分内容。

第一部分为运输和货物相关信息，包括：

1. 收货人信息。一般包含"收货人名称"和"收货人开户银行与账号"两栏，由收货人或其代理人按实际情况填写。

2. 与运输相关的信息。包括船名、航次、起运港、目的港、提单号、交付条款、卸货地点等。内容须与进口货物报关单及随附商业单据相一致。

3. 与货物相关的信息。包括标记、货名、件数、重量和体积等。

第二部分为签章栏，包括收货人章、海关章、检验检疫章，以及需要的其他签章。进口人必须持盖有海关放行章的提货单才能向海关监管仓库提取货物。

（四）提货单样式

金龙国际船务代理有限公司
JIN LONG INTERNATIONAL SHIPPING AGENCY CO. ,LTD.
进 口 集 装 箱 货 物 提 货 单

No:0865236

港区场站			船档号	
收货人名称			收货人开户 银行与账号	
船名	航次	起运港	目的港	预计到达日期
提单号	交付条款	卸货地点	进库场日期	第一程运输

标记与集装箱号	货　名	集装箱数或件数	重量(kg)	体积(m³)

船代公司重要提示： (1)本提货单中有关船、货内容按照提单的相关显示填制。 (2)请当场核查本提货单内容错误之处,否则本公司不承担由此产生的责任和损失。（Error And Omission Excepted） (3)本提货单仅为向承运人或承运人委托的雇佣人或替承运人保管货物订立合同的人提货的凭证,不得买卖转让。（Non-negotiable） (4)在本提货单下,承运人代理人及雇佣人的任何行为,均应被视为代表承运人的行为,均应享受承运人享有的免责、责任限制和其他任何抗辩理由。（Himalaya Clause） (5)货主不按时携单造成的损失,责任自负。 (6)本提货单中的中文译文仅供参考。 (7)本提货单所列到达日期系预报日期,不作为申报进境计算滞报金、滞箱费起算之日的凭据。 　　　　金龙国际船务代理有限公司 　　　　　　　（盖章有效） 　　　　　　　　年　月　日	收货人章　　　　海关章 　1　　　　　　2 检验检疫章 　3　　　　　　4 　5　　　　　　6
注意事项： 1. 本提货单需盖有船代放货章和海关放行章后方始有效。凡属法定检验、检疫的进口商品,必须向检验检疫机构申报。 2. 提货人到码头公司办理提货手续时,应出示单位证明或经办人身份证明,提货人若非本提货单记名收货人时,还应当出示提货单记名收货人开具的证明,以表明其为有权提货的人。 3. 货物超过港存期,码头公司可以按《上海港口货物疏运管理条例》的有关规定处理,在规定期间无人提取的货物,按《海关法》和国家有关规定处理。	

七、装货单（Shipping Order，S/O）

（一）装货单的含义和作用

装货单俗称下货纸，是由船公司或其代理人在接受托运人提出的托运申请后，向托运人签发的凭以命令船长接受货物装船的依据。在我国的集装箱出口运输业务中，由于托运单、装货单等单证填写的内容基本相同，一些主要口岸的做法是将托运单、装货单、收货单（大副收据）、运费通知单等合在一起，制成一份多达九联或十联的单据。以十联单为例，装货单是其中的第五联（场站收据副本）。按国际一般惯例，装货单一般是一式三联，第一联留底，为船方缮制装货清单之用；第二联是装货单；第三联为收货单，即大副收据。

船公司在接受托运申请，确定出口货物配装的船舶和受载期后，根据托运单签发装货单，并在装货单上注明将要装载船舶的名称、装货单顺序编号，递交托运人。托运人凭以连同有关货物的其他单证到海关办理出口报关手续，海关核查单证和查验实物后，在装货单上加盖放行章交还托运人，托运人凭以装运货物，因此装货单又称"关单"。

在实际业务中，装货单的作用主要表现在：

1. 装货单是承运人确认承运货物的证明。装货单一经承运人签章，即表明已办妥托运手续，承运人已同意承运该批货物，运输合同即告成立。

2. 装货单是海关对出口货物进行监管的单证。托运人在办理出口货物报关手续时，须向海关提交装货单，海关查验并在装货单上加盖放行章后方准予出口。

3. 装货单是承运人通知船长接受货物装船的命令。

（二）装货单的主要内容

装货单的内容主要反映了货物信息和船务信息。

1. 编号和日期。装货单上一般注明两个编号，一个为装货单号码（S/O#），这个编号是该批货物运输的唯一编号，以后大副签发的收货单（大副收据）和船公司签发的提单都使用这一编号；另一个编号为海关编号（Customs Ves. #），该编号与发票号码一致。日期为装货单签发日期。

2. 船名（S.S.）和航次（Voy.）。如需转船，一般以符号"/"间隔列出第一程船与第二程船的船名。

3. 装往地点（Destination）。一般为目的港名称，而不是最终目的地名称。如需转运，以符号"/"间隔表示出目的港和转运港的地点。如目的港为选择港，一般在港名前或者后加注"Option"字样。

4. 装入何舱（Stowed）。该栏填写货物所装的具体舱位，如果货物装在甲板上，该栏填写舱面。

5. 实收（Received）。此栏列明了货物实际装船的总的包装件数。

装货单中的托运人、收货人、被通知人、唛头、件数、货物描述、重量、体积等内容，参见发票、提单等有关内容。

（三）装货单样式

中 国 外 轮 代 理 公 司

CHINA OCEAN SHIPPING AGENCY

装 货 单

SHIPPING ORDER

装单号码　　　　　　日期　　　　　　　海关编号

S/O # __×××× __　Date__ OCT. 15, 2005 __　Customs Ves. # _____ ×××××××××

船名　　　　　　　　航次　　　　　　　装往地点

S.S. ___ MAYER ___　Voy. _____ 05W _____　Destination _____ MONTREAL, CANADA

托运人

Shipper _____ SHANGHAI IMPORT & EXPORT TRADE CORPORATION

收货人

Consignee _____ TO ORDER OF SHIPPER

通　　知

Notify _____ YIYANG TRADING CORPORATION，　88 MARAHALL AVE. DONCASTER VIC 3108,

　　　　　　MONTREAL, CANADA

标记及号码 Marks and Numbers	件数 Quantity	货　名 Description of Goods	重量 Weight		尺码 Measurement
			净重 Net	毛重 Gross	
Y.Y.T.C MONTREAL C/No.1-330	16 000DOZN 6 000DOZN 11 000DOZN	COTTON TEATOWELS 10′×10′ 20′×20′ 30′×30′	320kg 120kg 220kg	400kg 150kg 275kg	3.2 m³ 1.2 m³ 2.2 m³
合计 Total	33 000DOZN	共重 Total	660kg	825kg	6.6 m³
合计 SAY	THIRTY-THREE THOUSAND DOZN ONLY				

请将上述完好之状况货物，予以装船，并希签署收货单为荷。

Please receive on board the above mentioned goods in good order and condition and sign the accompanying receipt for same.

装入何舱

Stowed in _____ HOLD NO.2

实　　收

Received _____ 330 CARTONS

理货员签名

Tallied By _____ ×××

代 理 人

As agents _____ ×××

附　录

中华人民共和国海关法

1987 年 1 月 22 日第六届全国人民代表大会常务委员会第十九次会议通过
根据 2016 年 11 月 7 日中华人民共和国主席令第 57 号《全国人民代表大会常务委员会
关于修改〈中华人民共和国对外贸易法〉等十二部法律的决定》修正

目　录

第一章　总　则

第一条　为了维护国家的主权和利益，加强海关监督管理，促进对外经济贸易和科技文化交往，保障社会主义现代化建设，特制定本法。

第二条　中华人民共和国海关是国家的进出关境（以下简称进出境）监督管理机关。海关依照本法和其他有关法律、行政法规，监管进出境的运输工具、货物、行李物品、邮递物品和其他物品（以下简称进出境运输工具、货物、物品），征收关税和其他税、费，查缉走私，并编制海关统计和办理其他海关业务。

第三条　国务院设立海关总署，统一管理全国海关。

国家在对外开放的口岸和海关监管业务集中的地点设立海关。海关的隶属关系，不受行政区划的限制。

海关依法独立行使职权，向海关总署负责。

第四条　国家在海关总署设立专门侦查走私犯罪的公安机构，配备专职缉私警察，负责对其管辖的走私犯罪案件的侦查、拘留、执行逮捕、预审。

海关侦查走私犯罪公安机构履行侦查、拘留、执行逮捕、预审职责，应当按照《中华人民共和国刑事诉讼法》的规定办理。

海关侦查走私犯罪公安机构根据国家有关规定，可以设立分支机构。各分支机构办理其管辖的走私犯罪案件，应当依法向有管辖权的人民检察院移送起诉。

地方各级公安机关应当配合海关侦查走私犯罪公安机构依法履行职责。

第五条　国家实行联合缉私、统一处理、综合治理的缉私体制。海关负责组织、协调、管理查缉走私工作。有关规定由国务院另行制定。

各有关行政执法部门查获的走私案件，应当给予行政处罚的，移送海关依法处理；涉嫌犯罪的，应当移送海关侦查走私犯罪公安机构、地方公安机关依据案件管辖分工和法定程序办理。

第六条　海关可以行使下列权力：

（一）检查进出境运输工具，查验进出境货物、物品；对违反本法或者其他有关法律、行政法规的，可以扣留。

（二）查阅进出境人员的证件；查问违反本法或者其他有关法律、行政法规的嫌疑人，调查其违法行为。

（三）查阅、复制与进出境运输工具、货物、物品有关的合同、发票、账册、单据、记录、文件、业务函电、录音录像制品和其他资料；对其中与违反本法或者其他有关法律、行政法规的进出境运输工具、货物、物品有牵连的，可以扣留。

（四）在海关监管区和海关附近沿海沿边规定地区，检查有走私嫌疑的运输工具和有藏匿走私货物、物品嫌疑的场所，检查走私嫌疑人的身体；对有走私嫌疑的运输工具、货物、物品和走私犯罪嫌疑人，经直属海关关长或者其授权的隶属海关关长批准，可以扣留；对走私犯罪嫌疑人，扣留时间不超过二十四小时，在特殊情况下可以延长至四十八小时。

在海关监管区和海关附近沿海沿边规定地区以外，海关在调查走私案件时，对有走私嫌疑的运输工具和除公民住处以外的有藏匿走私货物、物品嫌疑的场所，经直属海关关长或者其授权的隶属海关关长批准，可以进行检查，有关当事人应当在场；当事人未到场的，在有见证人在场的情况下，可以径行检查；对其中有证据证明有走私嫌疑的运输工具、货物、物品，可以扣留。

海关附近沿海沿边规定地区的范围，由海关总署和国务院公安部门会同有关省级人民政府确定。

（五）在调查走私案件时，经直属海关关长或者其授权的隶属海关关长批准，可以查询案件涉嫌单位和涉嫌人员在金融机构、邮政企业的存款、汇款。

（六）进出境运输工具或者个人违抗海关监管逃逸的，海关可以连续追至海关监管区和海关附近沿海沿边规定地区以外，将其带回处理。

（七）海关为履行职责，可以配备武器。海关工作人员佩带和使用武器的规则，由海关总署会同国务院公安部门制定，报国务院批准。

（八）法律、行政法规规定由海关行使的其他权力。

第七条　各地方、各部门应当支持海关依法行使职权，不得非法干预海关的执法活动。

第八条　进出境运输工具、货物、物品，必须通过设立海关的地点进境或者出境。在特殊情况下，需要经过未设立海关的地点临时进境或者出境的，必须经国务院或者国务院授权的机关批准，并依照本法规定办理海关手续。

第九条　进出口货物，除另有规定的外，可以由进出口货物收发货人自行办理报关纳税手续，也可以由进出口货物收发货人委托海关准予注册登记的报关企业办理报关纳税手续。

进出境物品的所有人可以自行办理报关纳税手续，也可以委托他人办理报关纳税手续。

第十条　报关企业接受进出口货物收发货人的委托，以委托人的名义办理报关手续的，应当向海关提交由委托人签署的授权委托书，遵守本法对委托人的各项规定。

报关企业接受进出口货物收发货人的委托，以自己的名义办理报关手续的，应当承担与收发货人相同的法律责任。

委托人委托报关企业办理报关手续的，应当向报关企业提供所委托报关事项的真实情况；报关企业接受委托人的委托办理报关手续的，应当对委托人所提供情况的真实性进行合理审查。

第十一条　进出口货物收发货人、报关企业办理报关手续，必须依法经海关注册登记。未依法经海关注册登记，不得从事报关业务。

报关企业和报关人员不得非法代理他人报关，或者超出其业务范围进行报关活动。

第十二条 海关依法执行职务，有关单位和个人应当如实回答询问，并予以配合，任何单位和个人不得阻挠。

海关执行职务受到暴力抗拒时，执行有关任务的公安机关和人民武装警察部队应当予以协助。

第十三条 海关建立对违反本法规定逃避海关监管行为的举报制度。

任何单位和个人均有权对违反本法规定逃避海关监管的行为进行举报。

海关对举报或者协助查获违反本法案件的有功单位和个人，应当给予精神的或者物质的奖励。

海关应当为举报人保密。

第二章　进出境运输工具

第十四条 进出境运输工具到达或者驶离设立海关的地点时，运输工具负责人应当向海关如实申报，交验单证，并接受海关监管和检查。

停留在设立海关的地点的进出境运输工具，未经海关同意，不得擅自驶离。

进出境运输工具从一个设立海关的地点驶往另一个设立海关的地点的，应当符合海关监管要求，办理海关手续，未办结海关手续的，不得改驶境外。

第十五条 进境运输工具在进境以后向海关申报以前，出境运输工具在办结海关手续以后出境以前，应当按照交通主管机关规定的路线行进；交通主管机关没有规定的，由海关指定。

第十六条 进出境船舶、火车、航空器到达和驶离时间，停留地点，停留期间更换地点以及装卸货物、物品时间，运输工具负责人或者有关交通运输部门应当事先通知海关。

第十七条 运输工具装卸进出境货物、物品或者上下进出境旅客，应当接受海关监管。

货物、物品装卸完毕，运输工具负责人应当向海关递交反映实际装卸情况的交接单据和记录。

上下进出境运输工具的人员携带物品的，应当向海关如实申报，并接受海关检查。

第十八条 海关检查进出境运输工具时，运输工具负责人应当到场，并根据海关的要求开启舱室、房间、车门；有走私嫌疑的，并应当开拆可能藏匿走私货物、物品的部位，搬移货物、物料。

海关根据工作需要，可以派员随运输工具执行职务，运输工具负责人应当提供方便。

第十九条 进境的境外运输工具和出境的境内运输工具，未向海关办理手续并缴纳关税，不得转让或者移作他用。

第二十条 进出境船舶和航空器兼营境内客、货运输，应当符合海关监管要求。

进出境运输工具改营境内运输，需向海关办理手续。

第二十一条 沿海运输船舶、渔船和从事海上作业的特种船舶，未经海关同意，不得载运或者换取、买卖、转让进出境货物、物品。

第二十二条 进出境船舶和航空器，由于不可抗力的原因，被迫在未设立海关的地点停泊、降落或者抛掷、起卸货物、物品，运输工具负责人应当立即报告附近海关。

第三章　进出境货物

第二十三条 进口货物自进境起到办结海关手续止，出口货物自向海关申报起到出境止，过境、转运和通运货物自进境起到出境止，应当接受海关监管。

第二十四条 进口货物的收货人、出口货物的发货人应当向海关如实申报，交验进出口许可证件和有关单证。国家限制进出口的货物，没有进出口许可证件的，不予放行，具体处理办法由国务院规定。

进口货物的收货人应当自运输工具申报进境之日起十四日内，出口货物的发货人除海关特准的外应当在货物运抵海关监管区后、装货的二十四小时以前，向海关申报。

进口货物的收货人超过前款规定期限向海关申报的，由海关征收滞报金。

第二十五条　办理进出口货物的海关申报手续，应当采用纸质报关单和电子数据报关单的形式。

第二十六条　海关接受申报后，报关单证及其内容不得修改或者撤销，但符合海关规定情形的除外。

第二十七条　进口货物的收货人经海关同意，可以在申报前查看货物或者提取货样。需要依法检疫的货物，应当在检疫合格后提取货样。

第二十八条　进出口货物应当接受海关查验。海关查验货物时，进口货物的收货人、出口货物的发货人应当到场，并负责搬移货物，开拆和重封货物的包装。海关认为必要时，可以径行开验、复验或者提取货样。

海关在特殊情况下对进出口货物予以免验，具体办法由海关总署制定。

第二十九条　除海关特准的外，进出口货物在收发货人缴清税款或者提供担保后，由海关签印放行。

第三十条　进口货物的收货人自运输工具申报进境之日起超过三个月未向海关申报的，其进口货物由海关提取依法变卖处理，所得价款在扣除运输、装卸、储存等费用和税款后，尚有余款的，自货物依法变卖之日起一年内，经收货人申请，予以发还；其中属于国家对进口有限制性规定，应当提交许可证件而不能提供的，不予发还。逾期无人申请或者不予发还的，上缴国库。

确属误卸或者溢卸的进境货物，经海关审定，由原运输工具负责人或者货物的收发货人自该运输工具卸货之日起三个月内，办理退运或者进口手续；必要时，经海关批准，可以延期三个月。逾期未办手续的，由海关按前款规定处理。

前两款所列货物不宜长期保存的，海关可以根据实际情况提前处理。

收货人或者货物所有人声明放弃的进口货物，由海关提取依法变卖处理；所得价款在扣除运输、装卸、储存等费用后，上缴国库。

第三十一条　按照法律、行政法规、国务院或者海关总署规定暂时进口或者暂时出口的货物，应当在六个月内复运出境或者复运进境；需要延长复运出境或者复运进境期限的，应当根据海关总署的规定办理延期手续。

第三十二条　经营保税货物的储存、加工、装配、展示、运输、寄售业务和经营免税商店，应当符合海关监管要求，经海关批准，并办理注册手续。

保税货物的转让、转移以及进出保税场所，应当向海关办理有关手续，接受海关监管和查验。

第三十三条　企业从事加工贸易，应当持有关批准文件和加工贸易合同向海关备案，加工贸易制成品单位耗料量由海关按照有关规定核定。

加工贸易制成品应当在规定的期限内复出口。其中使用的进口料件，属于国家规定准予保税的，应当向海关办理核销手续；属于先征收税款的，依法向海关办理退税手续。

加工贸易保税进口料件或者制成品因故转为内销的，海关凭准予内销的批准文件，对保税的进口料件依法征税；属于国家对进口有限制性规定的，还应当向海关提交进口许可证件。

第三十四条　经国务院批准在中华人民共和国境内设立的保税区等海关特殊监管区域，由海关按照国家有关规定实施监管。

第三十五条　进口货物应当由收货人在货物的进境地海关办理海关手续，出口货物应当由发货人在货物的出境地海关办理海关手续。

经收发货人申请，海关同意，进口货物的收货人可以在设有海关的指运地、出口货物的发货人可以在设有海关的启运地办理海关手续。上述货物的转关运输，应当符合海关监管要求；必要时，海关可以派员押运。

经电缆、管道或者其他特殊方式输送进出境的货物，经营单位应当定期向指定的海关申报和办理海关手续。

第三十六条　过境、转运和通运货物，运输工具负责人应当向进境地海关如实申报，并应当在规定期限内运输出境。

海关认为必要时，可以查验过境、转运和通运货物。

第三十七条　海关监管货物，未经海关许可，不得开拆、提取、交付、发运、调换、改装、抵押、质押、留置、转让、更换标记、移作他用或者进行其他处置。

海关加施的封志，任何人不得擅自开启或者损毁。

人民法院判决、裁定或者有关行政执法部门决定处理海关监管货物的，应当责令当事人办结海关手续。

第三十八条　经营海关监管货物仓储业务的企业，应当经海关注册，并按照海关规定，办理收存、交付手续。

在海关监管区外存放海关监管货物，应当经海关同意，并接受海关监管。

违反前两款规定或者在保管海关监管货物期间造成海关监管货物损毁或者灭失的，除不可抗力外，对海关监管货物负有保管义务的人应当承担相应的纳税义务和法律责任。

第三十九条　进出境集装箱的监管办法、打捞进出境货物和沉船的监管办法、边境小额贸易进出口货物的监管办法，以及本法未具体列明的其他进出境货物的监管办法，由海关总署或者由海关总署会同国务院有关部门另行制定。

第四十条　国家对进出境货物、物品有禁止性或者限制性规定的，海关依据法律，行政法规，国务院的规定或者国务院有关部门依据法律、行政法规的授权作出的规定实施监管。具体监管办法由海关总署制定。

第四十一条　进出口货物的原产地按照国家有关原产地规则的规定确定。

第四十二条　进出口货物的商品归类按照国家有关商品归类的规定确定。

海关可以要求进出口货物的收发货人提供确定商品归类所需的有关资料；必要时，海关可以组织化验、检验，并将海关认定的化验、检验结果作为商品归类的依据。

第四十三条　海关可以根据对外贸易经营者提出的书面申请，对拟作进口或者出口的货物预先作出商品归类等行政裁定。

进口或者出口相同货物，应当适用相同的商品归类行政裁定。

海关对所作出的商品归类等行政裁定，应当予以公布。

第四十四条　海关依照法律、行政法规的规定，对与进出境货物有关的知识产权实施保护。

需要向海关申报知识产权状况的，进出口货物收发货人及其代理人应当按照国家规定向海关如实申报有关知识产权状况，并提交合法使用有关知识产权的证明文件。

第四十五条　自进出口货物放行之日起三年内或者在保税货物、减免税进口货物的海关监管期限内及其后的三年内，海关可以对与进出口货物直接有关的企业、单位的会计账簿、会计凭证、报关单证以及其他有关资料和有关进出口货物实施稽查。具体办法由国务院规定。

第四章　进出境物品

第四十六条　个人携带进出境的行李物品、邮寄进出境的物品，应当以自用、合理数量为限，并接受海关监管。

第四十七条　进出境物品的所有人应当向海关如实申报，并接受海关查验。

海关加施的封志，任何人不得擅自开启或者损毁。

第四十八条　进出境邮袋的装卸、转运和过境，应当接受海关监管。邮政企业应当向海关递交邮件路单。

邮政企业应当将开拆及封发国际邮袋的时间事先通知海关，海关应当按时派员到场监管查验。

第四十九条　邮运进出境的物品，经海关查验放行后，有关经营单位方可投递或者交付。

第五十条　经海关登记准予暂时免税进境或者暂时免税出境的物品，应当由本人复带出境或者复带进境。

过境人员未经海关批准，不得将其所带物品留在境内。

第五十一条　进出境物品所有人声明放弃的物品、在海关规定期限内未办理海关手续或者无人认领的物品，以及无法投递又无法退回的进境邮递物品，由海关依照本法第三十条的规定处理。

第五十二条　享有外交特权和豁免的外国机构或者人员的公务用品或者自用物品进出境，依照有关法律、行政法规的规定办理。

第五章　关　税

第五十三条　准许进出口的货物、进出境物品，由海关依法征收关税。

第五十四条　进口货物的收货人、出口货物的发货人、进出境物品的所有人，是关税的纳税义务人。

第五十五条　进出口货物的完税价格，由海关以该货物的成交价格为基础审查确定。成交价格不能确定时，完税价格由海关依法估定。

进口货物的完税价格包括货物的货价、货物运抵中华人民共和国境内输入地点起卸前的运输及其相关费用、保险费；出口货物的完税价格包括货物的货价、货物运至中华人民共和国境内输出地点装载前的运输及其相关费用、保险费，但是其中包含的出口关税税额，应当予以扣除。

进出境物品的完税价格，由海关依法确定。

第五十六条　下列进出口货物、进出境物品，减征或者免征关税：

（一）无商业价值的广告品和货样；

（二）外国政府、国际组织无偿赠送的物资；

（三）在海关放行前遭受损坏或者损失的货物；

（四）规定数额以内的物品；

（五）法律规定减征、免征关税的其他货物、物品；

（六）中华人民共和国缔结或者参加的国际条约规定减征、免征关税的货物、物品。

第五十七条　特定地区、特定企业或者有特定用途的进出口货物，可以减征或者免征关税。特定减税或者免税的范围和办法由国务院规定。

依照前款规定减征或者免征关税进口的货物，只能用于特定地区、特定企业或者特定用途，未经海关核准并补缴关税，不得移作他用。

第五十八条　本法第五十六条、第五十七条第一款规定范围以外的临时减征或者免征关税，由国务院决定。

第五十九条　暂时进口或者暂时出口的货物，以及特准进口的保税货物，在货物收发货人向海关缴纳相当于税款的保证金或者提供担保后，准予暂时免纳关税。

第六十条　进出口货物的纳税义务人，应当自海关填发税款缴款书之日起十五日内缴纳税款；逾期缴纳的，由海关征收滞纳金。纳税义务人、担保人超过三个月仍未缴纳的，经直属海关关长或者其授权的隶属海关关长批准，海关可以采取下列强制措施：

（一）书面通知其开户银行或者其他金融机构从其存款中扣缴税款；

（二）将应税货物依法变卖，以变卖所得抵缴税款；

（三）扣留并依法变卖其价值相当于应纳税款的货物或者其他财产，以变卖所得抵缴税款。

海关采取强制措施时，对前款所列纳税义务人、担保人未缴纳的滞纳金同时强制执行。

进出境物品的纳税义务人，应当在物品放行前缴纳税款。

第六十一条　进出口货物的纳税义务人在规定的纳税期限内有明显的转移、藏匿其应税货物以及其他财产迹象的，海关可以责令纳税义务人提供担保；纳税义务人不能提供纳税担保的，经直属海关关长或者其授权的隶属海关关长批准，海关可以采取下列税收保全措施：

（一）书面通知纳税义务人开户银行或者其他金融机构暂停支付纳税义务人相当于应纳税款的存款；

（二）扣留纳税义务人价值相当于应纳税款的货物或者其他财产。

纳税义务人在规定的纳税期限内缴纳税款的，海关必须立即解除税收保全措施；期限届满仍未缴纳税款的，经直属海关关长或者其授权的隶属海关关长批准，海关可以书面通知纳税义务人开户银行或者其他金融机构从其暂停支付的存款中扣缴税款，或者依法变卖所扣留的货物或者其他财产，以变卖所得抵缴税款。

采取税收保全措施不当，或者纳税义务人在规定期限内已缴纳税款，海关未立即解除税收保全措施，致使纳税义务人的合法权益受到损失的，海关应当依法承担赔偿责任。

第六十二条 进出口货物、进出境物品放行后，海关发现少征或者漏征税款，应当自缴纳税款或者货物、物品放行之日起一年内，向纳税义务人补征。因纳税义务人违反规定而造成的少征或者漏征，海关在三年以内可以追征。

第六十三条 海关多征的税款，海关发现后应当立即退还；纳税义务人自缴纳税款之日起一年内，可以要求海关退还。

第六十四条 纳税义务人同海关发生纳税争议时，应当缴纳税款，并可以依法申请行政复议；对复议决定仍不服的，可以依法向人民法院提起诉讼。

第六十五条 进口环节海关代征税的征收管理，适用关税征收管理的规定。

第六章 海关事务担保

第六十六条 在确定货物的商品归类、估价和提供有效报关单证或者办结其他海关手续前，收发货人要求放行货物的，海关应当在其提供与其依法应当履行的法律义务相适应的担保后放行。法律、行政法规规定可以免除担保的除外。

法律、行政法规对履行海关义务的担保另有规定的，从其规定。

国家对进出境货物、物品有限制性规定，应当提供许可证件而不能提供的，以及法律、行政法规规定不得担保的其他情形，海关不得办理担保放行。

第六十七条 具有履行海关事务担保能力的法人、其他组织或者公民，可以成为担保人。法律规定不得为担保人的除外。

第六十八条 担保人可以下列财产、权利提供担保：

（一）人民币、可自由兑换货币；

（二）汇票、本票、支票、债券、存单；

（三）银行或者非银行金融机构的保函；

（四）海关依法认可的其他财产、权利。

第六十九条 担保人应当在担保期限内承担担保责任。担保人履行担保责任的，不免除被担保人应当办理有关海关手续的义务。

第七十条 海关事务担保管理办法，由国务院规定。

第七章 执法监督

第七十一条 海关履行职责，必须遵守法律，维护国家利益，依照法定职权和法定程序严格执法，接受监督。

第七十二条 海关工作人员必须秉公执法，廉洁自律，忠于职守，文明服务，不得有下列行为：

（一）包庇、纵容走私或者与他人串通进行走私；

（二）非法限制他人人身自由，非法检查他人身体、住所或者场所，非法检查、扣留进出境运输工具、货物、物品；

（三）利用职权为自己或者他人谋取私利；

（四）索取、收受贿赂；

（五）泄露国家秘密、商业秘密和海关工作秘密；

（六）滥用职权，故意刁难，拖延监管、查验；

（七）购买、私分、占用没收的走私货物、物品；

（八）参与或者变相参与营利性经营活动；

（九）违反法定程序或者超越权限执行职务；

（十）其他违法行为。

第七十三条 海关应当根据依法履行职责的需要，加强队伍建设，使海关工作人员具有良好的政治、业务素质。

海关专业人员应当具有法律和相关专业知识，符合海关规定的专业岗位任职要求。

海关招收工作人员应当按照国家规定，公开考试，严格考核，择优录用。

海关应当有计划地对其工作人员进行政治思想、法制、海关业务培训和考核。海关工作人员必须定期接受培训和考核，经考核不合格的，不得继续上岗执行职务。

第七十四条 海关总署应当实行海关关长定期交流制度。

海关关长定期向上一级海关述职，如实陈述其执行职务情况。海关总署应当定期对直属海关关长进行考核，直属海关应当定期对隶属海关关长进行考核。

第七十五条 海关及其工作人员的行政执法活动，依法接受监察机关的监督；缉私警察进行侦查活动，依法接受人民检察院的监督。

第七十六条 审计机关依法对海关的财政收支进行审计监督，对海关办理的与国家财政收支有关的事项，有权进行专项审计调查。

第七十七条 上级海关应当对下级海关的执法活动依法进行监督。上级海关认为下级海关作出的处理或者决定不适当的，可以依法予以变更或者撤销。

第七十八条 海关应当依照本法和其他有关法律、行政法规的规定，建立健全内部监督制度，对其工作人员执行法律、行政法规和遵守纪律的情况，进行监督检查。

第七十九条 海关内部负责审单、查验、放行、稽查和调查等主要岗位的职责权限应当明确，并相互分离、相互制约。

第八十条 任何单位和个人均有权对海关及其工作人员的违法、违纪行为进行控告、检举。收到控告、检举的机关有权处理的，应当依法按照职责分工及时查处。收到控告、检举的机关和负责查处的机关应当为控告人、检举人保密。

第八十一条 海关工作人员在调查处理违法案件时，遇有下列情形之一的，应当回避：

（一）是本案的当事人或者是当事人的近亲属；

（二）本人或者其近亲属与本案有利害关系；

（三）与本案当事人有其他关系，可能影响案件公正处理的。

第八章　法律责任

第八十二条 违反本法及有关法律、行政法规，逃避海关监管，偷逃应纳税款、逃避国家有关进出境的禁止性或者限制性管理，有下列情形之一的，是走私行为：

（一）运输、携带、邮寄国家禁止或者限制进出境货物、物品或者依法应当缴纳税款的货物、物品进出境的；

（二）未经海关许可并且未缴纳应纳税款、交验有关许可证件，擅自将保税货物、特定减免税货物以及其他海关监管货物、物品、进境的境外运输工具，在境内销售的；

（三）有逃避海关监管，构成走私的其他行为的。

有前款所列行为之一，尚不构成犯罪的，由海关没收走私货物、物品及违法所得，可以并处罚款；专门或者多次用于掩护走私的货物、物品，专门或者多次用于走私的运输工具，予以没收，藏匿走私货物、物品的特制设备，责令拆毁或者没收。

有第一款所列行为之一，构成犯罪的，依法追究刑事责任。

第八十三条 有下列行为之一的，按走私行为论处，依照本法第八十二条的规定处罚：

（一）直接向走私人非法收购走私进口的货物、物品的；

（二）在内海、领海、界河、界湖，船舶及所载人员运输、收购、贩卖国家禁止或者限制进出境的货物、物品，或者运输、收购、贩卖依法应当缴纳税款的货物，没有合法证明的。

第八十四条 伪造、变造、买卖海关单证，与走私人通谋为走私人提供贷款、资金、账号、发票、证明、海关单证，与走私人通谋为走私人提供运输、保管、邮寄或者其他方便，构成犯罪的，依法追究刑事责任；尚不构成犯罪的，由海关没收违法所得，并处罚款。

第八十五条 个人携带、邮寄超过合理数量的自用物品进出境，未依法向海关申报的，责令补缴关税，可以处以罚款。

第八十六条 违反本法规定有下列行为之一的，可以处以罚款，有违法所得的，没收违法所得：

（一）运输工具不经设立海关的地点进出境的；

（二）不将进出境运输工具到达的时间、停留的地点或者更换的地点通知海关的；

（三）进出口货物、物品或者过境、转运、通运货物向海关申报不实的；

（四）不按照规定接受海关对进出境运输工具、货物、物品进行检查、查验的；

（五）进出境运输工具未经海关同意，擅自装卸进出境货物、物品或者上下进出境旅客的；

（六）在设立海关的地点停留的进出境运输工具未经海关同意，擅自驶离的；

（七）进出境运输工具从一个设立海关的地点驶往另一个设立海关的地点，尚未办结海关手续又未经海关批准，中途擅自改驶境外或者境内未设立海关的地点的；

（八）进出境运输工具，不符合海关监管要求或者未向海关办理手续，擅自兼营或者改营境内运输的；

（九）由于不可抗力的原因，进出境船舶和航空器被迫在未设立海关的地点停泊、降落或者在境内抛掷、起卸货物、物品，无正当理由，不向附近海关报告的；

（十）未经海关许可，擅自将海关监管货物开拆、提取、交付、发运、调换、改装、抵押、质押、留置、转让、更换标记、移作他用或者进行其他处置的；

（十一）擅自开启或者损毁海关封志的；

（十二）经营海关监管货物的运输、储存、加工等业务，有关货物灭失或者有关记录不真实，不能提供正当理由的；

（十三）有违反海关监管规定的其他行为的。

第八十七条 海关准予从事有关业务的企业，违反本法有关规定的，由海关责令改正，可以给予警告，暂停其从事有关业务，直至撤销注册。

第八十八条 未经海关注册登记从事报关业务的，由海关予以取缔，没收违法所得，可以并处罚款。

第八十九条 报关企业非法代理他人报关或者超出其业务范围进行报关活动的，由海关责令改正，处以罚款；情节严重的，撤销其报关注册登记。

报关人员非法代理他人报关或者超出其业务范围进行报关活动的，由海关责令改正，处以罚款。

第九十条 进出口货物收发货人、报关企业向海关工作人员行贿的，由海关撤销其报关注册登记，并处以罚款；构成犯罪的，依法追究刑事责任，并不得重新注册登记为报关企业。

报关人员向海关工作人员行贿的，处以罚款；构成犯罪的，依法追究刑事责任。

第九十一条 违反本法规定进出口侵犯中华人民共和国法律、行政法规保护的知识产权的货物的，由海关依法没收侵权货物，并处以罚款；构成犯罪的，依法追究刑事责任。

第九十二条 海关依法扣留的货物、物品、运输工具，在人民法院判决或者海关处罚决定作出之前，不得处理。但是，危险品或者鲜活、易腐、易失效等不宜长期保存的货物、物品以及所有人申请先行变卖的货物、物品、运输工具，经直属海关关长或者其授权的隶属海关关长批准，可以先行依法变卖，变卖所得价款由海关保存，并通知其所有人。

人民法院判决没收或者海关决定没收的走私货物、物品、违法所得、走私运输工具、特制设备，由海关依法统一处理，所得价款和海关决定处以的罚款，全部上缴中央国库。

第九十三条　当事人逾期不履行海关的处罚决定又不申请复议或者向人民法院提起诉讼的，作出处罚决定的海关可以将其保证金抵缴或者将其被扣留的货物、物品、运输工具依法变价抵缴，也可以申请人民法院强制执行。

第九十四条　海关在查验进出境货物、物品时，损坏被查验的货物、物品的，应当赔偿实际损失。

第九十五条　海关违法扣留货物、物品、运输工具，致使当事人的合法权益受到损失的，应当依法承担赔偿责任。

第九十六条　海关工作人员有本法第七十二条所列行为之一的，依法给予行政处分；有违法所得的，依法没收违法所得；构成犯罪的，依法追究刑事责任。

第九十七条　海关的财政收支违反法律、行政法规规定的，由审计机关以及有关部门依照法律、行政法规的规定作出处理；对直接负责的主管人员和其他直接责任人员，依法给予行政处分；构成犯罪的，依法追究刑事责任。

第九十八条　未按照本法规定为控告人、检举人、举报人保密的，对直接负责的主管人员和其他直接责任人员，由所在单位或者有关单位依法给予行政处分。

第九十九条　海关工作人员在调查处理违法案件时，未按照本法规定进行回避的，对直接负责的主管人员和其他直接责任人员，依法给予行政处分。

第九章　附　则

第一百条　本法下列用语的含义：

直属海关，是指直接由海关总署领导，负责管理一定区域范围内的海关业务的海关；隶属海关，是指由直属海关领导，负责办理具体海关业务的海关。

进出境运输工具，是指用以载运人员、货物、物品进出境的各种船舶、车辆、航空器和驮畜。

过境、转运和通运货物，是指由境外启运、通过中国境内继续运往境外的货物。其中，通过境内陆路运输的，称过境货物；在境内设立海关的地点换装运输工具，而不通过境内陆路运输的，称转运货物；由船舶、航空器载运进境并由原装运输工具载运出境的，称通运货物。

海关监管货物，是指本法第二十三条所列的进出口货物，过境、转运、通运货物，特定减免税货物，以及暂时进出口货物、保税货物和其他尚未办结海关手续的进出境货物。

保税货物，是指经海关批准未办理纳税手续进境，在境内储存、加工、装配后复运出境的货物。

海关监管区，是指设立海关的港口、车站、机场、国界孔道、国际邮件互换局（交换站）和其他有海关监管业务的场所，以及虽未设立海关，但是经国务院批准的进出境地点。

第一百零一条　经济特区等特定地区同境内其他地区之间往来的运输工具、货物、物品的监管办法，由国务院另行规定。

第一百零二条　本法自 1987 年 7 月 1 日起施行。1951 年 4 月 18 日中央人民政府公布的《中华人民共和国暂行海关法》同时废止。

中华人民共和国进出口关税条例

2003 年 11 月 23 日中华人民共和国国务院令第 392 号发布
根据 2017 年 3 月 1 日中华人民共和国国务院令第 676 号公布的
《国务院关于修改和废止部分行政法规的决定》修正

第一章　总　则

第一条　为了贯彻对外开放政策，促进对外经济贸易和国民经济的发展，根据《中华人民共和国海关法》（以下简称《海关法》）的有关规定，制定本条例。

第二条　中华人民共和国准许进出口的货物、进境物品，除法律、行政法规另有规定外，海关依照本条例规定征收进出口关税。

第三条　国务院制定《中华人民共和国进出口税则》（以下简称《税则》）、《中华人民共和国进境物品进口税税率表》（以下简称《进境物品进口税税率表》），规定关税的税目、税则号列和税率，作为本条例的组成部分。

第四条　国务院设立关税税则委员会，负责《税则》和《进境物品进口税税率表》的税目、税则号列和税率的调整和解释，报国务院批准后执行；决定实行暂定税率的货物、税率和期限；决定关税配额税率；决定征收反倾销税、反补贴税、保障措施关税、报复性关税以及决定实施其他关税措施；决定特殊情况下税率的适用，以及履行国务院规定的其他职责。

第五条　进口货物的收货人、出口货物的发货人、进境物品的所有人，是关税的纳税义务人。

第六条　海关及其工作人员应当依照法定职权和法定程序履行关税征管职责，维护国家利益，保护纳税人合法权益，依法接受监督。

第七条　纳税义务人有权要求海关对其商业秘密予以保密，海关应当依法为纳税义务人保密。

第八条　海关对检举或者协助查获违反本条例行为的单位和个人，应当按照规定给予奖励，并负责保密。

第二章　进出口货物关税税率的设置和适用

第九条　进口关税设置最惠国税率、协定税率、特惠税率、普通税率、关税配额税率等税率。对进口货物在一定期限内可以实行暂定税率。

出口关税设置出口税率。对出口货物在一定期限内可以实行暂定税率。

第十条　原产于共同适用最惠国待遇条款的世界贸易组织成员的进口货物，原产于与中华人民共和国签订含有相互给予最惠国待遇条款的双边贸易协定的国家或者地区的进口货物，以及原产于中华人民共和国境内的进口货物，适用最惠国税率。

原产于与中华人民共和国签订含有关税优惠条款的区域性贸易协定的国家或者地区的进口货物，适用协定税率。

原产于与中华人民共和国签订含有特殊关税优惠条款的贸易协定的国家或者地区的进口货物，适用特惠税率。

原产于本条第一款、第二款和第三款所列以外国家或者地区的进口货物，以及原产地不明的进口货物，适用普通税率。

第十一条　适用最惠国税率的进口货物有暂定税率的，应当适用暂定税率；适用协定税率、特惠税率的进口货物有暂定税率的，应当从低适用税率；适用普通税率的进口货物，不适用暂定税率。

适用出口税率的出口货物有暂定税率的，应当适用暂定税率。

第十二条　按照国家规定实行关税配额管理的进口货物，关税配额内的，适用关税配额税率；关税配额外的，其税率的适用按照本条例第十条、第十一条的规定执行。

第十三条　按照有关法律、行政法规的规定对进口货物采取反倾销、反补贴、保障措施的，其税率的适用按照《中华人民共和国反倾销条例》《中华人民共和国反补贴条例》《中华人民共和国保障措施条例》的有关规定执行。

第十四条　任何国家或者地区违反与中华人民共和国签订或者共同参加的贸易协定及相关协定，对中华人民共和国在贸易方面采取禁止、限制、加征关税或者其他影响正常贸易的措施的，对原产于该国家或者地区的进口货物可以征收报复性关税，适用报复性关税税率。

征收报复性关税的货物、适用国别、税率、期限和征收办法，由国务院关税税则委员会决定并公布。

第十五条　进出口货物，应当适用海关接受该货物申报进口或者出口之日实施的税率。

进口货物到达前，经海关核准先行申报的，应当适用装载该货物的运输工具申报进境之日实施的税率。

转关运输货物税率的适用日期，由海关总署另行规定。

第十六条　有下列情形之一，需缴纳税款的，应当适用海关接受申报办理纳税手续之日实施的税率：

（一）保税货物经批准不复运出境的；

（二）减免税货物经批准转让或者移作他用的；

（三）暂时进境货物经批准不复运出境，以及暂准出境货物经批准不复运进境的；

（四）租赁进口货物，分期缴纳税款的。

第十七条　补征和退还进出口货物关税，应当按照本条例第十五条或者第十六条的规定确定适用的税率。

因纳税义务人违反规定需要追征税款的，应当适用该行为发生之日实施的税率；行为发生之日不能确定的，适用海关发现该行为之日实施的税率。

第三章　进出口货物完税价格的确定

第十八条　进口货物的完税价格由海关以符合本条第三款所列条件的成交价格以及该货物运抵中华人民共和国境内输入地点起卸前的运输及其相关费用、保险费为基础审查确定。

进口货物的成交价格，是指卖方向中华人民共和国境内销售该货物时买方为进口该货物向卖方实付、应付的，并按照本条例第十九条、第二十条规定调整后的价款总额，包括直接支付的价款和间接支付的价款。

进口货物的成交价格应当符合下列条件：

（一）对买方处置或者使用该货物不予限制，但法律、行政法规规定实施的限制、对货物转售地域的限制和对货物价格无实质性影响的限制除外；

（二）该货物的成交价格没有因搭售或者其他因素的影响而无法确定；

（三）卖方不得从买方直接或者间接获得因该货物进口后转售、处置或者使用而产生的任何收益，或者虽有收益但能够按照本条例第十九条、第二十条的规定进行调整；

（四）买卖双方没有特殊关系，或者虽有特殊关系但未对成交价格产生影响。

第十九条　进口货物的下列费用应当计入完税价格：

（一）由买方负担的购货佣金以外的佣金和经纪费；

（二）由买方负担的在审查确定完税价格时与该货物视为一体的容器的费用；

（三）由买方负担的包装材料费用和包装劳务费用；

（四）与该货物的生产和向中华人民共和国境内销售有关的，由买方以免费或者以低于成本的方式提供并可以按适当比例分摊的料件、工具、模具、消耗材料及类似货物的价款，以及在境外开发、设计等相关服务的费用；

（五）作为该货物向中华人民共和国境内销售的条件，买方必须支付的、与该货物有关的特许权使用费；

（六）卖方直接或者间接从买方获得的该货物进口后转售、处置或者使用的收益。

第二十条　进口时在货物的价款中列明的下列税收、费用，不计入该货物的完税价格：

（一）厂房、机械、设备等货物进口后进行建设、安装、装配、维修和技术服务的费用；

（二）进口货物运抵境内输入地点起卸后的运输及其相关费用、保险费；

（三）进口关税及国内税收。

第二十一条　进口货物的成交价格不符合本条例第十八条第三款规定条件的，或者成交价格不能确定的，海关经了解有关情况，并与纳税义务人进行价格磋商后，依次以下列价格估定该货物的完税价格：

（一）与该货物同时或者大约同时向中华人民共和国境内销售的相同货物的成交价格；

（二）与该货物同时或者大约同时向中华人民共和国境内销售的类似货物的成交价格；

（三）与该货物进口的同时或者大约同时，将该进口货物、相同或者类似进口货物在第一级销售环节销售给无特殊关系买方最大销售总量的单位价格，但应当扣除本条例第二十二条规定的项目；

（四）按照下列各项总和计算的价格：生产该货物所使用的料件成本和加工费用，向中华人民共和国境内销售同等级或者同种类货物通常的利润和一般费用，该货物运抵境内输入地点起卸前的运输及其相关费用、保险费；

（五）以合理方法估定的价格。

纳税义务人向海关提供有关资料后，可以提出申请，颠倒前款第（三）项和第（四）项的适用次序。

第二十二条　按照本条例第二十一条第一款第（三）项规定估定完税价格，应当扣除的项目是指：

（一）同等级或者同种类货物在中华人民共和国境内第一级销售环节销售时通常的利润和一般费用以及通常支付的佣金；

（二）进口货物运抵境内输入地点起卸后的运输及其相关费用、保险费；

（三）进口关税及国内税收。

第二十三条　以租赁方式进口的货物，以海关审查确定的该货物的租金作为完税价格。

纳税义务人要求一次性缴纳税款的，纳税义务人可以选择按照本条例第二十一条的规定估定完税价格，或者按照海关审查确定的租金总额作为完税价格。

第二十四条　运往境外加工的货物，出境时已向海关报明并在海关规定的期限内复运进境的，应当以境外加工费和料件费以及复运进境的运输及其相关费用和保险费审查确定完税价格。

第二十五条　运往境外修理的机械器具、运输工具或者其他货物，出境时已向海关报明并在海关规定的期限内复运进境的，应当以境外修理费和料件费审查确定完税价格。

第二十六条　出口货物的完税价格由海关以该货物的成交价格以及该货物运至中华人民共和国境内输出地点装载前的运输及其相关费用、保险费为基础审查确定。

出口货物的成交价格，是指该货物出口时卖方为出口该货物应当向买方直接收取和间接收取的价款总额。

出口关税不计入完税价格。

第二十七条　出口货物的成交价格不能确定的，海关经了解有关情况，并与纳税义务人进行价格磋商后，依次以下列价格估定该货物的完税价格：

（一）与该货物同时或者大约同时向同一国家或者地区出口的相同货物的成交价格；

（二）与该货物同时或者大约同时向同一国家或者地区出口的类似货物的成交价格；

（三）按照下列各项总和计算的价格：境内生产相同或者类似货物的料件成本、加工费用，通常的利润和一般费用，境内发生的运输及其相关费用、保险费；

（四）以合理方法估定的价格。

第二十八条　按照本条例规定计入或者不计入完税价格的成本、费用、税收，应当以客观、可量化的数据为依据。

第四章　进出口货物关税的征收

第二十九条　进口货物的纳税义务人应当自运输工具申报进境之日起 14 日内，出口货物的纳税义务人除海关特准的外，应当在货物运抵海关监管区后、装货的 24 小时以前，向货物的进出境地海关申报。进出口货物转关运输的，按照海关总署的规定执行。

进口货物到达前，纳税义务人经海关核准可以先行申报。具体办法由海关总署另行规定。

第三十条　纳税义务人应当依法如实向海关申报，并按照海关的规定提供有关确定完税价格、进行商品归类、确定原产地以及采取反倾销、反补贴或者保障措施等所需的资料；必要时，海关可以要求纳税义务人补充申报。

第三十一条　纳税义务人应当按照《税则》规定的目录条文和归类总规则、类注、章注、子目注释以及其他归类注释，对其申报的进出口货物进行商品归类，并归入相应的税则号列；海关应当依法审核确定该货物的商品归类。

第三十二条　海关可以要求纳税义务人提供确定商品归类所需的有关资料；必要时，海关可以组织化验、检验，并将海关认定的化验、检验结果作为商品归类的依据。

第三十三条　海关为审查申报价格的真实性和准确性，可以查阅、复制与进出口货物有关的合同、发票、账册、结付汇凭证、单据、业务函电、录音录像制品和其他反映买卖双方关系及交易活动的资料。

海关对纳税义务人申报的价格有怀疑并且所涉及税数额较大的，经直属海关关长或者其授权的隶属海关关长批准，凭海关总署统一格式的协助查询账户通知书及有关工作人员的工作证件，可以查询纳税义务人在银行或者其他金融机构开立的单位账户的资金往来情况，并向银行业监督管理机构通报有关情况。

第三十四条　海关对纳税义务人申报的价格有怀疑的，应当将怀疑的理由书面告知纳税义务人，要求其在规定的期限内书面作出说明、提供有关资料。

纳税义务人在规定的期限内未作说明、未提供有关资料的，或者海关仍有理由怀疑申报价格的真实性和准确性的，海关可以不接受纳税义务人申报的价格，并按照本条例第三章的规定估定完税价格。

第三十五条　海关审查确定进出口货物的完税价格后，纳税义务人可以以书面形式要求海关就如何确定其进出口货物的完税价格作出书面说明，海关应当向纳税义务人作出书面说明。

第三十六条　进出口货物关税，以从价计征、从量计征或者国家规定的其他方式征收。

从价计征的计算公式为：

应纳税额＝完税价格×关税税率

从量计征的计算公式为：

应纳税额＝货物数量×单位税额

第三十七条　纳税义务人应当自海关填发税款缴款书之日起 15 日内向指定银行缴纳税款。纳税义务人未按期缴纳税款的，从滞纳税款之日起，按日加收滞纳税款万分之五的滞纳金。

海关可以对纳税义务人欠缴税款的情况予以公告。

海关征收关税、滞纳金等，应当制发缴款凭证，缴款凭证格式由海关总署规定。

第三十八条　海关征收关税、滞纳金等，应当按人民币计征。

进出口货物的成交价格以及有关费用以外币计价的，以中国人民银行公布的基准汇率折合为人民币计算完税价格；以基准汇率币种以外的外币计价的，按照国家有关规定套算为人民币计算完税价格。适用汇率的日期由海关总署规定。

第三十九条　纳税义务人因不可抗力或者在国家税收政策调整的情形下，不能按期缴纳税款的，经依法提供税款担保后，可以延期缴纳税款，但是最长不得超过 6 个月。

第四十条　进出口货物的纳税义务人在规定的纳税期限内有明显的转移、藏匿其应税货物以及其他财产迹象的，海关可以责令纳税义务人提供担保；纳税义务人不能提供担保的，海关可以按照《海关法》第六十一条的规定采取税收保全措施。

纳税义务人、担保人自缴纳税款期限届满之日起超过 3 个月仍未缴纳税款的，海关可以按照《海关法》第六十条的规定采取强制措施。

第四十一条　加工贸易的进口料件按照国家规定保税进口的，其制成品或者进口料件未在规定的期限内出口的，海关按照规定征收进口关税。

加工贸易的进口料件进境时按照国家规定征收进口关税的，其制成品或者进口料件在规定的期限内出口的，海关按照有关规定退还进境时已征收的关税税款。

第四十二条　暂时进境或者暂时出境的下列货物，在进境或者出境时纳税义务人向海关缴纳相当于应纳税款的保证金或者提供其他担保的，可以暂不缴纳关税，并应当自进境或者出境之日起 6 个月内复运出境或者复运进境；需延长复运出境或者复运进境的期限的，纳税义务人应当根据海关总署的规定向海关办理延期手续：

（一）在展览会、交易会、会议及类似活动中展示或者使用的货物；

（二）文化、体育交流活动中使用的表演、比赛用品；

（三）进行新闻报道或者摄制电影、电视节目使用的仪器、设备及用品；

（四）开展科研、教学、医疗活动使用的仪器、设备及用品；

（五）在本款第（一）项至第（四）项所列活动中使用的交通工具及特种车辆；

（六）货样；

（七）供安装、调试、检测设备时使用的仪器、工具；

（八）盛装货物的容器；

（九）其他用于非商业目的的货物。

第一款所列暂时进境货物在规定的期限内未复运出境的，或者暂准出境货物在规定的期限内未复运进境的，海关应当依法征收关税。

第一款所列可以暂时免征关税范围以外的其他暂时进境货物，应当按照该货物的完税价格和其在境内滞留时间与折旧时间的比例计算征收进口关税。具体办法由海关总署规定。

第四十三条　因品质或者规格原因，出口货物自出口之日起 1 年内原状复运进境的，不征收进口关税。

因品质或者规格原因，进口货物自进口之日起 1 年内原状复运出境的，不征收出口关税。

第四十四条　因残损、短少、品质不良或者规格不符原因，由进出口货物的发货人、承运人或者保险公司免费补偿或者更换的相同货物，进出口时不征收关税。被免费更换的原进口货物不退运出境或者原出口货物不退运进境的，海关应当对原进出口货物重新按照规定征收关税。

第四十五条　下列进出口货物，免征关税：

（一）关税税额在人民币 50 元以下的一票货物；

（二）无商业价值的广告品和货样；

（三）外国政府、国际组织无偿赠送的物资；

（四）在海关放行前损失的货物；

（五）进出境运输工具装载的途中必需的燃料、物料和饮食用品。

在海关放行前遭受损坏的货物，可以根据海关认定的受损程度减征关税。

法律规定的其他免征或者减征关税的货物，海关根据规定予以免征或者减征。

第四十六条　特定地区、特定企业或者有特定用途的进出口货物减征或者免征关税，以及临时减征或者免征关税，按照国务院的有关规定执行。

第四十七条　进口货物减征或者免征进口环节海关代征税，按照有关法律、行政法规的规定执行。

第四十八条　纳税义务人进出口减免税货物的，除另有规定外，应当在进出口该货物之前，按照规定持有关文件向海关办理减免税审批手续。经海关审查符合规定的，予以减征或者免征关税。

第四十九条　需由海关监管使用的减免税进口货物，在监管年限内转让或者移作他用需要补税的，海关应当根据该货物进口时间折旧估价，补征进口关税。

特定减免税进口货物的监管年限由海关总署规定。

第五十条　有下列情形之一的，纳税义务人自缴纳税款之日起1年内，可以申请退还关税，并应当以书面形式向海关说明理由，提供原缴款凭证及相关资料：

（一）已征进口关税的货物，因品质或者规格原因，原状退货复运出境的；

（二）已征出口关税的货物，因品质或者规格原因，原状退货复运进境，并已重新缴纳因出口而退还的国内环节有关税收的；

（三）已征出口关税的货物，因故未装运出口，申报退关的。

海关应当自受理退税申请之日起30日内查实并通知纳税义务人办理退还手续。纳税义务人应当自收到通知之日起3个月内办理有关退税手续。

按照其他有关法律、行政法规规定应当退还关税的，海关应当按照有关法律、行政法规的规定退税。

第五十一条　进出口货物放行后，海关发现少征或者漏征税款的，应当自缴纳税款或者货物放行之日起1年内，向纳税义务人补征税款。但因纳税义务人违反规定造成少征或者漏征税款的，海关可以自缴纳税款或者货物放行之日起3年内追征税款，并从缴纳税款或者货物放行之日起按日加收少征或者漏征税款万分之五的滞纳金。

海关发现海关监管货物因纳税义务人违反规定造成少征或者漏征税款的，应当自纳税义务人应缴纳税款之日起3年内追征税款，并从应缴纳税款之日起按日加收少征或者漏征税款万分之五的滞纳金。

第五十二条　海关发现多征税款的，应当立即通知纳税义务人办理退还手续。

纳税义务人发现多缴税款的，自缴纳税款之日起1年内，可以以书面形式要求海关退还多缴的税款并加算银行同期活期存款利息；海关应当自受理退税申请之日起30日内查实并通知纳税义务人办理退还手续。

纳税义务人应当自收到通知之日起3个月内办理有关退税手续。

第五十三条　按照本条例第五十条、第五十二条的规定退还税款、利息涉及从国库中退库的，按照法律、行政法规有关国库管理的规定执行。

第五十四条　报关企业接受纳税义务人的委托，以纳税义务人的名义办理报关纳税手续，因报关企业违反规定而造成海关少征、漏征税款的，报关企业对少征或者漏征的税款、滞纳金与纳税义务人承担纳税的连带责任。

报关企业接受纳税义务人的委托，以报关企业的名义办理报关纳税手续的，报关企业与纳税义务人承担纳税的连带责任。

除不可抗力外，在保管海关监管货物期间，海关监管货物损毁或者灭失的，对海关监管货物负有保管义务的人应当承担相应的纳税责任。

第五十五条　欠税的纳税义务人，有合并、分立情形的，在合并、分立前，应当向海关报告，依法缴清税款。纳税义务人合并时未缴清税款的，由合并后的法人或者其他组织继续履行未履行的纳税义务；纳税义务人分立时未缴清税款的，分立后的法人或者其他组织对未履行的纳税义务承担连带责任。

纳税义务人在减免税货物、保税货物监管期间，有合并、分立或者其他资产重组情形的，应当向海关报告。按照规定需要缴税的，应当依法缴清税款；按照规定可以继续享受减免税、保税待遇的，应当到海关办理变更纳税义务人的手续。

纳税义务人欠税或者在减免税货物、保税货物监管期间，有撤销、解散、破产或者其他依法终止经营情形的，应当在清算前向海关报告。海关应当依法对纳税义务人的应缴税款予以清缴。

第五章　进境物品进口税的征收

第五十六条　进境物品的关税以及进口环节海关代征税合并为进口税，由海关依法征收。

第五十七条　海关总署规定数额以内的个人自用进境物品，免征进口税。

超过海关总署规定数额但仍在合理数量以内的个人自用进境物品，由进境物品的纳税义务人在进境物品放行前按照规定缴纳进口税。

超过合理、自用数量的进境物品应当按照进口货物依法办理相关手续。

国务院关税税则委员会规定按货物征税的进境物品，按照本条例第二章至第四章的规定征收关税。

第五十八条　进境物品的纳税义务人是指，携带物品进境的入境人员、进境邮递物品的收件人以及以其他方式进口物品的收件人。

第五十九条　进境物品的纳税义务人可以自行办理纳税手续，也可以委托他人办理纳税手续。接受委托的人应当遵守本章对纳税义务人的各项规定。

第六十条　进口税从价计征。

进口税的计算公式为：进口税税额＝完税价格×进口税税率

第六十一条　海关应当按照《进境物品进口税税率表》及海关总署制定的《中华人民共和国进境物品归类表》《中华人民共和国进境物品完税价格表》对进境物品进行归类、确定完税价格和确定适用税率。

第六十二条　进境物品，适用海关填发税款缴款书之日实施的税率和完税价格。

第六十三条　进口税的减征、免征、补征、追征、退还以及对暂准进境物品征收进口税参照本条例对货物征收进口关税的有关规定执行。

第六章　附　则

第六十四条　纳税义务人、担保人对海关确定纳税义务人、确定完税价格、商品归类、确定原产地、适用税率或者汇率、减征或者免征税款、补税、退税、征收滞纳金、确定计征方式以及确定纳税地点有异议的，应当缴纳税款，并可以依法向上一级海关申请复议。对复议决定不服的，可以依法向人民法院提起诉讼。

第六十五条　进口环节海关代征税的征收管理，适用关税征收管理的规定。

第六十六条　有违反本条例规定行为的，按照《海关法》《中华人民共和国海关法行政处罚实施细则》和其他有关法律、行政法规的规定处罚。

第六十七条　本条例自 2004 年 1 月 1 日起施行。1992 年 3 月 18 日国务院修订发布的《中华人民共和国进出口关税条例》同时废止。

中华人民共和国海关行政处罚实施条例

2004 年 9 月 19 日中华人民共和国国务院令第 420 号发布

第一章　总　则

第一条　为了规范海关行政处罚，保障海关依法行使职权，保护公民、法人或者其他组织的合法权益，根据《中华人民共和国海关法》（以下简称《海关法》）及其他有关法律的规定，制定本实施条例。

第二条 依法不追究刑事责任的走私行为和违反海关监管规定的行为，以及法律、行政法规规定由海关实施行政处罚的行为的处理，适用本实施条例。

第三条 海关行政处罚由发现违法行为的海关管辖，也可以由违法行为发生地海关管辖。

两个以上海关都有管辖权的案件，由最先发现违法行为的海关管辖。

管辖不明确的案件，由有关海关协商确定管辖，协商不成的，报请共同的上级海关指定管辖。

重大、复杂的案件，可以由海关总署指定管辖。

第四条 海关发现的依法应当由其他行政机关处理的违法行为，应当移送有关行政机关处理；违法行为涉嫌犯罪的，应当移送海关侦查走私犯罪公安机构、地方公安机关依法办理。

第五条 依照本实施条例处以警告、罚款等行政处罚，但不没收进出境货物、物品、运输工具的，不免除有关当事人依法缴纳税款、提交进出口许可证件、办理有关海关手续的义务。

第六条 抗拒、阻碍海关侦查走私犯罪公安机构依法执行职务的，由设在直属海关、隶属海关的海关侦查走私犯罪公安机构依照治安管理处罚的有关规定给予处罚。

抗拒、阻碍其他海关工作人员依法执行职务的，应当报告地方公安机关依法处理。

第二章 走私行为及其处罚

第七条 违反海关法及其他有关法律、行政法规，逃避海关监管，偷逃应纳税款、逃避国家有关进出境的禁止性或者限制性管理，有下列情形之一的，是走私行为：

（一）未经国务院或者国务院授权的机关批准，从未设立海关的地点运输、携带国家禁止或者限制进出境的货物、物品或者依法应当缴纳税款的货物、物品进出境的；

（二）经过设立海关的地点，以藏匿、伪装、瞒报、伪报或者其他方式逃避海关监管，运输、携带、邮寄国家禁止或者限制进出境的货物、物品或者依法应当缴纳税款的货物、物品进出境的；

（三）使用伪造、变造的手册、单证、印章、账册、电子数据或者以其他方式逃避海关监管，擅自将海关监管货物、物品、进境的境外运输工具，在境内销售的；

（四）使用伪造、变造的手册、单证、印章、账册、电子数据或者以伪报加工贸易制成品单位耗料量等方式，致使海关监管货物、物品脱离监管的；

（五）以藏匿、伪装、瞒报、伪报或者其他方式逃避海关监管，擅自将保税区、出口加工区等海关特殊监管区域内的海关监管货物、物品，运出区外的；

（六）有逃避海关监管，构成走私的其他行为的。

第八条 有下列行为之一的，按走私行为论处：

（一）明知是走私进口的货物、物品，直接向走私人非法收购的；

（二）在内海、领海、界河、界湖，船舶及所载人员运输、收购、贩卖国家禁止或者限制进出境的货物、物品，或者运输、收购、贩卖依法应当缴纳税款的货物，没有合法证明的。

第九条 有本实施条例第七条、第八条所列行为之一的，依照下列规定处罚：

（一）走私国家禁止进出口的货物的，没收走私货物及违法所得，可以并处100万元以下罚款；走私国家禁止进出境的物品的，没收走私物品及违法所得，可以并处10万元以下罚款；

（二）应当提交许可证件而未提交但未偷逃税款，走私国家限制进出境的货物、物品的，没收走私货物、物品及违法所得，可以并处走私货物、物品等值以下罚款；

（三）偷逃应纳税款但未逃避许可证件管理，走私依法应当缴纳税款的货物、物品的，没收走私货物、物品及违法所得，可以并处偷逃应纳税款3倍以下罚款。

专门用于走私的运输工具或者用于掩护走私的货物、物品，2年内3次以上用于走私的运输工具或者用于掩护走私的货物、物品，应当予以没收。藏匿走私货物、物品的特制设备、夹层、暗格，应当予以没收或者责令拆毁。使用特制设备、夹层、暗格实施走私的，应当从重处罚。

第十条　与走私人通谋为走私人提供贷款、资金、账号、发票、证明、海关单证的，与走私人通谋为走私人提供走私货物、物品的提取、发运、运输、保管、邮寄或者其他方便的，以走私的共同当事人论处，没收违法所得，并依照本实施条例第九条的规定予以处罚。

第十一条　报关企业、报关人员和海关准予从事海关监管货物的运输、储存、加工、装配、寄售、展示等业务的企业，构成走私犯罪或者1年内有2次以上走私行为的，海关可以撤销其注册登记、取消其报关从业资格。

第三章　违反海关监管规定的行为及其处罚

第十二条　违反海关法及其他有关法律、行政法规和规章但不构成走私行为的，是违反海关监管规定的行为。

第十三条　违反国家进出口管理规定，进出口国家禁止进出口的货物的，责令退运，处100万元以下罚款。

第十四条　违反国家进出口管理规定，进出口国家限制进出口的货物，进出口货物的收发货人向海关申报时不能提交许可证件的，进出口货物不予放行，处货物价值30%以下罚款。

违反国家进出口管理规定，进出口属于自动进出口许可管理的货物，进出口货物的收发货人向海关申报时不能提交自动许可证明的，进出口货物不予放行。

第十五条　进出口货物的品名、税则号列、数量、规格、价格、贸易方式、原产地、起运地、运抵地、最终目的地或者其他应当申报的项目未申报或者申报不实的，分别依照下列规定予以处罚，有违法所得的，没收违法所得：

（一）影响海关统计准确性的，予以警告或者处1 000元以上1万元以下罚款；

（二）影响海关监管秩序的，予以警告或者处1 000元以上3万元以下罚款；

（三）影响国家许可证件管理的，处货物价值5%以上30%以下罚款；

（四）影响国家税款征收的，处漏缴税款30%以上2倍以下罚款；

（五）影响国家外汇、出口退税管理的，处申报价格10%以上50%以下罚款。

第十六条　进出口货物收发货人未按照规定向报关企业提供所委托报关事项的真实情况，致使发生本实施条例第十五条规定情形的，对委托人依照本实施条例第十五条的规定予以处罚。

第十七条　报关企业、报关人员对委托人所提供情况的真实性未进行合理审查，或者因工作疏忽致使发生本实施条例第十五条规定情形的，可以对报关企业处货物价值10%以下罚款，暂停其6个月以内从事报关业务或者执业；情节严重的，撤销其报关注册登记、取消其报关从业资格。

第十八条　有下列行为之一的，处货物价值5%以上30%以下罚款，有违法所得的，没收违法所得：

（一）未经海关许可，擅自将海关监管货物开拆、提取、交付、发运、调换、改装、抵押、质押、留置、转让、更换标记、移作他用或者进行其他处置的；

（二）未经海关许可，在海关监管区以外存放海关监管货物的；

（三）经营海关监管货物的运输、储存、加工、装配、寄售、展示等业务，有关货物灭失、数量短少或者记录不真实，不能提供正当理由的；

（四）经营保税货物的运输、储存、加工、装配、寄售、展示等业务，不依照规定办理收存、交付、结转、核销等手续，或者中止、延长、变更、转让有关合同不依照规定向海关办理手续的；

（五）未如实向海关申报加工贸易制成品单位耗料量的；

（六）未按照规定期限将过境、转运、通运货物运输出境，擅自留在境内的；

（七）未按照规定期限将暂时进出口货物复运出境或者复运进境，擅自留在境内或者境外的；

（八）有违反海关监管规定的其他行为，致使海关不能或者中断对进出口货物实施监管的。

前款规定所涉货物属于国家限制进出口需要提交许可证件，当事人在规定期限内不能提交许可证件的，另处货物价值30%以下罚款；漏缴税款的，可以另处漏缴税款1倍以下罚款。

第十九条 有下列行为之一的，予以警告，可以处物品价值 20% 以下罚款，有违法所得的，没收违法所得：

（一）未经海关许可，擅自将海关尚未放行的进出境物品开拆、交付、投递、转移或者进行其他处置的；

（二）个人运输、携带、邮寄超过合理数量的自用物品进出境未向海关申报的；

（三）个人运输、携带、邮寄超过规定数量但仍属自用的国家限制进出境物品进出境，未向海关申报但没有以藏匿、伪装等方式逃避海关监管的；

（四）个人运输、携带、邮寄物品进出境，申报不实的；

（五）经海关登记准予暂时免税进境或者暂时免税出境的物品，未按照规定复带出境或者复带进境的；

（六）未经海关批准，过境人员将其所带物品留在境内的。

第二十条 运输、携带、邮寄国家禁止进出境的物品进出境，未向海关申报但没有以藏匿、伪装等方式逃避海关监管的，予以没收，或者责令退回，或者在海关监管下予以销毁或者进行技术处理。

第二十一条 有下列行为之一的，予以警告，可以处 10 万元以下罚款，有违法所得的，没收违法所得：

（一）运输工具不经设立海关的地点进出境的；

（二）在海关监管区停留的进出境运输工具，未经海关同意擅自驶离的；

（三）进出境运输工具从一个设立海关的地点驶往另一个设立海关的地点，尚未办结海关手续又未经海关批准，中途改驶境外或者境内未设立海关的地点的；

（四）进出境运输工具到达或者驶离设立海关的地点，未按照规定向海关申报、交验有关单证或者交验的单证不真实的。

第二十二条 有下列行为之一的，予以警告，可以处 5 万元以下罚款，有违法所得的，没收违法所得：

（一）未经海关同意，进出境运输工具擅自装卸进出境货物、物品或者上下进出境旅客的；

（二）未经海关同意，进出境运输工具擅自兼营境内客货运输或者用于进出境运输以外的其他用途的；

（三）未按照规定办理海关手续，进出境运输工具擅自改营境内运输的；

（四）未按照规定期限向海关传输舱单等电子数据、传输的电子数据不准确或者未按照规定期限保存相关电子数据，影响海关监管的；

（五）进境运输工具在进境以后向海关申报以前，出境运输工具在办结海关手续以后出境以前，不按照交通主管部门或者海关指定的路线行进的；

（六）载运海关监管货物的船舶、汽车不按照海关指定的路线行进的；

（七）进出境船舶和航空器，由于不可抗力被迫在未设立海关的地点停泊、降落或者在境内抛掷、起卸货物、物品，无正当理由不向附近海关报告的；

（八）无特殊原因，未将进出境船舶、火车、航空器到达的时间、停留的地点或者更换的时间、地点事先通知海关的；

（九）不按照规定接受海关对进出境运输工具、货物、物品进行检查、查验的。

第二十三条 有下列行为之一的，予以警告，可以处 3 万元以下罚款：

（一）擅自开启或者损毁海关封志的；

（二）遗失海关制发的监管单证、手册等凭证，妨碍海关监管的；

（三）有违反海关监管规定的其他行为，致使海关不能或者中断对进出境运输工具、物品实施监管的。

第二十四条 伪造、变造、买卖海关单证的，处 5 万元以上 50 万元以下罚款，有违法所得的，没收违法所得；构成犯罪的，依法追究刑事责任。

第二十五条　进出口侵犯中华人民共和国法律、行政法规保护的知识产权的货物的，没收侵权货物，并处货物价值30%以下罚款；构成犯罪的，依法追究刑事责任。

需要向海关申报知识产权状况，进出口货物收发货人及其代理人未按照规定向海关如实申报有关知识产权状况，或者未提交合法使用有关知识产权的证明文件的，可以处5万元以下罚款。

第二十六条　报关企业、报关人员和海关准予从事海关监管货物的运输、储存、加工、装配、寄售、展示等业务的企业，有下列情形之一的，责令改正，给予警告，可以暂停其6个月以内从事有关业务或者执业：

（一）拖欠税款或者不履行纳税义务的；

（二）报关企业出让其名义供他人办理进出口货物报关纳税事宜的；

（三）损坏或者丢失海关监管货物，不能提供正当理由的；

（四）有需要暂停其从事有关业务或者执业的其他违法行为的。

第二十七条　报关企业、报关人员和海关准予从事海关监管货物的运输、储存、加工、装配、寄售、展示等业务的企业，有下列情形之一的，海关可以撤销其注册登记、取消其报关从业资格：

（一）1年内3人次以上被海关暂停执业的；

（二）被海关暂停从事有关业务或者执业，恢复从事有关业务或者执业后1年内再次发生本实施条例第二十六条规定情形的；

（三）有需要撤销其注册登记或者取消其报关从业资格的其他违法行为的。

第二十八条　报关企业、报关人员非法代理他人报关或者超出海关准予的从业范围进行报关活动的，责令改正，处5万元以下罚款，暂停其6个月以内从事报关业务或者执业；情节严重的，撤销其报关注册登记、取消其报关从业资格。

第二十九条　进出口货物收发货人、报关企业、报关人员向海关工作人员行贿的，撤销其报关注册登记、取消其报关从业资格，并处10万元以下罚款；构成犯罪的，依法追究刑事责任，并不得重新注册登记为报关企业和取得报关从业资格。

第三十条　未经海关注册登记和未取得报关从业资格从事报关业务的，予以取缔，没收违法所得，可以并处10万元以下罚款。

第三十一条　提供虚假资料骗取海关注册登记、报关从业资格的，撤销其注册登记、取消其报关从业资格，并处30万元以下罚款。

第三十二条　法人或者其他组织有违反海关法的行为，除处罚该法人或者组织外，对其主管人员和直接责任人员予以警告，可以处5万元以下罚款，有违法所得的，没收违法所得。

第四章　对违反海关法行为的调查

第三十三条　海关发现公民、法人或者其他组织有依法应当由海关给予行政处罚的行为的，应当立案调查。

第三十四条　海关立案后，应当全面、客观、公正、及时地进行调查、收集证据。

海关调查、收集证据，应当按照法律、行政法规及其他有关规定的要求办理。

海关调查、收集证据时，海关工作人员不得少于2人，并应当向被调查人出示证件。

调查、收集的证据涉及国家秘密、商业秘密或者个人隐私的，海关应当保守秘密。

第三十五条　海关依法检查走私嫌疑人的身体，应当在隐蔽的场所或者非检查人员的视线之外，由2名以上与被检查人同性别的海关工作人员执行。

走私嫌疑人应当接受检查，不得阻挠。

第三十六条　海关依法检查运输工具和场所，查验货物、物品，应当制作检查、查验记录。

第三十七条　海关依法扣留走私犯罪嫌疑人，应当制发扣留走私犯罪嫌疑人决定书。对走私犯罪嫌疑人，扣留时间不超过24小时，在特殊情况下可以延长至48小时。

海关应当在法定扣留期限内对被扣留人进行审查。排除犯罪嫌疑或者法定扣留期限届满的，应当立即解除扣留，并制发解除扣留决定书。

第三十八条　下列货物、物品、运输工具及有关账册、单据等资料，海关可以依法扣留：

（一）有走私嫌疑的货物、物品、运输工具；

（二）违反海关法或者其他有关法律、行政法规的货物、物品、运输工具；

（三）与违反海关法或者其他有关法律、行政法规的货物、物品、运输工具有牵连的账册、单据等资料；

（四）法律、行政法规规定可以扣留的其他货物、物品、运输工具及有关账册、单据等资料。

第三十九条　有违法嫌疑的货物、物品、运输工具无法或者不便扣留的，当事人或者运输工具负责人应当向海关提供等值的担保，未提供等值担保的，海关可以扣留当事人等值的其他财产。

第四十条　海关扣留货物、物品、运输工具以及账册、单据等资料的期限不得超过1年。因案件调查需要，经直属海关关长或者其授权的隶属海关关长批准，可以延长，延长期限不得超过1年。但复议、诉讼期间不计算在内。

第四十一条　有下列情形之一的，海关应当及时解除扣留：

（一）排除违法嫌疑的；

（二）扣留期限、延长期限届满的；

（三）已经履行海关行政处罚决定的；

（四）法律、行政法规规定应当解除扣留的其他情形。

第四十二条　海关依法扣留货物、物品、运输工具、其他财产以及账册、单据等资料，应当制发海关扣留凭单，由海关工作人员、当事人或者其代理人、保管人、见证人签字或者盖章，并可以加施海关封志。加施海关封志的，当事人或者其代理人、保管人应当妥善保管。

海关解除对货物、物品、运输工具、其他财产以及账册、单据等资料的扣留，或者发还等值的担保，应当制发海关解除扣留通知书、海关解除担保通知书，并由海关工作人员、当事人或者其代理人、保管人、见证人签字或者盖章。

第四十三条　海关查问违法嫌疑人或者询问证人，应当个别进行，并告知其权利和作伪证应当承担的法律责任。违法嫌疑人、证人必须如实陈述、提供证据。

海关查问违法嫌疑人或者询问证人应当制作笔录，并当场交其辨认，没有异议的，立即签字确认；有异议的，予以更正后签字确认。

严禁刑讯逼供或者以威胁、引诱、欺骗等非法手段收集证据。

海关查问违法嫌疑人，可以到违法嫌疑人的所在单位或者住处进行，也可以要求其到海关或者海关指定的地点进行。

第四十四条　海关收集的物证、书证应当是原物、原件。收集原物、原件确有困难的，可以拍摄、复制，并可以指定或者委托有关单位或者个人对原物、原件予以妥善保管。

海关收集物证、书证，应当开列清单，注明收集的日期，由有关单位或者个人确认后签字或者盖章。

海关收集电子数据或者录音、录像等视听资料，应当收集原始载体。收集原始载体确有困难的，可以收集复制件，注明制作方法、制作时间、制作人等，并由有关单位或者个人确认后签字或者盖章。

第四十五条　根据案件调查需要，海关可以对有关货物、物品进行取样化验、鉴定。

海关提取样品时，当事人或者其代理人应当到场；当事人或者其代理人未到场的，海关应当邀请见证人到场。提取的样品，海关应当予以加封，并由海关工作人员及当事人或者其代理人、见证人确认后签字或者盖章。

化验、鉴定应当交由海关化验鉴定机构或者委托国家认可的其他机构进行。

化验人、鉴定人进行化验、鉴定后，应当出具化验报告、鉴定结论，并签字或者盖章。

第四十六条　根据海关法有关规定，海关可以查询案件涉嫌单位和涉嫌人员在金融机构、邮政企业的存款、汇款。

海关查询案件涉嫌单位和涉嫌人员在金融机构、邮政企业的存款、汇款，应当出示海关协助查询通知书。

第四十七条 海关依法扣留的货物、物品、运输工具，在人民法院判决或者海关行政处罚决定作出之前，不得处理。但是，危险品或者鲜活、易腐、易烂、易失效、易变质等不宜长期保存的货物、物品以及所有人申请先行变卖的货物、物品、运输工具，经直属海关关长或者其授权的隶属海关关长批准，可以先行依法变卖，变卖所得价款由海关保存，并通知其所有人。

第四十八条 当事人有权根据海关法的规定要求海关工作人员回避。

第五章 海关行政处罚的决定和执行

第四十九条 海关作出暂停从事有关业务、暂停报关执业、撤销海关注册登记、取消报关从业资格、对公民处 1 万元以上罚款、对法人或者其他组织处 10 万元以上罚款、没收有关货物、物品、走私运输工具等行政处罚决定之前，应当告知当事人有要求举行听证的权利；当事人要求听证的，海关应当组织听证。

海关行政处罚听证办法由海关总署制定。

第五十条 案件调查终结，海关关长应当对调查结果进行审查，根据不同情况，依法作出决定。

对情节复杂或者重大违法行为给予较重的行政处罚，应当由海关案件审理委员会集体讨论决定。

第五十一条 同一当事人实施了走私和违反海关监管规定的行为且二者之间有因果关系的，依照本实施条例对走私行为的规定从重处罚，对其违反海关监管规定的行为不再另行处罚。

同一当事人就同一批货物、物品分别实施了 2 个以上违反海关监管规定的行为且二者之间有因果关系的，依照本实施条例分别规定的处罚幅度，择其重者处罚。

第五十二条 对 2 个以上当事人共同实施的违法行为，应当区别情节及责任，分别给予处罚。

第五十三条 有下列情形之一的，应当从重处罚：

（一）因走私被判处刑罚或者被海关行政处罚后在 2 年内又实施走私行为的；

（二）因违反海关监管规定被海关行政处罚后在 1 年内又实施同一违反海关监管规定的行为的；

（三）有其他依法应当从重处罚的情形的。

第五十四条 海关对当事人违反海关法的行为依法给予行政处罚的，应当制作行政处罚决定书。

对同一当事人实施的 2 个以上违反海关法的行为，可以制发 1 份行政处罚决定书。

对 2 个以上当事人分别实施的违反海关法的行为，应当分别制发行政处罚决定书。

对 2 个以上当事人共同实施的违反海关法的行为，应当制发 1 份行政处罚决定书，区别情况对各当事人分别予以处罚，但需另案处理的除外。

第五十五条 行政处罚决定书应当依照有关法律规定送达当事人。

依法予以公告送达的，海关应当将行政处罚决定书的正本张贴在海关公告栏内，并在报纸上刊登公告。

第五十六条 海关作出没收货物、物品、走私运输工具的行政处罚决定，有关货物、物品、走私运输工具无法或者不便没收的，海关应当追缴上述货物、物品、走私运输工具的等值价款。

第五十七条 法人或者其他组织实施违反海关法的行为后，有合并、分立或者其他资产重组情形的，海关应当以原法人、组织作为当事人。

对原法人、组织处以罚款、没收违法所得或者依法追缴货物、物品、走私运输工具的等值价款的，应当以承受其权利义务的法人、组织作为被执行人。

第五十八条 罚款、违法所得和依法追缴的货物、物品、走私运输工具的等值价款，应当在海关行政处罚决定规定的期限内缴清。

当事人按期履行行政处罚决定、办结海关手续的，海关应当及时解除其担保。

第五十九条 受海关处罚的当事人或者其法定代表人、主要负责人应当在出境前缴清罚款、违法所得和依法追缴的货物、物品、走私运输工具的等值价款。在出境前未缴清上述款项的，应当向海关提供相当于上述款项的担保。未提供担保，当事人是自然人的，海关可以通知出境管理机关阻止其出境；当事人是法人或者其他组织的，海关可以通知出境管理机关阻止其法定代表人或者主要负责人出境。

第六十条 当事人逾期不履行行政处罚决定的，海关可以采取下列措施：

（一）到期不缴纳罚款的，每日按罚款数额的 3% 加处罚款；

（二）根据海关法规定，将扣留的货物、物品、运输工具变价抵缴，或者以当事人提供的担保抵缴；

（三）申请人民法院强制执行。

第六十一条 当事人确有经济困难，申请延期或者分期缴纳罚款的，经海关批准，可以暂缓或者分期缴纳罚款。

当事人申请延期或者分期缴纳罚款的，应当以书面形式提出，海关收到申请后，应当在 10 个工作日内作出决定，并通知申请人。海关同意当事人暂缓或者分期缴纳的，应当及时通知收缴罚款的机构。

第六十二条 有下列情形之一的，有关货物、物品、违法所得、运输工具、特制设备由海关予以收缴：

（一）依照《中华人民共和国行政处罚法》第二十五条、第二十六条规定不予行政处罚的当事人携带、邮寄国家禁止进出境的货物、物品进出境的；

（二）散发性邮寄国家禁止、限制进出境的物品进出境或者携带数量零星的国家禁止进出境的物品进出境，依法可以不予行政处罚的；

（三）依法应当没收的货物、物品、违法所得、走私运输工具、特制设备，在海关作出行政处罚决定前，作为当事人的自然人死亡或者作为当事人的法人、其他组织终止，且无权利义务承受人的；

（四）走私违法事实基本清楚，但当事人无法查清，自海关公告之日起满 3 个月的；

（五）有违反法律、行政法规，应当予以收缴的其他情形的。

海关收缴前款规定的货物、物品、违法所得、运输工具、特制设备，应当制发清单，由被收缴人或者其代理人、见证人签字或者盖章。被收缴人无法查清且无见证人的，应当予以公告。

第六十三条 人民法院判决没收的走私货物、物品、违法所得、走私运输工具、特制设备，或者海关决定没收、收缴的货物、物品、违法所得、走私运输工具、特制设备，由海关依法统一处理，所得价款和海关收缴的罚款，全部上缴中央国库。

第六章　附　则

第六十四条 本实施条例下列用语的含义是：

"设立海关的地点"，指海关在港口、车站、机场、国界孔道、国际邮件互换局（交换站）等海关监管区设立的卡口，海关在保税区、出口加工区等海关特殊监管区域设立的卡口，以及海关在海上设立的中途监管站。

"许可证件"，指依照国家有关规定，当事人应当事先申领，并由国家有关主管部门颁发的准予进口或者出口的证明、文件。

"合法证明"，指船舶及所载人员依照国家有关规定或者依照国际运输惯例所必须持有的证明其运输、携带、收购、贩卖所载货物、物品真实、合法、有效的商业单证、运输单证及其他有关证明、文件。

"物品"，指个人以运输、携带等方式进境的行李物品、邮寄进出境的物品，包括货币、金银等。超出自用、合理数量的，视为货物。

"自用"，指旅客或者收件人本人自用、馈赠亲友而非为出售或者出租。

"合理数量"，指海关根据旅客或者收件人的情况、旅行目的和居留时间所确定的正常数量。

"货物价值"，指进出口货物的完税价格、关税、进口环节海关代征税之和。

"物品价值"，指进出境物品的完税价格、进口税之和。

"应纳税款"，指进出口货物、物品应当缴纳的进出口关税、进口环节海关代征税之和。

"专门用于走私的运输工具"，指专为走私而制造、改造、购买的运输工具。

"以上""以下""以内""届满"，均包括本数在内。

第六十五条 海关对外国人、无国籍人、外国企业或者其他组织给予行政处罚的，适用本实施条例。

第六十六条 国家禁止或者限制进出口的货物目录，由国务院对外贸易主管部门依照《中华人民共和国对外贸易法》的规定办理；国家禁止或者限制进出境的物品目录，由海关总署公布。

第六十七条 依照海关规章给予行政处罚的，应当遵守本实施条例规定的程序。

第六十八条 本实施条例自 2004 年 11 月 1 日起施行。1993 年 2 月 17 日国务院批准修订、1993 年 4 月 1 日海关总署发布的《中华人民共和国海关法行政处罚实施细则》同时废止。

中华人民共和国知识产权海关保护条例

2003 年 12 月 2 日中华人民共和国国务院令第 395 号公布
根据 2010 年 3 月 24 日《国务院关于修改〈中华人民共和国
知识产权海关保护条例〉的决定》修订

第一章　总　则

第一条 为了实施知识产权海关保护，促进对外经济贸易和科技文化交往，维护公共利益，根据《中华人民共和国海关法》，制定本条例。

第二条 本条例所称知识产权海关保护，是指海关对与进出口货物有关并受中华人民共和国法律、行政法规保护的商标专用权、著作权和与著作权有关的权利、专利权（以下统称知识产权）实施的保护。

第三条 国家禁止侵犯知识产权的货物进出口。

海关依照有关法律和本条例的规定实施知识产权保护，行使《中华人民共和国海关法》规定的有关权力。

第四条 知识产权权利人请求海关实施知识产权保护的，应当向海关提出采取保护措施的申请。

第五条 进口货物的收货人或者其代理人、出口货物的发货人或者其代理人应当按照国家规定，向海关如实申报与进出口货物有关的知识产权状况，并提交有关证明文件。

第六条 海关实施知识产权保护时，应当保守有关当事人的商业秘密。

第二章　知识产权的备案

第七条 知识产权权利人可以依照本条例的规定，将其知识产权向海关总署申请备案；申请备案的，应当提交申请书。申请书应当包括下列内容：

（一）知识产权权利人的名称或者姓名、注册地或者国籍等；

（二）知识产权的名称、内容及其相关信息；

（三）知识产权许可行使状况；

（四）知识产权权利人合法行使知识产权的货物的名称、产地、进出境地海关、进出口商、主要特征、价格等；

（五）已知的侵犯知识产权货物的制造商、进出口商、进出境地海关、主要特征、价格等。

前款规定的申请书内容有证明文件的，知识产权权利人应当附送证明文件。

第八条　海关总署应当自收到全部申请文件之日起 30 个工作日内作出是否准予备案的决定，并书面通知申请人；不予备案的，应当说明理由。

有下列情形之一的，海关总署不予备案：

（一）申请文件不齐全或者无效的；

（二）申请人不是知识产权权利人的；

（三）知识产权不再受法律、行政法规保护的。

第九条　海关发现知识产权权利人申请知识产权备案未如实提供有关情况或者文件的，海关总署可以撤销其备案。

第十条　知识产权海关保护备案自海关总署准予备案之日起生效，有效期为 10 年。

知识产权有效的，知识产权权利人可以在知识产权海关保护备案有效期届满前 6 个月内，向海关总署申请续展备案。每次续展备案的有效期为 10 年。

知识产权海关保护备案有效期届满而不申请续展或者知识产权不再受法律、行政法规保护的，知识产权海关保护备案随即失效。

第十一条　知识产权备案情况发生改变的，知识产权权利人应当自发生改变之日起 30 个工作日内，向海关总署办理备案变更或者注销手续。

知识产权权利人未依照前款规定办理变更或者注销手续，给他人合法进出口或者海关依法履行监管职责造成严重影响的，海关总署可以根据有关利害关系人的申请撤销有关备案，也可以主动撤销有关备案。

第三章　扣留侵权嫌疑货物的申请及其处理

第十二条　知识产权权利人发现侵权嫌疑货物即将进出口的，可以向货物进出境地海关提出扣留侵权嫌疑货物的申请。

第十三条　知识产权权利人请求海关扣留侵权嫌疑货物的，应当提交申请书及相关证明文件，并提供足以证明侵权事实明显存在的证据。

申请书应当包括下列主要内容：

（一）知识产权权利人的名称或者姓名、注册地或者国籍等；

（二）知识产权的名称、内容及其相关信息；

（三）侵权嫌疑货物收货人和发货人的名称；

（四）侵权嫌疑货物名称、规格等；

（五）侵权嫌疑货物可能进出境的口岸、时间、运输工具等。

侵权嫌疑货物涉嫌侵犯备案知识产权的，申请书还应当包括海关备案号。

第十四条　知识产权权利人请求海关扣留侵权嫌疑货物的，应当向海关提供不超过货物等值的担保，用于赔偿可能因申请不当给收货人、发货人造成的损失，以及支付货物由海关扣留后的仓储、保管和处置等费用；知识产权权利人直接向仓储商支付仓储、保管费用的，从担保中扣除。具体办法由海关总署制定。

第十五条　知识产权权利人申请扣留侵权嫌疑货物，符合本条例第十三条的规定，并依照本条例第十四条的规定提供担保的，海关应当扣留侵权嫌疑货物，书面通知知识产权权利人，并将海关扣留凭单送达收货人或者发货人。

知识产权权利人申请扣留侵权嫌疑货物，不符合本条例第十三条的规定，或者未依照本条例第十四条的规定提供担保的，海关应当驳回申请，并书面通知知识产权权利人。

第十六条　海关发现进出口货物有侵犯备案知识产权嫌疑的，应当立即书面通知知识产权权利人。知识产权权利人自通知送达之日起 3 个工作日内依照本条例第十三条的规定提出申请，并依照本条例第十四条的规定提供担保的，海关应当扣留侵权嫌疑货物，书面通知知识产权权利人，并将海关扣留凭单送达收货人或者发货人。知识产权权利人逾期未提出申请或者未提供担保的，海关不得扣留货物。

第十七条　经海关同意，知识产权权利人和收货人或者发货人可以查看有关货物。

第十八条　收货人或者发货人认为其货物未侵犯知识产权权利人的知识产权的，应当向海关提出书面说明并附送相关证据。

第十九条　涉嫌侵犯专利权货物的收货人或者发货人认为其进出口货物未侵犯专利权的，可以在向海关提供货物等值的担保金后，请求海关放行其货物。知识产权权利人未能在合理期限内向人民法院起诉的，海关应当退还担保金。

第二十条　海关发现进出口货物有侵犯备案知识产权嫌疑并通知知识产权权利人后，知识产权权利人请求海关扣留侵权嫌疑货物的，海关应当自扣留之日起 30 个工作日内对被扣留的侵权嫌疑货物是否侵犯知识产权进行调查、认定；不能认定的，应当立即书面通知知识产权权利人。

第二十一条　海关对被扣留的侵权嫌疑货物进行调查，请求知识产权主管部门提供协助的，有关知识产权主管部门应当予以协助。

知识产权主管部门处理涉及进出口货物的侵权案件请求海关提供协助的，海关应当予以协助。

第二十二条　海关对被扣留的侵权嫌疑货物及有关情况进行调查时，知识产权权利人和收货人或者发货人应当予以配合。

第二十三条　知识产权权利人在向海关提出采取保护措施的申请后，可以依照《中华人民共和国商标法》《中华人民共和国著作权法》《中华人民共和国专利法》或者其他有关法律的规定，就被扣留的侵权嫌疑货物向人民法院申请采取责令停止侵权行为或者财产保全的措施。

海关收到人民法院有关责令停止侵权行为或者财产保全的协助执行通知的，应当予以协助。

第二十四条　有下列情形之一的，海关应当放行被扣留的侵权嫌疑货物：

（一）海关依照本条例第十五条的规定扣留侵权嫌疑货物，自扣留之日起 20 个工作日内未收到人民法院协助执行通知的；

（二）海关依照本条例第十六条的规定扣留侵权嫌疑货物，自扣留之日起 50 个工作日内未收到人民法院协助执行通知，并且经调查不能认定被扣留的侵权嫌疑货物侵犯知识产权的；

（三）涉嫌侵犯专利权货物的收货人或者发货人在向海关提供与货物等值的担保金后，请求海关放行其货物的；

（四）海关认为收货人或者发货人有充分的证据证明其货物未侵犯知识产权权利人的知识产权的；

（五）在海关认定被扣留的侵权嫌疑货物为侵权货物之前，知识产权权利人撤回扣留侵权嫌疑货物的申请的。

第二十五条　海关依照本条例的规定扣留侵权嫌疑货物，知识产权权利人应当支付有关仓储、保管和处置等费用。知识产权权利人未支付有关费用的，海关可以从其向海关提供的担保金中予以扣除，或者要求担保人履行有关担保责任。

侵权嫌疑货物被认定为侵犯知识产权的，知识产权权利人可以将其支付的有关仓储、保管和处置等费用计入其为制止侵权行为所支付的合理开支。

第二十六条　海关实施知识产权保护发现涉嫌犯罪案件的，应当将案件依法移送公安机关处理。

第四章　法律责任

第二十七条　被扣留的侵权嫌疑货物，经海关调查后认定侵犯知识产权的，由海关予以没收。

海关没收侵犯知识产权货物后，应当将侵犯知识产权货物的有关情况书面通知知识产权权利人。

被没收的侵犯知识产权货物可以用于社会公益事业的，海关应当转交给有关公益机构用于社会公益事业；知识产权权利人有收购意愿的，海关可以有偿转让给知识产权权利人。被没收的侵犯知识产权货物无法用于社会公益事业且知识产权权利人无收购意愿的，海关可以在消除侵权特征后依法拍卖，但对进口假冒商标货物，除特殊情况外，不能仅清除货物上的商标标志即允许其进入商业渠道；侵权特征无法消除的，海关应当予以销毁。

第二十八条　海关接受知识产权保护备案和采取知识产权保护措施的申请后，因知识产权权利人未提供确切情况而未能发现侵权货物、未能及时采取保护措施或者采取保护措施不力的，由知识产权权利人自行承担责任。

知识产权权利人请求海关扣留侵权嫌疑货物后，海关不能认定被扣留的侵权嫌疑货物侵犯知识产权权利人的知识产权，或者人民法院判定不侵犯知识产权权利人的知识产权的，知识产权权利人应当依法承担赔偿责任。

第二十九条　进口或者出口侵犯知识产权货物，构成犯罪的，依法追究刑事责任。

第三十条　海关工作人员在实施知识产权保护时，玩忽职守、滥用职权、徇私舞弊，构成犯罪的，依法追究刑事责任；尚不构成犯罪的，依法给予行政处分。

第五章　附　则

第三十一条　个人携带或者邮寄进出境的物品，超出自用、合理数量，并侵犯本条例第二条规定的知识产权的，按照侵权货物处理。

第三十二条　知识产权权利人将其知识产权向海关总署备案的，应当按照国家有关规定缴纳备案费。

第三十三条　本条例自 2004 年 3 月 1 日起施行。1995 年 7 月 5 日国务院发布的《中华人民共和国知识产权海关保护条例》同时废止。

中华人民共和国海关稽查条例

1997 年 1 月 3 日中华人民共和国国务院令第 209 号发布
根据 2016 年 6 月 19 日中华人民共和国国务院令第 670 号
《国务院关于修改〈中华人民共和国海关稽查条例〉的决定》修正

第一章　总　则

第一条　为了建立、健全海关稽查制度，加强海关监督管理，维护正常的进出口秩序和当事人的合法权益，保障国家税收收入，促进对外贸易的发展，根据《中华人民共和国海关法》（以下简称海关法），制定本条例。

第二条　本条例所称海关稽查，是指海关自进出口货物放行之日起 3 年内或者在保税货物、减免税进口货物的海关监管期限内及其后的 3 年内，对与进出口货物直接有关的企业、单位的会计账簿、会计凭证、报关单证以及其他有关资料（以下统称账簿、单证等有关资料）和有关进出口货物进行核查，监督其进出口活动的真实性和合法性。

第三条　海关对下列与进出口货物直接有关的企业、单位实施海关稽查：

（一）从事对外贸易的企业、单位；

（二）从事对外加工贸易的企业；

（三）经营保税业务的企业；

（四）使用或者经营减免税进口货物的企业、单位；

（五）从事报关业务的企业；

（六）海关总署规定的与进出口货物直接有关的其他企业、单位。

第四条　海关根据稽查工作需要，可以向有关行业协会、政府部门和相关企业等收集特定商品、行业与进出口活动有关的信息。收集的信息涉及商业秘密的，海关应当予以保密。

第五条 海关和海关工作人员执行海关稽查职务，应当客观公正，实事求是，廉洁奉公，保守被稽查人的商业秘密，不得侵犯被稽查人的合法权益。

第二章 账簿、单证等有关资料的管理

第六条 与进出口货物直接有关的企业、单位所设置、编制的会计账簿、会计凭证、会计报表和其他会计资料，应当真实、准确、完整地记录和反映进出口业务的有关情况。

第七条 与进出口货物直接有关的企业、单位应当依照有关法律、行政法规规定的保管期限，保管会计账簿、会计凭证、会计报表和其他会计资料。

报关单证、进出口单证、合同以及与进出口业务直接有关的其他资料，应当在本条例第二条规定的期限内保管。

第八条 与进出口货物直接有关的企业、单位会计制度健全，能够通过计算机正确、完整地记账、核算的，其计算机储存和输出的会计记录视同会计资料。

第三章 海关稽查的实施

第九条 海关应当按照海关监管的要求，根据与进出口货物直接有关的企业、单位的进出口信用状况和风险状况以及进出口货物的具体情况，确定海关稽查重点。

第十条 海关进行稽查时，应当在实施稽查的 3 日前，书面通知被稽查人。在被稽查人有重大违法嫌疑，其账簿、单证等有关资料以及进出口货物可能被转移、隐匿、毁弃等紧急情况下，经直属海关关长或者其授权的隶属海关关长批准，海关可以不经事先通知进行稽查。

第十一条 海关进行稽查时，应当组成稽查组。稽查组的组成人员不得少于 2 人。

第十二条 海关进行稽查时，海关工作人员应当出示海关稽查证。

海关稽查证，由海关总署统一制发。

第十三条 海关进行稽查时，海关工作人员与被稽查人有直接利害关系的，应当回避。

第十四条 海关进行稽查时，可以行使下列职权：

（一）查阅、复制被稽查人的账簿、单证等有关资料；

（二）进入被稽查人的生产经营场所、货物存放场所，检查与进出口活动有关的生产经营情况和货物；

（三）询问被稽查人的法定代表人、主要负责人员和其他有关人员与进出口活动有关的情况和问题；

（四）经直属海关关长或者其授权的隶属海关关长批准，查询被稽查人在商业银行或者其他金融机构的存款账户。

第十五条 海关进行稽查时，发现被稽查人有可能转移、隐匿、篡改、毁弃账簿、单证等有关资料的，经直属海关关长或者其授权的隶属海关关长批准，可以查封、扣押其账簿、单证等有关资料以及相关电子数据存储介质。采取该项措施时，不得妨碍被稽查人正常的生产经营活动。

海关对有关情况查明或者取证后，应当立即解除对账簿、单证等有关资料以及相关电子数据存储介质的查封、扣押。

第十六条 海关进行稽查时，发现被稽查人的进出口货物有违反海关法和其他有关法律、行政法规规定的嫌疑的，经直属海关关长或者其授权的隶属海关关长批准，可以查封、扣押有关进出口货物。

第十七条 被稽查人应当配合海关稽查工作，并提供必要的工作条件。

第十八条 被稽查人应当接受海关稽查，如实反映情况，提供账簿、单证等有关资料，不得拒绝、拖延、隐瞒。

被稽查人使用计算机记账的，应当向海关提供记账软件、使用说明书及有关资料。

第十九条　海关查阅、复制被稽查人的账簿、单证等有关资料或者进入被稽查人的生产经营场所、货物存放场所检查时，被稽查人的法定代表人或者主要负责人员或者其指定的代表应当到场，并按照海关的要求清点账簿、打开货物存放场所、搬移货物或者开启货物包装。

第二十条　海关进行稽查时，与被稽查人有财务往来或者其他商务往来的企业、单位应当向海关如实反映被稽查人的有关情况，提供有关资料和证明材料。

第二十一条　海关进行稽查时，可以委托会计、税务等方面的专业机构就相关问题作出专业结论。

被稽查人委托会计、税务等方面的专业机构作出的专业结论，可以作为海关稽查的参考依据。

第二十二条　海关稽查组实施稽查后，应当向海关报送稽查报告。稽查报告认定被稽查人涉嫌违法的，在报送海关前应当就稽查报告认定的事实征求被稽查人的意见，被稽查人应当自收到相关材料之日起 7 日内，将其书面意见送交海关。

第二十三条　海关应当自收到稽查报告之日起 30 日内，作出海关稽查结论并送达被稽查人。

海关应当在稽查结论中说明作出结论的理由，并告知被稽查人的权利。

第四章　海关稽查的处理

第二十四条　经海关稽查，发现关税或者其他进口环节的税收少征或者漏征的，由海关依照海关法和有关税收法律、行政法规的规定向被稽查人补征；因被稽查人违反规定而造成少征或者漏征的，由海关依照海关法和有关税收法律、行政法规的规定追征。

被稽查人在海关规定的期限内仍未缴纳税款的，海关可以依照海关法第六十条第一款、第二款的规定采取强制执行措施。

第二十五条　依照本条例第十六条的规定查封、扣押的有关进出口货物，经海关稽查排除违法嫌疑的，海关应当立即解除查封、扣押；经海关稽查认定违法的，由海关依照海关法和海关行政处罚实施条例的规定处理。

第二十六条　经海关稽查，认定被稽查人有违反海关监管规定的行为的，由海关依照海关法和海关行政处罚实施条例的规定处理。

与进出口货物直接有关的企业、单位主动向海关报告其违反海关监管规定的行为，并接受海关处理的，应当从轻或者减轻行政处罚。

第二十七条　经海关稽查，发现被稽查人有走私行为，构成犯罪的，依法追究刑事责任；尚不构成犯罪的，由海关依照海关法和海关行政处罚实施条例的规定处理。

第二十八条　海关通过稽查决定补征或者追征的税款、没收的走私货物和违法所得以及收缴的罚款，全部上缴国库。

第二十九条　被稽查人同海关发生纳税争议的，依照海关法第六十四条的规定办理。

第五章　法律责任

第三十条　被稽查人有下列行为之一的，由海关责令限期改正，逾期不改正的，处 2 万元以上 10 万元以下的罚款；情节严重的，撤销其报关注册登记；对负有直接责任的主管人员和其他直接责任人员处 5000 元以上 5 万元以下的罚款；构成犯罪的，依法追究刑事责任：

（一）向海关提供虚假情况或者隐瞒重要事实；

（二）拒绝、拖延向海关提供账簿、单证等有关资料以及相关电子数据存储介质；

（三）转移、隐匿、篡改、毁弃报关单证、进出口单证、合同、与进出口业务直接有关的其他资料以及相关电子数据存储介质。

第三十一条　被稽查人未按照规定编制或者保管报关单证、进出口单证、合同以及与进出口业务直接有关的其他资料的，由海关责令限期改正，逾期不改正的，处 1 万元以上 5 万元以下的罚款；情节严重的，撤销其报关注册登记；对负有直接责任的主管人员和其他直接责任人员处 1000 元以上 5000 元以下的罚款。

第三十二条　被稽查人未按照规定设置或者编制账簿，或者转移、隐匿、篡改、毁弃账簿的，依照会计法的有关规定追究法律责任。

第三十三条　海关工作人员在稽查中玩忽职守、徇私舞弊、滥用职权，或者利用职务上的便利，收受、索取被稽查人的财物，构成犯罪的，依法追究刑事责任；尚不构成犯罪的，依法给予处分。

第六章　附　则

第三十四条　本条例自发布之日起施行。

中华人民共和国海关统计条例

2005 年 12 月 25 日中华人民共和国国务院令第 454 号发布

第一条　为了科学、有效地开展海关统计工作，保障海关统计的准确性、及时性、完整性，根据《中华人民共和国海关法》和《中华人民共和国统计法》的有关规定，制定本条例。

第二条　海关统计是海关依法对进出口货物贸易的统计，是国民经济统计的组成部分。

海关统计的任务是对进出口货物贸易进行统计调查、统计分析和统计监督，进行进出口监测预警，编制、管理和公布海关统计资料，提供统计服务。

第三条　海关总署负责组织、管理全国海关统计工作。

海关统计机构、统计人员应当依照《中华人民共和国统计法》《中华人民共和国统计法实施细则》及本条例的规定履行职责。

第四条　实际进出境并引起境内物质存量增加或者减少的货物，列入海关统计。

进出境物品超过自用、合理数量的，列入海关统计。

第五条　下列进出口货物不列入海关统计：

（一）过境、转运和通运货物；

（二）暂时进出口货物；

（三）货币及货币用黄金；

（四）租赁期 1 年以下的租赁进出口货物；

（五）因残损、短少、品质不良或者规格不符而免费补偿或者更换的进出口货物；

（六）海关总署规定的不列入海关统计的其他货物。

第六条　进出口货物的统计项目包括：

（一）品名及编码；

（二）数量、价格；

（三）经营单位；

（四）贸易方式；

（五）运输方式；

（六）进口货物的原产国（地区）、启运国（地区）、境内目的地；

（七）出口货物的最终目的国（地区）、运抵国（地区）、境内货源地；

（八）进出口日期；

（九）关别；

（十）海关总署规定的其他统计项目。

根据国民经济发展和海关监管需要，海关总署可以对统计项目进行调整。

第七条　进出口货物的品名及编码，按照《中华人民共和国海关统计商品目录》归类统计。

进出口货物的数量，按照《中华人民共和国海关统计商品目录》规定的计量单位统计。

《中华人民共和国海关统计商品目录》由海关总署公布。

第八条　进口货物的价格，按照货价、货物运抵中华人民共和国境内输入地点起卸前的运输及其相关费用、保险费之和统计。

出口货物的价格，按照货价、货物运抵中华人民共和国境内输出地点装卸前的运输及其相关费用、保险费之和统计，其中包含的出口关税税额，应当予以扣除。

第九条　进口货物，应当分别统计其原产国（地区）、起运国（地区）和境内目的地。

出口货物，应当分别统计其最终目的国（地区）、运抵国（地区）和境内货源地。

第十条　进出口货物的经营单位，按照在海关注册登记、从事进出口经营活动的法人、其他组织或者个人统计。

第十一条　进出口货物的贸易方式，按照海关监管要求分类统计。

第十二条　进出口货物的运输方式，按照货物进出境时的运输方式统计，包括水路运输、铁路运输、公路运输、航空运输及其他运输方式。

第十三条　进口货物的日期，按照海关放行的日期统计；出口货物的日期，按照办结海关手续的日期统计。

第十四条　进出口货物由接受申报的海关负责统计。

第十五条　海关统计资料包括海关统计原始资料以及以原始资料为基础采集、整理的相关统计信息。

前款所称海关统计原始资料，是指经海关确认的进出口货物报关单及其他有关单证。

第十六条　海关总署应当定期、无偿地向国务院有关部门提供有关综合统计资料。

直属海关应当定期、无偿地向所在地省、自治区、直辖市人民政府有关部门提供有关综合统计资料。

第十七条　海关应当建立统计资料定期公布制度，向社会公布海关统计信息。

海关可以根据社会公众的需要，提供统计服务。

第十八条　海关统计人员对在统计过程中知悉的国家秘密、商业秘密负有保密义务。

第十九条　当事人有权在保存期限内查询自己申报的海关统计原始资料及相关信息，对查询结果有疑问的，可以向海关申请核实，海关应当予以核实，并解答有关问题。

第二十条　海关对当事人依法应当申报的项目有疑问的，可以向当事人提出查询，当事人应当及时作出答复。

第二十一条　依法应当申报的项目未申报或者申报不实影响海关统计准确性的，海关应当责令当事人予以更正，需要予以行政处罚的，依照《中华人民共和国海关行政处罚实施条例》的规定予以处罚。

第二十二条　本条例自 2006 年 3 月 1 日起施行。

中华人民共和国进出口货物原产地条例

2004 年 9 月 3 日中华人民共和国国务院令第 416 号发布

第一条　为了正确确定进出口货物的原产地，有效实施各项贸易措施，促进对外贸易发展，制定本条例。

第二条　本条例适用于实施最惠国待遇、反倾销和反补贴、保障措施、原产地标记管理、国别数量限制、关税配额等非优惠性贸易措施以及进行政府采购、贸易统计等活动对进出口货物原产地的确定。

实施优惠性贸易措施对进出口货物原产地的确定，不适用本条例。具体办法依照中华人民共和国缔结或者参加的国际条约、协定的有关规定另行制定。

第三条 完全在一个国家（地区）获得的货物，以该国（地区）为原产地；两个以上国家（地区）参与生产的货物，以最后完成实质性改变的国家（地区）为原产地。

第四条 本条例第三条所称完全在一个国家（地区）获得的货物，是指：

（一）在该国（地区）出生并饲养的活的动物；

（二）在该国（地区）野外捕捉、捕捞、搜集的动物；

（三）从该国（地区）的活的动物获得的未经加工的物品；

（四）在该国（地区）收获的植物和植物产品；

（五）在该国（地区）采掘的矿物；

（六）在该国（地区）获得的除本条第（一）项至第（五）项范围之外的其他天然生成的物品；

（七）在该国（地区）生产过程中产生的只能弃置或者回收用做材料的废碎料；

（八）在该国（地区）收集的不能修复或者修理的物品，或者从该物品中回收的零件或者材料；

（九）由合法悬挂该国旗帜的船舶从其领海以外海域获得的海洋捕捞物和其他物品；

（十）在合法悬挂该国旗帜的加工船上加工本条第（九）项所列物品获得的产品；

（十一）从该国领海以外享有专有开采权的海床或者海床底土获得的物品；

（十二）在该国（地区）完全从本条第（一）项至第（十一）项所列物品中生产的产品。

第五条 在确定货物是否在一个国家（地区）完全获得时，不考虑下列微小加工或者处理：

（一）为运输、贮存期间保存货物而作的加工或者处理；

（二）为货物便于装卸而作的加工或者处理；

（三）为货物销售而作的包装等加工或者处理。

第六条 本条例第三条规定的实质性改变的确定标准，以税则归类改变为基本标准；税则归类改变不能反映实质性改变的，以从价百分比、制造或者加工工序等为补充标准。具体标准由海关总署会同商务部、国家质量监督检验检疫总局制定。

本条第一款所称税则归类改变，是指某一国家（地区）对非该国（地区）原产材料进行制造、加工后，所得货物在《中华人民共和国进出口税则》中某一级的税目归类发生了变化。

本条第一款所称从价百分比，是指某一国家（地区）对非该国（地区）原产材料进行制造、加工后的增值部分，超过所得货物价值一定的百分比。

本条第一款所称制造或者加工工序，是指在某一国家（地区）进行的赋予制造、加工后所得货物基本特征的主要工序。

世界贸易组织《协调非优惠原产地规则》实施前，确定进出口货物原产地实质性改变的具体标准，由海关总署会同商务部、国家质量监督检验检疫总局根据实际情况另行制定。

第七条 货物生产过程中使用的能源、厂房、设备、机器和工具的原产地，以及未构成货物物质成分或者组成部件的材料的原产地，不影响该货物原产地的确定。

第八条 随所装货物进出口的包装、包装材料和容器，在《中华人民共和国进出口税则》中与该货物一并归类的，该包装、包装材料和容器的原产地不影响所装货物原产地的确定；对该包装、包装材料和容器的原产地不再单独确定，所装货物的原产地即为该包装、包装材料和容器的原产地。

随所装货物进出口的包装、包装材料和容器，在《中华人民共和国进出口税则》中与该货物不一并归类的，依照本条例的规定确定该包装、包装材料和容器的原产地。

第九条 按正常配备的种类和数量随货物进出口的附件、备件、工具和介绍说明性资料，在《中华人民共和国进出口税则》中与该货物一并归类的，该附件、备件、工具和介绍说明性资料的原产地不影响该货物原产地的确定；对该附件、备件、工具和介绍说明性资料的原产地不再单独确定，该货物的原产地即为该附件、备件、工具和介绍说明性资料的原产地。

随货物进出口的附件、备件、工具和介绍说明性资料在《中华人民共和国进出口税则》中虽与该货物一并归类，但超出正常配备的种类和数量的，以及在《中华人民共和国进出口税则》中与该货物不一并归类的，依照本条例的规定确定该附件、备件、工具和介绍说明性资料的原产地。

第十条　对货物所进行的任何加工或者处理，是为了规避中华人民共和国关于反倾销、反补贴和保障措施等有关规定的，海关在确定该货物的原产地时可以不考虑这类加工和处理。

第十一条　进口货物的收货人按照《中华人民共和国海关法》及有关规定办理进口货物的海关申报手续时，应当依照本条例规定的原产地确定标准如实申报进口货物的原产地；同一批货物的原产地不同的，应当分别申报原产地。

第十二条　进口货物进口前，进口货物的收货人或者与进口货物直接相关的其他当事人，在有正当理由的情况下，可以书面申请海关对将要进口的货物的原产地作出预确定决定；申请人应当按照规定向海关提供作出原产地预确定决定所需的资料。

海关应当在收到原产地预确定书面申请及全部必要资料之日起 150 天内，依照本条例的规定对该进口货物作出原产地预确定决定，并对外公布。

第十三条　海关接受申报后，应当按照本条例的规定审核确定进口货物的原产地。

已作出原产地预确定决定的货物，自预确定决定作出之日起 3 年内实际进口时，经海关审核其实际进口的货物与预确定决定所述货物相符，且本条例规定的原产地确定标准未发生变化的，海关不再重新确定该进口货物的原产地；经海关审核其实际进口的货物与预确定决定所述货物不相符的，海关应当按照本条例的规定重新审核确定该进口货物的原产地。

第十四条　海关在审核确定进口货物原产地时，可以要求进口货物的收货人提交该进口货物的原产地证书，并予以审验；必要时，可以请求该货物出口国（地区）的有关机构对该货物的原产地进行核查。

第十五条　根据对外贸易经营者提出的书面申请，海关可以依照《中华人民共和国海关法》第四十三条的规定，对将要进口的货物的原产地预先作出确定原产地的行政裁定，并对外公布。

进口相同的货物，应当适用相同的行政裁定。

第十六条　国家对原产地标记实施管理。货物或者其包装上标有原产地标记的，其原产地标记所标明的原产地应当与依照本条例所确定的原产地相一致。

第十七条　出口货物发货人可以向国家质量监督检验检疫总局所属的各地出入境检验检疫机构、中国国际贸易促进委员会及其地方分会（以下简称签证机构），申请领取出口货物原产地证书。

第十八条　出口货物发货人申请领取出口货物原产地证书，应当在签证机构办理注册登记手续，按照规定如实申报出口货物的原产地，并向签证机构提供签发出口货物原产地证书所需的资料。

第十九条　签证机构接受出口货物发货人的申请后，应当按照规定审查确定出口货物的原产地，签发出口货物原产地证书；对不属于原产于中华人民共和国境内的出口货物，应当拒绝签发出口货物原产地证书。

出口货物原产地证书签发管理的具体办法，由国家质量监督检验检疫总局会同国务院其他有关部门、机构另行制定。

第二十条　应出口货物进口国（地区）有关机构的请求，海关、签证机构可以对出口货物的原产地情况进行核查，并及时将核查情况反馈进口国（地区）有关机构。

第二十一条　用于确定货物原产地的资料和信息，除按有关规定可以提供或者经提供该资料和信息的单位、个人的允许，海关、签证机构应当对该资料和信息予以保密。

第二十二条　违反本条例规定申报进口货物原产地的，依照《中华人民共和国对外贸易法》《中华人民共和国海关法》《中华人民共和国海关行政处罚实施条例》的有关规定进行处罚。

第二十三条　提供虚假材料骗取出口货物原产地证书或者伪造、变造、买卖或者盗窃出口货物原产地证书的，由出入境检验检疫机构、海关处 5 000 元以上 10 万元以下的罚款；骗取、伪造、变造、买卖或者盗窃作为海关放行凭证的出口货物原产地证书的，处货值金额等值以下的罚款，但货值金额低于

5 000元的，处5 000元罚款。有违法所得的，由出入境检验检疫机构、海关没收违法所得。构成犯罪的，依法追究刑事责任。

第二十四条　进口货物的原产地标记与依照本条例所确定的原产地不一致的，由海关责令改正。

出口货物的原产地标记与依照本条例所确定的原产地不一致的，由海关、出入境检验检疫机构责令改正。

第二十五条　确定进出口货物原产地的工作人员违反本条例规定的程序确定原产地的，或者泄露所知悉的商业秘密的，或者滥用职权、玩忽职守、徇私舞弊的，依法给予行政处分；有违法所得的，没收违法所得；构成犯罪的，依法追究刑事责任。

第二十六条　本条例下列用语的含义：

获得，是指捕捉、捕捞、搜集、收获、采掘、加工或者生产等。

货物原产地，是指依照本条例确定的获得某一货物的国家（地区）。

原产地证书，是指出口国（地区）根据原产地规则和有关要求签发的，明确指出该证中所列货物原产于某一特定国家（地区）的书面文件。

原产地标记，是指在货物或者包装上用来表明该货物原产地的文字和图形。

第二十七条　本条例自2005年1月1日起施行。1992年3月8日国务院发布的《中华人民共和国出口货物原产地规则》、1986年12月6日海关总署发布的《中华人民共和国海关关于进口货物原产地的暂行规定》同时废止。

中华人民共和国海关事务担保条例

2010年9月14日中华人民共和国国务院令第581号发布

第一条　为了规范海关事务担保，提高通关效率，保障海关监督管理，根据《中华人民共和国海关法》及其他有关法律的规定，制定本条例。

第二条　当事人向海关申请提供担保，承诺履行法律义务，海关为当事人办理海关事务担保，适用本条例。

第三条　海关事务担保应当遵循合法、诚实信用、权责统一的原则。

第四条　有下列情形之一的，当事人可以在办结海关手续前向海关申请提供担保，要求提前放行货物：

（一）进出口货物的商品归类、完税价格、原产地尚未确定的；

（二）有效报关单证尚未提供的；

（三）在纳税期限内税款尚未缴纳的；

（四）滞报金尚未缴纳的；

（五）其他海关手续尚未办结的。

国家对进出境货物、物品有限制性规定，应当提供许可证件而不能提供的，以及法律、行政法规规定不得担保的其他情形，海关不予办理担保放行。

第五条　当事人申请办理下列特定海关业务的，按照海关规定提供担保：

（一）运输企业承揽来往内地与港澳公路货物运输、承担海关监管货物境内公路运输的；

（二）货物、物品暂时进出境的；

（三）货物进境修理和出境加工的；

（四）租赁货物进口的；

（五）货物和运输工具过境的；

（六）将海关监管货物暂时存放在海关监管区外的；

（七）将海关监管货物向金融机构抵押的；

（八）为保税货物办理有关海关业务的。

当事人不提供或者提供的担保不符合规定的，海关不予办理前款所列特定海关业务。

第六条 进出口货物的纳税义务人在规定的纳税期限内有明显的转移、藏匿其应税货物以及其他财产迹象的，海关可以责令纳税义务人提供担保；纳税义务人不能提供担保的，海关依法采取税收保全措施。

第七条 有违法嫌疑的货物、物品、运输工具应当或者已经被海关依法扣留、封存的，当事人可以向海关提供担保，申请免予或者解除扣留、封存。

有违法嫌疑的货物、物品、运输工具无法或者不便扣留的，当事人或者运输工具负责人应当向海关提供等值的担保；未提供等值担保的，海关可以扣留当事人等值的其他财产。

有违法嫌疑的货物、物品、运输工具属于禁止进出境，或者必须以原物作为证据，或者依法应当予以没收的，海关不予办理担保。

第八条 法人、其他组织受到海关处罚，在罚款、违法所得或者依法应当追缴的货物、物品、走私运输工具的等值价款未缴清前，其法定代表人、主要负责人出境的，应当向海关提供担保；未提供担保的，海关可以通知出境管理机关阻止其法定代表人、主要负责人出境。

受海关处罚的自然人出境的，适用前款规定。

第九条 进口已采取临时反倾销措施、临时反补贴措施的货物应当提供担保的，或者进出口货物收发货人、知识产权权利人申请办理知识产权海关保护相关事务等，依照本条例的规定办理海关事务担保。法律、行政法规有特别规定的，从其规定。

第十条 当事人连续两年同时具备下列条件的，可以向直属海关申请免除担保，并按照海关规定办理有关手续：

（一）通过海关验证稽查；

（二）年度进出口报关差错率在3%以下；

（三）没有拖欠应纳税款；

（四）没有受到海关行政处罚，在相关行政管理部门无不良记录；

（五）没有被追究刑事责任等。

当事人不再符合前款规定条件的，海关应当停止对其适用免除担保。

第十一条 当事人在一定期限内多次办理同一类海关事务的，可以向海关申请提供总担保。海关接受总担保的，当事人办理该类海关事务，不再单独提供担保。

总担保的适用范围、担保金额、担保期限、终止情形等由海关总署规定。

第十二条 当事人可以以海关依法认可的财产、权利提供担保，担保财产、权利的具体范围由海关总署规定。

第十三条 当事人以保函向海关提供担保的，保函应当以海关为受益人，并且载明下列事项：

（一）担保人、被担保人的基本情况；

（二）被担保的法律义务；

（三）担保金额；

（四）担保期限；

（五）担保责任；

（六）需要说明的其他事项。

担保人应当在保函上加盖印章，并注明日期。

第十四条 当事人提供的担保应当与其需要履行的法律义务相当，除本条例第七条第二款规定的情形外，担保金额按照下列标准确定：

（一）为提前放行货物提供的担保，担保金额不得超过可能承担的最高税款总额；

（二）为办理特定海关业务提供的担保，担保金额不得超过可能承担的最高税款总额或者海关总署规定的金额；

（三）因有明显的转移、藏匿应税货物以及其他财产迹象被责令提供的担保，担保金额不得超过可能承担的最高税款总额；

（四）为有关货物、物品、运输工具免予或者解除扣留、封存提供的担保，担保金额不得超过该货物、物品、运输工具的等值价款；

（五）为罚款、违法所得或者依法应当追缴的货物、物品、走私运输工具的等值价款未缴清前出境提供的担保，担保金额应当相当于罚款、违法所得数额或者依法应当追缴的货物、物品、走私运输工具的等值价款。

第十五条 办理担保，当事人应当提交书面申请以及真实、合法、有效的财产、权利凭证和身份或者资格证明等材料。

第十六条 海关应当自收到当事人提交的材料之日起 5 个工作日内对相关财产、权利等进行审核，并决定是否接受担保。当事人申请办理总担保的，海关应当在 10 个工作日内审核并决定是否接受担保。

符合规定的担保，自海关决定接受之日起生效。对不符合规定的担保，海关应当书面通知当事人不予接受，并说明理由。

第十七条 被担保人履行法律义务期限届满前，担保人和被担保人因特殊原因要求变更担保内容的，应当向接受担保的海关提交书面申请以及有关证明材料。海关应当自收到当事人提交的材料之日起 5 个工作日内作出是否同意变更的决定，并书面通知当事人，不同意变更的，应当说明理由。

第十八条 被担保人在规定的期限内未履行有关法律义务的，海关可以依法从担保财产、权利中抵缴。当事人以保函提供担保的，海关可以直接要求承担连带责任的担保人履行担保责任。

担保人履行担保责任的，不免除被担保人办理有关海关手续的义务。海关应当及时为被担保人办理有关海关手续。

第十九条 担保财产、权利不足以抵偿被担保人有关法律义务的，海关应当书面通知被担保人另行提供担保或者履行法律义务。

第二十条 有下列情形之一的，海关应当书面通知当事人办理担保财产、权利退还手续：

（一）当事人已经履行有关法律义务的；

（二）当事人不再从事特定海关业务的；

（三）担保财产、权利被海关采取抵缴措施后仍有剩余的；

（四）其他需要退还的情形。

第二十一条 自海关要求办理担保财产、权利退还手续的书面通知送达之日起 3 个月内，当事人无正当理由未办理退还手续的，海关应当发布公告。

自海关公告发布之日起 1 年内，当事人仍未办理退还手续的，海关应当将担保财产、权利依法变卖或者兑付后，上缴国库。

第二十二条 海关履行职责，金融机构等有关单位应当依法予以协助。

第二十三条 担保人、被担保人违反本条例，使用欺骗、隐瞒等手段提供担保的，由海关责令其继续履行法律义务，处 5 000 元以上 50 000 元以下的罚款；情节严重的，可以暂停被担保人从事有关海关业务或者撤销其从事有关海关业务的注册登记。

第二十四条 海关工作人员有下列行为之一的，给予处分；构成犯罪的，依法追究刑事责任：

（一）违法处分担保财产、权利；

（二）对不符合担保规定的，违法办理有关手续致使国家利益遭受损失；

（三）对符合担保规定的，不予办理有关手续；

（四）与海关事务担保有关的其他违法行为。

第二十五条 担保人、被担保人对海关有关海关事务担保的具体行政行为不服的，可以依法向上一级海关申请行政复议或者向人民法院提起行政诉讼。

第二十六条 本条例自 2011 年 1 月 1 日起施行。